주역해설

한암 강연희 역해

주역해설

한암 강연희 역해

열린서원

추천글

한암(寒庵) 역·해『주역』해제

곽신환(전 숭실대학교 대학원장, 전 주역학회장)

『주역』은 유가의 경전이다. 그러나 유가만이『주역』을 경전으로 존중하는 것이 아니다. 사상 학술 상관없이 많은 사람이『주역』에 관심을 가지고 연구하며 존중하고 있다.

도가 사상가들이『주역』과『노자』『장자』를 세 개의 현묘한 경전[삼현경(三玄經)]이라고 하였다. 이들이 모두 현묘정심(玄妙精深)한 도리를 말하고 있다고 보았기 때문이다. 불가에서도『주역』에 대한 비상한 관심을 가졌다. 명나라의 지욱(智旭, 1599-1655)이『주역』을 선불교의 관점으로 해석하고는 이를『주역선해(周易禪解)』라고 한다. 서산대사 휴정(休靜, 1520-1604)도『선가귀감』·『유가귀감』·『도가귀감』의 이른바 삼가귀감을 저술하였는데, 그는 호교론적 관점에서 유교 불교의 갈등을 해소하는 방안으로『주역』의 논리와 이상을 활용코자 하였다. 이정용이라는 기독교 신학자는『역』의 신학이라는 이름으로 역학과 신학을 결부시켜 학계의 주목을 끈 일도 있다.

한암(寒庵) 강연희(1938-2020)는 그의 삶의 과정에 다양한 곡절이 있다. 법학을 전공하는 그는 교사의 신분에서 신학을 공부하여 신부가 되었고, 성공회 사목에서 물러난 다음 동양고전 연구에 몰입하였다. 사목 중의 기간까지 포함한다면 그의 고전연구를 통한 구도의 기간은 거의 40여 년에 이른다. 혼인하지 않은 그는 일찍이 가족 등 주변과의 관계를 끊고 구도의 길에 정진하였다. 그가 만년 집중한 경전은 『노자』, 『논어』, 『장자』, 그리고 『주역』이다.

그의 동양고전 공부는 외로운 상태에서 진행된 것으로 보인다. 그리고 뚜렷한 목표의식, 전통적 표현을 빌리면 '자신의 완성을 위한 학문(爲己之學)'의 차원에서 진행되었다. 이것으로 이름을 얻고자 함도 아니고 직업을 구하고자 함도 아니었다. 취미의 차원은 더구나 아니었다. 오직 진리를 깨치고자 하는 이른바 구도(求道)의 열의와 그 자세가 추동력이 된 것으로 보인다. 그는 깨알 같은 깨끗하고 정연한 글로 대학노트에 쓴 『주역』에 대한 번역과 해설이라는 이름으로 그간의 연구와 공부의 내용을 세상에 남겼다. 분량은 700여 쪽에 이른다.

한암은 『주역』과 그 괘효는 동아시아 전통 사회의 진리체계였다고 한다. 『주역』은 인생 문제에 대한 하늘의 뜻을 64괘라는 부호로 제시했다고 한다. 그는 전통 사회를 여섯 부류의 도둑이 지배하던 사회, 곧 도둑촌의 사회였다고 규정한다. 그 여섯 도둑은 다음과 같다. "한정된 보잘것없는 지식, 도덕과 진리는 뭉개버린 서열과 상명하복, 위선이라는 가면을 쓰고 행세하는 사회적 권위, 등 다독거리면서 간 빼먹는 정치 권력, 돈에 환장해 버린 부자, 신자들의 피를 먹고 사는 그래서 피둥피둥 살이 찐 종교의 도둑이다. 그리고 그들의 시대에도 하느님은 실제로 존재했던 것이 아니라고 하였다. 그들이 내세운 하나님은 하나의 허수아비였다고 한다. 마치 까마귀에게 겁주는 허수아비처럼 옛 시대의 사람이 만든 허수아비인 하나님은 사람에게 겁을 수는 존재였다고 한다.

도둑이 들끓는 시대에 문왕 주공은 "백성들이 배우고 공부하여 선량한 본성 속에 들어있는 식욕, 물욕, 색욕, 권세욕, 향락욕에서 벗어나 도를 따르며 욕심

없이 배우면서 바르게 살게 하였고 가난하여도 편안하고 기쁘게 살게 하려고" 주역을 저술하였다고 한다. 따라서 오늘날 우리가 해야 할 『주역』공부는 점도 아니고 괘상도 아니라고 한다. 『주역』의 괘상은 이미 선대의 문왕 주공 공자가 다 해설하여 놓았으며 주역 본문만 잘 연구하면 된다고 한다. 그는 이렇게 하기 위해서는 3,000년 전 한자의 뜻을 정확하게 알아야 한다고 하였다. 그리고 세속을 떠나 진리의 세계에서 진리를 먹고 사는 진리의 사람이 되어야 하며, 이것이 안 되면 『주역』 공부는 절대 불가능하다고 하였다. 그는 그렇게 그가 말한 대로 살았다고 할 수 있다. 사람이 오욕을 품에 안고 있다면 이는 썩어버린 속물이요, 치우진 지식은 곧 넘어지고 만다고 믿는다.

그는 통상의 『주역』의 구조에 따라 『주역』 경과 전의 원문에 토를 달아 제공한 다음 이를 번역하고, 번역에 사용한 한자 풀이를 제공하고 있다. 여기서 그가 제공한 한자 풀이는 자전(字典)적 의미보다는 해당 문장에서 그가 택한 풀이를 뒷받침하는 것이다. 이어서 해설이 있는데 때로는 괘사 단전 상전에 대한 해설이 매우 상밀(詳密)하고 때로는 장황하다. 기존의 해석과 다른 역자의 새로운 의견이 있을 경우 그 분량이 상당히 많다. 이는 그만큼 역자의 이 분야 공부가 많았다는 것, 주장하려는 논지가 분명하다는 것, 동시에 그의 이런 문제 또는 주제에 대한 상상력이 풍부하기 때문일 것이다.

그는 전문적인 음운학자도 아니고 문자학자도 아니며 더구나 중국의 사상이나 역사 또는 고대문화를 전공한 학자도 아니다. 동양고전 공부가 많았다고 하더라도 동료들과의 붕우강습(朋友講習)의 형태를 갖추지 못한 듯하다. 그가 택한 방식은 우선 그가 지닌 삶의 의리 또는 도리와 그 지향에 토대를 두고 그에 따른 해석의 구성이라 할 수 있다. 이는 때로는 공자가 말한 '생각은 깊이 하되 스승 등 제도권 안에서 체계적이고 객관적인 배움이 뒷받침되지 않는다면 이는 매우 위태롭다(思而不學則殆)'라고 한 그런 위험이 있는 것이 사실이지만, 어쨌든 한암은 이러한 구성을 앞세운 다음 그에 대한 뒷받침을 위해 최선의 노력을 기울인 것으로 보인다. 그는 「현대와 64괘」라는 글에서 "현대에는 신화에서 신은 버리고 진리만 붙잡으면 되는 것"처럼 64괘 역시 그 만들어진 시대는 온갖 잡귀들이 들끓는 시대였지만, 지금은 이미 신이 지배하는 시대가 아니므로 점을 쳐서 신의 뜻을 알려고 할 필요는 없고, 따라서 64괘를 다만 진리의 형상으로만 바라보아야 한다고 주장한다.

  이러한 그의 시각은 괘효사의 번역에서 기존과는 다른 독특한 해석을 보이게 했다. 한자에 대한 풀이가 달라지고 의미구성이 달라진 것이다. 『주역』 상·하경 번역과 해설에서 나름대로 그의 창견(創見)과 특색이 드러난다.

  이를테면 다음과 같은 것들을 들 수 있다. 수뢰(水雷) 준(屯)괘, 괘사 '이건후(利建侯)'에 대하여 전통적으로 "제후를 세워야 이롭다"라는 번역은 사리에 맞지 않고 앞뒤 문맥도 통하지 않는 느닷없는 말이 된다고 하고, "여기서 후(侯)는 후(候)와 같은 말로서 '살핀다'라는 뜻으로 보아야 하고 따라서 건후(建侯)는 '서서 살핀다'라는 뜻으로 풀이한다. 그리고 "서서 살핀다는 말은 마음을 놓지 않고 긴장 속에서 깊이 생각하는 것이다"라고 한다. 육이(六二) 효사 '승마반여(乘馬班如)'도 '말을 타고 머뭇거린다'로 보는 전통적인 풀이는 이치에 맞지 않는다고 한다. 이에 대하여 그는 '승'을 '헤아린다'로, 마(馬)는 '크다'라는 뜻으로 보아 '승마(乘馬)'를 '많이 헤아린다'라고 풀이한다. 육삼(六三) 효사의 '즉록무우(卽鹿无虞)'의 '즉록'을 '산기슭에 이르렀을 때'라고 한암은 번역하는데, 전통적인 번역은 '사슴을 쫓는데'이다. 한암이 생각하는 산기슭은 '록(鹿)'이 아니라 '록(麓)'이다. 글자 자체가 다르고 또 '사슴을 쫓다'라고 풀이하는 것이 의미가 더 깊다고 할 수 있다.

  산수(山水) 몽(蒙)괘에 대한 <대상전(大象傳)>의 "산하출천몽(山下出泉蒙) 군자이과행육덕(君子以果行育德)"의 번역에서 한암은 "산 아래에서 솟아나는 물이 (땅을) 덮으니, 군자는 기른 덕을 진실로 베푸는 것이다"라고 하였다. 전통적인 또는 통상적 번역은 "산 아래에 샘이 솟는 형상이 몽괘이다. 이 상을 보고 군자는 행동을 과감히 하여 덕을 기른다"이다. 기존의 번역과 풀이를 많이 또 깊이 검토했을 한암이 이런 식의 번역을 고집하는 데는 나름의 지향과 원칙이 있기 때문일 것이다. 구이(九二) 효사 '자극가(子克家)'를 한암은 '아들이 결혼하여 가정을 잘 다스린다'의 뜻이 아니라 '어린 사람은 가정에서 다스려야 한다'라는 뜻이라고 한다. 미성년자에 대한 가정교육의 중요성을 강조한 것이라고 한다.

풍천(風天) 소축(小畜)괘에서는 괘사 "밀운불우(密雲不雨) 자아서교(自我西郊)"를 한암은 "구름이 숨어있어 비가 내리지 않는 것은 나로 말미암은 것이니 서쪽으로 가서 제사를 드려야 한다"로 한암은 풀이한다. 전통적으로는 "빽빽한 먹장구름인데 비가 오지 않는 것은 내가 서쪽 교외로부터 시작하기 때문이다"라고 해석한다. 문왕이 서백 출신인데 충분히 비가 내릴 만한데 비가 내리지 못한 것은 그가 서쪽 기주 출신으로 동쪽 은나라로 가지 않았기 때문으로 풀이해왔다. 밀운(密雲)과 서교(西郊)에 대한 한암의 해석이 전통적인 것과 달라진 것이다. 구름이 다 숨어버려 맑은 하늘에 바람만 불고 있다는 해석이다. 나 때문에 그런 일이 벌어지니 서쪽 교외로 가서 하늘에 제사를 지내야 한다는 해석은 나름의 논리가 세워진다. 여기서 서쪽으로 가라는 것은 도리를 좇으라는 뜻이라고 주장한다.

상구(上九) 효사의 '월기망(月幾望)'에 대한 해석도 다르다. 한암은 이를 월(月)은 음이고 일(日)은 양이며 월(月)은 백성이고 일(日)은 군주라고 하면서 '기망'은 가까이에서 우러러본다. 곧 백성이 군주를 가까이서 우러러본다고 풀이한다. '월기망(月幾望)'에 대한 전통적인 풀이는 '달이 거의 만월이 되었다'이다. 이때의 월은 소인을 가리키며 소인의 세력이 커져 있으니, 이들에게 함부로 다가가면 흉하게 된다고 풀이했다.

뇌지(雷地) 예(豫)괘의 괘사 '이건후(利建侯)'는 준(屯)괘에서의 경우처럼 '서서 살펴보아야 이롭다'로 풀이한다. <대상전(大象傳)>의 '선왕작악숭덕(先王作樂崇德)'에서 '작악(作樂)'은 '음악을 만들다'가 아니고, '작(作)'을 '깎아내리다', '잘라내다'의 '작(斫)'으로 풀이하여, 자신이 즐기는 것을 잘라 내거나 줄인다는 뜻의 '작락'으로 본다. 고대의 성왕은 자신의 부덕으로 인하여 천재지변이 있다고 보기에 자신이 즐기는 것을 줄였다는 것으로 보려는 것이다. 그런데 '작악(作樂)'을 이런 식으로 사용한 예는 보이지 않는다.

뇌풍(雷風) 항(恒)괘의 초효(初爻) 사(辭) "준항(浚恒) 정흉(貞凶) 무유리(无有利)"를 "항상 조급하면 바르더라도 흉하고 이로울 것이 없다."라고 번역하였다. 소상(小象)의 "준항지흉(浚恒之凶) 시구심야(始求深也)"에 대해 "항상 조급하면 흉하다는 것은 처음부터 많은 것을 구하기 때문이다"로 번역하였다. 효사의 통상적인 번역은 "항상성을 파고든다. 바른 자세를 지녀도 흉하다. 이로울 것이 없다."이고, <소상전(小象傳)>은 "항상함만을 파고들어서 흉하게 됨은 시작에 너무 깊은 것을 구하기 때문이다"이다. 준(浚)을 깊이 파다, 깊다가 아니라 '조급하게 군다'로 풀이하고 있다. 이런 풀이는 일견 매끄럽다. 그런데 준항(浚恒)을 "항상 조급하면"으로 풀이하는 것과 "항상함을 깊이 파고들면"으로 번역하는 것은 의미의 상당한 차이를 낳는다. 전통적 풀이는 이 효를 갓 혼인한 초효(初爻)의 신부가 낭군인 구사(九四) 효를 지나치게 믿고 정결한 자세로 내조만 하다가 속고 만다는 경우로 풀이한다. 그런데 '준(浚)'을 '조급'으로 풀이하는 한암은 예로써 중종 때의 조광조가 도학 정치를 바르게 펼치려고 하다가 그만 조급하여 결과적으로 실패한 것에 빗댄다.

지화(地火) 명이(明夷)에서는 기자(箕子)의 행적을 칭송하는 글을 『사기』까지 참고하여 상세히 밝히고 있다. 구도자로서의 역해자가 역사적 인물 가운데서 짙게 느끼는 동질감이 발현되었던 것으로 보인다. <상전(象傳)>의 "군자이이중(君子以莅衆) 용회이명(用晦而明)"을 "군자는 많은 사람이 있는 곳에 가면, 그 밝음을 감춘다."라고 풀이한다. '이명(而明)'의 '이(而)'를 지시대명사로 보는 것이다. 그런데 기존의 풀이는 '그 빛을 감추나 밝아진다.'이다.

풍화(風火) 가인(家人)괘 <상전(象傳)>에서 "풍자화출가인(風自火出家人), 군자이인유물이행유항(君子以言有物而行有恒)"을 번역함에 "나무에서 비롯되는 불은 식구에게서도 일어나야 하는 것이니…"로 번역하였다. 구두점을 찍는 데서 견해를 달리하여 번역이 달라진 것이다. 의미도 분명하지 않아졌다.

한암은 풍화(風火)를 목화(木火)로 본다. 그래서 '나무에서 불이 일어난다'로 풀이한다. 그래서 '풍자화출(風自火出)'을 '목자화출(木自火出)'로 바꾸어서 우리말의 순서대로 '나무로부터 불이 나온다'로 해석한 것이다. 전통적 방식으로 구두점을 찍는 것이 옳은 듯하다. "바람이 불로부터 나오는 것이 가인이니 군자는…"

풍택(風澤) 중부(中孚)괘의 괘사에 나오는 돈어(豚魚)를 전통적으로는 돼지와 물고기 또는 '강물복어'라고 풀이해 왔는데, 한암은 이를 간소한 제물이라고 한다. 이는 기존의 해석이 무리 없어 보이는 데 왜 굳이 제물이라 했는지 의문이다.

뇌산(雷山) 소과(小過)의 상전에서 "상과호애(喪過乎哀)"를 "도가 없어진 것을 슬퍼하며"로 번역하였는데, 이는 근거가 제시되지 못한 자의적 번역으로 보인다. 이 부분의 '소과(小過)'는 음이 지나치게 많은 때이며 혼란의 때이고, 도가 쇠퇴한 때다. 따라서 이런 때에는 "행동은 지나칠 정도로 공손하고 초상에 슬픔이 과도하게 하며 씀씀이는 지나칠 정도로 검소하게 한다."라고 풀이한 것이 전통적 풀이다.

이상의 사례에서 볼 수 있듯이 한암은 기존의 통상적인 『주역』해석과 다른 관점 또는 견해를 드러낸 것이 많다. 그의 해석은 기존 역학자들의 분류방식을 따르면 의리적 해석이다. 그는 도덕 윤리에 초점을 두어 풀이를 한다. 그리고 이에 따라 논리를 구성한다. 전후 문맥에 논리와 윤리를 중심으로 해석을 시도하므로 『주역』의 경전 원문에 보이는 틈을 메꾸어 내는데 과감하다. 그는 기존의 풀이가 어떠한지를 알면서도 과감하게 대상전의 번역에서 나름의 논리를 드러내려고 애썼다.

한암은 64괘상에서 괘명이나 단전 등에서 언급한 내용이 자연의 현상에 따른 것인지, 아니면 음양의 상징성 구성에 의한 것인지를 먼저 밝힌다. 풍택 중부(中孚)괘는 못 위로 바람이 부는 현상이지만, 이런 자연현상을 말하는 것이 아니라, 가운데 두 개의 음효가 있고 위아래 바깥에 각각 두 개의 양효가 있는 괘의 상으로서 곧, 속마음이 비어있음을 말하는 것이다. 다시 말하면 비어있는 마음속에 진실이 가득 차 있는 것이라 하였다. 산지(山地) 박(剝)괘는 산이 땅에 붙어있는 것으로 자연현상인데 아래의 음이 세력을 확장하여 마지막 하나 남은 양을 침노하는 모습으로 본 것이다. 이를 땅 위에 있는 산이 비, 바람, 이슬 등 자연현상에 의하여 점점 깎여 나가는 것으로 해명할 수도 있다.

한암의 『주역』 연구에는 나름의 창의적 주체적 고뇌가 보인다. 상당 부분의 전통적 해석을 취하고 수용하지만, 조금이라도 미심쩍거나 나름의 해석 틀에서 맞지 않으면 이를 위하여 고뇌를 거듭했음이 보인다. 이런 고뇌는 앞서서 괘의 차례에 따라 사례들을 소개하였지만, 사실 이러한 사례는 64괘 모든 괘사와 384 효의 모든 효사에 해당한다. 그의 연구는 그저 쉽게 남의 이야기를 소화하지 못한 상태에서 옮겨 놓은 것이 아니다. 과거 난해하던 『주역』의 사(詞) 해석에 나름의 숨통을 트는 해석을 창안해 낸 것으로 보인다. 누구랄 것 없이 지난날의 많은 『주역』 연구자들이 나름의 해석과 그 일관성을 위해 얼마나 오랜 기간 고심했는가를 짐작할 수 있는데 한암의 연구에서도 그것이 느껴진다.

「역서(易序)」에서 '하나의 일로 고정하여 『역』을 풀이하려고 하면 『역』이 아니고, 하나의 때로 『역』의 의미를 찾으려고 해서도 『역』이 아니다'라고 하였다. 한암이 시도한 새로운 해석은 기존의 해석과 다른 점이 있지만 그걸 이유로 하여 『주역』이 아니라거나 그런 해석이 결코 불가하다거나 옳지 않다고 할 수 없다. 얼마나 설득력을 갖고 있느냐의 문제가 있을 따름이다. 한암에 의하여 역사(易詞)가 지니는 그 의미가 더 깊어졌고 적용의 외연을 더 넓혀놓았다는 점은 분명하다. 그리고 참으로 진지한 자세로 『주역』을 공부한 새로운 사례를 우리는 보게 된 것이다.

나는 2022년 가을부터 고창 선비문화체험관에서 『주역』을 강의하게 되었다. 2023년 여름 한암의 집안 아우 되는 강희석 선생이 나에게 이 원고 형태의 복사물을 갖고 와서 살펴봐 달라고 하고 곁들여 한암 선생 관련 책자 몇 권도 건네주었다. 나는 감당이 어렵다는 것을 인정하면서도 귀한 연구물을 세상에 드러내어 널리 읽히고 그로 인하여 조금이라도 세상을 맑힐 수 있다면 하는 아름다운 기대의 뜻을 거절하지 못했다.

한암은 83세의 나이로 2020년 생을 마감하였다. 그는 80세 무렵에 고전연구의 집필을 마쳤다고 한다. 인생 마지막에 그가 연구하여 깨알 같은 정갈한 손글씨로 대학노트에 남긴 원고 상태의 책은 위에서 소개한 『주역』외에 『장자』, 『논어』 그리고 이미 출간한 『수상집-광야로 간 사제』가 있다. 그의 호 한암(寒庵)은 언제 어떤 경로로 지어졌는지 알려져 있지 않다. 그런데 그는 그 호와 같이 만년 장성호 주변의 차갑고 쓸쓸한 띠집 같은 이미지의 집에서 홀로 살며 최후의 순간까지 구도자의 길을 걷다가 외로운 죽음을 맞이하였다고 한다. 한암의 동양고전 연구를 통한 구도의 길에 가까운 동지가 있었는지는 모른다. 알려져 있지는 않는데 없었던 것 아닌가 싶다.

만일 몇 사람이라도 있었더라면 그래서 가끔 만나서 세상살이 이야기도 나누고 학문적 난제에 대한 의견도 나누었더라면 외로움을 극복하는 것은 물론이고 연구의 성과도 훨씬 더 높았을 것 같다는 생각을 하게 되었다. 그러나 이것이 어디 사람의 뜻대로 되는 것이겠는가? 구도의 동지는 그가 세상을 떠난 이제라도 그가 남긴 글을 매개로 얼마든지 동지를 만날 수 있을 것이 아닌가 싶다. 아니 그런 동지가 많아졌으면 좋겠다.

나는 처음에 한암의 『주역』 역해에서 혹, 성공회의 신학적 해석이 체계적으로 드러날 수 있을까 하는 기대를 했다. 안목의 부족 탓이려니 하면서도 그것을 발견하지 못했음을 고백한다. 다만 한암이 순수 청정한 구도자의 자세로 일관하면서 『주역』을 성인의 책으로 인정하고 그 말씀 속에 담긴 이치를 스스로 터득하고 이를 남에게 이해시키려고 적극적으로 애쓴 노력을 십분 인정하는데 머물고 있다.

2025년 3월 20일, 기의재(幾義齋)에서

곽신환 적음

추천글

시대 정신을 성찰한 한암의 주역 해설서

이명권(중국철학 박사, 비교종교학 박사)

『주역(周易)』으로서의 『역경(易經)』은 고대 동양의 천문지리와 인간의 관계(天人之際)를 밝히고 미래를 예측하는 학술적 영역에 해당하는 고전이다. 복희(伏羲)와 주나라 문왕을 거쳐서 공자에게 이르는 『역경』의 지혜는 중국은 물론 한국을 비롯한 동아시아 일대 사상사의 원류(原流)라고 해도 과언이 아니다. 따라서 공자 이후의 저명한 사상가들은 유불도(儒佛道)를 막론하고 『역경』에 대한 주해를 저술해 왔다. 중국에서 근세에 유명한 사상가인 풍우란(馮友蘭)도 "『주역』은 우주 대수학(代數學)이다."라고 했다.

이러한 『주역』은 중국 사상사에서도 현존하는 가장 오래된 철학적 저작으로서 중요한 지위를 차지하는데, 유가(儒家)에서는 "뭇 경전 중의 우두머리(群經之首)"라 했고, 도가(道家)에서는 『주역』을 "세 가지 현묘한 경전(노자, 장자, 주역)의 하나(三玄之一)"라고 했다. 주지하는 바와 같이 『주역』은 하늘 운행

(天文)의 이치를 우러러보고, 땅의 이치(地理)를 관찰하여 만물의 정황을 꿰뚫어 봄으로써 천인(天人)의 관계는 물론 자연과 인생의 변화에 대한 법칙을 통찰하는 데 있다.

일찍이 한국에서는 중국 송나라의 성리학(性理學)이 고려시대에 전하여 오면서, 대표적인 유학자 최충(崔沖, 984-1068)이나 원(元)나라에서 유학하며 성리학을 연구한 후에 귀국하여 성균관에서 성리학을 가르치며 학문적 기반을 확립한 고려 말기의 이색(李穡, 1328-1396) 등이 『주역』을 함께 연구했는데, 송대 주희(朱熹)의 주자학적 해석이 중심이 되면서 도가적 해석보다는 유교적 해석이 강조되었다. 조선시대에 와서도 성리학적 주역연구가 정점을 이루었다. 서경덕(徐敬德, 1489-1546)은 기(氣)의 변화를 중심으로 『주역』을 해석하며 형이상학적인 주자학적 해석을 넘어서고 있다. 율곡 이이(李珥, 1536-1584)는 『역설(易說)』을 저술하여 『주역』의 이치를 인간 심성과 연결하여 해석했다. 『주역』의 괘상(卦象)이 인간의 수양과 도덕적 실천에 적용될 수 있다고 주장한 것이다. 한편 정약용(丁若鏞, 1762~1836)은 『주역사전(周易四箋)』을 저술하여 형이상학적인 주희의 해석을 비판하고 실학적 입장에서 실증적 해석을 시도했다.

한편, 근현대에 들어서는 전통적인 성리학적 해석 외에도 서양 철학, 과학, 현대적 해석이 접목되면서 다양한 학문적 해석이 시도되고 있다. 조선 후기 실학자 최한기(崔漢綺, 1803~1877)는 실학과 서양 과학의 융합을 시도하여 『주역』을 자연과학과 연계하여 해석했다. 특히 기학(氣學)을 통해 자연 현상과 인간 사회의 관계를 설명한 것이다. 이후에도 20세기 이후의 『주역』은 철학, 과학, 심리학, 경영학 등의 관점에서 광범위하게 연구되고 있고, 민족 사학자 정인보, 안호상 등의 학자들이 『주역』을 민족철학과 연결하여 연구한 바 있다. 이러한 다양한 학문적 연구의 성과가 한국적 주역 해석의 특징을 이루어 가고 있는 셈이다. 이른바 조선 성리학적 해석으로서는 주희(朱熹)의 영향을 받아 주로 이기론(理氣論) 관점에서 연구하였고, 실학적 해석으로는 정약용, 최한기

등이 기존의 형이상학적 해석에서 벗어나 현실적 해석을 시도했다면, 근대적 해석으로는 서양 과학, 철학, 심리학 등의 방법론과 결합하여 연구되고 있다는 점이다.

이처럼 한국에서의 『주역』 해석은 시대에 따라 변화를 거듭하며, 유교적, 실학적, 현대적 관점이 복합적으로 작용한 독자적인 전통을 형성하였다. 이에 비해 저자 한암(寒庵) 강연희(1938-2020)는 그의 독특한 이력이 보여주듯이 법을 전공한 법학도의 길에서 결혼도 하지 않고 독신으로 살면서 성직자가 되고자 성공회 사제의 길에 접어든 후 일평생 구도와 사목(司牧) 그리고 동양 고전연구를 비롯한 진리 탐구에 몰두했다. 그 결과 『노자』, 『논어』, 『장자』, 그리고 『주역』에 대한 심층적이고도 실천적인 연구 업적을 남기셨다. 그 여러 가지 저술 업적 가운데 본서 『주역 해설』은 기존의 해석을 답습한 차원이 아니라, 자기의 삶과 시대적 정신을 성찰하고 반영한 독창적인 해석이라고 할 수 있다. 『주역』 괘사와 효사의 풀이마다 원문의 뜻은 물론 일일이 한자의 뜻을 해설하면서 나름대로 괘상이 지니는 의미를 추출하는 탁월한 창의적 해석은 감탄을 자아내게 하는 부분이 많다. 기존의 해석을 모르고 새로운 해석을 내는 것이 아니라, 전통적인 해석을 바탕으로 하되 괘사와 효사가 지니는 괘상의 의미를 마음 자세와 관련한 '도와 덕의 질서'를 바탕으로 재창출해 낸다는 뜻이다. 예컨대, 각 괘가 지니는 팔괘의 자연 현상 곧, 하늘(乾 ☰), 땅(坤 ☷), 물(坎 ☵), 불(離 ☲), 바람(巽 ☴), 우레(震 ☳), 산(艮 ☶), 연못(兌 ☱)의 중첩 혹은 변형이 64괘로 전개되면서 이어지는 각각의 의미를 단순히 자연 현상에 국한하지 않고 인간의 마음 작용과 잘 결합하여, '하늘의 뜻'을 물으며 도덕적 수행의 차원으로 풀이해 주고 있다는 점이다.

본서 『주역 해설』은 2부로 구성되어 있다. 제1부에서 주역을 이해하는 필요한 기본 이론인 『주역』의 역사와 배경, 8괘와 64괘의 의미를 상세하게 일반인도 이해할 수 있도록 하였고, 주역 철학의 근원인 태극론(太極論)을 통해서는 음양과 사상(四象)에서 팔괘로 전개되는 과정은 물론, '하도(河圖)와 낙서(洛

書)'에 대한 친절한 안내도 하고 있다. 그뿐만 아니라, 점을 뽑는 서법(筮法)까지도 설명하여 줌으로써 누구든지 흥미롭게 주역을 이해하도록 돕고 있다. 또한 공자가 지었다고 하는 주역의 전통 해설서인 '주역십익(周易十翼)'에 대해 상세히 설명하면서 본인 자신의 창의적인 해설을 하고 있다.

흔히 '역(易)'에서 의미를 찾고자 할 때, "변한 즉 통하고(變則通), 통하니 오래 간다(通則久)."라는 경구가 있다. 인간사 모든 일들이 천지와 남녀, 주야, 염량(炎涼), 상하, 승부(勝負) 등과 같은 생활 환경에 결부되지 않음이 없는데, 저자 한암은 생애 마지막 순간까지 『주역』의 이러한 삶의 철학적 원리에 깊이 몰두하여 천지인의 상관 계수를 풀어가는 도덕적 수행 원리의 실천적 지침서로 본서를 내놓은 것이다. 이 뜻깊은 성과물을 일가친척 후손의 손길에 의해 책으로 발간하게 된 것을 추천인의 한 사람으로서 무한히 영광스럽게 생각하며, 독자 제현에게도 큰 기쁨과 보람이 될 것이라 믿어 의심치 않으며 일독을 권한다.

2025년 봄, 화천 용화산 무위재(無爲齋)에서

이명권

머리말

『주역(周易)』은 지금으로부터 약 3천 100여 년 전의 아득한 옛날에, 공자님께서 진리의 성인(聖人)으로 높이 추앙하시던, 주(周)나라의 제3대 임금 문왕(文王)과 문왕의 아들 주공(周公)이 직접 쓰신 글이다. 이처럼 두 분 성인이 쓴 경전이므로『주역』을『역경(易經)』이라고도 한다. 이는 세계 최초로 체계화된 진리의 서적으로서 대대로 유가의 경전으로 삼아 온『사서삼경(四書三經)』 중에서도 으뜸에 속한다.

문왕과 주공은 천지자연 속에 들어있는 진리와 세상과 사물 속에 들어있는 이치와 사람이 행하여야 하는 도리를 찾아내어 그것을 64괘(卦)라는 독특한 형상으로 만들어 체계화하고 그에 따른 해설을 덧붙였다. 그것이 주역이다. 그러므로 주역은 64괘이고, 64괘는 이 세상 [天·地·人]의 모든 진리를 간결한 부호로 나타낸 것이다.

『주역』의 진리는 현실과 동떨어진 추상적이거나 이론적인 것이 아니고, 허황한 것이 아니며, 사람이 반드시 알아야 하고 행해야 하는 것이다. 이것은 사람이 긴 인생을 살면서 겪게 되는 64가지 형태의 중대한 인생문제이고, 그 문제에 대한 해답을 알려주는 인생의 교과서이며, 그 인생문제에 대한 하늘의 뜻을 알려주는 경서(經書)다.

그러나 21세기 현대사회에서 '하늘의 뜻'이라는 말은 서서히 잊힌 말이 되어 가고 있다. 왜 그런가? 그것은 생각하고 말하고 행동하는 인격적 존재로서의 하늘·하느님이라는 존재가 없기 때문이다. 그것은 옛 전통 사회에서의 존재였다. 여기서 옛 전통 사회란 어떤 사회를 말하는 것인가? 그것은 ① 지극히 한정된 지식 ② 도덕과 진리가 무시되고 다분히 서열과 상명하복이 지배하는 사회 ③ 위선적이고 권위적인 사회 ④ 부패하고 타락된 정치권력 ⑤ 지나친 부의 축적에 매몰된 부자들의 탈선 ⑥ 정신적 노예 양성으로 개인의 욕망을 충족시키려는 사이비 종교인의 창궐 등 극도로 무질서하고 비윤리적인 사회를 말한다.

그처럼 문란해진 사회질서를 바로잡기 위해서 문왕과 주공은『주역』이라는 도덕 교본을 저술하여 백성으로 하여금 선량한 인간의 본성 속에 숨어있는 식욕·물욕·색욕·권세욕·향락욕과 같은 악성에서 벗어나 진리의 도를 따르며 욕심을 버리고 비록 가난한 중에도 넉넉한 마음으로 편안하고 기쁘게 살게 하고자 한 것이다.

그런데 문왕과 주공으로부터 2,000여 년의 세월이 흐른 다음(서기 907년 당나라 멸망)부터는『주역』은 백성들이 읽기에 난해한 글로 변모되었고, 또다시 1,000년여의 세월이 흐른 다음(서기 1900년, 20세기)에『주역』은 중국 문화권 고전 중에서 가장 난해한 글 가운데 하나가 되어 버렸다. 그 이유는 쓰이는 한자는 여전히 예전과 같지만, 그 한자의 뜻이 3,000여 년 전과는 전혀 다르게 쓰이게 되었기 때문이다. 그러므로 현재 통상적으로 쓰는 한자의 뜻으로『주역』을 풀이한다면 큰 오해가 발생하는 것이다.

이같이『주역』본문의 번역상 혼란이 있기에 엉뚱하게도 64괘의 괘상(卦象)에 치우쳐『주역』을 이해하려고 하는 넌센스가 초래되고 있다. 그 괘상에 대해서는 성인들[문왕·주공·공자]께서 괘명·괘사·효사·상선을 통해 소상하게 풀이하였으므로 괘상은 더 이상 바라볼 필요가 없다. 단지『주역』본문만 연구하면 되는 것이다.

『주역』공부에서 기본적으로 중요한 것은 3,000여 년 전 한자의 뜻을 알아서 정확하게 번역하는 것과 정확하게 해설하는 것이다. 이때 반드시 유의할 점은 공부하는 자신의 마음가짐이 식욕·물욕·색욕·권세욕·향락욕 등 5욕에서 벗어나 수신의 자세를 갖추어야 한다.

  진실한 인생은 결코 적당히 웃고 놀며 쉽게 사는 것이 아니다. 위에서 말한 인간의 본능적 5욕에서 벗어나 구도자의 자세로 살아야 제대로 인생을 사는 것이다. 그렇지 않으면 참된 인생이 아니라 구더기와 같은 삶을 사는 것이다. 구더기가 어찌 감히 심오한 인생의 진리가 담긴 『주역』을 공부하겠다고 덤빌 수 있겠는가?

2017년 8월 25일 필자 씀

차례

추천글
한암(寒庵) 역·해『주역』해제 | 곽신환 _ 4
시대 정신을 성찰한 한암의 주역 해설서 | 이명권 _ 13
머리말 | 강연희 _ 17

제1부
주역을 이해하는데 필요한 기본 이론

  1. 주역이란 어떤 책인가? _ 27
  2. 8괘와 64괘 _ 40
  3. 주역철학의 근원 _ 54
  4. 서법(筮法)과 상수역(象數易) _ 64

제2부
주역경문(周易經文)

1. 주역상경(周易上經)

  1) 건위천(乾爲天 ䷀) _ 76
  2) 곤위지(坤爲地 ䷁) _ 100
  3) 수뢰준(水雷屯 ䷂) _ 114
  4) 산수몽(山水蒙 ䷃) _ 122

5) 수천수(水天需 ䷄) _ 129
6) 천수송(天水訟 ䷅) _ 136
7) 지수사(地水師 ䷆) _ 143
8) 수지비(水地比 ䷇) _ 150
9) 풍천소축(風天小畜 ䷈) _ 157
10) 천택리(天澤履 ䷉) _ 164
11) 지천태(地天泰 ䷊) _ 171
12) 천지비(天地否 ䷋) _ 179
13) 천화동인(天火同人 ䷌) _ 186
14) 화천대유(火天大有 ䷍) _ 193
15) 지산겸(地山謙 ䷎) _ 199
16) 뇌지예(雷地豫 ䷏) _ 205
17) 택뢰수(澤雷隨 ䷐) _ 212
18) 산풍고(山風蠱 ䷑) _ 218
19) 지택임(地澤臨 ䷒) _ 224
20) 풍지관(風地觀 ䷓) _ 230
21) 화뢰서합(火雷噬嗑 ䷔) _ 236
22) 산화비(山火賁 ䷕) _ 243
23) 산지박(山地剝 ䷖) _ 249
24) 지뢰복(地雷復 ䷗) _ 255
25) 천뢰무망(天雷无妄 ䷘) _ 262
26) 산천대축(山天大畜 ䷙) _ 269

27) 산뢰이(山雷頤 ䷚) _ 276
28) 택풍대과(澤風大過 ䷛) _ 283
29) 감위수(坎爲水 ䷜) _ 289
30) 이위화(離爲火 ䷝) _ 296

2. 주역하경(周易下經)

31) 택산함(澤山咸 ䷞) _ 304
32) 뇌풍항(雷風恒 ䷟) _ 311
33) 천산둔(天山遯 ䷠) _ 318
34) 뇌천대장(雷天大壯 ䷡) _ 324
35) 화지진(火地晉 ䷢) _ 331
36) 지화명이(地火明夷 ䷣) _ 338
37) 풍화가인(風火家人 ䷤) _ 345
38) 화택규(火澤睽 ䷥) _ 352
39) 수산건(水山蹇 ䷦) _ 359
40) 뇌수해(雷水解 ䷧) _ 365
41) 산택손(山澤損 ䷨) _ 371
42) 풍뢰익(風雷益 ䷩) _ 378
43) 택천쾌(澤天夬 ䷪) _ 385
44) 천풍구(天風姤 ䷫) _ 392
45) 택지췌(澤地萃 ䷬) _ 399
46) 지풍승(地風升 ䷭) _ 406
47) 택수곤(澤水困 ䷮) _ 412
48) 수풍정(水風井 ䷯) _ 419

49) 택화혁(澤火革 ䷰) _ 425

50) 화풍정(火風鼎 ䷱) _ 432

51) 진위뢰(震爲雷 ䷲) _ 439

52) 간위산(艮爲山 ䷳) _ 446

53) 풍산점(風山漸 ䷴) _ 452

54) 뇌택귀매(雷澤歸妹 ䷵) _ 460

55) 뇌화풍(雷火豐 ䷶) _ 468

56) 화산여(火山旅 ䷷) _ 475

57) 손위풍(巽爲風 ䷸) _ 482

58) 태위택(兌爲澤 ䷹) _ 489

59) 풍수환(風水渙 ䷺) _ 496

60) 수택절(水澤節 ䷻) _ 502

61) 풍택중부(風澤中孚 ䷼) _ 508

62) 뇌산소과(雷山小過 ䷽) _ 515

63) 수화기제(水火旣濟 ䷾) _ 522

64) 화수미제(火水未濟 ䷿) _ 529

제3부
주역십익(周易十翼)

1. 계사전상(繫辭傳上) _ 539

2. 계사전하(繫辭傳下) _ 584

3. 설괘전(說卦傳) _ 632

4. 서괘전(序卦傳) _ 658

5. 잡괘전(雜卦傳) _ 676

제1부

주역을 이해하는데 필요한 기본이론

1. 주역(周易)이란 어떤 책인가?

1) 『주역(周易)』이라는 말의 뜻

『주역』이라는 말은 주(周)나라의 역(易)이라는 뜻이다. 주나라는 기원전 1345년경 '고공단보(古公亶父)'가 지금의 중국 산서성(山西省) 서남부에 있는 황하의 지류인 분수(汾水)라는 강 유역에 건설한 조그마한 부족국가였다.

이 나라는 비약적으로 발전하여 제4대 임금이었던 무왕(武王) 때에 종주국인 은(殷)나라를 멸망시키고 전 중국을 통치하는 대제국(大帝國)이 되었다. 그러므로 제1대 임금은 고공단보이고 제1대 천자[황제]는 무왕이다. 주나라는 무왕으로부터 860여 년이 지난 제37대 난왕(赧王) 때(B.C. 256년)에 진시황에게 멸망되었다. 주나라 시조로부터는 대략 1,000년이 계속된 나라다.

역(易)이라는 말의 첫 번째 뜻은 점(占)이라는 뜻이다. 그러므로 『주역』은 주나라의 점서(占書)다. 주나라에서 점을 치던 책이라는 뜻이다. 고대 조정에서 국가적인 일에 대해서 점을 치는 일은 천신(天神)·지신(地神)에게 제사를 드리는 일과 함께 중대한 종교 행위로서 국가적인 행사였다. 점은 하늘의 뜻을 묻는 일이었기 때문이다. 그래서 점을 치는 때에 목욕재계하고 경건한 마음으로, 마치 천제(天帝) 앞에 앉아 있는 것 같은 두려운 마음으로 점을 쳤다.

주나라 이전의 중국의 고대국가였던 하(夏)나라에도 점치는 법이 있었는데, 그것은 연산역(連山易)이라고 하였다. 하나라 다음 국가였던 은(殷)나라에도 점치는 법이 있었는데, 그것은 귀장역(歸藏易)이다. 다시 말하면 하나라에는 연산역, 은나라에는 귀장역, 주나라에는 『주역』이 있었다는 말이다.

하나라와 은나라 1,000여 년 동안 점치는 방법은 거의 같았다. 거북의 등껍질이나 소의 어깨뼈를 불에 구어 그 갈라진 모양을 하늘의 뜻으로 판단한 것이다. 이와 같은 갑골(甲骨: 거북의 등껍질과 소뼈)에 의한 점을 복점(卜占)이라고 한다. 복(卜)이라는 글자는 갑골을 불에 구웠을 때 갈라진 모양을 나타내는 글자다. 그러나 복(卜)이라는 글자의 뜻은 본래 '점을 친다'라는 뜻이다.

주(周) 왕조에 들어와서 64괘에 의해서 점치는 방법이 새로 만들어졌다. 점치는 법에 따라 64괘 중 하나의 괘를 만들고 그 만들어진 괘를 하늘의 뜻으로 받아들인 것이다. 이같이 괘(卦)를 만들어 점을 치는 것을 역점(易占)이라고 한다. 주 왕조에 들어와서 점치는 방법이 앞에서 말한 복점에서 역점으로 획기적으로 바뀐 것이다. 그러므로 역점이 바로 『주역』이고 주역 점이다.

역(易)이라는 말의 두 번째 뜻은 '간이(簡易)', '변역(變易)', '불역(不易)'이다. 다시 말하면 『주역』에서 역(易)이라는 글자는 '간이', '변역', '불역'을 의미한다. 이는 『주역』의 중심 내용을 말한 것이며, 철학적 메시지(Message)다.

'간이'는 '간단하고 쉽다'라는 뜻이다. 천지자연은 모든 일을 간단하고 쉽게 한다는 뜻이고 어렵거나 힘든 일이 없다는 것이다. 그 이유는 천지자연은 자연의 이치를 어기지 않고 일을 하기 때문이다. 자연이 자연의 이치를 어기지 않고 일을 하는 것처럼 개인이나 국가, 사회도 진리를 어기지 않고 일을 하면 어렵거나 힘든 일이 없이 모든 일은 간단하고 쉽게 이루어진다는 것을 말하는 것이다. 일이 힘든 것, 일이 안 되는 것, 되는 일이 없는 것, 그래서 괴롭게 되고 화를 당하게 되는 원인은 사람이 알아야 하고, 행하여야 할 진리를 알지 못하고, 행하지 않기 때문이라는 내용이 '간이' 속에 담겨 있다.

그래서 『주역』은 자연의 이치와 사람이 알아야 하고 행하여야 할 진리를 소상하고 쉽게 알려주면서 그 진리를 반드시 행하여야 한다고 강조한다. 일을 간단하고 쉽게 하는 유일한 길, 그리고 괴로움이나 화를 당하지 않는 유일한 길이 진리의 실행이기 때문이다. 진리를 무시하고 진리를 어기며 일을 하면 그렇게 일하는 행위가 바로 불의(不義)이기 때문에 여기저기서 사람들이 저항하고 가로막게 되므로 쉽고 간단하게 되는 일이 없다고 『주역』은 말하고 있다. 불의(不義)의 대표는 자기 이익 위주로 일하는 것이다. 자기 이익 위주로 일을 하게 되면 그 사람은 진리에 대해서는 무지한 사람이고, 그가 하는 모든 일은 의심을 받고 저항을 받아 순탄하게 이루어지는 일이 없다.

'변역'이라는 말은 '변한다'라는 뜻이다. 천지자연의 모든 것은 다 변한다. 형태가 변하고 자리가 바뀐다. 이와 마찬가지로 인간 세상의 모든 것과 모든 상황도 다 변한다. 한시도 가만히 있지 않고 진행되고 있는 이런 변화를 알려주는 책이 『주역』이다.

강산이 변하는 것처럼 사람의 모습과 마음도 변하며, 음지가 양지가 되고 양지가 음지 되는 것처럼 사람의 자리도 바뀌며, 달이 차면 기울고 기울면 차는 것처럼 흥망성쇠도 고정된 것이 아니며, 흘러가는 물처럼 모든 것은 다 떠나는 것이니 변하고 떠나는 것에 괴로워하지 말고 편안한 마음으로 살아야 한다고 가르치는 것이 『주역』이다. 다시 말하면 모든 게 변한다는 불멸의 진리를 알게 하고 깨닫게 하여 괴로움에서 초월하게 하려는 것이 『주역』이다. 『주역』을 영어로 번역할 때 "The Book of Changes"라고 하는데 이는 '변역'을 번역한 것이다. 변역에서 변(變)은 모습, 형태가 변한다는 뜻이고 역은 자리, 지위가 바뀐다는 뜻이다. 그리고 변역이라는 말에는 '소멸(죽음)된다'라는 뜻도 내포되어 있다.

'불역'이라는 말은 '변하지 않는다'라는 뜻이다. 천지자연과 인간세상의 모든 것이 다 변하는데 변하지 않는 것이 있다는 말이다. 그 변하지 않는 것이 무엇인가를 알려주려는 책이 『주역』이다. 그 변하지 않는 것은 천지자연의 이치이고, 인간과 사물과 세상에 내재(內在)되어 있는 진리라는 것이다. 오직 진리만이 변하지 않고 '영원히 불멸'한다는 것이다. 그러므로 『주역』은 변하지 않는 것을 알게 하여 변하지 않는 사람, 우주 자연의 진리에 순종하는 사람이 되게 하려는 것이다.

역(易)이라는 말의 부수적인 뜻은 세 가지이다. 첫째로 역(易)은 일(日)과 월(月)의 합성어로서 해와 달을 말하는 것이다. 해는 양의 대표이고 달은 음의 대표이다. 그러므로 『주역』은 음양에 대해서 논한 것이다.

두 번째로 역(易)은 일(日)과 물(勿)의 합성으로 보기도 한다. 일(日)은 태양이고, 하늘이고 자연을 말하는 것이고, 물(勿)은 거스르지 말라는 뜻이다. 그러므로 『주역』은 양(陽)과 하늘과 자연을 거스르지 말라는 규범 철학이고 자연 철학이다.

세 번째로 역(易)이라는 글자는 도마뱀을 의미하기도 한다. 그래서 일(日)은 도마뱀의 머리이고 물(勿)은 도마뱀의 꼬리와 발로 보는 것이다. 어떤 도마뱀은 하루에 12번 변한다고 한다. 카멜레온(chameleon)의 일종이다. 이같이 항상 변하는 도마뱀을 문자로 만든 것이 역(易)이라는 글자다. 그러므로 『주역』은 변화를 말한 철학이다.

위에서 말한 것을 종합하면 점(占)에 진리가 담기게 된 것, 곧 점(占)의 철학적 완성이 『주역』이다.

2) 『주역』의 저자와 저작연대

『주역』의 근본은 8괘와 64괘다. 8괘를 최초로 만든 사람은 '복희씨(伏羲氏)'라고 한다. 복희씨는 기원전 2,900년 경 사람으로 추정되므로 지금으로부터 4,900여 년 전의 사람이다. 중국 역사를 일반적으로 5,000년 역사라고 말하는 것은 복희씨로부터 계산해서 그렇게 말하는 것이다. 중국 최초의 국가는 삼황(三皇)·오제(五帝)가 다스렸다. 삼황은 세 사람의 황제, 곧 '복희씨(伏羲氏)·

수인씨(燧人氏)·신농씨(神農氏)'이다. 그러므로 '복희씨'는 중국 최초의 임금이다. 이는 중국 최초의 임금이 8괘를 만들었다는 것이다. 8괘는 글자가 아니고 자연물 중에서 대표적인 것 8가지를 상징하는 부호다.

64괘는 주(周)나라 제3대 임금이었던 문왕(文王)이 만들었다. 그리고 문왕은 64괘에 괘명(卦名)을 붙이고 괘에 대한 설명인 괘사(卦辭)를 지었다. 문왕은 주나라의 시조인 '고공단보'의 손자로서 공자가 성인으로 숭상하는 인물이다. 문왕 때에 주나라는 비약적으로 발전하였고 중국 제후(諸侯)의 2/3가 문왕을 지지하였을 정도로 올바른 임금이었다. 문왕이 왕위에 있던 기간은 대략 기원전 1185~1135년까지 50여 년이었다. 그리고 문왕의 아들 주공(周公)이 효사(爻辭)를 지었다. 주공도 성인이었으므로 성인(聖人), 부자(父子)가 『주역』의 경문(經文)을 지은 것이다. 그리하여 지금으로부터 3,100여 년 전에 『주역』이 탄생했다. 그러나 『주역』의 내용은 3,000년 전의 글 같지 않고 현재의 글 같아서 놀라운 것이다.

『주역』의 경문을 해설한 「십익(十翼)」은 공자(B.C.551~479)가 지었다고 한다. 십익을 공자가 지었다고 말한 사람은 전한(前漢) 무제(武帝) 때의 사관(史官)이었던 사마천(司馬遷: B.C.135~84)이다. 그러나 「십익」의 글의 내용으로 보아서 전부가 공자의 글은 아니다. 특히 「설괘전(說卦傳)」, 「서괘전(序卦傳)」, 「잡괘전(雜卦傳)」은 후세 사람이 지어서 붙인 것으로 생각된다. 억지스러운 데가 많기 때문이다.

『주역』을 일반적으로 삼성(三聖)의 역(易), 삼고(三古)의 역이라고 한다. 삼성은 복희씨, 문왕, 공자를 말하고, 삼고는 복희씨의 시대인 상고(上古) 시대, 문왕과 주공의 시대인 중고(中古) 시대, 공자의 시대인 근고(近古) 시대를 말한다.

3) 『주역』 내용의 구성

『주역』의 본래 이름은 역(易)이지만 일반적으로 『주역』이라고 한다. 『주역』이 전한(前漢) 때에 유교의 경전(經典)이 되면서부터 역경(易經)이라고도 한다. 경(經)은 성인이 지은 글 또는 성인의 언행을 기록한 글이다. 그러므로 경은 최고의 지위에 있는 최고로 거룩한 글이다. 성경·불경·도덕경 또한 다 같은 것이다.

『주역』의 내용은 경(經)과 전(傳)으로 되어 있다. 경은 『주역』의 본문이다. 『주역』의 본문은 문왕(文王)이 지은 64괘의 괘명(卦名)·괘사(卦辭)와 주공(周公)이 지은 효사(爻辭)이다. 경은 경문(經文)이라고도 한다. 64괘의 괘명은 하나하나의 괘(卦)가 지닌 진리를 한마디로 표현한 것으로서 『주역』에서 가장 중요한 것이다. 괘사는 하나하나의 괘의 전체적인 뜻을 말한 것이 아니라 간단하게 말한 점사(占辭)다. 점사는 점을 치기 위해서 점대로 괘를 만들었을 때 이루어진 '괘가 말하는 예언적인 말'이다.

『주역』이라는 말을 영어로 번역할 때 "Chinese classic on divination"이라고도 하는데, 이 말은 '예언에 관한 중국의 고전, 점에 관한 중국의 고전'이라는 뜻이다. 그러므로 『주역』은 예언서이고 점서(占書)다. 즉 주역 점을 치는 것은 하늘의 예언적 말씀을 듣는 일이다.

효사는 괘명을 풀어 말한 것으로서 사람이 알아야 하고, 행하여야 할 법도를 구체적으로 말한 것이다. 그러면서 동시에 점사로서의 효사는 초반·중반·후반에 일어날 일을 말한 것이다. 그러므로 효사는 점사이면서 동시에 사람의 행위원칙이 된다.

『주역』의 경문은 상경(上經)과 하경(下經)으로 나뉘어 있다. 상경은 64괘 중 첫 번째 괘부터 30번째 괘까지이고, 하경은 31번째 괘부터 64번째까지다.

전(傳)은 경(經)을 알기 쉽도록 풀어 말한 해설이다. 『주역』에는 10개의 해설서가 있다. 그것을 『십익(十翼)』이라고 한다. 최초에는 십위(十位)라고 하였고, 한(漢)나라 때부터 십전(十傳) 또는 십익이라고 한다. '익(翼)'이라는 말의 뜻은 '돕는다'라는 뜻이다. 그러므로 십익은 『주역』 경문의 이해를 도와주는 10가지 글이다.

십익은 다음과 같다. 「단전(彖傳)」 상·하, 「상전(象傳)」 상·하, 「계사전(繫辭傳)」 상·하, 「문언전(文言傳)」, 「설괘전(說卦傳)」, 「서괘전(序卦傳)」, 「잡괘전(雜卦傳)」이다. 「단전」은 괘사와 괘를 전체적으로 풀어 말한 것이다. 고대에는 괘사를 '단사'라고 하였으므로 '단사'를 해설한 글이라는 뜻에서 「단전」이라고 한 것이다. 여기서 단(彖)이라는 글자의 뜻은 '판단하다'라는 뜻이다. 괘를 전체적으로 판단한 글이라는 뜻이다. 전(傳)은 '설명한다'라는 뜻이다. 「상전」은 「대상전」과 「소상전」으로 되어 있다. 대상전은 괘상에 대하여 보충 설명한 것이고 소상전은 효사를 보충 설명한 것이다. 여기서 상(象)이라는 글자의 뜻은 '미루어 생각한다'라는 뜻이다.

그러므로 괘상과 효사를 미루어 생각한 글이 「상전」이다. 「계사전」은 『주역』을 전체적으로 해설한 글이다. '계사(繫辭)'라는 말의 뜻은 '이어 붙인 글'이라는 뜻이다. 「문언전」은 「건괘(乾卦)」와 「곤괘(坤卦)」의 괘사효사에 대해서만 더욱 상세하게 해설한 글이다. 문언전이라는 말의 뜻은 빛나는 말씀에 대한 해설이라는 뜻이다. 「건괘」와 「곤괘」의 괘사효사는 특히 유명한 글이므로 그렇게 말한 것이다. 「설괘전」은 64괘를 만든 이유와 8괘의 역할과 8괘에 해당하는 천지 만물을 말한 것이다. 「서괘전」은 64괘의 순서에 대한 설명이다. 「잡괘전」은 64괘를 성격이 서로 다른 것끼리 짝을 지어 해설한 것이다.

전한(前漢) 때부터 『십익』도 『주역』 본문에 포함해서 한 권의 책으로 출판되었고 후한(後漢) 때부터는 「단전」은 괘사 밑에, 「소상전」은 효사 밑에 붙여 출판되었다. 현재의 『주역』 체제가 이루어진 것이다.

4) 『주역』의 저자인 문왕과 주공의 사상(思想)

『주역』 64괘 대부분에 이정(利貞)이 나온다. '이정'이라는 말은 바르게 살아야 이롭다는 말이다. 『주역』의 내용이 천 번, 만 번 되풀이해서 강조하는 것은 바르게 살아야 한다는 것이다. 바르게 살아야 한다는 것을 『주역』만큼 계속 반복해서 강조하는 책은 아마도 이 세상에 없을 것이다. 그리고 64괘의 괘명은 사람이 반드시 행하여야 할 진리를 한마디로 요약해서 말한 것이다. 문왕과 주공은 백성들에게 진리를 알려주면서 그 진리를 따라 바르게 생활해야 한다고 지속적으로 말한다.

그러므로 문왕과 주공의 사상의 첫 번째는 진리 중심주의와 인간존재의 진리화(眞理化)다. 문왕과 주공 자신이 진리가 되어 바르게 살면서 진리가 어떤 것이고, 어떻게 사는 것이 바르게 사는 것인가를 『주역』이라는 책을 저술하여 구체적으로 밝힌 것이다. 진리를 알아 바르게 살아야 하는 일에 막히는 일이 없고 가로막는 장애가 없으며, 강하게 되어 화를 당하지 않으며, 사리 판단이 정확하여 잘못하는 일이 없고, 하늘이 복을 내리어 넉넉하고 편안하게 살 수 있다는 것이다.

고대사회의 사람들은 일반적으로 본능의 지배·무지의 지배·귀신(鬼神)의 지배·권력의 지배를 받으며 살았다. 이상의 넷이 사람들에게 재앙을 주는 것들이었다. 특히 권력의 지배는 사람들을 무척 성가시게 하고 늘 피곤하게 하였으며, 교만하고 업신여기고 괴롭혔다. 그래서 힘없는 백성들은 힘들게 살았다. 진리 중심주의와 인간존재의 진리화는 사람들을 본능·무지·귀신·권력의 지배로부터 해방시키는 것이었다. 그래서 진리는 절대 존재다. 백성들을 권력의 지배에서 해방시키는 것이야말로 진정한 '무위(無爲)의 정치'다.

문왕과 주공의 사상의 두 번째 것은 예(禮)와 교육 중심주의이다. 예는 타인을 공경하며 사회규범을 지키는 것이며, 국가기구(國家機構)를 제도화한 것이고, 자신의 몸가짐과 마음가짐을 아름답고 품위있게 가지는 것이다. 교육은 백성들을 바른 사람이 바르게 가르쳐 바른 사람으로 만드는 일이다. 주(周) 나라 때에 처음으로 공교육이 시작되었고, 예의 완성판이 『주례(周禮)』인데 『주례』는 주공이 만든 것이다. 그러므로 중국의 문물제도는 문왕과 주공에 의해서 비로소 틀이 잡힌 것이다. 이는 예와 교육을 지극히 중시한 문왕과 주공의 사상 때문이다.

문왕과 주공 사상의 세 번째는 경천애인(敬天愛人)이다. '경천(敬天)'은 하늘[하느님]을 받들며 하늘의 뜻을 따르는 것이다. 따라서 귀신을 섬기는 것은 여기에 포함되지 않는다. 성인(聖人)은 귀신을 말하지 않는다. '애민(愛民)'은 백성을 진심으로 사랑하는 것이다. 진심으로 사랑하기 때문에 그들을 잘 살게 하려고 희생하며 정성을 바쳐 백성들을 위해 일하는 것이다. 백성을 사랑하지 않는다면 나랏일 할 자격이 전혀 없다. 경천애인은 문왕과 주공의 사상만은 아니다. 모든 성인·군자의 공통된 사상이다.

문왕과 주공의 사상은 통치의 근본이 되었다. 그리하여 권모술수로 백성을 속이며 적당히 자기들 이익 위주로 나라를 다스리는 일이 없었다. 언제나 진리를 따라 정직하고 분명하게, 깨끗하고 사사로움이 없이 오직 일반 백성들의 복리를 위하여 정성을 다해 나랏일을 한 것이다. 그래서 백성들은 임금을 우러러 받들고 따르며 임금의 말이라면 무조건 충성을 바친 것이다. 그래서 얼마 안 되어 조그마한 제후국인 주나라가 대제국인 은나라를 멸망시키는 기적을 이룬 것이다.

문왕과 주공이 세상을 떠난 후 약 500여 년 후에 공자가 이 세상에 오셨다. 공자께서는 옛 사관(史官)들이 남긴 수많은 문헌을 폭넓게 공부하셨다. 그로 인해 문왕과 주공의 인격과 사상, 교육과 통치행위에 대하여 소상하게 알게 된 것이다. 그리고 문왕과 주공의 위대한 업적에 감탄하시고 성인으로 우러러 모신 것이다. 꿈속에서도 주공을 종종 뵐 정도였다. 그리하여 문왕과 주공의 사상은 그대로 공자님의 사상으로 전승되게 된 것이다.

『논어』에 의하면, 공자께서는 40대 후반에 『주역』을 공부하셨다. 『논어』「술이(述而)」편에 다음과 같은 내용이 있다. "공자께서 말씀하시기를 내가 몇 년 더 살아 50세까지 공부한다면 큰 허물은 없게 될 것이다(子曰 加我數年 五十而學易 可以無大過矣)." 그리고 사마천(司馬遷)의 『사기(史記)』에 의하면 "공자님은 만년에 『주역』을 좋아하시어 책을 맨 가죽끈이 세 번이나 끊어지도록 책을 읽으셨다(孔子晩而喜易 讀書韋編三絶)"라고 하였다. 종이가 발명되기 이전의 옛날 책은 댓조각(竹簡)에 글씨를 써서 가죽끈으로 엮은 것이었다. 댓조각을 엮은 가죽끈이 세 번이나 끊어지도록『주역』을 읽은 것이다.『주역』에는 천지자연의 이치와 사람이 행하여야 할 진리와 문왕과 주공의 훌륭한 정신과 사상이 담겨 있는 존귀한 책이어서 그토록 반복해서 읽은 것이고 "이 책이야말로 인간의 잘못을 무한히 소멸시킨다."라고까지 말씀한 것이다. 이처럼『주역』은『시경(詩經)』과 함께 공자께서 특히 애독한 책이다. 공자께서 애독하신『주역』의 가치를 후세인은 고대 언어의 난해함 때문에 잘 모르고 있는 것이 안타까울 뿐이다.

『주역』은 순수한 진리의 책이다. 성인이신 공자님을 감격하게 한 진리의 책이다. 그러므로 공자님을 대하는 경건하고 겸손한 자세로『주역』을 공부해야 한다. 그리고『주역』은 고대에도 단순한 미신적 점서가 아니고, 진리를 추구하는 사람들의 철학서였던 사실을 명심하여야 할 것이다.

5)『주역』이 탄생하게 된 배경(背景)

『주역』은 주(周)나라와 문왕(文王)이 겪은 극심한 고난 속에서 피어난 생활철학이다. 이 생활철학이 중국철학의 시조가 되었고 오늘날까지 중국 고전(古典) 중에서도 최고가 된 것이다. 주나라와 문왕이 겪은 고난은 다음과 같다.

주나라를 세운 사람들은 이름 없는 조그마한 부족 집단이었다. 이 부족 집단에 '고공단보(古公亶父)'라는 족장(族長)이 나오면서부터 크게 힘을 떨치기 시작하였다. 그리하여 주변의 조그마한 국가들을 쳐부수고 병합하여 영토를 넓히고 국가의 체제를 갖추어 고공단보는 왕이 된 것이다. 여기까지는 이 책의 맨 앞에서도 설명하였다. '고공단보'는 주나라의 수도를 그들의 원래 근거지였던 분수(汾水)라는 강 유역에 있는 빈(豳)에 정하였다. 분수 유역은 기후가 온화하고 비옥한 농경 지대였으며, 근처에 소금 산지도 있는 등 지리적 여건이 좋아 생활에 풍요를 가져다주었다. 이와 같은 좋은 지리적 환경에 유능한 임금이었던 고공단보 때문에 주나라는 비약적으로 발전하게 되었다.

이때 은(殷)나라는 중국 천하를 다스리는 대제국(大帝國)으로서 막강한 국력을 과시하고 있었다. 중국 서쪽 변방의 나라인 주나라는 국력으로는 감히 은나라의 상대가 되지 않았다. 살아남으려면 주나라는 은나라와 군신(君臣) 관계를 맺어야만 했다. 그리하여 고공단보는 은나라와 주종관계를 맺고 정식으로 국가로 인정받았으며 은나라의 제후국이 되었다. 그런데 어떤 이유에서인지 확실하지 않지만, 은나라 22대 천자인 무정(武丁)이 대군을 이끌고 주나라를 침략하였다. 고공단보는 싸움에 패하고 부족을 이끌고 다른 곳으로 이주하였다. 겨우 자리 잡힌 나라의 터전이 하루아침에 무너져 버린 것이다. 이후 조상 대대로 살던 고향을 떠나 지금의 섬서성(陝西省) 기산(岐山) 밑에 새로 도읍을 정하고 무너진 나라의 재건에 심혈을 기울였다. 이것이 주나라가 겪은 첫 번째 고난이다.

고공단보에게는 아들이 셋이 있었다. 고공단보는 왕위를 막내아들 계력(季歷)에게 물려주려고 하였다. 그 이유는 계력의 큰아들이 창(昌)인데 창에게 왕위를 이어주려고 했던 것이다. 어린 손자 창의 인간됨이 뛰어났기 때문이었다. 고공단보의 장자와 차자는 부왕의 이런 뜻을 알고 나라를 떠나 몸을 감추어 버렸다. 고공단보가 죽자 계력이 임금이 되었다. 계력도 훌륭한 임금이었다. 통치를 잘하여 국력이 강대하게 되었고 그리하여 주변의 강적을 모두 쳐부수고 새로운 강국으로 떠오르게 되었다. 그 때문에 종주국인 은나라가 불안하게 되었다. 그래서 은나라 29대 천자인 제을(帝乙)은 계력에게 은 왕실의 여자를 보내고 관작을 하사하며 회유하였다. 은나라의 천자에게 순종하게 만들려는 술책이 있다. 그러나 계력은 회유에 넘어가지 않고 국력을 키우는데 정성을 바쳤다. 그래서 은나라 제을은 결국 자객을 보내 계력을 암살한 것이다. 임금이 암살당하여 나라의 기둥이 무너지게 되자 온 백성들은 피눈물을 흘리며 원통해 하였다.

이것이 주나라가 겪은 두 번째 고난이다.

계력이 암살당하고 그의 장자 창(昌)이 임금이 되었다. 이분이 바로 문왕이다. 문왕은 후대의 공자께서 성인으로 우러러 받들 만큼 위대한 인물이었다. 주(周)나라의 3대 임금인 문왕은 임금 자신이 위대한 인물인데다 강태공(姜太公)이라는 현인(賢人)을 만나 절망 속에 빠져있는 백성을 일으켜 세우고 주나라를 더욱 바른 나라로 만들어 나갔다. 그러자 많은 나라에서 수많은 훌륭한 인물들이 문왕에게 모여들었다. 그래서 주나라는 더욱 부강한 나라가 되어갔다.

주나라의 이런 변화와 발전에 주변국의 제후들이 문왕을 시기하게 되었고 은나라의 30대 천자인 주왕(紂王)에게 문왕을 중상모략하였다. 문왕을 그대로 두면 장차 은나라에 큰 화가 된다고 말하였다. 그래서 주왕은 문왕을 은나라 궁궐로 불러들였다. 천자의 호출이니 문왕은 신하로서 그에 따르지 않을 수가 없었다. 주왕은 문왕이 은나라에 도착하자마자 체포하여 감옥에 가두어 버렸다. 감옥은 '유리(羑里)'라는 곳에 있는 토굴이었다. 문왕은 한 나라의 임금으로서 토굴 감옥에서 3년을 감옥살이하는 참담한 치욕을 당한 것이다. 이것이 문왕이 겪은 고난이다.

주나라 백성들은 자기들의 임금이 억울하게 감옥살이하여 치욕을 당하고 있음에도 결코 굴하지 않고 온 백성이 한마음 한뜻이 되어 굳건히 나라를 지켜갔다. 그래서 주변의 어떤 나라도 감히 주나라를 침략할 생각을 하지 못하게 되었다. 이때 문왕은 감옥살이를 하면서 64괘를 만들고 거기에 괘명(卦名)을 붙이고 괘사(卦辭)를 지은 것이다. 그러므로 『주역』은 고난의 감옥에서 꽃피워진 점서이면서 동시에 위대한 진리의 책이 된 것이다. 점서(占書)는 하늘에 의지해야 한다는 것이고, 진리는 하늘의 뜻에 따라 바르게 살아야 한다는 의미이다. 그처럼 고대에 진리는 하늘의 뜻이었다.

은나라의 주왕은 죽음으로 나라를 지키는 주나라 백성들의 불타는 충정심에 놀라 결국 문왕을 석방하였다. 그리고 회유책으로 문왕을 '서백(西伯)'에 임명하였다. 서백이란 은나라 서쪽 지방에 있는 제후들을 통솔하는 우두머리다.

이상에서 살펴본 바와 같이 주나라는 바르지 않은 은나라로부터 계속 수난을 당한 것이다. 이같이 한 나라와 임금이 바르지 않으면 다른 나라와 다른 사람에게도 고통을 주는 것이다. 또한, 바르지 못한 나라와 임금에게 내 나라가 고통을 당하는 것은 자신의 나라가 그만큼 강하지 못하기 때문이다. 문왕은 바로 이 점을 감옥에서 깨달은 것이다. 그리고 나라와 사람을 바르게 하고 강하게 하는 것은 하늘을 의지하고 진리를 온전히 따르는 것임을 깊이 깨닫게 된 것이다. 그래서 사람들에게 그가 깨달은 진리를 알려주기 위해서 감옥에서 『주역』이라는 점서를 지었다. 이리하여 『주역』은 바르게 사는 것이 구체적으로 어떤 것인가를 온 백성에게 알려주는 범국민적 교과서가 되었다.

이같이 『주역』은 일종의 국민적 점서였고 진리를 전파하는 교과서였으므로 지금으로부터 3,100여 년 전 당시에는 모든 사람이 알기 쉽게 쓰였을 것이다. 후대 학자들의 연구에 의하면, 기원전 1000년경의 한자의 총글자 수는 3,500여 자에 불과하였다고 한다. 그런데도 오늘날 『주역』은 최고의 난해한 글로 여겨지고 있다. 그 난해함 때문에 예전에 우리 선인(先人) 중에는 『주역』을 공부하다가 실성한 분까지 있다고 하지 않는가?

이처럼 『주역』을 어렵게만 여기는 것은 현재의 통상적인 한자의 뜻으로 번역하려고 하기 때문일 것이다. 3,100여 년 전 주나라 때에는 현재의 통상적인 한자(漢字)의 뜻으로 글을 썼던 경우도 있겠지만, 아마도 그렇지 않은 경우가 훨씬 더 많을 것으로 예상된다. 그러므로 그 시대에 썼던 한자의 뜻을 먼저 알아야 한다. 그러려면 여러 큰 사전에 나와 있는 한자의 모든 뜻을 소상하게 공부하는 일이 먼저 이루어져야 한다. 그러므로 『주역』은 해박한 한자 실력과 고도의 인식 능력, 지식과 진리 수준이 고차원에 이르러야 이해가 가능한 것이다. 아득한 옛날 고대의 언어이기 때문이다.

『수역』의 내용이 결코 어려운 것은 아니다. 간단하고 쉬운 글이다. 간단하고 쉬운 자연의 이치와 세상의 이치를 말한 것이다. 그러나 통상적인 한자 뜻에 매달리면 『주역』은 영원히 이해 불가능한 글이 되고 말 것이다.

2. 8괘와 64괘

1) 효(爻)란 무엇인가?

　천지자연과 인간 세상에는 헤아릴 수 없이 많은 생물과 무생물 그리고 무형(無形)의 존재가 있다. 『주역』은 그 많은 존재를 음(陰)과 양(陽)으로 나눈다. 예를 들면 하늘은 양이고 땅은 음이다. 하늘을 양이라고 할 때, 하늘에 있는 모든 것은 하늘에 포함되고, 땅을 음이라고 할 때, 땅에 있는 모든 것은 땅에 포함되는 것이다. 그래서 『주역』은 하늘은 모든 양의 대표라 하고 땅은 모든 음의 대표가 된다. 그리고 음양은 주역 철학의 근본이 되는 것이다. 그러나 땅을 양이라고 할 때 물은 음이고, 나무를 양이라고 할 때 풀은 음이며, 동물을 양이라고 할 때 식물은 음이다. 그러므로 『주역』에서 음과 양은 암·수의 관계이면서 동시에 상대적 관계다.

　『주역』은 이와 같은 음·양에 대해서 논하는 철학이며, 이 세상은 상대적 세계라는 것을 일깨워 주는 철학이다. 음과 양이 화합하여 바른길을 가면 좋은 일과 복이 오고, 음과 양이 불화하여 싸우게 되면 되는 일이 없고 재앙이 온다고 가르치는 것이 『주역』이다. 주역철학의 근본인 음과 양은 상고(上古) 시대에 복희씨가 부호로 만들었다. 양의 부호는 ━(온줄), 음의 부호는 ╍(도막줄)이다. 현대 과학에서 양의 부호를 +(플러스), 음의 부호를 -(마이너스)로 하는 것과 유사하다. 이와 같은 양의 부호인 온줄(━), 음의 부호인 도막줄(╍)을 합하여 효(爻)라고 한다. 그러므로 효는 양의 부호(━)와 음의 부호(╍)의 통합 명칭이다. 개별 명칭은 양의 부호는 양효, 음의 부호는 음효라고 한다.

효(爻)라는 한자(漢字)의 뜻은 '형상화(形象化)한다'는 뜻이다. 그러면 음효와 양효라는 부호는 무엇을 형상화하였는가? 양효(━)는 동물 수컷의 생식기를 형상화한 것이고 음효(╍)는 동물 암컷의 생식기를 형상화한 것이다. 다시 말하면 동물 암수의 생식기를 부호로 형상화한 것이 양효와 음효다.

효의 명칭은 음효와 양효이지만 『주역』 경문(經文)에서는 음효·양효라는 명칭은 사용하지 않고 강(剛)·유(柔)와 구(九)·육(六)이라는 명칭을 사용하고 있다. 강(剛)은 강하다·단단하다는 뜻인데 이는 양의 본질이다. 그래서 양(陽)이라는 말 대신에 강(剛)이라는 말을 사용하는 것이다. 만일에 양(陽)이 약하거나 물러서 양답지 못하면 양이 해야 하는 일을 할 수가 없다. 그러면 굴복하거나 무너지는 것이다. 이런 굴욕이 없도록 양은 강해야 한다는 것을 계속 강조하기 위해서 강(剛)이라는 말을 쓰고 있다. 유(柔)는 부드럽고 온순하다는 뜻인데 이는 음(陰)의 본질이다. 그래서 음이라는 말 대신에 유(柔)라는 말을 사용하는 것이다. 그런데 만일에 음이 부드럽고 온순하지 못하고 거세고 강하기만 하다면 음은 양을 짓밟고 제멋대로 행동하게 된다. 그러면 음양은 불화하고 계속 어긋나기만 한 것이다. 이런 상태가 계속되면 무슨 복이 오겠는가? 이런 일이 없도록 음은 음다워야 한다는 것을 계속 강조하기 위해서 유(柔)라는 말을 쓰고 있다. 이런 것 하나하나가 『주역』의 가르침이다.

음(陰)을 육(六)이라 하고 양(陽)을 구(九)라고 하는 이유는 『주역』에서 1부터 10까지의 수를 기본수(基本數)라고 하는 데서 비롯된다. 기본수 중에서 1·2·3·4·5를 생수(生數)라 하고 6·7·8·9·10을 성수(成數)라고 하는데[생수와 성수에 관한 설명은 하도(河圖)에서 나옴], 생수에서 1·3·5는 홀수로서 이를 천수(天數) 또는 양수(陽數)라고 한다. 이것을 합하면 9가 된다. 생수에서 2·4는 짝수인데 이를 지수(地數) 또는 음수(陰數)라고 한다. 이것을 합하면 6이 된다. 그러므로 여기서 9는 양이고 하늘을 말하는 것이며, 6은 음이고 땅을 말하는 것이다. 그래서 양을 9라고 하고 음을 6이라고 한다. 양은 하늘을 닮아야 하고 음은 땅을 닮아야 한다는 것을 계속 강조하기 위해서 음양이라는 말 대신에 6(六)과 9(九)를 쓰고 있다.

1을 천수(天數), 2를 지수(地數)라고 하는 이유는 천지창조에서 하늘이 첫 번째로 생기고 땅이 두 번째로 생겼으므로 하늘[天]을 1로 하고 땅[地]을 2로 한 것이고 홀수를 천수(天數)라 하고 짝수를 지수(地數)라고 한 것이다.

2) 팔괘(八卦)

(1) 8괘란 어떤 것인가?

8괘에서 8은 천지 만물 중에서 기본적이고 가장 중요한 하늘·소택(沼澤)·불·우레·바람·물·산·땅을 말한다. 괘(卦)란 이 8가지 자연물을 나타내는 8개의 부호를 말한다. 그러므로 8괘란 여덟 가지 중요한 자연물과 그 자연물을 나타내는 8개의 부호를 말하는 것이다. 다시 말하면 음과 양의 부호를 효(爻)라고 하는 것처럼 8가지 자연물의 부호를 괘(卦)라고 하는 것이다. 그러므로 효(爻)나 괘(卦)는 부호의 명칭이다.

8괘의 괘의 이름[卦名]과 괘의 모양[卦形]은 다음과 같다.

건(乾): ☰, 태(兌): ☱, 이(離): ☲, 진(震): ☳
손(巽): ☴, 감(坎): ☵, 간(艮): ☶, 곤(坤): ☷

• **건(乾)은 하늘이다**

건(乾)이라는 글자가 '하늘 건'이므로 글자 그대로 하늘을 말하는 것이다.

• 태(兌)는 소택(沼澤)이다

소(沼)는 늪이고 용소(龍沼)이며 택(澤)은 호수·저수지·웅덩이·연못이다. 용소는 폭포수가 떨어지는 바로 밑에 깊고 넓게 파인 웅덩이이다. 그러므로 소택은 자연적으로 깊고 넓게 파인 곳에 물이 고인 곳과 사람이 깊고 넓게 파거나 둑을 만들어 물이 모이게 한 곳을 말한다. 그러므로 태(兌)는 흐르는 물이 아니고 고여 있는 물을 말하는 것이다. 그러나 태(兌)라는 글자의 뜻에는 소택이라는 뜻은 없고 '기뻐한다·기쁘게 한다'는 뜻이다. 그런데 태(兌)를 소택이라고 말한 이유는 사람에게 정서적·물질적으로 기쁨을 주는 소택의 본성 때문이다. 소택은 그를 바라보는 사람에게 정서적으로 큰 기쁨을 주고 그 물로 농사를 지음으로 물질적으로 큰 기쁨을 주는 것이다. 그러므로 태(兌)는 소택의 본성인 것이고 소택의 본성을 괘명(卦名)으로 한 것이다.

• 이(離)는 불[火]이다.

이(離)라는 글자가 '불 이'이므로 글자 그대로 불을 말하는 것이다. 그러나 이(離)는 불만 말하는 것 아니고 해·달·별과 빛과 번개도 포함된다.

• 진(震)은 우레이다.

우레는 천둥이다. 진(震)이라는 글자가 '우레 진'이므로 글자 그대로 우레를 말하는 것이다. 그러나 진(震)은 천둥만 말하는 것이 아니고 지진과 벼락도 포함된다.

• 손(巽)은 바람과 나무이다.

그러나 손(巽)이라는 글자의 뜻에는 바람이나 나무라는 뜻은 없고 부드럽다는 뜻이다. 그런데 손(巽)을 바람과 나무라고 말한 이유는 바람과 나무의 본성인 부드러움 때문이다. 바람도 부드럽고 나무도 처음의 싹은 부드러운 것이다. 자라면서 딱딱해지는 것이다. 그러므로 손(巽)은 바람과 나무의 본성이고 따라서 바람과 나무의 본성을 괘명으로 한 것이다.

• 감(坎)은 물이다.

흐르는 물이다. 그러므로 시냇물·강물·바닷물·이슬비·구름이 다 이에 포함된다. 그러나 감(坎)을 물이라고 말한 이유는 그 물이 주는 재앙 때문이다. 고대 중국인들이 당한 큰 재앙 중의 하나는 황하(黃河)의 범람이었다. 그러므로 감(坎)은 시냇물·강물의 범람을 의미하는 것이다. 불어난 큰물은 험난한 것이다.

• 간(艮)은 산(山)이다.

그러나 간(艮)이라는 글자의 뜻에는 산(山)이라는 뜻은 없고 '머물러 있다·움직이지 않는다·견고하다'라는 뜻이다. 그런데 간(艮)을 산이라고 말한 이유는 움직이지 않고 머물러 있는 산의 본성 때문이다. 그러므로 산의 본성인 '머물러 있고 움직이지 않는' 것을 괘명으로 한 것이다.

• 곤(坤)은 땅[大地]이다.

지구인 것이다. 곤(坤)이라는 글자가 '땅 곤'이므로 글자 그대로 땅을 말하는 것이다.

8괘의 괘명과 그에 해당하는 자연물과 괘의 모양은 『주역』의 기초이다. 그러므로 『주역』 공부를 하려면 꼭 기억해야 한다. 8괘의 괘형(卦形)을 기억하는 방법은 다음과 같다.

乾三連(건삼련)	兌上絶(태상절)	離中絶(이중절)	震下連(진하련)
巽下絶(손하절)	坎中連(감중련)	艮上連(간상련)	坤三絶(곤삼절)

연(連)은 이어진 효 곧 양효를 말하고, 절(絕)은 끊어진 효 곧 음효를 말한다.

8괘는 소성괘(小成卦) 또는 경괘(經卦)라고도 한다. 소성괘라는 말은 효(爻)를 가지고 만든 괘로써 작은 괘라는 뜻이다. 경괘는 근본적인 괘라는 뜻이다. 소성괘는 세 개의 효로 만들어졌는데 그 세 개의 효는 천(天)·지(地)·인(人)을 나타낸다. 가장 아래 효는 지(地)를 나타내는 것이고, 가운데 효는 인(人), 맨 위 효는 천(天)을 나타낸다. 하늘과 땅 사이에서 사람이 살기 때문에 인(人)이 가운데 위치한 것이다. 이 천·지·인을 삼재(三才) 또는 삼극(三極)이라고 한다. 재(才)와 극(極)은 근본이라는 뜻이다. 천지자연의 근본은 하늘과 땅과 사람이라는 말이다. 그러므로 『주역』은 삼재에 대한 철학이다. 즉, 삼재를 현대적인 말로 표현하면 진리와 자연과 인간이다. 이 셋이 악에 의하여 훼손당하면 그 사회는 곧 무너지고 만다. 『주역』은 이 셋을 지키려는 철학이다.

8괘는 음괘(陰卦)와 양괘(陽卦)로 나누어진다. 건(乾)·진(震)·감(坎)·간(艮)은 양이고, 곤(坤)·손(巽)·이(離)·태(兌)는 음이다. 건과 곤을 제외하고 여섯 개의 소성괘는 음효가 많은 괘를 양이라고 하고, 양효가 많은 괘를 음이라고 한다. 강하고 견고하고 험한 것은 양이고, 부드럽고 따뜻하고 조용한 것은 음이기 때문이다.

(2) 8괘에 해당하는 구체적인 내용

괘명	자연물	사람	동물	본성	방위	계절
乾	天(하늘)	父	馬(말)	健	西北	늦가을 초겨울
兌	沼澤(소택)	少女	羊(양)	悅	西	가을
離	火(불)	中女	雉(꿩)	麗	南	여름
震	雷(우레)	長男	龍(용)	動	東	봄
巽	風(바람) 木(나무)	長女	鷄(닭)	入	東南	늦봄 초여름
坎	水(물)	中男	豕(돼지)	險	北	겨울
艮	山(산)	少男	狗(개)	止	東北	늦겨울 초봄
坤	地(땅)	母	牛(소)	順	西南	늦여름 초가을

8괘의 본성(本性)은 일반적으로 괘덕(卦德)이라고 말한다. 64괘를 이해하는 데 괘덕은 대단히 중요한 것이므로 바르게 이해해야 한다.

• 건(乾·하늘)의 괘덕은 건(健)이다.

'건(健)'의 뜻은 강하다, 흔들림이 없다, 힘쓰다 쉬지 않고 일한다는 뜻이다.

• 태(兌·소택)의 괘덕은 열(悅)이다.

'열'의 뜻은 기뻐한다. 기쁨을 준다는 뜻이다.

• 이(離·불)의 괘덕은 려(麗)이다.

'려'의 뜻은 빛나다. 아름답다 붙어있다는 뜻이다.

- **진(震·우레)의 괘덕은 동(動)이다.**

'동'의 뜻은 움직이다, 일어나다, 일으키다는 뜻이다.

- **손(巽·바람)의 괘덕은 입(入)이다.**

입의 뜻은 앞으로 나아간다는 뜻이다.

- **감(坎·물)의 괘덕은 험(險)이다.**

'험'의 뜻은 험난하다, 위태롭다는 뜻이다.

- **간(艮·산)의 괘덕은 지(止)이다.**

지의 뜻은 머물러 있다. 움직이지 않는다 흔들림이 없다, 망동(妄動)하지 않는다는 뜻이다.

- **곤(坤·땅)의 괘덕은 순(順)이다.**

'순'의 뜻은 온순하다, 순종한다는 뜻이다.

3) 64괘

(1) 64괘란 어떤 것인가?

64괘란 소성괘(小成卦) 둘이 상하(上下)로 결합하여 이루어진 64괘의 대성괘(大成卦)이다.

(예) ䷊ 乾上
　　　　坤下

위에서 예를 든 괘가 소성괘인 건괘(乾卦)와 소성괘인 곤괘(坤卦)가 상·하로 결합하여 이루어진 대성괘다. 그러므로 소성괘 둘이 상하관계로 결합된 형태의 괘다. 이런 대성괘가 『주역』에서는 64개가 있다. 이와 같은 대성괘 64개를 64괘라고 한다. 대성괘 64개에 주역 철학이 담겨 있고, 『주역』의 모든 내용이 담겨 있는 것이다. 다시 말하면 『주역』이라는 책은 64개의 대성괘를 해설한 것이다. 대성괘 64개에 담겨 있는 내용은 천지자연의 이치, 사람이 반드시 알아야 하고 행하여야 할 진리, 사람이 긴 인생을 살면서 겪게 되는 모든 중대한 문제의 발생 원인과 예방책과 해결 방안이다.

대성괘 64개가 이루어지는 과정은 다음과 같다. 8개의 소성괘 모두가 각각 하괘(下卦)가 된 다음에, 그 하괘가 된 자신을 포함해서 8개의 소성괘를 상괘(上卦)로 하여 일대일(1:1)로 만나면 8개의 대성괘가 이루어진다.

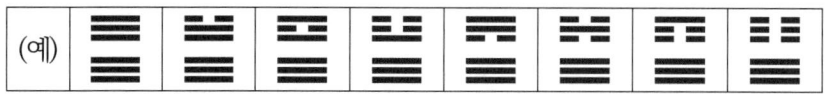

위의 예에서 보는 바와 같이 소성괘인 건괘는 하괘로 고정되어 있고, 하괘인 건괘가 자신을 포함해서 8개의 소성괘 모두와 일대일 상하관계로 만나면 8개의 대성괘가 이루어진다. 다시 말하면 한 개의 소성괘가 8개의 대성괘를 이루는 것이다. 그러면 8개의 소성괘 모두가 이루는 대성괘는 64개가 되는 것이다. 이렇게 이루어진 64개의 대성괘는 전혀 다른 괘의 모양, 전혀 다른 괘의 뜻, 전혀 다른 상황이 되는 것이다. 대성괘 64개는 일정팔회(一貞八悔)의 법칙에 따라 이루어진다. 여기서 정(貞)은 하괘(下卦)를 말하고 회(悔)는 상괘(上卦)를 말한다.

(2) 64괘의 형태와 명칭

64괘 중에서 하나의 대성괘만 그 형태를 예로 들면 다음과 같다.

23. ䷖ 艮上 坤下 山地剝(산지박)

　좌측의 23이라는 숫자는 64개의 괘 중 23번째 괘라는 뜻이다. 맨 우측의 박(剝)은 괘의 이름이다. 그러므로 괘명(卦名)이다. 괘명은 대성괘의 핵심이다. 그런고로 『주역』 23번째 괘는 박괘(剝卦)다. 간상(艮上)·곤하(坤下)의 박괘에서 상괘는 간괘이고 하괘는 곤괘다. 64괘에서 상·하괘를 표시할 때는 반드시 소성괘의 괘명을 쓴다. 산지(山地)라는 말은 박괘의 괘상(卦象)을 말한다. 괘상이란 상괘와 하괘를 자연현상으로 말하는 것이다. 그러므로 박괘의 괘상은 '땅 위의 산'이다. 땅 위의 산이 버티고 앉아 있는 형상이 박괘다. 괘명 앞에는 괘상을 나타내는 자연현상의 명칭을 붙인다. 그래서 산지박(山地剝)이라고 한 것이다. 그러므로 박괘를 '산지박괘'라고도 하고 그냥 박괘라고도 한다.

　대성괘는 일반적으로 괘상으로 해설한다. 그래서 괘상은 대단히 중요하다. 그러나 때로는 괘의 모양새인 괘형(卦形)으로 해설하기도 한다. 괘형은 괘체(卦體)라고도 하는데 대성괘의 음양의 분포상태와 눈에 보이는 모양새가 어떤 물체를 닮았는지를 말하는 것이다. 박괘의 괘형은 맨 위에 양효가 하나만 있고 모두 음효이다. 이는 소인이 군자를 모두 몰아내고 남아있는 군자는 명맥만 유지하고 있는 상태를 말한다. 그래서 괘형도 중요한 것이다. 군자는 양(陽)이고 소인(小人)은 음(陰)이다.

　그러나 64괘의 대성괘를 모두 괘상과 괘형으로만 해설한 것은 아니다. 어떤 경우에는 괘덕이론, 음양이론, 자연현상을 상징화하여 해설하고 있다. 구체적인 것은 『주역』 본문 해설에서 그때그때 말하였다. 그리고 간괘와 곤괘에는 괘덕이 들어있다. 그러므로 박괘에 들어있는 명칭은 괘서(卦序)·괘상(卦象)·괘형(卦形)·괘덕(卦德)이다.

　대성괘의 두 괘는 일반적으로 상하관계로 본다. 그러나 단순히 상하관계만은 아니다. 상괘를 외괘(外卦), 하괘를 내괘(內卦)로 보기도 하고, 상괘를 전괘(前卦), 하괘를 후괘(後卦)로 보기도 하며, 때로는 결합관계(結合關係), 병존관계(倂存關係)로 보기도 한다.

64괘의 괘상은 더 이상 마음대로 해석할 필요가 없다. 괘상을 설명한 것이 괘명·괘사·단전·대상전·효사소상전이기 때문이다. 그러므로 『주역』의 본문인 경(經)과 경에 대한 해설인 전(傳)을 정확하게 이해하는 것이 가장 중요한 일이다. 본문에 대한 정확한 이해 속에서 괘상을 바라보아야 하기 때문이다. 『주역』의 경과 전은 불완전하게 또는 잘못 이해하면서 괘상만 바라보며 『주역』을 알려고 한다면, 무지하면서 사람을 바라보고 사람을 알려고 하는 것과 같은 것이다.

64괘는 자연현상 간의 관계와 음과 양의 관계를 말하면서 그 속에서 자연의 이치와 사람이 행하여야 할 진리와 중대한 인생 문제를 찾아내서 말한 것이다. 성인(聖人)들의 말씀이므로 모두 바른 말이고 덧붙일 것도 뺄 것도 없다. 그러므로 마음대로 붙이고 빼도 안 되는 것이다. 성인의 글에 대한 공부는 낮은 마음으로 조심스럽게 해야 한다.

64괘가 하는 말은 두 마디로 요약하면 "역천자필망(逆天者必亡: 하늘 곧 진리를 어기는 자는 반드시 망한다)"와 "물극필반(物極必反: 세상 모든 일은 지나치면 반드시 원점으로 돌아간다)"이다. 이 두 마디 말을 한마디로 요약하면 "중정(中正: 언제나 바르고 적당해야 한다)"이다. 그러므로 '중정'은 주역 철학의 핵심이다.

(3) 대성괘(大成卦)의 효(爻)의 명칭과 효의 상호관계

대성괘의 효의 명칭은 다음과 같다. 예로 드는 괘는 뇌화풍괘(雷火豐卦, ䷶)이다.

여섯 효의 순서는 아래서부터 시작되고 아래서부터 읽는다. 맨 아래 효를 일

	── …… 上六	上陰		上爻
	── …… 六五	五陰		五爻
(예)	── …… 九四	四陽		四爻
			또는	
	── …… 九三	三陽	또는	三爻
	── …… 六二	二陰		二爻
	── …… 初九	初陽		初爻

효(一爻)라고 하지 않고 초효(初爻)라고 하며, 맨 위의 효를 육효(六爻)라고 하지 않고 상효(上爻)라고 한다. 효의 명칭은 세 가지 종류가 있는데, 일반적으로 사용하는 명칭은 위의 3가지 예에서 보는 좌측의 것이다. 아래 두 효는 일의 시초이고, 가운데 두 효는 일의 중간이며, 맨 위의 두 효는 일의 종반을 의미한다. 사람으로 말하면 초효는 일반백성이고, 이효는 선비[士]며, 삼효는 대부(大夫)이고, 사효는 공경(公卿)이며, 오효는 임금이고, 상효는 은자현인(隱者賢人)이다. 공경에서 공은 제후이고 경은 삼정승이다.

　대성괘에서 초효·삼효·오효는 양효(陽爻)의 자리이다. 홀수는 양수(陽數)이므로 홀수의 자리는 양효의 자리가 되는 것이다. 양(陽)이 그의 자리인 초효·삼효·오효에 있게 되면 위정(位正) 또는 위정당(位正當)이라고 한다. 양이 자기가 있어야 할 자기 자리에 있다는 말이다. 이효·사효·상효의 자리는 음효의 자리이다. 음이 그의 자리에 있게 되면 이 또한 위정(位正) 또는 위정당(位正當)이라고 한다.

　반대로 양이 음의 자리에 있거나 음이 양의 자리에 있으면 위부정(位不正) 또는 위부당(位不當)이라고 한다. 위정당은 좋은 것이고 위부당은 나쁜 것이다. 그러나 위부당은 사람의 인격과 능력이 그의 직위나 지위에 미치지 못하면서 그 자리에 앉아 있는 것도 해당된다. 자기가 있어야 할 자리가 아닌데 그 자리를 차지하고 있으면 일은 바르게 되지 않는 것이고 오히려 화를 부르기도 하는 것이다.

　상괘와 하괘의 가운데 효를 중위(中位)라고 한다. 오효에 양이 있거나 이효에 음이 있으면 그것은 위정(位正)이면서 위중(位中)이어서 좋은 것이다. 대성괘의 상괘와 하괘는 서로 밀접한 관계를 가지고 있다. 하괘 초효는 상괘 초효와, 하괘 이효는 상괘 이효와, 하괘 삼효는 상괘 삼효와 짝으로서 서로 간에 감응하는 관계이다. 그 짝의 관계가 둘이 다 양이거나 음이면 서로 맞지 않고 갈등 관계가 된다. 이런 관계를 적응(敵應) 또는 불응(不應)이라고 한다. 적대관계이거나 서로 등 돌리고 사는 관계인 것이다. 그러나 짝의 관계가 한쪽은 양이고 한쪽은 음이면 화합하는 관계이다. 이런 관계는 정응(正應)이라고 한다. 위부정(位不正)이면서 정응이면 점괘에서는 처음에는 좋아도 후반에는 나쁘다.

여섯 개의 효가 서로 이웃한 효끼리 음양으로 이웃하고 있으면 비(比)라고 한다. 서로 친하게 지내면서 돕는 관계라는 말이다.

하나하나의 효는 구체적인 상황이기도 하고, 사람이 지켜야 할 법도이기도 한 것이다. 『주역』 64괘의 효는 모두 384효인데 그중에서 양효가 192개, 음효가 192개로서 음양이 동수이다.

하나의 대성괘는 하나의 괘로만 보지 않고 내호괘(內互卦)와 외호괘(外互卦)로 보기도 한다. 내호괘는 2효부터 5효까지를 하나의 소성괘로 보는 것이고, 외호괘는 3효부터 5효까지를 또 하나의 소성괘로 보는 것이다. 그러므로 하나의 대성괘 속에 두 개의 소성괘가 들어있는 것으로 보는 것이다.

(4) 현대와 64괘

고대 그리스와 로마의 신화는 당시의 신화작가, 신화편집자들의 작품이다. 고대는 신이 지배하던 신의 시대였으므로 신화작가나 신화편집자가 지어 쓴 신화는 절대적 사실로 믿어졌다.

그러나 현대에도 신화 속의 신들의 이야기를 사실로 믿는 사람이 있는가? 현대에도 그 신들은 실재하는 신들로 믿으며 그 신들에 매달려 그 신들을 연구한다면 그런 연구가 바른 것이라고 말할 수 있는가? 현대에서는 신화 속에서 신은 버리고 오직 진리만 붙잡으면 되는 것이다.

현대에서의 『주역』 64괘도 이와 같다. 『주역』이 만들어진 지금으로부터 3,100여 년 전은 천제(天帝)가 우주 자연과 인간세계를 지배하던 시대였고 온갖 잡귀들이 들끓던 시대였다. 이런 신의 시대에 『주역』이 만들어진 것이다.

현대에도 천제가 우주 자연과 인간세계를 지배하고 있고 귀신들이 들끓고 있다고 사람들이 믿고 있는가? 현대에도 천제의 뜻을 알려고 정부에서 점을 치는가? 현대의 점은 가물거리는 들불과 같은 민간신앙에 불과하다. 현대는 신이 지배하는 시대가 아니기 때문이다. 신이 지배하는 시대가 아닌데 점을 쳐서 신의 뜻을 알 필요가 있겠는가? 그렇다면 신의 뜻을 알 필요가 없으므로 점서로서의 『주역』은 의미가 없지 않은가? 그러므로 점치는 책으로서의 『주역』은 현대에는 존재하지 않는 것이다. 단지 유가의 경전으로서만 존재하는 것이다.

현대에 『주역』이 단순히 점치는 책이 아니라면 64괘는 필요가 없다. 단지 경문만이 필요할 뿐이다. 그러므로 독단적으로 64괘에 의미를 부여하는 것은 오히려 경전으로서의 의미를 훼손하는 것이다. 현대에 와서는 64괘는 신화 속의 신들과 같은 존재가 된다. 그리고 64괘는 자연현상이 아니다. 8괘를 인위적으로 결합하여 64괘를 만들어서 그 하나하나의 괘에서 성인들이 진리를 찾아낸 것이다. 그러므로 64괘는 단지 진리의 형상으로 바라보아야만 하는 것이다.

3. 주역 철학의 근원(根源)

1) 태극론(太極論)

『주역』「계사전」상(上) 11장에 다음과 같은 말이 있다. "주역에는 태극이 있는데, 그 태극이 양의를 낳았고 양의가 사상을 낳았으며 사상이 팔괘를 낳았다(易有太極, 是生兩儀. 兩儀生四象, 四象生八卦.)" 이에 대한 체계를 도표로 정리하면 다음과 같다.

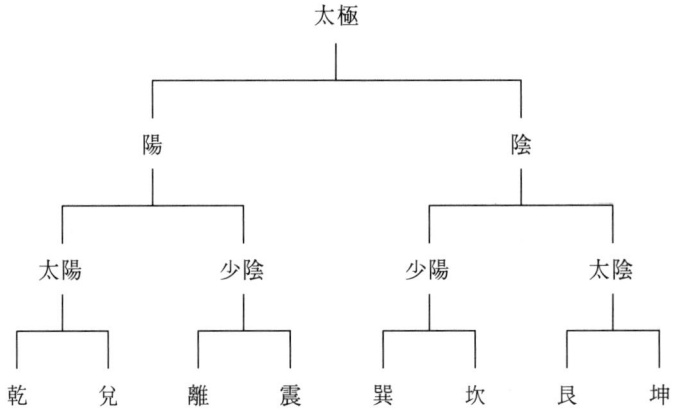

『주역』 경문에는 태극이라는 말이 없는데 『주역』에 태극이 있다고 하였다. 그리고 공자께서는 만물의 근원이나 천지자연의 근원 등 불가지(不可知)의 존재에 대해서는 말씀하신 일이 없다. 인식이나 경험 밖에 존재하는 초월적 존재에 대해서는 한 번도 언급하신 일이 없다는 말이다. 그러므로 공자님은 태극을 말하신 일이 없는 것이다. 그리고 『주역』「계사전」에서도 태극이 어떤 것인가를 말하지 않았다. 그러므로 태극이 어떤 존재인지를 확실하게 알 수가 없다.

그러면 『주역』에 태극이 있다고 한 것은 무엇을 말하는 것일까? 아마도 하늘(天)을 말한 것 같다. 즉 천(天)이라는 존재의 철학적 표현이 태극인 것 같다. 고대 중국인들의 관념 속에서 하늘은 막연하고 아득한 존재였지만 이 세상을 지배하는 존재였고 천지 만물의 근원이기도 하였기 때문이다.

이같이 태극이라는 말의 뜻은 태초(太初)부터 존재하는 천지 만물의 근원이라는 뜻이다. 그러므로 태극으로서의 하늘은 초월적 존재로서의 하늘이다. 그리고 태극에서 양의(兩儀)가 나왔다고 하였다. 양의라는 말은 두 개의 형체(形體)라는 말이다. 여기서 말하는 두 개의 형체는 음(陰)과 양(陽)을 말하는 것이다. 음과 양은 무형의 존재로서의 음양이고 그 음양 안에 기(氣)가 들어있다.

양의(兩儀) 곧, 음과 양이 사상(四象)을 낳았다고 하였다. 주역경문에도 사상이라는 말이 없고 계사전에서도 사상이 무엇인가를 말하지 않았다. 사상은 태양(太陽)·태음(太陰)·소양(少陽)·소음(少陰)이라고만 말하였을 뿐 그것들이 구체적으로 어떤 것인지에 대한 말은 없다. 아마도 태양은 순양(純陽)이고 태음은 순음(純陰)으로 생각된다. 그러므로 사계절로 말하면 태양은 여름과 같은 존재이고 태음은 겨울과 같은 존재라고 할 수 있다.

소양은 음보다 양이 많은 존재이고 소음은 양보다 음이 많은 존재라고 생각된다. 그러므로 사계절로 말하면 소양은 봄과 같은 존재이고 소음은 가을과 같은 존재라고 할 수 있다. 그리고 천체(天體)로 말하면 해는 태양이고, 달은 태음이며, 오성(五星: 금성·목성·화성·수성·토성)은 소양이고, 온갖 작은 별들인 신(辰)은 소음이라고 할 수 있다. 사람으로 말하면 순전한 남성은 태양이고, 순전한 여성은 태음이며, 남성적인 여성은 소음이고, 여성적인 남성은 소양이라고 할 수 있다. 다시 말하면 4상은 음과 양의 자녀들인데 순수한 음인 태음과 순수한 양인 태양, 음양이 혼합된 존재인데 양의 비율이 많은 소양과 음의 비율이 많은 소음으로 음과 양이 분화(分化)된 것이다. 그러므로 사상은 음양의 분화상태(分化狀態)다.

그리고 사상(四象)이 8괘를 낳았다고 하였다. 구체적으로 말하면 태양은 건(乾: 하늘)과 태(兌: 소택)를 낳았다고 하였다. 여기서 건(乾: 하늘)은 초월적 존재로서의 하늘이 아니고 우리가 눈으로 보는 자연물(自然物)로서의 하늘이다. 자연물로서의 하늘은 양의 대표이다. 순양인 태양이 양의 대표인 하늘을 낳았다는 것이다. 태(兌: 소택)는 음이다. 그러므로 태양이 아들인 하늘과 딸인 소택을 낳은 것이다. 그리고 하늘과 소택은 남매간으로서 서로 닮은 것이다.

소음(少陰)은 이(離: 불·번개)와 진(震: 천둥)을 낳았다고 하였다. 이는 음이고 진은 양이다. 그러므로 소음이 딸인 이(離)와 아들인 진(震)을 낳은 것이다. 둘은 서로 닮은 것이다. 하나는 번개이고, 하나는 천둥이기 때문이다. 천둥과 번개는 언제나 함께하는 음양이다.

소양(少陽)은 손(巽: 바람)과 감(坎: 물)을 낳았다고 하였다. 손(巽)은 음이고 감(坎)은 양이다. 그러므로 소양이 딸인 손과 아들인 감을 낳은 것이다. 둘은 서로 닮은 것이다. 둘이 다 계속해서 앞으로 나아가기 때문이다.

태음(太陰)은 간(艮: 산)과 곤(坤: 땅)을 낳았다고 하였다. 간(艮)은 양이고 곤(坤)은 음이다. 그러므로 태음이 아들인 간(艮)과 딸인 곤(坤)을 낳은 것이다. 땅은 음의 대표이다. 순음인 태음이 음의 대표인 땅을 낳았다는 것이다. 산과 땅은 서로 닮은 것이다. 둘이 다 움직이지 않고 머물러 있기 때문이다.

「계사전」이 저작된 공자시대는 물론이고 공자께서 세상을 떠나신 후 거의 1,500여 년 동안 태극에 대한 논의나 연구가 없었다. 전해오는 기록이 없기 때문이다.

태극에 대한 논의와 연구는 북송(北宋: A.D.960~A.D.1126까지 166년간) 때에 이르러 시작되었다. 북송 초 진단(陳摶, 871-989)이라는 도교(道敎) 학자가 무극(無極)이라는 말을 하였다.『노자도덕경』46장에 "세상 만물은 有에서 생겨났고, 有는 無에서 생겨났다(天下之物生於有 有生於無)."라는 말이 있는데 여기에 근거해서 무극(無極)이라는 말을 한 것이다. 여기서 유(有)는 형체가 있는 것이고 무(無)는 형체가 없는 것이다. 무극이라는 말은 형체가 없는 존재로서 우주 만물의 근본이 되는 것을 일컫는 말이다.『노자도덕경』25장과 42장에서는 천지 만물의 근본은 도(道)라고 하였다. 그러므로 46장에서 말한 무(無)는 형체가 없는 존재인 도(道)인 것이다. 노자는 천지 만물의 근본을 무(無)라고 하였는데 진단(陳摶)은 무(無)를 무극(無極)이라는 말로 표현했다. 무극은 결국은 초월적 존재로서의 도(道)다. 사람이 행하여야 하는 규범적 존재(規範的 存在)로서의 도가 아니다. 그러나『주역』「계사전」에서 말한 태극은 도라고 단정적으로 말할 수가 없다. 천지 만물의 근원이 있는데 확실하게 알 수가 없는 존재이므로 그냥 이름을 태극이라고 붙인 것이다. 그러므로『주역』의 태극과 진단의 무극은 같은 것은 아니다.

북송 후반에 주돈이(周敦頤: A.D. 1017~1073)가 태극도설(太極圖說)이라는 전체 250자 정도의 조그마한 한편의 글을 썼다. 주돈이는 진단이 말한 무극(無極)을 이어받아 무극을 태극이라는 말로 바꾸고 태극을 천지 만물의 근원이라고 말한 것이다. 그러나 주돈이의 태극설은『주역』의 태극론과는 다르다. 주돈이는 태극이 음양을 낳았고 음양은 오행(五行: 金木水火土)을 낳았으며 오행이 만물을 낳았다고 하였기 때문이다. 참고로 주돈이는 관직에서 물러나 여생을 초야에서 학문을 연구한 이름 없는 학자였다.

주돈이가 세상을 떠나고 100여 년이 지난 후에 주자(朱子: A.D.1130~1200)에 의해 주돈이의 태극도설이 계승되어 태극 이론은 성리학의 중심이론으로 발전하였다. 그러므로 주돈이는 주자에 의해서 성리학의 시조로 받들어지게 된 것이다. 주자는 태극을 이(理)라고 하였다. 여기서 이(理)는 도(道)를 말한다. 주자 이전에는 진리는 도라고 하였는데 주자가 이(理)라고 한 것이다. 그러나 이(理)와 도(道)는 함께 쓰였다. 그래서 성리학(性理學)을 이학(理學)이라고도 하고 도학(道學)이라고도 하는 것이다.

결론적으로 말하면 진단(陳摶)의 무극(無極)과 주돈이와 주자의 태극은 말은 달라도 내용은 같다. 다 같이 우주 저편 먼 곳에 존재하는 초월적 존재로서의 천지 만물의 근본인 도(道)를 말하였기 때문이다. 그러나 도(道)라고 단정적으로 말할 근거는 없다. 그러므로 진단의 무극, 주돈이, 주자의 태극과는 같다고 할 수가 없다.

2) 하도(河圖)와 낙서(洛書)

『주역』「계사전」 상(上) 11장에 다음과 같은 말이 있다. "황하(黃河)에서 그림이 나오고 낙수(洛水)에서 글이 나왔는데 그것을 성인이 본받은 것이다(河出圖, 洛出書, 聖人則之.)" 복희씨 때에 황하(黃河)에서 키가 8척이나 되는 용마(龍馬)가 나왔는데 그 용마의 등에 그려진 그림을 하도(河圖)라 하고, 하(夏)나라의 시조 우(禹) 임금 때에 낙수(洛水)에서 신령한 거북이 나왔는데 그 거북의 등에 쓰인 글을 낙서(洛書)라고 한다.

여기서 말하는 '하(河)'는 황하다. 옛날에 중국에서는 황하는 그냥 하(河)라 하였고 양자강을 그냥 강(江)이라고 하였다. 일반적으로 강은 수(水)라고 하였다. 그러므로 낙(洛)은 낙수(洛水)라는 강을 말하는 것이다.

용마(龍馬)는 용의 형상을 가진 말이다. 용과 말이 합해진 신령한 존재로서 신마(神馬)라고도 한다. 등에 그려진 그림을 복희씨가 보고 8괘를 그렸다고 한다. 그래서 하도를 8괘의 근원이라고 말하는 것이다. 그러나 그 그림이 어떤 그림이었는지 알 수가 없다. 전해오지 않기 때문이다. 현재 전해오고 있는 하나는 북송(北宋) 때에 그려진 것인데 실제로는 그림이 아니다. 55개의 흰 점, 검은 점을 일정한 방식으로 배열한 것이다.

복희씨로부터 700여 년 지난 후에 하(夏)나라가 건국되었다. 하나라의 시조 우(禹) 임금 때에 낙수(洛水)에서 신령한 큰 거북이 나왔는데 그 거북의 등에 글이 쓰여 있었다는 것이다. 그러나 그 글이 어떤 글이었는지는 알 수가 없다. 전해오지 않기 때문이다.

현재 전해오고 있는 낙서는 북송 때에 그려진 것인데 실제로는 글이 아니다. 하도와 마찬가지로 45개의 흰 점, 검은 점이 일정한 방식으로 배열된 것이다. 전해오는 말로는 우임금이 낙서를 보고 홍범구주(洪範九疇)를 지었다고 한다. 홍범은 중대한 법도라는 뜻이고, 구주는 아홉 가지 종류라는 뜻이다.

그러므로 홍범구주는 사람이 반드시 지켜야 할 진리와 나라를 다스리면서 반드시 행해야 할 법 아홉 개 조목이다. 이 홍범구주가 『주역』의 바탕이 되었다. 그래서 낙서를 『주역』의 근원이라고 말한다.

낙수(洛水)는 지금의 하남성 낙양현을 흘러 황하로 들어가는 강이다. 황하와 낙수를 합하여 하락(河洛)이라고 하는데, 이는 하(夏)·은(殷)·주(周) 삼왕조(三王朝)의 중심지역이다.

확실하지 않은 것은 함부로 말씀하지 않으셨던 공자께서 하도에 대하여 말씀하신 것이 있다. "공자께서 말씀하시기를 봉황새도 오지 않고 황하에서 그림도 나오지 않으니, 하늘이 우리를 버린 것인가(子曰 鳳鳥不至 河不出圖, 吾已矣夫 —『논어』「자한」편)?" 『논어』의 이 말씀을 보면 하도를 신화나 전설이라고 부정하지 않으신 것이다.

전한(前漢) 때의 유학자 양웅(揚雄: B.C.53~A.D.18)은 하도와 낙서가 『주역』의 근원이라고 말하였고, 후한(後漢) 때의 학자 정현(鄭玄: A.D.127~200)은 하도에 9편, 낙서에 6편의 글이 있었다고 말하였다. 태극론처럼 하도와 낙서에 대해서는 계사전 이후 1,500여 년간 별다른 논의나 연구가 없다가 북송 시대에 들어와서 시작되었다. 북송 때에 만들어진 하도와 낙서를 설명하면 다음과 같다.

(1) 하도(河圖)

하도의 모양은 다음과 같다. 하도는 둥근 하늘을 상징하는 것이다.

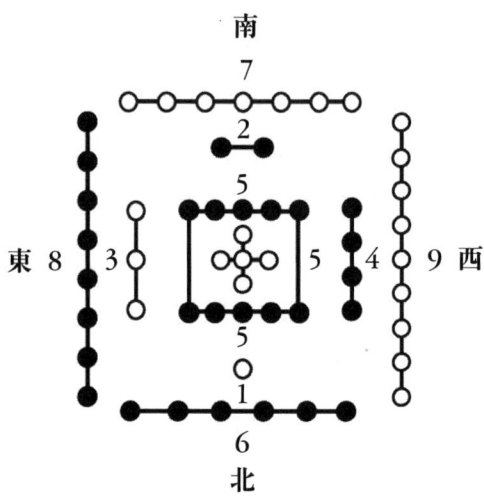

하도의 수는 1부터 10까지이다. 흰 점은 양(陽)이고 검은 점은 음(陰)이다. 하도는 한 개의 양수(陽數)와 한 개의 음수(陰數)가 음양관계로 결합 되어 다섯 방위에 배치되어 있다. 방위는 오늘날의 방위와는 반대이다. 앞에서 이미 말한 대로 『주역』에서는 1부터 10까지를 기본수라고 한다. 기본수에서 홀수인 1·3·5·7·9는 천수(天數) 또는 양수라 하고, 짝수인 2··4·6·8·10은 지수(地數) 또는 음수라고 한다. 이들 수가 1과 6, 2와 7, 3과 8, 4와 9, 5와 10으로 결합되어 다섯 방위에 배열되어 있다. 이와 같은 결합은 음과 양의 결합이고 천수와 지수의 결합이며, 생수(生數)와 성수(成數)의 결합이다.

하도에서 생수는 1·2·3·4·5이고, 성수는 6·7·8·9·10이다. 생수와 성수는 수(數)에 5행설(五行說)이 첨가되어 만들어진 수개념(數概念)이다. 하도의 수는 생수 중심이다. 그래서 하도의 도형 안쪽에 생수가 있고 바깥쪽에 성수가 있는 것이다. 생수 1은 북(北)에서 수(水)를 낳았고, 생수 2는 남(南)에서 화(火)

를, 생수 3은 동(東)에서 목(木)을, 생수 4는 서(西)에서 금(金)을, 생수 5는 중앙에서 토(土)를 낳았다는 것이다. 이같이 생수가 수·화·목·금·토를 낳았으므로 생수(生數)라고 하는 것이다. 그래서 하도를 오행생성도(五行生成圖)라고도 한다.

생수는 양(陽)이고 성수는 음(陰)이다. 그러므로 생수와 성수의 결합은 음양의 결합이다. 생수가 낳고 성수가 키우는 것이다. 그러므로 성수는 키우는 수이다.

수·화·목·금·토는 오행인데 이 오행은 공자께서 편찬하신 『서경(書經)』의 홍범구주(洪範九疇)에도 나온다. 하도의 오행생성(五行生成) 이론은 전국시대(戰國時代)의 제(齊)나라 사람 추연(鄒衍: B.C. 305~240)에 의하여 이루어진 오행 이론과는 다르다. 추연의 오행이론을 간단하게 말하면 천지 만물은 수화목금토라는 다섯 가지 기(氣)의 작용에 의해서 생성(生成)·소멸(消滅)·변화(變化)한다는 이론이다.

성수(成數)는 태극수(太極數)에 생수를 더한 수이기도 하다. 하도에서 태극수는 한 가운데에 있는 5를 말한다. 하도에서 생수는 1·2·3·4·5이다. 이 중에 천수(天數)는 1·3·5이고, 지수(地數)는 2·4이므로 생수에는 천수 3개, 지수 2개가 들어있는 것이다. 그러므로 생수와 천수지수는 별개의 개념이지만 밀접한 관계가 있다.

하도에서 천수는 1·3·5·7·9이고, 지수는 2·4·6·8·10인데 천수지수 합계는 55이다. 천수 합계는 25이고, 지수 합계는 30이다. 그러나 중앙수인 천수 5와 지수 10은 태극수이므로 고정되어 있고 작용하지 않는다. 그러므로 천수에서 5를 제하고 지수에서 10을 제하면 천수와 지수의 합계는 다 같이 20으로 동일하게 된다. 이때의 천수 20, 지수 20을 양의(兩儀)라고 한다. 그리고 1·2·3·4(또는 6·7·8·9)는 사상(四象)이라고 한다. 그래서 하도에 태극·양의·사상이 들어있다고 하는 것이다. 복희씨가 이 하도를 보고 8괘도(八卦圖)를 그렸다는 것이다. 복희씨의 팔괘도와 방위도는 다음과 같다.

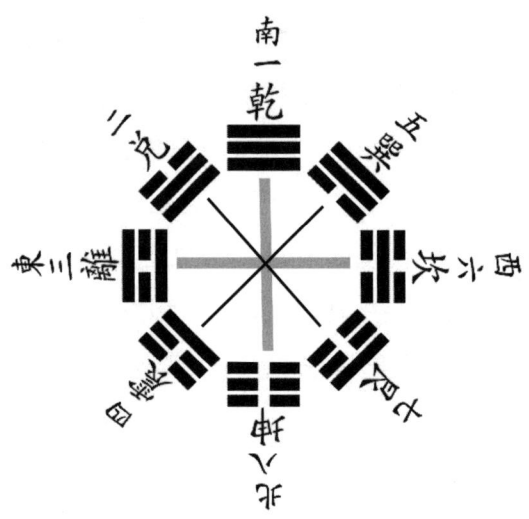

(2) 낙서(洛書)

낙서의 모양은 다음과 같다. 낙서는 사각형의 도형(圖形)인데 이는 땅을 상징하는 것이다.

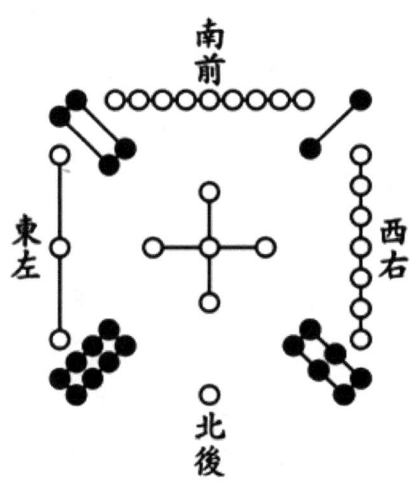

낙서의 수는 1부터는 9까지이다. 흰 점은 양이고, 검은 점은 음이다. 낙서는

천수(天數)인 1·3·5·7·9를 위주로 한다. 그래서 천수는 네 개의 바른 자리인 동서·남북·중앙에 자리 잡고 있다. 그리고 지수인 2·4·6·8은 네 귀퉁이에 자리하고 있다. 말하자면 천수가 주(主)가 되고 지수는 종(從)이 되는 것이다. 낙서에서 천수지수 총합계는 45이다. 천수 합계 25, 지수 합계 20이다. 낙서에서도 가운데 있는 수 5는 태극수이므로 고정되어 있고 작용하지 않는다. 그러므로 천수에서 5를 제하면 천수 합계는 20이 된다. 그러면 천수지수는 각각 20으로 같다. 낙서에서도 천수 20, 지수 20을 양의라 하고 1·2·3(또는 6·7·8·9)을 사상(四象)이라고 한다. 그러므로 낙서에도 태극·양의·사상이 들어있다. 문왕팔괘도(文王八卦圖)는 낙서에서 나온 것이라고 한다. 위의 낙서를 다시 배열해 보면 다음과 같다.

4. 동남 巽	9. 남·火 離	2. 서남 坤
3. 동·木 震	5. 中·土	7. 서·金 兌
8. 동북 艮	1. 북·水 坎	6. 서북 乾

위에서 말한 도표를 구궁(九宮)이라고 한다. 주(周)나라의 정전제도(井田制度)와 전국 행정구역을 아홉 개로 한 구주제도(九州制度)는 낙서에서 본받은 것이라고 한다. 낙서의 수는 상하, 좌우, 대각선 어디로 합하여도 그 수는 15로서 하도의 태극수와 일치한다. 하도와 낙서는 팔괘의 위치가 다르고, 천수와 지수의 합계는 다르지만, 수(數)의 원리는 같다.

4. 서법(筮法)과 상수역(象數易)

1) 서법(筮法)

여기서 말하는 서(筮)는 점대(筮竹)도 되고 점친다는 뜻도 된다. 그러므로 서법은 점대로 점치는 법이다. 점대로 점치는 법을 작괘법(作卦法)이라고도 한다. 작괘법은 대나무 조각으로 만든 점대로 대성괘(大成卦)를 만드는 법이다. 이같이 대성괘를 만드는 법이 서법이다. 작괘법에서는 하도(河圖)의 수를 사용한다. 그래서 하도의 수는 천수 25, 지수 30, 합계 55이다. 55에서 작괘에 사용하는 수는 50이다. 천수의 태극수인 5를 제외하기 때문이다. 이 50을 대연수(大衍數)라고 한다. 여기서 연(衍)이라는 글자의 뜻은 '많다, 퍼지다'는 뜻이다. 그러므로 '대연(大衍)'은 '크게 많다, 널리 퍼진다'라는 뜻이다. 천수와 지수를 다 합친 수이니까 크게 많은 수가 되고, 세상의 모든 일, 모든 변화에 다 미치는 것이므로 널리 퍼지는 수라고 말한 것이다. 50개의 점대로 점을 치면 세상 모든 일에 미치지 않는 것이 없다.

서법에는 세 종류가 있다. 첫째가 십팔변법(十八變法)이다. 이는 본서법(本

筮法)이라고도 한다. 두 번째가 육변서법(六變筮法)이다. 이는 중서법(中筮法)이라고도 한다. 세 번째는 약서법(略筮法)이다. 약서법은 간단하게 작괘하는 법이다. 『계사전』 상(上) 9장에 나와 있는 서법은 18변법이다. 여기서는 약서법은 제외하고 두 가지만 설명하겠다.

(1) 18변법

[1] 제1변

㉮ 제1영(第一營)

바르고 조용하고 경건한 마음으로 점대 50개를 왼손에 잡고 그중에서 한 개를 뽑아 책상 위쪽에 놓는다. 그 한 개는 태극을 상징하는 것이다. 여기까지가 제1영이다. 여기서 영(營)은 '행위·동작'이라는 뜻이다. 그러므로 제1영은 대성괘를 만드는 첫 번째 행위라는 뜻이다.

㉯ 제2영(第二營)

나머지 점대 49를 짐작으로 하고 이등분(二等分)하여 왼편에 반, 오른편에 반을 놓는다. 왼편의 점대를 천책(天策), 오른편의 점대를 지책(地策)이라고 한다. 책(策)이란 대나무 조각으로 만든 점대라는 뜻이다. 천책은 하늘을 상징하는 것이고, 지책은 땅을 상징하는 것이다. 49개를 둘로 나눈 것은 양의(兩儀: 음양)를 상징하는 것이다. 이리하여 점대는 태극·양의로 나누어진다. 여기까지가 제2영이다.

㉰ 제3영(第三營)

지책에서 한 개를 뽑아 왼손 새끼손가락과 무명지 사이에 끼운다. 이렇게 끼우는 것을 괘(掛)라고 한다. 지책에서 뽑은 한 개의 점대는 인책(人策)이라고 한다. 이는 사람을 상징하는 것이다. 이렇게 해서 49개의 점대는 천책·지책·인책으로 삼등분(三等分)된 것이다. 소성괘나 대성괘는 다 같이 천(天)·지(地)·

인(人) 삼재(三才)로 이루어져 있는데 천책·지책·인책은 삼재를 상징한다. 여기까지가 제3영이다.

㉣ 제4영(第四營)

천책에서 4개씩 덜어내어 책상 위 적당한 곳에 따로 놓아둔다. 그리고 나머지를 왼쪽 무명지와 가운데손가락 사이에 끼운다. 이렇게 끼우는 것을 설(揲)이라고 한다. 4개가 남으면 4를 나머지로 한다. 여기까지가 제4영이다.

㉤ 제5영(第五營)

지책에서 4개씩 덜어내어 책상 위 적당한 곳에 따로 놓아둔다. 그리고 나머지를 왼손 가운데손가락과 집게손가락 사이에 끼운다. 이렇게 끼우는 것을 늑(扐)이라고 한다. 4개가 남으면 4를 나머지로 한다. 4개씩 덜어내는 것은 사상(四象)을 상징하는 것이다. 여기까지가 제5영이다.

괘(掛)·설(揲)·늑(扐)은 다 같이 손가락 사이에 끼운다는 뜻으로서 글자 뜻의 차이점은 없다.

왼손 손가락 사이에 끼운 점대를 합한다. 그러면 그 합계가 5 아니면 9가 된다. 5가 아니면 9가 된 점대는 다른 점대와 섞이지 않도록 다른 곳에 따로 놓아둔다. 여기까지가 제1변이다.

[2] 제2변

제1변에서 손가락 사이에 끼었던 점대[5 아니면 9개]를 제외한 나머지 점대를 가지고 제2영부터 제5영까지의 동작을 되풀이한다. 그리고 다시 손가락 사이에 긴 점대를 모두 합한다. 그러면 그 합계가 4 아니면 8이 된다. 4 아니면 8이 된 점대는 다른 점대와 섞이지 않도록 다른 곳에 따로 놓아둔다. 여기까지가 제2변이다.

[3] 제3변

제1변과 제2변에서 이미 손가락 사이에 끼었던 점대를 제외한 나머지 점대를 가지고 제2영부터 제5영까지의 동작을 되풀이한다. 그리고 다시 손가락 사이에 낀 점대를 모두 합한다. 그러면 그 합계가 4 아니면 8이 된다.

다음에는 제1변·제2변·제3변에서 손가락 사이에 끼었던 점대를 모두 합한다. 그 합한 수를 책수(策數)라고 한다. 그 책수가 13이면 노양(老陽), 17이면 소음(少陰), 21이면 소양(少陽), 25이면 노음(老陰)이 된다. 여기에서 노양과 소양은 양(陽)이니까 양효(陽爻)가 되고, 노음과 소음은 음(陰)이니까 음효(陰爻)가 된다. 예를 들어 말하면 제1·2·3변의 합계 책수가 21이 되었으면 양효(—)인데, 이 양효가 초효(初爻)가 되는 것이다. 대성괘 6개의 효 중에서 제1·2·3변 행위를 통하여 초효 하나가 이루어진 것이다. 세 번의 변(變)으로 효(爻) 하나가 이루어진 것이다. 여기까지가 제3변이다.

이효(二爻)·삼효(三爻)·사효(四爻)·오효(五爻)·상효(上爻)도 위와 같은 절차를 밟아 효를 만드는 것이다. 한 효에 3변의 과정을 거쳤으므로 6개의 효를 만드는 데는 18변의 과정이 필요하다. 그래서 18변법이라고 하는 것이다. 이효(二爻)부터 상효(上爻)까지의 작괘에서도 태극을 상징하는 한 개의 점대는 사용하지 않고 49개만 사용한다.

18변법의 책수인 13노양, 17소음, 21소양, 25노음의 수를 사상수(四象數)라고 한다.

제1·2·3변의 과정에서 손가락에 끼지 않은 점대를 모두 합하면 다음과 같다.

책수가 13이었으면 손가락에 끼지 않은 점대는 36이고
책수가 17이었으면 손가락에 끼지 않은 점대는 32이고
책수가 21이었으면 손가락에 끼지 않은 점대는 28이고
책수가 25이었으면 손가락에 끼지 않은 점대는 24가 된다.

36·32·28·24도 사상수(四象數)라고 한다.

「계사전」 상 9장에 건지책(乾之策) 216, 곤지책(坤之策) 144라는 말이 있다. 이 말은 대성괘로서의 건괘(乾卦:☰)는 여섯 개의 효가 모두 양효이다. 18변법을 행하여 건괘를 이루었다면 양효 6개를 이루는 데에 216개의 점대를 덜어냈다는 말이다. 이는 노양의 책수 36으로 계산한 것이다. 1효를 만드는데 36개를 덜어냈으니까 6개 효를 만드는 데는 216개의 점대를 덜어낸 것이다[6개 효×36책=216책].

곤지책에서는 노음의 책수 24로 계산한 것이다. 6개의 음효×24책=144책이 된다. 건지책 216+곤지책 144=360이 되는데 이는 일 년의 날 수이다.

그리고 「계사전」 상 9장에 "2편(篇)의 책수는 11,520이다"라는 말이 있다. 여기서 말하는 '2편'은 『주역』 상·하경을 말한다. 상·하경은 64괘에서 양효 192개, 음효 192개이다. 손가락에 끼지 않은 노양 책수와 노음 책수, 덜어낸 책수를 계산하면 다음과 같다.

36 × 192 양효 = 6,912책수(건지책)	합계 11,520책
노음책수 24 × 192 음효 = 4,608책수(곤지책)	

소양, 소음 책수로 계산하면 다음과 같다.

소양책수 28 × 192 양효 = 5,376책수(책수)	합계 11,520책
소음책수 32 × 192 음효 = 6,144책수(책수)	

노음, 노양으로 계산하든, 소음, 소양으로 계산하든 합계는 다 같이 11,520이다. 이 숫자는 천지 만물의 수라고 고대인은 생각한 것이다.

그리고 사상수(四象數) 36·32·28·24를 4로 나누면 9·8·7·6이 되는데, 9·

8·7·6을 사상수라고도 한다. 『주역』 경문의 효에서 양효를 9라고 하고, 음효를 6이라고 한 것은 이 사상수에서 노양 수와 노음 수를 쓴 것이라 말하기도 한다. 노양은 태양(太陽), 노음은 태음(太陰)이라고도 한다.

18변법의 과정을 다 마치고 다음과 같은 책수가 나와 대성괘가 이루어졌으면 책수와 이루어진 대성괘는 다음과 같다.

```
17·소음   ············   ― ―
25·노음   ············   ― ―
17·소음   ············   ― ―
13·노양   ············   ――
13·노양   ············   ――
21·소양   ············   ――
```

작괘(作卦)하여 이루어진 위의 괘는 지천태괘(地天泰卦)이다. 편안할 괘다. 그러나 점괘(占卦)에서 노양(13)과 노음은 조금 세월이 가면 효가 변한다. 노양은 음으로, 노음은 양으로 효가 변한다. 이같이 효가 머지않아 변화하는 것을 변효(變爻)라고 한다. 지천태괘에서는 이·삼·오 효가 변효이다. 이·삼·오 효가 변하면 수뢰준괘(水雷屯卦)가 되는 것이다. 이루어진 지천태괘를 원괘(原卦)라 하고, 변효 때문에 변한 괘를 지괘(之卦) 또는 변괘(變卦)라고 한다. 현재는 원괘 상황이지만 머지않아 지괘의 상황으로 변하게 된다는 것이다. 그래서 점괘에서 변효는 중요한 것이다.

(2) 6변서법(六變筮法)

점치는 자세는 18변법과 같다. 점대 50개를 왼손에 잡고 그중에서 한 개를 뽑아 책상 위쪽에 놓는다. 그 한 개는 태극을 상징하는 것이다. 이는 괘가 다 이루어질 때까지 사용하지 않는다. 나머지 점대 49개를 짐작으로 이등분하여 반은 왼편에 반은 오른편에 놓는다. 왼쪽 점대는 천책(天策), 오른쪽 점대는 지책

(地策)이다. 지책에서 한 개를 뽑아 왼손 손가락 사이에 끼운다. 이 한 개는 인책(仁策)이다. 여기까지는 18변법과 동일하다.

지책은 손대지 않고 그대로 놓아둔다. 천책에서만 8개씩 덜어낸다. 덜어냈을 때 나머지가 없고 딱 맞아 떨어지면 나머지가 없는 것으로 한다. 이때는 손가락에 끼어있는 인책 한 개를 책수(策數)로 한다. 나머지가 있으면 인책 한 개와 나머지를 합한 수를 책수로 한다. 합한 책수가 1이면 노양, 2와 3이면 소음, 4이면 소양, 5이면 소음, 6과 7이면 소양, 8이면 노음이 된다. 이렇게 해서 초효가 이루어진 것이다.

이상에서 말한 법을 6번 되풀이하면 여섯 개의 효가 이루어져 점괘가 나오는 것이다. 여기서도 변효는 18변법 때와 같다.

2) 상수역(象數易)

문왕(文王)과 주공(周公)이 세상을 떠나고 900여 년의 장구한 세월이 흐른 다음에 한(漢)나라가 건국되었다. 긴 전란의 시대가 끝나고 평화로운 시대가 온 것이다. 한나라는 B.C.202년에 건국하여 A.D.5년에 망하였다. 이를 전한(前漢) 또는 서한(西漢)이라고 한다. 전한 때에 와서『주역』은 국가에 의해서 5경(五經) 중의 하나로 정해졌고 5경 중에서 최고의 경전이 되었다. 그리고 박사를 두어 연구하며 대학(大學)의 교과목이 되었다. 국가에 의해 경(經)으로 받들어지게 되었으므로 점서로 사용하기를 꺼리게 되었고, 문왕과 주공으로부터 900여 년의 긴 세월이 흐른 탓으로『주역』의 경문도 한나라 초기에 사용한 한자의 뜻으로는 이해하기도 쉽지 않게 되었다. 글자는 그대로인데 1,000여 년의 세월이 흐르면서 뜻이 변하여『주역』의 경문을 이해하기가 어렵게 되었다는 말이다.

그리하여『주역』이라는 이름만 빌린 점(占) 위주의 역학(易學)이 일어나게 되었다. 이런 역을 상수역이라고 한다. 『주역』의 경문을 확실하게 이해하지 못하니까 『주역』의 경문인 점사(占辭)는 밀려나 버리고 전혀 새로운 형태의 점이 등장한 것이다. 이런 점을 상수역이라고 한다. 상수역의 창시자는 전한 10대 선제(宣帝: 재위 B.C.74~49) 때의 맹희(孟喜)다. 맹희 이후로 경방(京房)·양웅(揚雄)·정현(鄭玄)·위백양(魏伯陽) 등에 의해서 체계화되었고 복잡하게 되었다. 한나라의 상수역은 요원(燎原)의 불길처럼 한(漢)나라를 휩쓸었다.

상수 역학은 천문역법, 점성설, 추연의 오행이론 등을 모두 수용하고 별별 것을 다 만들어 붙여 복잡하게 된 것이다. 『주역』으로부터는 태극·양의·사상·팔괘·64괘·하도와 낙서의 수(數)·점치는 법을 가져갔지만, 경전(經典)의 내용은 하나도 가져가지 않았다. 정현(鄭玄)은 5경의 하나로서 『주역』을 중요시하면서 『주역』을 연구하였지만, 점사에서 『주역』의 경문은 사용하지 않은 상수역의 대가였다. 다시 말하면 한(漢)나라의 상수역이란 종래에는 『주역』에 경(經)과 점(占)이 함께 존재하고 있었던 것을 분리한 것이다. 『주역』은 경으로 받들고 점은 따로 연구하여 체계화한 것이다. 『주역』에서 점이 이탈한 것이다. 그러므로 상수역은 진리를 말하는 주역 점이 아니고, 문왕·주공·공자의 가르침과는 아무런 관계가 없는 방술잡학(方術雜學)이다.

한(漢)나라로부터 1,500여 년의 세월이 흐르면서 점술서(占術書)는 그 종류가 엄청나게 늘어나 500여 종류에 이르렀다. 그리고 민간에 끼치는 피해가 너무 커서 명(明: 1368~1644)나라 때에는 조정에서 점술을 금지했고 몇 종류를 제외하고 모든 점서를 압수하여 소각하였다. 이때 소각을 모면하고 계속 점서로 쓰이는 책이 육임학(六壬學)이다. 육임학에는 『주역』의 진리는 없다. 주역 점이 중요한 것이지 상수 역학으로서의 방술이 중요한 것이 아니다.

대 유학자였던 주자(朱子: A.D.1130~1200)도 『주역』에 있는 진리와 점(占)을 다 같이 중요시하였다. 진리가 더 중요하지만, 점도 부정하지 않고 중요시했다.

제2부

주역경문(周易經文)

주역상경
(周易上經)

1. 乾上 乾下 乾爲天(건위천)

乾은 元亨하나 利貞이니라.

• • • • • • • • •

彖曰 大哉라 乾元이여! 萬物資始이며 乃統天이로다 雲行雨施하고 品物流形하며 大明終始하고 六位時成하며 時乘六龍以御天하나니라 乾道變化하여 各正性命하고 保合大和하며 乃利貞하니 首出庶物하고 萬國咸寧하나니라

象曰 天行健하니 君子以自彊不息하나니라

初九, 潛龍勿用이니라
象曰 潛龍勿用은 陽在下也이니라
九二, 見龍在田이니 利見大人이니라
象曰 見龍在田은 德施普也이니라
九三, 君子終日乾乾하고 夕惕若하니 厲无咎이니라
象曰 終日乾乾은 反復道也이니라
九四, 或躍在淵하여도 无咎이니라
象曰 或躍在淵은 進无咎也이니라

九五, 飛龍在天이니 利見大人이니라
象曰 飛龍在天은 大人造也이니라
上九, 亢龍有悔하니라
象曰 亢龍有悔는 盈不可久也이니라
用九, 見群龍한데 无首하므로 吉하니라
象曰 用九는 天德不可爲首也이니라

「건괘(乾卦)」는 크게 형통하나 올발라야 이롭다.

· · · · · · · · ·

단전에서 말하기를, 위대하도다! 하늘의 근본이여! 만물이 일어난 바탕이며 또 하늘의 바탕이로다. 구름을 움직이며 비를 내리고 만물이 이루어지게 하고 변화하게 하며, (온 세상을) 태초부터 변함없이 크게 밝게 하고 (사람의) 여섯 등급의 자리가 항상 정해져 있게 하며, 때로 여섯 용이 이끄는 수레를 타고 하늘을 달린다. 하늘의 도(道)로써 기이하게 다스리며 (만물이) 다 천성과 천도를 가지게 하였고, 큰 평화를 어그러짐이 없이 유지하며 또 균형을 이루고 바르게 하니, 만물은 다 바르게 태어나고 온 세상은 다 평안한 것이다.

상전에서 말하기를, 하늘은 쉬지 않고 일을 하니 군자(君子)도 쉬지 않고 스스로 힘써 일하는 것이다.

초구(初九), 용이 (물속에) 숨어있고 활동하지 않는다. 상전에서 말하기를, 용이 (물속에) 숨어서 활동하지 않는 것은 고귀한 사람이 비천한 곳에서 살고 있는 것이다.

구이(九二), 용이 (모습을) 드러내어 땅 위에 있으니 큰 인물을 만나게 되어 이롭다. 상전에서 말하기를, 용이 (모습을) 드러내어 땅 위에 있다는 것은 (용이) 널리 덕을 베풀고 있다는 것이다.

구삼(九三), 군자는 종일 쉬지 않고 힘써 일을 하고 저녁에는 두려워하나 위태로워도 화는 없다. 상전에서 말하기를, 종일 쉬지 않고 힘써 일을 한다는 것은 도(道)를 되풀이해서 다시 생각하는 것이다.

구사(九四), (용이) 연못 속에 있으면서 어떤 때 (하늘로) 뛰어올라도 화는 없다. 상전에서 말하기를, (용이) 연못 속에 있으면서 어떤 때 (하늘로) 뛰어오른다는 것은 (군자가) 벼슬을 해도 화가 없다는 것이다.

구오(九五), 용이 날아올라 하늘에 있으니 큰 인물을 만나게 되어 이롭다. 상전에서 말하기를, 용이 날아올라 하늘에 있는 것은 큰 인물이 (이 세상에) 왔다는 것이다.

상구(上九), 높이 오르는 용은 한탄하게 된다. 상전에서 말하기를, 높이 오르게 된 용이 한탄하게 된다는 것은 가득 차게 되면 오래가지 못한다는 것이다.

용구(用九), 여러 용이 나타났는데 (자신을) 드러내지 않았으므로 복을 받는다. 상전에서 말하기를, 用九가 (말하는 것은) 하늘의 덕을 지닌 사람은 (자신을) 드러내려고 하지 않는다는 것이다.

【 한자 풀이 】

乾: 하늘 건, 강할 건, 힘쓸 건, 쉬지 않을 건. 爲: 말할 위, 하려고 할 위, 하게 할 위. 元: 클 원, 근본 원, 우두머리 원. 亨: 형통할 형, 막히지 않을 형. 利: 이로울 리, 좋을 리, 조화를 이룰 리, 균형을 이룰 리. 貞: 바를 정, 곧을 정. 彖: 단 단. 資: 바탕 자, 자리자, 의지할 자. 始: 일어날 시, 시작할 시, 근본 시, 처음 시, 시초 시. 乃: 또 내, 이에 내. 統: 바탕이 될 통,

근본 통, 우두머리 통. 行: 움직일 행, 갈 행, 보낼 행, 일행, 일할 행. 施: 뿌릴시, 줄시. 品: 온갖 품, 무리 품. 流: 변화할 류, 옮겨갈 류. 形: 형상을 이룰 형, 나타날 형. 終: 내내 종, 항상 종, 끝까지 종. 位: 자리 위, 차례 위. 時: 항상 시, 언제나 시. 成: 정해질 성, 이룰 성. 乘: 탈 승. 御: 말몰 어, 나아갈 어. 變: 기이할 변, 특이할 변, 바를 변. 化: 다스릴 화, 조화 부릴 화. 各: 모두 각, 모두 각. 正: 갖출 정, 갖추어질 정. 性: 천성 성. 命: 도 명, 하늘의 뜻 명. 保: 유지할 보, 가질 보. 合: 어긋남이 없을 합. 和: 평화 화. 首: 바를 수, 곧을 수, 드러낼 수. 出: 날 출, 태어날 출. 庶: 온갖 서, 많을 서. 咸: 다할, 모두 함, 두루 함. 寧: 편안 녕. 潛: 숨을 잠, 잠길 잠. 用: 행할 용, 행동할 용, 활동할 용. 陽: 고위 할 양, 클 양(大). 下: 천할 하, 낮을 하. 田: 땅 전, 들 전. 普: 널리 보. 惕: 두려워할 척, 근심할 척. 若: 두려워할 약. 厲: 위태로울 려, 괴로울 려. 咎: 화 구, 재앙 구, 허물 구. 反: 돌이킬 반, 다시 생각할 반. 復: 되풀이할 복. 進: 벼슬할 진, 나아갈 진. 造: 올 조, 이를 조(到). 亢: 높이 오를 항, 자만할 항. 在: 살재, 살고 있을 재.

【해설】

64괘 중 첫 번째 괘(卦)는 「중천건괘(重天乾卦)」이다. 그러므로 「건괘(乾卦)」의 괘상(卦象)은 두 개의 하늘이 겹치어 있다. 그러나 하늘은 하나밖에 없는 것이므로 두 개의 하늘이 겹쳐 있을 수는 없다. 그러므로 「건괘」는 관찰할 수 있는 자연계의 사물인 자연현상으로 말한 것이 아니다. 「건괘」는 괘덕이론(卦德理論)으로 괘상을 설명한 것이다.

「건괘」의 괘덕은 건(健)이다. 건은 강하여 흔들림이 없으며 쉬지 않고 일하는 것이다. 그러므로 「건괘」의 괘상은 건(健)이 겹쳐 있는 것이다. 건(健)이 겹쳐 있으므로 쉬지 않고 일하는 것이 계속되고 있다.

하늘 곧 천지자연은 강하고 흔들림이 없으므로 쉬지 않고 일을 한다는 것이다. 그러므로 쉬지 않고 일을 하는 것은 자연의 이치인 것을 「건괘」는 알려 주고 있다. 자연의 이치란 자연계의 모든 사물을 지배하는 법이다. 그러므로 자연계의 모든 사물이 보편적으로 행하고 있는 진리(眞理)가 자연의 이치다. 다시 말하면 자연계의 모든 사물의 행위의 보편적인 원칙이고, 언제나 그렇게 보편적·필연적으로 이루어지는 자연계의 일이 자연의 이치다. 『주역』 64괘 모두는 이런 자연의 이치를 알려주는 것이다.

자연이 강하고 흔들림이 없이 쉬지 않고 일하는 것처럼 사람도 강하고 흔들림이 없이 쉬지 않고 일을 해야 한다. 이것은 사람이 행하여야 할 진리다. 그러므로 건괘는 자연의 이치와 사람이 행하여야 할 진리를 말하고 있다. 그런고로 「중천건괘」의 괘명(卦名)은 실제로는 건(健)이요 「건괘(健卦)」다.

「대상전(大象傳)」은 위에서 설명한 대로 「건괘」의 괘덕으로 괘상을 풀이한 것이다. 하늘은 쉬지 않고 일을 하므로 군자도 하늘을 본받아 쉬지 않고 일한다는 것이다.

효사(爻辭)는 물속에 있는 용이 쉬지 않고 일을 해서 마침내 하늘로 올라간 것을 말한다. 효사에서 말한 용(龍)은 군자(君子)를 상징하는데, 군자는 하늘을 닮은 사람이다. 그리고 동시에 용은 순양(純陽)과 자연물로서의 하늘을 상징하는 것이다.

64개의 괘(卦) 바로 밑에 있는 글은 모두 괘사(卦辭)다. 괘사는 괘가 말하는 점사(占辭)다. 점사란 점괘(占卦)에 나타난 예언적인 말이다. 이 괘사 때문에 『주역』은 점서(占書)가 되는 것이다. 「건괘」의 점사는 "크게 형통하나 올발라야 이롭다."라는 것이다. 점을 쳐서 이 괘가 나오면 만사가 순조롭게 잘 된다는 것이다. 그러나 조건이 붙는다. '올발라야 형통한다'는 것이다. 이래서 『주역』은 단순한 점서가 아니다. 사람을 바르게 살도록 인도하면서 하늘의 뜻을 알려 주는 것이다.

점사가 아닌 원(元)·형(亨)·이(利)·정(貞)은 주역 철학의 중심이다. 이는 하늘과 땅의 덕이고, 하늘과 땅의 본질이고, 존재의 양태다. '원'은 "크고 넓다"라는 뜻이고, '형'은 "막히는 일이 없다시원하게 트여 있다"라는 뜻이며, '이'는 "균형과 조화를 이루고 있다"라는 뜻이고, '정'은 "곧고 바르다"라는 뜻이다. 이 네 가지 덕은 사람도 반드시 가지고 있어야 할 최고의 덕이다.

괘사 바로 밑에 단왈(彖曰)은 「단전(彖傳)」이다. 「단전」은 괘상·괘명·괘사를 전체적으로 해설한 것이다. 그러나 「건괘」의 「단전」은 천지자연을 주재(主宰)하는 존재인 천제(天帝)를 기리는 송사(頌辭)다. 요임금·순임금·우임금·탕임금·문왕과 주공·공자로 이어지는 중국 철학사에서 도(道)는 우주 자연·세상 만물의 근원이 아니었다. 그리고 천지자연의 근원에 대한 말씀도 없었다. 다만 확실하게 알 수는 없지만, 하늘과 땅을 주재하는 주재자로서의 천제를 받들며 제사를 바쳤다. 그 천제를 그냥 천(天)이라고도 하였다. "하늘도 무심하다, 천벌(天罰)·천명(天命: 하늘의 뜻)"이라는 말에서 하늘은 자연물로서의 하늘이 아니고 천제를 말하는 것이었다.

도(道)를 천지자연의 근원이라고 말한 것은 중국철학에서는 노자(老子)가 처음이고, 남송(南宋) 초에 성리학(性理學)에서 유교철학에 삽입시킨 것이다.

그러므로 「단전」에서 말한 '건원(乾元)'은 하늘의 근본인데, 여기서 말한 하늘의 근본은 도(道)가 아니고 하늘과 땅을 주재하는 천제(天帝)이다. 그 천제의 위대한 역할을 기리는 말이 「단전」의 내용이다. 그 천제는 만물의 바탕인 어머니인데 도로써 하늘과 땅을 다스린다고 하였다. 그리고 천제는 여섯 용(龍)이 이끄는 수레를 타고 하늘을 달린다고 하였다. 옛날에 나라를 다스리는 임금은 6필의 말이 이끄는 수레를 타고 국내를 순행하면서 다스렸다. 그러나 천제는 여섯 용(龍)이 이끄는 수레를 타고 하늘을 달리면서 하늘과 땅을 다스렸다. 이 말로 미루어 보아도 「건괘」의 「단전」은 천제를 말하는 것이다. 천제에 의해서 자연물로서의 하늘[乾]이 이루어졌다는 것이다.

「단전」에서 말한 '육위(六位)'는 옛날에 여섯 등급으로 나누어진 사람의 자리이다. 「대성괘」에서 여섯 효의 자리에 해당하는 것이다. 1효의 자리는 일반 백성의 자리이고, 2효의 자리는 선비[士]의 자리이며, 3효는 대부(大夫), 4효는 공경(公卿), 5효는 임금, 6효의 자리는 은자 현인(隱者賢人)의 자리다. 옛날은 엄격한 계급사회였다. 천제가 이 체제를 항상 무너지지 않게 지킨다는 것이다.

「단전」 바로 밑에 있는 '상왈(象曰)'은 「대상전(大象傳)」이다. 「대상전」은 괘상(卦象)을 설명한 것이다. 「건괘」의 괘상은 앞에서 설명한 대로 하늘이 쉬지 않고 일하는 것이다. 군자는 하늘을 본받아 자신도 쉬지 않고 일한다는 것이다. 군자가 하는 일은 학문연구와 구도(求道)이다. 이같이 모든 사람도 자기가 해야 하는 일을 쉬지 않고 정성을 바쳐야 한다는 것이다. 모든 사람은 본업(本業)이 있는 것이고, 반드시 있어야 한다. 그 본업을 쉬지 않고 힘써 일해야 한다는 것이다. 본업에 게으르면 복은 달아나는 것이다.

「대상전」 바로 밑에 효사와 효사를 해설한 「소상전(小象傳)」이 한 덩어리를 이루고 있다. 효사는 점사이기도 하지만, 모든 사람이 알고 행하여야 하는 진리다. 「건괘」의 효사에서 말한 용(龍)은 앞에서 말한 대로 실제로 용을 말한 것이 아니고 군자를 말하는 것이다.

초구(初九)에서 말한 용이 물속에 숨어서 활동하지 않는다는 것은 군자가 초야의 오두막에 은거하면서 학문연구와 구도에 전념하고 있다는 것이다. 세상에 나설 때가 아니어서 숨어 살면서 공부만 하는 것이다. 다시 말하면 고귀한 사람이 누추한 초막에서 자신을 감추고 정성을 다해 도를 닦고 있다.

구이(九二)에서는 용이 모습을 드러내어 땅 위에 있다고 하였다. 용이 물속에서 땅 위로 나온 것은 군자가 은거하던 초막을 떠나 향리(鄕里)에 돌아온 것이다. 그리고 사람들에게 덕을 베풀고 있다. 향리의 사람들은 대인군자(大人君子)를 만나게 되어 이롭게 된 것이다. 인생에서 진리의 사람인 대인(大人)과의 만남은 크나큰 복이다. 일반적으로 진리는 책에서 배우는 것이 아니고 진리의 사람에게 배우는 것이기 때문이다. 진리는 말로 배우는 것이 아니고 진리의 생활로 배우는 것이기 때문이다.

구삼(九三)에서 용이라고 하지 않고 직접적으로 군자라고 하였다. 군자는 힘써 학문을 연구하고 도를 닦으므로 혹 위태로울 일을 당해도 무사하다는 것이다. 다시 말하면 불행이 피해간다는 말이다.

구사(九四)에서는 용이 어떤 때 하늘로 뛰어오른다고 하였다. 용이 하늘로 뛰어오르는 것은 군자가 자기 집을 떠나 세상에 나가 널리 세상을 살펴보는 것을 말하는 것이다. 세상에 나가도 되는지를 알아보기 위해서다. 용도 자기 집 연못에서 하늘로 뛰어올라 보아야 하늘로 날아올라 갈 수가 있는지를 알 수 있다.

구오(九五)에서는 용이 하늘을 날고 있다고 하였다. 하늘은 용이 일하는 무대로서 용은 하늘에서 풍운(風雲)을 일으키는 것이다. 마침내 군자도 태양처럼 떠올라 정치무대에서 나라를 다스리는 일을 하는 것이다. 용에게서 연못은 군자에게서는 고향 집이고, 용에게서 하늘은 군자에게서는 정치무대다. 정치는 군자만 하는 일인 것이다. 소인이 정치하면 항상 시끄러운 것이다.

상구(上九)에서 말한 것은 하늘을 날아다니는 용이 더 높이 올라가면 한탄하게 된다는 것이다. 이 말은 하늘을 날아다니지만 교만하면 안 되고 낮은 마음으로 섬기며 살아야 화가 없다는 것이다. 그리고 기울기 전에 물러날 줄 알아야 하고, 가득 채우면 안 되며, 항상 검소하게 살아야 하고, 높은 자리에 있다는 의식이 없어야 한다는 것이다.

용구(用九)에서 '용(用)'은 "통할용"이다. 어떤 것에 두루 해당된다는 말이다. 用九에서 '구(九)'는 양(陽)이므로 用九라는 말은 64괘의 모든 양효에 공통으로 적용된다는 말이다. 양은 자신을 드러내지 않아야 복을 받는다는 것이다. 양의 일반적 성질은 자신을 드러내는 것이다. 그러면 복을 받지 못한다. 「건괘」의 효사는 군자가 그때그때 때에 따라서 적절하게 행동하는 모습을 말해주고 있다.

이상에서 설명한 대로, 64괘는 모두 같은 체제이다. 다시 말하면 맨 위에 괘상과 괘명이 있고, 그 아래에 괘사, 그 아래에 「단전」, 그 아래에 「대상전」, 그 아래에 효사와 「소상전」이 있는 체제다. 하늘은 양(陽)의 대표이고, 만물의 아버지이다. 그래서 64괘 중 첫 번째에 놓이게 된 것이다.

문언전(文言傳)

　文言曰 元者는 善之長也요 亨者는 嘉之會也이며 利者는 義之和也요 貞者는 事之幹也이니라 君子는 體仁하므로 足以長人하고 嘉會하므로 足以合禮하며 利物하므로 足以和義하고 貞固하므로 足以幹事하니 君子行此四德者이니라 故曰乾元亨利貞하니라.

　원(元: 크고 넓은 것)은 선을 기르는 것이고, 형(亨: 막히는 일이 없는 것)은 좋은 일을 이루어지게 하는 것이며, 이(利: 균형을 이루는 것)는 정의를 고르게 이루는 것이고, 정(貞: 곧고 바른 것)은 일을 바로잡는 것이다. 군자는 인(仁)을 행하므로 능히 사람을 기르는 것이고, 좋은 일을 이루므로 능히 (사람들이) 예의를 어기지 않게 하는 것이며, 일에 균형을 이루므로 능히 정의가 고르게 이루어지게 하는 것이고, 한결같이 올바르므로 일을 바로잡는 것이니 군자란 이 네 가지 덕(元·亨·利·貞)을 행하는 사람인 것이다. 그래서 하늘의 (덕을) 원·형·이·정이라고 말하는 것이다.

【한자 풀이 】
長: 기를 장, 가르칠 장, 큰 장. 嘉: 좋을 가, 경사스러울 가. 會: 이룰 회, 모일 회, 함께할 회. 義: 정의의, 공정할 의. 和: 고르게 이루어질 화, 한결같을 화. 幹: 바로잡을 간, 곧을 간. 體: 행할 체, 본받을 체. 足: 족히 족, 능히 족, 가이 족, 만족할 족, 발족. 合: 어긋나지 않을 합, 맞을 합. 物: 일물. 固: 한결같을 고, 변치 않을 고.

【해설】

 문언전에서는 원(元)·형(亨)·이(利)·정(貞)을 점사로 설명하지 않고 하늘의 덕과 군자의 덕으로 설명하였다. 사람됨이 크고 넓지 못하고 속이 좁고 좀스럽고 쩨쩨하면 선(善)을 자라나게 하지 못하고, 꽉 막혀 답답하면 좋은 일을 이루지 못하며, 사고(思考)에 균형을 잃고 다른 사람들과 조화를 이루지 못하면 정의(正義)를 무너지게 하고, 바르지 못하면 사람과 일을 바로잡을 수가 없다고 하였다.

· · · · · · · · ·

 初九曰 潛龍勿用은 何謂也인가? 子曰 龍德而隱者也이니라 不易乎世하고 不成乎名하며 遯世无悶하고 不見是而无悶하며 樂則行之하고 憂則違之하며 確乎其不可拔이 潛龍也이니라.

 초구(初九), 용이 (물 속에)숨어서 활동하지 않는다는 것은 무엇을 말하는 것인가? 공자께서 말씀하시기를, 덕이 뛰어나면서 숨어 사는 사람이다. (그는) 일생을 (도를) 어기는 일이 없고 이름을 내지도 않으며 세상을 피해 숨어 살면서도 답답해하지도 않고, 옳다고 생각하지 않아도 괴로워하지도 않으며, 편안한 곳은 가고, 괴로운 것은 떠나버리며, 흔들림이 없어 (마음을) 빼앗을 수가 없는 그 사람이 숨어 사는 용이다.

【한자 풀이】

龍: 클 용(大), 뛰어날 용, 임금 용. 易: 어길 역, 배반할 역. 世: 일생 세. 成: 클 성(大), 일어날 성. 遯: 피할 둔, 숨을 둔. 悶: 답답할 민, 괴로워할 민. 見: 생각할 견, 알 견. 是: 옳을 시, 옳다고 여길 시. 行: 갈 행. 憂: 괴로울 우, 욕될 우. 違: 떠날 위, 피할 위. 乎: 어조사 호

(주격·목적격 조사). 確: 굳을 확, 강할 확. 拔: 빼앗을 발, 뽑을 발.

【 해설 】

　세상에 나가 활동하지 않고 숨어 사는 용은 어떤 사람을 말하는 것인가에 대한 공자의 말씀이다. 뛰어난 덕과 능력을 지닌 용과 같은 인물이면서 숨어 사는 사람이다. 그러므로 용과 같은 훌륭한 인물이 아니면서 숨어 사는 것은 여기에 해당하지 않는다.
　그리고 후반부에서는 용과 같은 인물은 구체적으로 어떤 사람인가를 말하였다. 일생을 도와 도덕규범, 국법과 약속을 어기는 일이 없고, 결코 자기 이름을 내지 않으며, 편안한 곳은 가고 괴로운 곳은 버리며, 어떤 유혹에도 마음에 흔들림이 없는 사람이 용과 같은 인물이라고 하였다.

･･･････････

　九二曰 見龍在田이니 利見大人은 何謂也인가? 子曰 龍德而正中者也이니라 庸言之信하고 庸行之謹하며 閑邪存其誠하고 善世而不伐하며 德博而化함이 易曰 見龍在田이니 利見大人인데 君德也이니라.

　구이(九二), 용이 (모습을) 드러내어 땅 위에 있으니 만나게 되어 이로운 큰 인물은 어떤 사람을 말하는 것인가? 공자께서 말씀하시기를, 덕이 뛰어나 바르고 치우침이 없는 사람이다. 평소의 말이 진실하고 평소의 행동이 조심스러우며, 옳지 않은 것을 물리쳐 진실함을 지키고 세상 사람들을 선하게 하고도 자랑하지 않으며, 덕을 널리 베풀어 감화시키고 있는 사람이 『주역』에서 말하는 용이 (모습을) 드러내어 땅 위에 있으니 만나게 되어 이로운 큰 인물인데 덕으로 다스리는 사람이다.

【 한자 풀이 】

見: 드러낼 현, 보일 현. 庸: 평소 용, 평범할 용. 信: 진실 신, 믿을 신. 謹: 조심할 근, 공손할 근. 閑: 물리칠 한, 바로잡을 한. 邪: 악할 사, 옳지 않을 사. 存: 보존할 존, 간직할 존. 誠: 진실성, 참 성. 世: 세상 사람 세. 博: 크게 펼 박, 널리 박. 德: 덕 덕, 덕 베풀 덕. 化: 감화할 화, 선도할 화. 君: 다스릴 군, 하늘 군, 어진이군.

【 해설 】

구이(九二)는 대인(大人)이 어떤 사람인가에 대하여 공자께서 구체적으로 말씀하신 것이다. 대인은 덕이 뛰어나고 바르고 치우침이 없으며 덕으로 다스리는 사람이라고 하였다. 소인은 대인의 반대개념이다. 소인은 바르지 못하고 치우치며, 무능과 편견·독단과 권모술수로 다스리는 것이다. 소인에게는 진리와 윤리가 없다.

· · · · · · · · ·

九三曰 君子終日乾乾하고 夕惕若하니 厲无咎는 何謂也인가? 子曰 君子 進德修業함이니라 忠信이 所以進德也이요 修辭立其誠이 所以居業也이니라 知至至之하니 可與言幾也하고 知終終之하니 可與存義也이니라 是故로 居上位而不驕하며 在下位而不憂하니라 故乾乾하고 因其時而惕하면 雖危无咎矣이니라.

구삼(九三), 군자는 종일 쉬지 않고 힘써 일을 하고 저녁에는 두려워하니 위태로워도 화가 없다는 것은 무엇을 말하는 것인가? 공자께서 말씀하시기를, (그것은) 군자가 덕을 기르고 학문을 연구하는 것이다. 정성을 다하고 신의가 있는 것이 덕을 기른 것이고, 말이 다듬어지고 참됨을 이룬 것이 학문을 쌓은 것이다. (그는) 힘써야 할 것을 알아 힘쓰니 중요한 일을 함께할 수가 있고, 그칠 바를 알아 그치니 함께 의로움을 보존할 수가 있다. 이런 까닭으로 (그는) 높은 자리에 있어도 교만하지 않고, 낮은 자리에 있어도 욕되다고 여기지 않는다. 본디 쉬지 않고 힘써 일하고 때를 따르며 두려워하면 혹시 위태로워도 화는 없는 것이다.

【 한자 풀이 】

進: 힘쓸 진, 향상시킬 진. 修: 연구할 수, 배울 수, 다듬을 수. 業: 학문 업, 행위 업. 忠: 정성을 다할 충, 극진할 충. 所: 바 소, 것 소. 立: 이룰 립, 만들 립. 居: 쌓을 거, 있을 거. 至: 힘쓸 지, 지극할 지. 幾: 중요한 것 기, 고동기. 與: 함께할 여, 도울 여. 終: 그칠 종, 끝낼 종. 憂: 욕될 우, 괴로워할 우. 惕: 두려워할 척, 근심할 척

【 해설 】

　군자가 쉬지 않고 힘써 하는 일은 무슨 일을 하는 것인가에 대한 설명이다. 군자가 하는 일은 구도(求道)와 학문연구다. 구도는 진리 탐구다. 진리를 탐구하여 진리를 깨달아 알게 되면 진리를 행하게 된다. 진리를 행하는 것이 덕이다. 다시 말하면 행하는 진리, 인격화된 진리가 덕이다. 군자에게서 구도와 학문연구는 수레의 양쪽 바퀴와 같다. 둘은 동시에 해야 하고 한쪽을 소홀히 하면 한쪽은 불구가 된다. 그래서 지식은 많아도 구도를 하지 않으면 인격적으로 불구가 되어 부도덕하게 된다. 반대로 경서(經書)만 공부하고 지식이 빈약하면 아집과 독선, 허세와 자존 자만에 빠진다. 진리와 지식을 동시에 가지게 되면 고개를 떨구고 겸손하다.

· · · · · · · · ·

九四曰 或躍在淵이나 无咎는 何謂也인가? 子曰 上下无常하여도 非爲邪也이며 進退無恒하여도 非離羣也이니라 君子進德修業함은 欲及時也이니 故로 无咎이니라.

    구사(九四). (용이) 연못 속에 있으면서 어떤 때 뛰어올라도 화가 없다고 한 것은 무엇을 말하는 것인가? 공자께서 말씀하시기를, (용이) 위로 올라갔다가 아래로 내려갔다가 하는 일에 일정함은 없다고 하여도 (그것은) 도리에 어긋난 일을 행하는 것은 아니며, (군자가) 나아가고 물러가는데 일정함이 없다고 하여도 (그것은) 사람들을 피하는 것은 아니다. 군자가 덕을 기르고 학문을 연구하는 것은 때를 따르고자 하는 것이니, 그런고로 화가 없는 것이다.

【 한자 풀이 】

常: 불변할 상, 일정할 상, 항상 상. 邪: 도리에 벗어날 사, 나쁠 사. 恒: 항상 항, 불변할 항, 일정할 항. 離: 버릴 리, 피할 리, 배반할 리. 羣: 많은 사람 군, 무리 군. 欲: 하고자 할 욕. 及: 따를 급, 함께할 급.

【 해설 】

    용이 연못에서 하늘로 뛰어올랐다가 다시 연못으로 내려오는 것은 뛰어올라야 할 때가 되어 뛰어오르는 것이라고 하였다. 그러나 뛰어오르는 때가 일정하게 정해진 것은 아니라고 하였다. 군자도 세상에 나가야 할 때는 나가고 물러나 은거해야 할 때는 물러난다고 하였다. 용이나 군자나 다 같이 그때를 놓치지 않고 따르므로 당하는 화가 없다고 하였다.

· · · · · · · · ·

九五曰 飛龍在天이니 利見大人은 何謂也인가? 子曰 同聲相應하고 同氣相求하며 水流濕하고 火就燥하며 雲從龍하고 風從虎하니라 聖人作而萬物覩하니 本乎天者親上하고 本乎地者親下하니 則各從其類也이니라.

구오(九五). 용이 날아올라 하늘에 있으니 큰 인물을 만나게 되어 이롭다고 한 것은 무엇을 말한 것인가? 공자께서 말씀하시길, 같은 소리끼리 서로 대답하고 같은 마음끼리 함께 모이며, 물은 습한 곳으로 흐르고 불은 마른 곳으로 번지며, 구름은 용을 따르고 바람은 범을 따른다. 성인이 일어서시어 세상 만물을 보니, 하늘을 근본으로 삼는 사람은 하늘의 것과 친하고, 땅을 근본으로 삼는 사람은 땅의 것과 친하니, (그것은) 곧 모든 것이 다 그와 같은 것을 따른다는 것이다.

【 한자 풀이 】
應: 대답할 응, 따를 응. 氣: 마음 기, 기질 기. 求: 모일 구, 부를 구. 燥: 마를 조, 마른 것 조. 作: 일어날 작, 설 작(立). 覩: 볼 도. 本: 근본 본, 근본으로 삼을 본. 上: 하늘 상, 높을 상. 下: 땅 하, 낮을 하, 천할 하. 各: 모두 각, 제각기 각. 類: 동족 류, 닮을 류, 같은 것 류.

【 해설 】
구오(九五)에서는 만나게 되어 이로운 큰 인물[大人]에 대한 공자의 설명이다. 큰 인물이 이 세상에 와서 내가 만나게 되어도, 내가 그 대인을 닮은 사람이 아니면 만나도 소용없다는 것이다. 대인과 내가 생활과 정신상태, 철학과 가치관이 크게 다른 사람이면 만나도 이로울 게 없다. 따를 수가 없기 때문이다. 사는 세계가 다르고 가는 길이 다르면 만나도 옷깃만 스치는 것이지 함께 할 수가 없기 때문이다. 사람이나 동물은 같은 종류끼리 사는 것이다.

上九曰 亢龍有悔는 何謂也인가? 子曰 貴而无位하고 高而无民하면 賢人在下位而无輔이니라 是以動而有悔也이니라.

높이 오르는 용은 한탄하게 된다는 것은 무엇을 말하는 것인가? 공자께서 말씀하시기를 존귀하게 되어 벼슬자리를 가볍게 여기고, 지위가 높으면서 백성을 가볍게 여기게 되면 현인이 아래에 있어도 도울 수가 없게 된다. 이같이 변하게 되면 한탄하게 된다는 것이다.

【 한자 풀이 】
貴: 존귀할 귀, 귀하게 여길 귀. 无: 가볍게 여길 무. 位: 벼슬자리 위, 임금의 자리 위. 輔: 도울 보, 재상 보. 是: 이에 시, 이같이 시. 動: 변할 동, 일할 동. 以: 할이, 될 이. 而: ~하면 이. 也: 이를 야(云), 말할 야.

【 해설 】
상구(上九)는 교만이라는 악덕(惡德)을 가지지 않도록 군자에게 조심하라고 권고하는 말이다. 높이 오르는 용은 교만하게 된 용이다. 교만하게 되면 안하무인(眼下無人)이 되어 아랫사람이나 백성들을 가볍게 보게 되며, 자기존재의 형편도 잊어버리고 자기가 거룩한 사람이나 되는 줄로 착각하고 거들먹거리게 되는 것이다. 이런 사람에게 진리와 윤리는 없다. 진리와 윤리가 없으면 언젠가는 화를 당하게 되는 것이다.

그러나 용이나 군자가 교만하게 되는 일은 없다. 군자에게는 변질이라는 것도 없다. 군자에게는 누리는 부귀영화도 없다. 아부가 통하지 않기 때문에 남들이 받들어서 높아지는 일도 없다. 진리의 사람이 된 군자에게 이런 일은 없는 것이기 때문이다. 그래도 교만해져야 한다고 항상 부추기는 악이 있기에 조심해야 한다. 높은 자리에 오르면 어김없이 교만해지는 사람은 소인배다.

· · · · · · · · ·

潛龍勿用은 下也이고 見龍在田은 時舍也이며 終日乾乾은 行事也이고 或躍在淵은 自試也이며 飛龍在天은 上治也이고 亢龍有悔는 窮之災也이며 乾元用九는 天下治也이니라.

용이 (물속에) 숨어서 활동하지 않는다는 것은 (초야에) 내려간 것이고, 용이 (모습을) 드러내어 땅 위에 있다는 것은 때로 (땅 위에) 머문다는 것이며, 종일 쉬지 않고 힘써 일한다는 것은 힘써 앞으로 나아간다는 것이고, (용이) 연못 속에 있으면서 어떤 때 (하늘로) 뛰어오른다는 것은 몸소 (세상을) 살펴보는 것이며, 용이 날아올라 하늘에 있다는 것은 높은 곳에서 다스린다는 것이고, 높이 오르는 용은 한탄하게 된다는 것은 끝에 이르면 재앙을 당한다는 것이며, 하늘의 큰 덕인 용구(用九)는 천하의 정도(正道)다.

【 한자 풀이 】
下: 내려갈 하, 떠날 하. 舍: 머무를 사, 베풀 사. 行: 갈 행, 나아갈 행, 도 행. 事: 힘쓸 사, 행할 사. 試: 살필 시, 시험할 시. 窮: 끝 궁, 끝에 이를 궁. 之: 갈 지, 이를 지(至). 災: 재앙 재, 재앙을 당할 재. 元: 하늘 원, (하늘의) 큰 덕 원. 治: 정도(正道) 치, 바로 잡을 치. 也: 일을 야(云).

【해설】

　용이 물속에 숨어서 활동하지 않는다는 것은 군자가 초야에 내려가 은거하는 것을 말하고, 용이 모습을 드러내어 땅 위에 있다는 것은 군자가 때로 초야에서 나와 세상에 머무는 것을 말하며, 군자가 종일 쉬지 않고 힘써 일한다는 것은 자신을 향상하는 일에 힘을 다하는 것을 말하고, 용이 연못에서 어떤 때 하늘로 뛰어오르는 것은 군자가 세상에 나가 몸소 세상을 살펴보는 것을 말하며, 용이 날•아올라 하늘에 있다는 것은 군자가 높은 벼슬자리에 앉아서 나라를 다스리는 것을 말하고, 높이 오르는 용은 한탄하게 된다는 것은 지나쳐 극에 이르면 재앙을 당한다는 것을 말한 것이며, 자신을 드러내지 않아야 하는 것은 하늘의 큰 덕으로서 세상의 정도(正道)라고 하였다. 여기서 건원(乾元)은 하늘의 근본이 아니고 하늘의 큰 덕이다.

· · · · · · · · ·

　潛龍勿用은 陽氣潛藏이고 見龍在田은 天下文明이며 終日乾乾은 與時偕行이고 或躍在淵은 乾道乃革이며 飛龍在天은 乃位乎天德이고 亢龍有悔는 與時偕極이며 乾元用九는 乃見天則이니라.

　용이 (물속에) 숨어서 활동하지 않는다는 것은 고귀한 마음이 깊이 숨어있는 것이고, 용이 (모습을) 드러내어 땅 위에 있다는 것은 세상에서 (군자의) 학덕이 빛이 나고 있는 것이며, 종일 쉬지 않고 힘써 일한다는 것은 언제나 도와 함께하여 따른다는 것이고, (용이) 연못 속에 있으면서 어떤 때 (하늘로) 뛰어오른다는 것은 하늘의 도가 비로소 날개를 펴고 있다는 것이며, 용이 날아올라 하늘에 있다는 것은 하늘의 덕이 (세상에) 임히여 다스린다는 것이고, 높이 오르는 용은 한탄하게 된다는 것은 언제나 흉한 일이 함께하며 따르고 있다는 것이며, 하늘의 큰 덕인 용구(用九)는 곧 하늘의 법칙을 알려 주는 것이다.

【 한자 풀이 】

陽: 고귀할 양, 높을 양, 클 양. 氣: 정신기, 마음 기. 潛: 숨을 잠, 감출 잠. 藏: 깊을 장, 감출 장. 文: 학문 문, 덕 문, 선미할 문. 明: 빛날 명. 與: 따를 여, 함께할 여, 모두 여. 時: 언제나 시, 항상 시. 偕: 함께할 해, 굳셀 해. 行: 도 행(道), 나아갈 행. 乃: 비로소 내, 곧 내, 다스릴 내. 位: 임할 위, 자리할 위. 革: 날개 혁, 날개 펼 혁. 極: 흉한 일 극, 괴로울 극. 見: 알 견, 알려 줄 견.

【 해설 】

여기서 말한 양기(陽氣)는 일상용어로 사용하는 양기가 아니다. 여기서 '양(陽)'은 "고귀하다·높다·크다"라는 뜻이다. 그러므로 양기는 고귀한 마음이다. 고귀한 마음은 군자를 말하는 것이다. 문명(文明)에서 '문(文)'은 "학문·덕·선미(善美)"함이다. 그러므로 문명은 학덕이 빛이 난다는 뜻이다. 해행(偕行)은 굳세게 앞으로 나아간다고 번역해도 되고, 도와 함께한다고 번역해도 된다. 내혁(乃革)에서 '혁(革)'은 "날개를 편다"라는 뜻이다. 하늘로 날아오르려고 비로소 날개를 펴는 것이 '내혁'이다. 해극(偕極)에서 '극(極)'은 "흉한일·괴로운 일"이다. 그러므로 "불행·재앙"이다. 만일 용이 높이 오르게 된다면 오르는 순간부터 불행이 따라붙게 된다는 것이다. 그러므로 지위가 높아질수록 마음과 생활은 더 낮아져야 사랑받고 존경받으며 사는 것이다.

· · · · · · · · ·

乾元者는 始而亨者也이며 利貞者는 性情也이니라 乾始는 能以美利로 利天下하나 不言所利하니 大矣哉라 大哉라 乾乎여! 剛健中正하고 純粹精也하며 六爻發揮하여 旁通情也하며 時乘六龍하고 以御天也하며 雲行雨施하니 天下平也하니라.

하늘의 근본은 (만물의) 근원이고 막히는 일이 없는 존재이며, 균형을 이루고 바른 것은 (그의) 성품이고 마음이다. 하늘의 근본은 올바름과 균형으로서 능히 온 세상을 이롭게 하나 이롭게 하는 것을 말하지 않으니, 위대하도다! 위대하도다! 하늘의 근본이여. (하늘의 근본은) 강하고 쉬는 일이 없고 치우치지 않으며 바르고, 순수하고 깊으며, 여섯 등급의 자리를 일으키고 움직여 널리 (자신의) 뜻을 알려 주며, 때로 여섯 용이 이끄는 수레를 타고 하늘을 달리며 구름을 움직여 비를 내리게 하니 천하가 태평한 것이다.

【 한자 풀이 】

始: 근원 시, 일어날 시, 근본 시. 性: 성품 성, 바탕 성. 情: 마음 정, 본성 정. 뜻 정. 美: 옳을 미, 좋을 미. 精: 깊을 정, 맑을 정, 밝을 정. 發: 일으킬 발, 일어날 발. 揮: 움직일 휘, 옮길 휘. 旁: 널리 방, 두루 방. 通: 알려 줄 통, 말할 통.

【 해설 】

이는「건괘」단전의 내용과 유사한 것으로서 하늘의 근본인 천제(天帝)의 역할과 본성에 대하여 설명한 것이다. 건원(乾元)과 건시(乾始)는 같은 말이다.

· · · · · · · · ·

初九, 君子以成德爲行하고 日可見之行也하니라 潛之爲言也는 隱而未見이고 行而未成이니라 是以로 君子弗用也이니라

九二, 君子學以聚之하고 問以辨之하며 寬以居之하고 仁以行之하니라 易曰 見龍在田利見大人은 君德也이니라

초구(初九), 군자는 덕을 완성하는 것이 하는 일이고, 매일매일 터득한 올바른 것을 행한다. 숨어있다고 하는 말은 숨어서 (자기를) 나타내지 않는 것이고, 떠나고 (세상에는) 나가지 않는 것이다. 이런 까닭으로 군자가 활동하지 않는다고 말한 것이다.
　구이(九二), 군자는 공부해서 (도와 지식을) 모으고, 의논해서 의혹을 없애며 너그럽게 살고 인자하게 행동한다. 『주역』에서 말하는 용이 모습을 드러내어 땅 위에 있으니 만나게 되어 이로운 대인(大人)은 덕으로 다스리는 사람인 것이다.

【 한자 풀이 】
成: 완성할 성, 나아갈 성. 爲: 할 위, 행할 위. 行: 일행, 일할 행, 행할 행, 떠날 행. 可: 옳을 가, 할 가. 見: 알 견, 터득할 견. 聚: 모을 취, 모일 취, 쌓을 취. 問: 논의할 문, 알아볼 문. 辨: 의혹을 없게 할 변, 분명히 할 변. 君: 다스릴 군, 하늘 군, 어진이 군.

【 해설 】
　군자가 일생 내내 한눈을 팔지 않고, 계속 정성을 다하는 일은 그의 덕을 완성하는 일이다. 덕을 완성하는 일은 곧 구도와 학문연구다. '위행(爲行)'은 "하는 일"이고, '위언(爲言)'은 "하는 말"이다. 군자가 하는 공부는 구도와 학문연구다. 이런 공부를 하여 진리와 지식을 모으는 것이다. 다시 말하면 진리와 지식이 모이는 것이다. 그러므로 군자는 재산을 모으는 사람이 아니고, 진리와 지식을 인격(人格)이라는 보고(寶庫)에 모으는 사람이다. 그래서 그 진리와 지식으로 다스리는 것이 덕으로 다스리는 것이다.

· · · · · · · · ·

九三, 重剛而不中하니, 上不在天하고, 下不在田이니라. 故乾乾하고 因其時而惕하면, 雖危无咎矣이니라.

九四, 重剛而不中, 上不在天, 下不在田, 中不在人, 故或之. 或之者, 疑之也, 故无咎.

구삼(九三). 강함이 겹쳐 있어 알맞음이 없으니, 위로는 하늘에도 살 곳이 없고 아래로는 땅에도 살 곳이 없다. 그런 까닭으로 쉬지 않고 일을 하고 때를 따르며 두려워하면 혹시 위태로워도 화는 없는 것이다.

구사(九四). 강함이 겹쳐 있어 알맞음이 없으니, 위로는 하늘에도 살 곳이 없고 아래로는 땅에도 살 곳이 없으며, 가운데로는 사람들 사이에도 살 곳이 없다. 그런 까닭으로 이를 이상하게 여겨야 하는 것이다. 이상하게 여기는 것은 두려워하는 것이므로 화가 없는 것이다.

【 한자 풀이 】
重: 겹칠 중, 많을 중. 中: 알맞을 중, 바를 중. 惑: 이상하게 여길 혹, 의심할 혹. 之: 이 지, 이것 지. 疑: 두려워할 의, 멈추어 설 의.

【 해설 】
구삼(九三)과 구사(九四)는 괘형(卦形) 곧 음양이론으로 설명한 것이다. 상괘(上卦)도 순양(純陽)으로서 강한 것이고, 하괘(下卦)도 순양으로서 강한 것이다. 그래서 강함이 겹쳐 있다고 말한 것이다. 그리고 아래 두 효는 지(地), 가운데 두 효는 인(人), 맨 위 두 효는 천(天)을 말하는 것인데, 天·地·人이 나 상한 양효로만 되어 있다. 天·地·人이 똑같이 강성하니까 어디에서도 살기가 힘든 것이다. 그래서 살 곳이 없다고 표현한 것이다. 예나 지금이나 마찬가지로 사람이 강하기만 하면 함께 사는 사람도 힘들고 본인도 힘든 것이다. 무엇이든지 지나치면 진리가 아니기 때문이다. 오직 진리만이 편안하게 하고 힘들지 않게 한다.

・・・・・・・・・

九五, 夫大人者는 與天地合其德하고 與日月合其明하며 與四時合其序하고 與鬼神合其吉凶하니라 先天而天弗違하고 後天而奉天時하니라 天且弗違한데 而況於人乎하며 況於鬼神乎이리요?

上九, 亢之爲言也는 知進而不知退하고 知存而不知亡하며 知得而不知喪이니라 其唯聖人乎知進退存亡하니 而不失其正者는 其唯聖人乎이니라.

구오(九五), 무릇 큰 인물이란 하늘과 땅을 닮아서 (하늘과 땅의) 덕과 같고, 해와 달을 닮아서 (해와 달의) 빛남과 같으며, 사계절을 닮아서 (사계절의) 질서 정연함과 같고, 귀신을 닮아서 (귀신의) 화와 복을 (아는 능력과) 같다. 하늘의 뜻을 미리 알면 하늘의 뜻을 어기는 일이 없고, 하늘의 뜻을 후에 알면 바로 그때 하늘의 뜻을 따른다. 하늘의 뜻도 거역하지 않는데 하물며 사람을 거역하겠으며, 귀신을 거역하겠는가?

上九, 높이 오른다고 하는 말은 앞으로 나아갈 줄만 알지 물러날 줄은 모르고, 사는 것만 알고 죽는 것은 모르며, 얻는 것만 알고 잃는 것은 모르는 것이다. 오직 성인만이 나아가고 물러나고 살고 죽는 것을 아니 올바름을 잃지 않는 사람은 오직 성인뿐이다.

【 한자 풀이 】
與: 닮을 여, 같을 여. 合: 같을 합, 일치할 합. 序: 질서 정연할 서. 先: 먼저 알 선, 먼저 할 선. 奉: 따를 봉, 준수할 봉. 時: 바로 그때 시. 違: 어길 위, 거역할 위. 存: 살 존, 살아있을

존. 乎: 어조사 호(감탄조자)

【해설】
　대인(大人)은 군자다. 대인은 하늘과 땅을 닮아서 하늘과 땅의 덕을 가지고 있고, 해와 달을 닮아서 해와 달처럼 밝고 빛나며, 사계절을 닮아서 사계절처럼 질서정연하게 살며, 귀신을 닮아서 귀신처럼 화와 복을 예언하는 능력이 신통하다고 하였다. 여기서 천(天)은 하늘의 뜻 곧 진리이고, 인(人)은 인간 개체 존재와 사람의 뜻이며, 귀신은 귀신의 예언적 말이다.

2. ䷁ 坤上 坤下 坤爲地(곤위지)

坤은 元亨하나 利牝馬之貞이니라 君子有攸往한데 先하면 迷하고 後하면 得主利하니라 西南得朋하고 東北喪朋하며 安貞吉이니라.

· · · · · · · · ·

彖曰 至哉라 坤元이여! 萬物資生이며 乃順承天이로다 坤厚載物하고 德合无疆하며 含弘光大하니 品物咸亨이니라 牝馬地類하여 行地无疆하며 柔順利貞하니 君子攸行이니라 先迷失道하고 後順得常하나니 西南得朋은 乃與類行함이요 東北喪朋은 乃終有慶이니라 安貞之吉은 應地无疆이니라.

象曰 地勢坤이니 君子以厚德載物이니라.

初六, 履霜하면 堅冰至하나니라
象曰 履霜堅冰은 陰始凝也하면 馴致其道하여 至堅冰也이니라
六二, 直方大하면 不習이라도 无不利이니라
象曰 六二之動 直以方也이면 不習无不利는 地道光也이니라
六三, 含章可貞하면 或從王事하지만 无成有終하나라
象曰 含章可貞하면 以時發也하며 或從王事하면 知光大也하나라

六四, 括囊하면 无咎이지만 无譽니라

象曰 括囊无咎는 愼不害也니라

六五, 黃裳하면 元吉하니라

象曰 黃裳元吉은 文在中也니라

上六, 龍戰于野하면 其血玄黃이니라

象曰 龍戰于野는 其道窮也니라

用六, 利永貞이니라

象曰 用六은 永貞이라야 以大終也니라

「곤괘(坤卦)」는 일에 막히는 일은 없으나 암컷 말처럼 올발라야 이롭다. 군자가 갈 곳이 있는데 앞장서면 어찌할 바를 몰라 괴롭게 되고, 뒤에 서면 중대한 이로움을 얻게 된다. 서남쪽으로 가면 벗을 얻게 되고, 동북쪽으로 가면 벗을 잃게 되며, 편안하고 올발라야 복을 받는다.

· · · · · · · · ·

단전에서 말하기를, 훌륭하도다. 땅의 큰 덕이여! 세상 만물이 태어난 바탕이며 오직 하늘을 받들며 따르는 도다. 크게 온순하여 만물을 받들고, 베푸는 덕은 천지사방으로 끝이 없으며, 널리 포용하며 크게 빛이 나니 세상 만물이 막히는 일이 없는 것이다. 암컷 말은 땅을 닮아서 땅의 도를 행함이 끝이 없으며, 부드럽고 온순하고 곧고 바르며 균형을 이루고 있으니, (그것은) 군자가 행하는 바다. 앞장서면 어찌할 바를 몰라 괴로워 도(道)를 잃게 되고 뒤에서 따르면 도를 얻게 된다. 서남쪽에서 벗을 얻게 된다는 것은 그들이 모두 선한 일을 행하기 때문이고, 동북쪽에서 벗을 잃게 된다는 것은 그들이 모두 선한 일을 그만두어서인 것이다. 마음이 편안하고 올발라서 복을 받으려면 끝없이 땅의 도를 따라야 하는 것이다.
상전에서 말하기를, 지괘의 형세는 온순하니 군자도 큰 덕으로 만물을 받드는 것이다.

초육(初六), 서리를 밟으면 두터운 얼음이 오게 된다. 상전에서 말하기를, 서리를 밟으면 두터운 얼음이 오게 된다는 것은 습기가 얼기 시작하면 그 길로 나아가서 두터운 얼음에 이르게 된다는 것이다.
육이(六二), (사람됨이) 곧고 바르고 훌륭하면 배우지 않아도 이롭지 않은 일이 없다. 상전에서 말하기를, 육이(六二)의 행실이 곧고 바르면, 배우지 않아도 이롭지 않은 일이 없는 것은 (그의) 땅의 도(道)가 빛나기 때문이다.
육삼(六三), 학식과 덕을 가지고 올바르면 언젠가는 나랏일에 종사하게 되지만, 다스리는 일이 없어야 이루는 일이 있게 된다. 상전에서 말하기를, 학식과 덕을 가지고 올바르면 그것은 언젠가 피어나는 것이며, 언젠가 나랏일에 종사하게 되면 지혜가 크게 빛이 나게 된다.
육사(六四), 자루의 주둥이를 잡아매면 화가 없지만 칭찬할 일은 아니다. 상전에서 말하기를, 자루의 주둥이를 잡아매면 화가 없다는 것은 조용하면 해로운 일이 없다는 것이다.
육오(六五), 황색(黃色) 치마를 입고 있으면 크게 복을 받는다. 상전에서 말하기를, 황색 치마를 입고 있으면 크게 복을 받는다는 것은 선함과 아름다움이 내면에 있어서다.
상육(上六), 용(龍)이 들에서 싸우게 되면 그 피가 도랑에 깊게 된다. 상전에서 말하기를, 용이 들에서 싸우는 것은 도(道)가 막혀서다.
용육(用六), 길이길이 곧고 올발라야 이롭다. 상전에서 말하기를, 용육(用六)은 길이길이 곧고 올발라야 크게 이루게 된다는 것이다.

【 한자 풀이 】

坤: 땅 곤, 온순할 곤, 서남쪽 곤. 牝: 암컷 빈, 음 빈. 攸: 바 유, 곳 유, 것 유. 迷: 길잃을 미, 어찌할 바 몰라 괴로워할 미. 主: 중요할 주. 朋: 벗 붕, 돈 붕. 至: 훌륭할 지, 클 지, 올 지. 元: (천지의) 큰 덕 원. 乃: 다만 내, 오직 내, 또 내, 그 내. 順: 따를 순, 온순할 순. 承: 받들 승, 받아들일 승. 厚: 클 후, 많을 후. 載: 받들 재, 실을 재. 物: 만물 물. 德: 덕 베풀 덕. 合: 천지사방 합, 모두 합. 疆: 끝 강, 한계 강. 含: 품을 함. 포요할 함. 가질 함. 類: 닮을 류, 착할 류, 좋을 류. 常: 도상, 변치 않을 상. 與: 모두 여, 다 여. 有: 할 유, 행할 유. 慶: 착할 경, 아름다울 경. 勢: 형세 세, 상태 세. 履: 밝을 리, 행할 리. 堅: 군을 견, 군셀 견. 冰: 얼음 빙, 얼 빙. 陰: 습기 음. 凝: 엉길 응, 굳을 응. 馴: 나아갈 순, 따를 순. 致: 나아갈 치. 大: 훌륭할 대, 존귀할 대. 習: 배울 습, 익힐 습. 動: 행동할 동, 행실 동. 章: 밝을 장, 글 장, 법 장. 可: 할 가, 옳을 가. 成: 다스릴 성, 일어날 성. 終: 이룰 종. 以: 그 이, 이 이, 그 것 이. 時: 언제나 시, 항상 시. 知: 지혜 지, 깨달을 지. 括: 묶을 괄, 단속할 괄. 囊: 자루 낭, 주머니 낭. 譽: 칭찬할 예, 명예 예. 愼: 조용할 신, 조심할 신. 黃: 가운데 황, 도랑 황. 裳: 치마 상. 文: 덕 문, 선미할 문. 玄: 검을 현, 검붉을 현. 窮: 막힐 궁, 끝날 궁.

【 해설 】

64괘 중 두 번째 괘는「중지곤괘」(重地坤卦: 땅이 겹친「곤괘」)이다. 그러므로「곤괘」의 괘상은 두 개의 땅이 겹쳐 있다. 여기서 말하는 땅은 육지나 토지를 말하는 것이 아니고 지구를 말하는 것이다. 그러므로「곤괘」의 괘상은 두 개의 지구(地球)가 겹쳐 있는 것이다. 그러나 지구는 하나밖에 없는 것이므로 두 개의 지구가 겹쳐 있을 수는 없다. 그런고로「곤괘」는 자연현상으로 말한 것이 아니고 괘덕이론으로 괘상을 설명한 것이다.

「곤괘」의 괘덕은 '순(順)'이다. 그러므로「곤괘」의 괘상은 '순'이 겹쳐 있는 것이다. '순'은 "온순하고 따르는 것"이다. '순'이 겹쳐 있으므로 지극히 온순하고 지극한 마음으로 자신의 양(陽)을 따르는 것이다. 다시 말하면 땅은 지극히 온순하고 지극한 마음으로 자신의 양인 하늘을 따르고 있는 것이 「곤괘」의 괘상이다. 땅은 순음(純陰)이다. 순음인 땅과 같이 음은 온순하고 음이 양을 따르는 것은 자연의 이치라고 「곤괘」는 알려 주고 있다. 사람도 음의 지위에 있는 사람은 온순해야 하고 그의 양을 따라야 한다는 것이다. 이것은 사람이 반드시 행하여야 할 진리라는 것이다. 그러므로 「곤괘」는 자연의 이치와 사람이 행하여야 할 진리를 말하고 있다.

땅은 음의 대표이고 만물의 어머니이다. 그래서 64괘 중 두 번째에 놓이게 된 것이다. 땅의 덕은 하늘의 덕과 마찬가지로 원(元)·형(亨)·이(利)·정(貞)이다. 그러나 땅의 '정(貞: 곧고 바른 것)'은 하늘의 '정(貞)'과는 좀 다른 것이다. 땅의 '정'은 암컷 말처럼 곧고 바른 것이다. 음의 지위에 있는 사람은 암컷 말처럼 곧고 올발라야 한다는 것이다. 야생의 암컷 말은 일생을 변함없이 동일한 수컷 말과만 짝짓기 한다. 아무 수컷이나 가리지 않고 짝짓기를 하지 않으므로 절개가 굳고 바르다고 말하는 것이다.

「건괘」에서는 용(龍)을 말하였고, 「곤괘」에서는 말(馬)을 말한 이유는 용마(龍馬)와 관계가 있다. 팔괘에서 설명한 대로 복희씨 때에 황하에서 팔괘를 등에 진 용마가 나왔는데, 그 용마는 머리는 용이고 몸은 말이었다. 머리는 양이고 몸은 음이므로 이 용마를 분리해서 용은 양을 상징하는 것으로 말하고, 말은 음을 상징하는 것으로 말한 것이다. 용마는 신성한 존재이고, 암컷 말은 온순하고 절개가 굳은 존재이므로 용과 말을 하늘과 땅을 상징하는 것으로 말한 것이다. 「건괘」의 용은 군자를 상징하는 것이라고 이미 설명하였다. 그러면 「곤괘」의 암컷 말은 어떤 사람을 상징하는 것일까? 요조숙녀(窈窕淑女)다. 요조숙녀는 아름답고 품위 있고 학덕이 뛰어나고 절개가 굳은 여자다. 그러므로 요조숙녀는 땅을 닮은 여인이다. 군자와 요조숙녀는 음양관계다. 고로 군자의 짝은 요조숙녀다. 다른 여자와는 살 수가 없다.

괘사는 점사이면서 동시에 음의 지위에 있는 사람이 행하여야 할 법도를 말한 것이다. 괘사에 나온 군자는 음의 지위에 있는 군자이다. 음의 지위는 아랫자리다. 음의 지위에 있는 사람은 앞장서서 일하면 안 된다는 것이 『주역』의 가르침이다. 양이 앞서고 음은 뒤따라야 한다는 것이다. 아무리 뛰어난 능력이 있어도 음의 자리에 있는 사람은 윗사람을 앞세우고 자신은 뒤따르면서 윗사람을 도와야 하고, 자기 이름을 내지 않아야 하며, 온순하고 두 마음이 없어야 한다는 것이다. 음이 앞장서서 일하고 설치면 저항을 받고 욕을 먹게 되어 괴롭다는 것이다.

서남쪽으로 가면 벗을 얻고, 동북쪽으로 가면 벗을 잃는다고 말한 것은 서남쪽은 문왕(文王)이 도(道)와 덕(德)으로 다스리는 주(周) 나라를 말하는 것이고, 동북쪽은 주왕(紂王)이 악덕으로 다스리는 은(殷)나라를 말하는 것이다. 다시 말하면 도가 없는 곳에 가면 얻는 것은 없고 잃는 것만 있다는 말이다. 그러므로 도가 없는 곳에는 가지 말라는 것이다. 그리고 또 서남쪽은 곤(坤)의 방향이다. 그러므로 음의 방향이다. 동북쪽은 간(艮)의 방향으로서 양의 방향이다. 그러므로 음이 양의 길로 가면 이로움이 없다는 뜻도 된다. 음은 음의 길을 가야 한다는 것이다.

「단전」은 땅의 훌륭한 덕과 암컷 말의 훌륭한 덕을 칭송한 것이다. 그리고 마음이 편안하게 되고 올바르게 되어 복을 받으려면 땅이 행하는 도를 끝없이 행하여야 한다고 하였다. 「대상전」은 「곤괘」의 괘덕과 괘형(卦形)으로 괘상을 풀이한 것이다. 괘덕은 온순함이고 괘형은 음효만 6개인 순음이므로 온순함의 극치가 되는 것이다. 군자는 온순함의 극치인 「곤괘」를 본받아 큰 덕으로 만물을 받든다고 하였다. 만물은 모든 사람, 모든 일, 모든 사물을 총체적으로 일컫는다.

효사는 음의 지위에 있는 사람이 반드시 행하여야 할 행동 원칙을 말한 것이다. 그 행동 원칙의 첫 번째는 서리를 밟지 말라는 것이다. 여기서 서리는 바람직하지 않은 행동과 작은 죄악을 상징하는 것이다. 그러므로 서리를 밟지 말라는 말은 바람직하지 않은 행동을 해서는 안 되고 작은 죄악일지라도 저지르면 안 된다는 것이다. 그리고 또 내가 감독할 의무가 있는 사람의 바람직하지 않은 행동이나 작은 죄악을 못 본 체하고 그대로 넘어가면 안 된다는 것이다. 이미 서리를 밟았으면 두꺼운 얼음을 보게 된다는 것이다. 여기서 두꺼운 얼음은 화(禍)를 상징하는 것이다. 그러므로 바람직하지 않은 행동이나 작은 죄악은 점차로 커져서 화가 된다. 그런고로 서리를 밟지 말라는 말은 언제나 정도(正道)를 행하고 바르지 않은 일은 하지를 말고 이미 저지른 바르지 않은 일은 키우지 말고 시초에 싹을 자르라는 것이다.

두 번째는 곧고 바르고 마음씨와 행동이 훌륭해야 한다는 것이다. 그러면 배운 것이 없어도 화를 당하는 일은 없다는 것이다. 옛날에는 일반적으로 여자는 교육에서 제외되었다. 배운 것이나 공부한 것이 없어도 곧고 바르기만 하면 화를 당하는 일은 없다는 것이다.

세 번째는 학식과 덕을 가지고 올발라야 한다는 것이다. 그러면 언젠가는 조정에 발탁되어 나랏일을 하게 된다고 하였다. 육이(六二)에서 올바른 것은 구도와 학문연구를 하지 않고 올바른 것이고, 육삼(六三)에서 올바른 것은 구도와 학문연구를 하여 올바르게 된 것이다. 여기서 말한 '장(章)'은 "글이고 법"이다. 글은 학식이고 법은 도와 덕이다. 다스리는 일이 없어야 한다는 말은 신하는 도구(道具)라는 말이다. 그러므로 다스리는 사람은 임금이지 신하가 아니라는 것이다.

네 번째는 자루의 주둥이를 잡아매야 한다고 하였다. 자루의 주둥이를 잡아매야 한다는 말은 입을 다물어야 한다는 말이다. 말이 많고 시끄러우면 안 되고 말이 없고 조용해야 한다는 것이다. 이는 설화(舌禍)를 경계해야 한다는 것이다.

다섯 번째는 황색 치마를 입어야 한다고 하였다. 황색 치마는 다른 것을 상징하는 말이다. 황색은 오색(五色: 청·황·적·백·흑) 중의 하나이다. 이 오색은 다른 색이 섞이지 않은 정색(正色)이다. 그러므로 황색은 정(正)을 상징하는 것이다. 황색은 오방(五方: 동서·남·북·중앙)에서는 '중앙'에 해당한다. 그러므로 황색은 중(中)을 상징하는 것이다. 황색은 오행(五行: 금목수화토)에서는 '토'에 해당한다. 그러므로 황색은 토(土)를 상징하는 것이다. 토는 만물을 안고 기르며 그의 양인 하늘을 따르는 것이다. 치마는 하의(下衣)다. 그러므로 아랫자리를 상징하는 것이다. 이상에서 말한 것을 종합하면 황색 치마는 중정(中正: 바르고 치우침이 없는 것)과 만물을 포용하고 길러주며, 아래에 있으면서 그의 양을 따르는 것을 상징한다.

여섯 번째는 음은 주도권을 장악하려고 하면 안 된다는 것이다. 그러면 필연적으로 피를 흘리며 싸우게 된다는 것이다. 상육(上六)에서 말한 용(龍)은 양을 대표하는 신령한 존재로서의 용이 아니다. 음이 음다움을 잃어버리고 양으로 변해버린 용이고, 패권을 잡으려고 날마다 그의 양과 싸우는 거칠고 강한 음을 용이라고 표현한 것이다. 음이 무도(無道)하면 그의 양과 다투는 것이다. 싸워도 이기지 못하는데 죽을 때까지 계속 싸우는 것이다. 도를 모르는 무지 때문에 싸우는 것이다. 「곤괘」는 여섯 효가 모두 음이다. 군자 곧 진리가 없는 소인만의 세상이다. 소인만의 세상에서 스스로 잘났다고 생각하는 여섯 용이 싸우고 있는 것이 「곤괘」의 괘형이다.

용육(用六)에서 육(六)은 음(陰)이므로 용육(用六)이라는 말은 64괘의 모든 음효에 공통으로 적용된다는 말이다. 음은 곧고 올발라야 복을 받는다는 것이다. 변함없이 죽을 때까지 곧고 올발라야 복도 받지만 일도 크게 이룬다는 것이다. 하는 일에 크게 성공한다는 말이다. 여기서 '정(貞)'은 "바르다·곧다·절개를 지키다·정성스럽다"는 말이 한데 결합 되어 있는 말이다.

문언전(文言傳)

文言曰 坤은 至柔而動也剛하고 至靜而德方하며 後得主而有常하며 含萬物而化光하니 坤道其順乎여! 承天而時行하는도다.

땅은 지극히 부드러운 데도 일을 함에는 강하고, 지극히 조용한 데도 크게 덕을 베풀며, 자신의 이익은 뒤로 하고 도(道)를 행하며, 세상 만물을 품에 안고 빛이 나게 키우니 땅의 덕은 그 온순함이여! 하늘을 받들며 훌륭하게 일하는구나.

【 한자 풀이 】
動: 일할 동, 행할 동. 靜: 조용할 정, 말없을 정. 德: 덕베풀 덕, 덕 덕. 方: 클 방, 바를 방. 得: 이득 득, 이익 득. 主: 자신 주, 주로 주. 有: 할 유, 행할 유. 常: 도 상, 법도 상, 변치않을 상. 含: 품을 함, 포용할 함. 化: 생육할 화, 다스릴 화. 時: 훌륭할 시, 좋을 시, 항상 시. 行: 일할 행, 베풀 행.

【 해설 】
드넓은 땅을 거칠다고 하지 않고 부드럽다고 하였다. 만물을 낳아서 키우는 대지(大地)를 어머니에 비유하여 그렇게 말한 것이다. 그러므로 이는 실제저인 묘사가 아니고 철학적 묘사다. 그러나 땅은 일을 함에는 강하다고 하였다. 대지는 폭풍이 몰아쳐도, 홍수가 휩쓸어도, 천둥 벼락이 떨어져도, 만물을 낳고 키우는 일에는 흔들림 없이 확고 부동하다. 그래서 강하다고 한 것이다.

그리고 대지는 말이 없다. 침묵으로 말하는 것이다. 말없이 덕을 베풀어 만물을 키우는 것이다. 대지는 자기 이익은 뒤로한다고 하였다. 만들어도 소유하는 일이 없기 때문이다. 그리고 지극히 부드럽고 따뜻한 마음으로 만물을 품에 안고 빛이 나게 키우는 것이다. 그러면서 자신의 양(陽)인 하늘을 받들며 따른다고 칭송하고 있는 것이 「곤괘」 문언전 첫머리의 글이다.

初六, 積善之家는 必有餘慶하고 積不善之家는 必有餘殃하니라 臣弑其君하고 子弑其父하면 非一朝一夕之故이니라 其所由來者漸矣이니 由辯之를 不早辯也하니라 易曰 履霜堅冰至는 蓋言順也이니라.

초육(初六), 선을 쌓는 가정은 반드시 많은 복을 받게 되고, 악을 쌓는 가정은 반드시 많은 재앙이 있게 된다. 신하로서 그의 임금을 죽이고 자식으로서 그의 아버지를 죽이게 되면 (그것은) 일조일석의 일이 아니다. 그 원인이 되는 것은 오래된 것이니, 바로잡았어야 할 원인을 일찍 바로잡지 않았던 것이다. 『주역』에서 말한 서리를 밟으면 두꺼운 얼음이 오게 된다는 것은 모든 일은 이어져 간다는 말이다.

【 한자 풀이 】
餘: 많을 여, 넉넉할 여. 慶: 복 경, 경사 경. 故: 일 고, 사건 고, 사고 고. 由: 원인 유, 말미암을 유. 來: 유래 래. 漸: 오래될 점, 서서히 발전할 점. 辯: 다스릴 변, 바로잡을 변. 蓋: 모두 개, 다 개. 順: 이을 순, 이어갈 순.

【 해설 】
계속해서 선한 일을 하면 훗날에 복을 받고, 계속해서 나쁜 일을 하면 훗날에 화를 당한다는 것은 모르는 사람이 없는 세상 이치이다. 그러나 한 번의 바늘 도둑질이나 몇 번의 바늘 도둑질이 소도둑이 되는 것이 아니다. 바늘 도둑질이 긴 세월 계속되어야 소도둑이 되는 것이다. 그러므로 악행이나 부도덕한 행위, 가치 없는 행동은 그 자체가 문제가 되는 것이 아니고, 그 행위의 계속성과 피해를 끼친 정도와 그 행위에 대하여 부끄러워함이 없고 뻔뻔스러운 파렴치성(破廉恥性)이 문제가 되는 것이다. 독한 마음으로 자신을 바로잡지 못하고 그대로 두면 나쁜 일은 필연적으로 계속 이어져 가는 것이다. 그러면 더 나쁜 사람이 되어 더 큰 악을 저지르게 되고 결국은 큰 재앙을 당하게 된다. 사형에 해당하는 범죄는 바르게 산 사람이 순간적으로 짓는 범죄가 아니다. 긴 세월 바르지 않게 산 사람의 생활의 산물이다.

· · · · · · · · ·

六二, 直은 其正也이며 方은 其義也이니라 君子敬以直內하며 義以方外하니 敬義立而德不孤이니라 直方大不習无不利는 則不疑其所行也이니라.

육이(六二), 곧은 것은 바른 것이며, 바른 것은 의로운 것이다. 군자는 공경하고 마음이 곧으며 의롭고 언행이 바르니, 공경함과 의로움이 있어서 덕이 버림을 받지 않는 것이다. 곧고 바르고 훌륭하면 배우지 않아도 이롭지 않은 일이 없다는 것은 곧 그가 행하는 바가 도를 어김이 없어서이다.

【한자 풀이】
敬: 공경할 경, 정중할 경, 삼갈 경. 以: 그리고 이, 할 이. 內: 마음 내, 생각 내. 外: 언행 외. 立: 있을 립, 존재할 립. 孤: 버릴 고, 배반할 고. 則: 곧 즉, ~은 즉. 疑: 어그러질 의, 어길 의. 所: 바 소, 것 소, 일 소.

【해설】

　배운 것이 없어도 곧고 바르며 마음씨와 행동이 훌륭한 것은 천부(天賦)의 도(道)를 잃지 않고 보존하고 있기 때문이다. 천부의 도는 태중(胎中)에 있을 때 하늘이 준 도다. 천부의 도의 대표적인 것은 천진(天眞)·순수양심·겸손·소박·수치심이다. 이런 천부의 도가 인간을 존엄한 존재가 되게 하는 가치이고, 인간을 인간답게 하는 인간적 가치이며, 인간의 기본가치다. 이 가치를 잃어버리고 살면 바른 인생은 아니다.

　그리고 천부의 도를 잃지 않고 보존하고 있어야 구도할 수가 있다. 구도는 참으로 바른 사람이 하는 것이고, 자신을 바르게 고쳐야 할 수 있다. 무지(無知)해도 천부의 도만 가지고 있으면 복을 받는다는 것이다.

· · · · · · · · ·

　六三, 陰雖有美하여도 含之以從王事하며 弗敢成也이니라 地道也이고 妻道也이며 臣道也이니라 地道는 无成而代有終也이니라

　六四, 天地變化하면 草木蕃하지만 天地閉하면 賢人隱하니라 易曰 括囊无咎无譽는 蓋言謹也이니라.

　육삼(六三), 음은 비록 훌륭함을 가지고 있다 하여도 감추고 나랏일에 종사해야 하며, 감히 다스리려고 해서는 안 되는 것이다. (그것이) 땅의 도리이고, 아내의 도리이며 신하의 도리인 것이다. 땅의 도리는 다스리는 일이 없이 대신하여 일을 이루는 것이다.

　육사(六四), 세상이 바르면 초목도 우거지지만, 세상에서 (도가) 막히면 현인은 숨어버리는 것이다. 『주역』에서 말한 자루의 주둥이를 잡아매면 화가 없지만, 칭찬할 일은 아니라는 것은 모든 일은 조심해야 한다는 말이다.

【 한자 풀이 】

有: 가지고 있을 유, 할 유, 많을 유. 美: 훌륭할 미, 옳을 미. 含: 속에 지닐 함, 드러내지 않을 함. 成: 다스릴 성, 일어날 성. 終: 이룰 종. 變: 바를 변(正也), 정상 변. 化: 될 화, 변할 화, 다스릴 화. 蕃: 우거질 번, 번성할 번. 閉: 막힐 폐, 버릴 폐.

【 해설 】

음의 자리에 있는 아랫사람은 비록 훌륭한 인격과 뛰어난 능력을 지니고 있다고 해도 그것을 속에 감추고 드러내지 않아야 하며, 윗사람을 진심으로 받들면서 겸손하게 일을 해야 한다는 것이다. 그것이 음의 도리라는 것이다. 다스리려고 해서는 안 된다는 말은 윗사람을 제치고 자기가 윗사람인 양 일을 주도하면 안 된다는 것이다. 다스리는 사람은 윗사람이고 아랫사람은 다스리는 사람의 보조자이기 때문이다. 육사(六四)에서 말한 천지는 하늘과 땅이 아니고 '세상'이다. 변하는 일상용어로 사용하는 변화가 아니고 "바르게 된 것·바르게 다스려지는 것"이다. 세상을 통치자가 바르게 다스리면 하늘과 땅도 이에 감응하여 복을 내리기 때문에 풍년이 든다는 말이다.

· · · · · · · · ·

六五, 君子는 黃中通理하여 正位居體하니 美在其中하며 而暢於四支하고 發於事業하니 美之至也이니라

上六, 陰疑於陽하면 必戰하며 爲其嫌於无陽也이니라 故로 稱龍焉하고 猶未離其類也이니라 故로 稱血焉하니라 夫玄黃者는 天地之雜也이니 天玄而地黃이니라.

육오(六五), 군자는 바르고 치우침이 없으며 도에 통달하여 바른 자리에 살

면서 행하니 올바름이 그 가운데에 있으며, (그 올바름이) 사지(四肢)에 퍼지고 하는 일에도 나타나니 (군자는) 올바름의 극치가 되는 것이다.

상육(上六), 음이 양과 같으면 (그 음은) 반드시 싸우게 되며, 그(음)를 싫어하기 때문에 양을 가볍게 여기는 것이다. 그런 까닭으로 (그 음을) 용이라고 말하는 것이고 역시 (용의) 무리에서 떠나지도 않는다. 그래서 피를 일으키는 것이다. 무릇 검고 누런 것은 음과 양의 (피가) 뒤섞인 것이니, 하늘은 검고 땅은 누런색이기 때문이다.

【 한자 풀이 】
理: 옳을 리, 도 리. 體: 행할 체, 다스릴 체. 美: 옳을 미, 훌륭할 미. 暢: 널리 퍼질 창, 통할 창. 支: 사지 지(四肢). 發: 나타날 발, 행할 발. 疑: 같을 의, 닮을 의. 爲: 때문에 위, 될 위. 无: 가볍게 여길 무. 嫌: 싫어할 혐, 원망할 혐. 稱: 말할 칭, 일으킬 칭, 따를 칭. 類: 무리 류, 종류 류.

【 해설 】
육오(六五)에서 말한 황중(黃中)은 정중(正中: 바르고 치우침이 없는 것)이다. 올바름이 사지에 퍼진다는 말은 일거수일투족(一擧手一投足)이 모두 도의 실행이라는 말이다. 음(陰)의 말씨와 행동이 거세고 거칠고, 사납고 통 크고, 덜렁대고 시끄럽고, 잘난 체하고 잘 나서고, 천지사방 휘젓고 다니면 실제로는 양과 같은 존재다. 음이 이 지경이 되면 필연적으로 양과 전쟁을 하게 된다는 것이고 양은 그 음을 싫어하게 되는 것이다.

3. ䷂ 坎上 震下 水雷屯(수뢰준)

屯은 元亨하나 利貞이니라 勿用有攸往하고 利建侯이니라.

· · · · · · · · ·

彖曰 屯은 剛柔始交而難生하고 動乎險中하나 大亨貞하니라 雷雨之動滿盈하나 天造草昧하였으니 宜建侯而不寧이니라.

象曰: 雲雷屯하니 君子以經綸하니라.

初九, 磐桓하여도 利居貞하고 利建侯이니라
象曰 雖磐桓하여도 志行正也하고 以貴下賤하면 大得民也이니라
六二, 屯如邅如하며 乘馬班如함은 匪寇婚媾임이니라 女子貞하여 不字十年하다가 乃字하니라
象曰 六二之難은 乘剛也이며 十年乃字는 反常也임이니라
六三, 卽鹿无虞한데 惟入于林中하니라 君子幾不如舍하니 往吝하니라
象曰 卽鹿无虞한데 以從禽也하니라 君子舍之함은 往吝窮也함이니라
六四, 乘馬班如하다가 求婚媾往하니 吉无不利하니라
象曰 求而往하면 明也이니라
九五, 屯其膏하면 小貞吉하나 大貞凶하니라

象曰 屯其膏하면 施未光也이니라
上六, 乘馬班如하며 泣血漣如하나라
象曰 泣血漣如하면 何可長也이리요?

「준괘」는 일에 막히는 일은 없으나 올발라야 이롭다. 갈 곳이 있어도 가지 말고 서서 살피는 것이 이롭다.

· · · · · · · · ·

단전에서 말하기를, 「준괘」는 음과 양이 처음으로 만나 어렵게 아이를 낳고 어려움 속에 살고 있으나 바르면 크게 형통한다. 우레와 비가 일어나 (천지에) 가득 찼으나 하늘도 태초에는 어둠 속에서 (만물을) 창조하였으니, 마땅히 서서 살펴야겠지만 편안하지는 않을 것이다.

상전에서 말하기를, 구름과 우레 때문에 험난하니 군자는 백성들을 감싸며 다스리는 것이다.

초구(初九), (험난하여) 머뭇거리고 나아가지는 못하여도 바르게 살면 이롭고 서서 살피는 것이 이롭다.
상전에서 말하기를, 비록 머뭇거리고 나아가지는 못하여도 마음과 행실이 바르고, 존귀하면서 비천한 곳에 머물러 살면 사람들의 (마음을) 크게 얻는다.
육이(六二), 머뭇거리고 머뭇거리며 크게 헤아리면서 머뭇거리는 것은 빛이 나고 부유한 혼인 때문이다. 여자가 곧고 올발라서 십 년을 허혼(許婚)하지 않다가 겨우 허혼한 것이다. 상전에서 말하기를, 육이(六二)의 괴로움은

(六二의) 강한 지조 때문이며 십 년 만에 겨우 허혼한 것은 언제나 진중(鎭重)해서 인 것이다.

육삼(六三), 산기슭에 이르렀을 때 우관(虞官)이 없는 데도 혼자서 숲속으로 들어간다. 군자는 위태로우면 그만두고 가지 않으니 가면 후회하게 되기 때문이다. 상전에서 말하기를, 산기슭에 이르렀을 때 우관이 없는데도 (혼자서) 짐승을 좇아 다니고 있다. 군자가 그만두는 것은 가면 불행한 일을 겪고 후회할 것이기 때문이다.

육사(六四), 크게 헤아리며 머뭇거리다가 물어서 혼인하러 가니 복되고 이롭지 않은 일이 없다. 「상전」에서 말하기를, 물어서 가면 현명한 것이다.

구오(九五), 은혜 베푸는 일을 머뭇거리면 작은 일을 점(占)치는 사람은 좋으나 큰일을 점치는 사람은 나쁘다. 상전에서 말하기를, 은혜 베푸는 일을 머뭇거리면 베풀어도 빛이 없다.

상육(上六), 크게 헤아리고 머뭇거리며 피눈물을 흘린다. 상전에서 말하기를, 피눈물을 흘리면 어찌 오래 갈 수 있겠는가?

【 한자 풀이 】

屯: 험난할 준, 어려울 준, 머뭇거릴 준. 用: 행할 용, 행동할 용. 建: 설건, 세울 건, 둘 건(置). 侯: 살필 후, 오직 후, 무엇 후. 交: 만날 교, 합할 교. 生: 아이 낳을 생, 기를 생. 動: 살 동, 일할 동, 일어날 동. 草: 시초 초, 창시할 초. 昧: 어두울 매. 宜: 마땅히 의, 옳을 의. 經: 다스릴 경, 헤아릴 경. 綸: 쌀 윤, 감쌀 윤, 도리 윤. 磐: 머뭇거릴 반. 桓: 클 환, 머뭇거릴 환. 下: 머무를 하, 머물러살 하. 邅: 머뭇거릴 전. 班: 서성거릴 반. 乘: 헤아릴 승, 인할 승, 지킬 승. 馬: 클 마(大也). 匪: 빛날 비, 그 비. 寇: 성할 구(盛也), 물건이 많을 구. 媾: 사랑할 구, 겹혼인할 구. 字: 허혼할 자, 정혼할 자. 乃: 겨우 내, 비로소 내. 剛: 지조가 굳을 강. 反: 진중할 반, 굳을 반. 常: 항상 상, 언제나 상. 卽: 이를 즉, 도달할 즉, 나아갈 즉. 鹿: 산기슭 록. 虞: 우관(虞官) 우, 헤아릴 우. 惟: 홀로 유, 오직 유. 幾: 위태로울

기. 如: 갈 여, 이를 여. 舍: 그만둘 사, 그칠 사. 吝: 한탈할 린, 후회할 린. 禽: 짐승 금, 날 짐승 금. 窮: 불행 겪을 궁, 고생할 궁. 求: 물을 구, 바랄 구. 明: 현명할 명, 사리에 밝을 명. 膏: 은혜 고, 은혜 베풀 고. 貞: 점칠 정, 바로잡을 정, 담당할 정. 泣: 눈물 읍, 근심할 읍. 漣: 눈물 흘릴 연.

【해설】

『주역』 64괘 중 세 번째 괘는 「수뢰준괘(水雷屯卦)」이다. 「준괘(屯卦)」라고도 한다. 수(水)는 물이고, 뇌(雷)는 우레이다. 그러므로 수뢰(水雷)는 괘상을 말한 것이고, 준(屯)은 괘명을 말한 것이다. 그러나 「준괘」의 괘상을 단순하게 물과 우레가 상하로 겹친 것을 말하는 것이 아니고, 검은 구름에 비가 세차게 내리는데 천둥이 울리며 무섭게 벼락이 떨어지고 있는 험난한 형상을 말하고 있다. 그러므로 「준괘」의 괘상은 아주 어려운 험난한 상황이다. 그러므로 「준괘」는 자연현상으로 자연의 이치와 사람이 알아야 할 진리를 말한 것이다. 상하괘의 관계는 세찬 비와 무서운 천둥 벼락이 상하로 겹쳐 있는 것이 아니고, 함께 존재하는 병존(倂存) 관계인 것이다.

하늘과 땅은 만물의 부모이다. 그래서 맨 처음에 「건괘」, 그다음에 「곤괘」를 말한 것이다. 하늘과 땅에 의해서 태어난 만물 중에서 으뜸인 인간에게 『주역』이 맨 처음으로 알려 주는 것이 고(苦: 괴로움)이다. 그래서 『주역』의 세 번째 자리에 '괴로움[苦]'이 있는 것이다. 괴로움은 사람이 이 세상에서 살면서 당하는 어려움이다. 다시 말하면 세상살이하면서 겪는 풍파(風波)다. 이 괴로움 곧, 풍파를 『주역』은 준(屯)이라고 하였다. 그러므로 '준'이라는 말의 뜻은 "험난함·괴로움·고생·풍파"라는 뜻이다. 「준괘」의 괘상 속에는 자연의 이치와 사람이 알아야 할 진리가 함께 들어 있는 것이다.

인생은 첫 시작부터 괴로움이었다. 그 괴로움은 출산의 고통이다. 그리고 사람이 하는 모든 일도 힘들고 뜻대로 되지 않는 어려움이 있으며 사람들과의 갈

등, 미래에 대한 불안이 있으며 일의 실패와 망해버리는 참담함 등 겪는 풍파는 실로 많은 것이다. 크고 작은 이런 풍파는 인생의 동반자라고「준괘」는 가르치고 있다.

　사람만이 아니고 자연계의 모든 생물도 항상 어려움 속에 살고 있다. 그들도 겪는 풍파가 많다는 말이다. 한 가지만 예를 들면 동물의 왕인 사자는 그 새끼의 80%를 새끼 때에 잃는다. 숫 사자가 지키는 데도 다른 동물들에게 잡히기 때문이다. 새끼의 80%를 잃는다면 극한의 괴로움이 아니겠는가?

　그리고 천지자연에도 거친 풍파가 있다. 지진·화산폭발·해일·태풍·홍수 등이 자연이 겪는 풍파인 것이다. 산업사회가 되면서부터는 인간의 자연파괴도 천지자연이 겪는 큰 풍파인 것이다. 이같이 천지자연에도 풍파가 있는 것은 자연의 이치라고「준괘」는 알려 주고 있다. 사람도 이처럼 살면서 풍파를 겪는 것은 필연적이라고『주역』의「준괘」는 말하고 있다. 이것은 사람이 반드시 알아야 할 진리라는 것이다.

　괘사는 점사이면서 동시에 풍파를 만났을 때 행하여야 할 행동원칙을 간단하게 말한 것이다. 어려운 일을 당하면 앞으로 나아가지 말고 머물러 있으면서 상황을 서서 살펴보아야 한다는 것이다. "이건후(利建侯)"는『주역』에 두 번 나오는 말이다. 16번째「예괘(豫卦)」에도 이런 말이 있다. '이건후'는 전통적으로 "제후를 세워야 이롭다"라고 번역한다. 그렇게 번역하면 사리에 맞지 않고 앞뒤 문맥도 통하지 않는 말이 된다.『주역』이 쓰인 은나라·주나라 때는 제후를 봉하여 나라를 다스리던 봉건체제였다. 이미 제후를 세워 다스리고 있는데 또다시 제후를 세워야 한다는 것은 말이 되지 않는 것이다. 여기서 '후(侯)'는 '후(候)'와 같은 뜻으로 쓰인 글자이다. '후(侯)'는 '후(候)'와 통용어다. 그러므로 '후(侯)'는 "살핀다"는 뜻이다. 그런고로 '건후(建侯)'는 "서서 살핀다"는 뜻이 된다. 겪고 있는 풍파를 서서 주의 깊게 살펴야 한다는 말이다. "서서 살핀다"는 것은 마음을 놓지 않고 긴장 속에서 깊이 생각하는 것을 말하는 것이다.

　새로운 생명이 태어나거나 새로운 일을 시작할 때는 반드시 음양의 결합이 있어야 하는 것이다. 결코 단독으로는 안 되는 것이다. 한 가지만 예를 들자면 혼자서 땅을 개간할 때는 개간하는 사람은 양이고 개간하는 땅은 음이다. 어렵게 땅을 개간하고 상당 기간 어렵게 살아야 한다. 이런 상황을 단전에서는 음양이 처음 만나 어렵게 낳고, 어려움 속에 살고 있다고 말한 것이다. 음양이 처음으로 만나 아이를 낳거나, 일을 하거나 간에 풍파는 항상 동반한다는 것이다. 그러나 바르게만 살면 모든 일이 잘 풀리고 복을 받는다는 것이다. 하늘도 만물을 처음 창조할 때는 어두움 속에서 창조하였다고 단전은 말하고 있다. 여기서 말한 하늘은 자연물로서의 하늘이 아니고 조물주로서의 천제(天帝)를 말한다. 천제는 맨 처음에 하늘과 땅을 창조하고 그다음에 해·달·별을 창조하였으므로 하늘과 땅을 창조하던 처음에는 어두움 속에서 창조한 것이다. 어두움과 어려움은 곧 동의어(同意語)다.

「대상전」에서는 외적의 침략·흉년·전염병·기타 자연재해로 세상이 험난해서 백성들이 겪는 괴로움이 많을 때는 군자는 특별한 애정으로 백성들을 감싸면서 다스린다고 하였다. 선량한 백성들이 괴로움을 당하면 조정과 지방관청에서는 더 깊은 애정으로 백성들을 돌보아 주어야 한다는 것이다. 여기서 말한 '경륜(經綸)'은 일상용어로 사용하는 경륜이 아니다. 일상용어로 사용하는 경륜이라는 말의 뜻은 세상을 다스리는 재주와 능력과 경험을 말한다. 다시 말하면 "경(經)"은 근본을 다스리는 재주와 능력과 경험이고, "륜(綸)"은 하나로 합하여 화합하게 하는 재주와 능력과 경험이다. 그러나 여기서 말한 '경륜'에서 '경'은 다스린다는 뜻이고 '륜'은 감싼다는 뜻이다. 특별한 애정으로 감싸면서 다스린다는 뜻이다.

초구(初九)는 어려운 풍파를 만나 앞으로 나아가지 못하고 머뭇거리고 있다. 느긋하고 편안한 마음으로 풍파가 물러가기를 앉아서 기다리는 것이 아니고, 일어서서 밖을 내다보며 다가오는 풍파와 자신을 주의 깊게 살펴보는 것이다.

풍파를 만난 사람의 자세는 이래야만 복을 받는다는 것이다. 그리고 풍파를 만나도 마음과 행실이 바르고 인격이 훌륭하며, 낮은 마음으로 낮은 곳에서 낮은 생활을 하면 사람들로부터 크게 존경을 받게 된다고 하였다. 그러므로 풍파는 비록 괴로운 것이지만 올바른 자세로 대하면 크게 존귀함을 얻는다는 것이다.

육이(六二)는 뜻밖에 곤란한 상황을 만나 머뭇거리고 있다. 그 곤란한 상황은 부유한 집에서 청혼이 들어오자, 부모님이 그 집으로 시집가도록 강하게 요구하는 상황이다. 비록 재산은 많으나 도와 덕을 갖추지 못한 집이어서 그 집으로 시집갈 마음이 전혀 없는데 부모님의 뜻을 따르지 않으면 불효가 되므로 크게 괴로워하고 있다. 이런 상황 또한 세상 풍파다. '승마반여(乘馬班如)'를 "말을 타고 머뭇거린다"고 번역하면, 사리에 맞지 않는다. 처녀가 말을 타고 10년을 머뭇거릴 수는 없기 때문이다. 그러므로 여기서 '승(乘)'은 "헤아린다"는 뜻이고, '마(馬)'는 크다는 뜻이다. 그러므로 '승마'는 "크게 헤아린다, 많이 헤아린다"는 뜻이다. '혼구(婚媾)'는 "혼인"과 같은 말이다. '승강(乘剛)'은 "강을 타고 있다"라고 번역한다. 육이(六二)가 양효인 초구(初九)를 타고 있다는 말이다. 그러나 이렇게 번역하면 적절하지 않다. 『주역』 64괘 중에서 '승강'이라는 말이 나오는 곳은 3번째 「준괘」, 16번째 「예괘」, 21번째 「서합괘」, 47번째 「곤괘」, 51번째 「뇌괘」뿐이다. 『주역』 64괘에서 음효 바로 아래에 양효가 있는 경우는 헤아릴 수 없이 많다. 그런데도 승강이라는 말은 다섯 번 밖에 나오지 않는다. 그러므로 '승강'이라는 말은 음효 아래에 양효가 있다는 말이 아니고, 그 효의 본질이 "강(剛)하다"는 말이다. 강하다는 말은 "굳세다·강직하다·지조가 강하다·의지가 강하다"는 뜻이다. '승(乘)'은 "말미암다·원인이 되다"는 뜻이다. 그러므로 '승강'은 여기서는 "강한 지조 때문에"라는 뜻이다. 육이(六二)는 처녀인데도 지조가 강해서 재산은 가볍게 여기고 도와 덕을 숭히 여기기 때문에 10년을 두고 혼인을 허락하지 않은 것이다.

육삼(六三)은 사리 판단이 바르지 못하고 경솔하며, 신중하지 못한 사람이 겪는 풍파이다. 이런 사람은 풍파를 만날 확률이 많은 것이다. '우관(虞官)'은 산림(山林)과 소택(沼澤)을 관리하던 관리였다. 먼 먼 옛날에는 혼자서 활을 매고 산속으로 사냥하러 들어가는 일은 자살행위나 다름이 없었다.

육사(六四)는 부잣집으로부터의 청혼을 혼자서 머뭇거리며 생각하지만 않고, 시집갈 집에 대해서 여기저기에 다 물어 알아볼 만큼 다 알아보고 자기가 시집가서 해야 할 일도 훌륭한 덕을 가진 어른들에게 두루 물어서 들은 다음에 시집을 간 것이다. 이같이 현명한 사람들에게 물어서 알아본 다음에 행동하면 풍파를 겪지 않는다는 것이다.

구오(九五)는 내가 당한 풍파가 아니고 다른 사람이 당한 풍파에 대해서 은혜 베푸는 일을 머뭇거리면 안 된다는 것이다. '소정(小貞)'에서 '소(小)'는 "작은 일"이고, '정(貞)'은 "점치는 사람·일을 담당한 사람·바로잡을 사람"이라는 뜻이다. 그러므로 '소정'은 "작은 일을 점치는 사람·작은 일을 담당한 사람·작은 일을 바로잡는 사람"이다. 이런 사람은 일반 백성인 것이다. '대정(大貞)'은 일반 백성이 아닌 "나랏일을 하는 벼슬아치들과 학식과 재산을 많이 가진 사람들"이다. 일반 백성은 자기 먹고 사는 것도 힘드니까 다른 사람의 풍파에 은혜를 베풀지 않아도 흠이 되지 않지만, 관리와 부유하게 사는 사람이 은혜를 베풀지 않으면 부도덕하다는 것이다.

상육(上六)은 감당할 수 없는 큰 풍파를 당한 다음에야 뼈아프게 후회하며 피눈물을 흘리는 것이다. 이미 늦어 망할 수밖에 없다. 그러므로 인생은 바르게 살아야 한다는 것이다. 바르게 살지 않고 바르게 일하지 않으면 언젠가는 반드시 큰 풍파가 닥친다는 것이다. 이런 일은 우리 주변에서도 흔하게 볼 수 있는 일이다.

4. ䷃ 艮上 坎下 山水蒙(산수몽)

蒙은 亨하나 匪我求童蒙이니라 童蒙求我初筮는 告하나 再三은 瀆하니 瀆則不告하므로 利貞이니라.

· · · · · · · · ·

彖曰 蒙은 山下有險하니 險而止하여 蒙하니라 蒙亨은 以亨行時中也이니라 匪我求童蒙은 童蒙求이고 我志應也이며 初筮告는 以剛中也이며 再三瀆하니 瀆則不告는 瀆蒙也임이니라 蒙以養正은 聖功也이니라

象曰 山下出泉蒙하니 君子以果行育德하니라

初六, 發蒙利用刑人하고 用說桎梏하면 以往吝하니라
象曰 利用刑人은 以正法也이니라
九二, 包蒙吉하고 納婦吉하며 子克家이니라
象曰 子克家하면 剛柔接也하니라
六三, 勿用取女는 見金夫하면 不有躬하니 无攸利이니라
象曰 勿用取女는 行不順也이니라
六四, 困蒙하면 吝하니라

象曰 困蒙之吝은 獨遠實也임이니라
六五, 童蒙은 吉하니라
象曰 童蒙之吉은 順以巽也임이니라
上九, 擊蒙不利爲寇하고 利禦寇이니라
象曰 利用禦寇는 上下順也임이니라

「몽괘」는 일에 막히는 일은 없으나, 내가 아니고 어린아이가 되어 물어야 한다. 어린아이가 되어 묻는 나의 첫 번째 점은(천지신명이) 가르쳐주나 두 번, 세 번 (치는 점은) 욕되게 하는 것이니, 욕되게 하면 가르쳐 주지 않으므로 올발라야 이롭다.

· · · · · · · · ·

단전에서 말하기를, 「몽괘」는 산 아래에 험난함이 있으니 험난함 때문에 가로막히어 어두운 것이다. 「몽괘」에 막히는 일이 없다는 것은 행실이 선하고 바르면 막히지 않기 때문이다. 내가 아니고 어린아이가 되어 묻는다는 것은 묻는 것은 어린아이이고, 나는 (천지신명의) 뜻에 따르는 것이며, 처음 치는 점이 가르쳐 주는 것은 강직하고 올바르기 때문이며, 두 번 세 번 욕되게 하니 욕되게 한 즉 가르쳐 주지 않는 것은 어리석으면서 교만하기 때문이다. 무지한 사람을 가르쳐 바르게 하는 것은 거룩한 일인 것이다.

상전에서 말하기를, 산 아래에서 솟아나는 물이 (땅을) 덮으니, 군자는 기른 덕을 진실로 베푸는 것이다.

초육(初六), 무지를 깨우치는 데는 (그) 사람이 본받게 해야 이롭고 벌은 용서해 주면 다음에 부끄러워한다. 상전에서 말하기를, 사람이 본받게 해야 이롭다는 것은 본받아야 바르게 되기 때문이다.

구이(九二), 무지는 감싸주는 것이 좋고, 부드럽고 점잖게 인도하는 것이 좋으며, 어린 사람은 가정에서 다스려야 하는 것이다. 상전에서 말하기를, 어린 사람이 가정에서 다스려지면 음과 양은 하나가 되는 것이다.

육삼(六三), 장가들면 안 되는 여자는 돈 많은 사람을 보면 자기 몸을 지키지 못하는 사람이니 이로울 게 없다. 상전에서 말하기를, 장가 가면 안 되는 여자는 행실이 바르지 않은 사람이다.

육사(六四), 무지한 사람을 괴롭히면 한탄하게 된다. 상전에서 말하기를, 무지한 사람을 괴롭히면 한탄하게 된다는 것은 혼자서 참됨에서 멀기 때문이다.

육오(六五), 어린아이 같은 무지는 복을 받는다. 상전에서 말하기를, 어린아이 같은 무지는 복을 받는다는 것은 바르고 유순하기 때문이다.

상구(上九), 무지를 일깨우는 데는 사납게 하면 이로움이 없고 사나운 것은 피해야 이롭다. 상전에서 말하기를, 사나운 것은 피해야 이롭다는 것은 윗사람은 아랫사람과 화합해야 하기 때문이다.

【 한자 풀이 】

蒙: 어두울 몽, 어리석을 몽, 무지할 몽, 어릴 몽, 덮을 몽. 童: 아이 동. 匪: 아닐 비, 없을 비. 求: 물을 구, 구할 구. 筮: 점칠 서, 점대 서. 告: 알릴 고, 가르칠 고, 말할 고. 瀆: 욕되게 할 독. 而: 때문에 이. 止: 가로막힐 지, 나아가지 못할 지. 時: 좋을 시, 선할 시, 훌륭할 시. 中: 바를 중, 치우치지 않을 중. 養: 가르칠 양, 기를 양. 功: 일 공, 명예 공. 泉: 솟는 물 천. 果: 진실로 과, 훌륭할 과, 반드시 과. 發: 깨우칠 발, 열 발. 刑: 본받을 형. 說: 용서할 탈, 놓아줄 탈, 벗을 탈. 桎: 족쇄 질. 梏: 수갑 곡, 쇠고랑 곡. 往: 뒤 왕, 뒤에 왕. 法: 본받을 법. 包: 감쌀 포. 納: 인도할 납. 婦: 숙부드러울 부, 부드럽고 점잖을 부. 子: 어릴 자, 사랑할 자. 克: 다스릴 극, 이룰 극. 接: 합할 접, 모일 접. 取: 장가들 취. 用: 할 용, 행할 용. 金: 돈 금, 황금 금. 躬: 자신 궁, 몸 궁. 有: 보전할 유, 지킬 유. 順: 바를 순, 화합할 순. 困: 괴로울 곤. 擊: 깨우쳐 인도할 격, 죽일 격, 칠 격. 寇: 사나울 구. 爲: 할 위, 행할 위. 禦: 물리칠 어, 피할 어.

【해설】

『주역』 64괘 중 네 번째 괘는 「산수몽괘(山水蒙卦)」이다. 「몽괘」라고도 한다. 산(山)과 수(水)는 괘상을 말한 것이고, 몽(蒙)은 괘명이다. 그러나 「몽괘」의 괘상은 단순한 산과 물이 아니고, 높은 산과 험난한 강물이 사람의 발길을 가로막고 있는 형상이다. 그러므로 더 이상 발걸음을 앞으로 옮길 수 없는 큰 장애물이 「몽괘」의 괘상이다. 그런고로 「몽괘」는 자연현상으로 괘상을 설명한 것이고, 상하괘의 관계는 상하로 겹쳐 있는 것이 아니고 전후(前後)로 나란히 존재하는 전후 관계다. 다시 말하면 높은 산 바로 다음에 험난한 강물이 흐르고 있다.

그러나 「몽괘」가 실제로 말하는 것은 사람의 발길을 가로막는 높은 산과 험난한 강물이라는 장애물이 아니고 사람이 하는 일을 가로막는 장애물이다. 그 장애물은 무지다. 그러므로 높은 산과 험난한 강물은 무지를 상징하는 것이다. 그런고로 「몽괘」의 괘명인 몽(蒙)의 뜻은 무지(無知)이다.

개개인의 인생이나 모든 기구(機構)에서 하는 일을 막히게 하고 실패하게 하는 대표적인 원인은 무지다. 무지는 이같이 중대한 문제가 되므로 『주역』에서 네 번째로 다루고 있다. 무지는 인생의 커다란 장애인 것이다. 그러므로 무지하면 장애를 지닌 장애인이다. 무지라는 장애를 가지면 제대로 되는 일이 별로 없는 것이다. 그러나 『주역』에서 말하는 무지는 지식이 없는 것을 말하는 것이 아니나. 도(道)를 모르는 것, 도의 결핍을 무지라고 한다. 도를 모르면 사리 판단을 바르게 하지 못하고 정도(正道)를 걸을 수가 없다. 그러면 도덕과 법을 어기며 바르지 않게 살고 자기 멋대로 살면서 부끄러운 줄을 모르는 것이다. 그러므로 사람이 되어 살려면 무지는 반드시 극복해야 할 장애라고 『주역』의 「몽괘」는 말하고 있다. 이것은 반드시 알고 있어야 하고 행하여야 할 진리다.

그러나 천지자연이 하는 일에는 가로막는 장애가 없다. 자연은 하늘의 도를 떠나는 일이 없고 항상 어기지 않고 따르기 때문이다. 자연이 하는 일에는 막히는 일이 없다는 것은 부정할 수 없는 자연의 이치라고 『주역』의 「몽괘」는 가르치고 있다.

괘사는 모르면 물어야 한다는 것이다. 괘사에서는 천지신명에게 묻는 자세를 말하고 있다. 천지신명에게 묻는 일은 점치는 일인 것이다. 그러므로 점치는 일은 천지신명에게 정도(正道)를 묻는 행위다. 묻는 자세는 어린아이의 천진함과 순수함으로 물어야 한다는 것이다. 현 상태의 내가 물으면 안 된다는 것이다. 그리고 의심하지 않는 곧은 마음으로 한 번만 물어야 한다는 것이다. 괘사에서는 천지신명에게 묻는 행동 원칙만 말하였지만, 실제로는 뛰어난 도와 덕을 가지고 바르게 사는 현명한 사람에게 물어야 한다. 주변에 이런 사람이 없으니, 천지신명에게 점으로 묻는다. 모르면서 묻지 않고 자기 마음대로 살며 일하면 사방팔방 모든 길을 장애가 가로막는 것이다. 장애가 길을 열어주는 사람은 진리를 가진 사람뿐이다. 진리란 사방팔방 모든 길을 다 무사히 통과하게 하는 통행증이다.

「단전」에서는 무지라는 장애를 가지고 있으면 필연적으로 어두움에서 살게 된다고 하였다. 무지(無知)는 무명(無明)이기 때문이다. 그리고 무지한 사람을 가르쳐 진리를 알게 하여 바른 사람이 되게 하는 일은 거룩한 일이라고 하였다. 바로 이런 일을 하는 사람이 성직자다. 그러므로 진리대로 사는 진리의 사람만이 성직자가 될 수 있다.

대상전에서는 괘상을 높은 산과 험난한 강물로 보지 않고, 산 밑에서 솟아나는 물로 본 것이다. 그 물이 메마른 땅을 적셔 생명체가 밝게 자라고 기쁘게 살게 하는 것으로 본 것이다. 군자도 「몽괘」의 이런 괘상을 본받아 육덕(育德; 기른 덕)을 사람들에게 진실로 베푼다고 하였다. 무지라는 장애를 지닌 사람에게 도를 가르쳐 주어 밝고 기쁘게 살게 한다는 뜻이다.

효사는 무지를 일깨우는 방법과 무지한 사람을 대하는 자세를 설명한 것이다. 초육(初六)에서 말한 발몽(發蒙)은 계몽(啓蒙)과 같은 말이다. 무지를 깨우치는 것이다. 무지를 일깨우는 교육은 피교육자가 본받게 하는 일이라고 하였다. 피교육자가 선생님으로부터 본받을 것이 없으면 교육은 되지 않는다는 말이다. 교육은 입으로 하는 것이 아니고 바르게 사는 생활과 행동, 도를 행하는 인격으로 하는 것이다. 교육은 군자만이 할 수 있다. 그러므로 군자도 교육할 수 없는 사람은 있다. 질곡(桎梏)은 족쇄와 수갑인데 이는 벌을 말하는 것이다. 법과 규제는 교육에 별로 효과가 없다는 것이다.

구이(九二)에서 말한 포몽(包蒙)은 무지한 사람을 감싸 주는 것이다. 나무라고 미워하고 밀치고 내치는 것이 아니고 품에 안고 사랑으로 가르치는 것이다. 납부(納婦)는 전통적으로 며느리를 맞아들이는 것이라고 번역한다. 그렇게 번역하면 엉뚱하고 이치에 맞지 않은 것이다. 아들이 결혼하면 마음이 변하여 무지에서 벗어나려고 공부를 시작하는 것도 아니고, 정신 못 차리고 비틀거리며 살던 아들이 바르게 되는 것도 아니기 때문이다. 바르게 된다고 해도 작심삼일(作心三日)이다. 결혼하는 것과 무지에서 벗어나는 일은 아무런 관계가 없는 것이다. 그러므로 여기서 '납(納)'은 "인도한다"라는 말이고 '부(婦)'는 "숙부드럽다"라는 말이다. 숙부드럽다는 말은 점잖고 부드러운 것이다. 피교육자는 언제나 점잖게 그리고 부드럽게 인도해야 한다는 말이다. '자극가(子克家)'는 아들이 결혼하면 가정을 잘 다스린다고 번역한다. 결혼한다고 해서 가정을 잘 다스리는 것이 아니다. 예나 지금이나 그런 일은 별로 없는 것이다. 가정을 잘 다스리려면 먼저 군자가 되어야 한다. 가정을 살 다스리는 일은 도와 관계가 있는 것이지 결혼과는 아무런 관계가 없는 것이다. 그러므로 '자극가(子克家)'는 어린 사람은 가정에서 다스려야 한다는 말이다. 미성년자에게 가장 중요한 교육은 가정교육이라는 말이다. 가정교육의 선생님은 부모다. 부모가 부모답지 못하면 교육은 못하는 것이다. 미성년자에 대한 가정교육이 바르게 잘 이루어지면 음양이 화합한다고 하였다. 가정에서 양은 부모이고 음은 자녀들이다.

육삼(六三)에서는 돈 많은 사람을 부러워하는 여자와는 결혼하면 안 된다고 하였다. 이런 여자는 진리와 윤리에는 관심이 없으므로 행실이 바를 수가 없고 자기 몸을 돈에 팔기 때문이다. 그러나 실제로는 돈에 영혼을 파는 사람은 여자보다 남자가 그 수가 훨씬 더 많다. 도둑·사기꾼·도박꾼·자린고비는 대부분이 남자다.

육사(六四)에서 말한 '곤몽(困蒙)'은 "무지한 사람을 무시하고 천대하고 학대"하는 것이다. 무지한 사람을 괴롭히면 후회하게 되는 이유는 괴로움을 주는 행위가 죄악이므로 그에 따른 재앙을 당하게 되기 때문이다. 이같이 도에서 먼 사람이 나쁜 행동을 하는 것이다.

육오(六五)에서 말한 '동몽(童蒙)'은 "어린아이와 같이 천진하고 순수하고 양심적이면서 무지"한 것이다. 이런 무지는 복을 받는다고 하였다. 천부의 도를 가지고 있기 때문이다.

상구(上九)에서는 무지를 일깨워 주는 일을 할 때는 사납게 행동하면 안 된다고 하였다. 다시 말하면 강제성과 엄격함, 체벌과 증오, 무자비함과 냉혹함은 없어야 한다는 것이다.

5. ䷄ 坎上 乾下 水天需(수천수)

需는 有孚光하니 亨하며 貞吉하니 利涉大川이니라.

· · · · · · · · ·

象曰 需는 須也이니라 險在前也이나 剛健而不陷하고 其義不困窮矣이니라 需有孚光亨하며
貞吉함은 位乎天位하여 以正中也함이니라 利涉大川은 往有功也이니라

象曰 雲上於天需하니 君子以飮食宴樂하니라

初九, 需于郊하며 利用恒하니 无咎이니라
象曰 需于郊는 不犯難行也이며 利用恒无咎는 未失常也이니라
九二, 需于沙하며 小有言하니 終吉하니라
象曰 需于沙는 衍在中也이며 雖小有言하니 以吉終也이니라
九三, 需于泥하면 致寇至하니라
象曰 需于泥하면 災在外也이니 自我致寇이니라 敬愼하면 不敗也이니라
六四, 需于血은 出自穴하니라
象曰 需于血은 順以聽也이니라
九五, 需于酒食하니 貞吉하니라

象曰 酒食貞吉은 以中正也이니라
上六, 入于穴하니 有不速之客三人來하니라 敬之終하니 吉하니라
象曰 不速之客來敬之終吉은 雖不當位이나 未大失也임이니라

「수괘」는 진실하고 정성스러워서 빛이 나니, 막히는 일이 없고 올발라서 복을 받으니 큰 내를 건너도 이롭다.

· · · · · · · · ·

단전에서 말하기를, '수(需)'는 기다리는 것이다. 어려움이 앞에 있으나 강하고 흔들림이 없어 잘못하는 일이 없고, 의로움 때문에 막히어 어려움을 겪는 일이 없다. 「수괘」는 진실하고 정성스러워서 빛이 나니, 막히는 일이 없고 올발라서 복을 받는 것은 하늘에 자리를 정하고 있어서, 바르고 치우침이 없기 때문이다. 큰 내를 건너도 이롭다는 것은 그곳에 가면 좋은 일이 있다는 것이다.

대상전에서 말하기를, 구름이 높은 하늘에서 기다리니 군자도 (자신을) 감추고 편안하고 기쁘게 지낸다.

초구(初九), 초야에서 기다리며 도(道)를 행하니 이롭고 화가 없다. 상전에서 말하기를, 초야에서 기다린다는 것은 도를 거스르면서 어렵게 일을 하지 않는 것이며, 도를 행하니 이롭고 화가 없다는 것은 도를 어기는 일이 없다는 것이다.

구이(九二), 물가에서 기다리며 조심스럽게 말하니 마침내 복을 받는다. 상전

에서 말하기를, 물가에서 기다린다는 것은 흘러가는 물에 몸[身]이 있는 것이며, 오직 조심스럽게 말하니 마침내 복을 받게 되는 것이다.

구삼(九三), (마음이) 더러워져 기다리면 떼도둑을 불러오게 하는 것이다. 상전에서 말하기를, (마음이) 더러워져 기다리면 재앙은 문밖에 있게 되니, (그것은) 내 스스로 불러들인 떼도둑이다. 삼가면서 도를 따르면 재앙은 없는 것이다.

육사(六四), 근심하며 기다리면 토굴에서 벗어나게 된다. 상전에서 말하기를, 근심하며 기다린다는 것은 도를 따르면서 (자신을) 살펴보는 것이다.

구오(九五), 냉수를 마시면서 기다리니 올발라서 복을 받는다. 상전에서 말하기를, 냉수를 마시니 올발라서 복을 받는 것은 바르고 치우침이 없기 때문이다.

상육(上六), 토굴에 들어가니 청하지 않은 손님 세 사람이 와 있다. 마음을 다해 공경하니 복을 받는다. 상전에서 말하기를, 찾아온바 청하지 않은 손님을 마음 다해 공경하니 복을 받는 것은 비록 자리는 마땅하지 않아도 크게 흠잡을 일이 아니어서다.

【 한자 풀이 】

需: 기다릴 수, 기를 수. 孚: 성실할 부, 정성 부, 믿을 부. 須: 기다릴 수, 구할 수. 陷: 잘못할 함, 무너질 함. 困: 막힐 곤, 가난할 곤. 窮: 어려움을 겪을 궁, 고생 할궁. 位: 자리 위, 자리를 정할 위. 功: 좋은 일 공, 명예 공. 飮: 숨을 음, 감출 음, 누릴 음. 食: 살 식, 생활할 식. 宴: 편안할 일, 즐길 연. 樂: 기뻐할 락. 郊: 시골 교, 들 교. 恒: 도항, 도리 항. 用: 할 행, 행할 행. 犯: 거스를 범, 어길 범. 失: 어길 실, 잘못할 실, 허물 실. 常: 도 상, 법도 상. 沙: 모래땅 사, 물가 사. 小: 조심할 소, 삼갈 소. 有: 할 유, 행할 유. 衍: 물이 흘러갈 연. 中: 몸 중, 마음 중. 雖: 오직 수, 비록 수. 泥: 진창 니, 더러울 니, 집착할 니. 致: 부를 치, 끌어들일 치. 寇: 떼도둑 구, 원수 구, 해칠 구. 敬: 삼갈 경, 공경할 경. 順: 도리를 따를 순. 敗: 재앙 패, 해칠 패. 血: 근심할 혈, 슬퍼할 혈. 穴: 토굴 혈, 구덩이 혈. 聽: 살필 청, 다스릴 청, 기다릴 청. 酒: 냉수 주, 이슬 주. 速: 초청할 속, 부를 속. 終: 끝 종, 다할 종. 當: 어울릴 당, 맞을 당, 마땅할 당.

【해설】

「수천수괘(水天需卦)」에서 '수천(水天)'은 물과 하늘이 겹쳐 있는 것을 말하는 것이 아니고 하늘의 구름을 말한 것이다. 구름이 하늘에서 유유자적(悠悠自適)하는 현상이 「수괘」의 괘상이다. '유유(悠悠)'는 "한가하고 여유 있는 모습"이고, '자적(自適)'은 "자연스럽게 흘러가는 모습자연스럽고 편안하게 사는 모습"이다. 괘명인 '수(需)'의 뜻은 "기다린다"라는 뜻이다. 때를 기다리는 것이다. 사람도 하늘의 구름과 같이 유유자적하며 때를 기다려야 한다는 것이다. 이것은 사람이 행하여야 할 진리를 말한 것이다.

기다리는 곳은 하늘이고, 기다리는 사람은 군자이다. 하늘은 진리와 자연이고, 군자는 뛰어난 학식과 도를 가진 사람이다. 군자가 되어 진리와 자연 속에서 때를 기다리는 것이 「수괘」인 것이다.

무력하고 무능하고, 무지하고 무도하면서 때를 기다리는 것은 「수괘」에서 말하는 기다림에 해당되지 않는다. 이같이 군자가 되어 때를 기다리는 것은 중대한 일이라고 『주역』은 말한 것이다. 옛적에 군자는 모두 이렇게 때를 기다리며 깨끗하고 고고(孤高)하게 살았다. 그리하여 훌륭한 인격과 작품을 후세에 남긴 것이다.

현대에는 이런 기다림의 철학이 거의 없다. 모두 조급하고 허황한 꿈을 가지고 여기저기 기웃거리며 나돌아다니는 것이다. 군자가 없으니 기다림도 없는 것이다. 도를 가지고 도를 닦으며 기다리면 언젠가는 하늘이 그에게서 아름다운 꽃이 피어나게 한다는 것이 『주역』의 가르침이다. 군자는 늦게 피는 꽃이다. 그리고 서리 속에 피는 꽃이고 물이 없어도 피는 꽃이다.

「수천수괘(水天需卦)」에서 '수(水)'는 "큰 강물"이고, '천(天)'은 "하늘의 덕, 천덕(天德)을 지닌 군자"를 말하기도 한다. 군자가 강가에서 강을 건널 배가 오기를 기다리고 있는 형상이 「수괘」의 괘상이다. 여기서는 자연현상과 괘덕이론으로 괘상을 설명한 것이다. 앞에서 말한 것은 군자가 세상에 나가 진리를 전할 때가 오기를 기다리는 것이고, 다음에 말한 것은 군자가 강 건너 세상으로 나아갈 배를 기다리는 것이다.

『주역』 64괘의 괘상과 괘명에는 자연의 이치와 사람이 반드시 알아야 하고 행하여야 할 진리가 내면에 담겨 있는 것이다. 「수괘」에 담겨 있는 자연의 이치 곧 자연의 이법(理法)은 대자연의 모든 생명체도 기다리며 산다는 것이다. 한대와 온대에서는 긴 겨울 속에서 봄을 기다리고, 열대와 아열대에서는 건기 속에서 우기를 기다리며 산다는 것이다.

괘사에서 "큰 내를 건너도 이롭다."라고 하였다. '큰 내'는 실제로는 "큰 강"이다. 큰 강을 건넌다는 말은 멀고 먼 타향으로 볼 일이 있어서 떠나는 것이다. 고대에는 먼 길을 떠나는 것은 대단히 위험한 일이었다. 인적이 드물고 맹수와 산적이 많았기 때문이다. 이런 위험한 먼 길을 떠나도 해로운 일은 없고 이로운 일만 있다는 것이다.

「단전」에서 말한 '험(險: 어려움)'과 '강건(剛健: 강하고 흔들림이 없는 것)'은 "감(坎)과 건(乾)"의 괘덕이다. 괘덕으로 괘상을 설명한 것이다. '천위(天位)'는 "천제(天帝)가 있는 곳"이다. 천제가 있는 곳은 하늘이므로 천위는 하늘이라는 공간을 말한다. 세속을 초월하여 하늘에서 사는 사람은 바르고 치우침이 없다고 하였다.

「대상전」에서 말한 「수괘」의 괘상은 구름이 높은 하늘에서 기다리는 것이다. 군자는 이 괘상을 본받아 세속을 떠나 자신을 감추고 높은 하늘에서 편안하고 기쁘게 산다고 하였다. 다시 말하면 세속에서 기다리는 것이 아니고 하늘에서 기다리는 것이다. 여기서 말한 '음식(飮食)'은 먹는 음식이 아니다. '음(飮)'은 "감추다, 드러내지 않는다"는 뜻이고, '식(食)'은 "산다"라는 뜻이다. 그러므로 음식은 세상에 자기 몸을 드러내지 않고 사는 것이다. '연락(宴樂)'은 "잔치를 벌이고 즐긴다"라는 뜻이 아니다. "편안하고 기쁘다"라는 뜻이다. 세속을 떠나 하늘에서 살면서 도를 닦으며 편안하고 기쁘게 사는 것이다. 그러면서 기다리는 것이다.

효사는 기다리는 장소와 기다리며 사는 마음가짐과 태도를 말한 것이다. 초구(初九)에서는 초야(草野)에서 기다린다고 하였다. 초야는 먼 산골 두메 마을이다. 초야에 은거하면서 기다리는 것이다. 도를 어기는 일이 없이 살기 때문에 이로움만 있다는 것이다.

구이(九二)는 물가에서 기다린다고 하였다. 시냇가, 강가에서 기다리는 것이다. 먼 산골 두메 마을과 물가는 옛날에 은자나 군자가 자신을 감추고 숨어 살면서 도를 닦으며 때를 기다리던 단골 장소였다. 인적이 드문 자연은 도를 터득하게 하고 보존해 주는 신령한 곳이다.

구삼(九三)에서 말한 '니(泥)'는 "진창"도 되고 "오염되어 더러워진 정신 상태"도 된다. 세상 명리에 집착하여 불결하게 된 상태다. 이런 상태로 기다리면 재앙이 온다고 하였다.

육사(六四)에서는 근심하며 기다리면, 사는 토굴에서 떠나게 된다고 하였다. 근심하며 기다린다는 말은 자신의 부족함을 근심하고, 도를 향하여 더욱 열심히 나아가지 못함을 근심하며, 인간과 세상에 대해서 고뇌하는 것을 말한다. 군자는 누구나 그렇게 사는 것이다. 토굴에서 산다는 것은 매우 가난하게 산다는 뜻이다. 가난하게 살면서 정성을 다해 구도하며 기다리면 머지않아 토굴을 떠나게 된다는 말이다.

구오(九五)에서 말한 '주식(酒食)'은 "술과 밥"이 아니다. '주(酒)'는 "냉수이고 이슬"이다. 냉수나 이슬을 먹으며 도를 닦으며 사는 것이다. 육사(六四)에서처럼 매우 가난하게 사는 것이다. 그러나 실제로는 구도자에게 가난이라는 개념은 없는 것이다. 가난이란 도가 결핍되었을 때 느끼는 마음이기 때문이다. 진리의 세계에는 가난이라는 말이 없다. 언제나 부유하고 언제나 감사하며 기쁘게 사는 것이다.

상육(上六)은 토굴에서 사는데 뜻밖에 초대하지 않은 손님 셋이 찾아온 것이다. 토굴에서 도를 닦으며 사는 군자의 높은 학덕을 전해 듣고 찾아온 것이다. 그러나 토굴이므로 앉을 곳도 누추하고 비좁으며 대접할 음식도 지극히 초라한 것이다. 그러므로 장소[位]가 손님 대접에는 참으로 마땅치가 않은 것이다. 그러나 손님 대접에서 중요한 것은 집이나 음식이 아니고 마음을 다해 공경하는 자세이므로 초라한 방과 음식은 허물이 되지 않는 것이라고 하였다.

6. ䷅ 乾上 坎下 天水訟(천수송)

訟은 有孚窒하니 惕中하여야 吉하고 終凶하니라 利見大人하고 不利涉大川이니라.

· · · · · · · · ·

彖曰, 訟은 上剛下險하여 險而健訟하니라 訟有孚窒하니 惕中吉은 剛來而得中也이며 終凶은 訟不可成也이니라 利見大人은 尙中正也이며 不利涉大川은 入于淵也이니라.

象曰, 天與水違行하여 訟하니 君子以作事謀始하니라.

初六, 不永所事하고 小有言하면 終吉하니라

象曰 不永所事하면 訟不可長이며 雖小有言하면 其辯明也하니라

九二, 不克訟하고 歸而逋하면 其邑人三百戶无眚하니라

象曰 不克訟歸而逋는 竄也이며 自下訟上하여 患至掇也하니라

六三, 食舊德貞하면 厲終吉하고 或從王事하여도 无成하니라

象曰 食舊德은 從上이므로 吉하니라

九四, 不克訟하고 復卽命하며 渝安貞하면 吉하니라

象曰 復卽命하고 渝安貞하면 不失也이니라

九五, 訟元하면 吉하니라

象曰 訟元吉은 以中正也입이니라

上九, 或錫之鞶帶하여도 終朝三褫之이니라

象曰 以訟受服하니 亦不足敬也이니라

「송괘」는 성실함은 통하지 않으니 공경하며 치우치지 않아야 복되고 극(克)에 이르면 흉하다. 큰 인물을 만나야 이롭고 큰 내를 건너는 것은 이롭지 않다.

· · · · · · · · ·

단전에서 말하기를「송괘」는 위는 강하고 아래는 험하여 험함과 강함이 다투는 것이다.「송괘」는 성실함은 통하지 않으니 공경하며 치우치지 않아야 복되다는 것은 양이 내려와서 치우침이 없어야 한다는 것이며, 극에 이르면 흉하게 된다는 것은 소송이 화해하지 못해서다. 만나야 이로운 큰 인물은 바르고 치우치지 않는 것을 귀하게 여기는 사람이며 큰 내를 건너면 이롭지 않다는 것은 깊은 데에 빠진다는 것이다.

상전에서 말하기를, 하늘과 물이 가는 길이 달라 다투니 군자는 일할 때 근본에 마음을 쓴다.

초육(初六), 만일 사건을 오래 끌지 않고 조심해서 말하면 마침내는 복을 받는다.

상전에서 말하기를, 만일 사건을 오래 끌지 않으면 다툼은 커지지 않는 것이며 오직 조심해서 말하면 그 송사는 밝아지게 되는 것이다.

구이(九二), 소송을 끝까지 하지 않고 부끄러워 숨어 지내면 그 마을 삼백호 사람이 다 (그의) 허물을 가볍게 여긴다.

상전에서 말하기를, 소송을 끝까지 하지 않고 부끄러워 숨어지내는 것은 (자신을) 바로잡은 것이며, 스스로 올린 소송을 취하하여 다가오는 환난을 중단시킨 것이다.

육삼(六三), 평소에 덕을 베풀며 살고 곧고 바르면 위태로움이 있어도 마침내는 복을 받고, 어떤 때 나랏일에 종사하여도 다스리는 일을 하지 않는다. 상전에서 말하기를, 평소에 덕을 베풀며 산다는 것은 하늘을 따르는 것이므로 복을 받는 것이다.

구사(九四), 소송을 끝까지 하지 않고 하늘의 도를 따르고 행하며 기쁘고 편안하고 바르면 복을 받는다. 상전에서 말하기를, 하늘의 도를 따르며 행하고 기쁘고 편안하며 바르면 잃는 것이 없게 된다.

구오(九五), 선하게 다투면 복을 받는다. 상전에서 말하기를, 선하게 다투면 복을 받는다는 것은 치우치지 않고 바르기 때문이다.

상구(上九), 어떤 때 관직이 주어져도 세 번 조회를 마치면 빼앗기게 된다. 상전에서 말하기를, 관직을 받고 다투었으니 공경함이 크게 모자라는 것이다.

【 한자 풀이 】

訟: 재판할 송, 다툴 송. 有: 할 유, 있을 유, 행할 유. 孚: 성실할 부, 믿을 부. 窒: 막힐 질, 통하지 않을 질. 終: 극에 이를 종. 惕: 공경할 척, 사랑할 척. 감사할 척. 來: 위로할 래, 올 래. 得: 이를 득, 해야할 득, 가질 득. 成: 화해할 성, 다스릴 성. 尙: 받을 상, 귀하게 여길 상. 淵: 깊을 연. 行: 길 행, 갈 행. 作: 할 작, 일할 작. 謀: 힘쓸 모, 마음 쓸 모. 始: 근본 시, 근원 시. 永: 길게 끌 영, 길게 할 영. 所: 만일 소. 小: 조심할 소, 삼갈 소. 長: 커질 장, 키울 장. 雖: 오직 수. 辯: 송사할 변, 고소할 변. 克: 끝낼 극, 해낼 극, 이길 극. 歸: 부끄러워 할 귀. 逋: 숨을 포, 달아날 포. 邑: 고을 읍, 마을 읍. 无: 가볍게 여길 무. 眚: 허물 생, 잘못

생, 재앙 생. 竄: 바로잡을 찬, 고칠 찬. 掇: 중단할 철, 그만둘 철. 食: 살 식, 생활할 식. 舊: 평소 구. 上: 하늘 상, 존귀할 상. 復: 행할 복, 실천할 복. 卽: 따를 즉, 나아갈 즉. 命: 하늘의 도 명. 渝: 기쁠 투. 元: 착할 원, 선할 원. 錫: 줄 석. 鞶: 큰 띠 반. 褫: 빼앗을 치, 벗을 치. 服: 직분 복, 질책 복. 亦: 큰 역, 크게 역. 足: 넉넉할 족, 갖출 족.

【해설】

「송괘」의 괘상은 하늘 아래 물이 있는 것이다. 그러나 「송괘」는 하늘 아래에 물이 있는 자연현상으로 말한 것이 아니고, 괘덕으로 괘상을 설명한 것이다. 그러므로 「송괘」의 괘상은 강함과 험함이 상하(上下)관계로 만난 것이다. 강함과 험함이 만나게 되면 다투게 되고 재판하게 된다는 것이 『주역』「송괘」가 말하는 진리다. 이것은 사람이 반드시 알아야 할 진리를 말한 것이다.

괘명인 '송(訟)'의 뜻은 "다투다, 재판하다"라는 뜻이다. 많은 사람이 다투며 산다. 말다툼하고 크게 싸우기도 하며 재판도 한다. 이런 다툼은 거의 다 강함과 험함에 부딪쳐 일어나는 것이지만, 강하고 험한 성품을 가진 사람이 잘 다투는 것이다. 그러므로 강하고 험한 사람은 자신의 강함과 험함을 잘 억제하고 수양으로 고쳐야 싸움을 일으키지 않는다고 『주역』은 말하고 있다. 험하다는 말은 사람됨이 무섭고 언행이 거칠고 사나우며, 사소한 일에도 자신을 억제하지 못하고 왈칵 성을 내는 것이다. 큰 싸움이나 재판은 가정의 재앙이 되므로 지극히 중대한 문제가 되는 것이다. 그래서 『주역』 앞부분에서 다루고 있다.

자연계에서는 동물의 세계에만 다툼이 있다. 동물 중에서도 그 부류에서 힘이 세거나 거칠고 사나운 놈만 다투는 것이다. 그러므로 자연계에서도 힘이 세고, 거칠고, 사나우면 필연적으로 다투게 되는 것은 자연의 이치다.

괘사에서 성실함은 통하지 않으니까, 상대방을 공경하며 치우침이 없어야 한다고 하였다. 강하고 험한 사람에게 성실함은 통하지 않는다는 말이다. 다시 말하면 성실한 사람이라고 해서 다툼이 피해 가는 것은 아니고, 성실해도 상대방이 싸움을 건다는 것이다. 강하고 험한 사람이 싸움을 걸지 않게 하려면 상대방을 진심으로 공경하고 생각과 언행이 자기 이익 쪽으로 치우치는 일이 없어야 한다는 것이다. 항상 사람을 공경하고 자기 이익을 챙기지 않으면서 살면 싸움을 걸지 않는다는 말이다. 그리고 싸우더라도 끝장을 내려고 하면 안 되고 화해해야 한다는 것이다.

다툼이나 재판에서 반드시 지켜야 할 규범은 '척중(惕中)'이라고 하였다. '척(惕)'은 "상대방을 공경하는 것"이고, '중(中)'은 "자기 이익에 치우치지 않는 것"이다. 이 두 가지 규범을 지키지 않고 싸우게 되면 결국은 진흙탕 속에서 싸우는 개꼴이 되고 재앙을 당하게 된다는 것이다. 계속해서 싸우면 반드시 재앙이 찾아오는 것이다.

대인(大人)을 만나야 이롭다고 하였다. 대인은 군자이다. 뛰어난 학식과 도와 덕을 가진 큰 인물이다. 이런 대인군자를 만나야 화해하도록 중재하기 때문에 이로운 것이다.

「단전」에서는 위는 강하고 아래는 험하여, 험함과 강함이 다툰다고 하였다. 여기서 말한 상하관계는 실제로는 음양관계인 것이다. '상'은 '양'이고 '하'는 '음'인 것이다. 상대적으로 형편이 더 나은 쪽이 양이다. 학식이나 덕이나, 재산이나 사회적 지위, 힘이나 능력이 더 우세한 쪽이 양인 것이다. 양에 해당하는 쪽에서 먼저 음에게 찾아와서 공경하며 위로하고, 자기 이익에 치우치지 않게 말하면 다툼은 끝나게 되고 복을 받는다는 것이 「단전」의 내용이다.

큰 내를 건너면 이롭지 않다는 것은 큰 싸움을 하였거나 재판을 한 다음에는 문밖출입을 삼가고 자신을 돌아보면 부끄러워하며 자신을 고쳐 다시는 그런 일이 일어나지 않게 해야 한다는 것이다. 그런데 그런 일은 하지 않고 여기저기 나돌아다니게 되면 다음에는 더 깊은 수렁에 빠지게 된다는 것이다.

「대상전」에서는 「송괘」의 괘상을 하늘과 물이 가는 길이 서로 달라서 다투는 것이라고 본 것이다. 하늘은 하늘의 길을 가고 물은 땅에서 아래로 흘러가는 것이므로 가는 길이 다르다고 한 것이다. 가는 길이 다르면 다투게 된다는 것이다. 가는 길이 다르면 서로 간에 다른 곳에서 살아야 다투지 않는 것인데, 같은 공간에서 살면 다투는 것이다. 그래서 군자는 다투지 않기 위해서 근본에 마음을 쓴다고 하였다. 근본은 도(道)이다. 도는 너와 나의 다름을 적게 하고 타인의 다름을 이해하고 포용하는 것이다. 그러므로 도를 가지게 되면 가는 길이 다르더라도 다투지 않고 사랑하고 공경하게 되는 것이다.

초육(初六)에서 말한 것은 싸움은 길게 하면 안 되고 짧게 끝내야 한다는 것이다. 싸움을 길게 하면 싸움은 더욱 커지고 당하는 화도 커진다는 것이다. 싸움에서 특히 주의할 것은 말을 함부로 하거나 막말하면 안 되고, 지극히 말조심해야 한다는 것이다. 한마디의 말이 감정을 극도로 악화시키기도 하고, 나쁜 감정을 호감으로 바꾸기도 하기 때문이다.

구이(九二)의 소송은 자기 이익만 생각하고 소송을 건 더러운 송사다. 다시 말하면 한 마지기의 논을 가진 사람이 99마지기의 논을 가진 사람에게 진 빚을 갚지 않으니까, 99마지기의 논을 가진 사람이 한 마지기의 논을 빼앗기 위하여 소송을 건 것이다. 그러나 소송을 건 사람이 자기 행동을 부끄럽게 여기고 소송을 취하한 다음에 숨어 지내면 마을 사람들이 그의 잘못을 탓하지 않게 된다는 것이다.

육삼(六三)은 평소에 덕을 베풀며 살고 천도(天道)를 따르며 곧고 바르게 살면 싸우는 일도 없고, 또 조정에 발탁되어 나랏일을 하게 된다고 하였다. 싸우는 사람은 조정에 발탁되지 않는다는 것이다. 다스리는 일은 하지 않는다는 말은, 음의 자리에 있는 자신의 신분을 잊지 않고 윗사람의 그늘에서 자신을 드러내지 않고 겸손하게 일한다는 말이다. 다시 말하면 아랫자리에서 일하면서 제왕(帝王) 행세를 하지 않는 것이고, 호가호위(狐假虎威: 여우가 범의 권세를 빌어 범의 행세를 하는 것)하지 않는 것이다.

　구사(九四)는 강자에게 부당하고 억울하게 침해당한 인격적 모욕이나 이익을 되찾기 위해서 소송을 건 것이다. 그러나 그런 소송일지라도 중간에서 용서하고 소송을 취하한 것이다. 그리고 하늘의 도를 따르면서 기쁘고 편안하게 살면 결국은 잃은 것을 되찾게 되고 복을 받는다는 것이다.

　구오(九五)에서는 선하게 싸우면 복을 받는다고 하였다. 다투는 일은 없어야 한지만 불가피하게 싸워야 할 때도 있는 것이다. 강자에게 약자가 억울하게 당하는 것을 보면 약자 편에 서서 싸워야 하고, 진리가 침해당하면 싸워서 진리를 지켜야 한다. 그러나 죽기 살기로 싸우거나, 증오심을 가지고 막말하며 싸우거나, 폭력을 행사하며 싸우면 안 되고 상대방을 사랑하고 공경하며 점잖게 싸워야 한다는 것이다. 이런 싸움은 군자만이 할 수 있다. 군자만이 중정(中正)의 도를 행하는 것이다.

　상구(上九)에서 말한 '반대(鞶帶)'는 옛날에 관복(官服)의 허리에 두른 띠이다. 그러므로 반대는 관직을 말하는 것이다. 관직을 받고 조정에서 일하면서 다른 사람과 다투게 되면 관직을 빼앗기게 된다는 것이다. 타인을 공경하는 덕이 크게 모자라므로 조정에서 일할 자격이 없어서 쫓겨난다는 말이다.

7. ䷆ 坤上 坎下 地水師(지수사)

師는 貞丈人이여야 吉无咎이니라.

· · · · · · · · ·

彖曰 師는 衆也이며 貞은 正也이니라 能以衆正하여야 可以王矣이니라 剛中而應하고 行險而順하며 以此毒天下하면 而民從之하니 吉又何咎矣이리요

象曰 地中有水師하니 君子以容民畜衆하니라

初六, 師出以律하며 否하면 臧하여도 凶하니라
象曰 師出以律은 失律하면 凶也임이니라
九二, 在師中하면 吉无咎하며 王三錫命하니라
象曰 在師中吉은 承天寵也이며 王三錫命은 懷萬邦也이니라
六三, 師或輿尸하면 凶하니라
象曰 師或輿尸는 大无功也이니라
六四, 師左次하면 无咎이니라
象曰 左次无咎는 未失常也이니라
六五, 田有禽하면 利執言无咎하며 長子帥師한데 弟子輿尸하니 貞凶하니라

象曰 長子帥師는 以中行也이며 弟子輿尸는 使不當也이니라
上六, 大君有命하여 開國承家함에 小人勿用이니라
象曰 大君有命은 以正功也이며 小人勿用은 必亂邦也임이니라

「사괘(師卦)」는 올바른 대장부이어야 복되고 화가 없다.

· · · · · · · · ·

단전에서 말하기를, 사(師)는 군대이며 정(貞)은 바른 것이다. 군대를 능히 바르게 하여야 우두머리가 될 수 있다. 강하고 치우치지 않으면서 화합하고 험난한 길을 가면서도 도를 거스르지 아니하며, 이같이 하면서 천하를 다스리면 백성들이 따르는 것이니 복을 받을지언정 또 무슨 화가 있겠는가?

상전에서 말하기를, 땅은 속에 많은 물을 가지고 있으니, 군자는 백성들을 감싸고 백성들을 품에 안고 있다.

초육(初六), 싸움터로 떠나는 군대는 법도를 따라야 하며 그렇지 않으면 선해도 재앙이 있게 된다. 상전에서 말하기를, 싸움터로 떠나는 군대가 법도를 따라야 한다는 것은 법도를 어기면 흉하게 되기 때문이다.

구이(九二), 전선에 있는 군대가 바르면 복을 받고 화가 없으며 임금이 여러 번 벼슬을 내린다. 상전에서 말하기를, 전선에 있는 군대가 바르면 복을 받는다는 것은 하늘의 사랑을 받기 때문이며, 임금이 여러 번 벼슬을 내리는 것은 온 나라를 편안하게 했기 때문이다.

육삼(六三), 혹시라도 군대가 기본을 소홀히 하면 재앙이 있게 된다. 상전에서 말하기를, 혹시라도 군대가 기본을 소홀히 한다는 것은 교만하게 되어 직무를 가볍게 여기는 것이다.

육사(六四), 군대가 낮은 자리에 머무르면 화가 없다. 상전에서 말하기를, 낮은 자리에 머무르면 화가 없다는 것은 도를 잃지 않았다는 것이다.

육오(六五), 들에서 포로를 잡으면 조심스럽고 온화하게 처리하여야 이롭고 화가 없으며, 학덕이 높고 나이가 많은 사람은 군대를 바르게 하는데, 학덕이 부족하고 나이가 어린 사람은 기본을 소홀히 하니 바르더라도 재앙이 있게 된다. 상전에서 말하기를, 학덕이 높고 나이가 많은 사람은 군대를 바르게 한다는 것은 치우침이 없이 일을 한다는 것이며, 학덕이 부족하고 나이가 어린 사람은 기본을 소홀히 한다는 것은 바르지 않게 (군대를) 부린다는 것이다.

상육(上六), 임금의 명령이 있어서 나라를 세우고 조정을 받드는 일에 소인(小人)을 등용하면 안 된다. 상전에서 말하기를, 임금의 명령이 있게 된 것은 바르게 한 공로 때문이며, 소인을 등용하면 안 된다는 것은 반드시 나라를 어지럽게 하기 때문이다.

【 한자 풀이 】

師: 군대 사, 적을 칠 사, 많을 사. 丈: 장부 장, 어른 장. 王: 우두머리 왕, 클 왕. 衆: 군대 중, 병사 중, 많을 중, 백성 중. 應: 화합할 응, 따를 응. 行: 길 행, 갈 행. 此: 이같이 차, 이처럼 차. 以: 할 이, 따를 이. 毒: 다스릴 독, 기를 독. 容: 감쌀 용, 포용할 용. 畜: 품을 축, 보살필 축. 出: 나아갈 출, 떠날 출. 律: 법 률, 법도 률. 否: 아닐 부, 그렇지 아니할 부. 臧: 칙힐 장, 신힐 장. 失: 어길 실, 잊을 실, 버릴 실. 在: 곳 재, 미물리 있을 재. 中: 바를 중, 치우치지 않을 중. 錫: 줄 석, 하사할 석. 命: 작위 명, 벼슬 명. 承: 받을 승, 받들 승. 懷: 편안하게 할 회. 輿: 수레 여, 기본 여. 尸: 시체 시, 소홀히 할 시, 게을리할 시. 大: 교만할 대.

无: 가볍게 여길 무. 功: 직무 공, 일 공, 공로 공. 左: 아래 좌, 낮은자리 좌. 次: 머무를 차. 田: 들 전, 사냥할 전, 동쪽 전. 有: 가질 유, 얻을 유. 禽: 포로 금, 사로잡을 금. 執: 처리할 집, 관리할 집. 言: 온화하고 삼갈 은. 長: 나이 많을 장, 존귀할 장. 帥: 바를 수, 바로잡을 수. 弟: 나이 어릴 제. 使: 부릴 사, 일 시킬 사, 當: 바를 당, 알맞을 당.

【해설】

「사괘(師卦)」의 괘상은 땅속의 물이다. 그러나 「사괘」는 땅속의 물을 말하는 것이 아니다. 여기서 말한 땅속의 물은 군대를 상징한다. 고대에는 현재와는 달리 평화 시기에는 대규모의 상비군이 없었고 소규모의 수비병만 있었다. 전쟁이 일어날 가능성이 있거나 전쟁이 일어나면 그때야 징집하였다. 군인은 곧 농민이었다. 평상시에는 농사를 짓고 전쟁이 일어나면 그 농민이 군이 되었다. 땅속에 보이지 않게 물이 들어있듯이 농민 속에 군대가 있었다. 평상시에는 농민 속에 보이지 않게 숨어있는 군대를 땅속에 들어있는 물과 같은 존재로 본 것이다. 물이 생명을 지켜주는 존재이듯이 군대는 나라와 백성의 생명을 지켜주는 고귀한 존재라고 『주역』의 「사괘」는 말하고 있다. 군대는 땅속의 물과 같은 존재이고 땅속의 물과 같이 그의 존재를 감추고 그의 거대한 힘도 감추어야 한다는 것이 「사괘(師卦)」가 말하는 진리다. 이것은 사람이 반드시 알아야 할 진리를 말한 것이다. 예전에는 국력은 바로 국방력이었다. 그 국방력을 감추어야 한다는 것이다.

괘명인 '사(師)'의 뜻은 군대와 전쟁이다. '사'는 "적을 치다·정벌하다"라는 뜻이 있다. 적을 치고 정벌하는 것은 곧 전쟁이고, 군대의 행위 또한 전쟁이므로 '사(師)'는 곧 전쟁이다. 집안끼리 다투는 소송은 가정의 재앙이 되지만, 나라끼리 다투는 전쟁은 나라의 재앙이 되므로 「주역」에서 중대한 문제로 다루고 있다. 나라를 다스리는 사람들에게 도가 없으면 백성들에게서 애국심은 없어지고 단결하지 못하게 된다. 단결하지 못하면 힘은 없다. 힘이 없으면 외적이라는 병

원균이 들어와 전쟁이라는 질병을 일으키는 것이다. 나랏일을 하는 사람들이 바르면 백성들도 바르고 강하게 된다. 백성들이 바르고 강하면 외적은 쳐들어 오지 못하고, 전쟁이 일어나도 쉽게 이기게 되는 것이다. 나라는 정치인과 공무원과 군인만이 지키는 것이 아니다. 백성이 지키는 것이다. 나랏일을 하는 사람과 군인이 부패하면 백성은 버려지는 것이고 종국적으로 나라는 멸망하게 되는 것이다. 이에 대한 최근의 예가 바로 남베트남(南 Vietnam)의 경우이다. 백성이 정치의 중심에 있고 뜨거운 애국심이 있어서 강한 군대가 되어야 나라를 지키는 것이다.

천지자연도 존재하고 있을 뿐 그 자신을 드러내는 일이 없고, 엄청난 그의 힘을 드러내지 않고 감추고 있다. 따라서 천지자연이 그의 존재와 힘을 감추는 것은 자연의 이치다.

괘사에서 말한 '장인(丈人)'은 일상용어로는 아내의 친정아버지이다. 그러나 여기서는 그런 뜻이 아니고 장부(丈夫)를 말하는 것이다. 장부는 대장부의 준말이다. 대장부란 체격이 건장하고 의롭고 용기 있고 위엄이 있는 남자이다. 대장부의 반대는 졸장부이다. 군대와 전쟁에서 참으로 필요한 사람은 대장부다. 졸장부가 지휘관이고 병사들이 졸장부이면 전쟁은 참혹한 패배로 끝나기 때문에 괘사에서는 대장부를 말한 것이고, 대장부이어야 복을 받고 화가 없다고 한 것이다.

「단전」에서는 우두머리 곧 지휘관의 자격조건을 말하고 있다. 능히 군대를 바르게 하여야 지휘관의 자격이 있다고 하였다. 아랫사람을 바르게 할 수가 없으면 지휘관으로서 자격은 없는 것이고, 지휘관으로서의 역할수행은 불가능하다는 것이다. 지휘관 자격이 없는 사람이 군대를 지휘하면 전투에서 이길 수가 없기에, 「단전」에서 지휘관의 자격조건을 한마디로 말한 것이다.

강하고 치우치지 않고 화합하며 험난한 길을 가면서도 도를 거스르지 않아야 하는 것은 군대가 지켜야 할 진리라고 하였다. 그리고 이런 진리를 행하면서 나라를 다스리면 백성들이 따르고 나라에 화가 없다고 하였다.

「대상전」에서는 「사괘(師卦)」의 괘상을 땅이 속에 많은 물을 가지고 있는 것으로 본 것이다. 땅은 땅속에 들어있는 물을 버리는 일이 없다. 언제나 안고 있다. 군자는 이것을 본받아 백성을 한 사람도 버리지 않고 차별하지도 않으며 안고 있다는 것이다. 안고 있는 것은 사랑하는 것이고 보살피며 길러주는 것이다. 진심으로 안고 있는 덕은 높은 도에서만 나오는 것이다. 그러므로 사랑은 감정이 아니고 행도(行道)이다.

초육(初六)에서 말하는 '사출(師出)'은 일반적으로 출사(出師)라고 말한다. 출사란 전선으로 떠나는 군대, 전선으로 군대를 보내는 출병(出兵)이다. 전선으로 떠나는 군대는 법도를 따라야 한다는 말은 엄정하게 군율(軍律)을 지켜야 한다는 말이다. 기강이 무너져 무질서하게 되면 선해도 재앙이 오기 때문이다.

구이(九二)에서 말한 '재사(在師)'는 "전선에 있는 군대·전쟁을 하는 군대"이다. 전투하는 군대가 바르면 재앙이 없다고 하였다. 하늘이 사랑하며 지켜주기 때문이라고 하였다. 바른 군대는 강한 군대다. 부패한 군대이면 결코 강할 수가 없다. 바르고 강한 군대이니 외적을 격파하여 나라를 편안하게 한 것이다. 그래서 임금이 여러 번 지휘관에게는 벼슬을 내리고 병사들에게는 하사품을 내린 것이다.

육삼(六三)에서 말한 '여시(輿尸)'는 일반적인 용어로는 시체를 수레에 싣고 돌아온다는 말이다. 전투에서 이기거나 지거나 간에 수천 사람의 시체를 수레에 싣고 올 수 있다. 그리고 전투는 반드시 이기는 것도 아니고 그렇다고 반드시 지는 것도 아니다. 질 때도 있고 이길 때도 있는 것이다. 그러므로 시체를 수레에 싣고 오는 것 자체가 언제나 재앙의 원인이 될 수는 없다. 그러므로 여기서 말한 '여시(輿尸)'는 시체를 수레에 싣고 온다는 말이 아니고 기본을 소홀히 한다는 말이다. 군대의 기본은 엄격하게 군율을 지키는 것, 훈련과 경계 업무에

최선을 다하는 것, 전술개발과 무기를 정비하는 것, 민간에 피해를 주지 않는 것, 부정이 없는 것, 교만하지 않고 적을 가볍게 여기지 않는 것, 생명을 바쳐 나라를 지키려는 굳센 정신을 갖는 것이다. 이런 기본적인 것을 중요시하지 않고 소홀히 한다면 재앙은 필연적이다.

　육사(六四)에서는 군대가 낮은 자리에 머무르면 화가 없다고 하였다. 군대는 겸손해야 한다는 말이다. 강력한 힘을 가진 군대가 교만하게 되면 나라에 재앙이 되는 것이다. 육사(六四)는 군대의 교만과 무도함을 경계한 말이다.

　육오(六五)의 전반부에서 말한 것은 포로를 함부로 무자비하게 다루지 말고 덕을 베풀어야 한다는 것이다. 포로에게 덕을 베풀지 못하면, 덕이 없다. 덕이 없으면 전투에서는 이길 수 있어도 전쟁에서는 지기 때문에 재앙을 당한다는 것이다. 고대의 전투는 거의 다 들에서 이루어졌다. 그래서 '들에서 잡은 포로'라고 말한 것이다. 여기서 말한 장자(長子)는 큰아들이 아니다. 학덕이 높고 나이가 많은 사람이다. 이런 장자가 지휘관이 되면 군대를 바르게 하는데, 학덕이 부족하고 나이가 어린 제자(弟子)가 지휘관이 되면 기본을 소홀히 하여 재앙을 당하게 된다고 하였다.

　상육(上六)에서 말한 대군(大君)은 임금의 존칭이다. 전쟁에서 이기고 다른 나라를 차지한 다음, 임금의 명령을 받고 나라를 세우고 조정을 받드는 일에 소인(小人)을 등용하면 안 된다고 하였다. 소인은 자신의 명예와 이익을 가장 중요시하고, 아부와 뇌물로 자신의 부족을 보충하며, 앞에서 웃고 뒤에서 중상모략하며, 진실함이 없고 언제나 위선적이며, 말은 그럴듯하게 하지만 언제나 말뿐이며, 진리를 따르며 바르게 사는 사람을 적대시하는 사람인 것이다. 이런 소인은 반드시 나라를 어지럽게 한다고 하였다.

8. ䷇ 坎上 坤下 水地比(수지비)

比는 吉하나 原筮하고 元永貞하여야 无咎하며 不寧方來하면 後夫凶하니라.

· · · · · · · · ·

彖曰 比吉也는 比輔也하고 下順從也함이니라 原筮하고 元永貞하여야 无咎함은 以剛中也이며 不寧方來는 上下應也이며 後夫凶은 其道窮也이니라

象曰 地上有水比하니 先王以建萬國하고 親諸侯하니라

初六, 有孚하면 比之하고 无咎하고 有孚盈缶하면 終來有他吉하니라
象曰 比之初六 有他吉也하니라
六二, 比之自內하고 貞하면 吉하니라
象曰 比之自內는 不自失也이니라
六三, 比之匪人이니라
象曰 比之匪人이면 不亦傷乎아
六四, 外比之하고 貞하면 吉하니라
象曰 外比는 於賢以從上也이니라

九五, 顯比王用三驅하며 失前禽하니 邑人不誡하고 吉하니라
象曰 顯比之吉은 位正中也이며 舍逆取順하므로 失前禽也하며 邑人不誡는 上使中也이니라
上六, 比之하여도 无首하면 凶하니라
象曰 比之无首하면 无所終也이니라

「비괘(比卦)」는 복을 받을 것이나 정성스럽게 점을 쳐야 하고, 선하고 길이길이 올발라야 화가 없으며, 정중하지 못하고 방자함에 이르게 되면 다음에는 대체로 흉하게 된다.

· · · · · · · · ·

단전에서 말하기를, 「비괘(比卦)」가 복을 받는 것은 친하게 지내면서 바르게 하고, 낮은 자리에서 온순하게 일하기 때문이다. 정성스럽게 점을 쳐야 하고, 선하고 길이길이 올발라야 화가 없다는 것은 강하면서 치우치지 않아야 한다는 것이며, 정중하지 못하고 방자함에 이르게 된다는 것은 낮은 사람이 높아져 따른다는 것이며, 다음에는 대체로 흉하게 된다는 것은 도가 막히기 때문이다.

상전에서 말하기를, 땅은 (땅) 위에 있는 물과 친하게 지내니 옛 왕들도 여러 나라를 세우고 제후들과 친하게 지낸 것이다.

초육(初六), 성실하고 친하게 지내면 화가 없고, 성실함이 큰 항아리에 가득 차듯이 하면 후반에 이르러 겹친 복이 있게 된다. 상전에서 말하기를, 초육(初六)이 친하게 지냄이 겹친 복이 있게 하는 것이다.

육이(六二), 친함이 마음속에 우러나고 바르면 복을 받는다. 상전에서 말하기를, 친함이 마음속에 우러나는 것은 실로 (도를) 잃지 않아서다.

육삼(六三), 친하게 지내는 사람이 착한 사람들은 아니다. 상전에서 말하기를, 친하게 지내는 사람이 착한 사람들이 아니면 크게 해로운 것 아닌가?

육사(六四), 말과 행동으로 친하게 지내고 바르면 복을 받는다. 상전에서 말하기를, 말과 행동으로 친하게 지냄은 어질고 하늘을 따르기 때문이다.

구오(九五), 친하게 지냄이 빛이 나고, 임금이 사냥할 때 삼면은 포위하고 한 면은 터놓고 짐승을 몰며, 눈앞의 짐승도 달아나게 하니 백성들도 경계하지 않고 복을 받는다. 상전에서 말하기를, 친하게 지냄이 빛나 복을 받는 것은 바르고 치우침이 없는 자리에 있다는 것이며, 도에 어긋난 일을 떠나 올바름을 취하므로 눈앞의 짐승도 놓아주는 것이며, 백성들이 경계하지 않는 것은 임금이 바르게 행동하기 때문이다.

상육(上六), (사람들과) 친하게 지내도 바르지 못하면 화가 있다. 상전에서 말하기를, 친하게 지내도 바르지 못하면 좋은 일은 없는 것이다.

【 한자 풀이 】

比: 친할 비, 친하게 지낼 비, 화합할 비. 原: 정성스러울 원, 성실할 원. 元: 착할 원, 선할 원. 寧: 정중할 녕, 공손할 녕, 경계할 녕. 方: 방자할 방, 거스를 방. 來: 이를래. 輔: 바르게 할 보, 벗 보. 下: 낮을 하, 천할 하. 順: 온순할 순, 바를 순. 萬: 여러 만, 많을 만. 親: 친할 친, 친하게 지낼 친. 缶: 장군 부(항아리의 일종) 他: 겹칠 타, 다를 타. 自: 비롯할 자, 진실로 자. 內: 속 내, 마음 내. 人: 착한 사람인, 사람다운 사람 인. 亦: 클 역, 오히려 역. 傷: 해로울 상, 해칠 상. 外: 언행 외. 於: 할 어, 있을 어. 從: 따를 종, 일할 종. 上: 하늘 상, 존귀할 상, 임금 상. 顯: 빛날 현, 이름 높을 현. 驅: 몰 구, 뒤좇을 구. 失: 놓아줄 실, 달아날 일. 邑: 고을 읍, 나라 읍. 誡: 경계할 계. 舍: 버릴 사. 逆: 도리에 어긋날 역. 使: 행할 사, 행동할 사. 首: 바를 수, 곧을 수. 所: 있을 소, 당할 소. 終: 이룰 종, 좋을 종.

【해설】

「비괘(比卦)」의 괘상은 땅 위의 물이다. 그러나 「비괘」는 땅 위의 물을 말한 것이 아니고 땅 위의 물이 있을 때의 땅과 물의 밀착성(密着性)을 말하는 것이다. 땅 위의 물이 있을 때의 땅과 물은 분리할 수가 없을 정도로 밀착되어 있다. 밀착은 그 관계가 틈이 없이 붙어있는 상태다. 그러므로 아주 가까운 관계이고 아주 친한 사이다.

이같이 땅과 물이 가까운 것처럼 사람들도 가족·친척·친구·동료·이웃과 친하게 지내야 한다는 것이 『주역』의 「비괘(比卦)」가 말하는 진리이다. 이것은 행하여야 할 진리를 말한 것이다. 그리고 「비괘」의 괘체는 일양오음(一陽五陰)이다. 여기서 일양은 구오(九五)로서 임금이다. 다섯 음이 하나의 양인 임금을 우러러 받들며 따르고 있는 형상이 「비괘」인 것이다. 우러러 받들며 따르면 가까운 관계이고 친한 사이다. 이같이 임금과 백성은 친하게 지내야 한다는 것이 『주역』의 「비괘」가 말하는 진리이다. 그러나 임금이 성현·군자여서 진리 안에서 사는 임금다운 임금이어야 백성과 임금은 친하게 되는 것이다. 임금이 바르지 않으면 백성들은 따르지 않는 것이다.

괘명인 '비(比)'의 뜻은 "친하다·친하게 지낸다"라는 뜻이다. 여기서 말하는 친함은 보통으로 친한 것이 아니고 아주 친한 것이고, 마음속에 우러난 진실로 친한 것이며, 진리에 근거한 영속성을 지닌 친함인 것이다. 이런 친함은 도에서만 나오는 것이다. 천부(天賦)의 도이든 터득한 도이든 도에서 친함이 나오는 것이다. 그러므로 내면에 도가 없으면 친할 수가 없다. 사람들과 친하게 지내는 것은 참으로 아름답고 존귀하고 가치 있는 일이기 때문에 『주역』에서 중대한 문제로 여기는 것이다. 괘명인 '비(比)'의 뜻에 "돕는다"라는 말을 포함할 필요는 없다. 돕는 것에 대해서는 42. 「익괘(益卦)」에서 말하고 있기 때문이다.

천지자연은 하나의 거대한 유기체(有機體)이다. 지구나 태양계가 각각 하나의 유기체로 존재하기도 하지만, 우주 전체가 하나의 유기체로 존재하는 것이다. 유기체는 생명체를 말하는 것이지만, 생명체와 같이 각 부분이 밀접하게 결합 된 집합체다. 그러므로 자연은 유기체다. 천지 자연물의 밀접성(密接性)은 자연의 이치이다.

괘사에서는 정성스럽게 점을 쳐야 한다고 하였다. 정성이란 다른 것이 섞이지 않은 순수한 마음이고 잘못이 없는 참된 마음이며, 흩어짐이 없이 다 바치는 온전한 마음이고, 뼛속에서 우러난 깊은 마음이며, 뜨겁고 강한 마음이다. 친해야 이런 정성을 바치는 것이다. 천지신명도 정성을 바치는 친함이 있어야 응답한다는 것이다. 모든 인간관계에서도 친함이 없으면 하는 말을 듣지 않는 것이다. 그래서 친함은 고귀한 행동이다. 정중하지 못하고 방자하면 누구와도 친할 수 없다. 누구와도 친하지 못하면 화를 당하게 된다고 하였다.

「단전」에서는 「비괘(比卦)」가 복을 받는 이유를 친하게 지내면서 바르게 하고 낮은 자리에서 온순하게 일하기 때문이라고 하였다. 친하게 지내면서 바르게 하는 것은 곤(坤: 땅)의 덕이다. 땅은 땅 위의 모든 것과 밀착되어 있다. 그래서 친하게 지낸다고 말한 것이다. 그리고 땅은 만물의 어머니로서 그의 양인 하늘을 따르며 하늘의 도에 따라 만물을 기른다. 그래서 바르게 한다고 말한 것이다. 낮은 자리에서 온순하게 일하는 것은 감(坎: 물)의 덕을 말한 것이다. 물은 언제나 낮은 곳으로 흐르고, 낮은 곳에 머물며, 낮은 곳에서 일한다. 그리고 지극히 부드럽다. 그래서 낮은 자리에서 온순하게 일한다고 말한 것이다. 정중하지 못하고 방자하게 된 상태를 상하응(上下應)이라고 설명하였다. 여기서 상, 하는 위아래가 아니고, 아랫자리에 있는 사람 [下]이 혼자 잘나서 높아져 버린 상태 [上]인 것이다. 그러므로 '상하응'은 아랫사람이 혼자 잘나서 높아져 윗사람을 깔보며 형식적으로 따르는 것을 말하는 것이다. 이런 지경에 이르면 대체로 흉한 일을 당하게 된다고 하였다. 그 이유는 그 사람에게 도가 들어갈 구멍이 막혔기 때문이다.

「대상전」에서 말한 「비괘(比卦)」의 괘상은 앞에서 설명한 대로 땅과 물의 밀착성을 말한 것이다. 땅과 물이 분리될 수 없을 정도로 가까운 것처럼 옛 왕들도 자신이 봉한 제후들과 아주 친하게 지냈다는 것이다. 여기서 말한 선왕(先王)은 주나라 초기 이전 중국 고대 왕국의 모든 임금을 말한 것이 아니고, 요(堯)·순(舜)·우(禹)·탕(湯) 등 성인(聖人) 임금을 말하는 것이다. 도의 극에 이른 성인 임금이라야 제후들과 아주 친한 것이지 성현·군자가 아닌 임금은 제후들과 친할 수가 없기 때문이다.

초육(初六)에서는 성실하면서 친하게 지내야 화가 없다고 하였다. 성실은 진실하고 모든 일에 정성을 바쳐 일하는 것이다. 그러므로 불성실하면서 친하게 지낸다면 그 친함은 의미가 없다는 것이다. 초육(初六)에서 말한 '부(缶)'는 장군이라고 하는 "큰 항아리"이다. 질그릇 항아리인데 옛날에는 여기에 물·술·간장을 담았다. 모양은 달걀을 눕혀놓은 형상이고 용량은 16두(斗) 정도 들어가는 항아리였다.

육이(六二)에서는 어떤 이익을 얻기 위해서 친하게 지내거나 감정적·동정적·의례적·가식적으로 친하게 지내는 것이 아니고, 친함이 마음속에 들어있는 도에서 우러나 친하게 지내면서 바르게 살면 복을 받는다고 하였다.

육삼(六三)에서는 친하게 지내는 사람이 착한 사람·사람다운 사람이 아니면 그 친하게 지내는 일은 오히려 큰 해를 가져다준다고 하였다. 그러므로 바른 사람과 친하게 지내야지, 바르지 않은 사람과 친하게 지내는 것은 나쁜 일이고 큰 화를 당할 수가 있다는 것이다. 그런고로 친하게 지내는 것이 중요한 것이 아니고 어떤 사람과 친하게 지내느냐가 중요하다는 것이다. 진리에서 벗어난 바르지 않은 사람과는 친하게 지내면 안 되고 진리를 가진 바른 사람과 친하게 지내야 한다는 것이다.

육사(六四)는 말과 행동·얼굴과 태도에 친함이 드러나야 한다는 말이다. 마음속에는 친함이 있어도 말과 행동·얼굴과 태도에 그 친함이 피어나지 않으면 꽃이 피는 꽃나무가 꽃이 피지 않는 것과 같기 때문이다. 꽃이 피지 않는 꽃나무는 장애를 지니고 있다. 그러나 마음속에 친함이 없는데 말과 행동으로 드러나면 그것은 가식이다.

구오(九五)는 바르고 치우침이 없는 임금에 대해서 말한 것이다. 성현(聖賢)이 아니면 군자로서의 임금이다. 그러므로 백성들과 친하게 지내고 신하들과 친하게 지내는 것이다. 성현이거나 군자이면서 친하게 지내니까 그 친함에 빛이 나는 것이다. 이런 임금이니까 사냥할 때도 사면을 다 포위하고 모든 짐승을 무자비하게 다 잡으려고 하지 않고, 삼면만 포위하여 한쪽은 터놓고 짐승을 몰아 다 빠져나가게 하며, 눈앞에 있는 짐승도 활을 쏘아 잡지 않고 달아나게 놓아두었다. 그래서 백성들도 임금을 경계(警戒)하는 일이 없다고 하였다. '경계'란 피해당하지 않을까 하고 미리 촉각을 곤두세우는 것이다. 삼구(三驅)란 옛날에 임금이 사냥할 때 삼면만 포위하고 한 면은 터놓고 짐승을 모는 일이었다. 짐승들에게 달아나도록 자비를 베푼 것이다.

상육(上六)에서 말하는 것은 자신이 바른 사람이 아니면서 다른 사람과 친하게 지내는 일은 가치 있는 일이 아니라는 것이다. 바른 사람이 되어 바른 사람들과 친하게 지내야 고귀한 가치다. 자신이 바르지 못하면서 친하게 지낸다면 그 친함은 악을 만들거나 악을 키울 수도 있으므로 화가 될 수도 있고 그 친함은 쉽게 깨질 수가 있다. 바르지 않으면 진실로 친함도 실제로는 없는 것이다.

9. ䷈ 巽上 乾下 風天小畜(풍천소축)

小畜은 亨하나 密雲不雨함은 自我이니 西郊이니라.

• • • • • • • • •

彖曰 小畜은 柔得位而上하여 下應之함으로 曰小畜하니라 健而巽하고 剛中而志行하면
乃亨이니라 密雲不雨는 尙往也이며 自我西郊는 施未行也이니라

象曰 風行天上하여 小畜하니 君子以懿文德하니라

初九, 復自道하면 何其咎이리요 吉하니라
象曰 復自道하면 其義吉也이니라
九二, 牽復하면 吉하니라
象曰 牽復하면 在中하고 亦不自失也하니라
九三, 輿說輻하고 夫妻反目하니라
象曰 夫妻反目은 不能正室也이니라
六四, 有孚하면 血去惕出하며 无咎이니라
象曰 有孚惕出은 上合志也이니라
九五, 有孚攣如하면 富以其隣하니라

象曰 有孚攣如하면 不獨富也하니라
上九, 旣雨旣處는 尙德載하고 婦貞厲함이니 月幾望하여도 君子征凶하니라
象曰 旣雨旣處는 德積載也이며 君子征凶은 有所疑也이니라

「소축괘(小畜卦)」는 일에 막히는 일은 없으나 구름이 숨어 있어 비가 내리지 않는 것은 나로 말미암은 것이니, 서쪽으로 가서 천지신명에게 제사를 드려야 한다.

· · · · · · · · ·

단전에서 말하기를, 「소축괘」는 음(陰)이 벼슬을 얻어 높아져 천한 사람이 따르므로 모으는 것이 적다고 말하는 것이다. 쉬지 않고 힘써 일하면서 온순하고 강하고 바르면서 하늘의 뜻을 행하면 일에 막히는 일은 없다. 구름이 숨어 있어 비가 내리지 않는 것은 (도를) 떠난 지가 오래되어서이며, 나로 말미암은 것이니 서쪽으로 가서 천지신명에게 제사를 드려야 한다는 것은 (하늘이) 은혜를 베풀지 않아서이다.

상전에서 말하기를, 바람이 높은 하늘에서 불어서 모으는 것이 적으니, 군자는 학문과 덕을 깊게 한다.

초구(初九), 진실로 도를 행하면 무슨 화가 있을 것인가? 복을 받는다. 상전에서 말하기를, 진실로 도를 행하면 올바르기에 복을 받는 것이다.
구이(九二), 계속해서 (도를) 행하면 복을 받는다. 상전에서 말하기를, 계속해서 <도를> 행하면 바르게 사는 것이고, 또 진실로 잘못하는 일이 없는 것이다.

구삼(九三), 수레의 바큇살이 빠져버렸고 아내와 남편은 등지고 눈을 흘긴다. 상전에서 말하기를, 부부간에 반목하는 것은 집을 바르게 할 능력이 없기 때문이다.

육사(六四), 성실하면 눈물도 떠나고 근심도 떠나며 화가 없다. 상전에서 말하기를, 성실하면 근심이 떠나는 것은 마음이 하늘과 하나가 되어 있어서다.

구오(九五), 성실하면 이웃과 이어져 있고 넉넉함을 함께 한다. 상전에서 말하기를, 성실하여 이웃과 이어져 있으면 혼자서만 넉넉하게 살지 않는 것이다.

상구(上九), 이윽고 비가 내려 고인 것은 덕을 숭상하고 베풀었기 때문이고, 음(陰)이 힘써 닦아 바르기 때문이다. 백성들이 가까이서 우러러보아도 군자가 밖에 나가면 흉하다. 상전에서 말하기를, 이윽고 비가 내려 고인 것은 덕을 베풀어 쌓았기 때문이며, 군자가 밖에 나가면 흉하다는 것은 어그러질 일이 있다는 것이다.

【 한자 풀이 】

畜: 모을 축, 쌓을 축. 密: 숨길 밀, 숨을 밀, 감출 밀. 自: 말미암을 자, 진실로 자. 西: 서쪽으로 갈 서. 郊: 교제(郊祭) 교, 교제 지낼 교. 位: 벼슬 위, 관직 위. 上: 높을 상, 하늘 상. 下: 낮을 하, 천할 하. 志: 덕 지, 의를 지킬 지, 하늘의 뜻 지. 乃: 그러면 내. 尙: 오랠 상, 오래될 상, 받들 상. 往: 갈 왕, 떠날 왕, 죽을 왕. 施: 은혜 시. 行: 베풀 행, 줄 행. 懿: 깊을 의, 클 의. 復: 실행 복, 머무를 복. 牽: 이어질 견, 이끌 견. 在: 살 재. 失: 잘못할 실, 어길 실. 說: 벗을 탈, 제거할 탈. 輻: 수레 바큇살 복. 反: 등질 반, 거스를 반. 目: 흘겨볼 목. 能: 능력 능, 할 능, 행할 능. 室: 집 실, 가족 실, 아내 실. 血: 근심 혈, 눈물 혈. 惕: 근심할 척. 攣: 어어질 연. 富: 넉넉할 부, 재산이 많을 부. 獨: 홀로 독. 旣: 이윽고 기. 處: 모일 처, 머물러있을 처. 載: 베풀 재, 쌓을 재. 婦: 암컷 부. 厲: 힘쓸 려, 힘써닦을 려, 엄숙할 려. 幾:

때 기, 시작할 기. 望: 원말할 망. 征: 갈 정, 정벌할 정. 疑: 어그러질 의, 괴이하게 여길 의.

【해설】

「소축괘」의 괘상은 하늘에서 바람이 불고 있다. 상괘(上卦)와 하괘(下卦)는 병존관계로 보기도 하므로 하늘에서 바람이 분다고 말한 것이다. 하늘에서 바람만 불지 구름은 없는 맑은 하늘이므로 비가 내리지 않는 것이다. 비가 내리지 않으니까, 농사를 잘 지을 수가 없어서 곡식을 조금밖에 모으지 못하는 상황이 「소축괘」의 괘상이다.

비가 내리지 않는 이유는 소인(小人)인 음이 하늘의 덕을 지닌 양(陽)인 대인군자의 윗자리에서 제왕처럼 행세하며 명령하고 지배하기 때문에 하늘이 은혜를 베풀지 않아서다. 「소축괘」의 괘체를 보면 상괘 손(巽)은 음괘이고 하괘 건(乾)은 양괘이기 때문에 그렇게 말하는 것이다.

천한 사람인 음이 존귀한 사람인 양에게 명령하고 지시하므로 천한 사람의 뜻대로 일이 진행되는 것이다. 진리와 윤리에서 멀기 때문에 천하다고 하는 것이고, 진리와 윤리 속에서 살기 때문에 존귀하다고 말하는 것이다. 진리와 윤리는 무시되고 소인들이 날뛰면서 얄팍한 꾀와 권모술수로 자신들의 이익을 위해서 일한다면 하늘도 등을 돌리므로 제대로 되는 일이 없는 것이다. 그리고 소인은 아무리 날뛰고 발버둥을 쳐도 일을 제대로 할 수가 없는 존재이므로, 모으고 모이는 일이 잘되지 않는다는 것이 소축괘가 말하는 진리다. 이것은 반드시 알아야 할 진리를 말한 것이다. 그러나 음이 양의 위에 있어도 명령하고 지배하는 일이 없고 군림만 하면 문제는 없는 것이다.

괘명인 '소축(小畜)'의 뜻은 "조금 모으다, 조금 모이다"라는 뜻이다. 개인적으로 말하면 양(陽)의 지배를 받고 양을 따르면 많이 모으고 많은 것이 모이며, 음(陰)의 지배를 받으며 음을 따르면 조금 모으고 적게 모인다는 것이다. 여기서 양은 진리와 윤리이고 음은 비리와 부도덕이다. 국가 사회적으로 말하면 음이 지배하면 조금 모으고 적게 모이며, 양이 지배하면 많이 모으고 많은 것이 모인다는 것이다.

인생을 산다는 것은 모으는 일의 연속인 것이고, 좋은 것을 모으며 사는 것이 잘 사는 인생이다. 모으는 것에는 유형의 가치와 무형의 가치가 있는데, 전자는 재산이고 후자는 교양·전문지식·진리인 것이다. 괘명인 소축의 뜻에 '조금 기른다'라는 뜻을 포함할 필요는 없다. 기르는 일에 대해서는 27. 「이괘(頤卦)」에서 말하고 있기 때문이다. 소축의 반대는 26. 「대축괘(大畜卦)」다.

천지자연에서는 음이 양을 지배하는 일이 없다. 천지자연에서 음이 양을 지배하는 일이 없는 것이 자연의 이치다.

괘사에서 말한 밀운불우(密雲不雨)는 전통적으로는 짙은 구름인데 비가 내리지 않는다고 번역한다. 짙은 구름이 계속되면 저기압 상태이기 때문에 비는 내리는 것이다. 그리고 괘상도 하늘에 구름이 있는 것이 아니고 바람이 있는 것이다. 그러므로 밀운(密雲)은 짙은 구름이라고 하면 적절하지 못하고 구름이 다 숨어버린 상태라고 해야 적절한 것이다. 구름이 다 숨어버려 구름 한 점 없는 맑은 하늘에서 바람만 불고 있다. 이런 상태면 비가 내릴 가능성은 없는 것이다. 그래서 비가 오지 않는 것이다.

구름이 다 숨어버려 비가 내리지 않는 이유를 나(我) 때문이라고 하였다. 소인이면서 윗자리에 앉아서 명령하고 지시하는 나 때문에 비가 오지 않는다는 것이다. 그러므로 서쪽으로 가서 천지신명에게 제사를 바쳐야 한다고 하였다. 여기서 교(郊)는 교제(郊祭)를 말한다. 교제는 교외에서 천지신명에게 올리는 제사이다. 서쪽으로 가서 제사를 올리라고 한 이유는 서는 주(周)의 땅이고 동쪽은 은(殷)의 땅인데, 옛날에 주나라는 진리와 겸손의 나라였고, 은나라는 악과 교만의 나라였으므로 서쪽은 진리의 땅이기 때문에 서쪽으로 가라고 한 것이다. 그러므로 서쪽으로 가라는 말은 진리로 돌아가라는 말이다. 제사의 필수 조건은 몸과 마음이 깨끗하게 부정을 털어버리는 목욕재계와 천제와 천도 앞에 엎드리는 일과 정성을 바치는 일인 것이다. 이런 제사 행위는 도를 향한 회귀(回歸)였다. 그러므로 서쪽으로 가서 제사를 드리라는 말은 도를 따르라는 말이다. 그러면 하늘이 감응하여 도와준다는 것이다.

단전은 소축괘의 괘상을 자연현상으로 설명하지 않고 음양이론으로 설명한 것이다. 음[소인]이 높은 벼슬을 얻어 높은 자리에서 명령하고 지시하고 있지만, 그 음은 가치 없는 천한 사람이라는 것이다. 거기에다가 부도덕한 천한 사람들이 천한 윗사람을 따르게 되면 일이 잘될 수가 없어서 모으는 것이 적다고 한 것이다. 구름이 숨어서 비가 내리지 않는 것은 지배자들이 도를 떠난 지가 오래되어서 하늘이 진노한 탓이라고 하였다.

대상전에서는 바람이 높은 하늘에서 불어, 모으는 것이 적다고 하였다. 이는 괘상을 자연현상으로 설명한 것이다. 앞에서 설명한 대로 하늘이 비를 주지 않으니까, 농사를 제대로 지을 수가 없어서 곡식을 조금밖에 모으지 못하고 있다. 하늘이 비를 주지 않는 이유는 사람들이 도에서 떠났기 때문이라고 단전에서 설명하였다. 그래서 군자는 하늘이 두려워 옷깃을 여미고 학문과 덕을 깊게 닦는다고 한 것이다. 도에서 멀수록 화를 당하고 도에 가까울수록 하늘의 사랑을 받고 천복(天福)을 누리는 것이다. 옛날에 군자는 하늘을 두려워하며 도를 닦았다.

초구(初九)부터 상구(上九)까지 여섯 개의 효사는 일이 잘 안되고 제대로 되는 일이 별로 없어 거두는 수확이 미미할 때는 어떤 마음가짐과 몸가짐을 가져야 하는지를 말한 것이다.

첫째로 진실로 도를 행하여야 한다고 하였다. 복은 도를 행하면 오기 때문이다. 두 번째로 계속해서 도를 행하며 바르게 살면서 잘못하는 일이 없어야 한다고 하였다. 세 번째로 부부간에 반목하는 일이 없어야 한다고 하였다. 여기서 말한 수레는 가정이고, 두 바퀴는 부부를 말하는 것이다. 바큇살이 빠진 것은 두 바퀴가 부서진 것이다. 두 바퀴가 부서지면 수레는 못 쓰게 된다. 그러므로 바퀴가 부서진 것은 부부의 인격이 파탄에 이른 것을 말하는 것이다. 부부의 인격이 파탄에 이르면 가정은 부서지는 것이다. 그러면 부부는 등지고 살게 되고 되는 일은 없다는 것이다. 네 번째로 성실하여 마음이 하늘 같아야 하고, 다른 사람들과의 단절이 없어야 한다고 하였다. 특히 혼자서만 부유하게 살면 안 된다고 하였다. 성실은 진실하고 정성스러운 것이다. 다섯 번째로 도를 숭상하고 덕을 베풀며 살아야 복이 내린다고 하였다. 몸과 마음을 힘써 닦아 바른 사람이 되어야 도를 숭상하고 덕을 베푸는 것이다.

월기망(月幾望)은 통상적인 한자의 뜻으로 번역하면 "달이 만월에 가깝다"라는 뜻이다. 그러나 이렇게 번역하면 전혀 말이 되지를 않는다. 이 말은 54.「귀매괘(歸妹卦)」에도 나온다. 여기서 월(月)은 달인데, 달은 음이다. 달의 양(陽)은 태양이다. 그러므로 해와 달은 양과 음의 관계다. 임금과 백성도 양과 음의 관계인데 임금은 태양이고 백성은 달이다. 그러므로 여기서 월(月)은 백성을 일컫는 말이다. 이런 표현은 상징적이고 은유적이면서 동시에 비어(祕語)다. '기망(幾望)'은 "가까이서 우러러본다"라는 뜻이다. 군자는 백성들이 가까이서 우러러보는 인물이다. 군자와 백성들의 관계는 멀지 않고 가까우며, 백성들은 군자를 우러러보며 따르는 것이다. 이런 군자일지라도 밖에 나가면 좋지 않다고 말한 것은 소인(小人) 정치인 때문에 비가 오지 않은 것에 대한 백성들의 원망이 다 없어지지 않고 남아 있으므로 군자가 소인으로 오인되어 해를 입을 수가 있기 때문이다.

10. ䷉ 乾上 乾下 天澤履(천택리)

履虎尾하여도 不咥人이면 亨하니라.

· · · · · · · · ·

彖曰 履는 柔履剛也이고 說而應乎乾이니 是以면 履虎尾하여도 不咥人이므로 亨하니라 剛
　　中正하며 履帝位而不疚하니 光明也이니라.

象曰 上天下澤履하니 君子以辯上下하여 定民志하니라.

初九, 素履往하면 无咎이니라
象曰 素履之往은 獨行願也이니라
九二, 履道坦坦하면 幽人貞吉하니라
象曰 幽人貞吉은 中不自亂也임이니라
六三, 眇能視하고 跛能履하면 履虎尾咥人하여 凶하니 武人爲于大君하니라
象曰 眇能視는 不足以有明也이며 跛能履는 不足以與行也이며 咥人之凶은 位不當也
이며 武人爲于大君은 志剛也이니라
九四, 履虎尾하여도 愬愬하면 終吉하니라
象曰 愬愬終吉은 志行也임이니라

九五, 夬履하면 貞厲하나라
象曰 夬履貞厲하면 位正當也이니라
上九, 視履하고 考祥其旋하면 元吉하나라
象曰 元吉은 在上하며 大有慶也임이니라

호랑이 꼬리를 밟아도 물지 않는 사람이면 일에 막히는 일은 없다.

· · · · · · · · ·

단전에서 말하기를, 「이괘(履卦)」는 음이 양을 따르고 기쁘게 하늘을 따르는 것이니, 그렇게 하면 호랑이 꼬리를 밟아도 물지를 않는 사람이므로 일에 막히는 일이 없는 것이다. (이괘는) 강하고 치우침이 없고 바르게 하늘을 따르는 자리에 있으면서 해치는 일이 없으니 크게 빛이 나는 것이다.

상전에서 말하기를, 소택(沼澤)이 아래에서 높은 하늘의 도를 행하니 군자도 아래에서 하늘을 자세하게 살펴 백성들의 마음을 바르게 한다.

초구(初九), 언제나 근본을 행하면 화는 없다. 상전에서 말하기를, 언제나 근본을 행하는 것은 언제나 남다르게 (근본을) 행하는 것이다.

구이(九二), 밝고 넓은 마음으로 도를 행하면 깊은 사람이니 올발라서 복을 받는다. 상전에서 말하기를, 깊은 사람이 올발라서 복을 받는 것은 치우침이 없고 신실로 자기 멋대로 하는 일이 없어서다.

육삼(六三), 애꾸눈으로 겨우 보고, 절름발이로 겨우 걸으면 호랑이 꼬리를 밟아 사람들을 물게 하여 화를 당하게 한다. 강하고 위엄이 있는 사람은 존귀한 하늘의 뜻을 행하게 한다. 상전에서 말하기를, 애꾸눈으로 겨우 본다는 것은 현명함이 모자란다는 것이며, 절름발이로 겨우 걷는다는 것은 함께 일할 수가 없다는 것이며, 사람들을 물게 하여 화를 당하게 한다는 것은 (그의) 지위가 (그에게) 어울리지 않는다는 것이며, 강하고 위엄이 있는 사람이 존귀한 하늘의 뜻을 행하게 한다는 것은 의로움을 지키며 강하다는 말이다.

구사(九四), 호랑이 꼬리를 밟았어도 놀라고 두려워하면 마침내는 좋다. 상전에서 말하기를, 놀라고 두려워하면 마침내는 좋은 것은 하늘의 뜻을 행하기 때문이다.

구오(九五), 결단하고 (도를) 행하면 바르고 엄숙한 것이다. 상전에서 말하기를, 결단하고 (도를) 행하여 바르고 엄숙하면 (그의) 지위가 (그에게) 어울리는 것이다.

상구(上九), (도를) 우러러보며 행하고 그 자신이 행동을 자세하게 살피면 크게 복을 받는다. 상전에서 말하기를, 크게 복을 받는 것은 하늘에 살며 크게 선을 행하기 때문이다.

【 한자 풀이 】

履: 행할 리, 밟을 리, 걸을 리, 뒤따를 리. 咥: 물 절, 깨물을 절. 應: 따를 응, 화합할 응. 是: 이 시, 그 시, 대저 시. 以: 할 이, 될 이, 그 이. 帝: 하늘 제, 하느님 제. 疚: 해칠 구, 괴로워할 구. 辯: 자세히 살필 변. 上: 하늘 상, 높을 상. 定: 바를 정, 편안할 정. 素: 근본 소, 바를 소. 往: 언제나 왕. 獨: 남다를 독, 홀로 독. 願: 항상 원, 매양 원. 坦: 밝을 탄, 넓을 탄, 클 탄. 幽: 깊을 유, 고요할 유. 亂: 무도할 란, 멋대로할 란. 眇: 애꾸눈 묘, 하찮을 묘. 能: 겨우 능, 이같이 능. 跛: 절름발이 파. 武: 강건할 무. 人: 선한 사람 인. 爲: 할 위, 행할 위. 大: 존귀할 대, 훌륭할 대. 君: 스승 군, 어질이 군, 하늘 군. 足: 가할 족, 넉넉할 족. 行: 일할 행, 행동할 행. 志: 의로움을 지킬 지, 덕 지, 하늘의 뜻 지. 愬: 두려워할 색, 놀랄 색.

夬: 결단할 쾌. 厲: 힘써 닦을 려, 엄숙할 려. 視: 우러볼 시. 考: 자세히 살필 고. 旋: 행동 거지 선, 有: 할 유, 행할 유. 慶: 선행 경, 선 경.

【해설】
「이괘(履卦)」의 괘상은 하늘 아래에 소택(沼澤)이 있는 것이다. 그러나 「이괘」는 하늘 아래에 소택이 있는 것을 말하는 것이 아니고, 자연현상과 괘덕을 혼합하여 괘상을 설명한 것이다. 여기서 상괘인 건(乾)은 하늘이고 하늘의 도이다. 그런데 하괘인 태(兌)는 여기서 소택이 아니고 "기뻐한다"라는 뜻이다. 그러므로 태의 괘덕으로 말한 것이다. 그러므로 여기서 건태(乾兌)는 기쁘게 하늘 아래에 있는 것이다. 기쁘게 하늘 아래에 있다는 말은 기쁘게 하늘의 도를 행한다는 말이다. 사람이면 누구든지 기쁘게 하늘의 도를 행하여야 한다는 것이 『주역』의 「이괘」가 말하는 진리다. 이것은 반드시 행하여야 할 진리를 말한 것이다.

괘명인 이(履)의 뜻은 "행한다"라는 뜻이다. 무엇을 행하여야 한다는 목적어가 생략되어 있지만, 그 목적어는 괘상에 나와 있어서 생략한 것이다. 「이괘」의 상괘인 하늘의 도가 목적어다. 하늘의 도는 그냥 도(道)라고도 하고, 정도(正道)라고도 하며, 하늘의 뜻이라고도 하고, 근본이라고도 하는 것이다.
도를 하늘의 도라고 말하는 이유는 모든 고대인과 많은 현대인에게서 하늘이라는 존재는 자연현상으로서의 하늘이면서 동시에 초월적 존재로서의 하늘이다. 그 하늘은 우주 자연의 주재자(主宰者)이며 그 주재자의 뜻이 '도(道)'라고 여기기 때문에 도를 하늘의 도라고 말하는 것이다.
인생에서 도를 행하는 것보다 중대한 것은 없다. 도는 인간존재의 근본이고 인간존재의 가치이기 때문이다. 다시 말하면 인간의 생명과 가치는 도에 근거하는 것이지 다른 것에 근거하는 것이 아니기 때문이다. 도를 무시하고, 행하지 않으면 반드시 하려는 모든 일에 사람들이 벌 떼처럼 달려들어 가로막게 되고 괴롭게 되며, 화를 당하기 때문에 도를 행하여야 한다고 『주역』에서는 중대한 문제로 다루고 있다.

괘명인 '이(履)'의 뜻에 "따르다"라는 뜻을 포함할 필요는 없다. 따르는 것에 대해서는 17. 「수괘(隨卦)」에서 말하고 있기 때문이다.

천지자연은 하늘의 도를 어기는 일이 없다. 천지자연이 행하는 하늘의 도는 자연의 이법(理法)이라고도 하고, 자연의 이치라고도 한다. 천지자연이 하늘의 도를 어기지 않는 것은 자연의 이치다.

괘사와 단전에서는 호랑이 꼬리를 밟아도 물지 않는 사람이 있는데, 그 사람은 기쁘게 하늘의 도를 행하는 사람이라고 하였다. 그리고 이런 사람이 일하면 가로막는 사람이 전혀 없다고 하였다. 여기서 호랑이는 사납고 무서운 존재를 상징하는 것이다. 호랑이 같은 존재는 하늘의 도를 행하는 사람이 자신에게 끼친 실수는 너그럽게 받아들인다는 것이다. 그러나 언제나 하늘의 도를 기쁘게 행하는 사람은 호랑이 꼬리를 밟는 일은 하지 않는 것이다.

대상전에서는 '소택'이라는 존재가 아래에서 높은 하늘의 도를 행하고 있는 것으로 괘상을 본 것이다. 소택은 음의 존재이다. 그러므로 여기서 소택은 소택을 말하는 것이 아니고 자연물로서의 음을 말하는 것이다. 하늘의 도를 양이라고 할 때는 모든 자연물은 음이다. 그러므로 음이 양의 아래에서 하늘의 도를 행하고 있는 것이 「이괘」라고 대상전은 말하고 있다. 군자는 「이괘」를 보고 배워 하늘의 도를 자세하게 살펴 그 도를 배워서 그 도로서 백성들의 마음을 바르게 한다고 하였다. 사람들의 마음을 바르게 할 수 있는 것은 오직 도(道)뿐이다.

초구(初九)에서는 언제나 남다르게 근본을 행하면 화를 당하는 일이 없다고 하였다. 여기서 근본은 도이다. 우주 만물과 인간, 자연계와 인간세계의 모든 일의 근본은 도이기 때문이다. 근본은 뿌리이다. 뿌리 없는 나무가 죽은 나무이듯이 도 없는 사람은 죽은 사람이고, 도가 결여된 일도 죽은 일이다.

구이(九二)에서는 밝고 넓은 마음으로 도를 행하여야 바르고 깊은 사람이고 그런 사람이 복을 받는다고 하였다. 사람을 어둡지 않고 밝게 하며, 속 좁지 않게 하고, 넓게 하는 것은 도뿐이다. 그리고 속이 깊은 것은 도를 가지고 있기 때문이다. 여기서 말한 유인(幽人)은 일상용어로 세상을 피해 숨어 사는 은자(隱者)인데 여기서는 그런 뜻이 아니고 속이 아주 깊은 사람을 말하는 것이다.

육삼(六三)에서 말한 애꾸눈과 절름발이는 신체적 장애인을 말하는 것이 아니다. 진리의 세계에는 신체적 장애는 존재하지 않기 때문이다. 여기서 말하는 애꾸눈과 절름발이는 진리 결핍증 불구를 말하는 것이다. 이런 사람이 호랑이 꼬리를 밟으면 호랑이가 물어버린다고 하였다. 호랑이가 문다는 말은 화를 당한다는 말이다. 그리고 진리 결핍증 불구는 국가, 사회와 그가 속한 공동체와 가정, 그리고 그의 주변 사람들에게 화를 당하게 한다고 하였다. 반대로 강하고 위엄이 있는 사람은 하늘의 뜻을 행하게 하며 화를 물리친다고 하였다.

육삼(六三)에서 말한 무인(武人)은 군인만을 말하는 것이 아니다. 여기서 말한 무인은 다음과 같다. "강하고 굳세고 곧고 바르며, 위엄이 있고 흔들림이 없고 밝고 덕이 있으며, 능히 재앙과 난리를 평정하며 사람을 바로 잡아 능히 따르게 하며, 마음이 크고 가난을 중히 여기는 사람을 '무인'이라고 하는 것이다 (剛彊理直曰武. 威彊叡德曰武. 克定禍亂曰武. 刑民克服曰武. 夸志多窮曰武.)."

여기서 말한 '대군(大君)'은 임금이나 왕비가 낳은 아들을 말하는 것이 아니고, '대(大)'는 "위대하다. 존귀하다"라는 뜻이고, '군(君)'은 "하늘"도 되고 "어진 스승"도 된다. 육삼(六三)에서 말한 '위부당(位不當)'은 육삼(六三)의 자리를 말한 게 아니다. 육삼(六三)은 양효가 있어야 할 자리인데, 음효가 있어서 '위부당'이라고 말한 것이 아니라는 말이다. 이런 식으로 말하면 구이(九二)·구사(九四)·상구(上九)도 다 '위부당'인데, '위부당'이라는 말이 없기 때문이다.

여기서 말한 '위부당'은 애꾸눈과 절름발이의 직위가 그들에게 어울리지 않는다는 말이다. 인격과 능력이 직위에 맞지 않는 것이 '위부당'인 것이다. 그러므로 부모가 부모답지 않으면 '위부당'인 것이다.

구사(九四)에서는 호랑이 꼬리를 밟아도 놀라고 두려워하면 마침내는 복을 받는다고 하였다. 본의 아니게 저지른 실수에 대하여 경악하고 두려워하며 책임을 지면 실수는 용서되고 복을 받는다는 것이다.

구오(九五)에서는 결단하고 도를 행하면 바르고 엄숙하며 그의 직위가 그에게 어울리는 사람이라고 하였다. 결단하고 도를 행하는 것은 결단을 내려 악을 끊어버리고, 결단을 내려 바람직하지 않은 행동이나 생활을 바로잡는 것이다. 이런 일은 도를 가지고 있어야 행할 수 있다. 도를 가지고 있어야 맺고 끊는 일이 분명하고 결단력이 강한 것이다. 이런 사람은 어느 직위에 있던지 그 직위가 그에게 어울린다고 하였다. 훌륭한 도를 가지고 있기 때문이다.

상구(上九)에서는 도를 우러러보며 행하면 크게 복을 받는다고 하였다. 성현·군자를 우러러보며 공경하고, 하늘의 도를 두려워하며 언제나 도를 행하면 크게 복을 받는다는 것이다. 그러나 천부의 도를 다 잃으면 도를 우러러볼 수가 없다. 선량하지 않고 비뚤어져 있으며 순수하지 않고 불결하며, 겸손하지 않고 잘났다고 하며, 공경함이 없고 별것 아니게 여기며, 자기의 무식을 모르고 목에 힘을 넣고 살면 도를 우러러볼 수가 없다.

11. 坤上 乾下 地天泰(지천태)

泰는 小往大來하니 吉亨하니라.

· · · · · · · · ·

彖曰 泰小往大來吉亨함은 則是天地交而萬物通也하고 上下交而其志同也하며 內陽而外陰하며 內健而外順하고 內君子而外小人하여 君子道長하고 小人道消也임이니라

象曰 天地交泰하니 后以財成天地之道하고 輔相天地之宜하며 以左右民하니라

初九, 拔茅茹하듯 以其彙征하니 吉하니라
象曰 拔茅征吉은 志在外也이니라
九二, 包荒用馮河하고 不遐遺朋亡하며 得尙于 中行하니라
象曰 包荒하고 得尙于中行하니 以光大也이니라
九三, 无平不陂하고 无往不復하며 艱貞하니 无咎勿恤하며 其孚하니 于食有福하니라
象曰 无往不復은 天地際也이니라
六四, 翩翩하니 不富以其隣하고 不戒以孚하니라
象曰 翩翩不富는 皆失實也이며 不戒以孚는 中心願也이니라
六五, 帝乙歸妹하니 以祉元吉하니라

象曰 以祉元吉은 中以行願也이니라
上六, 城復于隍하며 勿用師하고 自邑告命貞吝하니라
象曰 城復于隍은 其命亂也이니라

「태괘(泰卦)」는 소인은 물러가고 대인군자가 오니 복되고 일에 막히는 일이 없는 것이다.

・・・・・・・・・

단전에서 말하기를,「태괘」는 소인은 물러가고 대인군자가 오니 복되고 일에 막히는 일이 없다는 것은 이는 곧 하늘과 땅이 하나가 되니 만물도 막히는 일이 없고, 윗사람이 아래로 내려와 친하게 지내니 마음이 하나가 되었으며, 밝은 빛은 안으로 들어가고 어두움은 떠났으며, 내면은 강하고 외면은 온순하게 되었고, 군자는 안으로 들어오고 소인은 떠나게 되어, 군자의 도는 성장하고 소인의 도는 쇠퇴하고 있어서다.

상전에서 말하기를, 하늘과 땅이 하나가 되어 태평하니 임금도 세상의 제도를 헤아려 만들고, 세상의 일을 바로잡아 다스리며, 백성들을 도와주며 인도한다.

초구(初九), 띠 뿌리가 뽑히듯이 무리가 함께 바르니 복을 받는다. 상전에서 말하기를, 띠 뿌리가 뽑히듯이 (함께) 바르니 복을 받는다는 것은 사심(私心)을 멀리하며 살기 때문이다.

구이(九二), 널리 감싸며 베푸는 일과 돕는 일을 떠맡고, 죽은 사람들을 오래

잊지 않으며 덕을 숭상하고 행실이 바르다. 상전에서 말하기를, 널리 감싸고 덕을 숭상하고 행실이 바르니 크게 빛이 나는 것이다.

구삼(九三), 사사로움이 없는 것은 아니지만 치우치는 일은 없고, 떠나는 일이 없으니 돌아오는 일도 없으며, 어려워도 바르게 사니 화도 없고 근심도 없으며, 성실하니 복을 받으며 사는 것이다. 상전에서 말하기를, 떠나는 일이 없으니 돌아오는 일도 없는 것은 하늘과 땅에 이어져 있기 때문이다.

육사(六四), 도를 터득하여 기쁘게 사니 그의 이웃 때문에 부유하게 살지 않고, 성실하기에 경계하지도 않는다. 상전에서 말하기를, 도를 터득하여 기쁘게 삶으로 부유하게 살지 않는다는 것은 재물을 다 놓아버렸다는 것이며, 성실하기에 경계하지 않는다는 것은 언제나 마음이 바르다는 것이다.

육오(六五), 임금이 몸을 굽혀 여동생을 시집보내니 복을 받아 크게 좋다. 상전에서 말하기를, 복을 받아 크게 좋은 것은 언제나 바르게 일하기 때문이다.

상육(上六), 성은 두텁고 해자(垓字)는 넓으며 군대는 할 일이 없고 국가에서는 진실로 올바른 명령을 내리는 일도 머뭇거리고 있다. 상전에서 말하기를, 성이 두텁고 해자가 넓은 것은 도가 다스리기 때문이다.

【 한자 풀이 】

泰: 편안할 태, 태평할 태, 좋을 태. 交: 합할 교, 친하게 지낼 교. 通: 형통할 통, 막힘이 없을 통. 內: 들어올 내, 중히 여길 내. 陽: 양양, 밝을 양, 고귀할 양. 陰: 음 음, 어두울 음. 外: 떠날 외, 멀리할 외. 長: 자랄 장, 나아갈 장. 消: 쇠할 쇠, 꺼질 소, 사라질 소. 后: 임금 후, 제후 후. 財: 마름질할 재, 헤아릴 재. 道: 제도 도, 규율 도. 輔: 바로잡을 보. 相: 다스릴 상, 도울 상. 宜: 일 의, 일할 의. 左: 도울 좌. 右: 인도할 우, 숭상할 우. 拔: 뽑을 발. 茅: 띠 모. 茹: 뿌리 여, 뒤엉킬 여. 彙: 무리 휘. 征: 바를 정, 정도를 갈 정. 志: 사심(私心) 지, 감정 지. 在: 살 재, 살고 있을 재. 包: 쌀 포. 荒: 클 황, 넓을 황. 以: 함께 이, 함께할 이. 用: 베풀 용, 할 용, 일할 용. 馮: 도울 빙. 河: 짊어질 하, 떠맡을 하, 펼 하. 遐: 멀 하. 遺: 잊을 유, 버릴 유. 朋: 무리 붕, 벗 붕. 得: 터 득(德也). 于: 그리고 우, 할 우, 넓을 우. 平: 사사로움이 없을 평, 고를 평. 陂: 기울어질 피, 치우칠 피. 食: 살 식, 생활할 식. 恤: 근심할 휼. 際: 이어질 제, 가까울 제. 翩: 날 편. 失: 놓을 실, 버릴 실. 實: 재물 실, 부유할 실. 乙: 굽힐 을. 歸: 시집갈 귀, 시집보낼 귀. 復: 돌아올 복, 두터울 복. 隍: 해자 황. 自: 진실로 자. 邑: 도성 읍, 나라 읍. 告: 발표할 고. 命: 명령 명. 吝: 아낄 린, 머뭇거릴 린. 亂: 다스릴 란, 가득할 란.

【해설】

「태괘(泰卦)」의 괘상은 땅 아래에 하늘이 있는 것이다. 그러나 땅 아래에 하늘이 있을 수가 없는 것이므로 「태괘」는 자연현상으로 괘상을 설명한 것이 아니고 음양이론과 괘덕으로 괘상을 설명한 것이다. 그러므로 「태괘」는 하늘인 양(陽)이 자신을 낮추어 낮은 땅인 음의 아래로 내려온 것이 「태괘」의 괘상이다. 다시 말하면 높은 사람인 양(陽)이 자신을 낮추어 낮은 사람인 음(陰)의 아래를 내려와 사는 것이 「태괘」의 괘상이다. 그러면 나라는 태평하게 된다는 것이다. 지위나 학식과 덕이 높은 사람이 그보다 지위나 학덕이 낮은 사람의 아래에서 낮은 사람을 섬기고 받들면 나라는 태평하게 된다는 것이 『주역』의 「태괘」가 말하는 진리이다. 이것은 반드시 알고 있어야 할 진리를 말한 것이다. 높은 사람이 높은 자리에만 앉아 있고 낮아질 줄 모르며, 계급의식 속에 살면서 위세 부리며 일을 한다면 나라는 결코 태평하게 되지 않는다는 것이다.

그리고 「태괘」는 밑에서 양(陽)인 대인군자가 밀고 올라오므로 음(陰)인 소인들은 서서히 떠나고 있는 형상이 「태괘」의 괘상이다. 소인은 떠나고 대인군자가 조정에 들어와 나라를 다스리게 되면 나라는 태평하게 된다는 것이 「태괘」가 말하는 진리이다.

괘덕으로 괘상을 설명하면 건(乾)은 내면인데, 내면은 강하고 쉬지 않고 힘써 일하는 고귀한 덕으로 가득 차 있고, 곤(坤)은 외면인데 외면은 온순한 것이다. 강하고 흔들림이 없으므로 부정에 손을 대지 않고 일을 하며, 온순하므로 사람들에게 사랑과 따뜻함을 주는 것이다. 이런 덕을 지닌 사람이 나랏일을 하면 나라는 태평하게 된다고 「태괘」는 말하고 있다.

괘명인 '태(泰)'의 뜻은 "편안하다, 태평하다"라는 뜻이다. 그러나 여기서 '태'는 개인적으로 편안한 것을 말하는 것이 아니고 나라가 태평한 것을 말한다. 그러므로 나라가 태평한 것, 나라는 태평해야 한다는 것이 '태'의 뜻이다. 개인적으로 편안한 것에 대해서는 16.「예괘(豫卦)」에서 말하고 있다. 나라가 태평한 것은 대단히 중대한 것이다. 국가 존립의 기반이기 때문이다. 나라가 태평하지 못하면 나라는 병든 것이고 백성은 가난하게 된다. 그러면 국방력은 약하게 되고 외적의 침략을 부르게 되어 나라가 망할 수 있기 때문이다. 그래서 나라의 태평을 『주역』에서 중대한 문제로 다루고 있다. 나라의 태평은 지식과 권력과 부를 가진 자에게 달려 있다.

인간세계에만 권력과 부(富)라는 도구가 존재하기 때문에 권력과 부라는 도구를 가진 강자가 인류 역사의 시작과 함께 계속해서 군림하며 약자를 지배하고 괴롭히고 있다. 그래서 약자와 강자 즉 음과 양이 균형을 이루지 못하고 있고 끊임없이 대립하고 있다. 이런 대립 때문에 사회는 불안한 것이다. 이것은 예나 지금이나 시대의 한계이고 모순이다. 이 모순은 미래에 극복된다. 이 모순은 무지의 산물이기 때문이다. 그러나 천지자연에서는 음이 양을 따르지만, 음과 양은 균형을 이루고 있다. 그래서 절대 강자가 없고 태평한 것이다. 이같이 음과 양이 균형을 이루고 있는 것은 자연의 이치다. 그래서 자연은 공존공생(共存共生)하는 것이다.

괘사에서는 조정에서 소인들은 물러가고 대인군자가 들어와 나라를 다스리니 일에 막히는 일이 없고 복을 받는다고 하였다. 소인은 일을 막히게 하는 사람이고, 군자는 일이 잘 풀리게 하는 사람이기 때문이다. 소인은 자기 이익을 위해서 권모술수로 일을 하기에 사람들이 가로막는 것이고, 의심하는 것이며, 따르지 않는 것이다. 군자가 하는 모든 일은 진리의 실행이므로 자기 이익과 사사로움이 없어 가로막는 자가 없는 것이다.

단전에서는, 나라의 태평이란 구체적으로 어떤 것인가를 설명하고 있다.

- 천지(天地) 곧, 음과 양이 하나가 되니 만물 곧 만사가 막히는 일이 없는 것.
- 윗사람(陽)이 아랫사람(陰)의 아래로 내려와 친하게 지내는 것, 다시 말하면 음은 양을 따르고 양은 아래에서 음을 받들어 음양이 균형을 이루고 있는 것.
- 밝은 진리와 도덕이 안으로 들어오고, 비리와 부도덕이 떠난 것.
- 군자가 안으로 들어오고 소인은 떠난 것.
- 군자의 도는 성장하고 소인의 도는 쇠퇴하고 있는 것. 여기서 도(道)는 사상과 철학, 가치와 도덕, 주장과 논리, 정책과 제도이다.

반대로 소인이 나라를 다스리면 나라에는 태평이 없다는 것이다. 제대로 되는 일이 없고 늘 시끄러우며, 밤낮으로 이익 싸움만 하는 것이다. 이익 다툼은 소인의 본질이기 때문이다. 이익을 초월한 사람이 대인(大人)이다.

대상전에서는 하늘과 땅이 하나가 되어 태평하다고 하였다. 여기서 하늘과 땅은 양과 음이다. 강한 양이 약한 음의 아래로 내려와 음을 받들고 섬기므로 음과 양은 하나가 되었고, 그래서 태평하게 되었다는 것이다. 이는 괘상을 음양 이론으로 설명한 것이다. 그러므로 양이 음의 아래로 내려와 음을 받들고 섬기지 않으면 음과 양은 하나가 될 수도 없고 편안함도 없다는 것이다. 이것은 『주역』이 말하는 대단히 중대한 진리다. 옛날 임금들은 이 괘상을 본받아 세상을 하나 되게 하려고 노력하였다는 것이다. 그 노력은 바로 진리의 실현이다. 그 진리 실현의 구체적인 내용은 백성을 잘살게 하기 위한 제도를 만들었고, 잘 살도록 도와주며 진리로 인도하였으며, 세상일을 바로 잡으며 다스렸다는 것이다. 임금이 진리대로 정치를 해야만 임금과 백성은 하나가 되기 때문이다. 임금과 백성이 하나가 되지 못하면 양쪽 다 고통스럽고 다음에는 필연적으로 나라에 재앙이 오는 것이다. 양이 음의 아래로 내려오듯이 임금이 진리를 행하여야 백성과 하나가 되는 것이다. 여기서 천지는 세상을 말한다.

 초구(初九)에서 말한 '띠'는 산과 들에 자생하는 여러해살이풀인데, 잔디처럼 그 뿌리들이 서로 뒤엉켜 있는 특이한 풀이다. 그러므로 띠 풀 하나를 뽑으면 하나의 뿌리만 뽑히지 않고 많은 띠 풀, 많은 뿌리가 뒤엉키어 함께 뽑히는 풀이다. 무리 지어 한 몸이 되어 사는 풀이다. 한 몸이 되어 살면 그들은 바른 것이다. 바르지 않으면 결코 한 몸이 될 수가 없기 때문이다. 바른 사람들이어서 한 몸이 되어 살면 복을 받는 것이다.
 구이(九二), 구삼(九三), 육사(六四)는 다 군자이고, 육오(六五)는 군자이면서 임금이다. 도를 행하며 함께 사는 사람들과 하나가 되어 사는 훌륭한 군자의 모습을 말한 것이다. 도와 하나가 되어 있고, 하늘과 하나가 되어 있으며, 백성들과 하나가 되어 있는 군자가 나랏일을 하면 나라는 태평한 것이다. 구이(九二)에서는 사사로움이 없지 않고 있다고 하였는데, 군자에게 무슨 사사로움이 있을까? 그 사사로움은 사회적 약자와 소외자들에게 개인적으로 더 많은 애정과 관심을 기울이는 것이다. 그런 행위가 사사로움으로 보일 뿐이지 실제로는 사사로움이나 치우친 일이 아니고 공평한 것이다. 불리한 조건을 가지고 힘들게 사는 사람들에게 더 많은 사랑을 베푸는 것은 공정한 일인 것이다. 떠나는 일이 없으니 돌아오는 일도 없다는 말은 군자와는 싸우고 떠나거나 섭섭하여 떠나거나 마음이 맞지 않아 떠나거나 배신하고 떠나는 사람이 없으니 떠났다가 다시 돌아오는 사람이 없다는 말이다. 군자는 하늘·땅과 이어져 있는 사람이기 때문에 그렇다는 것이다. 하늘·땅과 이어져 있다는 말은 천지자연과 천도(天道)와 지도(地道)와 하나가 되어 있다는 뜻이다.
 육사(六四)에서 말한 '편편(翩翩)'은 도를 터득하여 편안하고 기쁘게 사는 모습을 말한 것이다. 득도(得道)하면 이웃과 하나가 되어 살고, 그러면 가난한 이웃을 두고 혼자 부유하게 살지는 않는다는 것이다. 편안한 것이 중요한 것이지 부유한 생활은 별로 중요하지 않은 것이다.

　육오(六五)에서는 임금이 몸을 굽혀 겸손하고 소박하게 누이동생을 시집보내는 것이다. 임금이 군자가 아니면 할 수 없는 일이다. 임금이 소인이면 호화찬란하고 으리으리한 위세 속에 누이동생을 시집보내려고 하는 것이다. 제을(帝乙)을 은나라 29대 임금이라고 하는 것은 이치에 맞지 않는 것이다. 제을은 포악한 임금으로 유명한 주왕(紂王)의 아버지로서 주나라의 제2대 임금이었고 문왕의 아버지였던 계력을 암살한 사람이었다. 주공이 자기 조부를 죽인 원수를 효사에 인용할 수가 있겠는가? '제을'이라는 말은 54.「귀매괘(歸妹卦)」에 다시 나온다.

　상육(上六)에서는 성(城)은 두텁고 해자는 넓으며 군대는 할 일이 없다고 하였다. 성이 두텁고 해자가 넓다는 말은 국가 방위에 완벽을 기하고 있다는 말이다. 군대가 할 일이 없다는 말은 병력을 사용함이 없다는 뜻이다. 외적이 넘볼 수 없는 단결되고 부강한 나라이고 외국을 침략하지 않는 군자의 나라이기 때문이다. 그리고 꼭 필요한 왕명(王命)을 내리는 일도 조정에서는 머뭇거린다고 하였다. 될 수 있는 대로 백성들에게 불편함을 주지 않으려는 훌륭한 군자의 마음가짐 때문이다. 상육(上六)에서 말한 것은 조정과 백성이 하나가 되어 태평성대를 살고 있는 모습이다.

12. 乾上 坤下 天地否(천지비)

否之匪人하고 不利君子貞하며 大往小來하니라.

· · · · · · · · ·

彖曰 否之匪人하고 不利君子貞하며 大往小來함은 則是天地不交而萬物不通也이고 上下不交而天下无邦也이며 內陰而外陽하고 內柔而外剛하며 內小人而外君子하니 小人道長하고 君子道消也이니라.

象曰 天地不交否하니 君子以儉德辟難하고 不可榮以祿하니라.

初六, 拔茅茹하듯 以其彙하여도 貞하여야 吉亨하니라
象曰 拔茅貞吉은 志在君也이니라
六二, 包承하여야 小人吉하고 大人은 否하여도 亨하니라
象曰 大人否亨은 不亂群也임이니라
六三, 包羞하니라
象曰 包羞함은 位不當也임이니라
九四, 有命하니 无咎하고 疇離祉하니라
象曰 有命无咎는 志行也임이니라

九五, 休否하니 大人吉하지만 其亡其亡하며 繫于苞桑하니라
象曰 大人之吉은 位正當也임이니라
上九, 傾否하니 先否後喜하니라
象曰 否終則傾하니 何可長也이리요

　(도가) 막혀 선한 사람이 없고, 군자의 올바름도 (세상에) 이로움이 되지 못하며, 대인은 떠나고 소인이 온 것이다.

· · · · · · · · ·

단전에서 말하기를, (도가) 막혀 선한 사람이 없고, 군자의 올바름도 (세상에) 이로움이 되지 못하며, 대인은 떠나고 소인이 왔다고 한 것은 이는 곧 하늘과 땅이 하나가 되지 못하여 만물도 막혀 버린 것이고, 윗사람이 아래로 내려와 친하게 지내지 않으니 세상 사람들이 나라를 가볍게 여기게 된 것이며, 어두움은 안으로 들어오고 밝은 빛은 떠나 버렸고, 내면은 무르고 외면은 강하며, 소인은 안으로 들어오고 군자는 떠나버렸으니, 소인의 도는 성장하고 군자의 도는 쇠퇴하고 있다는 것이다.

상전에서 말하기를, 하늘과 땅이 하나가 되지 못하고 막혔으니, 군자도 행동하는 것을 자제하여 어려움을 피하고 복을 즐거워하지 않는다.

초육(初六), 띠 뿌리가 뽑히듯이 무리가 함께 할지라도 올발라야 복을 받고 일에 막히는 일이 없다.
상전에서 말하기를, 띠 뿌리가 뽑히듯이 할지라도 올발라야 복을 받는다는 것

은 사심(私心)을 다스리며 살아야 한다는 것이다.

육이(六二), 소인은 (군자를) 받들고 감싸야 복을 받고, 대인은 (도가) 막히어도 일에 막히는 일이 없다. 상전에서 말하기를, 대인은 (도가) 막혀도 일에 막히는 일이 없다는 것은 사람을 무도(無道)하게 하지 않아서다.

육삼(六三), 치욕을 당하게 된다. 상전에서 말하기를, 치욕을 당한다는 것은 (그의) 자리가 (그에게) 어울리지 않기 때문이다.

구사(九四), 하늘의 도를 가지고 있으니, 화가 없고 함께 사는 이들도 복을 받는다. 상전에서 말하기를, 하늘의 도를 가지고 있으니, 화가 없다는 것은 하늘의 뜻을 행하기 때문이다.

구오(九五), 막고 있는 것이 물러갔으니, 대인은 복을 받지만 그 일을 잊지 않고 근본에 머물러있다. 상전에서 말하기를, 대인이 복을 받는 것은 (그의) 자리가 (그에게) 어울리기 때문이다.

상구(上九), 막고 있던 것이 무너졌으니, 초반에서는 나빴으나 후반에는 기쁘게 된 것이다. 상전에서 말하기를, 막고 있는 것도 끝이 있어 무너지는 것이니 (막힌 것이) 어찌 오래갈 수 있겠는가?

【 한자 풀이 】

否: 막힐 비, 나쁠 비, 악할 비. 人: 선한 사람 인. 儉: 절제할 검, 제한할 검, 적게할 검. 德: 행위 덕, 작용 덕. 辟: 피할 벽, 물리칠 벽. 榮: 즐길 영. 祿: 복 록, 착할 록. 君: 다스릴 군, 어진이군. 包: 감쌀 포, 가질 포. 羞: 치욕 수, 모욕할 수. 有: 가질 유, 많을 유, 일 유. 命: 도 명, 하늘의 뜻 명. 疇: 무리 주, 동아리 주. 離: 만날 리, 붙을 리. 休: 물러갈 휴, 떠날 휴. 亡: 잊을 망, 없을 망. 繫: 머무를 계, 매달릴 계. 苞: 근본 포, 밑둥 포. 傾: 무너질 경, 다할 경.

【해설】

「비괘(否卦)」의 괘상은 하늘 아래에 땅이 있는 것이다. 그러나 「비괘」는 하늘 아래에 땅이 있는 자연현상으로 괘상을 설명한 것 아니고 음양이론으로 괘상을 설명한 것이다. 상괘 건(乾)은 양이고 하괘 곤(坤)은 음인데, 양이 음 위에서 제왕 행세를 하고 있어서 양과 음 사이에 장벽이 생겨 친함과 하나 됨이 전혀 없는 현상이 「비괘」의 괘상이다. 이런 현상은 양에게 도가 없고 도가 들어갈 구멍이 막혀서 생긴 것이다. 상, 하의 자리는 있다. 그러나 상, 하의 자리는 제도적·형식적·업무적이어야 하는 것이지 그것이 계급적·비인간적·위압적인 것이 되면 도는 막혀 들어갈 수가 없다는 것이다. 다시 말하면 지위가 높은 사람과 낮은 사람, 부자와 빈자, 배운 사람과 못 배운 사람이 사회적으로 별거 생활을 하면 「비괘」의 괘상에 해당하는 것이다. 그 사회는 도가 막혀 도가 통하지 않는 사회가 된 것이라는 말이다. 그러므로 양이 음을 배척하고 별거 생활을 하면서 음 위에서 군림하면 그 사회는 도가 막혀 무너지게 된다는 것이 「비괘」가 말하는 진리이다.

그리고 「비괘」는 소인인 음이 밀고 들어와 안을 다 차지하고 대인(大人)인 양을 다 몰아낸 형상이다. 하괘는 내괘(內卦)이고 상괘는 외괘(外卦)이기 때문에 그렇게 말하는 것이다. 그러면 그 사회에 도는 막혀 무너지게 된다는 것이 「비괘」가 말하는 진리이다.

개인적으로 말하면, 「비괘(否卦)」는 내면은 소인인데 외면은 군자의 모습이다. 겉으로 보기에는 신사이고 유명 인사인데 내면이 소인이면 그 사람에게 도는 막혀 무너진다는 것이 「비괘」가 말하는 진리이다. 「비괘」는 「태괘」의 반대 현상이다.

괘명인 '비(否)'의 뜻은 "막힌다"라는 뜻이다. 무엇이 막히는 것을 말하는 것인가? 도[진리]가 막히는 것을 말하는 것이다. 도가 막힌다는 말은 도가 받아들여지지 않고 배척당하며, 밀려나고 쫓겨나며, 필요하지 않아 버려지는 것이다. 이같이 도가 막혀 도가 들어갈 구멍이 다 막히게 되면 좋은 일은 하나도 없고 괴로움과 악만 번성하게 되고 때로는 죽음도 가져다주는 재앙이 되는 것이다. 그래서 『주역』에서 중대한 문제로 다루고 있다.

천지자연에서는 도가 배척당하고 밀려나고 버려지는 일이 없다. 그러므로 천지자연에서 도가 막히는 일이 없는 것은 자연의 이치다. 도는 자연의 행위의 원칙이기 때문이다.

괘사에서는 도가 막히니 세상에 선한 사람이 없다고 하였다. 세상에 도가 막히면 세상에 도는 없는 것이다. 그러면 진리를 행하는 사람이 없는 것이다. 진리를 행하는 사람이 없으면 진리를 눈으로 볼 수가 없게 되고, 본받아 행할 수도 없게 된다. 그리고 세월이 가면 진리라는 존재와 인간적 가치에 대해서는 아예 잊어버리고 사는 것이다. 먹고 일하고 노는 것이 생활의 전부가 되어 살면 사람은 선하게 될 수가 없다. 마음을 닦으며 살아야 선하게 되기 때문이다. 그래서 도가 막히니 선한 사람이 없다고 한 것이다. 군자의 가르침·철학·생활은 냉소를 받으며 버려지니까 군자는 은거하게 된다.

단전에서는 소인이 나라를 다스리게 되자, 세상에서 도가 막혀 버려 일어나게 된 현상을 구체적으로 말한 것이다.

-인간이 무도하게 되어 이 세상에서 음의 세계와 양의 세계가 화합을 이루지 못하여 세상만사가 모두 막혔다는 것, 단전에서 말한 하늘과 땅은 양과 음을 말하는 것이고, 만물은 만사(萬事)를 말하는 것이다.
-소인이 윗사람이 되어 일하니, 제왕 행세를 하면서 백성을 가볍게 보고 고통을 주기 때문에 백성들도 나라에 등을 돌리고 나라를 가볍게 본다는 것, 여기서 상(上)은 조정의 관리이고 하(下)는 백성이다.
-세상은 이둡게 되고, 사람들은 겉으로 보기에는 그럴듯하여도 내면은 몹시 허약하고 공허하며 더럽고 자존심이 없으며, 사회 도처에 소인이 판을 치니, 군자는 떠나 버렸으며, 소인의 목소리만 크고 소인의 주장만 넘쳐나고 있다는 것

이다.

　대상전에서는 하늘과 땅이 하나가 되지 못하고 막혔다고 하였다. 이는 자연현상으로서의 하늘과 땅이 하나가 되지 못하고 막혔다는 말이 아니고, 세상에서 음과 양이 하나가 되지 못하고 막혔다는 말이다. 이는 괘상을 음양이론으로 설명한 것이다. 이 세상은 양의 세계와 음의 세계로 나뉘어 있다. 상대적인 세계다. 단순 논리로 말하면 지위가 높은 사람·부자·많이 배운 사람들은 양의 세계에 속하고, 지위가 낮은 사람·부유하지 않은 사람·배운 것이 적은 사람은 음의 세계에 속하는 것이다. 세상에서 도가 통하지 않게 되어 사람들이 도를 떠나 살게 되면 음과 양의 세계가 하나가 되지 못하고 벽을 쌓고 살게 되는 것이다. 그러면 38선이 막힌 것처럼 음과 양의 세계가 막혀 버리는 것이다. 도만이 화합하게 하고 사랑하게 하고 하나 되게 하는 것인데, 도가 없어지니 필연적으로 벽을 쌓고 살게 되는 것이다. 도가 없는 세상은 필연적으로 어둡고 불결하며 무례하고 몰상식한 것이다. 이런 세상이 되면 군자는 행동하는 것을 할 수 있는 한, 줄이고 숨어 사는 것이다. 그리고 도가 없는 세상이 가슴 아파 찾아온 복도 즐거워할 수가 없다.

　초육(初六)에서는 사람들이 함께 어울려 살아도 그 사람들이 바르지 않으면 복도 없고 일도 막힌다고 하였다. 겉으로 보기에 하나 되어있는 것은 아무런 가치가 없는 것이고, 도를 가진 바른 사람이 아니면 진실로 화합하는 것은 불가능하다는 것이다.

　육이(六二)에서는 무엇을 받들고 감싸야 한다는 목적어가 생략되었다. 여기서 목적어는 대인군자이다. 소인은 대인군자를 받들어야 복을 받는다는 것이다. 그러나 소인은 대인군자를 받들 수가 없다. 그것은 소인의 본질이고 한계이기 때문이다. 소인은 도에 대한 감화감동이 없는 사람이다. 그러므로 도가 통하지 않는 것이다. 대부분 사람은 도가 통하는 선량한 사람이다. 그러므로 세상에서 도가 막혀 있어도 군자가 하는 일에는 막히는 일이 없는 것이다. 참으로 도를 행하면 그 도에 감동하여 선량한 영혼들이 돕기 때문이다. 그리고 내가 바르게 살면 다른 사람을 나쁘게 만들지 않지만, 바르게 살지 않으면 나의 의도와 관계없이 다른 사람을 나쁘게 한다는 것을 잊으면 안 된다.

육삼(六三)에서는 자신의 인격과 능력에 어울리지 않는 자리에 앉아 있으면 치욕을 당한다고 하였다. 산다는 것의 가장 중요한 목적이 자신의 인격과 능력을 향상하는 고된 수련(修練)이 되어야 어느 자리에 가도 그 자리가 그에게 어울리는 것이다. 수련 없는 인생은 인생이 아니다.

구사(九四)에서는 하늘의 도를 가지고 있으면 화를 당하는 일이 없다고 하였다. 화(禍)란 진리의 결핍에서 생기는 독버섯이기 때문이다. 그리고 나쁜 놈 옆에 있으면 그 사람도 화를 당하고, 진리의 사람 옆에 있으면 그도 복을 받는다고 하였다.

구오(九五)와 상구(上九)에서는 막고 있는 것이 물러갔다고 하였다. 소인이 모두 떠난 것이다. 그리고 도가 통하는 세상, 도가 행해지는 세상이 된 것이다. 악은 오래가지 못하기 때문에 하늘에 의해 무너진 것이다. 포상(苞桑)은 뽕나무 밑둥을 말한다. 뽕나무 뿌리는 나무뿌리 중에서 가장 질기고 단단한 것이다. 뿌리도 질기고 단단한데 뿌리의 윗부분인 밑둥은 얼마나 단단하겠는가? 그래서 '포상'이라는 말은 단단한 근본이라는 뜻으로 쓰이는 것이다. 근본은 곧, 도인 것이다. 도만큼 단단한 것은 이 세상에는 없다.

13. ䷌ 乾上 離下 天火同人(천화동인)

同人于野하니 亨하고 利涉大川이지만 利君子貞이니라.

· · · · · · · · ·

彖曰 同人은 柔得位得中而應乎乾하므로 曰同人하니라 同人曰 同人于野亨하고 利涉大川함은 乾行也이니라 文明以健하고 中正而應함은 君子正也이니 唯君子爲能通天下之志이니라

象曰 天與火同人하니 君子以類族辨物하니라

初九, 同人于門하면 无咎이니라
象曰 出門同人하면 又誰咎也이리요
六二, 同人于宗하면 吝이니라
象曰 同人于宗하면 吝道也이니라
九三, 伏戎于莽하고 升其高陵하여 三歲不興하니라
象曰 伏戎于莽은 敵剛也이며 三歲不興하니 安行也이리요
九四, 乘其墉하여 弗克攻하면 吉하니라
象曰 乘其墉은 義弗克也이며 其吉은 則困而反則也임이니라

九五, 同人하면 先號咷而後笑하며 大師克相遇하나리라
象曰 同人之先以中直也이며 大師相遇는 言相克也이니라
上九, 同人于郊하면 无悔이니라
象曰 同人于郊는 志未得也임이니라

사람들이 마을에서 화합하니 일에 막히는 일이 없고 큰 내를 건너도 이롭지만, 군자와 같이 올발라야 이롭다.

· · · · · · · · ·

단전에서 말하기를, 「동인괘(同人卦)」는 음이 자기 자리에 있으면서 치우침이 없고 도를 따르므로 사람들이 화합한다고 말하는 것이다. 「동인괘」에서 사람들이 마을에서 화합하니 일에 막히는 일이 없고, '큰 내를 건너도 이롭다'라고 한 것은 하늘의 도를 행하기 때문이다. 빛이 나며 강하고 치우치지 않고 바르면서 화합하는 것은 군자가 (행하는) 도이니, 오직 군자만이 능히 세상 사람들의 마음을 이어지게 할 수 있는 것이다.

상전에서 말하기를, 하늘과 태양이 화합하듯이 사람들도 화합하여야 하니, 군자가 사람들을 선하게 하고 일을 바로잡는다.

초구(初九), 사람들이 문밖에서 화합하면 화가 없다. 상전에서 말하기를, 문밖에 나가서 사람들이 화합하면 그 위에 무슨 화가 있을 수 있겠는가?
육이(六二), 사람들이 친족(親族) 내에서 화합하면 부끄러운 일이다. 상전에서 말하기를, 사람들이 친족 내에서 화합하면 부끄러운 일이 따르는 것이다.

구삼(九三), 오랑캐가 초원에 엎드려 있고 큰 두려움이 생겨 여러 해를 일어나지 못하고 있다. 상전에서 말하기를, 오랑캐가 초원에 엎드려 있는 것은 상대가 강해서이며, 여러 해를 일어나지 못하고 있으니 무슨 일을 할 수 있겠는가?

구사(九四), 성(城)에 올라 능히 빼앗지 않으면 복을 받는다. 상전에서 말하기를, 성에 오른 것은 의(義)가 불의(不義)를 이긴 것이며, 복을 받는다고 한 것은 곧 곤궁해도 법도를 어기지 않아서이다.

구오(九五), 사람들이 화합하면 처음에는 우는 일이 있을 수 있어도 다음에는 웃게 되며, 군대도 크게 이겨 서로 만나게 된다. 상전에서 말하기를, 사람들이 화합하는 것은 본디 바르고 곧기 때문이며, 크게 적을 치고 서로 만나게 된다는 것은 서로 도와서 이긴 것을 말하는 것이다.

상구(上九), 사람들이 국경에서 화합하면 후회할 일이 없다. 상전에서 말하기를, 사람들이 국경에서 화합하는 것은 사심(私心)을 덕으로 여기지 않기 때문이다.

【 한자 풀이 】

同: 화합할 동, 합칠 동, 함께할 동. 野: 마을 야, 시골 야. 得: 이를 득, 이룰 득, 잡을 득. 應: 따를 응, 화합할 응. 正: 도(道) 정, 가르침 정. 通: 이어질 통, 통할 통. 志: 마음 지. 與: ~와 여, 화합할 여. 火: 태양 화. 類: 착할 류, 같을 류. 族: 무리 족, 많을 족. 辨: 바로잡을 변, 다스릴 변. 物: 일 물, 무리 물, 사람 물. 門: 문밖 문. 宗: 친족 종, 파별 종. 道: 이를 도, 따를 도, 이끌 도. 吝: 부끄러워할 린, 한탄할 린. 伏: 엎드릴 복, 숨을 복. 戎: 오랑캐 융, 원수 융. 莽: 초원 망, 풀숲 망. 升: 이룰 승, 익을 승. 高: 클 고, 깊을 고. 陵: 두려워할 능, 벌벌 떨 능. 三: 여러 삼. 敵: 상대 적, 원수 적, 맞수 적. 安: 어찌 안, 무엇 안. 行: 일할 행. 墉: 성 용, 보루 용. 弗: 아니 불, 불의할 불. 克: 능할 극, 능히 극, 이길 극. 攻: 빼앗을 공, 벨 공. 困: 고생할 곤, 곤궁할 곤. 號: 울 호, 통곡할 호. 咷: 울 도. 師: 군대 사, 적을 칠 사. 相: 서로 상, 도울 상. 郊: 국경 교, 끝 교. 志: 사심 지. 得: 덕 득, 덕으로 여길 득.

【해설】

「동인괘(同人卦)」의 괘상은 하늘에 태양이 붙어 있는 것이다. 그러므로 자연현상으로 괘상을 설명한 것이고, 상하 괘의 관계는 결합 관계이다. 하늘에 태양이 붙어 있는 것처럼, 다시 말하면 하늘과 태양이 하나가 되어 화합하는 것처럼, 한 마을 사람들도 화합해야 한다는 것이 『주역』의 「동인괘」가 말하는 진리다. 이것은 반드시 행하여야 할 진리를 말한 것이다. 그리고 괘덕과 음양이론을 혼합하여 괘상을 설명하면 윗사람인 양은 하늘의 덕을 지닌 대인이다. 상괘가 건(乾)이기 때문이다. 아랫사람인 음은 밝고 빛이 나고, 음의 자리를 떠나는 일이 없이 자기 분수를 지키며, 아랫자리에서 대인인 양을 섬기고 받들며 따르니 위아래가 화합하고 아랫사람끼리도 진실로 화합하는 것이다. 한 마을에서도 윗사람과 아랫사람이 이렇게 화합해야 한다는 것이 「동인괘」가 말하는 진리다.

괘명인 '동인(同人)'의 뜻은 "사람들이 화합하는 것"이다. 한 가정·한 마을·한 고을 사람들이 화합하는 것이다. 화합해야 그 속에 평화와 기쁨이 있고, 일의 순조로움과 복이 있으며, 인격의 성장과 넉넉함이 있는 것이다. 불화하면 심신을 지치게 하고 정신을 황폐하게 하며, 살맛과 밥맛을 없게 하고, 짜증과 싸움이 끝없이 이어지는 것이다. 그래서 『주역』에서 화합을 중대한 문제로 다루고 있다.

자연의 세계에는 불화가 없다. 자연은 하나의 오케스트라(Orch-estra)인 것이다. 질서정연한 화합과 조화를 이루고 있는 것은 자연의 이치다.

괘사에서는 한 마을의 화합을 중요하게 여기며 말하였다. 옛 농경사회에서 마을은 대단히 중요한 공동체였기 때문이다. 공존공생(共存共生)의 절대적 존재로서 가정 이상의 의미를 지니고 있었다. 마을 단위로 농사를 짓고 땅을 개간히고 천재지변에 대응해야 살 수 있었기 때문이다. 그래서 한 마을은 한 가족과 같았고 한 가족과 같아야 살아갈 수 있었다. 그래서 한 마을의 화합을 『주역』에서 강조한 것이다.

「단전」에서 화합하게 하는 조건은 하늘의 도를 가진 윗사람이 있어야 하고, 하늘의 도를 따르는 아랫사람이 있어야 한다는 것이다. 윗사람이 하늘의 도를 가진 군자여도 아랫사람이 그 군자를 따르지 않고 부도덕하면 화합은 없는 것이고, 그 반대여도 화합하지 못한다. 그러므로 화합은 양과 음이 다 같이 도안에 있어야만 가능한 것이다. 그런 까닭으로 화합하게 하는 것은 도이다. 우리 민족이 단결심이 적고 화합 못 하는 이유는 소인이 늘 양의 자리에 있었기 때문이다. 소인은 사람을 흩어지게 하고 군자는 사람을 도로써 하나 되게 하는 사람이다.

「대상전」에서는 하늘과 태양이 화합하듯이 사람도 화합해야 하는데, 군자는 사람들을 화합하게 하는 방법으로서 먼저 사람들을 선하게 하는 일을 하였고, 그다음으로 일을 바르게 하고, 바르지 않은 일은 바로잡는 일을 한 것이다. 사람들은 선해야 화합할 수 있다. 악하고 부도덕하며 어둡고 의심 많으며, 틀어지고 자기 이익만 챙기면 화합은 불가능하다. 선하게 하는 일은 성현의 도를 가르치며 덕을 베푸는 것이다. 먼저 사람을 선하게만 하면 화합은 자연스럽게 이루어지는 것이다. 일은 바르게 해야 불만이 없다. 불평불만이 많을수록 화합은 어려운 것이다. 그러므로 일을 바르게 하지 않으면 화합은 불가능하다. 바르게 일하지 않는 것의 대표는 자기 이익 위주로 일한다. 바르지 않은 것을 그대로 놓아두어도 화합은 되지 않는다. 그러므로 바르지 않은 일은 바로잡아야 한다.

초구(初九)에서는 집 밖으로 나가 생활하면서 다른 사람들과 화합하면 화를 당하지 않는다고 하였다. 집 밖에 나가 생활하면서 다른 사람들과 화합하려면 천부의 도를 가지고 있는 기본적인 인간 수준에 갈고 닦은 훌륭한 인격이 부가(附加)되어야 가능하다. 소인이나 보통 사람은 진실하고 지속적인 화합은 어렵다.

육이(六二)에서는 일가끼리만 화합하면 부끄러운 일이고, 부끄러운 일이 따른다고 하였다. 끼리끼리만 화합하고 다른 사람들과는 화합하지 못하면 부끄러운 일이라는 뜻이다. 「동인괘」에서 육이(六二)는 '위정당(位正當)'이고 '중정(中正)'이며 '정응(正應)'이고 상하 모두 '비(比)'의 관계이다. 그리고 일음오양(一陰五陽)의 괘에서 일 음의 위치에 있으므로 최고로 좋은 자리에 있는 것이다. 그런데도 육이(六二)의 효사는 이런 위치와는 맞지 않고 좋지 않다. 이런 예는 『주역』 64괘에서 수두룩하다. 그러므로 '위정당'·'중정'·'정응'·'비' 관계는 참고 사항일 뿐이다. 중요한 것은 명석판명(明晳判明)하고 간단직절(簡單直截)한 성인의 말씀인 본문이다.

구삼(九三)은 한 나라의 백성들이 화합한 모습을 말한 것이다. 한 나라의 백성이 한마음으로 화합하면 그 나라는 지극히 강대한 국가가 되는 것이다. 그러면 강도 같은 외적도 침략 못 하고 자기들을 죽이려고 올까? 하고 생각하여 겁이 나서 벌벌 떨며 숨을 죽이고 엎드려 있다는 것이다. 그러므로 화합 못 하면 외적을 부르는 행위가 되는 것이다.

구사(九四)는 의롭게 살면서 화합한 군대의 훌륭한 모습을 말한 것이다. 불의를 쳐서 바로잡기 위하여 전쟁을 일으키고, 그 전쟁에서 이겨 그 나라를 정복하고 성에 오르게 되었는데, 그 군대는 사람을 죽이지도 않고 재물을 약탈하지도 않은 것이다. 정도(正道)를 지킨 것이다. 정도를 지킬 수 있으니까 화합할 수가 있다. 도를 가지지 못하면 화합은 불가능하기 때문이다.

구오(九五)에서는 화합해도 초반에는 어려운 일이 있을 수 있지만 후반에는 어려운 일이 없고 웃게 되며, 군대도 전쟁에서 크게 이긴다고 하였다. 화합의 초반에는 힘이 강대하게 되지 않아 어려운 일을 당할 수 있다는 것이다. 그러나 화합하고 세월이 가면 힘이 강대하게 되니까 웃게 되고 전쟁에서는 크게 이기는 것이다.

상구(上九)에서는 국경지방에 사는 사람들이 화합하면 후회할 일이 없다고 하였다. 국경지방에 사는 사람들은 국경을 지키는 성(城)인 것이다. 그들이 화합하지 못하면 성은 무너지는 것이다. 화합 못 하는 첫째 이유는 정치를 잘하지 못하는 조정에 대한 불만이다. 조정에서 악한 정치를 하면 화합 못 하고 적과 내통한다. 적과 내통하면 재앙이 될 수도 있다. 후회할 일이 없다는 것은 국경에서 오는 재앙이 없다는 것이다.

14. 離上 乾下 火天大有(화천대유)

大有는 元亨하니라.

. . . .

彖曰 大有는 柔得尊位하며 大中 而上下應之하므로 曰大有이니라 其德剛健而文明하고
　　應乎天而時行하니 是以元亨하니라

象曰 火在天上 大有하니 君子以遏惡揚善하며 順天休命하니라

初九, 无交害 匪咎 艱則无咎이니라
象曰 大有初九하므로 无交害也이니라
九二, 大車以載하고 有攸往하여도 无咎이니라
象曰 大車以載하여도 積中不敗也이니라
九三, 公은 用亨于天子이지만 小人은 弗克하니라
象曰 公은 用亨于天子이지만 小人害也이니라
九四, 匪其彭하니 无咎이니라
象曰 匪其彭 无咎는 明辨晢也이니라
六五, 厥孚로 交如 威如하니 吉하니라

象曰 厥孚交如는 信以發志也이며 威如之吉은 易而无備也이니라
上九, 自天祐之하니 吉无不利하니라
象曰 大有上吉은 自天祐也이니라

「대유괘(大有卦)」는 크게 형통한다.

· · · · · · · · ·

단전에서 말하기를, 「대유괘(大有卦)」는 음(陰)이 존귀한 자리에 있으며, 존귀하고 치우침이 없어서 하늘(陽)이 아래로 내려와 따르므로 존귀함을 가지고 있다고 말하는 것이다. 그의 덕은 강하고 흔들림이 없고 빛이 나고 밝으며 하늘의 도를 따르며 훌륭하게 일을 하니 그런 까닭으로 크게 형통하는 것이다.

상전에서 말하기를, 하늘에 태양이 있어 하늘이 존귀함을 가지고 있으니, 군자도 악을 누르고 선을 들어 올리며 하늘의 훌륭한 도를 따르는 것이다.

초구(初九), 모두를 해롭게 하지 않으므로 화가 없고, 어려워하니 화가 없다. 상전에서 말하기를, 초구(初九)가 존귀함을 가지고 있으므로 모두를 해롭게 하지 않는다.
구이(九二), 큰 수레에 짐을 싣고 가는 곳이 있어도 화가 없다. 상전에서 말하기를, 큰 수레에 짐을 싣고 가도 올바름을 쌓아 재앙이 없는 것이다.
구삼(九三), 귀인(貴人)은 천자를 도와 막히는 일이 없이 일을 하지만 소인은 할 수가 없다. 상전에서 말하기를, 귀인은 천자를 도와 막히는 일이 없이

일을 하지만 소인은 해친다.

구사(九四), 교만하지 않으므로 화가 없다. 상전에서 말하기를, 교만하지 않아 화가 없는 것은 사리에 밝아 분명하게 바로 잡았기 때문이다.

육오(六五), 그 성실함으로 친하게 지내면서도 위엄이 있으므로 복을 받는 것이다. 상전에서 말하기를, 그 성실함으로 친하게 지낸다는 것은 마음을 드러내는데 거짓이 없는 것이며, 위엄이 있어 복을 받는다는 것은 어려워하나 경계하지는 않아서다.

상구(上九), 하늘이 스스로 도와주니 복을 받는 것이고 이롭지 않은 일이 없다. 상전에서 말하기를, 존귀함을 가지고 있어 크게 복을 받는 것은 하늘이 스스로 도와주기 때문이다.

【 한자 풀이 】

大: 존귀할 대, 훌륭할 대, 하늘 대. 有: 가질 유, 많을 유. 尊: 존귀할 존, 높을 존. 時: 훌륭할 시, 좋을 시. 上: 하늘 상, 높을 상. 遏: 누를 알, 막을 알, 끊을 알. 陽: 들어 올릴 양, 드러낼 양. 休: 훌륭할 휴, 좋을 휴. 交: 모두 교, 친하게 지낼 교. 艱: 어려울 간, 삼갈 간. 載: 실을 재, 실어 운반할 재. 敗: 재앙 패, 해칠 패. 公: 귀인 공. 于: 도울 우. 克: 할 수 있을 극, 능력 있을 극. 彭: 교만할 팽. 明: 사리에 밝을 명, 현명할 명. 辯: 바로잡을 변, 고칠 변. 晢: 지혜 제, 밝을 제. 厥: 그궐. 威: 위엄 위. 易: 어려워할 역, 무서워할 역. 信: 진실할 신. 備: 경계할 비, 방비할 비. 上: 최고 상, 넉넉할 상.

【 해설 】

「대유괘(大有卦)」의 괘상은 하늘에 태양이 있는 것을 말하는 것이 아니고, 하늘이 태양을 가지고 있는 것을 말하는 것이다. 그러므로 자연현상으로 괘상을 설명한 것이다. 하늘이 태양이라는 존귀한 가치를 가지고 있는 것처럼 사람도 존귀함을 가지고 있어야 한다는 것이 「대유괘」가 말하는 진리다. 이것은 반드시 행하여야 할 진리를 말하는 것이다.

그 존귀함은 위대함이다. 위대함은 성현·군자가 가지고 있는 인격적 가치다. 하늘은 태양이라는 존귀한 가치를 가지고 있어서 이 세상을 밝게 하고 따뜻하게 하며 죽음을 주지 않고 생명을 주는 것이다. 사람도 존귀한 가치를 가지고 있어야 자기 주변과 이 세상을 밝게 하고 따뜻하게 하며 불행을 주지 않고 행복을 주는 것이다. 그러므로 사람이 가진 존귀함은 태양과 같은 존재다.

괘명인 '대유(大有)'의 뜻은 "존귀함을 가지고 있다"라는 뜻이다. 대유(大有)에서 '대(大)'는 "존귀하다·위대하다·훌륭하다"라는 뜻이고, '유(有)'는 "가지고 있다"라는 뜻이다. 대(大)의 반대는 소(小)이다. '소(小)'는 "천하다·초라하다·하찮다"라는 뜻이다. 인격적으로 대(大)를 가지고 있으면 대인(大人)이고, 소(小)를 가지고 있으면 소인이다.

인간의 존엄성은 인간이 가진 존귀한 가치에서 나오는 것이다. 그러므로 존귀한 가치가 없으면 존엄성은 없는 것이다. 천지자연의 본성은 위대성이다. 그 위대성은 거룩함과 위엄이다. 천지자연의 위대성은 자연의 이치이다.

괘사에서는 '크게 형통한다'고 하였다. 존귀한 가치 곧 위대성을 가지고 있는데 무슨 일이 막히겠으며 무슨 불길한 일이 있을 수 있겠는가? 그래서 '크게 형통한다'고 말한 것이다. 공자가 임금이나 재상으로 정치를 하였으면 만사형통하였을 것이다. 「대유괘」에서 최상층에 계시는 인물이기 때문이다.

단전에서는 「대유괘」를 음양이론과 괘덕으로 괘상을 설명한 것이다. "음(陰)이 존귀한 자리에 있다"라는 표현에서 음은 「이괘(離卦)」를 말한 것이고, 존귀한 자리는 「이괘」가 하늘에 있기에 그렇게 말한 것이다. 여기서 존위(尊位)는 육오(六五)인 임금 자리를 말한 것이 아니다. 존귀하고 치우침이 없다는 것은 음이 존귀한 자리인 하늘에 있으니까 존귀하고 치우침이 없다고 한 것이다. 상하응(上下應)에서 상(上)은 하늘이다. 「건괘(乾卦)」다. 높은 곳에 있는 하늘인 양이 아래로 내려와 따르고 있다. 세상적으로 말하면 임금이 아래로 내려와 성현·군자를 받들며 하늘의 도를 따르는 것은 이(離)의 덕이다. 「대유괘(大有卦)」에서 상하(上下) 괘의 관계는 상하(上下)관계가 아니고 병존 관계이므로 하늘 위의 태양이 아니고 하늘의 태양인 것이다.

대상전은 하늘이 태양이라는 존귀한 가치를 가지고 있는 것처럼 사람들도 존귀한 가치를 가지게 하려고 군자는 노력한다고 하였다. 존귀한 가치를 가지게 하려고 군자가 기울이는 노력은 악은 누르고 선은 들어 올려 사람들이 선하게 하는 것과 군자가 먼저 하늘의 도를 따르고 사람들도 따르게 하여 도를 가지게 하는 일이었다. 선하게 되며 도를 가지게 되면 존귀한 가치를 가지는 것이다.

초구(初九)부터 상구(上九)까지 여섯 개의 효사는 존귀함을 가진 대인(大人)의 일상적인 모습을 말한 것이다. 초구(初九)에서는 존귀함을 가지고 있으므로 모두에 해를 끼치는 일이 없다고 하였다. 모든 것은 인간과 사회와 자연의 모든 것과 모든 일이다. 존귀함이 없어 언행과 생활이 바람직하지 않으면 의도적으로 해를 끼치지 않는다 해도 불쾌하게 하고 불결하며 양심을 지키지 않으므로 해를 끼치며 사는 것이다. 어려워하는 것은 지극히 공경하므로 지극히 조심하는 태도다. 가볍고 쉽게 여기거나 보통으로 대하거나 함부로 대하는 일이 전혀 없는 것이다. 그러므로 화를 당하는 일이 없다고 하였다. '무교해(无交害)'는 "친하게 지내며 해를 끼치지 않는다"라고 번역해도 된다.

구이(九二)에서는 존귀함을 가지고 있으면 올바르기에, 큰 수레에 짐을 가득 싣고 먼 길을 가도 당하는 재앙이 없다고 하였다. 옛날에 먼 지방으로 가는 일은 아주 위험하여 혼자서는 산마루 고개를 넘지도 못하였다. 노상강도가 흔하였기 때문이다. 그런데도 대인에게는 재앙이 없다고 하였나. 하늘이 지켜주기 때문이다.

구삼(九三)에서 말한 '공(公)'은 "귀인(貴人)"이다. 학덕이 높은 아주 존귀한 사람이다. 귀인은 임금을 도와 나라를 잘 다스리지만, 소인은 그런 능력도 없는 사람이고 언젠가는 임금을 해친다고 하였다. 소인은 반드시 부정을 저지르기 때문에 백성들이 임금에게 등을 돌리게 하고 임금을 독살하기도 하기 때문이다.

구사(九四)에서는 대인(大人)에게는 교만이 없고 그래서 당하는 화가 없다고 하였다. 자신을 바로잡았기 때문에 교만이 없다고 하였다. 그러므로 교만은 바르지 않은 사람의 행태이고, 바르지 않은 사람이라고 스스로 드러내는 행동이다.

육오(六五)에서는 진실하고 정성스러운 태도로 다른 사람들과 친하게 지내면서도 위엄이 있다고 하였다. 참으로 놀라운 대인의 모습이다. 친하게 지내면 허물이 없고 익살스럽고 함부로 가볍게 행동하기가 쉬운데, 그런 일은 없고 위엄이 있으며 친하게 지내는 것이다. 대인이 아니면 할 수 없는 태도다.

상구(上九)에서는 대인은 하늘이 스스로 도와주어 복을 받는다고 하였다. 하늘은 간절히 빈다고 해서 무조건 돕지 않는다. 존귀함을 가지고 바르게 살아야 돕는 것이다. 비는 일이 복 받는 행위가 되려면, 비는 일로 자신을 바르게 고쳐 나가야 한다.

15. ䷎ 坤上 艮下 地山謙(지산겸)

「謙」은: 亨하고, 君子有終이니라.

· · · · · · · · ·

彖曰「謙」: 亨함은, 天道下濟而光明하고, 地道卑而上行함이니라. 天道虧盈而益謙하니, 地道變盈而流謙하며, 鬼神害盈而福謙하고, 人道惡盈而好謙하니. 謙尊而光하며, 卑而不可踰함이, 君子之終也이니라.

象曰 地中有山,「謙」이니. 君子以裒多益寡하고, 稱物平施하나니라.

初六, 謙謙君子이니, 用涉大川, 吉하리라.
象曰 謙謙君子는, 卑以自牧也임이니라.
六二, 鳴謙하면, 貞吉하나라.
象曰 鳴謙, 貞吉은, 中心得也임이니라.
九三, 勞謙, 君子이니 有終吉하나라.
象曰 勞謙, 君子이니, 萬民服也이니라.
六四, 无不利, 撝謙이니라.

象曰 无不利, 撝謙은, 不違則也임이니라.

六五, 不富以其隣하면, 利用侵伐하고, 无不利이니라.

象曰 利用侵伐은, 征不服也임이니라.

上六, 鳴謙하면. 利用行師, 征邑國이니라.

象曰 鳴謙하면, 志未得也이니. 可用行師, 征邑國也이니라.

「겸괘(謙卦)」는 일에 막히는 일이 없고 군자에게는 좋은 일이 있게 된다.

· · · · · · · · ·

단전에서 말하기를,「겸괘(謙卦)」가 일에 막히는 일이 없다고 한 것은 하늘은 (자신을) 낮추는 사람을 도와 크게 빛이 나게 하고, 땅은 낮은 사람을 높은 곳으로 보내기 때문이다. 하늘은 많은 데서 덜어서 자신을 낮추는 사람에게 보태주고, 땅은 많은 것은 옮겨서 자신을 낮추는 사람에게 머물게 하며, 귀신은 많은 것은 해를 입히고 자신을 낮추는 사람에게 복을 주고, 사람은 많은 것은 미워하고 자신을 낮추는 것을 좋아하니, 자신을 낮추는 사람은 높아지고 빛이 나며, 낮지만 이길 수가 없는 것이 군자의 좋은 일이다.

상전에서 말하기를, 산(山)이 자신을 낮추고 땅속에 있으니, 군자도 많은 것은 덜어서 적은 것에 보태주고, 모든 것을 저울에 달아서 고르게 베풀어 준다.

초육(初六), 군자는 겸손하고 겸손하니 큰 내를 건너도 복을 받는다. 상전에서 말하기를, 군자가 겸손하고 겸손한 것은 자신을 길러서 낮아졌기 때문이다.

육이(六二), 겸손함이 울려 퍼지면 올발라서 복을 받는다. 상전에서 말하기를, 겸손함이 울려 퍼지면 복을 받는다는 것은 마음이 바르면서 덕을 베풀기 때문이다.

구삼(九三), 군자는 겸손하기를 힘쓰니 좋은 일이 있게 되고 복을 받는다. 상전에서 말하기를, 군자는 겸손하기를 힘쓰니 만백성이 따른다.

육사(六四), 겸손하고 겸손하면 이롭지 않은 일이 없다. 상전에서 말하기를, 겸손하고 겸손하면 이롭지 않은 일이 없다는 것은 도를 어기는 일이 없어서이다.

육오(六五), 자기 이웃 때문에 부유하게 살지 않으면 (다른 나라에) 쳐들어가 공격해도 이롭고, 이롭지 않은 일이 없다. 상전에서 말하기를, (다른 나라에) 쳐들어가 공격해도 이롭다는 것은 겸손하지 않은 것을 치기 때문이다.

상육(上六), 겸손함이 울려 퍼지면 군대를 보내 다른 영지나 나라를 쳐도 이롭다. 상전에서 말하기를, 겸손함이 울려 퍼지면 사사로운 마음을 덕으로 여기지를 않는 것이니, 군대를 보내 다른 영지(領地)나 나라를 쳐도 좋다는 것이다.

【 한자 풀이 】

謙: 겸손할 겸, 자기를 낮출 겸. 終: 좋을 종, 이룰 종. 濟: 도울 제, 구제할 제. 光: 클 광, 넓을 광, 빛날 광. 卑: 낮을 비, 낮출 비. 行: 보낼 행, 나아갈 행. 虧: 덜을 휴, 줄일 휴. 盈: 많을 영, 넘칠 영. 益: 보탤 익, 줄 익. 變: 옮길 변. 流: 머무를 류, 이를 류. 尊: 높을 존, 중히 여길 존. 踰: 이길 유, 넘을 유. 裒: 덜어낼 부, 줄일 부. 物: 모든 것 물, 온갖 물. 稱: 저울질할 칭, 달 칭. 牧: 기를 목, 다스릴 목. 得: 덕 득, 덕으로 여길 득, 덕 베풀 득. 勞: 힘쓸 노, 애쓸 노. 服: 따를 복, 겸손할 복. 撝: 겸손할 휘. 則: 법 칙, 천리 칙. 侵: 쳐들어갈 침. 伐: 칠 벌, 공격할 벌, 죽일 벌. 邑: 도성 읍, 영지 읍, 나라 읍. 師: 군대 사.

【해설】

「겸괘(謙卦)」의 괘상은 높은 산이 땅 밑에 있는 것이다. 그러나 높은 산이 땅 밑에 있을 수는 없는 것이므로 「겸괘」는 자연현상으로 괘상을 설명한 것이 아니다. 여기서 높은 산과 땅은 높은 사람과 보통 사람을 상징하는 것이다. 높은 산이 자신을 낮추어 땅 아래에 있는 것처럼 높은 사람은 자기를 낮추어 보통 사람들 아래에 있어야 한다는 것이다. 다시 말하면 지위와 학식·도와 덕·재산과 나이가 많거나 높은 사람은 반드시 자신을 낮추어야 한다는 것이 「겸괘」가 말하는 진리다.

그러나 세상은 이와 반대다. 지위와 학식·도와 덕·나이와 재산이 많거나 높을수록 자신을 높이는 것이다. 자신을 높이는 일은 자신의 가치를 깎아내리는 행위라는 것을 모르고 있으니까 높이는 것이다. 그러면 안 된다는 것이 주역「겸괘」가 말하는 진리이다.

그리고 또 「겸괘」는 괘덕으로 괘상을 설명한 것이다. 곤(坤)의 덕은 온순함이고 간(艮)의 덕은 지(止)이다. 지(止)는 행동을 함부로 하지 않는 것이고 예(禮)에 머물러 있는 것이다. 그러므로 온순하고 함부로 행동하지 않으며 예(禮)에 머무르면 겸손하다는 것이다. 사람은 누구든지 이같이 겸손해야 한다는 것이 「겸괘」가 말하는 진리다. 자신을 높이면 낮아지며 더러워지고, 자신을 낮추면 아름답고 높아지기 때문에 겸손해야 한다고 말하는 것이다.

괘명인 '겸(謙)'의 뜻은 "겸손하다·자기를 낮추다"라는 뜻이다. 다시 말하면 자기는 낮추고 다른 사람을 공경하며 높이는 것이 겸(謙)이다. 이런 겸손은 보기 드문, 지극히 존귀한 덕이므로 주역에서 중대한 문제로 다루고 있다.

천지자연에는 교만이 없다. 그 어떤 생명체도 자기가 자기를 높이는 일이 없다. 모두 겸허(謙虛)하다. 겸허는 자연의 이법(理法)이다.

내가 재주 있고 공부 많이 했으며, 내가 잘 알고 많이 알고 있다는 의식을 가지고 고자세이면 겸손은 없는 것이고 교만한 것이다. 교만하면 바르게 공부한 것도 아니고 바르게 아는 것도 아니다. 부분을 전체인 줄 잘못 알고 있고, 우물 속의 개구리가 하늘을 보고 하늘을 다 보았다고 말하는 것과 같은 것이다. 진실로 고자세를 낮춰야 겸손한 것이다. 이런 겸손은 성현·군자에게 있는 것이다. 이렇게 겸손한 사람에게는 막히는 일도 없으며, 좋지 않은 일도 없다고 괘사는 말한다.

단전에서는, 일에 막히는 일이 없는 이유를 설명하였다. 그것은 하늘과 땅, 귀신과 사람들이 도와주기 때문이라고 하였다. 고대에는 하늘과 땅·귀신을 모두 인격체로 여기었다. 그래서 하늘·땅·귀신이 복을 주기도 하고 화를 주기도 한다고 믿었다. 여기서도 이들이 복을 주고 도와주어서 일에 막히는 일이 없다고 한 것이다. 그런데 하늘·땅·사람을 여기서는 천도(天道)·지도(地道)·인도(人道)라고 표현하였다. 여기서 말한 천도·지도·인도는 하늘의 도·땅의 도·사람의 도를 인격화(人格化)한 것이고 도를 더욱 부각한 표현이다. 천(天)·지(地)·인(人)은 그의 근본인 뿌리가 도(道)이고, 도가 내재(內在) 되어 있고, 도를 행하는 존재로서 도와 분리해서 생각할 수 없는 존재들이다. 그래서 하늘과 땅과 사람이라는 존재 뒤에 도를 붙이며 천(天)·지(地)·인(人)을 철학적으로 표현한 것이다.

대상전에서는, 산이 자신을 낮추고 땅속에 있다고 하였다. 이 말은 괘상을 자연현상으로 설명한 것이지만 실제로는 상징적인 말로서 높은 존재가 자신의 높음을 허물어 버리고 낮아진 사람이 되어 낮은 사람 속에서 살고 있다. 현인·군자가 자신을 낮추어 감추고, 민중과 동일한 모습으로 민중 속에서 살고 있는 것과 같은 것이다.

높고 낮음이 구별이 심할수록 인간의 정신은 손상되고 세상은 어둡게 된다. 그래서 군자는 「겸괘」의 괘상을 보고 배워 차별화와 구별화를 줄이고 고르게 하려고 노력한다고 하였다.

초육(初六)에서는 군자는 겸손하고 또 겸손한 사람이라고 하였다. 그렇게 겸손하게 된 이유는 자신의 인격을 길렀기 때문이라고 하였다. 학문연구와 수양과 구도(求道)를 긴 세월 지속하는 것이 인격을 기르는 일이다.

육이(六二)에서는 겸손한 사람으로 이름이 나면 올바른 사람이 된 것이므로 복을 받는다고 하였다. 그리고 바른 사람이면 덕을 베푼다고 하였다.

구삼(九三)에서는 군자는 겸손하기를 힘쓰는 사람이므로 만백성이 따른다고 하였다. 겸손하기를 힘쓴다는 말은 학문연구와 수양과 구도에 힘쓴다는 것과 같다. 진실과 겸손은 높은 인격의 산물이기 때문이다.

육사(六四)에서는 겸손하고 겸손하면 도를 어기는 일이 없다고 하였다. 고도의 인격을 지닌 사람이 어떻게 법과 도덕과 도를 어기며 살겠는가? 법과 도덕과 도를 어기면 진실한 겸손은 없다. 겉으로 겸손해도 그것은 위선이다.

육오(六五)에서는 자기 이웃 때문에 부유하게 살지 않으면 다른 나라의 무도함을 바로잡기 위해 쳐들어가도 좋다고 하였다. 겸손은 자기 존재가 진실로 낮아진 것이다. 낮아진 사람은 이웃과 구별될 만큼 부유하게 살지를 않는다는 것이다. 이런 사람은 진리의 사람이다. 진리의 사람만이 다른 나라의 무도함을 군대를 이끌고 가서 바로 잡아도 된다는 것이다.

상육(上六)에서는 겸손함으로 이름이 난 사람은 다른 나라의 무도·방자함을 바로 잡기 위해서 군대를 이끌고 쳐들어가도 좋다고 하였다. 포악한 독재자를 쳐부수고 선량한 백성들을 구제하기 위해서 침공해도 좋다는 것이다.

16. ䷏ 震上坤下 雷地豫(뇌지예)

「豫」는 利建侯行師이니라

. . . .

彖曰「豫」는, 剛應而志行하고, 順以動하므로, 「豫」하니라. 豫順以動함은, 故天地如之이니, 而況 "建侯行師" 乎하니라? 天地以順動, 故로 日月不過, 而四時不忒하니라. 聖人以順動하므로, 則刑罰淸而民服하니라. 「豫」之時義大矣哉이니라!

象曰 雷出地奮, 「豫」하니. 先王以作樂崇德하며. 殷薦之上帝하고, 以配祖考하니라.

初六, 鳴豫하면, 凶하니라.
象曰 初六鳴豫하면, 志窮하며 凶也이니라.
六二, 介于石하고, 不終日, 貞하면 吉하니라.
象曰 不終日, 貞吉은, 以中正也임이니라.
六三, 盱豫하여도, 悔, 遲하면 有悔이니라.
象曰 盱豫·有悔는, 位不當也임이니라.

九四, 由豫하면, 大有得하고. 勿疑하니, 朋盍簪하니라.

象曰 由豫, 大有得은, 志大行也임이니라.

六五, 貞疾하면, 恒不死하니라.

象曰 六五, 貞疾은, 乘剛也이며. 恒不死는, 中未亡也임이니라.

上六, 冥豫하면, 成有渝하여야, 无咎이니라.

象曰 冥豫在上하면, 何可長也이리요?

「예괘(豫卦)」는 서서 살피고 도를 따라야 이롭다.

· · · · · · · · ·

단전에서 말하기를, 「예괘(豫卦)」는 양(陽)을 따르며 (양)의 뜻을 행하고 도를 따라서 일을 하므로 편안한 것이다. 「예괘」가 도를 따라 일을 하는 것은 하늘과 땅도 그렇게 하기 때문이니 그래서 서서 살피며 도를 따르는 것이다. 하늘과 땅이 도를 따라 일을 하므로 해와 달도 도를 어기는 일이 없고 사계절도 어긋남이 없는 것이다. 성인(聖人)도 도를 따라 일을 하므로 형벌이 공명정대하고 백성들이 따르는 것이다. 언제나 편안하면 크게 바르다.

상전에서 말하기를, 우레가 일어나 땅이 진동하여도 (땅은) 편안하니 옛 왕들은 즐기는 일은 하지 않고 덕을 받들었으며, 아픈 마음으로 천제(天帝)에게 제물을 올리고 조상에게도 그와 걸맞게 하였다.

초육(初六), 편안함을 입 밖에 내면 흉하다. 상전에서 말하기를, 초육(初六)이 편안함을 입 밖에 내면 의로움을 지키는 일은 끝이 나서 흉하게 되는 것이다.

육이(六二), 돌과 같이 굳고 언제나 바르면 복을 받는다. 상전에서 말하기를, 언제나 바르면 복을 받는다는 것은 바르고 치우침이 없기 때문이다.

육삼(六三), 크게 편안하여도 뉘우쳐 고치는 일을 게을리하면 후회할 일이 있게 된다. 상전에서 말하기를, 크게 편안하여도 후회할 일이 있게 된다는 것은 (그의) 자리가 (그에게) 어울리지 않아서이다.

구사(九四), 바르면서 편안하면 크게 얻는 것이 있게 되고 도를 어기는 일이 없으니, 사람들이 발걸음을 재촉하여 모여든다. 상전에서 말하기를, 바르면서 편안하면 크게 얻는 것이 있게 된다는 것은 하늘의 뜻을 훌륭하게 행하기 때문이다.

육오(六五), 바르면서 괴로워하면 언제나 막히는 일이 없다. 상전에서 말하기를, 육오(六五)가 바르면서 괴로워하는 것은 강직 하기 때문이며, 언제나 막히는 일이 없는 것은 올바르면 잃는 것이 없어서다.

상육(上六), 어리석으면서 편안하면 진실로 변화되어야 화가 없다. 상전에서 말하기를, 어리석으면서 편안함이 꼭대기에 머물러 있으면 어찌 오래갈 수가 있겠는가?

【 한자 풀이 】

豫: 편안할 예, 기뻐할 예. 建: 세울 건, 설 건. 候: 살필 후, 오직 후, 무엇 후. 行: 도 행, 도리 행. 師: 따를 사, 본받을 사. 順: 도를 따를 순, 바를 순. 動: 일할 동, 행할 동. 如: 그러할 여, 같을 여. 故: 때문에 고. 之: 그 지, 이 지. 而: 어조사 이(강조·무의미). 況: 이에 황, 그래서 황, 곧 황. 過: 도를 어길 과, 잘못할 과. 忒: 어긋날 특, 어그러질 특. 淸: 공정할 청, 공명정대할 청. 時: 언제나 시, 항상 시. 大: 크게 대, 심히 대. 出: 일어날 출, 발생할 출. 奮: 신동할 분, 흔들 분. 作: 깎을 작. 樂: 즐길 락, 풍류 악. 崇: 높일 숭, 받들 숭. 殷: 근심할 은, 마음 아파할 은. 薦: 제물 천, 제물 올릴 천. 以: 이 이, 그 이. 配: 걸맞을 배, 상당할 배. 鳴: 말할 명, 이야기할 명. 志: 의로움을 지킬 지, 절개 지. 于: 보다 우, ~과같이 우. 盱: 클 우, 즐거워할 우. 悔: 뉘우쳐 고칠 회, 후회할 회. 介: 굳을 개, 단단할 개. 遲: 게을리할 지, 머뭇거릴 지. 由: 바를 유, 바로잡을 유. 疑: 어그러질 의. 朋: 무리 붕, 벗 붕. 盍: 모일 합, 모을 합. 簪: 빠를 잠. 疾: 괴로워할 질. 恒: 언제나 항. 死: 막힐 사, 망할 사. 乘: 말미암을 승. 冥: 어리석을 명, 어두울 명. 成: 반드시 성, 클 성, 진실로 성. 渝: 변할 투

【해설】

「예괘(豫卦)」의 괘상은 땅(大地) 위에서 우레가 진동하고 있다. 그러므로 자연현상으로 괘상을 설명한 것이다. 땅 위에서 아무리 무섭게 천둥이 울리고 불벼락이 떨어져도 땅은 의연하고 편안한 것처럼 사람도 어떤 상황에서도 마음이 편안해야 한다는 것이 「예괘」가 말하는 진리다. 이것은 반드시 행하여야 할 진리를 말한 것이다.

그리고 「예괘」는 괘덕과 음양이론으로 괘상을 설명하였다. 곤(坤)의 덕은 순(順)이다. 순(順)은 도를 따르는 것이다. 진(震)의 덕은 동(動)이다. 동(動)은 일하는 것이다. 그러므로 '순동(順動)'은 "도를 따르며 일하는 것"이다. 사람도 도를 따르며 일을 하여야 마음이 편안하다는 것이 「예괘」가 말하는 진리이다. 그리고 상괘는 양이고 하괘는 음이다. 하괘 음은 땅으로서 순수한 음이고 하늘을 따르는 음이다. 순수하면서 하늘을 따르는 존재이기 때문에 양의 밑에서 양을 받들며 양의 뜻을 행할 수가 있다. 사람도 순수하면서 하늘을 따르고 있어야 밑에서 양을 받들며 편안하게 살 수 있다는 것이 「예괘」가 말하는 진리이다.

괘명인 '예(豫)'의 뜻은 "편안하다"는 뜻이다. 개개인 마음의 편안함이 예(豫)이다. 마음이 편안하지 않다면 제왕(帝王)의 자리도 가시방석이고 산해진미도 맛이 없기에 마음이 편안한 것은 참으로 중요한 가치이다. 그래서 주역에서 중대한 문제로 다루고 있다. 그러나 「예괘」에서 말하는 마음의 편안은 세속적 가치인 부귀영화나 복(福)이 가져다주는 편안함이 아니고 터득한 도에서 나오는, 도에 근거한 편안함이다. 참으로 편안한 것·변함없이 편안한 것·지속적

으로 편안한 것·다른 사람도 편안하게 하는 그 편안함은 도에서만 나온다는 말이다.

대지(大地)는 언제나 변함없이 편안하고 평화롭다. 천둥이 울리고 불벼락이 떨어져도, 폭풍우가 휘몰아치고 홍수가 휩쓸어도, 산더미 같은 파도가 덮쳐도 대지(大地)는 언제나 의연하고 평화롭다. 지진이나 화산폭발도 하나의 긁힌 자국에 불과하고 언제나 말이 없고 평화롭다. 그리고 눈이 모자라 보이지 않는 그 드넓은 대지는 인간에게 깊고 무한한 편안함을 주는 것이다. 그러므로 대지의 평화는 자연의 이법(理法)이다.

'이건후(利建候: 서서 살피는 것이 이롭다)'는 3.「준괘(屯卦)」에서 설명하였다. 괘사는 천둥이 울리고 불벼락이 떨어지고 있으니, 그것을 서서 살펴보아야 하고 하늘의 도를 따라야 한다고 하였다. 고대에는 천둥 벼락은 천제(天帝)의 진노라고 여기었다. 왜 하늘이 진노하는지 서서 살펴보아야 하고, 하늘이 진노하지 않도록 하늘의 도를 따르려고 노력해야 이롭다는 것이 괘사의 말이다. 하늘이 진노하면 어떻게 마음이 편안할 수가 있겠는가? 라는 말이다. 단전에서는 편안은 거저 얻는 것이 아니라고 하였다. 진심으로 양을 따르며 그 뜻을 행하여야 하고, 도를 어기는 일이 없이 도를 따라 일을 해야 하며, 항상 조심하면서 주변을 살피고 자신을 살피며 고쳐나가야 편안하게 된다고 하였다. 마음을 놓거나 게으르거나 자신을 고치는 일을 소홀히 하면 편안은 곧 깨진다는 것이다. 그리고 언제나 편안한 사람은 크게 바른 사람이라고 하였다. 대인(大人)이라는 말이다. 그러므로 대인만이 마음의 편안함이 있는 것이다. 소인은 편안한 날이 없다.

대상전에서 말한 선왕(先王)은 옛닐 성인 임금이나. 8.「비괘(比卦)」에서 설명하였다. 천둥이 울리고 불벼락이 떨어져도 대지(大地)가 편안한 것은 대지는 하늘의 도를 어기는 일이 없기 때문이다. 인간의 죄악에 대한 하늘의 진노인 것이지 대지의 죄악에 대한 진노가 아니기에 대지는 편안한 것이다. 옛날 성인 임금들은 자신의 부덕(不德) 때문에 하늘이 진노한다는 것을 알고 있었으므로 즐기는 일은 하지 않고 덕을 숭상하며 덕을 길렀으며, 천제와 조상에게 제물을 바치며 자비를 구하였다. 성인 임금에게는 부덕(不德)이 없다. 그러므로 하늘은 성인 임금 때문에 진노한 것이 아니고 백성들의 죄악 때문에 진노하였는데 성인 임금은 그 진노를 자신의 부덕으로 여기고 지극히 염려하며 용서를 빌었다. 여기서 말한 작락(作樂)은 음악을 만들었다는 뜻이 아니다. 하늘이 진노하여 불벼락을 내리는데 무슨 음악을 만들겠는가? 여기서 '작(作)'은 "깎아버리다·잘라내다"라는 뜻이다. 그러므로 작락은 즐기는 일을 잘라내 버리는 것이다.

초육(初六)에서는 편안함을 입 밖에 내면 흉하다고 하였다. 편안함을 입 밖에 낸다는 말은 자기의 편안함을 떠들어대며 널리 알리는 것이다. 그러면 의로운 사람은 아니고, 누리는 편안함도 도에서 나온 것이 아니고 세속적 가치에서 나온 것이다. 가벼운 사람에게는 편안은 없는 것이다. 육이(六二)에서는 돌과 같이 굳고 단단하면 바른 사람이고 복을 받는다고 하였다. 돌과 같이 굳고 단단하려면 속이 학식·교양·덕·도로 꽉 차 있어야 한다. 이렇게 속이 차 있으면 복을 받아 편안하게 된다는 것이다. 속이 쭉정이처럼 아무것도 없으면 편안은 없는 것이다. 속이 귀중한 가치로 꽉 차서 무거운 사람이 되어야 편안한 것이다.

육삼(六三)에서 말한 크게 편안한 것은 부귀영화를 누리며 편안하게 사는 것이다. 복을 받아 아무런 근심 걱정 없이 편안하게 산다고 해도 그렇게 사는 것은 바른 것이 아니므로 도를 닦으면서 자신을 고쳐나가야 한다는 것이다. 자신을 고치는 일을 게을리하면 편안함을 누릴 자격이 없으므로 그 편안함은 떠나게 된다. 부귀영화가 떠난 다음에 후회하게 된다는 것이다.

구사(九四)에서는 바르면서 편안하면 크게 얻는 것이 있게 되고 많은 추종자가 생기며 그에 모여든다고 하였다. 바르면서 편안하다는 말은 득도(得道)하여 편안하게 된 것이다. 득도하였으므로 하늘의 뜻을 훌륭하게 행하는 것이다.

육오(六五)에서는 바르면서 괴로워하면 막히는 일이 없다고 하였다. 득도(得道)하여 바르게 살면 인생에 대한 깊은 고뇌와 역사에 대한 비애(悲哀) 때문에 괴롭고, 힘들고, 어렵게 사는 이웃을 보면 자신의 부족함과 무력감 때문에 괴로운 것이다. 그러므로 도는 편안함을 주면서 동시에 괴로움을 주는 것이다. 승강(乘剛)에 대해서는 3. 「준괘(屯卦)」에서 설명하였다.

　상육(上六)에서 말한 어리석으면서 편안하다는 말은 머리가 텅 비어있어 사리 분별을 못하면서, 부유하고 몸은 건강하여 단순해서 세속의 환락 속에서 편안하게 사는 것이다. 이런 생활을 계속하면 화를 당하고 지나치면 편안함은 없어진다는 것이다.

17. ䷐ 兌上 震下 澤雷隨(택뢰수)

「隨」는 元亨하나, 利貞, 无咎이니라.

· · · · · · · · ·

彖曰「隨」는, 剛來而下柔, 動하며 而說, 「隨」하니라. 大亨하나 貞无咎함은, 而天下隨時이니라. 隨時之義大矣哉이니라!

象曰 澤中有雷, 「隨」하니. 君子以嚮晦入宴息하니라.

初九, 官有渝하여도, 貞吉하고. 出門交하면 有功이니라.
象曰 官有渝하여도, 從正하면 吉也이며. 出門交有功은, 不失也임이니라.
六二, 係小子하면, 失丈夫하니라.
象曰 係小子하면, 弗兼與也이니라.
六三, 係丈夫하면, 失小子하고. 隨有求得하지만, 利居貞이니라.
象曰 係丈夫는, 志舍下也이니라.
九四, 隨有獲이면, 貞凶하지만. 有孚在道以明하면, 何咎?이리오
象曰 隨有獲이면, 其義凶也이며. 有孚在道하면, 明功也이니라.
九五, 孚于嘉하면, 吉하니라.

象曰 孚于嘉, 吉은, 位正中也임이니라.

上六, 拘係之하고, 乃從維之하듯, 王用亨于西山하니라.

象曰 拘係之는, 上窮也이니라.

「수괘(隨卦)」는 크게 형통하나 올발라야 이롭고 화가 없다.

· · · · · · · · ·

단전에서 말하기를, 「수괘(隨卦)」는 양이 내려와서 음의 아래에서 일하며 기쁘게 따르는 것이다. 크게 형통하나 올발라야 화가 없다는 것은 언제나 하늘과 땅을 따라야 한다는 것이다. 언제나(하늘과 땅을) 따르면 크게 바른 것이다.

상전에서 말하기를, 소택 속에 용이 있으면서 (소택을) 따르니 군자도 해가질 무렵 집에 들어가 편안히 쉰다.

초구(初九), 하는 일에 변동은 있어도 바르면 복을 받고 문밖에 나가서 친하게 지내면 명예로운 일이 있게 된다. 상전에서 말하기를, 하는 일에 변동은 있어도 바른 것을 따르면 복을 받으며, 문밖에 나가서 친하게 지내면 명예로운 일이 있게 된다는 것은 도를 어기는 일이 없어서인 것이다.

육이(六二), 소인과 어울려 살면 대장부는 잃게 된다. 상전에서 말하기를, 소인과 어울려 살면 (대장부는) 힘께 따를 수가 없는 것이다.

육삼(六三), 대장부와 어울려 살면 소인은 잃게 되고 (대장부를) 따르면 구하여 얻는 것도 있지만 바르게 사는 것이 이롭다. 상전에서 말하기를, 대장부와 어울려 산다는 것은 의로움을 지키며 천한 것은 버리는 것이다.

구사(九四), 따르면서 손에 넣는 것이 있으면 바르더라도 나쁜 일이 있게 되지만, 성실하며 도 안에서 살고 빛이 나면 무슨 화가 있겠는가? 상전에서 말하기를, 따르면서 손에 넣는 것이 있으면 그의 의로움은 흉하게 되는 것이며, 성실하며 도 안에서 살면 (그가 하는) 일은 빛이 나는 것이다.

구오(九五), 성실하며 선하면 복을 받는다. 상전에서 말하기를, 성실하며 선하면 복을 받는다는 것은 바르고 치우침이 없는 자리에 있어서이다.

상육(上六), 잡히어 묶여 있고 또 묶이어 근심하며 가듯이 서산(西山)으로 가서 (천지신명에게) 제사를 올려야 한다. 상전에서 말하기를, 묶이어 잡혀 있는 것은 하늘을 공경하는 (모습) 것이다.

【 한자 풀이 】

蠱: 미혹할 고, 길 잃을 고, 벌레 고. 先: 이전 선, 옛날 선. 後: 다음 후, 나중 후. 而: 그리고 이, 곧 이. 治: 바로잡을 치. 事: 벼슬할 사, 다스릴 사, 받들 사. 止: 막힐 지, 나아가지 못할 지. 終: 극에 이를 종, 마침내 종. 行: 도 행, 도리 행. 振: 바로잡을 진, 건질 진. 幹: 바로잡을 간. 考: 흠 고, 티 고. 拯: 건질 승: 구원할 증. 得: 이를 득, 가질 득. 裕: 너그러울 유, 용납할 유. 往: 시간이 지날 왕, 뒤 왕. 譽: 명예 예, 칭찬할 예. 志: 하늘의 뜻 지, 덕 지. 可: 옳을 가, 맞을 가. 則: 법 칙, 원리 칙.

【 해설 】

「수괘(隨卦)」의 괘상은 소택(沼澤) 아래에 우레가 있는 것이다. 그러나 소택 아래에 우레가 있을 수는 없는 것이므로 「수괘」는 자연현상으로 괘상을 설명한 것이 아니다. 「수괘」는 소택 속에 용이 살면서 소택을 따르고 있는 것을 말하는 것이다. '진(震)'은 여기서는 우레가 아니고 용인 것이다. 소택이라는 공간은 용의 집이다. 그러므로 용은 주(主)이고 용의 집인 소택은 종(從)이 된다. 음양이론에서 주는 양이고 종은 음이므로 용은 양이고 소택은 음이다. 양인 용이 소택을 따르는 것처럼 사람도 그가 사는 공간에서 그 공간과 그 공간 속의 존재를 따라야 한다는 것이 수괘가 말하는 진리이다.

풀어 말하면 나는 가정이라는 공간에서는 가정과 함께 사는 가족을 따라야 하고, 사회라는 공간에서는 사회와 훌륭한 사람과 진리·도덕·규범을 따라야 하며, 천지자연이라는 공간에서는 하늘땅과 천지신명을 따라야 한다는 것이다. 수괘는 나를 중심으로 하는 것이므로 내가 양이고, 내가 사는 공간과 공간 속의 존재는 음이다. 그러므로 「수괘」는 내가 중심이고 내가 따르는 것이고, 내가 밑에서 기쁘게 일하는 것이다. 주역의 일반원리는 음이 양을 따라야 하는데 「수괘」에서는 양이 음을 따라야 한다는 것이다. 특수원리이다.

괘명인 '수(隨)'의 뜻은 "따르다"라는 뜻이다. 무엇을 따르는 것인가에 대해서는 위에서 설명하였다. 그러나 「수괘」에서 말하는 따르는 행위는 무엇이나 무조건 따르는 것이 아니다. 죄악을 따르는 것이 아니고 가치를 따르는 것이다. 무엇을 따르고 무엇을 좋아하는 것인 가는 인생에서 대단히 중대한 문제가 된다. 따르는 것이 잘못되면 화를 당하기도 하고 가치 없는 인간이 되기 때문이다.

천지 만물은 하늘을 따른다. 하늘을 거역하는 일이 없다. 하늘은 자연의 이법(理法) 곧 자연의 이치이다. 그러므로 만물이 하늘의 도를 따르는 것은 자연의 이치다.

괘사에서는 만사가 언제나 크게 형통한다고 하였다. 그 이유를 단전에서 설명하기를 양이 하늘과 땅을 따르면서 음의 밑에서 기쁘게 일하며 따르기 때문이라고 하였다. 여기서 말한 하늘과 땅은 도와 자연의 이법(理法)이다. 그리고 언제나 하늘과 땅을 따르는 사람이면 크게 바른 사람이라고 하였다. 도를 따르므로 크게 바른 사람이다.

대상전에서는 용이 소택 속에 있으면서 소택을 따르는 「수괘(隨卦)」를 보고 군자는 해가 질 무렵에는 집에 들어가 편안히 쉰다고 하였다. 가정이라는 공간과 가족을 중히 여기고 받들며 따르는 행위다. 낮에는 밖에 나가 일을 하지만 해가 질 무렵에는 집에 들어가 가족과 함께하며 그들을 위해주는 것은 옛 군자의 행동이었다.

초구(初九)에서는 언제나 정도(正道)를 따르고 마음과 행동으로 사람들을 따르며 친하게 지내면 복을 받아 좋은 일이 있게 된다고 하였다. 고대에는 백성 중에서 벼슬자리에 있는 사람은 극소수에 불과하였으므로 여기서 말한 官(관)은 벼슬자리가 아니고 사람들이 일상적으로 하는 일을 말하는 것이다.

육이(六二)에서 말한 소자(小子)는 소인(小人)이고, 장부(丈夫)는 대장부이다. 대장부는 의롭고 용기 있는 남자다운 남자이다. 소인을 따르면 대장부는 잃게 된다고 하였다. 대장부는 소인을 따르는 사람과는 함께하지 않기 때문이다.

육삼(六三)에서는 대장부를 따르면 소인은 잃게 된다고 하였다. 대장부를 따르면 천한 소인은 따를 수가 없기에 버리는 것이다. 그리고 대장부를 따르면서, 도(道) 이외에 세속적 가치를 요구하여 얻는 것은 바르지 않은 행동이라고 하였다.

구사(九四)에서는 대인이나 대장부를 따르면서 다른 사람이 알지 못하게 세속적 이익을 챙기는 일이 있으면 그의 의로움은 화로 바뀐다고 하였다. 그리고 다른 사람들이 바른 사람이라고 칭찬하더라도 그 칭찬은 아무 소용 없이 화를 당하게 된다. 도를 가지지 않고 따르면 거의 다 세속적 이익을 챙기려 하는 것이다. 그 실속 챙기는 일이 화를 가져온다는 것이다. 그러므로 도만 따르고 세속적 이익은 따르지 말라는 것이다.

구오(九五)에서는 성실·선 등 도덕을 따르면 바르고 치우침이 없는 사람이므로 복을 받는다고 하였다. 복을 받으려면 도덕을 따르라는 것이다.

상육(上六)에서는 죄를 짓고 잡혀서 묶여 있는 마음가짐과 모습, 묶이어 근심하며 끌려가는 모습으로 서산(西山)으로 가서 천지신명에게 제사를 올려야 한다고 하였다. 지극히 공경하는 마음과 모습으로 천지신명을 따라야 한다는 것이다. 서산(西山)은 9.「소축괘(小畜卦)」서교(西郊)에서 설명하였다.

18 艮上 巽下 山風蠱(산풍고)

「蠱」는: 元亨하고, 利涉大川하며. 先甲三日하였으니, 後甲三日하니라.

· · · · · · · · ·

象曰「蠱」는, 剛上而柔下하며, 巽而止,「蠱」하니라. "「蠱: 元亨"함은, 而天下治也이며. "利涉大川"함은, 往有事也이며. "先甲三日, 後甲三日"은, 終則有始, 天行也임이니라.

象曰 山下有風,「蠱」하니. 君子以振民育德하니라.

初六, 幹父之蠱하면, 有子, 考无咎하고, 厲終吉하니라.
象曰 幹父之蠱는, 意承考也이니라.
九二, 幹母之蠱는, 不可貞이니라.
象曰 幹母之蠱는, 得中道也이니라.
九三, 幹父之蠱에, 小有悔하여도, 无大咎이니라.
象曰 幹父之蠱하면, 終无咎也이니라.
六四, 裕父之蠱하고, 往하면 見吝하니라.
象曰 裕父之蠱하고, 往하면 未得也이니라.
六五, 幹父之蠱하면, 用譽이니라.

象曰 幹父 用譽는, 承以德也이니라.
上九, 不事王侯하고, 高尚其事하니라.
象曰 不事王侯는, 志可則也이니라.

「고괘(蠱卦)」는 크게 형통하고 큰 내를 건너도 이로우며, 앞서 고생한 시절이 있었으니, 다음에는 번영하는 시절이 온다.

· · · · · · · · ·

단전에서 말하기를, 「고괘(蠱卦)」는 강함이 앞에 있고 연약함이 다음에 있어서 (약한) 바람이 가로막혀 길을 잃은 것이다. 「고괘」가 크게 형통한다는 것은 곧 세상이 바로잡히게 되기 때문이며, 큰 내를 건너도 이롭다는 것은 그곳에 가면 벼슬을 한다는 것이며, 앞서 고생한 시절이 있었으니, 다음에는 번영하는 시절이 온다는 것은 극에 이르면 (새로운) 시작이 있게 되는 것은 하늘의 도이기 때문이다.

상전에서 말하기를, 산 밑에 길 잃은 바람이 있으니, 군자는 백성들을 바로잡아 주고 덕을 길러 준다.

초육(初六), 길 잃은 아버지를 바로 잡으면 아들에게 허물이 있어도 화는 없고 위태로워도 마침내는 복을 받는다. 상전에서 말하기를, 길 잃은 아버지를 바로 잡는다는 것은 흠을 구원한다는 뜻이다.
구이(九二), 길 잃은 어머니를 바로 잡는 데는 곧고 바른 것으로는 안 된다. 상전에서 말하기를, 길 잃은 어머니를 바로 잡는 데는 치우침이 없는 도(道)

에 이르러야 하는 것이다.

구삼(九三), 길 잃은 아버지를 바로 잡는 일에 조금은 후회할 일이 있어도 큰 허물은 아니다. 상전에서 말하기를, 길 잃은 아버지를 바로잡으면 마침내는 허물은 없어지는 것이다.

육사(六四), 길 잃은 아버지에게 너그럽게 하고 세월이 지나면 한탄하게 된다. 상전에서 말하기를, 길 잃은 아버지에게 너그럽게 하고 세월이 지나면 얻는 것이 없게 된다.

육오(六五), 길 잃은 아버지를 바로 잡으면 명예로운 일을 한 것이다. 상전에서 말하기를, 길 잃은 아버지를 바로잡아 명예로운 일을 한 것은 (아버지를) 덕으로써 건짐 때문이다.

상구(上九), 왕이나 제후를 받들어서는 안 되고 그가 하는 일을 높이 받들어야 한다. 상전에서 말하기를, 왕이나 제후를 받들면 안 되는 것은 하늘의 뜻으로서 천리(天理)에 맞는 것이다.

【한자 풀이】

蠱: 미혹할 고, 길 잃을 고, 벌레 고. 先: 이전 선, 옛날 선. 後: 다음 후, 나중 후. 而: 그리고 이, 곧 이. 治: 바로잡을 치. 事: 벼슬할 사, 다스릴 사, 받들 사. 止: 막힐 지, 나아가지 못할 지. 終: 극에 이를 종, 마침내 종. 行: 도 행, 도리 행. 振: 바로잡을 진, 건질 진. 幹: 바로잡을 간. 考: 흠고, 티 고. 拯: 건질 승: 구원할 증. 得: 이를 득, 가질 득. 裕: 너그러울 유, 용납할 유. 往: 시간이 지날 왕, 뒤 왕. 譽: 명예 예, 칭찬할 예. 志: 하늘의 뜻 지, 덕 지. 可: 옳을 가, 맞을 가. 則: 법 칙, 원리 칙.

【해설】

「고괘(蠱卦)」의 괘상은 산(山) 밑에 바람이 있는 것이다. 그러나 「고괘」는 산 밑에 바람이 있는 자연현상으로 괘상을 설명한 것이 아니고, 바람이 산을 넘지 못해 가야 할 바른길을 가지 못하고 길을 잃어버린 것을 말하는 것이다. 다시 말하면 바람은 약하고 부드러운 존재이고 산은 강하고 높고 험한 존재인데, 약한 바람이 강하고 높고 험한 산을 극복하지 못해 가야 할 바른길을 가지 못하고 이리저리 헤매는 것이 「고괘」의 괘상이다.

사람도 자기(自己)라는 높고 험한 존재를 극복하지 못한다면 그의 사람됨은 약하고 시원찮고 흐리멍텅한 것이다. 그러면 그 사람은 바른길을 가지 못하고 욕먹는 길을 가면서 되는대로 세상을 살아가는 것이다. 이같이 바른길을 잃어버리고 살면 안 되고, 반드시 자기를 극복하여 바른길을 가야 한다는 것이 「고괘」가 말하는 진리이다. 바람은 산을 넘어야 하고 사람은 자기를 이겨야 한다는 것이다. 극기(克己)를 못 하면 반드시 길을 잃는다는 것이다. 그러므로 바르게 사는 기본조건은 극기이다.

괘명인 '고(蠱)'의 뜻은 "미혹(迷惑)되다"라는 뜻이다. 미혹은 길을 잃고 길이 아닌 길로 다니는 것, 정신을 잃고 정신없이 사는 것을 말하는 것이다. 길을 잃었다는 말은 진리와 도덕을 떠나 불의하고 부도덕하게 사는 것이고, 정신을 잃었다는 말은 정신상태가 틀려먹은 것, 넋이 빠져 멍하게 된 것, 깨어있는 자각이 없는 것, 세상 바람 따라 그럭저럭 사는 것이다. 길을 잃고 정신을 잃고 살면 생활과 인격은 망가지는 것이고, 자신도 살기가 힘들고 주변 사람도 힘들게 하며, 국가와 사회도 힘들게 하는 것이다. 그러므로 길을 잃지 않고 정신을 차리고 사는 것은 대단히 중대한 가치다. 그래서 주역에서 중대한 문제로 다루고 있다.

그리고 '고(蠱)'라는 글자는 접시(皿) 위에 벌레가 세 마리 있는 것이다. 세 마리는 많다는 뜻이다. 그러므로 많은 벌레가 접시 위에서 우글거리고 있다. 길을 잃고 정신을 못 차리고 살게 되면 그 사람의 내면은 벌레만 우글거리게 된다는 말이다. 벌레가 우글거리는 것이 「고괘」의 괘상이다. 벌레가 우글거리면 썩을 대로 썩었다는 말이다.

천지자연은 질서정연하고 모두 자기 갈 길을 간다. 궤도(軌道)를 이탈하는 법이 없다. 궤도를 이탈하는 법이 없는 것은 자연의 이치이다.

괘사에서 말한 선갑삼일(先甲三日), 후갑삼일(後甲三日)은 본뜻을 숨기고 암시적으로 표현한 은유(隱喩)이고 비사(祕辭)다. 천간(天干)인 갑을병정무기경신임계(甲乙丙丁戊己庚辛壬癸)에서 선갑삼일(先甲三日)은 갑일(甲日)의 3일 전(前)인 신일(辛日)을 말하는 것이고, 후갑삼일(後甲三日)은 갑일(甲日)의 3일 후인 정일(丁日)을 말하는 것이다. 여기서 말하는 '신(辛)'은 "맵다·고생하다·슬프다·살상(殺傷)하다"라는 뜻이다. 그러므로 신일(辛日)은 많은 선량한 사람들이 죽고 다치고 학대받으며 고생하고 살던 시절을 말한다. 악(惡)이 세상을 다스리던 어려운 때를 말하는 것이다. 그리고 은나라 마지막 임금이고 폭군으로 유명하였던 주왕(紂王)의 이름이 신(辛)인데 그 주왕을 지칭하기도 한다. 여기서 말한 '정(丁)'은 "옥소리·거문고 소리·왕성하다"라는 뜻이다. 그러므로 '丁日'은 "번영을 누리는 좋은 시절"을 말하는 것이다. 다시 말하면 죽도록 고생하였으니 좋은 세상이 온다는 것이다.

단전에서 말한 '강상이유하(剛上而柔下)'에서 '강(剛)'은 양이고 산이며 강한 것이고, '유(柔)'는 음이고 바람이며 약한 존재다. 여기서 상하(上下)는 위아래가 아니고, 전후(前後)이다. 그러므로 강상이유하(剛上而柔下)는 강함이 앞에 있고 약함이 그다음에 있다는 말이다. 앞에 있는 강한 산을 약한 바람이 넘지 못한 상태를 말한 것이다.

그리고 극에 이르면 새로운 시작이 있다는 말은 극에 이르면 망하는 것은 천도(天道)라는 말이다. 접시 위에서 벌레가 우글거리는 것은 썩을 대로 썩은 것이므로 썩을 대로 썩으면 망하고 새 시대가 온다는 것이다.

대상전에서는 산 밑에 있는 길 잃은 바람을 보고 군자는 백성들이 길을 잃지 않도록 바로잡아 주고 덕을 길러 준다고 하였다. 바로잡아도 바로잡히지 않고,

진리와 윤리를 가르쳐 주어도 따르지 않고 버린다면 큰 문제를 일으키게 되는 것이다.

효사에서는 길 잃은 아버지를 바로잡으면 복을 받는다고 하였다. 고대에 아버지가 저지른 악의 대표는 지나친 술과 도박, 그로 인한 가산탕진이었다. 그리고 불효와 폭행이었다. 이런 잘못을 바로잡기는 참으로 어려운 일이었다. 어머니가 저지른 악의 대표는 시부모님에 대한 불효·동기간의 불화, 지나친 질투, 간통이었다. 아버지의 잘못을 바로잡기보다 어머니의 잘못을 바로잡기가 더 어렵다고 하였다. 높은 중용의 도를 터득한 군자가 아니면 불가능하다는 말이다. 여자는 일반적으로 속이 좁고, 속이 단단하지 못하며, 속이 깊지 못하고 말이 많기 때문이다. 길 잃은 아버지의 잘못을 묵인하면 세월이 지나면 한탄하게 되므로 묵인하면 안 된다고 하였다. 진심으로 효도하며 공경하는 마음으로 간해야 한다는 것이다. 그리고 임금 개인을 받들면 안 되고 도를 따라 하는 일을 받들어야 한다고 하였다. 다시 말하면 일상 언행이나 생활·하는 일이 도에 어긋나면 임금을 받들면 안 된다는 것이다. 악을 받들어 악을 키우는 일이 되기 때문이다. 악을 받들면 더욱 길을 잃도록 부추기는 행동이 되는 것이다.

19. ䷒ 坤上 兌下 地澤臨(지택임)

臨은: 元亨하나 利貞하고 至于八月有凶하리라.

· · · · · · · · ·

彖曰 臨은 剛浸而長하며 說而順하고 剛中而應하니 大亨以正 天之道也하리라 至于八月
有凶이나 消不久也이니라.

象曰 澤上有地臨하니 君子以敎思无窮하며 容保民无疆하니라.

初九 咸臨하면 貞吉하니라
象曰 咸臨貞吉은 志行正也임이니라
九二 咸臨하면 吉无不利이니라
象曰 咸臨 吉无不利는 未順命也임이니라
六三 甘臨하면 无攸利이나 旣憂之하면 无咎이니라
象曰 甘臨은 位不當也이며 旣憂之하면 咎不長也이니라
六四 至臨하면 无咎이니라
象曰 至臨无咎는 位當也이니라
六五 知臨하면 大君之宜하므로 吉하니라

象曰 大君之宜는 行中之謂也이니라
上六 敦臨하면 吉无咎이니라
象曰 敦臨之吉은 志在內也임이니라

「임괘(臨卦)」는 크게 형통하나 올발라야 이롭고 팔월(八月)에 이르면 흉한 일이 있게 된다.

· · · · · · · · ·

단전에서 말하기를, 「임괘(臨卦)」는 양(陽)이 점차로 앞으로 나아가며 기쁘게 (도를) 따르고, 강하고 치우치지 않으면서 화합하니 올바르므로 하늘이 인도하기 때문에 크게 형통하는 것이다. 팔월(八月)에 이르면 흉한 일이 있겠으나 오래지 않아 소멸 될 것이다.

상전에서 말하기를, 큰 기쁨이 있는 땅으로 나아가니 군자는 사랑하며 가르치는 일이 끝이 없고, 사람들을 감싸고 길러 주는 일이 한이 없다.

초구(初九), 화합하며 나아가면 올바르므로 복을 받는다. 상전에서 말하기를, 화합하며 나아가면 올바르므로 복을 받는다는 것은 하늘의 뜻을 바르게 행하기 때문이다.
구이(九二), 화합하며 나아가면 복을 받고 이롭지 않은 일이 없다. 상전에서 말하기를, 화합하며 나아가면 복을 받고 이롭지 않은 일이 없다는 것은 도에서 떠나는 일이 없기 때문이다.
육삼(六三), 느리게 나아가면 이로운 일은 없으나 처음부터 괴로워하면 화는 없다. 상전에서 말하기를, 느리게 나아가는 것은 (그의) 자리가 (그에게) 어울리지 않는다는 것이며, 처음부터 괴로워하면 화는 끼어들지 못하는 것이다.

육사(六四), 힘써 나아가면 화가 없다. 상전에서 말하기를, 힘써 나아가면 화가 없다는 것은 (그의) 자리가 (그에게) 어울린다는 것이다.

육오(六五), 지혜롭게 나아가면 존귀한 하늘의 뜻에 맞는 것이므로 복을 받는다. 상전에서 말하기를, 존귀한 하늘의 뜻에 맞는다는 것은 올바르게 행한다는 말이다.

상육(上六), (자신을) 곧게 세워나가면 복을 받고 화가 없다. 상전에서 말하기를, (자신을) 곧게 세워나가면 복을 받는다는 것은 하늘의 뜻을 중히 여기며 살기 때문이다.

【 한자 풀이 】

臨: 나아갈 림, 갈 림, 제어할 림. 浸 : 점점 침, 점차로 침. 道: 인도할 도, 이끌 도. 思: 사랑할 사, 어여삐 여길 사. 容: 감쌀 용, 포용할 용. 上: 상등 상, 높을 상, 첫째 상. 保: 기를 보, 보살필 보, 도울 보. 咸: 화합할 함, 도두 함. 志: 하늘의 뜻 지, 덕 지, 의로울지. 順: 놓아버릴 순, 물러날 순. 長: 나아갈 장, 낄 장. 命: 도 명. 甘: 늘일 감, 늘어질 감. 旣: 원래 기, 처음부터 기. 至: 힘쓸 지, 지극할 지, 바를 지. 疆: 끝 강, 한계 강. 知: 지혜로울 지. 宜: 걸맞을 의, 옳을 의. 敦: 곧게 세울 돈, 정성 돈, 숭상할 돈 內: 중히 여길 내.

【 해설 】

「임괘(臨卦)」의 괘상은 땅 아래에 소택(沼澤)이 있는 것이다. 그러나 소택은 땅 위에 있는 것이지 땅 아래에 있는 것이 아니므로 「임괘」는 자연현상으로 괘상을 설명한 것이 아니고, 음양이론으로 괘상을 설명한 것이다. 「임괘」의 괘체를 보면 맨 밑의 두 효만 양이고 모두 음효이다. 두 효만 양인 것은 밝은 양이 서서히 어두움인 음(陰)을 이기며 빛을 향하여 앞으로 나아가고 있는 현상이다. 그러므로 밝은 양이 어두움을 이기며 빛을 향해 서서히 앞으로 나아가고 있는 것이 「임괘」인 것이다. 사람도 이같이 어두움을 이기며 도를 향하여 서서히 앞으로 나아가야 한다는 것이다. 여기서 말한 어두움이란 바르지 않은 것과 돈·권력·출세·명예·향락 등 지상적 가치다.

괘명인 '임(臨)'이라는 말의 뜻은 "앞으로 나가다"라는 뜻이다. 그러나 여기서 '임'은 그냥 앞으로, 전진한다는 뜻이 아니고, 양이 음을 이기며 서서히 점진적으로 앞으로 나아가는 것이다. 다시 말하면 바르지 않은 것을 이기며 서서히 앞으로 나아가는 것이다. 바르지 않은 것은 내 속에 들어있는 바르지 않은 것, 내 가정에 있는 바르지 않은 것, 사회 속에 들어있는 바르지 않은 것이다. 이런 바르지 않은 것이 어두운 것이다. 그러면 나아가는 목적지는 어디인가? 그것은 따뜻하게 하고 밝게 하는 빛이다. 그 빛은 영원한 가치이고 도인 것이다. 인생이란 이런 영원한 가치를 향하여 한 걸음 한 걸음씩 나아가는 긴 여정이다.

천지자연은 빛을 향해 서서히 나아가는 것이 아니고 빛 속에서 순환하는 것이다. 빛 속에서 순환하는 것은 자연의 이치이다.

괘사에서는 팔월(八月, 음)이 되면 흉한 일이 된다고 하였다. 이 말은 전형적인 점사(占辭)다. 여기서 팔월(八月)이라고 한 이유는 곤(坤)은 계절로는 늦여름·초가을이고, 태(兌)는 가을이기 때문이다. 팔월(八月)은 가을이 시작되는 달이다. '흉한 일이 있다'라는 것은 밑의 두 효만 양이므로 양의 힘이 약하고 어두움이 짙기에 그렇게 말한 것이다. 그러나 삼 개월이면 가을도 끝나므로 흉한 일은 오래가지 않는다고 하였다.

단전에서는 크게 형통 하는 이유를 설명하였다. 도를 따르며 바르게 살고 어두움을 이기며 앞으로 나아가기 때문에 하늘이 인도하므로 크게 형통 한다고 하였다.

대상전은 소택 위에 땅이 있는 그대로 괘상을 말하고 있다. 그러나 앞에서 설명한 대로 「임괘」는 자연현상으로 괘상을 설명한 것이 아니므로 대상전에서도 자연현상으로 괘상을 설명하면 말이 안 된다. 그러므로 10. 「이괘(履卦)」에서와 같이 괘덕과 자연현상을 혼합하여 괘상을 설명하여야 이치에 맞게 된다. 괘덕과 자연현상을 혼합하여 「임괘」의 괘상을 설명하면 '택(澤)'은 소택이 아니고 소택의 덕인 "기쁘다"라는 뜻이다. 그러면 택상(澤上)은 큰 기쁨·최상의 기쁨이라는 뜻이 되고, '택상유지(澤上有地)'는 "큰 기쁨이 있는 땅"이라는 뜻이 된다. 큰 기쁨이 있는 땅은 큰 기쁨이 있는 곳이고 그곳은 빛이 있는 곳이다. 그러므로 큰 기쁨이 있는 곳으로 나아간다는 것이 대상전에서 말한 「임괘」의 설명이다. 큰 기쁨이 있는 곳은 곧 도이다.

군자는 「임괘」를 보고 배워 사람들을 사랑으로 가르치고, 사람들을 감싸고 길러 주는 일을 끝없이 하며 큰 기쁨이 있는 곳으로 인도한다고 하였다. '도'에 인도한다는 말이다.

효사는 어떤 태도와 정신자세로 어두움을 이기며 도를 향해 나아가야 하는가를 구체적으로 말한 것이다. 초구(初九)에서는 내 마음의 평화와 인간관계의 평화를 중요시하였다. 내 마음에 편안함이 없고 함께 사는 사람들과 불화한다면 도를 향해 나가는 멀고 먼 길을 가기가 어렵기 때문이다. 다른 사람과 화합하려면 하늘의 뜻인 진리와 도덕을 바르게 행하여야 하는 것이다. 다시 말하면 바른 사람이 되어야 화합하는 것이다.

육삼(六三)에서는 도를 향해 나아감이 가는 둥, 마는 둥 느리게 나아가면 이로움이 없다고 하였다. 가는 둥, 마는 둥 느리게 나아가는 것은 정성스러움이 없고 미적지근한 태도로 세속을 즐기면서 나아가는 것이다. 이런 사람은 도를 향해 나아가는 사람답지 않은 것이다. 그래서 '위부당(位不當)'이라고 한 것이다. 그래도 이런 자신의 태도를 부끄럽게 여기며 괴로워하면 화는 끼어들지 않는다고 하였다.

육사(六四)에서는 힘써 나아가야 한다고 하였다. 지극한 정성으로 공부하는 것이다. 이것이 구도자다운 자세다. 그래서 '위당(位當)'이라고 하였다. 공부하는 사람은 그의 자리를 지켜야 공부가 되는 것이다. 그 자리는 공간적으로는 독방의 책상머리이고, 정신적으로는 몸과 마음을 다 바치는 정성이고, 현실적으로는 세속과의 인연을 끊는 것이다. 이 세 가지를 행하지 못하면 공부는 못한다. 갈 곳 다 가고, 볼 것 다 보고, 먹을 것 다 먹고, 잘 잠 다 자고, 이 사람 저 사람 다 만나고 전화벨이 계속 울리면 다른 것은 몰라도 공부만은 못한다. 공부는 고독한 영혼이 하는 것이다.

  육오(六五)에서는 지혜롭게 나아가야 한다고 하였다. 현명해야 한다는 말이다. 지나치게 엄격하거나 경직되거나 고집불통이면 안 되고, 자연스럽고 편안하고 자기 처지에 맞게 나아가야 한다는 말이다. 대군(大君)은 10.「이괘(履卦)」에서 설명하였다.

  상육(上六)에서는 자신을 똑바르게 세워나가야 한다고 하였다. 자신을 똑바르게 세우려면 속에 도덕·교양·학식을 채워야 한다. 속에 든 것이 없으면 자신을 곧게 세울 수가 없기 때문이다. 서양 격언에도 "빈 자루는 똑 바로 서지 못한다(An empty bag will not stand upright)."는 말이 있다. 도덕적인 사람이어야 하고 고차원의 교양과 해박한 지식을 갖지 않으면 진리 공부하기는 어려운 것이다. 인식 능력이 도에 미치지 못하기 때문이다.

20. ䷓ 巽上 坤下 風地觀(풍지관)

觀은 盥而不薦하여도 有孚하면 顒若하니라

· · · · · · · · ·

彖曰 大觀在上하고 順而巽하며 中正以觀天下함이 觀이니라 盥而不薦하여도 有孚하여顒若하면 下觀而化也하니라 觀天之神道하여 而四時不忒하고 聖人以神道設敎하니 而天下服矣하니라.

象曰 風行地上觀하니 先王以省方觀民하고 設敎하니라.

初六 童觀하면 小人无咎하나 君子吝하니라
象曰 初六童觀은 小人道也이니라
六二 闚觀은 利女貞이니라
象曰 闚觀女貞하여도 亦可醜也이니라
六三 觀我生하고 進退하니라
象曰 觀我生進退하면 未失道也이니라
六四 觀國之光하고 利用賓于王이니라
象曰 觀國之光하면 尙賓也이니라

九五 觀我生 君子는 无咎이니라
象曰 觀我生하면 觀民也이니라
上九 觀其生 君子는 无咎이니라
象曰 觀其生하면 志未平也이니라

「관괘(觀卦)」는 손만 씻고 제물(祭物)을 올리지 못할지라도 진실하고 정성스러우면 (조상을) 우러러보며 따르는 것이다.

· · · · · · · · ·

단전에서 말하기를, 윗자리에 있으면서 중히 여겨 살펴보고, 유순하고 도를 따르며 치우치지 않고 바르게 세상을 살펴보는 것이 「관괘(觀卦)」이다. 손만 씻고 제물을 올리지 못하여도 진실하고 정성스럽게 (조상을) 우러러보며 따르면 아랫사람들이 우러러보고 감화를 받는다. 하늘의 신비한 도를 본받아 사계절은 어그러짐이 없고, 성인은 신비한 도를 널리 가르쳐 베푸니 세상 사람들이 따르는 것이다.

상전에서 말하기를, 바람이 땅 위를 다니면서 살펴보니 옛 임금들도 온 나라를 순시하며 백성들을 살펴보고 가르침을 베풀었다.

초육(初六), 피상적으로 보면 소인은 허물이 되지 않으나 군자는 부끄러운 일인 것이다. 상전에서 말하기를, 초육(初六)이 피상적으로 보는 것은 소인의 행동이다.
육이(六二), 엿보는 것은 여자가 바르면 이로운 바가 있다. 상전에서 말하기를,

엿보는 것은 여자가 바르더라도 역시 부끄러운 일이다.

육삼(六三), 자신의 인물됨을 살펴보고 나아가기도 해야 하고 물러나기도 해야 한다. 상전에서 말하기를, 자신의 인물됨을 살펴보아서 나아가기도 하고 물러나기도 하면 도를 잃지 않은 것이다.

육사(六四), 나라의 명예로운 일을 우러러보고 크게 공경하면 이롭다. 상전에서 말하기를, 나라의 명예로운 일을 우러러보면 반드시 따르는 것이다.

구오(九五), 자기 백성들을 살펴보는 군자는 화가 없다. 상전에서 말하기를, 자기 백성들을 살펴보면 백성들이 우러르는 것이다.

상구(上九), 그의 생활을 살펴보는 군자는 화가 없다. 상전에서 말하기를, 그의 생활을 살펴보면 의로움을 지켜 장래가 편안하다는 것이다.

【 한자 풀이 】

觀: 볼 관, 우러러볼 관, 살펴볼 관, 본받을 관. 盥: 손씻을 관, 씻을 관. 薦: 제물 올릴 천, 제물 천. 孚: 성실할 부, 진실하고 정성스러울 부. 顒: 우러러볼 옹, 공경할 옹. 若: 따를 약, 이를 약(至). 大: 중히 여길 대, 널리 대. 化: 감화할 화, 본받을 화. 神: 신비할 신. 設: 베풀 설, 클 설. 行: 갈 행, 다닐 행. 省: 살필 성, 볼 성. 方: 나라 방, 모두 방. 童: 어릴 동, 어리석을 동. 道: 행할 도, 바탕 도. 闚: 엿볼 규, 몰래볼 규. 醜: 부끄러울 추, 나쁠 추. 生: 인물 생, 백성 생, 생활 생. 光: 문물 광, 명예 광, 빛날 광. 賓: 공경할 빈, 따를 빈. 王: 클 왕. 尙: 반드시 상, 받들 상, 좋아할 상. 未: 장래 미, 미래 미. 平: 편안할 평, 바를 평.

【 해설 】

「관괘(觀卦)」의 괘상은 땅 위에 바람이 불고 있다. 그러나 「관괘」는 땅 위에서 바람이 불고 있는 것을 말하는 것이 아니고, 바람이 땅 위를 다니면서 땅과 땅 위의 모든 것을 살펴보고 있는 것을 말한다. 이같이 윗자리에 있는 사람도 아랫사람을 살펴보아야 하고, 사람은 누구나 자기 주변을 살펴보아야 한다는 것이다. 애정을 가지고 주의 깊게 살펴보아야 하고, 무관심하면 안 된다는 것이 「관괘(觀卦)」가 말하는 진리다. 나는 양(陽)이고 상대는 음으로서, 나와 상대는 음양관계이기 때문에 애정을 가지고 주의 깊게 살펴야 한다고 『주역』은 말하고 있다. 그리고 「관괘」는 음양이론으로 괘상을 설명하고 있다. 「관괘」는 맨 위의 두 효만 양이고 모두 음효이다. 그러므로 「관괘」는 밑의 네 음이 위의 두 양을 우러러보고 있는 형상이고, 위의 두 양은 아래의 네 음을 굽어살펴 보고 있는 형상이다. 위의 두 양효는 윗사람이고 아래의 네 음효는 아랫사람이다. 아랫사람은 윗사람을 우러러보아야 하고, 윗사람은 아랫사람을 굽어살펴 보아야 한다는 것이 「관괘」가 말하는 진리다.

그러므로 아랫사람이 우러러보지 않는 윗사람, 아랫사람을 중히 여겨 살펴보지 않는 윗사람은 윗사람의 자격이 없다는 것이 『주역』의 「관괘」가 말하는 진리이다.

괘명인 '관(觀)'의 뜻은 "살펴보다·우러러보다"라는 뜻이다. 자신과 주변과 아랫사람과 만물을 살펴보아야 한다는 것이다. 그리고 부모님과 조상·성현 군자의 가르침 그리고 모든 철학적·문화적 가치를 우러러보아야 한다는 것이다. 우러러볼 줄 모르면 가치가 없는 사람이다. 가지고 있는 가치가 없으면 모든 것은 별다른 의미가 없다.

천지자연에서는 땅은 만물을 품에 안고 하늘을 우러러보고 있으며, 하늘은 땅과 만물을 굽어살펴 보는 것이다. 그리고 양은 음을 살펴보고, 음은 양을 따르며 거역함이 없는 것이다. 이것은 천지자연의 이치다.

괘사에서는, 조상을 우러러보며 따르는 것을 가장 중히 여겨 말하였다. 조상을 우러러보며 따른다면 그 사람은 진실하고 정성스러운 사람으로서 사람 된 사람인 것이다. 조상을 우러러본다면 살아계신 부모님을 우러러보는 것이고, 임금과 윗사람과 모든 중대한 가치들을 우러러보기 때문에 가장 중히 여겨 말한 것이다. 손만 씻고 제물(祭物)을 올리지 못한 것은 너무 가난하여 제물을 마련할 형편이 못 되기 때문이다. 그러나 제사에서 참으로 중요한 것은 제물이 아니고 사람됨과 조상을 우러러 받들며 따르는 일이라고 『주역』은 말한 것이다. 도를 배워 따르면 사람이 되는 것이고, 사람이 되면 조상을 우러러 받들며 따른다고 하였다. 그래서 성인들은 사람들에게 도를 가르쳤다고 하였다.

대상전에서는, 옛 성인 임금들은 땅 위에 부는 바람이 만물에 닿지 않는 것이 없는 것처럼 모든 백성에게 눈길과 손길이 닿게 하였고 도를 가르쳤다고 하였다. 그래서 성인(聖人) 임금이다. 임금은 백성들이 바르게 살고 편안하게 살고 넉넉하게 살도록 보살펴 주기 위해서 존재하는 것이다. 이런 임금이어야 백성들이 우러러보며 따르는 것이다.

초육(初六)에서 말한 동관(童觀)은 어린아이처럼 보는 것이다. 겉만 보고 판단하는 것이다. 다시 말하면 사리 판단을 제대로 못 하는 천박한 사람이어서 수박 겉핥기식으로 판단하는 것이다. 여기서 말한 소인은 일반 백성을 말한다. 대부분 사람은 겉만 보는 눈을 가지고 있다. 속을 들여다보는 눈은 군자에게만 있다. 이런 동관(童觀)은 바르게 사물이나 사람을 살펴볼 수가 없다.
육이(六二)에서는 몰래 엿보고 엿듣는 것은 여자가 하는 일로 인정하면서도 부끄러운 일이라고 하였다. 남자 중에서는 졸장부와 소인이 몰래 엿보고 엿듣는 일을 한다.
육삼(六三)에서는 자신의 인격과 능력을 살펴보는 현명함이 있어야 한다고 하였다. 그 현명함은 도를 잃지 말아야 가질 수 있는 존귀한 덕이다.
육사(六四)에서 말한 나라의 명예로운 일은 그 나라에서 이룩한 문화적 가치와 철학적 가치 그리고 역사적 위업(偉業)이다. 이런 가치들을 우러러 공경한다면 훌륭한 일로서 복을 받는다.
구오(九五)에서는 군자는 자기 백성을 살펴본다고 하였다. 자기 사는 것은 잊어버리고 언제나 백성을 살펴보며 바르고 편안하고 넉넉하게 살도록 도와주니까 백성들이 우러러본다고 하였다.

　상구(上九)에서는 군자는 자기의 생활을 살펴본다고 하였다. 그의 생활이 도에 어긋나는지 살펴보며 바로잡는 것이다. 그래서 군자의 생활은 의롭고 장래도 편안하게 되는 것이다. 현재가 바르지 않으면 미래에도 편안함이 없는 것이다.

21. ䷔ 離上 震下 火雷噬嗑(화뢰서합)

噬嗑은 亨하나 利用獄이니라.

· · · · · · · · ·

象曰 頤中有物이니 噬嗑하므로 亨하니라 剛柔分하고 動而明하며 雷電合而章하고 柔
　　得中而上行하니 雖不當位이나 利用獄也이니라.

象曰 雷電噬嗑하니 先王以明罰勑法하니라.

初九, 履校滅趾하면 无咎이니라
象曰 履校滅趾하면 不行也이니라
六二, 噬膚滅鼻하면 无咎이니라
象曰 噬膚滅鼻함은 乘剛也임이니라
六三, 噬腊肉하고 遇毒하면 小吝无咎이니라
象曰 遇毒함은 位不當也임이니라
九四, 噬乾胏하면 得金矢하니 利艱貞하고吉하니라
象曰 利艱貞吉은 未光也이니라
六五, 噬乾肉하면 得黃金하니 貞厲하면 无咎이니라

象曰 貞厲无咎는 得當也임이니라

上九, 何校滅耳하면 凶하니라

象曰 何校滅耳는 聰不明也임이니라

「서합괘(噬嗑卦)」는 일에 막히는 일은 없으나 형벌로 다스려야 이롭다.

· · · · · · · · ·

단전에서 말하기를, 턱 안에 음식물이 있는 것을 「서합괘(噬嗑卦)」라고 하는 것이니 깨물어서 합하므로 일에 막히는 일이 없는 것이다. 음과 양이 균형을 이루고 있고 사리에 밝게 일을 하며, 번개와 우레는 하나가 되어 나타나고 음(陰)은 치우침이 없이 윗자리에서 일하니 자리는 바르지 않으나 형벌로 다스리면 이로운 것이다.

상전에서 말하기를, 불벼락과 천둥으로 괴롭게 하여 하나가 되도록 하니 옛 왕들도 형벌을 엄격하게 하고 법으로 바르게 하였다.

초구(初九), 족쇄를 채웠다가 발을 자르면 화는 없다. 상전에서 말하기를, 족쇄를 채웠다가 발을 자르면 걸을 수가 없게 되는 것이다.

육이(六二), 코를 베인 것을 크게 괴로워하면 화는 없다. 상전에서 말하기를, 코를 베인 것을 크게 괴로워하는 것은 (그의) 강직함 때문이다.

육삼(六三), 육형(肉刑)을 받은 것을 몹시 괴로워하고 한탄하면 부끄러운 일이 작아져서 화가 없게 된다. 상전에서 말하기를, 한탄하게 된 것은 (그의) 자리가 (그에게) 어울리지 않았기 때문이다.

구사(九四), 대자리에서 괴로워하고 두려워하면 강정(剛正)을 얻으니 어려워도 바르면 이롭고 복을 받는다. 상전에서 말하기를, 괴로워도 바르면 이롭고 복을 받는다는 것은 미래에는 빛이 난다는 말이다.

육오(六五), 육형(肉刑)을 받은 것을 괴로워하고 두려워하면 강중(剛中)을 얻으니 바르고 힘써 닦으면 화는 없는 것이다. 상전에서 말하기를, 바르고 힘써 닦으면 화가 없게 되는 것은 올바름을 가지고 있기 때문이다.

상구(上九), 형을 받아 귀를 잘리게 되면 흉하다. 상전에서 말하기를, 형을 받아 귀를 잘리게 된 것은 사리에 맞지 않는 것을 들었기 때문이다.

【 한자 풀이 】

噬: 깨물 서, 물어뜯을 서, 괴로워할 서. 嗑: 합할 합, 먹을 합. 用: 다스릴 용, 베풀 용. 獄: 형벌 옥, 법 옥. 頤: 턱 이. 物: 물건 물. 分: 고를 분. 電: 번개 전. 章: 나타날 장, 드러날 장, 밝을 장. 明: 엄격할 명, 공정할 명, 분명할 명. 罰: 형벌 벌. 勅: 바르게 할 칙, 다스릴 칙. 屨: (신)신을 구, 신길 구. 校: 형구 교. 滅: 제거할 멸, 끊을 멸. 趾: 발 지(足). 行: 걸을 행, 일할 행. 膚: 살갗 부, 클 부, 벗길 부. 乘: 말미암을 승, 업신여길 승. 腊: 몹시 석, 오랠 석. 肉: 육형 육. 遇: 당할 수, 만날 우. 毒: 괴로워할 독, 한탄할 독. 乾: 조심할 건, 두려워할 건. 胏: 대자리 자. 金: 단단할 금, 강할 금. 矢: 바를 시, 곧을 시. 黃: 가운데 황. 厲: 힘써 닦을 려. 當: 바를 당, 알맞을 당. 得: 가질 득, 이룰 득, 이를 득. 何: 받을 하, 당할 하, 짊어질 하. 聰: 들을 총. 明: 현명할 명, 사리에 밝을 명.

【 해설 】

서합괘(噬嗑卦)의 괘상은 천둥이 울리며 불벼락이 떨어지고 있다. 그러므로 자연현상으로 괘상을 설명한 것이다. 옛날에는 천둥과 불벼락은 하늘이 이 세상의 죄악에 대하여 내리는 천벌이었다. 하늘은 이 세상의 죄악에 대하여 천둥과 불벼락이라는 무서운 천벌을 내리는 것처럼 국가에서는 백성들의 죄악에 대하여 천둥 불벼락과 같은 준엄한 형벌을 내려야 한다는 것이다. 다시 말하면 백성들의 죄악은 엄격한 형벌을 가하여 바로잡아야 한다는 것이 「서합괘」가 말하는 진리이다.

인간의 죄악은 사랑과 진리만으로는 바로 잡을 수가 없기에 진리의 책인 『주역』에서 형벌로 바로잡아야 한다고 말한 것이다. 대부분 백성은 선량하기에 국법이나 형벌은 있으나 마나이다. 선량하지 않은 소수가 법을 어기며 사는 것이다. 선량하지 않은 그 소수에게 무서운 형벌을 가하여 바로잡아야 한다는 것이 「서합괘」가 말하는 내용이다.

그리고 「서합괘」는 괘의 겉모양으로 괘상을 설명한 것이다. 「서합괘」에서 초구(初九)는 아래턱, 상구(上九)는 위턱으로 본 것이다. 그러므로 초구(初九)와 상구(上九) 사이는 입안이다. 육이(六二)와 육삼(六三)은 아랫니, 육오(六五)는 윗니, 구사(九四)는 입속에 들어있는 음식물로 본 것이다. 그러므로 「서합괘」는 입속에 들어있는 음식물을 이로 깨무는 형상이다. 음식물을 깨물어 분쇄하는 것처럼 죄인과 죄악을 고통스러운 형벌로 분쇄해야 한다는 것이 「서합괘」가 말하는 진리이다.

괘명인 '서합(噬嗑)'에서 '서(噬)'는 "깨물다·물어뜯다·괴롭게 하다"라는 뜻이고, '합(嗑)'은 "합한다"라는 뜻이다. 그러므로 '서합'은 "깨물어 합한다"라는 뜻이다. 깨무는 일은 형벌을 가하는 것이고, 합하는 것은 개과천선 시켜서 선량한 사람들과 하나가 되어 살아가게 하는 것이다. 그러나 죄악은 형벌만으로는 바로 잡을 수가 없다. 도를 따르며 바르게 사는 사람이 형벌을 부과해야 바로 잡히는 것이다. 바르게 살지 않는 사람이 형벌을 가하면 형벌을 받는 사람이 비웃는 것이고 더 악하게 되는 것이다. 예수님 말씀을 빌려 말하면 "죄 없는 사가 죄인을 돌로 칠" 자격이 있는 것이다(요한복음 8장). 그러므로 죄인은 지극히 바르게 사는 사람이 무섭게 처벌해야 효과가 있다. 그리고 사회유기체에서 범죄행위는 암이다. 암은 도려내야 한다. 그래서 공자님 같은 성인도 당시의 권력자 소정묘(少正卯)를 죽인 것이다. 공자님은 53세 때에 고국인 노나라의 사구(司寇)에 임명되었다. 사구는 사법장관(司法長官)이다. 사구가 되고 일주일 만에 노나라의 대부(大夫)로서 당시에 권력자였던 소정묘를 죽인 것이다. 막강한 권세와 부, 당파세력을 가지고 국정을 어지럽게 하던 소정묘를 전격적으로 처형한 것이다. 공자의 제자 자공이 놀란 얼굴로 소정묘를 죽인 것은 잘못한 일 아니냐고 물으니, 공자께서 그렇지 않다고 하면서 소정묘를 죽인 이유를 다음과 같이 말씀하였다. 첫째, 마음이 도를 따르는 일이 없고 음흉하다(心逆而陰). 바른 마음이 전혀 없고 음흉하다는 것이다. 둘째, 행실이 사사로우면서 강경하다(行僻而堅). 강성 인물이면서 자신과 자신의 당파이익을 위한 일만 한다는 것이다. 셋째, 말에 진실함이 없으면서 그럴듯하게 말을 잘한다(言僞而辯). 언제나 진심과 진실은 감추고 거짓되게 말하며 궤변에 능하다는 것이다. 넷째, 아는 것은 많은데 그것이 다 더러워져 버렸다(記醜而博). 박학다식한 지식이 모두 악의 도구로 더럽게 쓰이고 있다는 것이다. 다섯째, 악을 따르며 부유하게 산다(順非而澤). 악과 손을 잡고 부정하게 돈을 모으며 부유하게 살고 있다는 것이다. 이상의 다섯 가지를 공자께서 천하의 오대악(五大惡)이라고 하면서, 이 가운데 하나만 해당해도 죽여야 하는데 소정묘는 다섯 가지를 다 범하였다고 하였다. 소정묘는 전형적인 소인배의 우두머리다. 죄악은 소인배와 잡배(雜輩)에게서 피어나는 독버섯이다.

  천지 만물은 천도(天道)를 어기는 일이 없다. 그래서 자연계에는 벌이 없다. 오직 인간만이 천도를 어기는 것이다. 천도를 어기면 더디지만, 반드시 천벌이 온다. 이것은 천지자연의 이치이다.

  괘사에서는, 형벌로 다스려야 이롭다고 하였다. 인간은 부도덕성과 동물성과 악마성을 가진 자가 있기에 도만으로는 다스려지지 않는 것이고, 특히 윗사람이 강직하지 않고 약하고 온순하면 아랫사람이 방종하기 쉬우므로 준엄한 형벌이 필요하다는 것이다. 「서합괘」는 윗사람인 이(離)가 음이어서 그렇게 말한 것이다. 윗자리는 음이 있을 자리가 아니다. 그래서 단전에서 자리가 바르지 않다고 하였다. 그러나 음이 치우침이 없다고 한 것은 상괘인 이(離)가 태양이기 때문에 그렇게 말한 것이다. 태양은 차별함이 없으므로 치우침이 없다.

대상전에서는, 옛 성인 임금들은 천벌인 무서운 천둥과 불벼락을 보고 배워 엄격한 형벌과 법으로 백성들을 바르게 하였다고 하였다. 형벌이 엄격하다는 말은 공정하게 처벌하여 송사리만 법망에 걸려 형벌을 받는 것이 아니고 왕족도 다 걸리게 하며, 보아주는 일이 전혀 없이 법대로 처벌하며, 관대하고 가볍게 처벌하지 않고 혹독하고 무섭게 형벌을 가하는 것이다. 그리고 엄격한 형벌은 바른 사람만이 가할 수 있다.

초구(初九)에서 부과한 형벌은 발을 잘라버리는 것이다. 그러면 걸을 수가 없으니까 더 이상의 죄는 지을 수 없다. 구교(屨校)에서 교(校)는 모든 형구(刑具)를 말한다. 수갑·족쇄·형틀 등이 이에 속하는 것이다. '구(屨)'는 "신을 신기다"라는 뜻이다. 그러므로 '구교'는 "족쇄를 발에 채운다"라는 뜻이다. 중국 고대에는 형벌이 다섯 종류가 있었다. 그것을 오형(五刑)이라고도 하고 육형(肉刑)이라고도 하였다. 육형은 육체에 부과한 형벌이라는 뜻이다. 오형은 묵형(墨刑: 이마에 먹물 바늘로 글씨를 새기는 것)·의형(劓刑: 코를 베는 것)·비형(剕刑: 발을 자르는 것)·궁형(宮刑: 생식기를 도려내는 것)·대벽형(大辟刑: 사형)이었다. 그러나 당(唐)나라 이후에는 위에서 말한 오형은 철폐되고 새로운 오형이 생겼다. 그것은 태형(笞刑: 막대기로 때리는 것)·장형(杖刑: 몽둥이로 때리는 것)·도형(徒刑: 강제노동)·유형(流刑: 귀양 보내는 것)·사형(死刑)이었다.

육이(六二)에서는 코를 베인 것을 크게 부끄러워하여 괴로워하면 더 이상 당하는 재앙은 없다고 하였다. 천부의 도인 부끄러워하는 마음이 죽지 않고 살아

있어서 크게 괴로워하는 것이다. 코를 베었으니, 문밖출입도 할 수 없는 절망적인 상황인데도, 회개하고 양심을 되찾아서 화가 없게 된 것이다. 승강(乘剛)에 대해서는 3.「준괘(屯卦)」에서 설명하였다.

육삼(六三)이 유형을 받은 것은 그의 자리가 그에게 어울리지 않아서였다. 나이를 먹으면 그 나이에 맞는 인격과 능력을 지녀야 그의 자리가 그에게 어울린다. 마음을 닦고 공부하면서 바르게 살아야 하는데, 그렇지 못하면 자식이 자식답지 않고, 아버지가 아버지답지 않아 부끄러운 일을 하게 되어 형벌을 받는 것이다.

구사(九四)가 대자리에서 괴로워한다는 말은 고행하면서 반성하는 것을 말한다. 금시(金矢)는 금 화살이 아니고 금(金)은 강하다는 뜻으로서 강(剛)을 상징하는 것이고, 시(矢)는 곧고 바르다는 뜻으로 정(正)을 상징하는 것이다. 그러므로 금시(金矢)는 강정(剛正: 강하고 바른 것)을 말한다.

육오(六五)에서 말한 황금(黃金)은 실제로 황금을 말하는 것이 아니고, 황(黃)은 방위로는 중앙을 말하는 것이므로 여기서 황은 중(中)이라는 뜻이다. 그러므로 황금은 강중(剛中: 강하고 치우치지 않는 것)을 말하는 것이다. 강중정(剛中正)은 주역이 가르치는 근본진리다.

상구(上九)에서 말한 하교(何校)는 형틀을 짊어진 것이다. 이는 곧 형벌을 받은 것이다. 상구(上九)는 타인의 꾐에 넘어가 죄를 지은 것이다. 바르지 않은 말은 듣지 않아야 하는데 듣고 나쁜 짓을 하여 귀를 잘리게 된 것이다.

*서부(噬膚: 크게 괴로워하는 것)·서석(噬腊: 몹시 괴로워하는 것)·서건(噬乾: 두려워하며 괴로워하는 것)은 유사한 말로서 고대 언어이다.

22. ䷕ 艮上 離下 山火賁(산화비)

賁는 亨하고 小利有攸往하니라.

· · · · · · · · · ·

象曰 賁亨은 柔來而文剛故로 亨하고 分剛上而文柔故로 小利有攸往剛柔交錯天文也하며 文明以止는 人文也하니라 觀乎天文은 以察時變하고 觀乎人文은 以化成天下이니라.

象曰 山下有火賁하니 君子以明庶政하고 无敢折獄하니라.

初九, 賁其趾하면 舍車而徒하니라
象曰 舍車而徒는 義弗乘也이니라
六二, 賁其須하니라
象曰 賁其須하면 與上興也이니라
九三, 賁如濡如하며 永貞하면 吉하니라
象曰 永貞之吉은 終莫之陵也임이니라
六四 賁如皤如하며 白馬翰如하면 匪寇婚媾하니라
象曰 六四 當位疑하니也 匪寇婚媾하고 終无尤也이니라

六五, 賁于丘園한데 束帛戔戔하여 吝하지만 終吉하니라

象曰 六五之吉은 有喜也이니라

上九, 白賁하면 无咎이니라

象曰 白賁无咎는 上得志也임이니라

「비괘(賁卦)」는 일에 막히는 일이 없고, 음(陰)이 가는 곳에 이로움이 있다.

• • • • • • • • •

단전에서 말하기를, 「비괘(賁卦)」가 일에 막히는 일이 없는 것은 음이 와서 양을 빛이 나게 하는 고로, 일에 막히는 일이 없는 것이고, 양이 위에서 베풀어 주면서 음을 빛이 나게 하는 고로, 음이 가는 곳에 이로움이 있게 하고 하늘이 빛이 나게 해주며, 빛이 나고 덕이 있는 행실은 사람이 빛이 나게 하는 것이다. 하늘이 빛이 나게 해주는 모습은 계절의 변화에 나타나고 사람이 빛이 나게 해주는 모습은 세상이 덕화(德化)된 것이다.

상전에서 말하기를, 산 밑에 빛이 나는 불이 있으니, 군자는 나라를 다스리는 일을 모두 분명하게 하고 죄악을 함부로 판단하지 않는다.

초구(初九), 도덕이 빛나게 하면 수레를 버리고 걸어 다닌다. 상전에서 말하기를, 수레를 버리고 걸어 다니는 것은 의로움이 수레를 버린 것이다.

육이(六二), 관직(官職)을 빛이 나게 한다. 상전에서 말하기를, 관직을 빛이 나게 하면 윗사람에게 발탁된다.

구삼(九三), 아름답고 빛이 나며 길이길이 바르면 복을 받는다. 상전에서 말하기를, 길이길이 바르면 복을 받는다는 것은 끝까지 (도를) 어기는 일이 없어서이다.

육사(六四), 희고 빛이 나며 백마(白馬)같이 깨끗하면 빛이 나고 윤택한 혼인을 하게 된다. 상전에서 말하기를, 육사(六四)의 자리는 (그에게) 어울리고 바르게 서 있으니 빛나고, 윤택한 혼인을 하게 되고, 끝까지 허물이 없는 것이다.

육오(六五), 시골에 살면서 빛이 나는데 예물이 적어 머뭇거리고 있지만 마침내는 좋은 일이 있게 된다. 상전에서 말하기를, 육오(六五)에게 좋은 일이 있게 된다는 것은 기쁜 일이 있게 된다는 것이다.

상구(上九), 꾸미지 않고 빛이 나면 화가 없다. 상전에서 말하기를, 꾸미지 않고 빛이 나면 화가 없다는 것은 덕과 의로움을 지키는 것을 중히 여기기 때문이다.

【 한자 풀이 】

賁: 빛날 비, 아름다울 비, 꾸밀 비. 小: 작은 것 소, 음 소, 삼갈 소. 分: 나누어줄 분, 베풀 분, 헤아릴 분. 文: 빛날 문, 아름다울 문, 꾸밀 문. 止: 예의 지, 덕이 있는 행실 지. 觀: 모양 관, 모습 관. 察: 드러날 찰, 드러낼 찰. 時: 계절 시. 化: 덕화할 화, 교화시킬 화. 成: 이룰 성, 필 성, 훌륭할 성. 庶: 많을 서, 온갖 서, 모든 서. 折: 판단할 절, 결단할 절. 獄: 죄악 옥, 형벌 옥. 火: 빛 화, 태양 화. 趾: 도덕 지, 예의 지, 법도 지. 徒: 걸음 도, 걸어다닐 도. 須: 임용할 수, 술 수. 弗: 버릴 불, 털어버릴 불. 乘: 수레 승, 이길 승. 與: ~에게 여, 따를 여. 興: 발탁할 흥. 濡: 윤날 유, 광택 유. 陵: 범할 능, 어지럽힐 능. 皤: 흴 파. 翰: 깨끗할 한, 흴 한. 匪: 빛날 비. 戔: 번성할 구, 물건 많을 구. 疑: 두려워할 의, 바르게 서 있을 음. 丘: 마음 구, 언덕 구. 園: 구역 원, 밭 원. 束: 묶을 속, 모을 속. 帛: 비단 백. 戔: 작을 전, 적을 전. 吝: 머뭇거릴 린. 白: 꾸미지 않을 백. 上: 중히 여길 상, 숭상할 상. 得: 덕 득, 덕 베풀

득. 志: 의로움을 지킬 지. 절개 지.

【해설】

「비괘(賁卦)」는 상괘는 산(山)이고, 하괘는 태양이므로 「비괘」의 괘상은 산 아래로 해가 지고 있다. 그러므로 자연현상으로 괘상을 설명한 것이다. 산 아래도 해가 지면 석양의 햇빛으로 하늘과 산·대지(大地)가 붉게 물들어 빛이 나고 아름다운 것이다. 사람도 이같이 아름답고 빛이 나야 한다는 것이 「비괘」가 말하는 진리다. 사람들에게서 빛이 나고 아름답다면 얼마나 좋겠는가? 그것은 대단히 존귀한 가치가 아니겠는가? 그래서 주역에서 중대한 문제로 다루고 있다. 아름다우면서 빛이 나면 이 세상에서 존귀한 가치로 존재하는 것이고, 이 세상의 죄악을 소멸시켜 선하고 바르게 만들며, 춥고 어둡고 불결함을 물리쳐 따뜻하고 밝고 깨끗하게 하며, 사람들의 마음을 하나가 되도록 하여 이 세상을 낙원(paradise)으로 만드는 것이다.

괘명인 '비(賁)'라는 말의 뜻은 "빛이 나다·아름답다"라는 뜻이다. 그러므로 빛이 나면서 아름다운 것이 '비(賁)'인 것이다. 내가 먼저 빛이 나고 아름답게 되고, 다른 사람과 국가와 사회가 빛이 나고 아름답게 되도록 해야 한다는 것이다. 나를 빛이 나게 하고 아름답게 하는 것은 도와 교양과 지식이다. 그러므로 진리 공부·교양 공부·지식 공부를 하여 나의 내면을 진리와 고급 교양과 유익한 사실적(事實的) 지식으로 채우면 빛이 나고 아름답게 되는 것이다. 그러므로 공부(Search for truth and facts)하지 않으면 빛과 아름다움은 없는 것이다.

천지자연은 언제나 빛이 나고 아름답다. 그 내면에 하늘의 도를 가지고 있고 그 도를 어기는 일이 없기 때문이다. 그 빛과 아름다움을 잃는 법이 없는 것은 자연의 이치이다.

괘사에서 말한 소리유유왕(小利有攸往: 음이 가는 곳에 이로움이 있다)에서

'소리(小利)'는 이로움이 적다는 뜻이 아니다. 여기서 소(小)는 음(陰)을 말하는 것이다. 음이 가는 곳에 이로움이 있다고 말한 이유는 단전에서 설명하고 있다. 음(離: 태양)이 양(艮: 산)의 아래로 들어와서 양을 빛이 나게 해주므로 양도 음을 빛이 나게 해주고 있다고 단전에서 말하였다. 음과 양이 상대를 빛이 나게 해주고 있으므로 하늘도 이런 음과 양을 도와주며 빛이 나게 하므로 음이 가는 곳에 이로움이 있다고 말한 것이다.

여기서 음(陰)은 음의 지위에 있는 사람이다. 한 가정을 예로 들면 한 여자가 아내로 들어와서 남편을 빛이 나게 하면 남편도 아내를 빛이 나게 하여 집안일은 형통하고 아내가 가는 곳에는 이로움이 있다는 말이다. 아내가 아름답고 빛이 나야 남편을 빛이 나게 할 수 있다. 남편도 마찬가지이다. 그러나 아내가 아름답지 않고 빛이 나지 않으면 상대의 빛과 아름다움을 소멸시키는 것이다. 악은 악을 키우고 선은 선을 키우기 때문이다.

천지자연이 빛이 나고 아름다운 것은 하늘이 그렇게 만든 것이고, 사람과 세상이 빛이 나고 덕이 있게 된 것은 사람이 그렇게 만든 것이라고 하였다. 그러므로 사람과 세상이 어둡게 되고 더럽게 된 것도 사람이 그렇게 만든 것이다. 그런고로 인간과 사회의 미(美)와 추(醜)는 사람의 작품이라는 뜻이다. 나의 미와 추는 나의 작품이고 함께 사는 사람들의 작품이다.

대상전에서는, 괘상을 산 밑에 빛이 나는 불이 있는 것으로 설명하였다. 군자는 산 밑에 빛나는 불이 있는 것을 보고 배워 나라를 다스리는 일을 산 밑에 있는 불을 보는 것처럼 분명하게 하였고(明若觀火), 감추는 것이 없이 투명하게 하였으며, 백성들의 죄악도 불을 보는 것과 같은 분명한 증거가 없으면 죄를 범한 것으로 여기지를 않는다는 것이다. 그리하여 나라 다스리는 일과 죄인 다스리는 일을 빛이 나게 한다는 것이다.

효사는 구도하고 학문을 연구하는 군자의 아름답고 빛나는 모습을 말한 것이다. 초구(初九)는 국법을 어기지 않고 부도덕한 행동을 하지 않으며 바르고 선하게 살아 도덕과 도를 빛이 나게 하는 것이다. 이런 군자는 부정축재를 하지 않고 청빈 속에 사는 것이다. 그래서 수레를 버리고 걸어 다니는 것이다. 도덕과 도를 훼손하거나 소멸시키면 그 사람은 악하다.

육이(六二)에서 말한 '수(須)'는 수염이 아니고, 술이다. 술은 옷·가마·깃발 등에 다는 여러 가닥의 실로 만든 장식용품이다. 여기서 술은 관직(官職)을 상징한다. 자신의 관직을 빛이 나게 하면 더 높은 지위로 발탁되어 나간다는 것이다. 관직을 더럽히면 독직(瀆職)으로써 감옥에 간다.

구삼(九三)에서는 도를 어기는 일이 없이 살면 바르게 사는 것이고, 바르게 살면 빛이 나고 아름다워 복을 받는다고 하였다.

육사(六四)는 그의 자리가 그에게 어울리는 사람이다. 그러므로 아들다운 아들, 딸다운 딸이다. 그러면 참으로 바르게 사는 사람이다. 바르게 사니까 백마처럼 깨끗하고 아름다우며 빛이 난다. 이런 사람은 혼인도 빛이 나고 윤택한 혼인을 하게 된다는 것이다. 비구혼구(匪寇婚媾)는 3. 「준괘(屯卦)」에서 나온 말이다.

육오(六五)에서 말한 구원(丘園)은 언덕과 동산이 아니고, 군자가 은거하고 있는 시골 마을이다. 군자이니까 빛이 나는 것이다. 초야에서 청빈하게 사는 군자가 학덕이 높은 어른을 뵈러 가면서 가지고 가야 할 예물이 너무 변변치 않아 머뭇거리고 있다. 여기서 '속백(束帛)'은 비단 다섯 필을 한데 묶은 것인데 옛날에는 높은 어른을 방문할 때 예물로 사용하였다. 그러나 후대에는 일반적인 예물을 '속백'이라고 하였다.

상구(上九)에서 말한 것은 꾸미지 않았는데 빛이 나는 것이다. 자연의 모습이다. 내면에 높은 도와 덕과 학식이 들어있어서 그런 것이다.

23. ䷖ 艮上 坤下 山地剝(산지박)

剝은 不利有攸往이니라.

· · · · · · · · ·

彖曰 剝은 剝也이며 柔變剛也이니라 不利有攸往은 小人長也이니 順而止之하며 觀象也이니라 君子尚消息盈虛하니 天行也임이니라

象曰 山附於地剝하니 上以厚下安宅하니라

初六, 剝牀以足하듯 蔑貞하면 凶하니라
象曰 剝牀以足은 以滅下也이니라
六二, 剝牀以辨하듯 蔑貞하면 凶하니라
象曰 剝牀以辨은 未有與也이니라
六三, 剝之하여도 无咎이니라
象曰 剝之无咎함은 失上下也임이니라
六四, 剝牀以膚하면 凶하니라
象曰 剝牀以膚하면 切近災也이니라
六五, 貫魚이지만 以宮人寵하면 无不利이니라

象曰 以宮人寵하면 終无尤也이니라
上九, 碩果不食하고 君子得輿하며 小人剝廬하니라
象曰 君子得輿함은 民所載也이며 小人剝廬함은 終不可用也이니라

「박괘(剝卦)」는 가는 곳에 이롭지 않은 일이 있다.

· · · · · · · · ·

단전에서 말하기를, '박(剝)'은 "잘라낸다"라는 것이며 음이 양을 몰아내는 것이다. 가는 곳에 이롭지 않은 일이 있다는 것은 소인(小人)들이 우두머리 노릇을 하고 있어서이니 도를 따르면서 망동하지 말고 (세상) 형편을 살펴야 한다. 군자는 나고 없어지고 차고 비는 것을 받드는 것이니 (그것은) 하늘의 도이기 때문이다.

상전에서 말하기를, 땅에 붙어있는 산이 깎이고 있으니, 임금은 백성들을 넉넉하게 하여 주고 편안하게 살게 해주어야 한다.

초육(初六), 침상에서 다리를 잘라내듯이 곧고 바른 사람을 없애 버리면 재앙을 당한다. 상전에서 말하기를, 침상의 다리를 잘라낸 것은 (곧고 바른) 아랫사람들을 없애버린 것이다.
육이(六二), 침상에서 틀을 뜯어내듯이 곧고 바른 사람을 없애버리면 재앙을 당한다. 상전에서 말하기를, 침상의 틀을 뜯어낸 것은 위엄이 있고 바른 사람은 없게 되었다는 것이다.
육삼(六三), 잘리었어도 화는 없다. 상전에서 말하기를, 잘리었어도 화가 없다

는 것은 (소인이) 하늘의 뜻을 어기고 넘어뜨렸기 때문이다.

육사(六四), 침상의 바닥을 뜯어내면 재앙을 당한다. 상전에서 말하기를, 침상의 바닥을 뜯어내면 재앙은 눈앞에 와 있는 것이다.

육오(六五), 소인의 무리이지만 마음으로 훌륭한 이를 우러러 받들면 이롭지 않은 일은 없는 것이다. 상전에서 말하기를, 마음으로 훌륭한 이를 우러러 받들면 종내에는 허물이 없어지게 된다는 것이다.

상구(上九), 큰 인물은 죽일 수가 없고 군자는 수레를 얻게 되며 소인은 집을 빼앗기게 된다. 상전에서 말하기를, 군자가 수레를 얻게 되는 것은 백성들이 받들어 모시게 된 것이고, 소인이 집을 빼앗기게 된 것은 끝까지 옳지 않게 다스려서이다.

【 한자 풀이 】

剝: 잘라낼 박, 깎을 박, 벗길 박. 變: 옮길 변, 죽음 변. 長: 주관할 장, 우두머리 노릇 할 장. 象: 현상 상, 모습 상, 형상 상. 尙: 받들 상, 중히 여길 상. 消: 죽을 소, 사라질 소, 없어질 소. 息: 날 식, 자랄 식. 行: 도 행, 도리 행. 附: 붙을 부. 上: 하늘 상, 임금 상. 厚: 넉넉하게 할 후. 下: 백성 하, 넘어뜨릴 하, 내릴 하. 宅: 집 택, 살 택. 牀: 침상 상, 평상 상. 蔑: 없앨 멸, 버릴 멸. 滅: 없앨 멸, 죽을 멸. 辨: 평상틀 변. 與: 위엄있고 바를 여, 화합할 여. 失: 어길 실, 버릴 실. 膚: 표피 부, 깔개 부. 切: 매우 절, 가까이 닥칠 절. 貫: 꿸 관, 이어질 관. 宮: 마음 궁. 人: 훌륭한 사람 인. 寵: 사랑할 총, 우러러 받들 총. 碩: 클 석. 果: 훌륭할 과. 食: 지울 식, 없앨 식. 廬: 오두막 려, 집 려. 載: 떠받들 재, 받들어 모실 재.

【 해설 】

「박괘(剝卦)」의 괘상은 땅 위에 산이 있는 것이다. 그러나 「박괘」는 땅 위에 산이 있는 자연현상으로 괘상을 설명한 것이 아니고, 음양이론으로 괘상을 설명한 것이다. 「박괘」의 괘체를 보면 양은 상구(上九) 하나뿐이고 모두 음이다. 이는 음이 양을 몰아내거나 잘라내고, 양은 있으나 마나 한 존재가 되어있으며, 음이 지배하고 있는 형상이다. 여기서 음은 소인이고 양은 군자이다. 소인이 군자를 몰아내거나 잘라내고, 소인이 지배하고 있는 상황이 「박괘」다. 개인적으로 말하면 사람의 내면에 들어있는 양심·도덕성·진리는 악에 의해서 다 밀려나 버리고 비양심·부도덕·불의가 개개인을 지배하는 상황이다. 이같이 국가나 개인에게서 악이 도를 몰아내고 악이 지배하게 되면 재앙이 온다는 것이 「박괘」가 말하는 진리다. 이것은 반드시 알고 있어야 할 진리다. 불행이나 재앙은 악이 가져오고, 진리와 도덕은 복을 가져오는 것이다.

괘명인 '박(剝)'이라는 말의 뜻은 "잘라내다·칼로 베다"라는 뜻이다. 그러므로 '박'은 "몰아내다·제거하다"라는 뜻이다. 악(惡)이 도(道)를, 소인이 대인을 몰아내거나 잘라내는 것을 '박(剝)'이라고 한다. 소인이 대인을 몰아내고 잘라내면 그 사회는 부정으로 가득 차서 부패하게 되고 다음에 재앙이 온다. 최고 권력자가 소인이거나, 최고 권력자는 무능하고 허약하여 허수아비이거나, 소인의 무리수가 많고 힘이 강하면 군자는 밀려나고 제거되어 「박괘」의 상황이 이루어지는 것이다. 공자 같은 성인도 53세에 대부(장관)가 된 다음 56세에 관직에서 물러났다. 임금인 정공(定公)은 무능하고 허약하며, 소인배 권력자인 삼환(三桓)의 무리와 그의 추종 세력은 수가 많고 강성하여 뜻을 펼 수가 없었기 때문이다. 도를 적으로 여기는 자, 도와 상극관계에 있는 자가 소인이다. 그래서 공자께서도 당시의 소인을 진리의 길로 인도할 수가 없었다. 천지자연에서는 음이 양을 몰아내는 일이 없다. 이것은 자연의 이치이다.

괘사에서는, 가는 곳에 이롭지 않은 일이 있다고 하였다. 소인이 좌지우지하는 어두운 세상, 죄악으로 가득 찬 험한 세상이 「박괘」의 세상이다. 이런 세상에 밖에 나가면 무슨 이로운 일이 있겠는가? 불쾌한 일이나 망신을 당하며 재앙을 만나기도 하는 것이다. 그래서 이롭지 않은 일이 있다고 하였다. 그러므로 이런 세상에서는 가능하면 밖에 나가지 않아야 하고, 갈 곳이 있어도 삼가는 것이 이로운 것이다.

　단전에서 말한 관상(觀象)은 천문(天文)을 보는 것도 되고, 세상 형편을 살펴보는 것도 된다. '소식영허(消息盈虛)'에서 '소(消)'는 "사라지는 것·없어지는 것·망하는 것·죽는 것"이고, '식(息)'은 "태어나는 것·생겨나는 것·일어나는 것"이다. '영허(盈虛)'는 "차고 비는 것"이다. 그러므로 '소식영허'는 "나고 죽고·번영하고 쇠퇴하는 상황이 돌고 돌며 바뀌는 것"을 말하는 것이다. 나고 죽고 음지가 양지가 되고 양지가 음지가 되는 것은 하늘의 뜻이므로 군자는 그 뜻을 받든다고 하였다.

　대상전에서는, 「박괘」의 괘상을 땅에 붙어있는 산이 깎이고 있는 것으로 본 것이다. 다시 말하면 땅에 붙어있는 산이 비바람·눈보라에 깎이고 무너지는 것으로 「박괘」의 괘상을 본 것이다. 여기서 땅은 도를 상징하고, 산은 백성을 상징하며, 비바람·눈보라는 백성을 등쳐먹고 사는 악의 무리를 말하는 것이다. 임금은 악의 무리의 등쌀로부터 백성들을 보호하며, 넉넉하고 편안하게 살도록 도와주어야 한다는 것이다. 백성은 나라의 근본이고 도와 함께 하기 때문이다. 옛날에 백성은 선량하였기 때문에 도와 함께 한다고 말한 것이다.

　초육(初六)에서 말한 침상은 군자를 상징하는 것이다. 침상의 다리를 잘라 내버린 것은 군자의 손발 역할을 하는 군자의 보조자들을 제거해 버린 것이다. 소인은 군자의 수족부터 자른다는 말이다. 육이(六二)에서는 침상의 틀을 제거해 버린 것이다. 침상의 틀은 군자의 측근 보좌관을 말하는 것이다. 소인들이 이렇게 군자의 손발과 측근 보좌관을 제거하면 자기들 뜻대로 일이 되고 자기들 세상이 될 것 같지만 실제로는 자기들의 무덤을 파고 있다.

　육삼(六三)에서는 군자의 손발과 측근 보좌관들이 잘리었어도 그들에게 화는 없다고 하였다. 그들은 하늘의 도를 어긴 일이 없기 때문이다.

　육사(六四)에서는 침상의 바닥을 제거해 버린 것이다. 침상의 바닥은 군자를 말하는 것이다. 즉 군자를 제거한 것이다. 침상에서 다리를 제거하고, 틀을 뜯어내고, 바닥을 뜯어냈으니, 침상은 없어져 버린 것이다. 군자와 군자를 따르던 사람들이 모두 제거된 것이다. 이렇게 되면 소인이 죽게 되는 재앙은 매우 가까운 곳에 이르렀다는 것이다.

육오(六五)에서 말한 '관어(貫魚)'는 꿰미에 나란히 꿴 물고기를 말한다. 여기서 물고기는 음이고 소인을 상징하는 것이다. 그러므로 '관어'는 소인의 무리라는 뜻이다. 1 효부터 5 효까지 모양이 악이라는 꼬챙이에 소인들이 나란히 꿰어진 모습이다.

상구(上九)에서 말한 '석과(碩果)'는 큰 과일이 아니고, 크게 훌륭한 인물을 말한다. 아무리 흉악무도해도 큰 인물은 죽일 수가 없다는 것이다. 하늘이 지키기 때문이고 진리는 죽지 않기 때문이다. 군자는 쫓겨나도 다음에 또 수레를 얻게 된다고 하였다. 수레는 관직을 상징한다. 소인은 살던 집도 빼앗긴다고 하였다. 부정 축재한 재산이 몰수되기 때문이다.

'석과불식(碩果不食)'을 큰 과일은 먹을 수가 없다고 번역하면 이치에 맞지 않는다. 이 세상 어디에 먹을 수가 없을 정도의 큰 과일이 있겠으며, 크면 쪼개 먹으면 되는 것 아닌가? 쪼갤 수도 없이 큰 과일이 있겠는가?

24. ䷗ 坤上 震下 地雷復(지뢰복)

復은 亨하고 出入无疾하며 朋來无咎이니라 反復其道는 七日來復이며 利有攸往이니라.

· · · · · · · · ·

彖曰 復亨은 剛反動而以順行함이니라 是以出入无疾하며 朋來无咎이니라 反復其道七日來復은 天行也이며 利有攸往은 剛長也이니 復其見天地之心乎이니라.

象曰 雷在地中復하니 先王以至日閉關하고 商旅不行하며 后不省方하니라.

初九, 不遠復하면 无祗悔하므로 元吉하니라
象曰 不遠之復은 以修身也이니라
六二, 休復하면 吉하니라
象曰 休復之吉은 以下仁也이니라
六三, 頻復하면 厲하여야 无咎이니라
象曰 頻復之厲는 義无咎也임이니라
六四, 中行獨復하니라
象曰 中行獨復은 以從道也임이니라

六五, 敦復하면 无悔이니라
象曰 敦復无悔는 中以自考也임이니라
上六, 迷復하면 凶하니라 有災眚인데 用行師하면 終有大敗하고 以其國君凶하며 至于十年不克征하니라
象曰 迷復之凶은 反君道也임이니라

「복괘(復卦)」는 일에 막히는 일이 없고 나가고 들어와도 괴로움이 없으며 벗이 찾아와도 화가 없다. 되돌아온 도(道)는 7일 만에 돌아온 것이며 가는 곳에 이로움이 있다.

· · · · · · · · ·

단전에서 말하기를, 「복괘(復卦)」가 일에 막히는 일이 없는 것은 양(陽)이 되돌아와서 일하는데 도를 따라 일하기 때문이다. 이런 까닭으로 나가고 들어와도 괴로움이 없으며 벗이 찾아와도 화가 없는 것이다. 되돌아온 도가 7일 만에 돌아온 것은 하늘이 보낸 것이며, 가는 곳에 이로움이 있는 것은 양(의 힘이) 커지고 있기 때문이니 「복괘」에서 하늘과 땅의 마음을 알 수가 있다.

상전에서 말하기를, 양(陽)이 돌아와 땅속에 있으니 옛 왕들은 동짓날에는 관문을 닫고 상인이나 나그네를 다니지 못하게 하였으며 임금도 지방 순시를 하지 않았다.

초구(初九), 멀리 가지 않고 되돌아오면 크게 후회할 일이 없는 것이므로 크게

복을 받는다. 상전에서 말하기를, 멀리 가지 않고 되돌아온 것은 자신을 바로 잡았기 때문이다.

육이(六二), 기쁘게 돌아오면 복을 받는다. 상전에서 말하기를, 기쁘게 돌아오면 복을 받는 것은 인(仁)에 머물러 있었기 때문이다.

육삼(六三), 여러 번 가고, 여러 번 되돌아오면 힘써 닦아야 화가 없다. 상전에서 말하기를, 여러 번 가고 여러 번 되돌아오면 힘써 닦아야 한다는 것은 의로워야 화가 없어서이다.

육사(六四), 중도에 혼자 되돌아온다. 상전에서 말하기를, 중도에 혼자 되돌아온 것은 도를 따랐기 때문이다.

육오(六五), (자신을) 곧게 세우고 되돌아오면 후회할 일은 없는 것이다. 상전에서 말하기를, (자신을) 곧게 세우고 되돌아오면 후회할 일이 없는 것은 올바름을 스스로 이루었기 때문이다.

상육(上六), 돌아오는 길을 잃으면 재앙이 있게 된다. 재앙이 있는데 군대를 일으키면 마침내는 크게 패하게 되고, 그 일 때문에 임금도 재앙을 만나게 되며, 십 년이 되어도 능히 바르게 되지를 못한다. 상전에서 말하기를, 돌아오는 길을 잃어 재앙이 있게 된 것은 군자의 도를 등졌기 때문이다.

【 한자 풀이 】

復: 돌아올 복, 회복할 복. 疾: 괴로워할 질, 근심할 질. 反: 돌아올 반, 등질 반. 動: 일할 동, 행할 동. 行: 보낼 행, 움직일 행. 길 행. 至: 동지 지. 閉: 닫을 폐, 지킬 폐. 關: 관문 관. 方: 나라 방, 지방 방. 遠: 멀리갈 원, 멀리할 원. 祗: 이를 지, 클 기(大也). 身: 나 신, 자신 신. 修: 바를 수, 고칠 수. 休: 기쁠 휴, 좋을 휴. 下: 머무를 하, 잡을 하. 頻: 자주 빈, 여러 번 빈, 잦을 빈. 厲: 힘써 닦을 려, 바쁠 려. 敦: 세울 돈, 곧게 세울 돈. 考: 이룰 고, 오를 고. 迷: 길 잃을 미. 眚: 재앙 생. 克: 능히 극, 능할 극. 征: 바를 정.

【해설】

「복괘(復卦)」의 괘상은 땅 아래에 우레가 들어있는 것이다. 그러나 땅 아래에 우레가 들어있을 수는 없는 것이므로 「복괘」는 자연현상으로 괘상을 설명한 것이 아니고 음양이론으로 괘상을 설명한 것이다. 「복괘」의 괘체(卦體)를 보면 초효(初爻) 하나만 양이고 모두 음효이다. 이는 음이 지배하는 세상에 양이 돌아오기 시작한 것을 말하는 것이다. 음이 극성을 부리면 반드시 음이 기울면서 양이 돌아오기 시작하고, 오래지 않아 음은 망하고 양의 세상이 된다는 것이 「복괘」가 말하는 진리다.

불의(不義)한 것은 오래가지 못하고 반드시 망한다는 것이다. 불의는 왜 무너지는 것일까? 인류의 양심이 저항하고 그 사회의 사람들이 싫어하기 때문이다. 인류의 양심은 곧 하늘이고, 보편적 정당성은 진리이다. 하늘과 진리를 거스르면 망하는 것이다. 다시 말하면 역천자필망(逆天者必亡; 하늘을 거스르면 반드시 망한다)이기 때문에 망하는 것이다. 인류의 역사는 악의 멸망사(滅亡史)이고 진리의 승전보(勝戰報)이다. 그런데도 사람들은 계속 하늘과 도를 거스르며 산다. 남 망하는 것은 보면서도 자기 망하는 줄은 모르고 악과 손을 잡고 일을 하는 것이다. 여기에 인간의 한계와 비애가 들어있다.

괘명인 '복(復)'이라는 말의 뜻은 "돌아온다"라는 뜻이다. 어디에 무엇이 돌아온다는 것인가? 이 세상에 소인이 물러가고 대인이 돌아오고, 악이 물러가고 도가 돌아오는 것이다. 하늘이 도가 돌아오게 한 것이다. 밀려난 도는 하늘에 의해서 반드시 제자리로 돌아온다는 것이다.

천지자연에서는 음이 번성하면 그 음은 멸망이라는 재앙을 당하게 된다. 이것은 자연의 이치다. 예를 들면 전염병의 창궐·하늘을 뒤덮는 메뚜기 떼의 극성·병충해의 만연 등은 그들의 멸망이라는 재앙으로 막을 내리는 것이다.

소인이 극성을 부리는 사회체제에서는 진리 편에 서 있는 사람들은 나가고 들어와도 편안한 날이 없고 괴로우며, 벗들과 모여 앉아 이야기하기도 어려운 것이다. 모의한다고 의심을 받고 화를 당하기 때문이다. 이제는 음의 세상이 막을 내리고 있어서 벗이 찾아와도 화가 없게 된 것이다.

떠났던 도가 7일 만에 돌아왔다는 말은 주역에서 난해한 말 중의 하나이다. 번성하던 소인의 세력이 7일 만에 망할 수는 없기 때문이다. 칠일(七日)이라는 말이 여기 말고 또 두 군데에 있다. 51.「뇌괘(雷卦)」와 63.「기제괘(旣濟卦)」이다. 떠난 것이 되돌아오는 날짜를 칠 일이라고 한 것은 상식에도 맞지 않는 것이고, 지금의 자전이나 공전의 주기처럼 일정할 수도 없다. 악의 세력이 망하는 것이 100일 만일 수도 있고, 10년·100년·500년일 수도 있다. 그런데도 주역은 7일이라고 말하였다. 필자는 그 이유를 다음과 같이 생각해 본다.

진리를 제외한 만사(萬事)와 만물은 시작이 있으면 끝이 있다고 주역은 강조한다. 끝을 모르거나 잊으니까 교만한 행세를 하는 것이다. 자신의 끝을 안다면 겸손하게 되는 것이다. 처음이 있고 끝이 있는 인간의 모든 일은 초반·중반·종반으로 나눌 수 있다. 사계절처럼 4등분 할 수 있다는 말이다. 앞에서 설명한 대로 주역은 1부터 10까지를 천지지수(天地之數)라고 한다. 천지지수를 4등분하면 1·2·3·4·5는 초반·중반에 해당하고, 6·7·8·9·10은 후반·종반에 해당한다. 3은 초반과 중반을 가르는 분기점이고, 8은 후반과 종반을 가르는 분기점이 되는 것이다. 이렇게 생각하면 7은 후반의 한가운데가 되는 것이다. 음이 좌지우지하는 음의 세상에서도 음이 쇠퇴기로 들어서는 시점이 있는 것이고, 이 시점부터는 음은 기울고 있다. 음이 기울기 시작한 때부터를 후반기라고 하는 것이다.

7은 후반기의 중심인 것이다. 음의 세력이 7의 시점에 이르면 양 곧, 도가 세상에 와서 있게 된다는 말이다. 그래서 7일 만에 돌아왔다고 말한 것으로 생각된다. 민중의 지지가 없으면 악의 세력은 커질 수가 없다. 민중의 지지는 빵(經濟)과 행락(行樂: 레저)을 제공하고 얻는 것이다. 빵과 행락을 빌고 좋아하던 민중도 소인이 날뛰는 악한 세상의 중반기 곧 절정에 이르면, 부패한 세상에 대한 거부감과 혐오감이 싹터 자라는 것이다. 이것은 누가 시킨 것이 아니고 자연히 그렇게 되는 것이다. 여기에 이르면 악한 세상은 후반기에 들어선 것이다. 그리고 진리와 양심을 갈망하게 된다. 이 기대에 부응해서 도가 이 세상에 들어오는 것이다. 이 시점이 천지지수에 의거 해서 말하면 7의 시점이 된다는 말이다.

권불십년(權不十年)이라는 말이 있다. 여기서도 십이라는 숫자를 썼다. 권불십년은 맞는 말이 아니다. 20년·30년·40년을 권좌에 있는 이가 있기 때문이다. 그런데 10이라는 숫자를 사용한 것은 10이 천지지수에 끝이기 때문으로 생각된다. 영원할 것 같고 그 지존하던 권력에도 비참하게 무너지는 끝이 있다는 말과 같다. 7에서 확실하게 망조(亡兆)가 들고 10에서 끝장이 난다는 것이다. 악에게는 멀지 않은 끝이 있다는 것을 잊으면 안 된다. 잊어버리기 때문에 악에게 내 몸을 파는 것이다.

단전에서는, 「복괘(復卦)」에서 하늘과 땅의 마음을 알 수 있다고 하였다. 하늘과 땅도 소인이 계속해서 날뛰는 것은 용납하지 않고, 멸망시킨다는 그 마음을 알 수 있다는 것이다.

대상전은, 괘상을 자연현상으로 설명한 것이 아니다. 우레가 땅속에 있을 수가 없기 때문이다. 그러므로 음양이론과 자연현상을 혼합하여 설명한 것이다. 그러면 뇌(雷)는 우레가 아니고 양(陽)인 것이다. 양이 돌아와 땅속에 있는 것이 대상전에서 말한 괘상이다. 옛 임금들은 동짓날에는 관문을 닫고 상인이나 나그네의 출입을 금하였으며, 임금 자신도 지방 순시를 하지 않았다고 하였다. 그 이유는 양이 돌아오는 첫날이 동짓날이라고 여겼기 때문이다. 양이 돌아오는 첫날이니까 모두 조심하고 조용해야 한다는 것이다. 그러므로 문밖출입을 삼가고 집에서 조용하게 지내야 한다는 것이었다.

초구(初九)에서 말한 멀리 가지 않고 되돌아온 것은 정도(正道)를 버리고 살다가 얼마 안 되어 그런 생활을 청산하고 도에로 돌아온 것을 말하는 것이다. 자신을 바로잡았기 때문에 방향 전환이 가능하였다. 진실하게 방향 전환을 하면 크게 복을 받는다는 것이다.

　육이(六二)에서 말한 기쁘게 돌아온 것은 잠깐 세속을 따르다가 어렵지 않게 결단하여 끊어버리고 기쁘게 다시 도를 따르게 된 것이다.

　육삼(六三)에서 말한 여러 번 가고 여러 번 되돌아온 것은 음지(陰地)와 양지(陽地)를 왔다가 갔다가 하는 일을 반복하는 것이다. 다시 말하면 바르지 않은 일을 한 다음에 뉘우치고 결심하여 다시 바른길로 되돌아오지만, 그 결심은 3일을 가지 못하고 무너져 다시 바르지 않은 일을 행하는 일을 되풀이하는 것이다. 의지가 약하여 맺고 끊는 일에 과단성이 없는 것이다. 이런 사람은 힘써 닦아서 의지를 굳게 하여 잘못을 되풀이하지 않아야 화를 당하지 않는다고 하였다.

　육사(六四)에서 말한 중행(中行)은 가는 길의 중간인 중도(中途)를 말한다. 바르지 않은 길을 바르지 않은 사람들과 함께 어울려 가다가 혼자서 중간에 바른길 곧, 도에로 돌아온 것이다. 바르게 살아야 사람이기 때문이다. 도를 버리는 것은 내가 인간임을 부정하는 행위이다.

　육오(六五)에서 말한 곧게 세우고 돌아온다는 것은 꾸준히 정성을 다하여 구도하고, 수양하고 학문을 연구하여 자신의 내면을 도와 교양과 학식으로 가득 채워서, 세속의 부정과 이별을 하고 도의 세계로 돌아오는 것이다. 이런 사람에게 무슨 후회할 일이 있겠는가?

　상육(上六)에서 말한 돌아오는 길을 잃어버린 것은 도와 도덕이라는 것 자체를 다 잊어버리고 비양심·부도덕·비리(非理)의 세계에서 사는 것을 말한다. 이렇게 살면 재앙을 당한다는 것이다. 부도덕하고 불의한 사람이 일을 일으키면 성공하는 일이 없고 대패하고 재앙을 당한다고 하였다.

　괘사와 단전에서는 도가 세상에 돌아온 것을 말하였고, 효사에서는 사람이 도에로 돌아온 것을 말하였다.

25. ䷘ 乾上 震下 天雷无妄(천뢰무망)

无妄은 元亨하나 利貞이니라 其匪正하면 有眚하고 不利有攸往이니라.

· · · · · · · · · ·

彖曰 无妄은 剛自外來而爲主於內하고 動而健하며 剛中而應하고 大亨以正하니 天之命 也이니라 其匪正有眚하고 不利有攸往하니 无妄之往하면 何之矣이고 天命不祐하면 行矣哉이리요.

象曰 天下雷行 物與无妄하니 先王以茂對時하고 育萬物하니라.

初九, 无妄하면 往吉하니라
象曰 无妄之往하면 得志也이니라
六二, 不耕穫하고 不菑畬하면 則利有攸往이니라
象曰 不耕穫하면 未富也이니라
六三, 无妄之災하니라 或繫之牛한데 行人之得하면 邑人之災이니라
象曰 行人得牛하면 邑人災也이니라
九四, 可貞하면 无咎이니라
象曰 可貞无咎는 固有之也임이니라

九五, 无妄之疾는 勿藥이나 有喜이니라
象曰 无妄之藥은 不可試也이니라
上九, 无妄行有眚하며 无攸利이니라
象曰 无妄之行窮之災也하니라

「무망괘(无妄卦)」는 크게 형통하나 올발라야 이롭다. 무릇 바르지 않으면 재앙이 있고 가는 곳에 이롭지 않은 일이 있다.

· · · · · · · · ·

단전에서 말하기를, 「무망괘(无妄卦)」는 양(陽)이 변함없이 밖에 와 있으면서 안의 일을 주관하고 쉬지 않고 일을 하며, 강하고 치우치지 않으면서 화합하고 바르기 때문에 크게 형통하는 것이니 하늘의 뜻이다. 무릇 바르지 않으면 재앙이 있는 것이고 가는 곳에 이롭지 않은 일이 있는 것이니 자기 마음대로 하지 않으면서 나가면 어디나 갈 수 있고, 하늘의 도가 돕지 않는데 나가면 되겠는가?

상전에서 말하기를, 하늘 아래에 우레를 보내어 사람들을 화합하게 하고 자기 마음대로 하지 않게 하니, 옛 왕들도 선(善)을 이루는 데 힘쓰고 모든 사람을 교육하였다.

초구(初九), 자기 마음대로 하지 않으면 나가면 복을 받는다. 상전에서 말하기를, 자기 마음대로 하지 않으면서 나가면 뜻한 바가 이루어진다.
육이(六二), 힘써 농사지은 것을 거둘 것이 없고 황무지를 개간할 수도 없다면 가는 곳에 이로움이 있다. 상전에서 말하기를, 힘써 농사지은 것을 거둘 것이 없다면 (그곳에) 복은 없는 것이다.

육삼(六三), 자기 마음대로 하지 않아도 재앙을 당한다. 어떤 사람이 소를 매어 놓았는데 지나가던 사람이 가져가 버리면 마을 사람들의 재앙이 되는 것이다. 상전에서 말하기를, 지나가던 사람이 소를 가져가 버리면 마을 사람들은 재앙을 당하는 것이다.

구사(九四), 바르고 곧으면 화가 없다. 상전에서 말하기를, 바르고 곧으면 화가 없다는 것은 굳게 지키는 것이 있어서이다.

구오(九五), 자기 마음대로 하지 않아도 괴로운 것은 약이 없으나 복은 있다. 상전에서 말하기를, 자기 마음대로 하지 않아도 괴로운 것은 (약을) 쓸 수가 없는 것이다.

상구(上九), 자기 마음대로 하지 않는 행실에도 재앙이 있어 이로움이 없다. 상전에서 말하기를, 자기 마음대로 하지 않는 행실도 어려움을 겪고 재앙을 당하는 것이다.

【 한자 풀이 】

妄: 자기 마음대로 할 망, 도리에 어긋날 망. 匪: 아닐 비. 自: 변함없을 자, 진실로 자, 써 자 (以外). 主: 주관할 주, 거느릴 주. 命: 도 명, 하늘의 뜻 명. 其: 대저 기, 무릇 기, 만일 기. 行: 갈 행, 일할 행, 보낼 행, 줄 행, 말할 행. 物: 만물 물, 사람 물. 與: 화합할 여, 함께할 여. 茂: 힘쓸 무. 對: 이룰 대, 같을 대. 時: 선할 시, 훌륭할 시. 育: 교육할 육, 기를 육. 得: 이룰 득, 이를 득. 耕: 밭갈 경, 농사에 힘쓸 경, 일할 경. 穫: 거둘 확, 얻을 확. 菑: 황무지 치, 개간할 치. 畬: 개간할 여, 새밭 여. 富: 복 부, 행복 부, 넉넉할 부. 得: 손에 넣을 득, 가질 득. 邑: 고을 읍, 마을 읍. 固: 굳게 지킬 고, 떳떳할 고. 疾: 괴로울 질, 아플 질. 試: 쓸 시, 검사할 시. 喜: 복 희, 경사 희. 窮: 어려움을 겪을 궁, 고생할 궁.

【해설】

「무망괘(无妄卦)」의 괘상은 하늘에서 무섭게 천둥이 울리고 있다. 「무망괘」에서 무섭게 울리는 천둥은 자기 마음대로 행동하면 하늘이 천벌을 내리겠다는 경고다. 그러므로 「무망괘」는 자연현상으로 괘상을 설명한 것이다. 사람이 자기 마음대로 행동하면 그 자체가 진리와 도덕을 무시하는 행동이 되므로 바람직하지 않은 행동이며, 모든 죄악의 근본이 되는 것이다. 성현의 말씀과 바르게 사는 훌륭한 사람의 말씀, 그리고 부모님의 말씀을 전적으로 듣지 않고 계속 자기 마음대로 행동하면 악의 수렁으로 빠져들게 되는 것이다. 특히 부모님의 말씀을 듣지 않고 자기 마음대로 살면 문제아가 되는 것이다. 부모님은 자식에 대해서만은 진리이기 때문이다. 악의 수렁에서 악과 함께 살아 천벌을 받지 않으려면 자기 마음대로 행동하는 일이 없어야 한다는 것이 「무망괘」가 말하는 진리다. 이는 반드시 행하여야 할 진리를 말한 것이다.

괘명인 무망(无妄)에서 망(妄)이라는 글자의 뜻은 "자기 마음대로 하다"는 뜻이다. 그러므로 무망은 자기 마음대로 하는 일이 없어야 한다는 것이다. 사람은 누구나 자기 마음대로 하려고 한다. 그러나 사람은 동물이 아니므로 자기 마음대로 행동하며 살 수가 없는 존재인데 사람이 무지해서 그것을 모르기 때문에 자기 마음대로 하려고 하는 것이다. 인간이란 본질적으로 규범(規範)이라는 공간에서 살아야 하는 존재이고, 자유도 규범 속의 제한적 자유(制限的自由)인데 그것을 모르고 있다. 그리고 사회는 자연이 아니고 문화인 것이다. 그러므로 자기 마음대로 하겠다는 것은 동물이나 야만인으로 살겠다는 것과 같다. 문화 속에서 야만인과 야생동물이 자기 마음대로 활개 치며 살도록 누가 허용하겠는가? 규범과 사회와 문화를 파괴하는 행동이기 때문에 용납될 수가 없다. 사회가 용납할 수 없는 행동은 악(惡)이다.

진리와 도덕에서 멀수록 자기 마음대로 하려고 한다. 그러므로 바르지 않은 사람일수록 자기 마음대로 하려고 하는 것이다. 인생에서 최상의 가치인 사랑과 존경은 자기 마음대로 하지 않고 바르게 사는 사람이 받는다. 바르게 살려면 성년(成年)이 된 사람은 성현의 말씀을 절대적으로 듣고 따라야 하고, 미성년자는 부모님의 말씀을 절대적으로 들어야 한다.

   천지자연의 자연물은 자기 멋대로 하는 일이 없다. 자연의 법칙을 따르는 것이다. 이것은 자연의 이치다.

   괘사에서는 크게 형통할 것이지만 올발라야 이롭다고 하였다. 크게 형통할 것이라고 말한 이유는 상괘(上卦)가 하늘이기 때문에 그렇게 말한 것이다. 다시 말하면 하늘이 위에 있으면서 인도하기 때문에 형통한다는 것이다. 여기서 하늘은 도이고 도를 행하며 사는 도인(道人)인 대인군자다. 그러나 도인이 위에 있으면서 인도하여도 그의 말을 듣지 않고 자기 마음대로 하면 바르지 않은 것이고, 그렇다면 이로운 일은 없다는 것이다. 즉 도인의 말을 들어야 이롭다는 것이다. '원형(元亨)'이라는 말은 『주역』에 10번 나오는 말이다. 만사가 순조롭게 된다는 말인데 올바르게 일해야 크게 형통한다는 조건이 붙는다.

   단전에서 말한, '강자외래(剛自外來)'에서 '강(剛)'은 양(陽)이다. 양은 상괘(上卦)인 하늘을 말하는 것이다. '자(自)'는 "변함없이·한결같이"라는 뜻이다. 외래(外來)는 외괘(外卦)가 되어 와있다는 뜻이다. 상괘인 '건(乾)'은 외괘이고, 하괘인 '진(震)'은 내괘이기 때문에 그렇게 말한 것이다. 그러므로 '건과 진'은 내외간이라는 말이다. 그러므로 단전 초반부에서 말한 것은, 하늘은 양이고 남편으로서 음이면서 아내인 '진(震)'의 일을 주관하고 있다. 다시 말하면 '진(震)'은 자기 마음대로 하는 일이 없고 하늘의 뜻을 따르고 있다. 이같이 음이 무망(无妄)이라는 진리를 행하므로 어디를 가도 이롭고 환영을 받는다는 것이다. 진리를 행하면 하늘이 돕기 때문이다. 하늘이 돕지 않으면 집에 있어도 화가 찾아오는 것이다.

   대상전에서는, 하늘 아래에 우레를 보내어 사람들을 화합하게 하고 자기 마음대로 하지 않게 한다고 하였다. 대상전에서 괘상을 자연현상으로 설명하지 않고 천제(天帝)가 하늘 아래 이 세상에 우레를 보내는 것으로 설명한 것이다. 그러므로 여기서 우레는 천제의 경고 말씀이다. 자기 마음대로 하지 말고 화합하라는 경고다. 자기 마음대로 하면 화합은 깨지기 때문이다. 그러면 하늘은 왜 자기 마음대로 하지 말라고. 경고하는 것일까? 인간의 양면성(兩面性) 때문이다. 인간은 본질적으로 혼자 사는 존재이면서 동시에 문화적 존재이기 때문이다. 인간은 본질적으로 무리를 지어 사는 존재가 아니고 혼자 사는 존재이다. 그래서 누구나 독방을 원하고 혼자 있어야 속이 편한 것이다. 그래서 덴마크의 실존철학자 키에르케고르(Kierkegaard)는 "인간은 신(神) 앞에 혼자 서있는 고독한 존재"라고 인간을 정의하였다. 그리고 인간과 가장 가까운 유인원(類人猿)인 오랑우탄(Orangutan)도 혼자 산다. 그러므로 인간의 본질은 혼자 살면서 자기 마음대로 하는 것이다. 만일 인간이 무리를 지어 살게 되어 있다면 그렇게도 서로 간에 마음이 맞지 않는 일은 없을 것이고 갈등과 불화도 없어야 할 것이다. 혼자 살아야 하는데 무리 지어 사니까 충돌할 수밖에 없다.

그러나 인간은 너무나 불완전하고 허약해서 혼자서는 생명을 유지하기가 매우 어렵고 더더구나 문명(文明)을 이루는 일이 불가능하여 문화인으로 살 수가 없기에 무리 지어 사회생활을 할 수밖에 없다. 그러므로 사회생활을 하려면 양면성이라는 모순을 극복하여야 한다. 그러므로 천제의 경고는 이런 모순을 극복하여 자기 마음대로 행동하지 말라는 것이다. 옛날에 성인 임금들은 천제의 이런 경고의 말씀을 듣고 사람들이 자기 마음대로 행동하지 않게 하려고 인간을 선하게 하고 인간 수준을 향상하기 위해 교육에 힘을 썼다고 하였다. 가르쳐 바르게 하고 인간 수준이 높아져야 자기 마음대로 하지 않기 때문이다.

초구(初九)에서는 자기 마음대로 하지 않으면 나가면 복을 받는다고 하였다. 자기 마음대로 하지 않는다는 말은 성현의 말씀을 따르고 부모님의 말씀을 따른다는 말이다. 이런 사람은 어디를 가도 복을 받는다.

육이(六二)에서 말한 것은 여러 해 계속되는 가뭄으로 농사를 지을 수가 없고 황무지도 개간할 수가 없어서 살 수가 없게 되었다면 마음대로 떠나도 된다는 것이다. 그러므로 죄를 짓거나 부도덕하게 배신하고 내 마음대로 떠나는 것이 아니면 어디를 가도 복을 받는다. 내 마음대로 행동하는 데 대한 조건을 말한다. 진리·도덕·국법의 테두리 내에서 내 마음대로 하면 복을 받는다. 그러나 죄를 짓고 떠나거나 부도덕하게 떠나면 떠나도 복은 없고 화가 기다리고 있다는 것이다.

육삼(六三)에서는 바르게 살며 자기 마음대로 행동하지 않았는데도 당하는 재앙을 말한 것이다. 나쁜 사람이 지은 죄는 선한 사람에게 재앙이 될 수 있다는 말이다. 다시 말하면 나쁜 사람이 가져온 재앙에 선한 사람도 화를 당한다는 것이다.

구사(九四)가 굳게 지키고 있는 것은 도이다. 도를 굳게 지키며 행하면 곧고 바른 것이고, 곧고 바른 사람은 자기 멋대로 행동하는 일이 없다. 이런 사람이 복을 받는다. 바르지 않은 사람이 자기 멋대로 행동한다.

구오(九五)는 자기 마음대로 행동하는 일이 없는 사람인데 괴로워하는 것은 다른 사람의 범죄와 부도덕 때문에 고뇌하고 괴로워하는 것이다. 이런 괴로움은 치유할 약은 없지만, 하늘이 복으로 보답한다고 하였다.

상구(上九)에서는 자기 마음대로 행동하지 않고 성현과 부모님을 따르며 바르게 사는데도 당하는 재앙이 있다고 하였다. 가뭄·홍수·산사태·태풍·해일·지진·화산폭발 등의 재앙이다. 육삼(六三)에서 말한 재앙은 인재(人災)이고, 상구(上九)에서 말한 재앙은 천재(天災)다.

26. 艮上 乾下 山天大畜(산천대축)

大畜은 利貞하며 不家食吉하고 利涉大川이니라.

· · · · · · · · ·

彖曰 大畜은 剛健篤實輝光하며 日新其德하고 剛上而尙賢하며 能止健하니 大正也이니라 不家食吉은 養賢也이며 利涉大川은 應乎天也이니라.

象曰 天在山中 大畜하니 君子以多識前言往行하여 以畜其德하니라.

初九, 有厲利已이니라
象曰 有厲利已는 不犯災也임이니라
九二, 輿說輹하니라
象曰 輿說輹하여야 中无尤也이니라
九三, 良馬逐하고 利艱貞하며 曰閑輿衛하여야 利有攸往이니라
象曰 利有攸往은 上合志也임이니라
六四, 童牛之牿하면 元吉하니라
象曰 六四元吉은 有喜也이니라
六五, 豶豕之牙하면 吉하니라

象曰 六五之吉은 有慶也이니라
上九, 何天之衢하면 亨하니라
象曰 何天之衢는 道大行也이니라

「대축괘(大畜卦)」는 올발라야 이로우며 집을 떠나 살아도 좋고 큰 내를 건너도 이롭다.

· · · · · · · · ·

단전에서 말하기를, 「대축괘(大畜卦)」는 강하고 힘써 일하고 정성스럽고 진실하여 크게 빛이 나며, 날로 그의 덕이 새로워지고, 높은 자리의 양이 학덕이 뛰어난 이를 받들며, 능히 함부로 행동하지 않고 어렵게 여기니 크게 바른 것이다. 집을 떠나 살아도 좋다는 것은 뛰어난 학덕을 길렀기 때문이며, 큰 내를 건너도 이롭다는 것은 하늘을 따르기 때문이다.

상전에서 말하기를, 하늘이 산(山)속에 들어 있어 많이 모으니, 군자도 옛사람들의 유익한 말들과 옛사람들의 도를 널리 깨달아 그의 덕을 기른다.

초구(初九), 위태로움이 있는 일은 그만두는 것이 이롭다. 상전에서 말하기를, 위태로움이 있는 일은 그만두는 것이 이롭다는 것은 재앙을 만나지 않기 때문이다.

구이(九二), 수레에서 당토(當兎)를 제거해야 한다. 상전에서 말하기를, 수레에서 당토를 제거해야 올발라서 화가 없게 된다.

구삼(九三), 크게 어진 사람을 따라야 하고 어려워도 올발라야 이로우며, 언제나 바르고 근본을 지켜야 가는 곳에 이로움이 있다. 상전에서 말하기를, 가는 곳에 이로움이 있다는 것은 마음이 하늘과 하나가 되어서다.

육사(六四), 어린 소를 외양간에서 기르면 크게 복을 받는다. 상전에서 말하기를, 육사(六四)가 크게 복을 받는다는 것은 기쁜 일이 있게 된다는 것이다.

육오(六五), 돼지의 송곳니를 제거하면 복을 받는다. 상전에서 말하기를, 육오(六五)가 복을 받는다는 것은 축하할 일이 있게 된다는 것이다.

상구(上九), 천도(天道)를 짊어지고 있으면 일에 막히는 일이 없다. 상전에서 말하기를, 천도를 짊어지고 있다는 것은 도를 훌륭하게 행하고 있다는 것이다.

【 한자 풀이 】

畜: 모을 축, 보유할 축, 쌓을 축. 大: 많을 대, 훌륭할 대. 家: 집 가, 집에서 살 가. 食: 살 식, 생활할 식. 健: 힘쓸 건, 어렵게 여길 건. 篤: 정성스러울 독, 극진할 독, 깊을 독. 輝: 빛날 휘, 빛 휘. 光: 클 광, 넓을 광. 日: 날마다 일. 上: 높을 상, 높은 자리 상, 하늘 상. 賢: 학덕이 뛰어날 현. 能: 능히 능, 잘할 능, 행할 능, 미칠 능(及). 止: 망동하지 않을 지, 머무를 지. 多: 넓을 다, 널리 다 중히 여길 다. 識: 알 식, 깨달을 식. 前: 옛 전. 言: 유익한 말 언. 往: 옛 왕. 行: 도 행, 도리 행, 행실 행. 厲: 위태로울 려, 괴로울 려. 已: 그만둘 이, 그칠 이. 犯: 만날 범, 염려할 범. 輿: 수레 여, 근본 여. 說: 제거할 탈, 풀어 벗길 탈. 輹: 당토 복, 바큇살 복. 尤: 화 우, 허물 우. 良: 어질 양, 훌륭할 양, 곧고 바를 양. 馬: 클 마. 逐: 따를 축, 뒤쫓을 축. 閑: 바를 한, 바로잡을 한. 衛: 지킬 위, 할 위, 행할 위. 牿: 우마를 외양간에서 기를 곡, 속박할 곡. 豮: 제거할 분. 豕: 돼지 시. 牙: 송곳니 아, 어금니 아. 何: 짊어질 하, 입을 하. 衢: 길 구(道也).

【해설】

「대축괘(大畜卦)」의 괘상은 산(山) 아래에 하늘이 있다. 그러나 산 아래에 하늘이 있을 수도 없고, 산 안에 하늘이 있을 수도 없는 것이므로 자연현상으로 괘상을 설명한 것이 아니다. 여기서 산(山)은 위엄이 있고 무거운 사람을 상징하는 것이고, 하늘은 자연현상으로서의 하늘이 아니고 하늘의 도를 말하는 것이다. 그러므로 「대축괘」는 위엄이 있고 무거운 사람이 내면에 하늘의 도를 가지고 있는 것을 말한다. 학식과 도와 덕과 재산을 크게 모은다는 것이다. 그러므로 누구든지 학식과 도와 덕과 재산을 크게 모아 베풀려면 산과 같이 위엄이 있고 무거운 풍채(風采)의 내면에 하늘의 도가 가득 차 있어야 한다는 것이 「대축괘」가 말하는 진리다. 이것은 반드시 알아야 할 진리를 말한 것이다.

풍채는 위엄이 있고 무거운 데 내면에 하늘의 도가 없으면 모아도 결국은 다 잃게 되는 것이다. 모은 것을 지켜주는 것은 도이기 때문이다. 그러나 도는 위엄이 없고 가벼우면 붙잡기가 어려운 것이다. 양자(兩者)는 미묘한 상관성을 가지고 있다.

괘명인 '대축(大畜)'에서 '축(畜)'이라는 말의 뜻은 "모은다"라는 뜻이다. 그러므로 '대축'은 "크게 모은다·많이 모은다"라는 뜻이다. 모아야 하는 것은 가치(價値)다. 가치는 무형의 가치와 유형의 가치가 있다. 무형의 가치는 학식과 도와 덕이고, 유형의 가치는 재산이다. 이런 가치들을 많이 모아 베풀어야 한다는 것이 「대축괘」가 말하는 것이다. 그러므로 '대축'은 '빈(貧)'의 반대다. 그런고로 무형의 가치를 모으지 못하면 정신적 빈곤이 되고, 유형의 가치를 모으지 못하면 물질적 빈곤이 되는 것이다. 특히 정신적 빈곤은 개인적·사회적으로 큰 문제가 된다. 또한 물질적 빈곤도 개인적·사회적으로 큰 문제가 된다. 높은 수준의 도를 가진 도인(道人)에게서 물질적 빈곤은 큰 영광이 되지만, 도를 가지지 못한 사람의 방탕과 게으름과 잘못된 인생관의 결과로 생긴 물질적 빈곤은 크게 부끄러운 것이다. 부도덕하거나 바람직하지 않은 생활 태도의 산물이기 때문이다. 몸 건강하고 바람직하게 살면 물질적 빈곤은 없는 것이다. '대축'의 반대는 '소축(小畜)'이다.

천지자연은 많이 모아도 자기가 소유하는 법이 없다. 이것은 자연의 이치다. 진리는 소유가 없기 때문이다. 성현·군자도 이와 같다. 많이 모아도 자기 것이 없는 것이다.

괘사에서 말한, '불가식(不家食)'이라는 말은 집에서 살지 않는 것이다. 그러므로 집을 떠나 사는 것이다. 집을 떠나 살아도 좋다고 하였다. 고대에는 집을 떠나 타향에서 머무는 일은 대단히 위험한 일이었다. 산에는 맹수와 산적이 많았고 텃세도 심하였으며, 통신수단이 없어서 위험에 처하였을 때 집에 소식을 전할 길이 없었기 때문이다. 그러므로 고대에는 집을 떠나 타향으로 가는 것은 위험으로 들어가는 일이었다. 괘사에서는 그래도 괜찮다고 하였다. 그 이유는 간(艮)의 덕인 함부로 행동하지 않는 것과 산처럼 위엄 있고 무거운 인품과 내면에 하늘의 도를 가지고 있기에 하늘이 도울 것이므로 괜찮다고 한 것이다. 단전에서는, 집을 떠나 살아도 좋은 이유를 뛰어나게 학덕을 길렀기 때문이라고 하였다.

단전에서는, '대축(大畜: 크게 모으는 것)'의 조건을 '대정(크게 바른 것)'이라고 하였다. 크게 올바른 사람이라야 크게 가치를 모은다는 것이다. 그리고 크게 올바른 것이란 구체적으로 어떤 것인가를 말하였다. 그것은 다음과 같다.

- 剛健(강건) : 강하고 힘써 일하는 것.
- 篤實(독실) : 정성스럽고 진실한 것.
- 輝光(휘광) : 크게 빛이 나는 것.
- 日新德(일신덕) : 날로 덕이 새로워지는 것.
- 尙賢(상현) : 학덕이 뛰어난 사람을 받드는 것.
- 止健(지건) : 함부로 행동하지 않고 어렵게 여기는 것.

대상전에서는, 하늘이 산속에 들어있다고 하였다. 이는 괘상을 자연현상 그대로 말한 것이다. 그러나 실제로는 자연현상으로 괘상을 설명하는 것이 아니고, 산과 같은 사람의 내면에 하늘이 들어 있는 것을 말하는 것이다. 군자는 이 괘를 보고 배워 자신의 풍채를 산과 같게 하고 그의 내면에 하늘을 가진 사람이 되려고 옛 성현 군자의 말씀과 행실을 널리 공부하였다는 것이다. 대상전에서는 '대축'의 조건을 옛사람들의 도를 널리 공부하여 자신의 덕을 기르는 것이라고 하였다. 여섯 개의 효사에서도 '대축(大畜)'의 조건들을 말하고 있다.

첫째, 위태로움이 있는 일은 하지 않아야 한다. 위태로움을 내포하고 있는 일은 모험·투기·불확실한 것·부도덕한 일·국법을 어기는 일이다.

두 번째, 수레를 타지 않아야 한다. 고대에 수레를 타는 것은 호화로운 생활과 위세 부리는 생활의 상징이었다. 이런 생활 태도로는 훌륭한 가치를 모을 수가 없다는 것이다. 구이(九二)에서 말한 당토(當兎)는 수레의 거상(車箱)과 굴대를 연결하여 고정하는 장치다. 그러므로 수레에서 당토를 제거하면 수레에서 앉을 곳이 없으므로 수레를 탈 수가 없는 것이다. 그런고로 수레에서 당토를 제거하라는 말은 수레를 타지 말라는 것이다. 22.「비괘(賁卦)」에서도 수레를 버리고 걸어 다녀야 한다고 하였는데 그 말과 같은 말이다.

세 번째, 크게 어진 사람을 따라야 하고, 어려워도 바르게 살아야 하며 언제나 바르고 근본을 지켜야 한다. 여기서 말한 양마(良馬)는 좋은 말이 아니고 크게 어진 사람·크게 훌륭한 사람을 말한다.

네 번째, 도에서 벗어나는 일이 없도록 마음 단속을 잘해야 한다. 도에서 벗어나는 언행을 하면 공든 탑이 무너지기 때문이다. 육사(六四)에서 말한 동우(童牛)는 송아지다. 송아지는 느닷없이 천방지축 날뛰는 것이다. 그래서 날뛰지 않도록 외양간에 가두어 길러야 하는 것처럼, 도와 법을 무시하고 마음대로 행동하려는 본능과 감정을 도 안에 가두어 잘 다스려야 한다.

다섯 번째, 타인에게 해를 끼치는 독(毒)이 없어야 한다. 상황이 바뀌면 해칠 수 있는 독이 없어야 한다는 것이다. 육오(六五)에서 말한 돼지 송곳니는 돼지에게서 가장 무서운 존재로서 치명상을 입히는 무기가 된다. 사람의 내면에 들어 있는 독을 돼지의 송곳니라고 표현한 것이다. 내면에 독이 있는 사람은 크게 모을 수가 없다는 말이다.

　여섯 번째, 언제나 훌륭하게 도를 행하고 있어야 한다. 도를 행하지 않으면 도는 물론이고, 재산도 크게 모을 수가 없다는 것이다. 모아도 곧 떠난다는 것이다. 상구(上九)에서 말한 천지구(天之衢)는 천도(天道)를 말하는 것이다. 하늘의 도를 짊어지고 있다는 말은 하늘의 도를 행하고 있다는 말이다.

27. ䷚ 艮上 震下 山雷頤(산뢰이)

頤는 貞吉하니 觀頤하고 自求口實하니라.

· · · · · · · · ·

彖曰 頤貞吉은 養正則吉也이며 觀頤는 觀其所養也이며 自求口實은 觀其自養也이니라 天地養萬物하고 聖人養賢하며 以及萬民하니 頤之時大矣哉이니라.

象曰 山下有雷頤하니 君子以愼言語하고 節飮食하니라.

初九, 舍爾靈龜하고 觀我朶頤하면 凶하니라
象曰 觀我朶頤는 亦不足貴也이니라
六二, 顚頤拂經이니 于丘頤征하면 凶하니라
象曰 六二征凶은 行失類也이니라
六三, 拂頤貞하면 凶하니 十年勿用无攸利이니라
象曰 十年勿用은 道大悖也이니라
六四, 顚頤吉하려면 虎視耽耽其欲逐逐하여야 无咎이니라
象曰 顚頤之吉은 上施光也이니라
六五, 拂經하여도 居貞하면 吉하나 不可涉大川이니라

象曰 居貞之吉은 順以從上也이니라
上九, 由頤하면 厲吉하고 利涉大川이니라
象曰 由頤厲吉은 大有慶也이니라

「이괘(頤卦)」는 올발라야 복을 받으니, 본을 받아 길러야 하고 참된 말씀을 스스로 찾아야 한다.

· · · · · · · · ·

단전에서 말하기를, 이괘(頤卦)가 올발라야 복을 받는다고 한 것은 바르게 길러야 복을 받는다는 것이며, 본을 받아 길러야 한다는 것은 본을 받아야 길러지게 된다는 것이고, 참된 말씀을 스스로 찾아야 한다는 것은 깊이 연구해야 자신을 기를 수가 있다는 것이다. 하늘과 땅은 만물을 기르고, 성인 임금은 재덕(才德)이 뛰어난 사람을 길러서 모든 백성에게 미치게 하니 기르는 일은 언제나 큰일이다.

상전에서 말하기를, 산(山) 아래에 우레가 있으므로 기르는 것이니 군자도 말을 조심하고 먹고 마시는 것을 절제한다.

초구(初九), 신령함이 가득한 거북을 받고서 내 입이 벌어진 것을 보인다면 흉하다. 상전에서 말하기를, 내 입이 벌어진 것을 보이는 것은 (자신을) 존귀하게 만들지 못하였다는 것이다.

육이(六二), 거꾸로 된 부양은 법도에 어긋난 것이니, 웃어른에게 부양받으러 가면 흉하다. 상전에서 말하기를, 육이(六二)가 가면 흉하다는 것은 행실이 법도를 어겼기 때문이다.

육삼(六三), 바르게 부양받는 것을 어기면 흉하니, 이로울 게 없으므로 10년은 베풀어서는 안 된다. 상전에서 말하기를, 십 년을 베풀어서는 안 된다는 것은 도를 크게 어겼기 때문이다.

육사(六四), 거꾸로 부양받는 것이 복이 되려면 호시탐탐한 욕심을 내쫓아 버려야 화가 없다. 상전에서 말하기를, 거꾸로 부양받는 것이 복 있는 것은 윗사람이 널리 은혜를 베풀어서이다.

육오(六五), 법도를 어겼어도 바르게 살면 복은 받으나 큰 내를 건널 수는 없다. 상전에서 말하기를, 바르게 살면 복을 받는 것은 하늘의 도를 따르며 일하기 때문이다.

상구(上九), 길러서 바로 잡으면 위태로움에서도 복을 받고 큰 내를 건너도 이롭다. 상전에서 말하기를, 길러서 바로 잡으면 위태로움에서 복을 받는다는 것은 존귀하게 되니 경사스러운 일이 있게 된다는 것이다.

【 한자 풀이 】

頤: 기를 이, 부양할 이, 턱 이. 觀: 본받을 관, 널리 볼 관, 깊이 연구할 관. 求: 찾을 구, 얻을 구. 口: 말 구, 말할 구, 입 구. 實: 참 실, 참될 실, 담을 실. 所: 있을 소, 될 소, 당할 소. 養: 기를 양, 성장시킬 양. 時: 언제나 시. 舍: 받을 사. 爾: 가득할 이, 곱고 빛날 이. 朶: 늘어질 타, 움직일 타. 足: 이룰 족, 채울 족. 顚: 거꾸로 할 전, 拂: 어길 불, 어긋날 불. 經: 법도 경, 옳을 경. 丘: 높을 구, 클 . 類: 법도 류, 착할 류. 失: 여길 실, 버릴 실. 用: 베풀 용, 받아들일 용. 悖: 어길 패, 어그러질 패. 耽: 노려볼 탐. 施: 은혜 베풀 시. 光: 넓을 광, 널리 광. 從: 일할 종. 由: 바를 유, 바로잡을 유. 大: 존귀할 대, 훌륭할 대. 聖: 거룩할 성, 지극히 높을 성

【해설】

「이괘(頤卦)」의 괘상은 산(山) 아래에 우레가 있다. 그러나 우레는 하늘에 있는 것이지 산 아래에 있는 것이 아니므로 「이괘(頤卦)」는 자연현상으로 괘상을 설명한 것이 아니다. 상괘(上卦)인 산은 머무르고 있으면서, 무거운 사람의 행동을 상징하는 것이고, 하괘(下卦)인 우레는 준엄하고 강한 힘이 들어있는 사람의 내면을 상징하는 것이다. 그러므로 「이괘(頤卦)」에서 산과 우레는 산과 우레와 같은 사람을 말하는 것이다.

몸이 한곳에 머무르고 무거우며 내면에 준엄함과 강한 힘이 들어있어야 자신을 바르게 기를 수가 있다는 것이 「이괘(頤卦)」가 말하는 진리이다. 그러므로 몸이 밖으로 나돌아다니고 가벼우며, 내면으로 자신에 대한 준엄함이 없고 마음이 약하면 자신을 바르게 기르기는 어렵다는 것이다. 이것은 반드시 알아야 할 진리를 말한 것이다.

그러므로 자신을 기르려면 우선 먼저 해야 할 일이 머물러 앉아 있는 습관부터 길러야 하고, 가볍게 행동하면 안 되고 무겁게 행동해야 하며, 자기 자신을 준엄하게 비판하는 엄격함이 있어야 하고 강한 의지를 길러야 한다. 이런 일이 먼저 이루어지지 않으면 자신을 성장시키기는 어렵다는 것이 「이괘(頤卦)」가 말하는 진리이다.

그리고 「이괘(頤卦)」의 괘형(卦形)은 사람의 입이다. 상구(上九)는 위턱이고 초구(初九)는 아래턱이며, 이(二)효, 삼(三)효는 아랫니이고 사(四)효, 오(五)효는 윗니가 된다. 위턱은 움직이지 않고 아래턱만 움직이는데 이것은 상괘인 '간(艮)'의 덕은 '지(止)'이고, 하괘인 '진(震)'의 덕은 '동(動)'인 것과 일치하는 것이다. 입으로 음식을 먹어야 몸을 기르는 것이므로 입을 「이괘(頤卦)」라고 한 것이다. 그러나 여기서 입은 입만 말하는 것이 아니고 음식과 먹는 일도 포함된 개념이다. 입·음식·먹는 일 중에서 한 가지만 빠져도 몸을 기를 수가 없는 것이므로 실제로는 분리해서 생각할 수가 없는 단일 존재이다. 형이상학(形而上學)적으로 말하면 음식은 진리와 교양이고, 먹는 일은 공부하는 것이며, 입은 진리를 터득하는 영혼이다. 정성을 바쳐 공부해서 선한 영혼이 진리를 터득해야 자신을 기르게 된다는 것이다.

괘명인 '이(頤)'라는 말의 뜻은 "기른다"라는 뜻이다. 다시 말하면 "성장시킨다"라는 뜻이다. 무엇을 성장시켜야 한다는 것인가? 자기 존재의 성장·자기 인격의 성장이다. 자기 인격을 성장시키는 일보다 더 중요한 일은 이 세상에 없다. 그래서 주역에서 중대한 문제로 다루고 있다. 자기 인격은 자기가 성장시켜야 한다고 말하는 것이 「이괘(頤卦)」다. 인격을 성장시키는 일은 사람이 되는 일이고 사람다운 사람이 되는 일이다. 사람다운 사람은 무지(無知)하지 않은 것이고, 부도덕하지 않으며, 몸가짐과 마음가짐이 아름다운 것이다. 무지하지 않으려면 5,000여 년의 인류 문화유산 속에서 많은 존귀한 진리와 사실들을 공부해서 알아야 하고, 부도덕하지 않으려면 쉬지 않고 노력하여 고귀한 도덕적 가치들을 자기 존재로 승화해야 한다. 몸가짐과 마음가짐이 아름다워지려면 몸과 마음, 감정과 욕망을 잘 닦아서 고차원의 미적정조(美的情操)에 도달해야 한다.

천지자연은 도(道) 자체이므로 자신을 기르는 일이 없고 만물을 길러 주는 것이다. 성인도 이와 같다. 성인도 자신을 기르는 일은 없는 것이다. 도가 되어 만물을 길러 주는 것은 자연의 이치다.

괘사에서는 올발라야 복을 받는다고 하였다. 이 말은 자신을 기르는 일은 자신을 올바른 사람으로 만드는 일이고, 자신을 바르게 잘 길러야 복을 받는다는 것이다. 자신을 기르는 데 필수적인 일은 본을 받는 것이라고 하였다. 성현·군자의 본을 받는 것이다. 그러므로 본받는 것이 없으면 자신을 성장시킬 수가 없다. 그리고 참된 말씀을 스스로 찾아야 한다고 하였다. 참된 말씀은 곧 진리이다. 그러므로 진리를 공부해야 자신을 성장시킨다. 진리 공부를 하지 않으면 도구적(道具的) 성장은 있어도 인간적 성장은 없는 것이다.

대상전에서는, 산(山) 아래에 우레가 있으므로 기른다고 하였다. 이는 괘상을 자연현상 그대로 말한 것이다. 그러나 실제로는 그런 것이 아니고 앞에서 설명한 대로 산은 머무르고 있고 무거운 사람의 행동을 말한 것이며, 우레는 준엄하고 강한 힘이 들어있는 사람의 내면을 말하는 것이다. 사람들도 「이괘(頤卦)」의 괘상에 들어있는 것과 같은 덕과 힘이 있어야 자신을 기를 수가 있다는 것을 군자는 「이괘(頤卦)」에서 보고 배워 말을 조심하고 먹고 마시는 것을 절제한다고 하였다. 모여 앉아 말을 많이 하고, 모여 앉아 먹고 마시는 일을 하면 자신을 기를 덕과 힘을 잃는 것이므로 조심하고 절제하는 것이다. 군자는 몸과 마음을 공부하는 자리에 머무르고, 내적 힘을 공부에 기울이며 다른 곳에는 흘러가지 않게 하는 것이다. 공부하기 위해서 힘의 분산을 막는 사람이 군자다.

초구(初九)에서는 신령한 거북을 받고서 그것을 먹고 싶어 입이 벌어진 것을 보인다면 흉하다고 하였다. 입이 벌어진 것은 자신을 존귀한 사람으로 기르지 못한 결과다. 자신을 존귀한 존재가 되게 길렀다면 먹고 싶은 것은 없는 것이다. 먹는 것으로부터 초월해야 존귀한 사람이다. 고대 중국에서 거북은 신령한 존재였다. 귀갑(龜甲)으로 점을 쳤기 때문이다.

육이(六二)에서 말한 거꾸로 된 부양은 미성년 자녀가 일해서 육신이 멀쩡한 건달 부모를 봉양하는 것과 늙으신 부모가 일해서 성년이 된 육신이 멀쩡한 건달 자녀를 부양하는 것이다. 이런 것은 법도에 어긋난 행동이기 때문에 흉하다고 하였다. 그리고 성년이 된 자녀가 부모님이나 윗사람에게 손을 내미는 것도 흉한 일이라고 하였다. 성년이 되었으면 자기 육신은 자기가 길러야 한다는 것이다. 자기 육신도 자기가 기르지 못한다면 자기 인격은 기를 수가 없다.

육삼(六三)에서 말한 바르게 부양을 받는 것은 법도에 어긋나지 않게 부양을 받는 것이다. 성년이 된 자녀가 불구나 질병으로 일을 할 수 없는 경우, 우환을 당한 경우, 공부에 전념하도록 보태주는 학자금은 법도에 어긋나지 않는 부양이다. 법도에 어긋나는 부양은 천한 일을 하기 싫어서 빈둥거리며 부모님께 손 내미는 것, 사업하겠다고 손 내미는 것, 주색잡기에 돈 탕진하고 손 내미는 것,

돈 헤프게 쓰는 낭비벽 때문에 손 내미는 것 등이다. 이런 행실은 법도를 크게 어겼기 때문에 돈을 주어 부양하면 안 된다는 것이 『주역』의 가르침이다.

육사(六四)에서 거꾸로 된 부양도 복이 되는 경우가 있다고 하였다. 부모가 재산을 성년이 된 자녀들에게 나누어 주는 경우 더 받으려는 욕심이 없이 감사한 마음으로 받으면 복이 된다고 하였다. 호시탐탐(虎視眈眈)은 호랑이가 눈을 부릅뜨고 노려보는 것처럼 욕심을 내어 돈을 노려보는 것이다. 돈 욕심을 내면 화가 찾아온다는 것이다. 육사(六四)는 손을 내밀어 부양받는 것이 아니니까 법도에 어긋나지 않는 것이고, 돈 욕심만 없이 받으면 화는 없다는 것이다.

육오(六五)에서 말한 것은 자신을 기르는데 치명상이 되는 것은 도덕과 국법을 어기는 일이라고 하였다. 도덕과 국법을 어긴 상처는 없어지지 않는다는 것이다. 그래서 하늘도 그 사람은 돕지 않으므로 먼 타향으로 여행하는 것은 위험하다고 하였다. 그러나 개과천선하여 바르게 살면 복은 받는다고 하였다.

상구(上九)에서는 자신을 잘 길러서 바로잡고 존귀한 사람으로 만들면 위태로움에서도 복을 받는다고 하였다. 존귀한 사람에게는 재앙도 피해 간다는 말이다.

28. 兌上 巽下 澤風大過(택풍대과)

大過는 棟橈이나 利有攸往하고 亨하니라.

· · · · · · · · ·

象曰 大過는 大者過也이고 棟橈 本末弱也이니라 剛過而中하고 巽而說行하므로 利有攸往하고 乃亨이니라 大過之時大矣哉이니라.

象曰 澤滅木大過하나 君子以獨立不懼하고 遯世无悶하니라.

初六, 藉用白茅하면 无咎이니라
象曰 藉用白茅는 柔在下也이니라
九二, 枯楊生稊하듯 老夫得其女妻하면 无不利이니라
象曰 老夫女妻는 過以相與也이니라
九三, 棟橈하면 凶하니라
象曰 棟橈之凶은 不可以有輔也임이니라
九四, 棟隆하면 吉하지만 有它하면 吝하니라
象曰 棟隆之吉은 不橈乎下也임이니라
九五, 枯楊生華하듯 老婦得其士夫하면 无咎无譽이니라

象曰 枯楊生華한들 何可久也이며 老婦士夫亦可醜也이니라
上六, 過涉滅頂하면 凶하나 无咎이니라
象曰 過涉之凶은 不可咎也이니라

「대과괘(大過卦)」는 용마루는 휘어졌으나 가는 곳에 이로움이 있고 막히는 일은 없다.

· · · · · · · · ·

단전에서 말하기를, '대과(大過)'란 양(陽)이 지나친 것이고, 용마루가 휘어졌다는 것은 근본과 지엽(枝葉)이 약하다는 것이다. 양이 지나치지만 바르고 온순하면서 기쁘게 일하므로 가는 곳에 이로움이 있고 또 막히는 일이 없는 것이다. 양(陽)이 지나치면 언제나 강한 것이다.

상전에서 말하기를, 소택(沼澤) 물이 지나치게 많아 나무가 잠겼으나 군자는 홀로 서서 괴로워함이 없고 세상을 숨어 살아도 답답해하는 일이 없는 것이다.

초육(初六), 띠 풀을 깔개로 사용하면 화가 없다. 상전에서 말하기를, 띠 풀을 깔개로 사용하는 것은 낮은 자리에서 편안하게 산다는 것이다.
구이(九二), 마른 버드나무에서 싹이 나오듯 늙은이가 젊은 여자를 아내로 맞이하면 이롭지 않은 일은 없다. 상전에서 말하기를, 늙은이의 젊은 아내는 지나친 것이므로 도우며 화합해야 한다.
구삼(九三), 용마루가 휘어지면 흉하다. 상전에서 말하기를 용마루가 휘어지면 흉하다는 것은 도와 줄 수도 바로잡을 수도 없어서다.

구사(九四), 용마루가 크면 좋지만 더 보태는 것이 있게 되면 한탄하게 된다. 상전에서 말하기를, 용마루가 크면 좋다는 것은 아래로 휘어지지 않기 때문이다.

구오(九五), 마른 버드나무에서 꽃이 피듯 늙은 부인이 젊은 남자를 남편으로 맞이하면 화는 없지만 명예로운 일도 없는 것이다. 상전에서 말하기를, 마른 버드나무에서 꽃이 핀들 어찌 오래갈 수 있겠으며 늙은 부인의 젊은 남편도 같은 것이다.

상육(上六), 무리하게 물을 건너다가 이마까지 물에 잠기면 나쁘지만, 화는 없다. 상전에서 말하기를, 무리하게 물을 건넌 것은 나쁜 일이지만 화라고 할 수는 없다는 것이다.

【 한자 풀이 】

大: 하늘 대, 많을 대, 강할 대, 번성할 대. 過: 지나칠 과, 너무할 과. 棟: 용마루 동, 마룻대 동. 橈: 휠 요, 굽을 요. 本: 근본 본, 뿌리 본. 末: 지엽 말, 백성 말. 乃: 또 내, 그래서 내. 滅: 물에 빠질 멸. 懼: 괴로워할 구, 두려워할 구. 悶: 답답할 민, 울적할 민. 遯: 숨을 둔, 피할 둔. 藉: 깔개 자, 깔 자. 柔: 편안할 유, 온화할 유. 稊: 싹 제. 女: 딸 여, 처녀 여. 相: 서로 상, 도울 상, 힘쓸 상. 與: 화합할 여, 함께할 여. 有: 도울 유, 어조사 유(무의미). 隆: 클 융, 높을 융. 它: 더할 타. 士: 미혼의 남자 사. 醜: 같을 추, 부끄러울 추. 頂: 이마 정, 머리 정.

【 해설 】

「대과괘(大過卦)」에서 상괘(上卦)인 '태(兌)'는 소택이고 하괘인 '손(巽)'은 여기서는 바람이 아니라 나무다. 그러므로 「대과괘」의 괘상은 소택 속에 들어있는 나무이다. 그러나 소택 속에 들어있는 나무를 말하는 것이 아니고, 소택의 물이 지나치게 많아져서 소택 속에 있는 나무들이 다 물에 잠겨버린 것을 말하는 것이다. 그러므로 「대과괘」는 자연현상으로 괘상을 설명한 것이다. 물은 생명의 근원이지만 그 물도 지나치게 많게 되면 다른 것에 해를 끼친다고 「대과괘」는 말하고 있다. 물속에 잠긴 나무는 숨을 쉴 수가 없고 그래서 죽을 수가 있기 때문이다. 그러므로 가치일지라도 지나치면 다른 것에 피해를 준다는 것이 「대과괘」가 말하는 진리다. 이것은 반드시 알고 있어야 할 진리다. 천지자연에서도 한쪽이 지나치게 번성하면 다른 쪽에 피해를 주는 것은 자연의 이치다.

그리고 「대과괘」는 음양이론으로 괘상을 설명하였다. 「대과괘」는 초효(初爻)와 상효만 음효이고 모두 양효다. 그러므로 양이 지나치게 많은 것이고, 양의 세력이 지나치게 강대한 것이다. 「대과괘」에서 초효와 상효는 양 끝인데 여기서 양 끝은 백성과 임금을 말한다. 양 끝이 모두 음이므로 양 끝은 약하다. 그러므로 「대과괘」는 백성과 임금은 힘이 없고 중간의 벼슬아치 계층이 지나치게 힘이 강대한 것을 말하는 것이다. 백성과 임금은 허약하고 벼슬아치들만 강대하면 나라는 기울어진다는 것이 「대과괘」가 말하는 진리다. 그러므로 음과 양은 균형을 이루어야 한다는 것이 주역이 말하는 진리다. 천지자연은 음과 양이 균형을 이루고 있다. 이것은 자연의 이치다.

괘명인 '대과(大過)'에서 '대(大)'는 양(陽)을 상징하는 말이다. '과(過)'는 지나치다는 말이다. '지나치다'는 말은 적당한 한도를 넘은 것이다. 힘이나 수나 번성함이 한도를 넘어 너무 강하고 너무 많고 너무 번성하는 것이 '과(過)'인 것이다. 그러므로 '대과'는 양의 세력이 지나치게 강대한 것, 양이 지나치게 번성하는 것을 말하는 것이다. 그러면 견제세력・비판세력은 없는 것이고, 그러면 독주(獨走)하게 되고 독주는 독재가 되기 쉬운 것이다. 독재는 악인 것이다. 양(陽)은 바르고 깨끗하며, 밝고 따뜻하며, 가치 지향적이고 미래 지향적이다. 그러나 이와 같은 양도 지나치면 다른 쪽에 피해를 준다는 것이다. 그러므로 양은 지나치지 않도록 겸손하고 겸손하며, 절제하고 양보하며, 희생하고 섬기며, 무아(無我)가 되어 무위(無爲)의 정치를 해야 하는 것이다.

괘사에서는, 용마루가 휘었다고 하였다. 용마루는 지붕 꼭대기에 길게 가로 놓여 있는 길고 굵은 목재(木材)로서 여기에 서까래 윗부분을 걸치는 것이다. 용마루는 가옥의 척추 역할을 하는 것으로 기둥·들보와 함께 가옥의 핵심 구조물이다. 용마루가 휘어졌다고 말한 것은 눈에 보이는 괘의 형상이 양쪽 끝은 약한데 가운데는 지나치게 무거워 아래로 휘어졌다고 한 것이다. 용마루가 휘어지면 위태로운 것이다. 휘어진 것이 부러지면 지붕이 무너지기 때문이다. 그러나 휘어진 용마루가 부러질 정도는 아니고 괘덕 때문에 가는 곳이 이로움이 있고 막히는 일은 없다고 하였다.

단전에서는 용마루가 휘어진 것을 근본과 지엽(枝葉)이 약한 것이라고 설명하였다. 나무로 말하면 근본은 뿌리이고, 지엽은 나뭇가지와 잎이다. 그러므로 근본이 약하다는 말은 뿌리가 약하다는 말이고, 지엽이 약하다는 말은 나뭇가지와 잎은 허약하다는 말이다. 그리고 몸통만 크고 단단한 것이다. 그러면 다음에는 몸통이 허약하여 죽게 되는 것이다. 나라로 말하면 근본인 임금과 지엽인 백성은 허약하고 벼슬아치들만 강대한 것이다. 그러면 다음에는 벼슬아치들도 약하게 되고 무너진다는 것이다. 이같이 근본과 지엽이 중요한 것인데 그 중요한 것이 허약하면 그 존재는 위태롭다는 것이다.

대상전에서는, 소택에 물이 지나치게 많아 소택 안에 있는 풀과 나무들이 모두 물에 잠겨버린 형상을, 온 세상이 물에 잠겨버린 현상으로 보고 말한다. 그러나 군자는 이 괘를 보고 배워 홀로 물에 잠기지 않고 세상을 피해 숨어 살고 있다고 하였다. 그래도 언제나 편안하고 기쁘게 산다고 하였다. 온 세상을 뒤덮고 있는 물은 세상 풍조다.

초육(初六)에서 말한 백모(白茅)는 띠 풀이고, 깔개는 눕거나 앉는 곳에 까는 돗자리이다. 깔개는 보통으로는 왕골로 만들고 화문석(花紋席)은 그중에서 고급이다. 짚으로 만든 깔개는 거적이라고 한다. 初六은 짚도 없어서 띠 풀로

돗자리를 만든 것이다. 띠 풀 돗자리에서 사니까 집은 오두막일 것이고, 옷은 누더기일 것이다. 이런 낮은 생활은 훌륭한 것이지 지나친 것이 아니라는 것이다. 예수님은 공생애(公生涯) 기간에 신발도 신지 않은 맨발이었다. 이런 맨발은 지나친 것이 아니고 진리의 실현인 훌륭한 일이다. 기독교 2000년 역사는 예수님의 맨발을 잊어버리고 있으면서도 부끄러워함이 없다. 그리고 초육(初六)은 양의 힘이 강대할 때는 양은 초육(初六)처럼 살아야 한다는 것이다.

구이(九二)에서 말한 노부(老夫)는 남자 늙은이이고, 여처(女妻)는 나이가 어린 아내이다. 늙은이가 나이 어린 소녀를 부인으로 맞이하는 것은 잘못된 일은 아니지만, 양의 행동이 지나친 일이다.

구삼(九三)에서는 용마루는 한번 휘어지면 바로잡는 것은 불가능하다고 하였다. 그래서 훌륭한 사람이 있어도 도와줄 수가 없어서 흉하다고 하였다. 괘사와는 다르게 말하고 있다. 휘어지는 정도가 지나치지 않도록 각별하게 주의하라는 말이다.

구사(九四)에서, 용마루가 크고 단단하면 좋지만, 더 보태어서 더 크게 하면 지나치기 때문에 다음에 화를 부른다고 하였다.

구오(九五)에서는 늙은 할머니가 젊은 청년을 남편으로 맞이하면 지나친 것이고 오래가지 못한다고 하였다. 여기서는 맞이하는 쪽이 양(陽)이다.

상육(上六)은 무리하게 강물을 건너다 죽을 뻔한 것이다. 죽을 뻔했으니까 나쁜 일이고, 죽지는 않았으니 화(禍)가 아니다. 효사에서는 너무 지나친 일을 하지 않도록 경계한 것이다.

29. ䷜ 坎上 坎下 坎爲水(감위수)

習坎은 有孚 維心亨하며 行有尙이니라.

· · · · · · · · ·

彖曰 習坎은 重險也이니 水流而不盈하고 行險而不失其信하나니라 維心亨은 乃以剛中也이며 行有尙하니 往有功也이니라 天險不可升也이며 地險山川丘陵也이니 王公設險하여 以守其國하니 險之時用은 大矣哉이니라.

象曰 水洊至習坎하니 君子以常德行하고 習敎事하나니라.

初六, 習坎하여 入于坎窞하면 凶하니라
象曰 習坎入坎은 失道凶也이니라
九二, 坎有險하여도 求小得하나니라
象曰 求小得할려면 未出中也이니라
六三, 來之坎坎하고 險且枕하면 入于坎窞하니 勿用이니라
象曰 來之坎坎하면 終无功也이니라
六四, 樽酒簋貳하고 用缶 納約하니 自牖하면 終无咎이니라
象曰 樽酒簋貳하면 剛柔際也이니라

九五, 坎不盈하고 祗旣平하니 无咎이니라
象曰 坎不盈은 中未大也임이니라
上六, 係用徽纆하여 寘于叢棘하여도 三歲不得하면 凶하니라
象曰 上六失道하여 凶三歲也이니라

「습감괘(習坎卦)」는 진실하며 정성스럽고 마음은 막힌 데가 없으며 행실에는 존귀함이 있다.

· · · · · · · · ·

단전에서 말하기를, 「습감괘(習坎卦)」는 험난함이 겹치어 있으나 물이 흐르고 있으므로 가득 차 넘치지는 않고, 험난 속을 흘러가도 진실함을 잃지 않고 있다. 그리고 마음이 막힌 데가 없는 것은 곧 강하면서 바르기 때문이며, 행실에 존귀함이 있으니 나가면 명예로운 일이 있게 된다. 하늘이 만든 험난함은 나아갈 수가 없는 것이며 땅의 험난함은 산천과 가파른 언덕이니, 왕과 제후도 험난함을 만들어 나라를 지키었으니 험난함을 잘 이용하는 것은 훌륭한 일인 것이다.

상전에서 말하기를, 물이 끊임없이 흘러들어 어려움이 겹치니 군자는 언제나 덕을 베풀고 언제나 힘써 가르쳤다.

초육(初六), 어려움이 겹쳐서 구덩이에 빠지면 흉하다. 상전에서 말하기를, 어려움이 겹쳐서 구덩이에 빠지는 것은 도를 잃어 흉하게 된 것이다.
구이(九二), 험난하고 또 험난하여도 구하면 조금은 얻는다. 상전에서 말하기를, 구하여 조금 얻으려면 올바름에서 떠나지 않아야 한다.

육삼(六三), 어렵고 어려운 일이 다가오고 험난함이 또 가로막으면 구덩이에 빠질 수 있으니 움직이지 말라. 상전에서 말하기를, 어렵고 어려운 일이 다가오면 끝까지 명예로운 일은 없는 것이다.

육사(六四), 술을 억제하며 예(禮)와 함께하고 질그릇을 사용하며 검소하게 살고 자기 자신을 착하게 인도하면 끝까지 화가 없다. 상전에서 말하기를, 술을 억제하며 예와 함께하면 강함과 부드러움에 이르게 된다.

구오(九五), 어려움도 많지 않고 이윽고 마침내 평안하니 화는 없다. 상전에서 말하기를, 어려움이 많지 않은 것은 크게는 아니지만 올발라서다.

상육(上六), 오랏줄로 묶어서 감옥에 가두어도 삼 년이 지나도 깨닫지를 못하면 흉하다. 상전에서 말하기를, 상육(上六)은 도를 잃어서 흉함이 삼 년이나 된 것이다.

【 한자 풀이 】

坎: 험할 감, 어려울 감, 구덩이 감. 爲: 말할 위, 할 위. 習: 겹칠 습, 항상 습, 가르칠 습. 孚: 성실할 부, 진실하고 정성스러울 부. 維: 그리고 유, 이에 유. 尙: 존귀할 상, 높을 상. 盈: 넘칠 영, 많을 영. 信: 진실 신. 升: 나아갈 승, 오를 승. 丘: 언덕 구, 클 구. 陵: 가파를 능, 험준할 능. 設: 만들 설, 세울 설. 時: 좋을 시, 훌륭할 시. 大: 훌륭할 대. 洊: 거듭거듭 천, 계속 이를 천. 行: 베풀 행, 행할 행. 教: 가르칠 교, 교훈 교. 事: 힘쓸 사, 받들 사. 入: 빠질 입. 窞: 구덩이 담. 有: 또 유. 來: 이를 래, 올 래. 枕: 가로막을 침. 用: 일할 용, 행할 용, 쓸 용. 功: 명예 공, 보람 공. 樽: 억제할 준, 그칠 준. 簋: 예의 괘, 제기(祭器) 괘. 貳: 되풀이할 이, 함께할 이. 缶: 질그릇 부. 約: 검소할 약, 곤궁할 양. 納: 취할 납, 받아들일 납. 牖: 착하게 인도할 유. 際: 이를 제(至), 만날 제. 祇: 마침내 지, 이를 지 旣: 이윽고 기. 中: 올바를 중. 徽: 노끈 휘. 纆: 노끈 묵. 寘: 둘 치, 버려둘 치. 叢: 떨기 총, 우거질 총, 많을 총. 棘: 가시나무 극. 得: 깨달을 득, 말 득.

【해설】

「습감괘(習坎卦)」의 괘상은 물 아래에 물이 있는 것을 말하는 것이 아니고 두 개의 강물이 흘러오고 있는 것이며, 강물이 계속 밀려와서 물난리가 난 상황을 말하는 것이다. 물난리가 났으므로 험난한 것이다. 물난리가 났는데 물은 계속해서 밀려들고 있으므로 험난함에 험난함이 겹친 상황이 「습감괘」인 것이다. 그러므로 「습감괘」는 자연현상과 괘덕을 혼합해서 괘상을 설명한 것이다.

긴 인생을 살다 보면 어려운 상황인데 또 어려운 일이 닥쳐와 대단히 어려운 상황에 임할 수도 있다는 것이다. 그래도 도에 굳게 의지해서 흔들리지 않고 넘어지지 않아야 화를 당하지 않는다는 것이 「습감괘」가 말하는 진리다. 괘명인 '습감(習坎)'에서 '습(習)'이라는 말의 뜻은 "겹치다"라는 뜻이고, '감(坎)'은 "시냇물·강물"이고 험난하다는 뜻이다. 그러므로 습감은 강물의 범람이고, 어려움이 겹친 것을 말하는 것이다. 그러면 왜 어려움을 당하고 어려움이 겹치게 된다는 것인가? 내가 도를 떠나서 어려움을 당하는 것이고, 도를 떠난 다른 사람 때문에 어려움을 당하는 것이라고 『주역』은 말하는 것이다. 도를 떠나면 화를 당한다는 것은 주역이 계속 경고하는 가르침이다. 그러나 천지자연은 당하는 어려움이 없다. 도를 떠나는 일이 없기 때문이다. 도를 떠나는 일이 없고 그 무엇에도 흔들림이 없는 것은 자연의 이치다.

「습감괘(習坎卦)」는 어려움이 겹친 괘인데 괘사는 좋다. 그 이유는 물은 도를 떠나는 일이 없는 훌륭한 존재이기 때문이다. 어려움은 물이 초래할 것이 아니고 다른 데에 원인이 있는 것이고, 물은 도 안에 굳게 서 있기에 어려움에 흔들리는 일도 없다. 물이 훌륭한 존재인 이유는 진실하고 정성스러운 것이기 때문이라고 하였다. 쉬지 않고 밤낮으로 흐르는 정성스러운 것이고 자신을 바르지 않게 바꾸는 일이 없으므로 진실한 것이다. '부(孚)'는 앞에서 이미 설명한 대로 "성실하다"라는 뜻이다. 성실은 진실하고 정성스러운 것이다. 그리고 물은 마음이 막힌 데가 없는 존재다. 물은 답답한 데가 없고 시원하고, 과거에 주저 앉아 있지 않고 계속 앞으로 나아가며, 모든 것을 포용하고 거부하는 것이 없으므로 막힌 데가 없다고 말하는 것이다. 그리고 물은 행실이 존귀하다고 하였다. 모든 생명체에 생명을 주어 살게 해주기 때문에 존귀하다고 한 것이다.

단전에서 말한, '천험(天險)'은 일상용어의 뜻으로는 자연적으로 험준해서 사람의 접근을 허용하지 않는 자연이다. 그러므로 이런 험준한 자연은 하늘이 만들었다고 해서 '천험'이라고 하는 것이다. 고대에는 사람이 넘을 수 없는 산도 많았고, 바다도 건너갈 수 없었다. 이런 자연을 '천험'이라고 한 것이다. 땅의 험난함은 사람이 쉽게 넘을 수 없는 산, 쉽게 건널 수 없는 강, 쉽게 오를 수 없는 깎아지른 듯한 절벽을 말하는 것이다. 여기서 구릉(丘陵)은 보통의 언덕이 아니고 가파른 높은 언덕이다. 그리고 당하는 어려움을 나쁘게만 보면 안 된다고 하였다. 고생은 사서라도 해야 하는 가치 있는 것이고, 심신을 단련하며 지혜를 배우는 기회이며, 자신을 깊게 하고 무겁게 하여 세상인심을 바르게 알 수 있게 한다. 그러므로 당하는 어려움은 현재는 화이지만 잘 이용하면 미래에 복을 가져오는 것이다.

대상전에서는, 「습감괘」의 괘상을 자연현상으로 설명하였다. 두 개의 강이 계속 물을 흘려보내고 있다. 물이 계속 흘러 들어오니까 어려움이 겹치게 된 것을 말하고 있다. 군자는 「습감괘」의 괘상을 보고 배워 사람들이 어려움을 잘 극복하도록 언제나 덕을 베풀고 언제나 힘써 도를 가르쳤다고 하였다. 베푸는 덕과 도가 없으면 어려움에 흔들리다가 넘어지고 마는 것이다.

어려움에 또 어려움이 겹치는 「습감괘」와 같은 상황에서 그 어려움으로 넘어지지 않고 빛나는 문화를 이룩한 예가 고대 메소포타미아 지방에 있었다. 메소포타미아 지방에는 두 개의 강이 흐르고 있다. 티그리스강과 유프라테스강이다. 두 개의 강은 강 하류 지방에서 만나 매년 강 하류에 엄청난 물을 흘려보내 큰 홍수를 가져왔다. 그 홍수는 재앙이었다. 그래서 두 강의 합류 지점은 재앙의 중심지였는데, 그 중심지에서 B.C.3500년경에 인류 최초의 국가인 슈메르

(Sumer)와 인류 최초의 문화인 슈메르 문화가 탄생한 것이다. 과학 문명과 체계화된 철학이 없었던 그 먼 옛날에 어떤 영혼이 그 어려움을 극복하고 위대한 문화를 창조하였는지는 알 길이 없으나, 슈메르 문화는 바빌로니아 문명과 오리엔트 문화를 피어나게 한 기초가 된 것이다.

초육(初六)에서 말한 구덩이에 빠진다는 말은 죄악(罪惡)에 빠지는 것을 말한다. 도를 지키지 않고 내버리면 죄악에 빠지게 되는 것이다. 그러면 흉한 일을 당하게 된다고 하였다. 상황이 어려워도 바르게 살아야 한다고 계속 반복해서 강조하는 것이 주역이다.

구이(九二)에서는 험난하고 또 험난하여도 도에서 떠나지만 않으면 손해만 보는 것이 아니고 얻는 것도 있다고 하였다.

육삼(六三)의 상황은 하늘이 무너진 것 같은 최악의 상황이다. 최악의 상황에서는 하는 일을 멈추고 조용하게 앉아 수양하는 것이 좋다고 하였다. 최악의 상황에서 뛰어다니며 일하면 죄악에 빠질 수 있다는 것이다. 살고 보자는 마음이 생기게 되어 죄악과 손을 잡을 가능성 때문이다.

육사(六四)에서 말한 '준주(樽酒)'는 일상용어의 뜻으로는 술통, 술통의 술, 술잔의 술이다. 그러나 여기서는 그런 뜻이 아니고 "술을 억제하다·술을 끊는다"라는 뜻이다. 술을 절제하지 못하면 어려움이 더 커지기 때문에 술을 끊으라고 말한 것이다. 술을 억제하고 도덕 규범을 어기지 않으며, 검소하게 살며 자기 자신을 진리의 길로 인도하면 환난이 와도 끝까지 당하는 화가 없다는 것이다. 이렇게 계속 살면 강함과 부드러움을 동시에 갖게 되는 경지에 이른다고 하였다. 강하면서 부드럽고, 부드러우면서 강하면 수준 높은 도를 터득한 것이다.

구오(九五)에서 말한 것은 어려움도 고비를 넘어 크게 문제가 되지 않고 평화가 오고 있다. 어려움이 물러가는 것은 생활 태도를 바르게 하고 일을 바르게 하기 시작했으므로 물러가고 있지만, 아직 크게 바르지는 않다고 하였다. 그러므로 구오(九五)에서 말한 환란은 부도덕한 사람이 불러들인 인재(人災)다.

상육(上六)에서 말한 '휘묵(徽纆)'은 오랏줄이다. 죄인을 묶던 굵은 끈인데 요즈음 말로 하면 포승이다. '총극(叢棘)'은 일상용어의 뜻으로는 가시덤불인데 여기서는 그런 뜻이 아니고 감옥을 말한다. 감옥살이를 삼 년을 하여도 깨달음이 없이 개과천선하지 못하면 재앙을 당한다고 하였다. 도를 잃어버리고 자기 멋대로 살기 때문에 깨달음이 없는 것이다.

30. ䷝ 離上 離下 離爲火(이위화)

離는 利貞亨하며 畜牝牛吉하니라.

· · · · · · · · ·

彖曰 離는 麗也이니 日月麗乎天하고 百穀草木麗乎土하며 重明以麗乎正하여 乃化成天下하나니라 柔麗乎中正故 로 亨하니 是以로 畜牝牛吉也이니라

象曰 明兩作離하니 大人以繼明하여 照于四方하나니라

初九, 履錯然敬之하면 无咎이니라
象曰 履錯之敬하면 以辟咎也이니라
六二, 黃離하면 元吉하니라
象曰 黃離元吉은 得中道也임이니라
九三, 日昃之離한데 不鼓缶而歌하며 則大耋之嗟하면 凶하니라
象曰 日昃之離하면 何可久也이리요
九四, 突如其來如하여 焚如死如하고 棄如하니라
象曰 突如其來如하지만 无所容也이니라
六五, 出涕沱若하며 戚嗟若하면 吉하니라
象曰 六五之吉은 離王公也임이니라

上九, 王用出征하여도 有嘉折首하며 獲匪其醜하면 无咎이니라

象曰 王用出征은 以正邦也이니라

「이괘(離卦)」는 올발라야 이롭고 막히는 일이 없으며 암소의 (덕을) 따르면 복을 받는다.

· · · · · · · · ·

단전에서 말하기를, 이(離)는 붙어 있다는 것이니 해와 달은 하늘에 붙어 있고, 온갖 곡식과 풀과 나무는 땅에 붙어 있으며, 두 개의 빛이 도에 붙어 있어서 온 세상을 덕화(德化) 하는 것이다. 온순하고 바르고 치우치지 않는 데에 붙어 있으므로 막히는 일이 없는 것이니 이런 까닭으로 암소의 (덕을) 따르면 복을 받는 것이다.

대상전에서 말하기를, 두 개의 빛이 (하늘에) 붙어 있으니, 대인(大人)도 빛을 이어받아 사방을 밝게 하는 것이다.

초구(初九), 행동을 삼가고 공경하면 화가 없다. 상전에서 말하기를, 행동을 삼가고 공경하면 화를 피하게 된다.

육이(六二), 바르고 치우침이 없는 데에 붙어 있으면 크게 복 받는다. 상전에서 말하기를, 바르고 치우침이 없는 데에 붙어 있으면 크게 복을 받는다는 것은 바른 도에 이르러서다.

구삼(九三), 해가 기울어 저무는데 질 장구를 치지 않고 노래하며 늙은 노인이 탄식하면 흉한 것이다. 상전에서 말하기를, 해가 기울어 저물고 있으면

얼마나 오래가겠는가?

구사(九四), 돌연히 (누가) 불러 쓰러져 죽고 잊힌다. 상전에서 말하기를, 돌연히 불러가지만 (그를) 받아들일 곳은 없는 것이다.

육오(六五), 눈물이 흘러 비 오듯 하며 슬퍼하고 탄식하면 복 받는다. 상전에서 말하기를, 육오(六五)가 복을 받는 것은 크게 공정함에 붙어 있기 때문이다.

상구(上九), 크게 정벌하러 나가도 좋은 일이 있고 우두머리의 목을 자르게 되며 부끄럽지 않은 것을 손에 넣으면 화는 없다. 상전에서 말하기를, 크게 정벌하러 나가는 것은 나라를 바르게 하려는 것이다.

【한자 풀이】

離: 해·달·불 리, 붙을 리, 떠날 리. 畜: 따를 축, 머무를 축. 麗: 붙을 려, 빛날 려. 重: 둘 중, 겹칠 중, 클 중, 바를 중. 正: 도 정(道). 化: 덕화할 화, 덕으로 기를 화. 成: 이룰 성, 될 성, 클 성. 作: 할 작, 일할 작. 繼: 이을 계, 이어받을 계. 照: 밝게할 조. 兩: 둘 양. 乃: 이에 내, 그래서 내. 履: 행실 리, 행동 리. 錯: 삼갈 착, 다스릴 착. 辟: 피할 벽, 물러날 벽. 得: 이를 득, 이룰 득. 日: 해 일, 날 일. 昃: 기울 측. 鼓: 칠 고, 두드릴 고. 缶: 질장구 부. 則: 그러면서 즉. 嗟: 탄식할 차. 突: 갑자기 돌. 來: 부를 래. 焚: 넘어질 분. 棄: 버릴 기, 잊어버릴 기. 容: 받아들일 용. 涕: 눈물 체, 눈물 흘릴 체. 沱: 큰비 쏟아질 타. 戚: 슬퍼할 척. 王: 클 왕(大). 公: 공정할 공, 공평할 공. 折: 자를 절, 꺾을 절. 首: 우두머리 수, 머리 수. 醜: 부끄러울 추. 火: 불 화, 태양 화. 耋: 노인 질, 늙은이 질.

【해설】

「이괘(離卦)」의 괘상은 해와 달이 겹쳐 있는 것을 말하는 것이 아니고 해와 달이 하늘에 붙어 있는 것을 말하는 것이다. 하늘은 해와 달이 붙어 있는 자리이고, 해와 달은 하늘을 떠나는 일이 없는 존재다. 이같이 사람도 떠나는 일이 없이 붙어 있어야 할 사람의 자리가 있다는 것이다. 그 자리는 도(道)이다. 해와 달이 하늘에 붙어 있는 것처럼 사람도 도에 붙어 있어야 한다는 것이 「이괘(離 卦)」가 말하는 진리이다. 해와 달이 그의 자리인 하늘을 떠나면 그 존재는 소멸한다. 초목이 그의 자리인 땅을 떠나면 죽는 것이다. 이같이 사람도 그의 자리인 도를 떠나면 죽은 사람과 같다고 『주역』은 말하고 있다. 도가 인간적 생명의 근원이기 때문이다. 그러므로 도를 떠나 사는 사람은 뿌리 없는 나무와 같은 것이다. 그러므로 도가 없는 세상도 인간의 세상은 아니다.

괘명인 '이(離)'의 뜻은 두 가지이다. 해와 달과 불이라는 뜻과 그의 자리에 붙어 있다는 뜻이다. 천지 만물도 다 자기 자리가 있고, 사람은 사람의 자리와 개개인의 자리가 있는데, 그 자리를 떠나면 안 되고 붙어 있어야 한다는 것이다. 위에서 말한 대로 사람의 자리는 도이고, 개개인의 자리는 그의 지위와 분수다. 천지자연의 모든 자연물은 하늘 아니면 땅에 붙어 있다. 하늘과 땅을 떠나는 일이 없이 붙어 있는 것은 자연의 이치다.

괘사에서는 암소를 따라야 한다고 하였다. 암소를 따라야 한다는 말은 암소라는 존재·암소의 덕을 따라야 한다는 말이다. 암소를 따라야 한다고 말한 이유는 암소가 가진 훌륭한 덕과 사람의 집을 떠나는 일이 없이 붙어 있는 덕성 때문이다. 암소의 덕에서 대표적인 것은 온순함과 중정(中正)이다. 암소는 모든 사람을 차별하지 않고 대하므로 치우침이 없다. 그래서 '중(中)'이다. 그리고 잘 못하는 일이 없다. 그러므로 '정(正)'이다. 그러나 숫소는 다르다. 사납고 무섭고 여자와 아이는 깔보고 수틀리면 주인도 들이받아 버린다. 그러므로 숫소는 일 잘하고 힘은 세지만 덕은 없는 것이다. 암소는 들에 매어놓은 소의 고삐가 끊어진 경우에도 멀리 도망가지 않고 혼자서 집으로 찾아온다. 이같이 자기가 사는 집에 붙어 있는 것이다.

내상선에서 말한, '명양(明兩)'에서 '명(明)'은 해와 달도 되고 빛도 된다. 양(兩)은 둘이다. 그러므로 '명양'은 "두 개의 빛·해와 달 둘"이라는 뜻이다. '작리

'(作離)'에서 '작(作)'은 "하다"는 뜻이고, '이(離)'는 "붙어 있다"라는 뜻이다. 그러므로 '작리(作離)'는 "붙어 있다"라는 뜻이다. 그러나 대상전에서는 해와 달을 도(道)라고 말한 것이다. 군자는 그 도에서 빛을 받아 사방을 밝게 한다고 하였다. 빛은 도에서만 나오는 것이다. 그러므로 도를 가져야 빛이 나는 것이다.

여섯 개의 효사에서는, 도(道)에 붙어 있어야 한다는 것을 말한 것이다. 도에 붙어 있으면 화가 없고 복을 받으며, 도를 떠나면 흉하고 발붙이고 살 곳이 없다고 하였다. 초구(初九)에서는 행동을 조심하고 공경하면 화(禍)도 피해 간다고 하였다. 행동을 조심하고 다른 사람을 진심으로 공경하는 것은 도에 붙어 있는 사람의 훌륭한 행실이다. 도에 붙어 있지 않으면 다른 사람을 진심으로 공경할 수도 없고 행동도 함부로 하는 것이다.

육이(六二)에서 말한 '황(黃)'은 '중정(中正)'을 상징하는 말이라고 2.「坤卦(곤괘)」에서 설명하였다. '중정(中正, 바르고 치우침이 없는 것)'은 『주역』의 핵심 진리이다. 이 도를 가지고 있고 행하고 있으면 높은 경지의 도에 이른 것이다. 그래서 크게 복을 받는 것이다.

구삼(九三)은 해가 저무는 황혼에 죽을 날도 얼마 남지 않은 노인이 자신의 과거를 후회하면서 혼자 앉아 슬프고 쓸쓸하게 노래를 부르고 있다. 잘못 산 인생을 탄식하고 있다. 늙어서 후회하는 것은 가치 없는 일인 것이다. 이미 엎질러진 물이기 때문이다. 후회도 젊어서 해야 하고 고쳐가며 살아야 인생이다. 구삼(九三)의 노인은 수양과 진리 공부를 하지 않고 살아서 노추(老醜) 하게 된 것이다. 노추는 주변 사람은 물론 다른 사람도 우울하게 하는 것이다. 대질(大耋)은 칠십 세 이상의 노인을 말한다. 고대의 칠십 세는 요즈음으로 하면 100살에 해당하는 나이이다. '부(孚)'는 이미 앞에서 두 번이나 나왔다. 장군이라고 하는데 중국 고대에는 이러한 장군을 질장구라고 하였고 술 마실 때 젓가락으로 장구를 치듯이 치며 노래를 불렀다. 장구 모양으로 생긴 질그릇 독이어서 질장구라고 한 것이다. 구삼(九三)은 도와 함께 붙어 있어야 할 사람이 도를 떠나 살게 된 까닭으로 초라하고 슬프게 된 것을 말한 것이다.

구사(九四)에서는 돌연히 누가 부른다고 하였다. 저승사자가 부른 것이다. 죽음이 찾아와서 부른 것이다. 죽음이 순간적으로 찾아온 것을 말하는 것이다. 그리고 잊힌다고 하였다. 잊히면 이 세상 어디에도 머물 곳이 없는 것이다. 모두 기피하고 받아들이지 않기 때문이다. 되는 대로 쉽게 산 인생은 죽어서나 살아서나 머무를 가슴이 없는 것이다.

육오(六五)는 자신 잘못에 대해서 눈물을 흘리며 후회하고 슬퍼하며 탄식하는 사람이다. 자신을 공정하게 비판할 줄 아는 사람인 것이다. 높은 도를 소유한 사람이다. 그래서 복을 받는다고 하였다. 도에서 멀수록 자신 잘못을 모르는 것이다.

상구(上九)는 도에 붙어 사는 나라에서 바르지 못한 나라를 바로잡기 위해서 크게 군사를 일으켜 치는 것은 좋다고 말한 것이다. 그러나 목적을 이루었으면 빈손으로 귀국해야 복을 받는다는 것이다. 재물·부녀자·진귀한 물건을 약탈해 가지고 오면 부끄러운 것이고 부끄러운 일을 하면 화를 당한다는 것이다.

주역하경
(周易下經)

31. 兌上 艮下 澤山咸(택산함)

咸은 亨하나 利貞하며 取女吉하니라.

· · · · · · · · ·

彖曰 咸은 感也이니라 柔上而剛下하며 二氣感應以相與하니 止而說하며 男下女이니라 是以로 亨하나 利貞하며 取女吉也이니라 天地感而萬物化生하고 聖人感人心而天下和平하니 觀其所感하면 而天地萬物之情可見矣이니라.

象曰 山上有澤咸하니 君子以虛受人하니라.

初六, 咸其拇하니라
象曰 咸其拇하면 志在外也이니라
六二, 咸其腓하면 凶하나 居吉하니라
象曰 雖凶하여도 居吉함은 順不害也이니라
九三, 咸其股하고 執其隨往하면 吝하니라
象曰 咸其股하고 亦不處也하면 志在隨人所執下也이니라
九四, 貞吉悔亡한데 憧憧往來하면 朋從爾思하니라
象曰 貞吉 悔亡하면 未感害也이며 憧憧往來하면 未光大也이니라

九五, 咸其脢하면 无悔이니라
象曰 咸其脢하면 志末也이니라
上六, 咸其輔頰舌하나니라
象曰 咸其輔頰舌하면 滕口說也이니라

「함괘(咸卦)」는 막히는 일은 없으나 올발라야 이로우며 장가들면 좋다.

. . . .

단전에서 말하기를, 함(咸)은 감응하는 것이다. 음이 위에 있고 양이 아래에 있으면서 두 마음이 통해 서로 화합하니 마음이 편안하고 기쁘며 남자가 여자의 아래에 있는 것이다. 이런 까닭으로 막히는 일은 없으나 올발라야 이로우며 장가들면 좋은 것이다. 하늘과 땅이 감응하여 만물을 낳아서 기르고, 성인이 사람들의 마음을 감화시켜 세상이 평화롭게 되는 것이니 그 감응하는 바를 보면 세상 모든 사람의 형편을 알 수가 있다.

상전에서 말하기를, 높은 산이 위에 있는 소택과 감응하니 군자도 (마음을) 비우고 사람들을 받드는 것이다.

초육(初六), 엄지발가락이 감응한다. 상전에서 말하기를, 엄지발가락이 감응하면 사심(私心)을 멀리하며 살아야 한다.
육이(六二), 장딴지가 감응하면 흉하나 본을 받으면 복이 된다. 상전에서 말하기를, 흉할지라도 본을 받으면 복이 된다는 것은 도를 따르면 해로움이 없다는 것이다.

구삼(九三), 넓적다리가 감응하고 그것을 따르며 행하다가 버리면 탄식하게
    된다. 상전에서 말하기를, 넓적다리가 감응하고 만일 머무르게 하지 않는
    다면 마음이 천한 일을 하는 사람을 따르며 살고 있다.
구사(九四), 올바르면 복을 받고 후회할 것 없는데, 정해진 마음 없이 왔다 갔
    다 한다면 그의 마음은 마음대로 살다가 무너지는 것이다. 상전에서 말하
    기를, 올발라서 복을 받고 후회할 일이 없다면 어찌 감동하지 않겠으며, 정
    해진 마음이 없이 왔다 갔다 한다면 빛남과 훌륭함은 없는 것이다.
구오(九五), 등(背)이 감응하면 후회할 일은 없는 것이다. 상전에서 말하기를,
    등이 감응하면 마음이 낮아진 것이다.
상육(上六), 얼굴이 감응한다. 상전에서 말하기를, 얼굴이 감응하면 (마음이)
    솟아오르게 하는 말을 하는 것이다.

【 한자 풀이 】

咸: 느낄 함, 감응할 함. 取: 장가들 취. 感: 감응할 감, 마음 일어날 감. 氣: 마음 기, 성질 기. 與: 화합할 여, 함께할 여. 止: 마음 편할 지, 넉넉할 지. 化: 기를 화, 자랄 화. 情: 사정 정, 형편 정. 見: 알 견. 受: 받들 수, 받아들일 수. 拇: 엄지발가락 무. 志: 사심 지, 마음 지, 감정 지. 外: 멀리할 외, 떠날 외. 腓: 장딴지 비. 居: 본받을 거, 따를 거, 머무를 거. 股: 넓적다리 고. 執: 행할 집. 往: 떠날 왕, 죽을 왕, 보낼 왕. 亦: 만일 역. 處: 머무를 처. 在: 살 재. 所: 있을 소. 下: 천할 하, 낮을 하. 憧: 마음이 정해지지 않을 동. 朋: 무너질 붕. 從: 근심할 종, 제멋대로 할 종. 爾: 그 이, 이 이. 思: 마음 사, 뜻 사. 害: 어찌 할, 무엇 할. 脢: 등 매, 등심 매. 末: 낮을 말, 따를 말. 輔: 광대뼈 보, 턱 보. 頰: 빰 협. 舌: 혀 설, 말 설. 滕: 물 솟아오를 등, 오를 등. 口: 말 구, 말할 구.

【 해설 】

「함괘(咸卦)」의 괘상은 산위에 소택(沼澤)이 있는 것이다. 그러나 소택은 산속

이나 산 아래에 있는 것이지 산 위에 있을 수는 없는 것이므로 「함괘」는 자연현상으로 괘상을 설명한 것이 아니다. 여기서 산은 상대적으로 높은 사람을 상징하는 것이고, 소택은 그보다 낮은 사람을 상징하는 것이다. 그러므로 여기서 높은 사람은 양이고 낮은 사람은 음이다. 상대적으로 높은 사람이 자기보다 낮은 사람 아래로 내려와 그 사람을 진심으로 받들며 낮은 곳에서 낮은 마음으로 낮게 살면 사람과 진리와 자연에 감응한다는 것이다. 상대방보다 진실로 낮아져 진심으로 받드는 사람이라야 인간과 진리와 자연에 감응한다는 것이 「함괘」가 말하는 진리다. 이것은 반드시 알고 있어야 할 진리를 말한 것이다.

괘명인 함(咸)이라는 글자는 감(感)과 같은 뜻이다. 여기서 '감(感)'은 감응(感應)한다는 뜻이다. 감응에서 '감(感)'은 나의 감각기관에 어떤 대상이 들어오는 것이고, '응(應)'은 들어온 것에 대해 내 마음에서 일어난 반응을 말한다. 그러므로 무엇을 보거나 들으면 보고 들은 것은 감(感)이고, 보고 들은 것에 대한 느낌은 응(應)이다. 보고 듣고도 아무런 느낌이 없다면 보고 듣지 않은 상태와 같으므로 감(感)도 없고 응(應)도 없는 것이다.

감응의 첫 번째 작용은 대상과 내가 마음이 통하는 것이다. 마음이 통하는 것은 내 마음과 같고 내 마음에 드는 것이다. 마음이 통하는 정도는 나와 상대와의 동질성의 정도와 내가 가진 도(道)의 수준에 따라 다르게 된다. 상대와 내가 이질성이 많으면 통하지 않고, 내가 가진 도의 수준이 낮으면 통하는 것이 적은 것이다. 통하지 않으면 함께 하기는 어려운 것이고, 진리 수준이 높을수록 많은 사람과 깊게 통하는 것이다.

그리고 어떤 것이 어느 정도로 마음에 맞느냐에 따라 그 사람이 어떤 사람인가를 알 수 있다. 지상(地上)적인 가치가 마음에 들고 철학적 가치는 마음에 없으면 도의 세계와는 인연이 없는 것이고, 철학적 가치와는 마음이 통하고 지상가치에 마음이 없으면 세속세계와는 인연이 없는 것이다. 또 상당수의 사람은 두 가지 중에서 어느 한쪽을 더 좋아하는 비율은 각기 다르지만, 두 세계에 다 인연이 있는 것이다.

철학적 가치에 대한 감응의 정도는 세 등급이 있다. 감응에서 더 나아가면 감화(感化)가 된다. 감화를 받으면 좋은 영향을 받아 마음이 편안하고 기쁜 단계이다. 감화에서 더 나아가면 감동(感動)이 된다. 감동을 받으면 마음이 심하게 움직이며 그 가치는 나의 인격으로 전환되는 것이다. 감동에서 더 나아가면 감격(感激)이 된다. 감격하면 그 가치에 놀라 벌떡 일어나게 되고 그 가치가 내 인생의 방향을 바꾸는 것이다. 크나큰 감격으로 인생의 방향을 바꾼 예를 하나만 들어 보겠다.

남강(南岡) 이승훈(李承薰) 선생은 누구나 다 아는 대로 우리나라 근대사에서 손꼽히는 위대한 인물이다. 선생은 일가친척도 재산도 없는 평안북도 정주에서 출생하셨는데, 어머님은 선생을 낳으신 후 8개월 만에, 그리고 아버님은 선생 나이 10세 때에 세상을 떠나시어 선생은 가난 속에 고아로 남겨지게 되었다. 선생은 어려운 환경에서 독학으로 공부하였고, 자수성가하여 거상(巨商)이 되었다. 상계(商界)에서 독보적인 존재로 일하고 있을 때 헤이그(Hague) 밀사 사건으로 나라가 들끓고 있던 1907년 어느 날, 도산 안창호 선생께서 평양에 와서 연설하였다. 이때 남강 선생은 춘추가 43세였고 도산 선생님은 19세였다. 남강 선생은 청년 도산의 연설을 눈물을 흘리며 들었고, 그다음 날에 삭발하고 술·담배도 끊어버렸다. 도산 선생의 연설에 어찌나 감격하였던지 집에 돌아온 선생의 모습은 흡사 실성한 사람 같았다고 한다. 이후로 즉시 모든 재산을 다 처분하여 평북 오산(五山) 용동(龍洞)에 오산 고보를 세우고 교육에 전념하면서 독립운동에 헌신하였다. 도산 선생의 연설을 한 번 듣고 감격하여 남강 선생은 인생의 방향이 크게 바뀌어 버린 것이다. 진리에 대한 감격이란 바로 이런 것이다.

천지자연에서는 음과 양이 자연스럽게 감응한다. 도를 따르며 살고 양이 음보다 높다는 의식이 없어서인 것이다. 음양의 자연스러운 감응도 이처럼 자연의 이치이다.

괘사에서 장가들면 좋다고 한 이유는 태(兌)는 소녀(少女)이고, 간(艮)은 소남(少男)인데 여기서 소녀는 소남이 받들고 싶은 여자이고, 소남은 자신을 낮추고 소녀를 받들 수 있는 남자다. 이런 소녀와 소남이 만났으니 서로 감응한 것이다. 그래서 결혼하면 좋다고 한 것이다. 여기서 말한 소녀·소남은 막내딸·막내아들이다.

단전에서 말한, 남자가 여자 아래에 있다는 것은 간(艮: 소남)이 태(兌: 소녀) 아래에 있는 괘상을 말한 것이다. 옛날 사람들은 천지 음양의 기운이 서로 감응하지 못하면 비가 오지 않고 냉해(冷害)가 있는 등 일기가 불순하게 된다고 믿었다. 그러면 만물은 적게 태어나고 잘 자라지도 못하는 것이다. 그처럼 천지 음양의 기운이 감응하면 만물이 많이 태어나 잘 자라는 것이다.

성인의 말씀에 세상 사람이 감화받고 감동하면 사람들은 부도덕과 죄악에서 떠나게 되므로 바르게 된다고 하였다. 사람들이 바르게 되면 세상은 평화롭게 되는 것이다. 사람들이 성인의 가르침을 무시하고 버리면 바른 사람이 될 수가 없고, 그 사람들은 세상을 어지럽게 하는 것이다. 그러므로 세상 사람들이 무엇에 감응하고 감응하지 않는가를 보면 그 사람의 형편과 세상의 형편을 알 수 있다. 진리에 감응하고 진리를 따르면 행복하게 살고, 그 반대이면 힘들게 살게 된다는 것이다. 천지만물지정(天地萬物之情)에서 천지(天地)는 하늘과 땅도 되고 세상도 되며, 만물은 모든 사람·모든 세상일·국가와 국가 안의 모든 사회를 포괄적으로 일컫는 말이다.

대상전에서는, 높은 산이 위에 있는 소택과 감응한다고 하였다. 이는 괘상을 자연현상 그대로 말한 것이다. 그러나 실제로는 상징적인 말이라고 앞에서 설명하였다. 높은 산이 자신을 낮추고 그보다 낮은 소택 아래로 내려와 살기에 높은 산과 소택이 감응한다는 뜻이다. 군자는 이 괘를 보고 배워 자신의 마음을 비우고 낮은 사람이 되어 자신보다 낮은 사람을 받들기 때문에 그 사람들과 감응한다는 것이다.

여섯 개의 효사(爻辭)는 감응하는 정도를 사람 신체 부위(部位)를 예로 들어서 말한 것이다. 초육(初六)에서는 엄지발가락이 감응한다고 하였다. 엄지발가락은 신체의 맨 밑이다. 엄지발가락이 감응했다는 말은 감응이 미미한 것을 말하는 것이다. 성인의 글을 읽고도 거의 느낌이 없는 것이고, 성인의 말씀을 들려주어도 그 말씀이 별로 마음에 와닿지 않는 것이다. 이런 사람은 사심(私心)이라도 멀리하며 살아야 흉하지 않게 된다고 하였다. '지재외(志在外)'는 11. 「태괘(泰卦)」에 나온 말이다.

육이(六二) 효(爻)에서는 장딴지가 감응한다고 하였다. 감응 정도가 초육(初六)보다 크다. 그러나 미약하다. 이런 사람은 다른 사람의 좋은 행실을 본받으며 살아야 흉하지 않게 된다고 하였다. 감응이 없으면 본받으려고 노력해야 한다는 것이다.

구삼(九三) 효에서는 넓적다리가 감응한다고 하였다. 감응의 정도가 육이(六二)보다 한단계 높은 것이다. 이런 정도의 감응은 잊지 않고 잘 따르고 행하면 좋은데 세월 가면 잊어버리고 천한 것을 따르게 되니 한탄할 일이 생긴다고 하였다.

구사(九四) 효는 진리에 대한 감응이 쉽게 흔들리는 사람이다. 그래서 확고한 철학이 없는 것이다. 세속과 진리의 세계를 왔다 갔다 자기 뜻대로 살다가 무너져 버리는 사람이다. 바르게 사는 것에 대한 가치를 깨닫지 못하고 사는 사람이다. 감응의 정도가 높은 단계다. 감화받고 감동하여 도를 깨달은 것이다. 그래서 낮아진 사람이 된 것이다.

구오(九五) 효에서는 등이 감응한다고 하였다. 감응의 정도가 높은 단계인 것이다. 감화받고 감동하여 도를 깨달은 것이다. 그래서 낮아진 사람이 된 것이다. 상육(上六) 효에서는 얼굴이 감응한다고 하였다. 감격한 것이다. 이렇게 감격하면 다른 사람의 마음을 솟아오르게 하는 말을 한다고 하였다. 가슴을 뛰게 하고 무한 속으로 올라가게 하는 말을 하는 것이다. 광대뼈 [輔]·뺨 [頰]·혀 [舌]는 얼굴에 있는 것이니까 이는 곧 얼굴을 말하는 것이다.

32. ䷟ 震上 巽下 雷風恒(뇌풍항)

恒은 亨无咎하나 利貞하고 利有攸往이니라.

· · · · · · · · ·

彖曰 恒은 久也이니라 剛上而柔下하며 雷風相與하고 巽而動하며 剛柔皆應恒하니라 恒亨无咎하나 利貞함은 久於其道也이니 天地之道는 恒久而不已也임이니라 利有攸往은 終則有始也임이니라 日月得天而能久照하고 四時變化而能久成하며 聖人久於其道而天下化成하니 觀其所恒하면 而天地萬物之情可見矣이니라.

象曰 雷風恒하면 君子以立不易方하니라.

初六, 浚恒하면 貞凶하고 无攸利이니라
象曰 浚恒之凶은 始求深也임이니라
九二, 悔亡하니라
象曰 九二悔亡흔 能久中也이니라
九三, 不恒其德하면 或承之羞하고 貞吝하니라
象曰 不恒其德하면 无所容也이니라
九四, 田无禽이니라

象曰 久非其位하니 安得禽也이리요
六五, 恒其德貞하면 婦人吉하나 夫子凶하니라
象曰 婦人貞吉은 從一而終也이며 夫子制義하므로 從婦凶也이니라
上六, 振恒하면 凶하니라
象曰 振恒在上하면 大无功也이니라

「항괘(恒卦)」는 막히는 일이 없고 화는 없으나, 올발라야 이롭고 가는 곳에 이로움이 있다.

· · · · · · · · ·

단전에서 말하기를, '항(恒)'은 길이길이 변하지 않는 것이다. 「항괘」는 양이 위에 있고 음이 밑에 있으며, 우레와 바람이 서로 돕고 온순하게 일하며, 음과 양이 언제나 변함없이 함께 화합하고 있다. 「항괘」가 막히는 일이 없고 화는 없으나 올발라야 이롭다는 것은 도에 길이길이 머물러야 한다는 것이니, 하늘과 땅도 도에 길이길이 변함없이 머물고 (도를) 버리는 일이 없어서이다. 가는 곳에 이로움이 있는 것은 끝에 이르면 (새로운) 시작이 있어서이다. 해와 달은 천도(天道)를 지니고 있어서 길이길이 변하지 않고 밝으며, 사계절은 천도가 움직이게 하여 길이길이 변하지 않고 이루어지고, 성인은 도에 길이길이 머무르므로 온 세상을 덕화(德化) 시키는 것이니, 길이길이 변하지 않는 것을 보면 세상 모든 사람의 형편을 알 수가 있다.

상전에서 말하기를, 우레와 바람은 길이길이 변하지 않으니, 군자도 확고부동하고 가는 길을 바꾸지 않는다.

초육(初六), 항상 조급하면 바르더라도 흉하고 이로울 게 없다. 전에서 말하기를 항상 조급하면 흉하다는 것은 처음부터 많은 것을 바라기 때문이다.

구이(九二), 후회할 일이 없어야 한다. 상전에서 말하기를, 구이의 후회할 일이 없어야 한다는 것은 변함없이 올바름을 행하여야 한다는 것이다.

구삼(九三), 덕에 항구성이 없으면 어떤 때는 치욕을 당하고 바르더라도 탄식하게 된다. 상전에서 말하기를, 덕에 항구성이 없으면 편안한 곳은 없는 것이다.

구사(九四), 사냥해도 사로잡는 것이 없다. 상전에서 말하기를, 그의 자리가 아닌데 오래 머무르니 어찌 사로잡을 수 있겠는가?

육오(六五), 곧은 절개가 변하지 않으면 여자는 좋으나 남자는 좋지 않다. 상전에서 말하기를, 여자가 곧으면 좋다는 것은 한 사람을 따르다가 일생을 마쳐야 하기 때문이며, 남자는 의(義)를 따라야 하므로 여자를 따르는 것은 좋지 않다는 것이다.

상육(上六), 항상 흔들리면 흉하다. 상전에서 말하기를, 윗자리에 있으면서 항상 흔들리면 명예로운 일은 전혀 없는 것이다.

【 한자 풀이 】

恒: 변하지 않을 항, 오랠 항, 항상 항. 久: 오래 머무를 구, 변하지 않을 구, 길이길이 구. 與: 도울 여, 함께할 여. 皆: 함께 개, 다 개. 應: 화합할 응. 已: 버릴 이, 떠날 이, 그칠 이. 終: 극에 이를 종, 좋을 종, 훌륭할 종. 得: 가질 득, 이를 득, 이룰 득. 照: 밝을 조, 비칠 조. 變: 움직일 변, 바를 변. 化: 이법(理法) 화, 될 화, 덕화 화. 成: 될 성, 이룰 성. 立: 똑바로 설 립, 확고부동할 립. 方: 길 방, 방향 방. 浚: 빠를 준, 엎드릴 준. 始: 시작 시, 처음부터 시. 求: 바랄 구, 구할 구. 深: 많을 심, 높을 심. 能: 힐 능, 행힐 능, 이에 능. 承: 받을 승. 羞: 모욕 수, 부끄러워할 수. 容: 감쌀 용, 받아들일 용, 편안할 용. 田: 사냥학 전. 禽: 사로잡을 금, 짐승 금. 安: 어찌 안. 德: 절개 덕, 절조 덕. 婦: 여자 부, 부인 부. 制: 따를 제. 振:

흔들릴 진. 大: 아주 대, 전혀 대.

【해설】

「항괘(恒卦)」의 괘상은 우레 아래에 바람이 있는 것을 말하는 것이 아니고 우레와 바람의 불변성을 말하는 것이다. 8괘의 자연물 중에서 우레와 바람은 100년이 가고 1,000년이 가도 언제나 변함없이 그 모습이다. 우레는 멀리서 울리는 것과 가까이 울리는 차이가 있을 뿐 언제나 그 모습이고, 바람은 강풍·미풍의 차이와 방향의 다름이 있을 뿐 언제나 그 모습이다. 이같이 사람도 사람이 가진 도와 덕이 언제나 변함없이 그 모습이어야 한다는 것이 「항괘」가 말하는 진리다.

  사람이 가진 도와 덕은 다른 말로 바꾸면 바람직한 인간성이고 인간적 가치다. 좋은 인간성과 훌륭한 인간적 가치가 변질되고 훼손되면 안 된다는 것이다.

  괘명인 '항(恒)'의 뜻은 길이길이 변하지 않는다는 뜻이다. 그러므로 '항(恒)'은 영원불변이다. 가지고 있는 도(道)와 덕(德)이 어떤 상황에서도 변하지 않는 것이 '항(恒)'인 것이다. 강산도 세월 가면 변한다. 그러나 변하는 것은 겉모습일 뿐 강산의 실체(實體)·강산이 지닌 가치가 변하는 것은 아니다. 사람도 세월 가면 변한다. 그러나 사람은 겉모습만 변하는 것이 아니고 가지고 있던 도와 덕이 없어져 버리면서 추하게 변하는 것이다. 추하게 변한 사람이 주변 사람과 사회에 고통을 준다. 사람은 누구든지 유소년 시절에는 천진과 순수함·소박함과 다정함·부끄러워함과 차별하지 않는 성품·무욕과 겸손이라는 훌륭한 인간적 가치를 가지고 있다. 그러나 그런 고귀한 가치들은 세상 속에서 살면서 거의 다 없어져 버렸거나 변해버린 것이다. 이런 고귀한 가치들을 잃거나 변질시키면 안 된다고 가르치는 것이 「항괘」다.

  그리고 항(恒)은 명사(名詞)로 하면 "길이길이 변하지 않는 것"이다. 길이길이 변하지 않는 것은 '도와 덕' 곧, 가치다. 그러므로 「항괘」가 말하는 것은 항

(恒)해야 한다는 것과 '항'을 가지고 있어야 한다는 것이다. 항을 가지고 있지 못하면 사랑과 존경을 받지 못하기 때문에 살기가 힘든 것이다. 항은 수양과 진리 공부를 해야 얻을 수 있고 잃어버린 것도 되찾을 수 있다.

천지자연은 변하지 않는다. 세월 가면 모습만 변하는 것이지 내면은 영원불변일 것이다. 존재의 영원불변은 자연의 이치다.

괘사에서는 막히는 일이 없고 화가 없다고 하였다. 그 이유는 뇌(雷)와 풍(風)을 가진 괘덕 때문이다. 우레는 큰 힘과 큰 능력을 지니고 일하는 것이고, 바람은 앞으로 계속 나아가는 것이다. 이런 덕과 능력을 지니고 일하므로 막히는 일이 없고 화가 없다고 말한 것이다. 그러나 도에서 벗어나면 훌륭한 덕과 능력도 빛을 잃게 되므로 이로움이 없다고 하였다.
단전에서 말한, 우레와 바람이 서로 돕는다는 것은 천둥소리는 바람에 의해서 더 멀리 나아가고, 바람은 천둥에 밀려 더 빨리 나아가는 것을 말하는 것이다. 우레는 양이고 바람은 음이므로 우레와 바람은 음양관계인 것이다. 음과 양이 불화하지 않고 화합하면서 서로가 상대편이 가는 길을 도와주고 있다. 그래서 우레와 바람이 서로 돕는다고 말한 것이다.

'종즉유시(終則有始)'는 18.「고괘(蠱卦)」에 나온 말이다. 극에 이르면 새로운 시작이 있다는 뜻이다. 극(極)은 끝이므로 끝에 이르면 새로운 일을 하여 좋은 결과를 얻는다는 말이다. 끝에 이르렀다는 말은 지극히 어려운 상황에서도 끝까지 변하지 않고 항(恒)을 지킨 것을 말하는 것이다. 사시변화(四時變化)에서 변화는 일상용어로 사용하는 변화라는 말로 하면 말이 되지를 않는다. 그러므로 여기서 변(變)은 "움직이게 하다·이동 하다"라는 뜻이고, 화(化)는 자연의 이법(理法) 곧, 천도를 말하는 것이다. 천도가 사계절을 움직여 사계절이 이루어진다는 뜻이다. 그리고 사람들이 가지고 있는 항(恒)을 보면 그 사람의 형편을 알 수 있다고 하였다. 항을 많이 소유하고 있으면 형편은 아주 좋고 소유하고 있는 것이 없으면 형편은 나쁘다는 것이다. 마지막 구절은 31.「함괘(咸

卦)」에서 설명하였다.

대상전에서는, 우레와 바람이 길이길이 변하지 않는 것처럼 군자도 변하는 일이 없다고 하였다. 어떤 상황에서도 편법과 술수, 부정한 수단을 쓰지 않고 도를 따라 일을 하고 도 안에 굳게 서 있다는 말이다. 그러나 세상 사람들은 변해야 할 바람직하지 않은 것은 변하지를 않고 변하지 않아야 할 바람직한 가치들은 변해버리는 것이다.

효사(爻辭)에서는 변해야 할 것과 변하면 안 되는 것을 말한 것이다. 변해야 할 것은 가치가 없는 것이고, 변하면 안 되는 것은 도와 덕인 것이다. 변해야 할 것이 변하지 않고 그대로 있으면 흉하게 되고, 변하면 안 되는 것이 변해버리면 흉하게 된다는 것을 말한 것이다.

초육(初六) 효(爻)에서는 변해야 할 조급함이 변하지 않고 그대로 있는 것을 말한 것이다. 그러면 바르더라도 흉하게 되고 이로움이 없다고 하였다. 이에 대한 예를 하나만 들겠다.

조선조 11대 임금인 중종(中宗) 때에 고매한 정신과 탁월한 재·학·덕으로 사림(士林)과 국민의 기대가 컸던 조광조(趙光祖, AD, 1482-1519)는 중종의 신임을 받으며 5년여 동안 조정에서 성리학을 근거로 한 왕도(王道)정치와 철인(哲人) 군주정치를 실현하기 위하여 급진적으로 제도를 개혁해 나갔다. 그러나 조광조의 급진적이고 과다한 개혁 의지와 칼날 같은 언사에 중종은 차츰 조광조를 대하기를 꺼리었고 피곤해하였다. 이런 상황인데도 조광조는 개혁의 칼을 멈추지 않았고, 1519년 37세의 젊은 나이에 대사헌(大司憲)의 중직에 오르자, 개혁에 더욱 박차를 가하다가 대사헌이 된 그해에 반역을 도모한다는 억울한 누명을 쓰고 유배되었다. 그리고 곧바로 사약(賜藥)을 받고 죽었다.

조광조를 동방사현(東方四賢)의 한 사람으로 크게 존경하였던 이율곡(李栗谷, 1536-1584)은 조광조와 그를 중심으로 한 사람들이 억울한 누명을 쓰고 죽게 된 이유를 다음과 같이 말하였다. '논의태예 작사무점(論議太銳 作事無漸 : 말이 너무 날카롭고, 하는 일이 점진성이 없다)'. 급한 것이 화를 부른다는 것이다. 이렇게 조급하면 올바르더라도 화를 당하는 것이다. 사람들은 일반적으로 급하게 결과를 얻으려 하고 성급하게 판단을 내린다. 도를 모르기 때문이다. 생명은 더디게 자라는 것이고, 급히 성장하면 기형(畸形)이 되는 것이다.

구이(九二) 효에서는 후회할 일이 없어야 한다고 하였다. 가지고 있는 도와 덕이 변하면 안 된다는 말이다. 가지고 있는 도와 덕이 변하면 나쁜 일을 하게 되고 다음에 후회하는 것이다.

구삼(九三) 효에서 말한 덕(德)에 항구성이 없다는 말은 부도덕과 덕을 왔다 갔다 한다는 것이다. 그러므로 올바르게 되었다고 해도 믿을 수가 없는 것이다. 언제 또 부도덕하게 될지 모르기 때문이다. 이런 사람은 아무도 진심으로 대하지 않는다. 그래서 편안하게 살 곳이 없는 것이다.

구사(九四) 효에서 말한 것은 사냥에 국한해서 하는 말이 아니다. 하는 모든 일을 사냥에 비유해서 말한 것이다. 그러므로 구사(九四) 효가 하는 말은 일을 해도 이루는 일이 없다는 것이다. 그 이유는 그 직위가 그에게 어울리는 자리가 아닌데 계속해서 그 자리를 지키고 있기 때문이다. 다시 말하면 도와 덕을 가지고 있지 않으면 일을 해도 이루는 일이 없다는 것이다.

육오(六五) 효에서 말한 것은 배우자를 사별(死別)한 부인의 수절(守節)은 좋으나 남편의 수절은 좋지 않다는 것이다. 이것은 옛날 남성 중심 사회의 산물로서 오늘날에는 맞지 않는 말이다.

상육(上六) 효에서 말한 항상 마음이 흔들리는 것은 변해야 할 부덕(不德)인데, 변해야 할 것이 변하지 않고 있어서 문제를 일으키고 있다. 도와 덕을 가지고 있지 못하면 항상 마음은 흔들리게 되는 것이다.

33. 乾上 艮下 天山遯(천산둔)

遯은 亨하나 小利貞하니라.

· · · · · · · · ·

彖曰 遯亨은 遯而亨也이니 剛當位而應與時行也이니라 小利貞은 浸而長也임이니 遯之 時義大矣哉이니라.

象曰 天下有山遯이니 君子以遠小人하고 不惡而嚴하니라.

初六, 遯尾厲하니 勿用有攸往이니라
象曰 遯尾之厲하니 不往하면 何災也이리요
六二, 執之用黃牛之革하여야 莫之勝說하니라
象曰 執用黃牛는 固志也이니라
九三, 係遯 有疾厲하나 畜臣妾하면 吉하니라
象曰 係遯之厲는 有疾憊也이며 畜臣妾吉은 不可大事也임이니라
九四, 好遯하니 君子吉하고 小人否하니라
象曰 君子好遯하지만 小人否也이니라
九五, 嘉遯하면 貞吉하니라

象曰 嘉遯貞吉은 以正志也임이니라
上九, 肥遯하면 无不利이니라
象曰 肥遯无不利는 无所疑也임이니라

「둔괘(遯卦)」는 막히는 일은 없으나 조심해야 하고 올발라야 이롭다.

· · · · · · · · ·

단전에서 말하기를, 「둔괘」가 막히는 일이 없는 것은 은둔함으로써 막히는 일이 없게 된 것이니 자기 자리에 어울리는 양(陽)이 즉시 때를 따라 떠나버린 것이다. 조심해야 하고 올발라야 이롭다는 것은 (소인의 세력이) 점점 증대하고 있기 때문이니 때에 맞게 물러나는 것은 크게 바른 것이다.

상전에서 말하기를, 하늘 뒤에 숨어 있는 산(山)이 있으니, 군자도 소인에게서 멀리 떨어져 있고, 미워하지는 않으나 경계하는 것이다.

초육(初六), 은둔해야 위태로움이 끝나니 갈 곳이 있어도 가면 안 된다. 상전에서 말하기를, 은둔하면 위태로움은 끝나는 것이니 나가지 않으면 무슨 재앙이 있겠는가?

육이(六二), 황소가죽 끈을 사용해서 잡아매어야 풀어 벗기지를 못한다. 상전에서 말하기를, 황소 가죽 끈으로 잡아맨다는 것은 마음이 견고하다는 것이다.

구삼(九三), 묶여 있어 은눈하지 못하여 병이 들어 괴로우나 평범한 백성들을 기르면 복을 받는다. 상전에서 말하기를, 묶여 있어 은둔하지 못하여 괴로워하는 것은 병이 들어 고달픈 것이며, 평범한 백성들을 기르면 복을 받는다는 것은 큰일을 할 수가 없기 때문이다.

구사(九四), 군자는 기쁜 마음으로 은둔하니 복을 받고 소인은 그렇게 하지를 못한다. 상전에서 말하기를, 군자는 기쁜 마음으로 은둔하지만, 소인은 그렇게 하지 못한다는 것이다.

구오(九五), 아름답게 은둔하면 올발라서 복을 받는다. 상전에서 말하기를, 아름답게 은둔하면 올발라서 복을 받는다는 것은 바른 마음 때문이다.

상구(上九), 여유 있게 은둔하면, 이롭지 않은 일은 없다. 상전에서 말하기를, 여유 있게 은둔하면 이롭지 않은 일이 없다는 것은 머뭇거리는 일이 없기 때문이다.

【 한자 풀이 】

遯: 숨을 둔, 은둔할 둔, 물러날 둔. 小: 삼갈 소, 조심할 소. 應: 즉시 응, 뒤따를 응. 與: 따를 여, 함께할 여. 行: 떠날 행, 갈 행. 浸: 점점 침, 침범할 침. 時: 때에 맞추어 시, 때에 맞게 시. 下: 뒤 하. 嚴: 경계할 엄, 삼갈 엄. 尾: 끝마칠 미. 厲: 위태로울 려, 괴로울 려. 執: 잡아맬 집, 지킬 집. 革: 가죽 혁, 고삐 혁. 勝: 펼 승(伸也), 억누를 승. 係: 맬 계, 묶을 계. 臣: 백성 신. 妾: 여자 종 첩. 憊: 고달플 비. 好: 기뻐할 호, 알맞을 호. 否: 못할 부. 嘉: 아름다울 가, 기뻐할 가, 훌륭할 가. 肥: 여유 있을 비, 넉넉할 비. 疑: 머뭇거릴 의, 바로 설 의. 用: 행동할 용, 일할 용, 할 용.

【 해설 】

「둔괘」의 괘상은 하늘 아래에 산이 있는 것을 말하는 것이 아니고 하늘 뒤에 산이 있는 것을 말하는 것이다. 그러나 하늘 뒤에 산이 있을 수는 없는 것이므로 여기서 하늘은 천도를 말하는 것이고, 산은 산과 같이 높고 위엄 있는 인물을 상징하는 것이다. 산과 같이 높고 위엄 있는 인물은 큰 인물이다. 그러므로 「둔괘」는 큰 인물이 도(道) 없는 세상을 피해 도 뒤에 숨어 사는 것을 말하는 것이다. 큰 인물이 세상을 떠나는 이유는 소인의 세력이 점점 증대하여 실권을 장악하고 있어서 바르게 일을 할 수가 없는 상황이 되었기 때문이다. 「둔괘」의 괘체를 보면 아래에 있는 두 음의 세력이 점점 커지면서 위에 있는 4개의 양이 밀려나고 있는 형상이 이런 상황을 말하는 것이다. 그러므로 「둔괘」는 자연현상으로 괘상을 설명한 것이 아니고 음양이론과 자연을 상징화하여 설명한 것이다.

사람들도 이같이 소인이 날뛰는 도(道)가 없는 세상이 되면 세상을 떠나 도 뒤에 은둔해야 한다는 것이 「둔괘」가 말하는 진리이다. 은둔하면서 도를 지키고 도를 찾아야 한다는 것이다.

괘명인 '둔(遯)'의 뜻은 "물러나다·은둔하다"라는 뜻이다. 일하는 곳에서 소인 때문에 물러나 세상을 피해 숨어 살면서 구도하는 것이 '둔(遯)'인 것이다. 소인들이 좌우지하는 장(場)에서 일을 할 수가 없어서 물러나는 것이고 구도하려고 물러나 은거하는 것이다. 그러므로 물러남과 은둔과 구도는 구도자로 살고 있는 사람이 할 수 있는 일이다. 이런 구도자만이 다 버리고 즉시 미련 없이 떠날 수 있고 은둔할 수가 있는 것이다. 은둔도 두 가지 형태가 있다. 하나는 세상을 떠나 깊은 자연으로 들어가 숨어 사는 것이고, 다른 하나는 세상 속 가정에 있으면서 극소수의 사람만 만나고 사회활동은 전혀 하지 않으며 은거하는 것이다.

천지자연은 도의 세계이다. 그러므로 모든 자연물은 자기 자리를 떠나는 일이 없이 자기 자리에 머무는 것이다. 그러므로 자기 자리를 떠나지 않는 것은 자연의 이치다.

괘사에서는 조심해야 하고 올발라야 이롭다고 하였다. 소인들의 세상이 되었으므로 조심해야 소인들에게 화를 당하지 않는다는 말이고, 올바르지 않으면 하늘로부터 재앙이 내리기 때문에 올발라야 이롭다고 한 것이다.

단전에서 말한, '강당위(剛當位)'에서 '강(剛)'은 양이고 군자이며, '당위(當位)'는 그의 자리가 그에게 어울린다는 말이다. 군자는 자기 인격과 능력으로 감당할 만한 직위에서만 일하는 것이다. 그러므로 군자는 그가 맡은 일을 언제나 바르게 잘하는 것이다. 그런 까닭으로 군자는 그가 일하는 직위에 언제나 어울리는 것이다. 그리고 여기서 말한 양은 4개의 양효(陽爻)를 말하는 것이다. 4개의 양효는 모두 군자다. 군자이므로 소인 때문에 정도(正道)대로 일을 할 수가 없으면 즉시 떠나버리는 것이다.

그러나 소인은 반대이다. 자기 능력과 인격이 그 직무를 행하는데 턱없이 부족해도 앉아있고, 아부와 뇌물로 승진하려고 애를 쓰며 멸시당해 괴로우면서도 물러날 줄을 모르는 것이다. 이같이 소인은 물러날 줄도 모르고 은둔할 줄도 모르는 것이다.

대상전에서는, 괘상을 하늘 뒤에 숨어 있는 산이라고 하였다. 자연현상 그대로 괘상을 설명한 것이지만 실제로는 그런 것이 아니라고 앞에서도 설명하였다. 군자는 「둔괘」를 보고 배워 자신도 소인을 멀리 떠나 도(道) 뒤에 숨어 사는 것이다. 군자는 소인과 함께 살 수가 없다. 사는 세계·가는 길·추구하는 것·가치관·생활이 극과 극으로 다르기 때문이다.

초육(初六) 효에서는 물러나 은둔해야 위태로움이 끝난다고 하였다. 소인들 세상에서 일하는 군자는 중상모략을 당하며 사는 것이다. 군자 때문에 소인들의 무능·무도함·비열함이 드러나고 군자의 인격과 능력에 대한 열등의식 때문에 중상모략하는 것이다. 중상모략은 위태로운 것이다. 그러나 소인의 세계에서 물러나 은둔하면 중상모략은 없게 되므로 위태로움이 끝난다고 말한 것이다. 갈 곳이 있어도 가지 말라고 한 것은 철저하게 은둔하라는 말이다.

육이(六二) 효에서 말한 황소 가죽끈은 상전에서 견고한 마음이라고 하였다. 물러나 은둔하려면 은둔하겠다는 굳은 마음이 있어야 할 수 있다는 것이다. 스스로 벼슬자리에서 물러나는 일은 도의 수준과 집안 형편에 따라 쉬울 수도 있지만 어려울 수도 있다는 말이다. 어려운 상황에서 물러나려면 굳은 마음이 없으면 불가능하다.

구삼(九三) 효에서는 물러나 은둔하고 싶은데 그것은 마음뿐이고, 몸이 매어서 물러나지를 못하고 괴로워하다가 병이 들어버린 상황을 말한 것이다. 청빈하여 가족에 대한 생계 걱정 때문에 물러나지 못하고 괴로워하는 것이다. 그러므로 재산이 없으면 자유도 없다. 그러나 물러나서 평범한 백성들을 잘 가르치면 복을 받는다고 하였다. 교육에 종사하여 생계를 해결하라는 것이다. 그러면 또 좋은 날이 온다. 여기서 신첩(臣妾)은 평범한 백성을 말한다.

구사(九四) 효에서 말한 기쁜 마음으로 은둔하는 것은 스스로 미리미리 준비하고, 생각하고, 주변 정리를 다한 다음에 기쁘게 물러나는 것이다. 일 때문에 그동안 제대로 하지 못한 공부를 할 수가 있어서 자신에게 진정으로 크게 기쁜 것이다.

구오(九五) 효는 박수갈채를 받으며 남아 있는 사람들의 부러움과 아쉬움으로 훌륭하게 물러나 은둔하는 것이다. 이것이 대인의 은둔하는 모습이다.

상구(上九) 효에서 말한 은둔은 촉박하게 물러나는 것이 아니고 진심으로 미소 지으며 넉넉하고 편안한 마음으로 물러나 은거하는 것이다.

34. ䷡ 震上 乾下 雷天大壯(뇌천대장)

大壯은 利貞이니라.

· · · · · · · · ·

彖曰 大壯은 大者壯也이고 剛以動故로 壯하니라 大壯利貞은 大者正也임이니라 正大而 天地之情可見矣이니라.

象曰 雷在天上大壯하니 君子以非禮弗履하니라.

初九, 壯于趾하면 征凶有孚이니라
象曰 壯于趾하면 其孚窮也이니라
九二, 貞吉이니라
象曰 九二貞吉은 以中也이니라
九三, 小人用壯한데 君子用罔하고 貞厲 羝羊觸藩羸其角하니라
象曰 小人用壯하지만 君子罔也이니라
九四, 貞吉悔亡하며 藩決不羸하고 壯于大輿之輹하니라
象曰 藩決不羸는 尙往也이니라
六五, 喪羊于易하고 无悔하니라

象曰 喪羊于易는 位不當也이니라
上六, 羝羊觸藩하여 不能退不能遂하니 无攸利이나 艱則吉하니라
象曰 不能退不能遂는 不詳也이며 艱則吉은 咎不長也이니라

「대장괘(大壯卦)」는 올발라야 이롭다.

. . . .

단전에서 말하기를, '대장(大壯)'이란 양(陽)이 크게 힘을 떨치는 것이고, 굳세게 일을 하므로 크게 힘을 떨치고 있다. 「대장괘」가 올발라야 이롭다는 것은 양은 바로 잡는 존재이기 때문이다. 바르고 존귀함으로써 세상의 형편을 알 수 있다.

상전에서 말하기를, 하늘 위에 있는 우레가 크게 힘을 떨치고 있으니, 군자는 예(禮)가 아니면 행하지를 않는다.

초구(初九), 걸음걸이가 굳세면 정성스럽고 진실하여도 나가면 나쁘다. 상전에서 말하기를, 걸음걸이가 굳세면 정성스럽고 진실하여도 어려움을 겪게 된다는 것이다.

구이(九二), 올발라야 복을 받는 것이다. 상전에서 말하기를, 구이(九二)가 올발라야 복을 받는다고 한 것은 치우치지 않아야 한다는 것이다.

구삼(九三), 소인은 굳센데, 군자는 근심하고 올바른 사람이어서 숫양이 울타리를 들이받아 그 뿔이 걸려버린 것을 괴로워하는 것이다. 상전에서 말하기를, 소인은 굳세어도 군자는 근심하는 것이다.

구사(九四), 올바르기에 복을 받고 후회할 일이 없으며 울타리가 열려 있어 걸릴 것도 없고 수레의 당토는 크고 튼튼하다. 상전에서 말하기를, 울타리가 열려 있어 걸릴 것이 없다는 것은 원할 때 나갈 수 있다는 것이다.

육오(六五), 양(羊)을 잃고도 대수롭지 않게 여기고 후회하지도 않는다. 상전에서 말하기를, 양을 잃고도 대수롭지 않게 여기는 것은 그 자리가 어울리지 않아서이다.

상육(上六), 숫양이 울타리를 들이받아 물러나지도 못하고 나아가지도 못하니 이로움은 없으나 괴로워하면 복을 받는다. 상전에서 말하기를, 물러나지도 못하고 나아가지도 못하는 것은 자세하게 헤아리지 않았기 때문이며, 괴로워하면 복을 받는다는 것은 화가 오래 가지 않는다는 것이다.

【 한자 풀이 】

壯: 성장할 장, 클 장, 굳셀 장, 단단할 장. 情: 사정 정, 진상 정, 형편 정. 履: 행할 리, 행동 리. 趾: 걸음걸이 지, 발 지. 用: 할 용, 일할 용, 행동 용. 窮: 고생할 궁, 어려움 겪을 궁. 罔: 근심할 망, 어두울 망. 羝: 숫양 저. 藩: 울타리 번. 觸: 받을 촉, 찌를 촉. 羸: 얽힐 리, 걸릴 리. 決: 열 결, 열릴 결, 터질 결. 尙: 바랄 상, 원할 상. 于: 그리고 우, 갈 우. 易: 대수롭지 않게 여길 이. 遂: 나아갈 수. 詳: 자세히 헤아릴 상. 艱: 어려울 간, 괴로워할 간.

【 해설 】

「대장괘(大壯卦)」의 괘상은 하늘 위에서 천둥이 울리는 것이 아니고 하늘에서 천둥이 울리고 있다. 그러므로「대장괘」에서 하늘과 천둥은 상하(上下) 관계가 아니고 병존(竝存) 관계다. 하늘도 양(陽)이고 천둥도 양이다. 그러므로「대장괘」는 양의 세상에서 양의 세력이 하늘에서 천둥이 울리는 것처럼 천지가 진동하도록 힘을 떨치고 있다. 그리고 괘체를 보면 위의 두 효(爻)만 음이고 모두 양효(陽爻)이므로 음은 거의 밀려났고 양이 지배하는 세상이 된 것이다. 양이 지배하는 세상에서 양이 활기차게 일을 하며 힘을 떨치고 있는 것이 「대장괘」다. 그러므로 「대장괘」는 자연현상과 음양이론으로 괘상을 설명한 것이다. 28. 「대과괘(大過卦)」에서 설명한 대로 양은 바르고 깨끗하며, 밝고 따뜻하며, 가치 지향적이고 미래 지향적이다. 그러나 이와 같은 양(陽)도 세상을 좌지우지하며 크게 힘을 떨치면 안 된다는 것이 「대장괘」가 말하는 진리다.

그러므로 「대장괘」가 가르치는 것은 굳세면 안 되고 겸손해야 하며, 저돌적(猪突的)이면 안 되고 신중해야 하며, 모든 일을 예사로 여기면 안 되고 깊이 생각해야 하며, 힘을 드러내면 안 되고 감추어야 하며, 힘차게 일하면 안 되고 조용하게 일해야 하며, 지배하면 안 되고 섬기며 함께 일해야 한다는 것이다. 양도 힘을 떨치면 소인이라는 것이다.

괘명인 '대장(大壯)'에서 '대(大)'는 양을 상징하는 말이고, '장(壯)'은 "성(盛)하다. 크게 힘을 떨치다."라는 뜻이다. 28. 「대과괘(大過卦)」에서 말한 '대(大)'와 같은 뜻이다. 「대과괘」에서는 양(陽)이 지나친 것을 말했고, 「대장괘(大壯卦)」에서는 양이 천둥처럼 크게 힘을 떨치고 있는 것을 말한 것이다. 군자는 힘을 떨치지 않는다. 양(陽)의 무리가 힘을 떨친다.

천지자연에는 절대강자(絶對强者)가 없고 힘을 떨치고 위세 부리며 자연을 지배하는 존재도 없다. 조용하게 함께 사는 것이다. 절대강자도 지배자도 없는 것은 자연의 이치이다. 도를 따라 살면 지배는 없는 것이다.

괘사에서는 올발라야 이롭다고 하였다. 양이 크게 힘을 행사할 수도 있는 상황이어도 그러면 안 되고, 그 힘을 도(道) 안에 가두어야 한다는 것이다. 힘은 이로운 일을 가져오지 못한다는 말이다. 힘이란 세월 가면 도에서 벗어나기 쉬운 속성을 가지고 있으므로 교만하기 쉽고 강제하기 쉬우며 상처 입히기 쉽고 도취 되기 쉬울 것이기 때문이다. 힘이 이렇게 변모하면 올바름을 잃어버리는 것이다. 올바름을 잃어버린 힘은 이로울 게 없다는 것이다. 소인의 힘이기 때문이다.

 그리고 단전에서는, 양(陽)은 바로 잡아야 할 사람인데 바로잡아야 할 사람이 바르지 않으면 이로움이 없다고 하였다. 바로잡아야 할 윗사람인 양(陽)이 바로 잡지를 못한다면 그 사회와 집단은 이로움은 그만두고 해로움과 어려움만 생기는 것이다. 양은 음을 바로잡는 사람이고 자신을 바로잡은 사람이다.

 그리고 바르고 존귀함이라는 가치로서 세상의 형편을 알 수가 있다고 하였다. 개인이나 공동체나 국가가 올바름과 존귀함이라는 가치를 어느 정도 가지고 있느냐로 얼마나 편안하고 넉넉하고 가치 있게 사는지를 알 수가 있고 또 발전할 것인지 망할 것인지를 알 수가 있다는 말이다. 올바름과 존귀함이라는 가치를 적게 가지고 있을수록 미움을 받아서, 되는 일이 없어 어렵고 괴롭게 사는 것이다. 그리고 결국 무너지는 것이다.

 대상전에서, 하늘 위에 있는 우레가 크게 힘을 떨치고 있다고 하였다. 이는 괘상을 자연현상과 상하(上下) 관계 그대로 말한 것이다. 그러나 실제로는 하늘에서 우레가 크게 진동하며 힘을 떨치고 있는 것이라고 앞에서 설명하였다. 군자는 「대장괘」를 보고 배워 예(禮)가 아니면 행하지를 않는다고 하였다. 큰 힘과 위엄을 떨치는 것은 하늘이지 인간은 그러면 안 되는 것이기 때문에 다른 사람에게 힘을 행사하지 않고 예의 바르게 행동한다는 말이다. 예의 본질은 공경함이다. 인간은 예를 행하며 함께 살아야 한다는 것은 천명(天命)이다. 그래서 군자는 천명을 어기지 않으려고 힘을 행사하지 않고 예로서 대하는 것이다. 그러므로 「대장괘」에서 크게 힘을 떨치는 사람은 군자가 아니다. 군자의 추종자들인 양(陽)의 무리인 것이다.

 초구(初九) 효에서는 걸음걸이가 굳세면 정성스럽고 진실하여도 나가면 흉하다고 하였다. 걸음걸이가 굳세다는 말은 목에 힘을 넣고 걷는 것이다. 이는 힘을 떨치고 바르지 않은 행동을 하는 것이다. 이런 행동은 도를 떠난 것이므로 흉한 일을 당한다고 말한 것이다. 이런 행동은 교만이다. 교만은 악이므로 흉한 일을 당하게 되는 것이다. 소인이 된 양의 행동이다.

구이(九二) 효는 하늘이 복을 내리는 사람이다. 항상 자신을 낮추고 낮은 자리에서 일하면서 힘을 드러내지 않는 것이다. 이런 사람이 도의 경계를 벗어나지 않는 바른 사람인 것이다.

구삼(九三) 효에서는 굳세며 힘을 드러내고 떨치는 일은 소인이 하는 일이라고 하였다. 소인은 팔뚝에 완장 하나만 둘러도 대번에 몸이 굳어지고 힘을 드러내는 것이다. 그러나 군자는 이와 반대이다. 큰 권력을 가지고 있어도 권력을 가지고 있다는 의식이 없으며 항상 겸손하고 자신의 부족함을 근심한다. 그리고 소인들의 행동 때문에 괴로워하는 것이다. 울타리를 들이받아 그의 뿔이 울타리에 걸려 머리통을 뺄 수가 없게 된 숫양은 소인을 상징한다. 이는 실력도 현명함도 없는 소인이 자기 권력 하나만 믿고 덤벙대며 설치다가 낭패를 당하는 것을 비유로 말한 것이다. 구삼(九三) 효도 소인이 된 양(陽)이다.

구사(九四) 효에서는 울타리가 열려 있어서 걸릴 것이 없다고 하였다. 이 말은 앞을 가로막는 장애가 없어 마음대로 일할 수 있다는 말이다. 왜 가로막는 장애가 없는 것인가? 바르기 때문이라고 한마디로 잘라 말하였다. 그러므로 바르지 않으면 벌 떼처럼 덤벼들어 가로막는 것이다. 수레의 당토가 크고 단단하다는 말은 일할 수 있는 중요한 여건이 좋다는 말이다. 수레에서 당토는 문에서 돌쩌귀와 같은 것으로서 대단히 중요한 역할을 하는 것이다. 당토가 부실하면 얼마 못 가서 망가지고 그러면 수레는 무용지물이 된다. 바르면 일할 수 있는 여건도 저절로 좋아지고, 바르지 않으면 저절로 나빠진다는 것이다. (당토는 26.「대축괘」참조)

육오(六五) 효는 양을 잃고서도 대수롭지 않게 여기고 후회하지도 않는다. 그까짓 양 한 마리라고 코웃음 치는 것이다. 여기서 양 한 마리는 사소한 문제를 비유로 말한 것이다. 사소한 문제라고 코웃음치면 호미로 막을 수 있었던 것을 가래로도 막을 수 없는 상황이 된다는 것을 머리가 모자라서 모르고 있다. 머리가 모자라면 그 자리에 어울리지 않는 사람이고 바르지 않은 사람이다. 이런 사람은 상황판단을 안이하게 하고 무사태평이며 위기의식이 없는 것이다. 이런 사람이 일을 하면 바르게 되는 일이 없다. 육오(六五) 효도 소인이 된 양이다.

　상육(上六) 효는 소인도 후회하고 회개하고 괴로워하면 다음에는 복이 온다고 하였다. 소인이 양(陽)의 세계로 들어오면 복을 받는다는 것이다.

35. 離上坤下 火地晉(화지진)

晉은 康侯用錫馬蕃庶하니 晝日三接하니라.

· · · · · · · · ·

彖曰 晉은 進也이니라 明出地上하여 順而麗乎大明하며 柔進而上行하니라 是以康侯用
  錫馬蕃庶하며 晝日三接也하니라

象曰 明出地上晉하니 君子以自昭明德하니라

初六, 晉如摧如하나 貞吉하고 罔孚裕하면 无咎이니라
象曰 晉如摧如하나 獨行正也하고 裕无咎이니 未受命也이니라
六二, 晉如愁如하고 貞吉하니 受玆介福于其王母이니라
象曰 受玆介福은 以中正也임이니라
六三, 衆允하면 悔亡하니라
象曰 衆允之는 志上行也임이니라
九四, 晉如鼫鼠하면 貞厲하니라
象曰 鼫鼠貞厲는 位不當也임이니라
六五, 悔亡하고 失得勿恤하면 往吉하고 无不利이니라

象曰 失得勿恤하면 往有慶也이니라
上九, 晉其角하고 維用伐邑하면 厲吉无咎하나 貞吝하니라
象曰 維用伐邑은 道未光也이니라

「진괘(晉卦)」는 나라를 평안하게 다스리는 제후(諸侯)가 변방의 백성들에게 말을 하사하고 등용하여 쓰니 하룻낮에 세 번이나 (전투에서) 이겼다.

. . . .

단전에서 말하기를, '진(晉)'은 앞으로 나아가는 것이다. 해가 지상에 떠올라 천도를 따르며 빛이 나고 크고 밝게 하며, 음(陰)이 위로 올라가 높은 자리에서 일하는 것이다. 이와 같은 강후(康侯)가 변방의 백성들에게 말을 하사하고 등용하여 써서 하룻낮에 세 번이나 (전투에서) 이긴 것이다.

상전에서 말하기를, 해가 지상에 떠오르고 있으니, 군자는 밝은 덕으로 자신을 빛이 나게 하는 것이다.

초육(初六), 나아가기도 하고 막히기도 하나 바르면 복을 받고, 빛은 없어도 너그러우면 화는 없다. 상전에서 말하기를, 나아가기도 하고 막히기도 하나 오직 바르게 행하고, 너그러우면 화는 없으나 도를 이루지는 못하고 있다.
육이(六二), 나아가면서 염려하고 바르면 복을 받는 것이니, 신선(神仙)으로부터 더욱 큰 복을 받을 것이다. 상전에서 말하기를, 더욱 큰 복을 받게 되는 것은 바르고 치우침이 없어서이다.

육삼(六三), 많은 사람이 믿으면 잘못하는 일이 없는 것이다. 상전에서 말하기를, 많은 사람이 믿는 것은 하늘의 뜻을 행하기 때문이다.

구사(九四), 앞으로 나아감이 다람쥐 같으면 바르더라도 위태롭게 된다. 상전에서 말하기를, 다람쥐 같으면 바르더라도 위태롭게 되는 것은 그의 자리가 그에게 맞지 않아서이다.

육오(六五), 잘못하는 일이 없고 손해 본 이익을 근심하지 않으면 나가면 복되고 이롭지 않은 일이 없다. 상전에서 말하기를, 손해 본 이익을 근심하지 않으면 나가면 기뻐할 일이 있다는 것이다.

상구(上九), (적을) 제어하고 나아가서 영지를 정벌하고 법으로 다스리면 위태로워도 복을 받고 화는 없으나 바르더라도 원망은 있게 된다. 상전에서 말하기를, 영지를 정벌하고 법으로 다스리는 것은 도를 빛이 나게 하는 일은 아니다.

【 한자 풀이 】

晉: 나아갈 진, 오를 진. 康: 편안할 강, 클 강. 用: 응용할 용, 다스릴 용, 할 용. 蕃: 울타리 번. 庶: 백성 서, 무리 서. 接: 이길 첩(勝也). 明: 해·달 명, 빛 명, 높을 명. 麗: 빛날 려. 進: 오를 진, 올릴 진. 以: 같을 이 닮을 이. 是 : 이 시, 이것 시. 昭: 빛날 소, 밝을 소 摧: 막을 최, 막힐 최. 罔: 없을 망. 孚: 빛날 부. 裕: 너그러울 유, 넉넉할 유. 受: 이룰 수, 얻을 수, 받들 수. 命: 도 명, 하늘의 뜻 명. 獨: 다만 독, 오직 독. 玆: 더욱 자. 介: 클 개, 도울 개. 允: 믿을 윤, 진실할 윤. 悔: 잘못할 회, 과오 회. 鼫: 다람쥐 석. 失: 손해볼 실, 놓칠 실. 得: 이익 득, 이득 득. 恤: 근심할 휼. 角: 다툴 각, 뿔잡을 각, 제어할 각. 維: 법도 유. 邑: 영지 읍. 吝: 원망할 린, 한할 린.

【 해설 】

「진괘(晉卦)」의 괘상은 땅 위의 불(火)이 아니고 땅 위로 해가 떠오르는 것이다. 다시 말하면 빛인 해가 세상에 나와서 세상을 밝게 하고 있다. 그러므로 「진괘」는 자연현상으로 괘상을 설명한 것이다. 사람도 이같이 빛이 되어 세상에 나가야 한다는 것이다. 그래서 세상을 밝게 해야 한다는 것이 「진괘」가 말하는 진리이다.

사람은 누구든지 미성년 때에 부모님의 품 안에서 살지만, 만 20세가 되어 성년이 되면 부모님의 품 안을 나와서 세상에 나가 일을 해야 한다. 일하러 세상에 나갈 때 빛이 되어 나가야 한다는 것이다. 빛이 되어 나간다는 말은 진리와 도덕을 어기지 않는 바른 사람이 되어 나간다는 말이다. 빛의 형태와 밝기의 정도는 사람마다 다르다. 조그마한 등불일 수도 있고 큰 촛불이나 횃불일 수도 있으며 모닥불일 수도 있다. 밝게 한다는 말은 바르게 하고 따뜻하게 하며, 편안하게 하고 기쁘게 하며, 시원하고 넉넉하게 하며, 조용하고 깨끗하게 하는 것이다. 반대로 진리와 도덕을 행하지 않아 바르게 살지 않으면 세상을 어둡게 하고 살맛 나지 않게 하는 것이다. 이같이 세상을 어둡게 하는 사람이 되어 살면 안 된다는 것이 「진괘」가 말하는 진리이다.

괘명인 '진(晉)'의 뜻은 "앞으로 나아가다"라는 뜻이다. 그러나 여기서 말하는 '진(晉)'은 앞으로, 앞으로 전진 하는 것이 아니고 빛이 되어 세상에 나가는 것이다. 그리고 나아가서 세상을 밝게 한다는 내용까지 포함된 말이다. 어머님 태중(胎中)에 있던 아이가 가정이라는 사회에 나오면 그 아이는 빛이 되어 나온 것이다. 그래서 그 아이는 가정을 밝게 하고 기쁘게 하는 것이다. 그 아이가 빛이 되는 이유는 그 아이가 가진 천진함과 순수함, 아름다움과 선함, 사랑스러움과 빈 마음 때문이다. 이런 고귀한 가치는 천부의 도이다. 그러므로 도를 가져야 빛이 되고, 도를 가지지 못하면 어두움이 되는 것이다. 그러나 어른은 천부(天賦)의 도만으로는 안 된다. 구도하여 진리를 터득해야 한다. 그래야 세상의 빛으로 사는 것이다. 그런데 어른이 진리를 터득하지는 못하고 천부의 도마저 잃어버리고 산다면 어떻게 되겠는가?

천지자연은 언제나 세상을 밝게 한다. 천도(天道)를 떠나는 일이 없기 때문이다. 세상을 어둡게 하는 법이 없는 것은 자연의 이치이다.

괘사는 태양과 같은 빛이 되어 세상에 나와서 나라를 밝게 하는 제후국의 임금을 한마디로 간단하게 말한 것이다. 그러므로 괘사에서 말한 강후(康侯)는 백성들이 편안하게 살도록 나라를 다스리는 훌륭한 도와 덕을 가진 제후이다. 특히 변방 백성들에게 특별한 은혜를 베풀며 그들에 대한 믿음이 훌륭한 제후에 대해서 말한 것이다. 변방 사람들은 적과 내통하여 정보를 제공하거나 적의 앞잡이 노릇을 하기가 쉬운 것이다. 그리고 중앙에서 파견된 관리가 모든 일을 주관하면서 거드름을 피우며 간섭하면 그들은 반발하며 애국심도 없어지는 것이다. 이런 불행한 일이 일어나지 않게 하는 것은 높은 덕을 가진 임금이다.

「진괘(晉卦)」에 나온 제후는 높은 덕을 가진 임금이므로 변방 사람들에게 아무런 조건도 없이 말을 준 것이다. 그 말은 평시에는 농사용과 수송용으로 사용하고 전쟁이 일어나면 군마가 되었다. 그리고 중앙에서 관리를 변방에 파견하지 않고 변방 사람들을 등용하여 국경지대의 일을 맡긴 것이다. 변방 사람들을 절대적으로 신뢰한 것이다. 이런 물질적 은혜와 신뢰에 보답하여 변방 사람들은 정규군을 도와 하루에 세 번 거듭 전투에 이기게 한 것이다. 이는 꼭 세 번만을 말한 게 아니고 연전연승을 말하는 것이다. 임금이 대인군자이면 백성들을 결속시키고 애국심을 드높이며, 정정당당하게 살게 하고 몸과 마음을 닦게 하여 나라를 밝게 하는 것이다. 하지만 임금이 소인이면 불화·분열하게 하고 애국심을 없어지게 하며, 더러운 술수와 수단으로 일하게 하고 자기 이익만 챙기게 하여 나라를 어둡게 하는 것이다. 그래서 「진괘」의 괘사는 임금은 태양과 같은 빛이 되어 세상에 나와야 한다고 말한 것이다.

괘사에 나온 강후(康侯)를 문왕(文王)의 아들이고 무왕과 주공의 친동생인 강숙(康叔)이라고 말한 것은 옳지 않은 것이다. 괘사는 문왕이 지은 것인데, 문왕이 유리의 토굴에서 괘사를 지을 때 강숙은 제후가 아니었다. 주나라에서 제후는 문왕뿐이었다. 문왕이 죽고 13년 후에 문왕의 장자인 무왕이 종주국인 은

나라를 멸망시키고 천자(天子)가 되었다. 무왕이 죽고 그의 어린 아들 성왕(成王)이 임금이 된 다음에 강숙은 위(衛)나라의 제후가 된 것이다. 그러므로 강후(康侯)는 강숙(康叔)이 아니다. 그리고 문왕이 짓는 괘사에 그의 장자인 무왕과 차자인 주공에는 크게 미치지 못하는 그의 셋째 아들 강숙의 이름을 올릴 수는 없는 것이다. 괘사를 짓는 아버지가 훌륭하지도 않은 셋째 아들의 이름을 괘사에 올릴 수가 있겠는가? 그러므로 강후는 강숙이 아니다.

대상전에서, 해가 지상에 떠오르고 있다고 하였다. 자연현상 그대로 괘상을 설명한 것이다. 군자는 떠오르는 해를 보고 배워서 자신을 밝은 덕으로 빛이 나게 한다고 하였다. 밝은 덕(明德)은 큰 덕이고 성현의 덕이며 성현의 가르침이다. 수양하고 구도하여 성현의 가르침인 도를 터득하여, 자기 존재가 도가 되게 하여 자신을 빛이 나게 한다는 말이다. 군자는 이 세상에서 빛이 되어 사는 사람이다.

여섯 개의 효사 중에서 초육(初六) 효·구사(九四) 효·상구(上九) 효는 빛이 없으면서 세상에 나가 일하는 경우를 말한 것이고, 육이(六二) 효·육삼(六三) 효·육오(六五) 효는 빛이 되어 세상에 나가 일하는 경우를 말한 것이다.

초육(初六) 효에서는 보통의 도의 수준으로 세상에 나가 일하기 때문에 나아가기도 하고 가다가 막히기도 하는 것이다. 남다른 뛰어난 도와 덕을 갖지 못하면 빛은 나지 않는 것이고 그러면 가다가 막히는 것이다.

육이(六二) 효는 앞으로 나아가면서 근심하고 바르고 치우침이 없다. 이는 도의 수준이 높은 대인 군자다. 근심하는 것은 자신만만함이 없고, 늘 공부하고 깊이 사색하며, 항상 조심하고 어려워하며, 어렵게 사는 사람들로 마음 아프고 자신감의 부족으로 편안하지 않기 때문이다. 왕모(王母)는 서왕모(西王母)의 약칭인데 고대 중국 신화에 나오는 여신선(女神仙)이다. 중국 서쪽에 있는 곤륜산에서 살았고 불사약을 가지고 있다고 믿었다. 신선(神仙) 신앙은 고대 중국인의 민간신앙이었는데 후대에 도교(道敎)의 중심적인 신앙이 되었다.

육삼(六三) 효는 많은 사람으로부터 신뢰를 받는 대인군자이다. 그래서 잘못하는 일이 없고 하늘의 뜻인 도를 행하며 사는 것이다. 그래서 빛이 나는 것이다.

　구사(九四) 효에서 말한 석서(鼫鼠)는 다람쥐다. 다람쥐는 앞으로 나아갈 때 방정맞게 나아간다. 어느 소인의 나아감인 것이다. 소인이기 때문에 그의 직위가 그에게 어울리지 않는 것이다. 즉 그 직위에서 일할 자격이 없는 것이다.

　육오(六五) 효는 잘못하는 일이 없고 손해 본 이익을 근심하지 않는 사람이다. 잘못하는 일이 없으면 도를 벗어나는 일이 없는 것이고, 손해 본 이익을 근심하지 않으면 이익을 초월한 것이다. 그러므로 대인 군자다. 그래서 빛이 나고 세상을 밝게 하는 것이다.

　상구(上九) 효는 도와 덕으로 다스리지 못하고 법으로 다스리는 사람이다. 그러므로 도의 수준이 보통이고 원망을 들으며 일을 하는 것이다. 보통 사람이니까 도를 빛이 나게 할 수가 없다.

36. ䷣ 坤上 離下 地火明夷(지화명이)

明夷는 利艱貞이니라.

· · · · · · · · ·

彖曰 明入地中明夷하니 內文明而外柔順하여도 以蒙大難하니라 文王以之이나 利艱貞하고 晦其明也하여 內難而能正其志하니.

箕子以之하니라 象曰 明入地中明夷하니 君子以莅衆하면 用晦而明하니라.

初九, 明夷하면 于飛垂其翼하고 君子于行三日不食하지만
有攸往하면 主人有言이니라
象曰 君子于行義하므로 不食也이니라
六二, 明夷하여 夷于左股이나 用拯馬壯하면 吉하니라
象曰 六二之吉은 順以則也임이니라
九三, 明夷于南狩하면 得其大首이지만 不可疾貞하니라
象曰 南狩之志하면 乃大得也이니라
六四, 入于左腹하여 獲明夷之心하니 于出門庭하니라
象曰 入于左腹하여 獲心意也하니라

六五, 箕子之明夷하여도 利貞하니라
象曰 箕子之貞明하여 不可息也이니라
上六, 不明晦는 初登于天한대 後入于地함이니라
象曰 初登于天하여 照四國也한대 後入于地하여 失則也이니라

「명이괘(明夷卦)」는 어려워도 올바르면 이롭다.

・・・・・・・・・

단전에서 말하기를, 빛이 땅속으로 들어가 빛이 없어져 버리니, 마음속에 빛이 있고 언행이 부드럽고 온순하여도 큰 어려움을 당하는 것이다. 문왕(文王)이 이같이 되었으나 어려워도 올발라서 이로웠고, 빛이 어두워 마음이 괴로워도 능히 마음을 올바르게 하여야 하니 기자(箕子)가 이같이 한 것이다.

상전에서 말하기를, 빛이 땅속으로 들어가 빛이 없어져 버리니, 군자는 많은 사람이 있는 곳에 가면 빛을 감추는 것이다.

초구(初九), 빛이 없어지면 (새도) 날다가 날개를 접고, 군자는 길을 가다가 3일을 먹지 않지만, 가는 곳이 있으면 사람들이 존중하고 따르며 돕는다. 전에서 말하기를, 군자는 의로운 길을 감으로 먹을 수가 없다.
육이(六二), 빛이 없어져 바르지 않은 사람들에게 상처를 입었으니 크게 훌륭한 것을 받들어 행하면 복을 받는다. 상전에서 말하기를, 육이(六二) 효가 복을 받는 것은 천도를 따르기 때문이다.

구삼(九三), 빛이 없는 남쪽을 치면 우두머리의 머리를 얻게 되지만 급하면 안 되고 올발라야 한다. 상전에서 말하기를, 남쪽을 치면서 의로움을 지키면 이로움이 많다는 것이다.

육사(六四), 바르지 않은 마음을 바쳐 빛을 없애는 사람의 마음에 들면 조정안에서 벼슬하게 된다. 상전에서 말하기를, 바르지 않은 마음을 바쳐 마음을 사로잡은 것이다.

육오(六五), 기자(箕子)는 빛이 없어졌어도 올발라서 이로웠다. 상전에서 말하기를, 기자는 바르고 빛이 나서 막힐 수가 없었다.

상육(上六), 빛이 없어져 어둡게 된 것은 전에는 (빛이) 하늘에 올라가 있었는데 다음에는 땅속으로 들어갔기 때문이다. 상전에서 말하기를, 전에는 (빛이) 하늘에 올라가 있어서 온 나라를 비추었는데 다음에는 땅속으로 들어가니 도가 없어져 버린 것이다.

【 한자 풀이 】

明: 빛 명, 해달별 명, 양 명. 夷: 죽일 이, 멸할 이, 상할 이. 內: 마음 내, 뱃속 내. 文: 빛날 문, 아름다울 문. 外: 언행 외, 겉모습 외. 蒙: 당할 몽, 만날 몽. 以; 할 이, 될 이. 之: 이 지, 이것 지. 晦: 어두울 회, 감출 회. 箕: 근본 기, 키 기. 難: 괴로울 난, 어려울 난. 莅: 자리에 나갈 리, 이를 리. 垂: 드리울 수, 늘어뜨릴 수. 于: 할 우, 갈 우. 行: 길 행, 도 행, 일할 행. 主: 높일 주, 존중할 주. 有: 할 유, 도울 유. 言: 따를 언. 左: 바르지 않을 좌, 어길 좌. 股: 따를 고, 갈래 고. 用: 할 용, 행할 용. 拯: 들어 올릴 증, 휘할 증(取). 馬: 클 마(大也). 壯: 훌륭할 장, 클 장. 則: 천도 칙, 자연의 이치 칙. 狩: 칠 수, 정벌할 수. 大: 높을 대, 으뜸 대, 많을 대. 疾: 빠를 질, 급할 질. 志: 의로움을 지킬 지. 乃: 뜻밖에 내, 어조사 내. 得: 이득 득, 이익 득. 入: 바칠 입, 쓸 입(用). 腹: 마음 복. 獲: 마음에들 획, 사로잡을 획. 出: 벼슬할 출. 門: 집안 문. 庭: 조정 정, 관청 정. 息: 막힐 식, 망할 식. 初: 이전 초. 四: 사방 사. 失: 없어질 실, 사라질 실. 南: 남쪽 남, 임금 남.

【해설】

「명이괘(明夷卦)」의 괘상은 땅 아래에 불(火)이 있는 것이 아니고 빛이 땅속으로 들어가 버린 것이다. 그러나 빛이 땅속으로 스스로 들어간 것이 아니고 땅속에 묻어버린 것이다. 사람을 죽여서 땅속에 묻어버린 것과 같은 것이다. 빛이 죽었다는 말은 도가 이 세상에서 소멸되었다는 뜻이다. 도가 행하여지지 않는 무도(無道)한 세상이 된 것이다. 그러므로 「명이괘」는 자연현상으로 괘상을 설명한 것이지만 실제로는 도의 소멸을 상징하는 것이다.

이 세상에는 태양이 둘이 있다. 하나는 형이하학적(形而下學的) 태양인 해(Sun)이고 또 하나는 형이상학적(形而上學的) 태양인 도(道:Truth)다. 「명이괘」는 형이상학적 태양인 도(道)가 이 세상에서 없어져 버린 것을 말하는 것이다. 해가 없으면 자연의 세계가 어둡고, 도가 없으면 인간의 세계가 어두운 것이다.

그러면 누가 도를 죽여 땅속에 매장했는가? 「명이괘」에서는 그 이름을 밝히지 않았지만, 그 사람은 은(殷)나라 마지막 임금인 주왕(紂王)이다. 문왕의 아들 주공(周公)이 지은 효사(爻辭)에 기자(箕子)가 나왔고 공자께서 지은 단전에 문왕이 나왔기 때문이다. 문왕과 기자는 주왕의 포악무도(暴惡無道)한 정치에 극심한 고통을 받은 것이다. 주왕 때에는 도(道)라는 태양이 없어져 버린 암흑의 시대였다. 그러므로 「명이괘」는 주왕과 주왕의 시대를 말하는 것이다. 주왕이 도를 죽여 땅속에 매장한 것이다. 인간세계에서 도를 죽이는 제1 우두머리는 임금이다. 임금이 무도하면 도는 죽는 것이다. 그다음은 소인인 권력자이다. 임금은 허약·무능하고 권력자가 소인이면 도는 죽게 되는 것이다. 그러므로 「명이괘」는 무도한 임금과 소인 권력자가 도를 죽인다는 것을 알려주는 것이다. 이는 반드시 알아야 할 진리이다.

괘명인 '명이(明夷)'에서 '명(明)'은 빛이라는 뜻이다. 빛은 도를 말한다. '이(夷)'는 죽인다는 뜻이다. 그러므로 '명이'는 "빛을 없애는 것·도를 죽이는 것"을 뜻한다. 도가 죽으면 이 세상에 도는 없다. 그러면 세상은 어둡고 바르지 않게 되는 것이다. 도는 죽임을 당해도 부활한다. 도에는 죽음이 없는 영원한 존재이기 때문이고 죽는 것은 도의 화신(化身) 인간의 육신이기 때문이다. 그러므로 죽는 것은 육신뿐이고, 육신 속에 들어 있는 위대한 인격과 위대한 도는 죽지 않는 것이다.

천지자연에서는 도를 죽이는 일이 없다. 그것은 자연의 이치이다.

23. 「박괘(剝卦)」와 명이괘의 차이점은 「박괘」는 소인들이 진리의 사람인 군자를 그들의 조직에서 몰아내는 것이고, 「명이괘」는 무도한 임금이나 소인 권력자가 도를 죽이고 악과 부도덕으로 나라를 다스리는 것이다.

괘사에서는 도가 없는 어두운 세상에서도 바르게 살아야 이롭다고 하였다. 어두움에 휩쓸려 바르지 않게 살면 화를 당한다는 것이다. 그러나 지극히 바르게 살아도 도가 없는 어두운 세상에서는 큰 어려움을 당하기도 한다고 단전에서 깨우쳐 주고 있다. 그 예가 주(周)나라의 3대 임금이며 성인 문왕이라고 하였다. 문왕은 무도한 세상인데도 지극히 바르게 살았다. 그래서 문왕이 3년 감옥살이를 하는 동안에도 주나라 백성들은 옥중의 임금을 한마음으로 떠받들며 죽음으로 나라를 지켰다. 만일 문왕이 지극히 바르지 않았다면 문왕은 감옥에서 죽었을 것이고, 주나라는 멸망하거나 은나라의 꼭두각시가 임금이 되었을 것이다. 문왕은 어려움에도 지극히 바르게 살았기 때문에 감옥살이하는 동안에도 온 백성의 절대적인 존경을 받았고, 나라도 망하지 않고 더욱 발전하였다. 그래서 문왕은 어려웠지만 올바르게 살아서 이로웠다고 『주역』은 말한 것이다. 문왕이 당한 어려움에 대해서는 앞에서 설명하였다.

세상에서 도가 없어져 세상이 어둡게 되면 사람들의 마음은 괴로운 것이다. 그러면서 동화(同化)되어 가는 것이다. 그 어두움에 동화되지 않고 바르게 산 사람으로서 기자(箕子)라는 인물이 있었다고 『주역』은 말하고 있다. 기자는 은나라의 포악무도한 임금이었던 주왕(紂王)의 숙부였고 현인(賢人)이었으며 충신이다. 기자는 정성을 다해 바르게 정치하도록 주왕에게 간하였다. 아무리 간해도 임금은 듣지 않았다. 그래서 기자는 관직을 버리고 임금의 곁을 떠나버렸다.

그러나 집에서 세상과 인연을 끊고 은둔한 것이 아니고 머리를 풀어 헤치고 미친체하기도 하고 노예가 되어 일하기도 하였다. 그 이유는 관직을 그만두고 집에 있으면 사람들이 모두 임금이 악해서 떠난 것으로 생각할 것이기 때문이었다. 세월이 지난 다음에는 숨어 살았고 거문고를 타면서 혼자서 슬퍼하였다. [爲人臣諫不聽而去하면 是彰君之惡而自說於民하니 吾不忍爲也이니라 乃被髮佯狂而爲奴하다가 遂隱而鼓琴以自悲하니라. 史記]

대상전에서는, 빛이 없는 세상이 되어 세상이 어둡게 된 「명이괘(明夷卦)」를 군자는 보고 배워 사람들이 모인 곳에 이르면 자신의 빛을 감춘다고 하였다. 자신이 가진 도와 도덕을 드러내지 않고 감춘다는 말이다. 세상이 어둡게 되면 도처에서 소인의 무리와 악의 무리가 있는 것이고, 이들은 진리에 대한 거부감이 강하므로 그들로부터 모욕이나 봉변당할 수가 있기에 군자는 자신을 감추고 사는 것이다. '이명(而明)'에서 '이(而)'는 "그"라는 지시대명사이다. 그러므로 '이명(而明)'은 "그의 빛"이다.

초구(初九) 효에서는 세상에서 도가 없어져 바르게 되는 일이 없게 되면 나는 새도 날개를 접는다고 하였다. 날개를 접는 것은 하늘을 나는 마음이 없어져 무도한 세상을 슬퍼하며 웅크리고 앉아있는 것이다. 옛사람들은 인간 세상의 도의 유무(有無)에 하늘과 땅은 물론 모든 자연물이 반응을 보인다고 믿었으므로 이런 말을 한 것이다.

그리고 군자는 길을 가다가 3일을 먹지 않았다고 하였다. 군자가 가는 길은 오직 구도와 학문을 연구하는 길이다. 군자도 어둡게 된 세상이 슬퍼서 구도자의 길을 가다가 3일을 식음을 전폐한 것이다.

육이(六二) 효에서는 어두운 세상이 되자 바른 사람이 바르지 않은 사람들에게 상처를 입었다고 하였다. 세상이 무도하게 되면 악의 무리는 필연적으로 날뛰는 것이다. 악의 무리의 최대 장애물은 도이므로 악의 무리는 도를 가진 바른 사람을 해치는 것이다. 그러나 악의 무리로부터 화를 당해도 천도(天道)를 따르면 복을 받는다고 하였다. 육이(六二) 효에서 말한 '마장(馬壯)'은 "크게 훌륭한 것"이라는 뜻인데 이는 천도(天道)를 말하는 것이다. 좌고(左股)는 왼쪽 다리가 아니다. 여기서 '좌(左)'는 "바르지 않다"라는 뜻이고 '고(股)'는 "따르다"이다. 그러므로 좌고는 바르지 않은 것을 따르는 사람이라는 뜻이다. 이런 표현은 비어(祕語)다.

구삼(九三) 효에서는 빛이 없는 남쪽을 치면 우두머리의 머리를 얻게 된다고 하였다. 효사를 지은 주공(周公) 당시에 빛이 없는 곳은 주나라의 남쪽이 아니고, 동쪽이었다. 동쪽은 주왕(紂王)이 다스리는 은(殷)나라다. 물론 이때에도 남방은 오랑캐의 땅이었다. 그러나 주나라에는 아무런 해를 끼치지 않는 나라였으므로 여기서 말한 남(南)은 실제로는 은나라 임금을 말한 것이다. 여기서 '남(南)'은 "임금 남" 자다. 그러나 은나라 임금이라고 말할 수가 없으므로 남쪽이라고 한 것이다. 그러므로 구삼(九三) 효가 말하는 것은 "빛이 없는 남쪽을 치면"이 아니고 "빛이 없는 임금을 치면"이라는 뜻이다.

육사(六四) 효에서 말한 '좌복(左服)'은 왼쪽 배가 아니고 바르지 않은 마음이다. 바르지 않은 마음은 간사함과 아부가 나오는 마음이다. 무도한 임금에게 아부하면 벼슬자리를 얻게 된다는 말이다.

육오(六五) 효에서, 기자(箕子)는 어두운 세상에서도 바르게 살았기 때문에 이로웠다고 하였다. 은나라의 인자(仁者)·현인·충신으로 온 국민이 우러러 받들었기 때문이다.

상육(上六) 효에서는 하늘에 있어야 할 빛이 죽어서 땅에 매장된 것을 말한 것이다. 여기서 하늘은 하늘만 가리키는 것이 아니고 임금과 아버지와 남편을 동시에 말하는 것이다. (天: 임금 천, 아버지 천, 남편 천). 다시 말하면 빛이란 높은 곳·윗사람에게 있어야 하는 것인데 윗사람에게 도가 없다는 것이다. 그래서 어둡게 되었다는 것이다.

37. ䷤ 巽上 離下 風火家人(풍화가인)

家人은 利女貞이니라.

· · · · · · · · ·

彖曰 家人은 女正位乎內하고 男正位乎外이니 男女正은 天地 之大義也이니라 家人有嚴君焉이니 父母之謂也이니라 父父子子하고 兄兄弟弟하며 夫夫婦婦하면 而家道正이니 正家而天下定矣이니라.

象曰 風自火出家人이니 君子以言有物하고 而行有恒하니라.

初九, 閑有家하면 悔亡하니라
象曰 閑有家하면 志未變也이니라
六二, 无攸遂하고 在中饋하면 貞吉하니라
象曰 六二之吉은 順以巽也임이니라
九三, 家人嗃嗃하고 悔厲하면 吉하고 婦子嘻嘻하면 終吝하니라
象曰 家人嗃嗃하면 未失也이나 婦子嘻嘻하면 失家節也이니라
六四, 富家는 大吉하니라
象曰 富家大吉은 順在位也임이니라

九五, 王假有家하고 勿恤하면 吉하니라
象曰 王假有家는 交相愛也임이니라
上九, 有孚威如하면 終吉하니라
象曰 威如之吉은 反身之謂也임이니라

「가인괘(家人卦)」는 여자가 올발라야 이롭다.

･ ･ ･ ･ ･ ･ ･ ･ ･

단전에서 말하기를, 「가인괘(家人卦)」는 여자는 집안에 자리가 정해져 있고 남자는 집밖에 자리가 정해져 있다는 것이니, 남자와 여자의 (자리가) 정해져 있는 것이 하늘과 땅의 중대한 도(道)이다. 집안 식구에게는 어려워해야 할 어른이 있으니 (그 어른은) 부모님을 말하는 것이다. 아버지는 아버지답고 아들은 아들답고, 형은 형답고 동생은 동생다우며, 남편은 남편답고 아내는 아내다우면 가정의 도덕은 바른 것이니 가정이 바르면 세상은 (저절로) 바르게 되는 것이다.

상전에서 말하기를, 나무에서 비롯되는 불은 식구에게서도 일어나야 하는 것이니 군자는 말(言)에는 도리가 있게 하고 행실에는 한결같음이 있게 한다.

초구(初九), 가정에 법도가 있으면 한탄할 일이 없다. 상전에서 말하기를, 가정에 법도가 있으면 의로움을 지켜서 재앙이 없는 것이다.
육이(六二), 이루는 일은 없을지라도 음식을 만드는 일 속에서 살면 바른 것이므로 복을 받는다. 상전에서 말하기를, 육이(六二) 효(爻)가 복을 받는 것은 도리를 따르고 유순(柔順)하기 때문이다.

구삼(九三), 가족들에게 엄격하고 엄격하게 한 것을 후회하면 복을 받고, 부녀자들이 즐겁게 소리 내어 웃으면 종내에는 한탄하게 된다. 상전에서 말하기를, 가족들에게 엄격하면 잘못하는 일은 없으나 부녀자들이 즐겁게 소리 내어 웃으면 가정의 법도는 없는 것이다.

육사(六四), 행복한 집은 크게 복을 받는다. 상전에서 말하기를, 행복한 집이 크게 복을 받는 것은 도를 따르며 (각자의) 자리에서 살기 때문이다.

구오(九五), 큰 행복이 집에 있고 근심이 없으면 복을 받은 것이다. 상전에서 말하기를, 큰 행복이 집에 있는 것은 서로 친하게 지내며 사랑하기 때문이다.

상구(上九), 진실하고 정성스러우며 두려워하면 마침내는 복 받는다. 상전에서 말하기를, 두려워하면 복을 받는다는 것은 자신을 돌아보고 일을 힘쓰기 때문이다.

【 한자 풀이 】

正: 바를 정, 정할 정. 內: 집안 내. 義: 도 의, 법도 의, 도리 의. 嚴: 어려워할 엄, 높을 엄. 君: 주재자 군, 주인 군. 道: 도리 도, 도덕 도. 定: 바를 정, 안정될 정. 自: 말미암을 자, 비롯할 자. 出: 일어날 출, 일으킬 출, 이룰 출. 物: 도리 물. 恒: 한결같을 항, 변치 않을 항. 閑: 법도 한, 법규 한, 바를 한. 悔: 한탄할 회, 잘못 회, 후회할 회. 志: 의로움을 지킬 지, 덕행 지. 變: 재앙 변, 사고 변. 遂: 이룰 수, 갈 수(往). 饋: 음식 궤, 요리할 궤. 在: 살 재, 살고 있을 재. 嗃: 엄할 학. 厲: 엄할 려, 괴로울 려. 嘻: 즐겁게 웃을 희. 失: 잘못할 실, 없어질 실. 節: 법도 절, 예절 절. 富: 행복 부, 복 부. 王: 클 왕. 假: 복 가, 너그러울 가. 交: 친하게 지낼 교. 威: 두려워할 위, 위엄 위. 反: 돌이킬 반, 반성할 반. 身: 자신 신. 謂: 말할 위, 힘쓸 위, 부지런할 위.

【해설】

「가인괘(家人卦)」의 괘상은 불과 바람이 결합하여 있다. 그러므로 「가인괘」는 자연현상으로 괘상을 설명한 것이고, 상하 괘의 관계는 상하관계가 아니고 결합관계인 것이다. 불이 바람과 결합 되면 분리될 수 없는 한 몸이 되어 빛을 내며 위로 올라가거나 앞으로 나아가야 한다는 것이 「가인괘」가 말하는 진리이다. 이것은 반드시 행하여야 할 진리이다.

「가인괘」에서 불은 내괘이고 바람은 외괘(外卦)이다. 안에 있는 불에 밖에서 바람이 들어와서 결합한 것이다. 이는 남자 집에 여자가 들어와서 한 몸이 된 부부와 같은 것이다. 그리고 「가인괘」는 괘덕으로 괘상을 설명한 것이다. 손(巽)의 덕은 부드럽고 온순함이고, 이(離)의 덕은 빛이 나고 밝은 것이다. 이같이 가족도 모두 다 온순하고 부드럽고 빛이 나고 밝아야 한다는 것이 「가인괘」가 말하는 진리이다.

괘명인 가인(家人)에서 가(家)는 집이고, 인(人)은 사람이다. 그러므로 가인은 집안사람이다. 집안사람은 가족이고 식구다. 그러므로 가인은 한 가정의 식구다. 가정과 가족은 참으로 중대한 존재이므로 『주역』에서 다루고 있는 것이다.

가족이란 나와 관련된 사람 중에서 가장 가까운 사람이다. 가깝다는 말은 친하다는 말이고, 친하다는 말은 서로 사랑한다는 말이다. 가까운 정도를 촌수(寸數)로 말하는데 부부간은 무촌(無寸)이고 부모와 자녀 간은 일촌(一寸)이며, 형제자매간은 이촌(二寸)이다. 이런 정도의 가까움은 한 그루 나무의 몸체와 가지의 관계이다. 한 그루의 나무는 분리될 수가 없는 한 몸이다. 가족도 이같이 한 몸이다. 부모는 몸체이고 자녀들은 가지다. 이렇게 가까운 가족이 실제적·정신적으로는 가깝지 않은 경우가 허다하다. 가깝기는커녕 서로 간에 고통과 괴로움을 주는 경우가 많다. 그런 고통은 일반화 되어가고 있다. 그 원인은 무엇인가? 도(道)의 결핍이다. 그러므로 가족 간의 결합은 가족과 도와의 결합이 이루어져야 가능하다.

괘사에서는 여자가 올발라야 이롭다고 하였다. 남자의 올바름을 강조하지 않고 여자의 올바름을 강조하고 있다. 옛날 사회는 남자 중심 사회였고 가부장제(家父長制) 가족제도였으며 여자는 교육과 재산 소유에서 제외되었다. 여자는 신분(身分)은 노예가 아니었지만 실제로는 의무만 있고 권리가 없었으며 일만 죽도록 하고 사는 노예상태에 있었다. 교육과 재산 소유에서 제외된 상황이 장기화함으로써, 여자는 아는 것이 없고 가진 것이 없게 되어 무시당하기 시작하였고, 일만 하다가 일그러져 버린 모습은 무시를 더욱 가중했다. 마침내는 암탉이 울면 집안이 망한다고 윽박지르며 말조차도 함부로 못 하였다. 그래서 인류 역사 수천 년은 여자에게는 한(恨)의 세월이었고 인고(忍苦)의 세월이었다.

숨도 제대로 못 쉬며 살던 여자에게 가정의 이로움이 여자에게 달렸다는 식으로 말하면 되겠는가? 여자가 고등교육을 받고 많은 돈을 버는 현대에도 일반적으로 여자는 남자 하기 나름이다. 남자가 바람직하면 그대로 따른다는 말이다. 정성을 다해 부지런히 일하고 분수를 지키며 살고 주색잡기에 손을 대지 않아 가정경제에 문제가 없고 인격에 별로 큰 문제가 없다면 여자는 할 말이 없는 것이다. 바람직하지 않으니까 저항하는 것이다. 특히 옛날에 여자는 남자에게 순종하는 것이 일반화된 도덕이었다. 그러나 남자의 잘못은 덮어 두고 여자의 올바름만 강조한다면 이는 바르지 않은 것이다. 오히려 남자가 먼저 올발라야 하고 가장(家長)이 존재하는 한 가장이 먼저 올발라야 바른 도이다. 그러나 가장은 올바른데 여자가 올바르지 않으면 그것은 문제가 되는 것이고, 때로는 성현군자도 바로잡을 수가 없는 여자도 있다. 그런 경우의 여자는 예외적인 존재다.

단전에서는, 식구들이 지켜야 할 도리를 말한 것이다. 그것의 첫째는 남자는 남자의 자리가 정해져 있고, 여자는 여자의 자리가 정해져 있다는 것이다. 여자는 집에 있으면서 집안일을 하고 남자는 사회에 나가 사회적인 일을 해야 한다. 두 번째는 부모님을 어려워하며 공경해야 한다. 세 번째는 아버지는 아버지답고, 어머니는 어머니다우며 자식은 자식다워야 한다. '답다'는 말은 각자가 지켜야 할 도리를 지키는 것을 말한다. 이와 같은 식구들이 각자가 지켜야 할 도리를 지켜야 가족은 비로소 한 몸이 된다. '엄군(嚴君)'의 일상적인 용어의 뜻은 가정의 아버지인데 여기서는 그런 뜻이 아니고 어려워해야 할 집안 어른인 부모님을 말하는 것이다.

대상전에서, 「가인괘」의 괘상은 풍화(風火)라고 하였지만 실제로는 풍화를 말한 것이 아니고 목화(木火)를 말한 것이다. 나무에서 불이 일어나는 것처럼 식구들에게서도 불이 일어나야 한다는 것이다. 그러므로 식구 한 사람, 한 사람은 나무이고 가족은 곧 불이 되는 것이다. 주(周)나라 때에는 나무에 구멍을 파서 거기에 막대기를 넣고 비벼 돌려 나무와 나무를 마찰시켜서 불을 일으켰다. 그렇게 해서 얻은 불은 곧 가족을 상징하는 것이다. 불은 분리될 수가 없는 한 덩어리이고, 밝고 따뜻하고 위로 올라가는 것이라고 앞에서 설명하였다. 그러므로 대상전에서 말한 것은 가족은 불과 같아야 한다는 것이다. 군자는 「가인괘」를 보고 배워 도리에 어긋난 말은 하지를 않고 한결같이 도를 행하여 가족을 결합하게 한다는 것이다. 도가 아니면 가족을 결합할 수가 없기 때문이다. 도가 있으면 결합하고 도가 없으면 분열되는 것이 곧 인간사회다.

효사(爻辭)에서, 가정에는 법이 있어야 하고 진리와 도덕을 행하여야 복을 받는다고 하면서 법·진리·도덕이 가정을 유지하는 근본이라고 말한다.

초구(初九) 효에서, 가정에 식구들이 다 같이 지키는 법이 있으면 가정에 재앙은 없다고 하였다. 법을 지키는 가정은 바른 가정이다. 반대로 가정에 법이 없고 각자 자기 마음대로 살면 재앙이 찾아온다는 것이다.

육이(六二) 효에서, 부녀자는 집안에서 음식을 만들며 살면 도를 따르는 일이므로 복을 받는다고 하였다. 여자가 있어야 할 자리와 하여야 하는 일의 대표적인 것 한 가지를 말한 것이다.

구삼(九三) 효에서, 부모는 가족들에게 지나치게 엄격하면 좋은 것은 아니라고 하였다. 그러나 부녀자들이 큰 소리로 웃어도 안 된다고 하였다. 전자는 법도가 너무 엄하고 후자는 법도가 너무 느슨해서 바르지 않다는 것이다.

육사(六四) 효에서, 가족들이 각자의 자리에서 도를 따르며 사는 집이 행복하게 사는 집이라고 하였다. 이런 행복한 집에 큰 복이 내린다는 것이다.

구오(九五) 효에서는 가족들이 서로 사랑하며 근심 없이 지내면 복을 받아 큰 행복이 집에 있다고 하였다. 가족들의 진실한 사랑은 최고의 행복이 되는 것이다. 행복은 사랑이라는 나무에 피는 고귀한 꽃이다.

상구(上九) 효에서는 진실하고 정성스러우며, 자신을 돌아보아 고치는 일에 게으름이 없으며, 하늘을 두려워하고 성현 군자를 두려워하면 진리를 행하며 사는 것이므로 복을 받는다고 하였다.

38. ䷥ 離上 兌下 火澤睽(화택규)

睽는 小事여야 吉하니라.

· · · · · · · · ·

彖曰 睽는 火動而上하고 澤動而下하며 二女同居하나 其志不同行이니라 說而麗乎明하고 柔進而上行하나 得中而應乎剛하니 是以小事吉하니라 天地睽而其事同也이고 男女睽而其志通也이며 萬物睽而其事類也이니 睽之時用大矣哉이니라.

象曰 上火下澤睽이니 君子以同而異하니라.

初九, 悔亡하면 喪馬勿逐하여도 自復하고 見惡人하면 无咎이니라
象曰 見惡人하면 以辟咎也이니라
九二, 遇主于巷하면 无咎이니라
象曰 遇主于巷은 未失道也이니라
六三, 見輿曳其牛掣하며 其人天且劓하여 无初이나 有終이니라
象曰 見輿曳는 位不當也이며 无初有終은 遇剛也이니라
九四, 睽孤하다가 遇元夫交孚하면 厲无咎이니라
象曰 交孚无咎하면 志行也임이니라

六五, 悔亡하며 厥宗噬膚하면 往何咎이리오
象曰 厥宗噬膚하면 往有慶也이니라
上九, 睽孤하며 見豕負塗 載鬼一車하고
先張之弧後說之弧하였으나 匪寇婚媾하고 往遇雨則吉하니라
象曰 遇雨之吉은 群疑亡也임이니라

「규괘(睽卦)」는 조심하고 받들어야 복을 받는다.

・・・・・・・・・

단전에서 말하기를, 「규괘」는 불은 움직여 위로 올라가고 소택의 물은 움직여 아래로 내려가며, 두 여자가 함께 살고 있으나 마음은 함께 가지를 않는 것이다. (그러나) 기뻐하며 밝게 빛이 나고 음이 위로 올라가 높은 자리에서 일하나 치우치지 않고 하늘을 따르니, 그런 까닭으로 조심하고 받들면 복을 받는 것이다. 하늘과 땅은 달라도 하는 일은 같고, 남자와 여자는 달라도 마음이 통하며, 세상 만물은 달라도 하는 일은 비슷한 것이니, 다름을 잘 다스리는 것은 중대한 일인 것이다.

상전에서 말하기를, 불은 위로 올라가고 소택의 물은 아래로 내려가 다르니 군자는 함께 하면서 다른 것이다.

초구(初九), 뉘우칠 것이 없으면, 말(馬)을 잃고 쫓아가지 않아도 스스로 돌아오고, 사람들에게 잘못한 것을 반성하면 화는 없다. 상전에서 말하기를, 사람들에게 잘못한 것을 반성하면 화를 막는다.

구이(九二), 거리에서 집의 어른을 예(禮)로써 대하면 화는 없다. 상전에서 말하기를, 거리에서 집의 어른을 예로써 대하는 것은 도를 잃지 않은 것이다.

육삼(六三), 수레가 끌려가고 소가 끌려가게 되며, 그 사람은 묵형(墨刑)을 당하고 코를 베이게 되어, 초반에는 (복이) 없었으나 끝에는 (복이) 있게 된다. 상전에서 말하기를, 수레가 끌려가게 된 것은 그의 자리가 그에게 어울리지 않았기 때문이며, 초반에는 (복이) 없었으나 끝에 (복이) 있게 된 것은 결단하게 되었기 때문이다.

구사(九四), 반목하며 외롭게 살다가 바른 사람을 만나 친하게 지내며, 진실하고 정성스럽게 되면 위태로움은 있어도 화는 없다. 상전에서 말하기를, 친하게 지내며 진실하고 정성스러우면 화가 없다는 것은 하늘의 뜻을 행하기 때문이다.

육오(六五), 뉘우칠 것이 없다. 그의 일가들이 크게 괴로워하니 나가서 누구를 꾸짖겠는가? 상전에서 말하기를, 그의 일가들이 크게 괴로워하니 나가서 누구를 꾸짖을 수 있겠는가는 뜻이다.

상구(上九), 반목하며 외롭게 살며 멀리 한 수레에 가득 찬 진흙을 뒤집어쓴 돼지들을 보고 처음에는 활을 당기고 나중에 활을 내리기도 했으나 빛이 나고 부유한 혼인을 하게 되고, 다음에는 가르침의 은혜를 받아 복을 받게 된 것은 여러 가지 어그러진 행실이 없어졌기 때문이다.

【 한자 풀이 】

睽: 반목할 규, 등질 규, 다를 규. 小: 주의할 소, 삼갈 소. 事: 받들 사, 섬길 사. 同: 함께 동, 함께할 동. 行: 갈 행, 행동할 행, 일할 행. 進: 오를 진, 위로 올라갈 진. 類: 같을 류, 비슷할 류. 時: 훌륭할 시, 좋을 시. 用: 다스릴 용. 逐: 뒤쫓을 축. 復: 돌아올 복. 見: 반성할 견, 알 견, 당할 견. 惡: 잘못할 악, 헐뜯을 악. 辟: 피할 벽, 막을 벽. 遇: 예우할 우, 만날 우, 될 우, 받을 우. 主: 집어른 주, 가장 주(家長). 巷: 거리 항, 문밖 항. 曳: 끌 예. 掣: 끌

철, 달길 철. 天: 묵형 천(墨刑). 劓: 코벨 의. 剛: 결단할 강, 단단할 강. 孤: 외로울 고. 元: 클 원, 착할 원. 厥: 그 궐. 宗: 일가 종, 친척 종. 噬: 근심할 서, 괴로워할 서. 膚: 클 부. 豕: 돼지 시. 負: 덮어쓸 부, 짊어질 부. 塗: 진흙 도, 진창 도. 載: 가득할 재, 실을 재. 鬼: 멀 귀, 도깨비 귀. 張: 당길 장. 弧: 활 호. 說: 벗을 탈, 놓아줄 탈. 往: 뒤 왕. 雨: 가르침의 은택 우. 群: 여러 군, 많을 군. 疑: 어그러질 의, 미혹할 의.

【 해설 】

「규괘(睽卦)」의 괘상에서 소택(沼澤)은 소택이라는 존재를 말하는 것이 아니고 아래로 흘러가는 소택의 물을 말하는 것이다. 그러므로 「규괘」의 괘상은 불은 위로 올라가고 소택의 물은 아래로 흘러가므로 불과 소택의 물은 가는 길이 다르다는 것을 말한다. 가는 길은 몸과 마음이 가는 길이다. 그러나 불과 소택의 물은 가는 길은 달라도 자기가 가는 길을 잘 갈 뿐 등지고 반목하는 일은 없는데, 사람은 몸과 마음이 가는 길이 다르면 등지고 반목한다는 것이다. 자연과 사람은 서로 다르다는 것이다. 자연은 자연의 법칙을 따르기 때문에 등지고 반목하는 일이 없는데, 사람은 사람의 법칙인 도와 도덕을 따르지 않기 때문에 가는 길이 다르면 등지고 반목한다는 것이다. 다르면 반목하는 존재가 사람이고, 다르기에 반목하는 것이라고 모두 그렇게 알고 있지만 그것은 중대한 오류(誤謬)다. 다시 말하면 다르기에 불화하는 것이 아니다. 등지고 반목하는 것은 양편이 모두 또는 어느 한 편이 도와 도덕을 등지고 살기 때문에 생긴다는 것이 「규괘」가 말하는 진리다.

괘명인 '규(睽)'라는 말의 뜻은 "등지다·반목하다"라는 뜻이고, "다르다"라는 뜻도 들어 있다. 그러므로 가는 길·마음·사람됨이 달라서 등지고 반목하는 것이 규(睽)다. 등지고 반목하면서 살면 안 된다는 것이 「규괘」가 말하는 진리다. 등지고 반목하면서 살면 자기 존재의 저차원과 왜소함을 드러내는 부끄러운 일이고 인간관계의 실질적 단절이며, 영혼을 메마르게 하고 인격의 성장을 방해하며, 사는 것을 힘들게 하고 심하면 사는 곳을 지옥으로 만드는 것이다. 그래서 등지고 반목하여 사는 것은 인생에서 중대한 문제가 되는 것이다. 동서고금 어디에서나 흔하게 볼 수 있는 당파싸움도 실제로는 권력이나 이익싸움이 아닌 것이다. 서로 간에 이질성이 많으면서 도와 도덕 수준이 낮아 반목하는 감정싸움이다. 그러므로 반목은 도를 터득하여 극복하여야 할 중대한 과제이다.

천지자연에는 반목이 없다. 모든 것을 포용한다. 이것은 자연의 이치다.

괘사에서 조심하고 받들어야 복을 받는다고 하였다. 나와 똑같은 사람은 없는 것이고 나와 닮은 사람도 드문 것이며, 대다수 사람은 나와 다른 사람이다. 더 나아가 나와 상극인 사람도 있는 것이다. 가정이나 사회에서 함께 사는 사람은 거의 다 나와 다른 사람이다. 나와 다른 사람과 함께 살아야 하는 것은 피할 수 없는 숙명적 환경이다. 이 속에서 사람들이 지켜야 할 가장 중요한 도덕은 상대의 감정을 상하지 않도록 항상 조심하는 것과 상대방을 받드는 것이라고 괘사는 말하고 있다. 그러면 복을 받는다는 것이다.

단전에서 말한 두 여자는 '태(兌)'는 소녀이고, '이(離)'는 중녀(中女)를 말하는 것이다. 두 여자는 물과 불로서 상극관계이다. 그래서 마음이 맞지를 않는다. 그리고 다름을 잘 다스리는 일은 중대한 일이라고 하였다. 상극관계를 상생 관계로 만들고 이질성을 잘 다스려 화합하게 하는 일은 중대한 일이다. 교향악단은 이질적 존재의 집합체인데 연주하면 동질화의 극치가 되는 것처럼, 이질화(異質化)를 동질화로 전환하는 일은 훌륭한 일이다. 이런 일은 성현 군자만 할 수 있는 것이다. 도(道)만 할 수 있다는 말이다.

대상전에서, 불과 소택의 물이 가는 길과 형상이 크게 다른 존재인 것처럼 군자도 세상 사람들과 함께 살지만, 그들과는 크게 다른 존재라는 것이다. 군자는 자신을 세상 사람들과 크게 다른 존재로 만들었기 때문이다. 세상 사람과 크게 다르지 않으면 대인군자는 아니다.

여섯 개의 효사 중에서 초구(初九) 효·구이(九二) 효·육오(六五) 효는 도와 도덕을 등지지 않고 바르게 사는 것이다. 바르게 살기 때문에 다른 사람들과도 반목하는 일이 없이 화목하게 사는 것이다. 육삼(六三) 효·구사(九四) 효·상구(上九) 효는 도와 도덕을 등지고 바르지 않게 살며 사람들과도 반목하며 살다가 회개하고 바르게 산 것이다. 그래서 사람들과의 관계도 좋게 된 것이다.

초구(初九) 효는 뉘우칠 것이 없는 사람이다. 뉘우칠 것이 없으면 도를 등지고 사는 사람이 아니고 도를 행하며 바르게 사는 사람이다. 도를 행하며 살면 존경받는 훌륭한 사람이고 다른 사람과 반목하는 일도 없는 것이다. 존경받는 훌륭한 사람이므로 잃은 말을 찾으려고 하지 않아도 다른 사람들이 붙잡아 돌려주기 때문에 말이 스스로 돌아온다고 말한 것이다.

구이(九二) 효는 집 밖의 거리에서 집의 어른이신 부모님을 뵈었을 때 진심으로 공경하며 인사를 하고 예로서 대하면 도를 등지고 사는 사람이 아니고 도를 행하며 바르게 사는 사람이다. 이런 사람이 누구와 반목하겠는가? 가족들이 부모님을 이렇게 예로서 공경하면 그 가정에 반목은 없는 것이다. 반목이 없으면 화도 없다는 것이다.

육삼(六三) 효에서 말한 수레와 소가 끌려간 것은 재산을 몰수당한 것을 말하는 것이다. 그리고 묵형(墨刑)과 코를 베이는 형벌을 받은 것이다. 도와 도덕을 등지고 살다가 참혹한 재앙을 당한 것이다. 묵형은 죄인의 이마에 먹물 바늘로 죄명을 새기는 형벌이다. 그러나 후반에 결단하고 회개하여 바르게 살았기 때문에 복이 있게 되었다고 하였다.

구사(九四) 효는 도와 도덕을 등지고 악을 따라 살았기 때문에 사람들로부터 버림받고 외톨이로 산 것이다. 바르지 않았기 때문에 사람들이 그를 등진 것이다. 내가 도와 도덕을 등지면 다른 사람들은 나를 등지는 것이다. 구사(九四) 효는 다음에 바른 사람을 만나 개과천선하여 화를 면하게 된 것이다.

육오(六五) 효는 뉘우칠 것이 없는 바른 사람이고, 일가친척들이 도와 도덕을 등지고 사는 것을 크게 괴로워하는 사람이다. 육오(六五) 효는 도를 행하는 사람이므로 도를 등진 사람과도 반목이 없는 것이다. 그래서 복을 받는다는 것이다. 서부(噬膚)는 21. 「서합괘」에 나온 말이다.

상구(上九) 효도 구사(九四) 효와 마찬가지로 도와 도덕을 등지고 악을 따라 살았기 때문에 사람들이 모두 그를 등지게 되어 외톨이로 사는 것이다. 외톨이니까 언제나 혼자 다니는 것이다. 이 외톨이가 타향 길을 걷다가 멀리 보이는 수레 한 대에 가득 실려 있는 진흙을 뒤집어쓴 돼지들을 보고 무서운 괴물로 여기고 활을 당기려 하다가 다시 보니 괴물이 아니어서 활을 내렸다는 것이다. 이 외톨이는 혼자 다니다가 종종 놀란 것이다. 이번에도 자라 보고 놀란 가슴 솥뚜껑 보고 놀란 것이다. 상구(上九) 효에서 일어난 일은 낮에 일어난 것이다. 낮에는 귀신이 나오지 않기 때문이고 밤에는 돼지가 진흙을 뒤집어쓴 것이 보이지 않기 때문이다. 그래서 나그네는 해가 지기 전에 주막집에 들어갔던 것이다. 상구(上九) 효는 도와 도덕에 어긋난 행동을 하며 살다가 다음에 회개하고 바르게 산 것이다. 그래서 복을 받은 것이다. '비구혼구(匪寇婚媾)'는 3.「준괘」, 22.「비괘」에 나온 말이다.

39. ䷦ 坎上 艮下 水山蹇(수산건)

蹇은 利西南하고 不利東北하며 利見大人하고 貞吉하니라.

· · · · · · · · ·

彖曰 蹇은 難也이니 險在前也임이니라 見險而能止하면 知矣哉이니라 蹇利西南은 往得中也이며 不利東北은 其道窮也이니라 利見大人은 往有功也이며 當位貞吉은 以正邦也이니 蹇之時用大矣哉이니라.

象曰 山上有水蹇이니 君子以反身修德하니라.

初六, 往蹇來譽하니라
象曰 往蹇來譽하니 宜待也이니라
六二, 王臣蹇蹇하면 匪躬之故이니라
象曰 王臣蹇蹇하면 終无尤也이니라
九三, 往蹇來反하니라
象曰 往蹇來反하니 內喜之也이니라
六四, 往蹇來連하니라
象曰 往蹇來連은 當位實也임이니라

九五, 大蹇하면 朋來하나니라
象曰 大蹇朋來는 以中節也임이니라
上六, 往蹇來碩하니 吉하고 利見大人하나니라
象曰 往蹇來碩은 志在內也임이며 利見大人은 以從貴也이니라

「건괘(蹇卦)」는 서남쪽은 이롭고 동북쪽은 이롭지 않으며, 큰 인물을 만나야 이롭고 올발라야 복을 받는다.

· · · · · · · · ·

단전에서 말하기를, '건(蹇)'은 고생하는 것이니 험난함이 앞에 있어서 인 것이다. 험난한 일을 당하여 함부로 행동하지 않으면 지혜로운 것이다. 「건괘(蹇卦)」가 서남쪽이 이로운 것은 그곳으로 가면 치우치지 않기 때문이며, 동북쪽은 이롭지 않은 것은 도가 막혀서이다. 큰 인물을 만나야 이로운 것은 나가면 명예로운 일이 있기 때문이며, 굳게 자리를 지키고 올발라야 복을 받는 것은 나라를 바르게 하는 일이기 때문이니 고생을 잘 다스리는 것은 중요한 일이다.

상전에서 말하기를, 산 위에 물이 있어서 고생하니 군자는 자신을 돌아보며 덕을 닦는다.

초육(初六), 고생 뒤에 기쁜 일이 오는 것이다. 상전에서 말하기를, 고생 뒤에 기쁜 일이 오는 것이니 마땅히 기다려야 한다.
육이(六二), 크게 두려워하면서 고생하면 자신을 빛이 나게 하는 일이다. 상전

에서 말하기를, 크게 두려워하면서 고생하면 끝까지 나쁜 일은 없다.

구삼(九三), 고생 뒤에 진중(鎭重)함이 오는 것이다. 상전에서 말하기를 고생 뒤에 진중함이 오니 중히 여겨져 기쁘게 되는 것이다.

육사(六四), 고생 뒤에 함께 할 사람이 오는 것이다. 상전에서 말하기를, 고생 뒤에 함께 할 사람이 오는 것은 굳게 자리를 지켰기 때문이다.

구오(九五), 훌륭하게 고생하면 벗들이 찾아오는 것이다. 상전에서 말하기를, 훌륭하게 고생하면 벗들이 찾아오는 것은 치우치지 않음과 굳은 지조 때문이다.

상육(上六), 고생 뒤에 높은 학덕(學德)이 오는 것이니 복을 받고, 큰 인물을 만나게 되어 이로운 것이다. 상전에서 말하기를, 고생 뒤에 높은 학덕이 오는 것은 하늘의 뜻을 중히 여기며 살았기 때문이며, 큰 인물을 만나게 되어 이로운 것은 존귀한 사람을 따를 수가 있기 때문이다.

【 한자 풀이 】

蹇: 고생할 건, 어려울 건. 難: 고생할 난, 어려운 사정 난. 見: 당할 견, 만날 견. 止: 망동하지 않을 지, 기다릴 지. 知: 지혜로울 지. 往: 갈 왕, 언제나 왕, 뒤 왕. 得: 이를 득, 이룰 득, 만날 득. 當: 지킬 당, 바를 당, 어울릴 당. 邦: 나라 방, 천하 방. 反: 돌아볼 반, 반성할 반, 진중할 반. 身: 자신 신, 나 신. 來: 이를 래, 올래. 譽: 기쁠 예, 명예 예. 宜: 마땅히 의, 바를 의. 待: 기다릴 대. 王: 클 왕(大也). 臣: 두려울 신, 승복할 신. 匪: 빛날 비. 躬: 자신 궁, 몸 궁. 故: 일 고, 이유 고. 尤: 나쁠 우, 허물 우. 內: 중히 여길 내, 마음 내. 連: 함께 할 연, 동반자 연. 實: 굳을 실, 진실 진. 節: 절개 절, 굳은 지조 절. 碩: 훌륭할 석, 학덕이 높을 석. 時: 훌륭할 시. 用: 다스릴 용, 할 용. 往: 뒤 왕.

【해설】

「건괘(蹇卦)」의 괘상은 깊고 험난한 강물과 높고 험준한 산이 겹쳐 있는 것을 말하는 것이 아니고, 높고 험준한 산을 넘고 또 그 앞에 있는 깊고 험난한 강물을 건너려면 큰 고생을 해야 한다는 것이다. 큰 강을 건너는 일과 높은 산을 넘는 일은 쉬운 일이 아니고 엄청난 고생을 해야 하는 어려운 일이라는 것이다. 그러나 「건괘(蹇卦)」에서 말하는 깊고 험난한 강물과 높고 험준한 산은 강과 산을 말하는 것이 아니고 고귀한 가치를 상징하는 것이다. 고귀한 가치를 얻으려면 큰 고생을 해야 한다는 것이 「건괘」가 말하는 진리이다. 쉽게 얻는 가치는 이 세상에 없다는 것이다. 높은 산일수록 넘기가 힘든 것처럼 높은 가치일수록 얻기가 힘든 것이고 큰 고생을 하지 않으면 얻을 수가 없다는 것이다.

  괘명인 '건(蹇)'의 뜻은 "고생하는 것"이다. 고생해야 한다는 것이다. 고생하지 않으면 자신을 이기는 수양을 할 수도 없고 남다른 고급의 교양과 전문지식을 습득할 수도 없으며, 구도하여 진리를 터득하려면 엄청난 고생을 해야 하고, 맨손으로 큰 재산을 만드는 데도 뼈아픈 고생은 필수다. 자고 싶은 잠 다 자고, 가고 싶은 곳 다 가고, 놀 것 다 놀면서 힘들이지 않고 쉽게 살면 고생은 없는 것이고 되는 대로 사는 것이다.

  가난하게 산다고 고생하는 것도 아니다. 더 가난하게 되지 않기 위해서, 가난을 극복하기 위해서, 봉사하고 희생하기 위해서 가난하게 사는 것이 고생하는 것이기 때문이다. 공부만 한다고 고생하는 것도 아니다. 잠을 안 자고, 놀지 않고, 먹지 않고, 정성을 바쳐 공부하는 것이 제대로 고생하는 것이기 때문이다. 힘든 일 한다고 고생하는 것도 아니고 자기가 저지른 잘못 때문에 어쩔 수 없이 하는 고생도 참된 고생이 아니다. 고생은 가치를 축적해 나가는 일이고 내가 선택하는 일이기 때문이다.

  가치를 축적하기 위한 고생이 없으면 쭉정이가 되며 존재가 가볍고 물질적으로 빈곤한 것이다. 정신적으로나 물질적으로 다 빈곤하면 비참한 것이다. 이런 사람이 주변의 사람과 국가사회를 힘들게 하는 것이다. 그러므로 가치를 위한 고생은 인생에서 참으로 중대한 일이다. 그래서 우리의 옛 어른들은 초년고생은 돈을 주고 사서라도 해야 한다고 말하였고 서양 격언에는 "고생 없으면 얻는 것이 없다(No pains, no gains)" "십자가 없으면 왕관도 없다(No cross, no crown)"고 하였다. 실제로 가치 있는 고생이 아니면 참된 인생도 없는 것이다(No pains, no life).

천지자연에는 고생이란 없다. 그 자체가 가치이고 도(道) 안에 있기 때문이다. 이것은 자연의 이치인 것이다. 사람도 그 존재가 진리가 되어, 도 안에 살면 고생이라는 개념이 없는 것이다. 아담(Adam)과 이브(Eve)도 에덴(Eden)동산을 떠난 다음부터 고생이 시작되지 않았던가?

괘사에서 말한 서남쪽과 동북쪽은, 2.「곤괘(坤卦)」에서 설명하였다. 서남쪽은 도와 도덕의 나라인 주(周)나라를 말하고, 동북쪽은 주왕(紂王)이 다스리는 무도하고 부도덕한 나라인 은(殷)나라를 말하는 것이다. 고생해도 도와 도덕 안에서 해야 이로운 것이지 무도하고 부도덕하면서 고생하면 이로움이 없다는 것이다.

단전에서는, '險(험: 험난함)'이 앞에 있어서 고생한다고 하였다. '험(險)'은 힘들고 어려운 일이고 때로는 위험이 따르는 일이다. 힘들고 어려운 일은 바른 사람 되는 일이고, 공부하는 일이고, 돈 모으는 일이고, 가치를 창조하는 일인 것이다. 이런 고생을 하면서 도와 도덕을 어기지 않으면 훌륭한 사람이 되어 훌륭한 가치를 얻게 된다는 것이다.

대상전에서, 산 위에 물이 있어서 고생한다고 하였다. 이는 괘상을 상하관계 그대로 설명한 것이다. 그러나 실제로는「건괘」의 괘상은 상하관계가 아니고 전후 관계이며, 산과 물은 산과 물을 말하는 것이 아니고 고귀한 가치를 상징하는 것이라고 앞에서 설명하였다. 고귀한 가치를 얻으려면 고생을 해야 한다. 고생은 바르게 해야 하는데 바르게 고생하려면 먼저 자기 자신을 바르게 해야 한다. 그래서 군자는 고생을 바로 하기 위해서 자신을 돌아보며 덕을 닦는 것이다. 덕을 닦아 바른 사람이 되어야 고생을 잘 다스리며 바르게 고생하는 것이다. 바르게 고생하는 것은 기쁘고 편안한 마음으로 감사하면서 고생한다는 것이고, 어떤 경우에도 부도덕한 행동을 하지 않으면서 고생하는 것이다.

여섯 개의 효사(爻辭)는 고생해야 학덕과 훌륭한 사람을 얻게 되고, 기쁜 일이 있게 되며 자신이 빛이 나게 된다고 하였다.

초육(初六) 효에서는 고생 뒤에 기쁜 일이 온다고 하였다. 고생하는 것을 중도에 그만두지 않고 끝까지 하면 마침내 일에 성공하여 기쁘게 된다는 것이다. 그러므로 힘든 고생이 없으면 성공하는 일은 없다는 것이다.

육이(六二) 효에서는 크게 두려워하면서 고생하면 자신을 빛나게 한다고 하였다. 도와 도덕을 어기지 않나 두려워하며 살아야 한다고 주역은 가르치고 있다.

구삼(九三) 효에서는 고생 뒤에 진중하게 된다고 하였다. 고생해서 가치를 가지게 되어야 사람이 점잖고 무거워진다는 말이다. 그리고 점잖고 무거우면 중히 여겨지게 되고, 가벼우면 가볍게 여겨진다고 하였다.

육사(六四) 효에서는 고생 뒤에 함께 할 사람이 온다고 하였다. 고생하지 않고 쉽게 살면 일생을 함께할 훌륭한 동반자는 만나지 못한다.

구오(九五) 효에서는 고생을 훌륭하게 하면 사방에서 바른 사람들이 찾아온다고 하였다. 훌륭하게 고생하는 것은 가난 속에서 도와 도덕을 어기지 않고 훌륭한 자세로 구도하고 학문을 연구하여 높은 도와 학식을 갖게 된 것이다.

상육(上六) 효에서는 고생 뒤에 높은 학덕을 얻게 되고 큰 인물을 만나게 된다고 하였다. 엄청난 고생을 하지 않으면 높은 학덕은 지닐 수 없고, 높은 학덕을 가져야 큰 인물을 만날 수가 있다는 것이다.

40. ䷧ 震上 坎下 雷水解(뇌수해)

解는 利西南이나 无所往이면 其來復吉하고 有攸往이면 夙吉하니라.

· · · · · · · · ·

彖曰 解는 險以動이니 動而免乎險解니라 解利西南은 往得衆也이고 其來復吉은 乃得中也이며 有攸往夙吉은 往有功也임이니라 天地解而雷雨作하며 雷雨作而百果草木皆甲坼하니 解之時大矣哉이니라.

象曰 雷雨作解하니 君子以赦過宥罪하니라.

初六, 无咎이니라
象曰 剛柔之際義하면 无咎也이니라
九二, 田獲三狐하고 得黃矢하면 貞吉하니라
象曰 九二貞吉은 得中道也임이니라
六三, 負且乘하면 致寇至하니 貞吝하니라
象曰 負且乘은 亦可醜也이며 自我致戎이니 又誰咎也이리오
九四, 解而拇하면 朋至斯孚하니라
象曰 解而拇하면 未當位也이니라

六五, 君子維有解하므로 吉하고 有孚于小人하니라
象曰 君子有解하므로 小人退也하니라
上六, 公用射隼于高墉之上하며 獲之하니 无不利이니라
象曰 公用射隼은 以解悖也이니라

「해괘(解卦)」는 서남쪽은 이롭지만 갈 곳이 없으면 머물러 있는 것이 좋고, 갈 곳이 있으면 일찍 가는 것이 좋다.

‥‥‥‥‥

단전에서 말하기를, 「해괘(解卦)」는 고생함이 물러간 것이니 물러가 그쳐서 고생에서 벗어난 것이다. 「해괘」가 서남쪽이 이로운 것은 그곳으로 가면 사람들의 마음을 얻기 때문이고, 머물러 있는 것이 좋다는 것은 그것이 바른 일이기 때문이며, 갈 곳이 있으면 일찍 가는 것이 좋다는 것은 가면 명예로운 일이 있기 때문이다. 하늘과 땅이 풀려 우레가 울리고 비가 내리며, 모든 과일나무와 초목이 다 싹이 트니, (고생이) 때에 맞게 풀리는 것은 중대한 것이다.

상전에서 말하기를, 우레가 울리고 비가 내려 (날씨가) 풀리니 군자도 (사람들의) 잘못을 용서하고 죄를 벌하지 않는다.

초육(初六), 잘못이 없어야 한다. 상전에서 말하기를, 강하고 부드러우면서 정도(正道)를 따르면 잘못이 없는 것이다.
구이(九二), 여우 세 마리를 사냥해서 황시(黃矢)를 얻으면 올발라서 복을 받는다. 상전에서 말하기를, 구이(九二) 효가 올발라서 복을 받는 것은 바른 도를 가지고 있어서이다.

육삼(六三), 등에 짐을 지고 다니던 사람이 만일 수레를 몰고 다니면 도둑을 불러들이는 것이니 바르더라도 후회하게 된다. 상전에서 말하기를, 등에 짐을 지고 다니던 사람이 만일 수레를 몰고 다닌다면 크게 보기 흉한 일이며, 자기 스스로 도둑을 불러들이는 것이니 또 누구를 탓할 것인가?

구사(九四), 능히 엄지발가락을 잘라버리면 벗들이 와서 이를 빛내준다. 상전에서 말하기를, 능히 엄지발가락을 잘라버리면 미래에는 그의 자리가 그에게 어울리게 된다.

육오(六五), 군자는 헤아려 끊어버리는 것이 있으므로 복을 받는 것이고 소인을 달아나게 하는 것이다. 상전에서 말하기를, 군자는 끊어버리는 것이 소인이 물러가는 것이다.

상육(上六), 귀인(貴人)이 활을 쏘아 높은 성벽 위에 있는 매를 잡으니 이롭지 않은 일이 없다. 상전에서 말하기를, 귀인이 활을 쏘아 매를 잡은 것은 도리에 어긋난 것을 제거한 것이다.

【 한자 풀이 】

解: 벗어날 해, 풀릴 해, 끊을 해. 來: 이를 래(至), 어조사 래. 復: 머무를 복. 險: 험난할 험, 고생할 험. 動: 갈 동, 옮겨갈 동. 免: 그칠 면, 물러날 면, 벗어날 면. 乃: 그 내, 어조사 내. 得: 이를 득, 이룰 득. 中: 바를 중, 치우치지 않을 중. 作: 일어날 작, 일할 작. 甲: 껍질 갑. 坼: 터질 탁, 갈라질 탁, 열 탁. 赦: 용서할 사. 過: 잘못할 과, 허물 과. 宥: 용서할 유, 벌하지 않을 유. 咎: 잘못 구, 허물 구. 際: 이를 제(至), 만날 제. 義: 의로울 의, 정도를 따를 의. 狐: 여우 호. 矢: 바를 시, 곧을 시. 負: 등에 짐 질 부. 且: 만일 차, 장차 차. 致: 부를 치, 끌어들일 치. 至: 올 지, 오게할 지. 亦: 클 역, 또 역. 醜: 보기 흉할 추, 부끄러울 추. 戎: 오랑캐 융. 拇: 엄지손가락 무, 엄지발가락 무. 斯: 이 사, 그 사, 곧 사. 孚: 빛날 부, 달아날 부. 未: 미래 미. 維: 헤아릴 유, 홀로 유. 公: 귀인 공, 어른 공. 隼: 매 준. 墉: 성 용, 담 용. 悖: 어긋날 패, 어지러울 패.

【 해설 】

「해괘(解卦)」의 괘상은 천둥이 울리면서 비가 내리고 있다. '감(坎)'은 여기서는 물이 아니고 비(雨)인 것이다. 그리고 계절로는 '감(坎)'은 겨울이고 '진(震)'은 봄이다. '감(坎)'은 내괘이고 '진(震)'은 외괘이므로 안은 아직은 겨울이지만 밖에서는 봄이 와 있는 것이다. 그러므로 「해괘」의 괘상은 겨울은 가고 있고 봄이 와서 천둥이 울리면서 비가 내리고 있는 것이다. 그런고로 「해괘」의 괘상은 해동(解冬)을 말한 것이다. 그러나 실제로는 해동을 말하는 것이 아니고 고생(險)에서 벗어나야 한다는 것을 말하는 것이다. 고생은 계속하면 안 되고 겨울이 가고 봄이 오는 것처럼 고생이 물러가는 때·고생에서 벗어나는 때가 있어야 한다는 것이 「해괘」가 말하는 진리다.

괘덕으로 괘상을 설명하면 '진(震)'은 동(動)이고 '감(坎)'은 험(險)인데, 여기서 '동'은 옮겨 간다는 뜻이고 '험'은 고생이므로 「해괘」는 고생이 물러간 것을 말하는 것이다. 고생은 어느 시점에서는 반드시 물러가야 한다는 것이 「해괘」가 말하는 진리이다.

괘명인 '해(解)'의 뜻은 "풀리다·벗어나다"라는 뜻이다. 고생(險)이 풀리고, 고생에서 벗어나야 한다는 것이 '해(解)'의 뜻이다. 그러나 벗어나야 할 고생은 지워진 고생이지 선택한 고생은 아니다. 선택한 고생은 일생을 수도자로 살기 위해서 고생하는 것, 국가사회나 다른 사람을 돕기 위해서 고생하며 사는 것이다. 이런 고생은 거룩한 것으로 고생이 아닌 진리의 실현이다. 그러므로 지워진 고생이 문제가 되는 것이다. 장기간 지워진 고생에 묶여 살면 그 고생은 감옥이 되고 지옥이 된다. 그러면 인격의 향상이 없게 되고 사는 것이 힘들게 되기 때문에 문제가 되는 것이다. 그러므로 고생은 오래가면 안 되고 반드시 어느 시점에서 끝나야 한다는 것이 『주역』의 가르침이다. 고생에는 무엇보다도 먼저 고생하는 원인을 알아내야 한다. 그래서 그 원인을 고쳐야 한다. 끊어야 할 것은 단호하게 끊어버리고, 고쳐야 할 것은 과단성 있게 고쳐나가야 고생에서 해방되는 것이다. 이를 못 하면 일생 내내 고생한다.

천지자연도 혹독한 겨울이 오면 고생한다. 그러나 도를 떠나는 일이 없이 고생하므로 그 고생은 오래가지를 않고 풀리는 것이다. 이것은 자연의 이치이다.

괘사는 전형적인 점사이다. '서남쪽으로 가는 게 이롭다.'라는 이유는 39.「건괘」에서 설명하였다. 갈 곳이 있으면 일찍 가는 것이 좋다고 한 것은 고생이 풀리고 좋은 일이 있을 것인데, 좋은 일은 일찍 이루어지는 것이 좋기 때문이다. '래복(來福)'에서 '래(來)'는 "이르다(至)"라는 뜻이다. 그러므로 '래복(來福)'은 "머무름에 이르다"라는 뜻이다. 이 말은 "머무르다."라는 말의 문학적 표현이다.

대상전에서, 천둥이 울리고 비가 내린다고 말한 것은 괘상을 자연현상 그대로 설명한 것이다. 천둥이 울리고 비가 내리는 것은 날씨가 풀린 것을 말하는 것이다. 앞에서 말한 대로 해동(解冬)을 말하는 것이다. 추운 겨울이 가고 따뜻하고 넉넉한 봄이 온 것을 말한다. 군자는 하늘이 준 이런 해동에 감사한 마음을 가지고 자신도 다른 사람의 죄를 용서해 준다는 것이다. 죄와 형벌이라는 고생에서 풀어준다는 말이다.

효사에서는 고생에서 벗어나는 방법을 말한 것이다. 초육(初六)에서는 언행에 잘못이 없어야 한다고 하였다. 다시 말하면 언행이 바람직하지 않으면 고생은 계속된다는 것이다.

구이(九二) 효에서는 여우 세 마리를 잡고 황시(黃矢)를 얻어야 한다고 하였다. 여기서 말한 여우는 내 주변에 있는 부도덕하고 악한 여우 같은 인간들을 말하는 것이다. 이런 여우들이 곁에 있는 한 고생은 계속된다. 그러므로 제거하든지 고치든지 떠나든지 해야 한다. '황시(黃矢)'에서 '황(黃)'은 중(中)을 말한다. (2.「坤卦」참조). '시(矢)'는 화살이 아니고 "바르다(正)"라는 뜻이다. 그러므로 '황시(黃矢)'는 중정(中正)을 말한다. 중정(中正)은 바르고 치우침이 없는 것이다. 중성의 넉을 가지지 못하면 고생은 계속된다는 것이다.

육삼(六三) 효에서는 등에 짐을 지고 다니던 사람이 수레를 몰고 다니면 안 된다고 하였다. 이 말은 자기 분수에 맞지 않게 살면 화를 불러 고생한다는 말이다.

구사(九四) 효에서는 엄지발가락을 잘라버려야 한다고 하였다. 여기서 엄지발가락은 말초신경(末梢神經)을 상징하는 것이다. 말초신경이 느끼는 쾌락을 제거해야 고생이 풀린다는 것이다. 말초적 쾌락의 대표는 주색잡기이다.

육오(六五) 효에서는 군자와 같이 바람직하지 않은 것은 과감하게 끊어버릴 수가 있어야 고생에서 풀린다고 하였다.

상육(上六)에서 말한 '공(公)'은 임금·제후·재상도 되고, 관직에 있는 귀인(貴人)인 군자도 된다. 그러므로 공(公)은 국가권력자다. 매는 사납고 잔인하고 탐욕스런 사회악을 상징하는 말이다. 국가권력자가 이런 사회악을 제거하여 사회를 정화한 것이다. 사회악 때문에 고생하던 사람들이 사회악이 제거되자 고생에서 풀린 것이다. 그러므로 사회악이 없어져야 고생에서 해방되는 것이다.

41. ䷨ 艮上 兌下 山澤損(산택손)

損은 有孚하여야 元吉无咎하고 可貞하여야 利有攸往하니 曷之用하면 二簋可用享이니라.

· · · · · · · · ·

彖曰 損은 損下益上인데 其道上行이니라 損而有孚하여야 元吉无咎하고 可貞하여야 利有攸往하니라 曷之用 二簋可用享은 二簋應有時이니라 損剛益柔하여야 有時하며 損益盈虛하면 與時偕行하니라.

象曰 山下有澤이니 損君子以懲忿窒欲하니라.

初九, 已事遄往하면 无咎하고 酌損之하니라
象曰 已事遄往은 尚合志也이니라
九二, 利貞하여도 征凶하고 弗損하면 益之하니라
象曰 九二利貞은 中以爲志也임이니라
六三, 三人行則損一人하고 一人行則得其友하니라
象曰 一人行 三則疑也이니라
六四, 損其疾使遄하면 有喜无咎이니라

象曰 損其疾하면 亦可喜也이니라
六五, 或益之十朋之龜弗克違하면 元吉하니라
象曰 六五元吉은 自上祐也임이니라
上九, 弗損益之하면 无咎하고 貞吉하면 利有攸往하며
得臣无家하니라
象曰 弗損益之하면 大得志也이니라

「손괘(損卦)」는 진실하고 정성스러워야 크게 복을 받으며 화가 없고, 곧고 올발라야 가는 곳에 이로움이 있으며, 베풀어 주면 두 그릇의 제물로 제사를 드려도 좋다.

· · · · · · · · ·

단전에서 말하기를, 「손괘(損卦)」는 아랫사람이 덜어내서 윗사람에게 주는 것인데 그것은 임금에게 베푸는 덕인 것이다. 덜어내 주면서 진실하고 정성스러워야 크게 복을 받으며 화가 없고 (덜어주면서) 곧고 올발라야 가는 곳에 이로움이 있는 것이다. 베풀어 주면 두 그릇의 제물로 제사를 드려도 좋다는 것은 두 그릇의 제물에도 (신명, 神明은) 언제나 감응하고 도와준다는 것이다. 양(陽)이 덜어내서 음(陰)에게 보태주어야 (신명은) 언제나 도와주며, 덜어내서 보태주고 비워서 채워주면 (신명은) 언제나 함께 다니는 것이다.

상전에서 말하기를, 산이 아래에 있는 소택(沼澤)에게 덜어내 주며 군자는 분한 마음을 버리고 욕심을 버리는 것이다.

초구(初九), 이미 지난 일을 빨리 버리면, 화가 없고 손해 보는 것을 줄이는 것이다. 상전에서 말하기를, 이미 지난 일을 빨리 버리는 것은 치우치지 않으면서 하늘의 뜻을 행하기 때문이다.

구이(九二), 올바르면 이로워도 취(取)하면 흉하고 손해 본 것을 털어버리면 이익이 된다. 상전에서 말하기를, 구이(九二) 효가 올발라서 이로운 것은 치우치지 않으면서 하늘의 뜻을 행하기 때문이다.

육삼(六三), 셋이 지내면 한 사람은 떨어지게 되고, 혼자서 지내면 짝을 얻게 된다. 상전에서 말하기를, 혼자서 지내거나 셋이 지내는 것은 (도에) 어긋난 일이다.

육사(六四), (자신의) 결점을 줄이는 일을 빨리하면 기쁨이 있고 화는 없다. 상전에서 말하기를, 결점을 줄이면 크게 기쁘다.

육오(六五), 어떤 사람의 도움과 귀중한 보화도 능히 버리고 멀리하면 크게 복을 받는다. 상전에서 말하기를, 육오(六五) 효가 크게 복을 받는 것은 하늘이 스스로 도와주기 때문이다.

상구(上九), 손해 본 것을 털어버리고 도와주면 화가 없고, 올발라서 복을 받으면 가는 곳에 이로움이 있으며 가산(家産)을 가볍게 여기며 두려워하는 사람을 만나게 된다. 상전에서 말하기를, 손해 본 것을 털어버리고 도와주면 하늘의 뜻을 크게 깨달은 것이다.

【 한자 풀이 】

損: 덜어낼 손, 줄일 손, 상할 손. 曷: 줄 갈, 이를 갈(至), 따를 갈. 用: 베풀 용, 일할 용, 행할 용, 할 용. 簋: 제기 궤. 可: 옳을 가, 좋을 가. 享: 제사지낼 향, 바칠 향. 益: 더할 익, 보탤 익, 도울 익. 道: 덕 도, 덕행 도. 行: 베풀 행, 다닐 행, 지낼 행. 上: 임금 상. 有: 할 유, 도울 유. 時: 언제나 시, 항상 시. 與: 더불어 여, 함께할 여. 偕: 함께 해. 懲: 그칠 징, 그만둘 징, 억누를 징. 忿: 분할 분, 원망할 분, 성낼 분. 窒: 그칠 질, 막을 질. 已: 이미 이, 지나갈 이, 물러갈 이. 遄: 빠를 천. 往: 보낼 왕, 떠날 왕. 酌: 퍼낼 작. 尙: 받들 상, 또한 상. 合: 응할 합, 같을 합. 志: 하늘의 뜻 지. 征: 취할 정(取). 弗: 털어버릴 불, 제거할 불. 友: 짝지을 우, 사랑할 우. 疑: 어그러질 의.(戾). 疾: 허물 질. 使: 행할 사. 亦: 클 역, 또한 역, 모두 역. 或: 어떤 사람 혹, 언제나 혹. 朋: 돈 붕. 龜: 패물 귀, 화폐 귀. 克: 능히 극. 違: 멀리할 위, 피할 위. 得: 만날 득, 가질 득, 깨달을 득. 臣: 두려워할 신. 无: 가볍게 여길 무. 家: 가산(家産) 가, 살림살이 가.

【해설】

「손괘(損卦)」의 괘상은 산 아래에 소택(沼澤)이 있는 것이다. 그러나 여기서는 산 아래에 소택이 있는 것을 말하는 것이 아니고, 산이 가지고 있는 물을 덜어서 산 아래에 있는 소택에게 주고 있는 것을 말한다. 이같이 사람도 자기가 가지고 있는 것을 자기보다 적게 가진 사람에게 덜어서 줄줄 알아야 한다는 것이 「손괘」가 말하는 진리이다.

괘명인 '손(損)'이라는 말은 뜻이 두 가지다. 덜어내어 주는 것과 덜어내어 비우는 것이다. 덜어내어 주는 것은 물질과 따뜻한 마음이고, 덜어내어 비우는 것은 자신의 부도덕함과 바람직하지 않은 언행과 생활 그리고 손해 본 것과 억울한 일을 당한 분한 마음이다. 여유 있는 재산을 어려운 이웃에게 덜어내어 주는 것과 유흥(遊興)에 쓸 돈을 그런 데에 쓰지 않고 가치 있는 쓸 곳으로 보내 주는 것, 그리고 이웃에게 나의 따뜻한 마음을 덜어서 주는 일은 고귀한 행위이고 진리 실현이다.

희생하고 손해 볼 줄을 모르고 언제나 자기 이익만 생각하며 산다면 부도덕한 것이고, 자신의 부도덕과 바람직하지 않은 언행과 생활 그리고 분한 마음을 덜어내어 비울 줄 모른다면 정신이 흐리고 몸이 무겁게 되어 편안하고 기쁘게 살기가 어렵다. 그러므로 「손괘」가 말하는 진리는 대단히 중대하다.

천지자연은 자기가 가진 것을 항상 덜어내 주고 비우는 것이다. 그러므로 항상 덜어내 주고 비우는 것은 자연의 이치이다.

괘사에서는 베풀며 살면 두 그릇의 제물로 제사를 드려도 좋다고 하였다. 베풀면서 살아야 한다는 것을 괘사에서는 강조한 것이다. 베풀어 주는 것은 덜어내어 주는 것이다. 물질과 따뜻한 마음을 다른 사람들에게 베풀면서 산다면 얼마나 좋겠는가?

'궤(簋)'는 제사 지낼 때 제물(祭物)로 바치는 서직(黍稷)을 담는 제기(祭器)였다. 궤의 하나에는 서(黍)를 담았고, 다른 하나에는 직(稷)을 담은 것이다. 서는 기장이라고도 하는데 수수의 일종인 곡식이다. 직은 피라고 하는 볏과에 속하는 한해살이풀이다. 옛날에는 이 피의 열매를 식용으로 사용하였다. 기장과 피 두 그릇만 놓고 제사를 지내는 것은 가난하게 사는 것을 말하는 것이다. 가난하게 사는데 더 가난한 이웃을 돕느라고 제물을 마련할 돈이 없어 곡식 두 그릇만 놓고 제사를 지내는 것이다. 이렇게 제사를 지내도 조상의 혼령이 감응하고 천지신명도 감응하여 복을 준다는 것이다. 고로 조상에게 바치는 제물보다도 이웃에게 베풀며 사는 것이 더 중요하다는 것이다.

단전에서, 괘명인 손(損)의 뜻을 괘사(卦辭)와 효사(爻辭)의 뜻과는 다르게 설명하였다. 아래에서 덜어서 위에 보태주는 것이 '손(損)'이라고 하였다. 단전에서는 괘체(卦体)에 근거해서 괘명을 설명한 것이다. 팔괘(8卦)의 음양 구별에 의하면 간(艮)은 양괘(陽卦)이고 태(兌)는 음괘(陰卦)이다. 그러나 여기서는 이런 음양이론에 근거해서 말하지 않고, 하괘(下卦)인 태(兌)는 양효(陽爻)가 둘이고 상괘인 간(艮)은 음효(陰爻)가 둘인 것으로 괘상을 설명한 것이다. 주역에서 양(陽)은 많은 것이고 음은 적은 것이다. 그러므로 하괘 태(兌)는 많은 쪽이고 상괘 간(艮)은 적은 쪽이다. 많은 아래에서 덜어서 적은 위에 베풀어 주는 것을 단전에서는 「손괘」의 괘상이라고 말한 것이다.

대상전에서, 산이 아래에 있는 소택에게 덜어준다고 하였다. 물을 덜어주는 것이다. 이는 괘상을 자연현상 그대로 설명한 것이다. 그러나 군자가 이괘를 보고 배운 것은 덜어서 보태주는 것이 아니고 덜어서 비우는 것이었다. 분한 마음과 욕심을 덜어서 비운 것이다. 덜어서 비우는 것은 곧 버리는 일이다. 여기서 말한 분한 마음은 군자는 잘못이 없는데 소인에게 당한 억울한 일이다. 욕심은 자신을 이롭게 하려는 마음이다. 분해하는 마음과 자신을 이롭게 하려는 마음은 다 바람직하지 않다. 이런 바람직하지 않은 것은 덜어내 버려야 한다. 덜어낸 빈 마음에 도와 도덕이 담기기 때문이다.

여섯 개의 효사에서는 이미 지난 일·손해 본 것·도에 어긋난 일·자신의 결점·다른 사람의 도움이나 보배로운 물건에 대한 욕심을 덜어내어 버려서 마음을 비워야 한다는 것을 말한다. 초구(初九) 효에서 말한 이사(已事)는 이왕지사(已往之事)다. 이왕지사는 이미 지난 일로서 마음이 편치 않은 일이다. 이런 일은 빨리 잊어버려야 화가 없고 손해가 적다고 하였다. 잊어야 할 것은 빨리 잊고 버릴 것은 빨리 버려야 이롭다는 것이다.

구이(九二) 효에서는 취(取)하기보다는 주고 손해 본 것을 털어버려야 이롭다고 하였다. 손해 본 것을 잊지 못하고 분해하면 더 큰 화를 당할 수가 있다는 것이다.

육삼(六三) 효에서는 셋이 지내면 한 사람은 떨어져 나가게 되고 혼자서 지내면 짝을 얻게 된다고 하였다. 이는 자연의 이치를 말한 것이다. 다시 말하면 음양의 원리와 균형의 원리를 말한다. 한 남자가 두 여자를, 한 여자가 두 남자를 사랑할 수 없는 것은 자연 음양 원리이고, 한쪽이 많고 한쪽이 적은 것은 균형을 잃은 것이므로 도에 어긋난 일이어서 자연히 많은 쪽은 떨어져 나가게 된다는 것이다.

육사(六四) 효에서는 자신의 결점을 빨리 덜어내어 줄이면 크게 기쁘게 된다고 하였다. 특히 치명적인 결점(Achilles 腱)이 있는 사람은 아주 조심해야 하고 그 결점을 줄이려고 노력해야 한다.

육오(六五) 효에서 말한 '붕(朋)'은 중국 고대에 화폐로 사용하였던 조개껍데기이다. 이를 패화(貝貨)라고도 한다. 십붕(十朋)은 당시로서는 매우 큰 돈이었다. '귀(龜)'는 거북이 아니고 귀중한 보화(寶貨)이다. 그러므로 십붕지귀

(十朋之龜)는 대단히 값비싼 보배로운 물건이다. 이런 보화에도 마음이 없어 능히 버리면 하늘이 돕는다고 하였다. 그리고 내 힘으로 살 수 있는데 다른 사람의 도움을 받는 것은 도에 어긋난 일이므로 이런 도움은 받지 않아야 복을 받는다고 하였다.

상구(上九) 효에서는 바람직하지 않은 것을 털어버리고 올바른 사람이 되면 가산(家産)을 가볍게 여기며 두려워하는 사람을 만나게 된다고 하였다. 가산을 가볍게 여기는 사람은 청렴한 의인이고, 두려워하는 사람은 성현·군자와 하늘을 두려워하는 진리의 사람이다. 올바른 사람이 되어야 훌륭한 인물을 만나게 된다는 말이다.

42. ䷩ 巽上 震下 風雷益(풍뢰익)

益은 利有攸往하고 利涉大川하니라.

· · · · · · · · ·

彖曰 益은 損上益下이니 民說无疆하고 自上下下하니 其道大光하니라 利有攸往은 中正有慶이며 利涉大川은 木道乃行함이니라 益動而巽하며 日進无疆하고 天施地生하듯 其益无方하니 凡益之道與時偕行하니라.

象曰 風雷益하니 君子以見善則遷하고 有過則改하니라.

初九 利用爲大作하면 元吉无咎이니라
象曰 元吉无咎함은 下不厚事也임이니라
六二, 或益之十朋之龜弗克違하고 永貞하면 吉하고
王用享于帝하면 吉하니라
象曰 或益之함은 自外來也이니라
六三, 益之用凶事하면 无咎하고 有孚中行하면 告公用圭하니라
象曰 益用凶事하면 固有之也이니라
六四, 中行하면 告公從하며 利用爲依하여 遷國하니라

象曰 告公從함은 以益志也임이니라
九五, 有孚惠心은 勿問元吉하니 有孚惠我하면 德이니라
象曰 有孚惠心은 勿問之矣이고 惠我德하면 大得志也임이니라
上九, 莫益之하고 或擊之하면 立心勿恒하므로 凶하니라
象曰 莫益之함은 偏辭也이며 或擊之함은 自外來也이니라

「익괘(益卦)」는 가는 곳에 이로움이 있고 큰 내를 건너도 이롭다.

· · · · · · · · ·

단전에서 말하기를, 「익괘」는 위에서 덜어내서 아래에 보태주는 것이니 백성들의 기쁨은 끝이 없고, 위에서 아래로 내려주니, 덕이 크게 빛난다. 가는 곳에 이로움이 있다는 것은 바르고 치우침이 없어서 좋은 일이 있다는 것이며, 큰 내를 건너도 이롭다는 것은 그가 인덕(仁德)을 베풀기 때문이다. 「익괘」는 유순(柔順)하게 일하면서 나날이 앞으로 나아감이 끝이 없고, 하늘은 은혜를 베풀고 땅은 기르듯이 도와줌에 차별함이 없으니 무릇 도와주는 덕행에는 언제나 더불어 (신명, 神明이) 함께 다니는 것이다.

상전에서 말하기를, 바람이 우레를 도와주니 군자는 선(善)을 보면 곧바로 따르게 하고 허물이 있으면 고치게 한다.

초구(初九), 농사를 많이 지어서 도와주어 이롭게 하면 크게 복을 받고 화가 없다. 상전에서 말하기를, 크게 복을 받고 화가 없게 되는 것은 내려주면서 크게 중히 여기고 받들기 때문이다.

육이(六二), 어떤 사람의 도움이나 귀중한 보화(寶貨)도 능히 버리며 멀리하고 길이길이 올바르면 복을 받고, 크게 베풀면서 천제(天帝)에게 제사를 드리면 복을 받는다. 상전에서 말하기를, 어떤 사람이 돕는 것은 스스로 언행이 불러들인 것이다.

육삼(六三), 도와주는 일을 두려워하고 받들면서 하면 허물은 없는 것이고, 진실하고 정성스러우며 치우침이 없이 베풀면 깨끗하게 베풀었다고 사람들이 말하는 것이다. 상전에서 말하기를, 도와주는 일을 두려워하고 받들면서 하면 진실함을 가지고 있다.

육사(六四), 치우침이 없이 베풀면 훌륭하다고 사람들이 말하며, 따르면서 도와주고 이롭게 하여 벼슬자리를 서울로 옮긴다. 상전에서 말하기를, 훌륭하다고 사람들이 말하는 것은 의롭게 살면서 돕기 때문이다.

구오(九五), 진실하고 정성스러우며 은혜를 베푸는 마음은 말할 것 없이 크게 복을 받는 것이니, 내가 진실하고 정성스러우면서 은혜를 베풀면 복을 받는다. 상전에서 말하기를, 진실하고 정성스러우면서 은혜를 베푸는 마음은 그것은 말할 것도 없고, 내가 은혜를 베풀어 복 받음은 하늘의 뜻을 크게 깨달아서이다.

상구(上九), 도와주지는 않고 어떤 때 때리기까지 하면 이루어진 마음에 도가 없는 것이므로 재앙을 당하게 된다. 상전에서 말하기를, 도와주지 않는 것은 기울어져 있다는 말이며, 어떤 때 때리기까지 하는 것은 스스로 언행이 불러들인 것이다.

【 한자 풀이 】

益: 보탤 익, 도울 익. 疆: 끝 강, 경계 강, 한계 강. 下: 내려줄 하. 乃: 곧 내, 그 내, 어조사 내. 施: 은혜 시, 은혜 베풀 시. 生: 기를 생, 자랄 생, 살 생. 方: 차별할 방, 구별할 방. 凡: 무릇 범, 모두 범. 道: 덕행 도, 작용 도, 이끌 도. 遷: 따를 천, 벼슬 옮길 천. 作: 농사 작, 농사지을 작. 爲: 도울 위, 베풀 위. 用: 할 용, 베풀 용. 不: 클 부(大也). 厚: 중시할 후, 정성으로 대할 후. 王: 클 왕(大也). 帝: 천제 제, 하느님 제. 外: 언행 외. 來: 부를 래, 이를 래. 凶: 두려워할 흉, 근심할 흉. 行: 베풀 행. 告: 만날 고. 公: 많은 사람 공. 圭: 깨끗할 규. 固: 진실할 고. 有: 가질 유, 할 유. 從: 높고 클 종, 훌륭할 종. 依: 따를 의, 의지할 의. 國: 서울 국. 志: 마음 지, 의로움을 지킬 지, 하늘의 뜻 지. 惠: 은혜 베풀 혜. 問: 말할 문, 논의할 문. 德: 복 덕. 之: 이 지, 그 지. 擊: 때릴 격. 立: 이룰 립, 만들 립, 자리 위(位也). 恒: 도 항, 변하지 않을 항. 偏: 기울어질 편, 멀리할 편. 辭: 말할 사.

【해설】

「익괘(益卦)」의 괘상은 바람 아래에 우레가 있는 것이 아니고 바람이 우레를 밀고 가는 것을 말하는 것이다. 그러므로 「익괘」는 바람이 천둥을 도와 천둥소리가 더 멀리 나가도록 하는 것이다. 이같이 사람도 다른 사람이 더 잘 되고, 더 잘 살고, 더 앞으로 나아가도록 도와주어야 한다는 것이 「익괘」가 말하는 진리다. 「익괘」는 자연현상으로 괘상을 설명한 것이고, 상하 괘(掛)의 관계는 상하 관계가 아니고 전후 관계인 것이다.

괘명인 '익(益)'이라는 말의 뜻은 "도와준다·보태 준다"라는 뜻이다. 도와주는 것은 물질을 주어 돕는 것이고, 진리와 윤리와 지식을 주어 돕는 것이며 사랑을 주어 돕는 것이고, 몰래 위해 주는 것이며 희생하여 돕는 것이고, 봉사하여 도와주는 것이다. 서로 도우면서 사는 것은 대단히 고귀하고 지극히 아름다운 행동이며 중대한 가치이므로『주역』에서도 중요하게 다루고 있다. 함께 사는 사람들이 서로 돕지 못하고 헐뜯고 매도(罵倒)하며 없는 사실을 만들어 중상모략한다면, 그것은 악이 된다. 도울 수가 없으면 도움을 받을 수도 없다는 것을 알아야 한다. 그러나 돕는 행위가 다 바른 것은 아니다. 악을 선으로 알고 돕는 것·비리(非理)를 진실인 줄 알고 돕는 것·부도덕을 도덕인 줄 알고 돕는 것·허구(虛構)를 진실인 줄 알고 돕는 것은 악을 행하는 것이다. 악을 도우면

악은 더욱 번성하는 것이다. 그러므로 악인에게 도움을 주면 안 되는 것이다. 선한 영혼을 도와야 하는 것이다.

천지자연은 생명체가 잘 살도록 도와준다. 그러나 악한 사람은 돕지 않고 재앙을 내린다. 이것은 천지자연의 이치이다.

괘사에서 가는 곳에 이로움이 있고 큰 내를 건너도 이롭다고 한 것은 보태주고 도와주는 덕을 가지고 있으면 어디를 가든 먼 타향을 갈지라도 해로운 일은 없고 이로운 일만 있다는 것이다.

단전에서는, 괘명인 '익(益)'의 뜻을 괘사와 효사의 뜻과는 다르게 설명하였다. 위에서 덜어서 아래에 보태주는 것을 '익(益)'이라고 하였다. 41.「손괘(損卦)」에서처럼 괘체에 근거해서 괘명을 설명한 것이다. (41.「손괘」참조). 그리고 단전에서는 가는 곳에 이로움이 있는 이유를 중(中, 치우침이 없는 것)·정(正, 바른 것)이라고 하였다. 중정(中正)은 바람과 우레가 가진 덕이다. 바람은 광대한 지역 전체에 같은 바람이 분다. 서울의 강북은 바람이 부는 데 강남에는 바람이 불지 않는 일이 없다는 말이다. 그래서 바람은 치우침이 없다. 바람은 꾸불꾸불 불지 않고 곧바르게 분다. 그래서 바른 것이다. 우레소리도 이와 같다. 그리고 단전에서 큰 내를 건너도 이로운 이유는 목도(木道)를 베풀기 때문이라고 하였다. 목도는 바람과 우레가 가진 덕이다. '손(巽)'은 나무이고 '진(震)'도 나무이다. 진은 설괘전에서 창낭죽(蒼筤竹)이라고 하였기 때문에 진도 나무다. 창낭죽은 어린 대나무다. 손(巽)과 진(震)이 모두 나무이므로 목덕(木德)이라고 한 것이다. 목(木)은 방위로는 동(東)에 해당하고, 계절로는 봄에 해당하며, 오상(五常)으로는 인(仁)에 해당하며, 오색(五色)으로는 청(靑)에 해당한다. 여기서 목(木)은 오행(五行)의 목이다. 그러므로 여기서 말한 목덕(木德)은 봄의 덕이고 인덕(仁德)이다. 다시 말하면 낳아서 자라도록 도와주는 덕인 것이다. 내(乃)는 동사 앞에서 동사를 강조하는 어조사다.

대상전에서, 바람이 우레를 도와준다고 하였다. 괘상을 자연현상 그대로 설명한 것이다. 군자는 이괘를 보고 배워 사람들이 선(善)을 보면 곧바로 따르도록 도와주고, 잘못이 있으면 곧바로 고치도록 도와준다고 하였다. 사람들은 도와 덕으로 도와 잘못에서 떠나고 바른 사람이 되게 한다는 것이다.

초구(初九) 효에서는 농사를 많이 지어서 어렵게 사는 사람들을 중히 여기며 받들면서 도와주면 크게 복을 받는다고 하였다. 부유하게 사는 사람이 어렵게 사는 사람을 생색내고 거드름 부리며 돕는 것이 아니고 겸손하게 받들면서 돕는 것이다. 참으로 훌륭한 돕는 자세다.

육이(六二) 효의 전반부는 「손괘(損卦)」에서 설명했다. 내 힘으로 살아야 하고 다른 사람의 도움은 받지 않는 것이 진리다. 도움은 하늘로부터 받아야 한다는 것이다. 그리고 남이 나를 돕는 것은 돕는 사람의 인덕(仁德)은 간접적인 원인이고, 실제로는 나의 사람다운 언행이 자초(自招)한 것이라고 상전은 말하고 있다. 사람이 되었으면 아낌없는 도움을 받고, 사람 못되었으면 도움은커녕 욕을 먹는다. 그러므로 사람됨이 도움을 받는 직접적인 원인이다. 남이 나를 돕는 것은 복이 온 것이다. 오는 복도 내가 부른 것이고 오는 화도 내가 부른 것이라는 말이다.

육삼(六三) 효에서는 돕는 자세에 대해서 말한 것이다. 어려워하고 받들면서 도와주어야 하고, 진실하고 정성스러우며 차별하는 마음이 없이 베풀어야 한다는 것이다. 그러면 사람들이 칭송한다는 것이다.

육사(六四) 효에서 말한 치우침이 없이 베푸는 것은 사람 차별하는 마음이 없이 공정하게 베푸는 것이고, 중용의 도를 행하고 살면서 베푸는 것이다. 그러면 사람들이 그를 높이 받들어 올리므로 조정에서 그의 명성을 듣고 중앙정부로 발탁한다는 것이다. 고대 중국에서는 관리를 시험으로 선발하지 않고 사람들의 칭송하는 덕을 듣고 발탁하였다.

구오(九五) 효에서는 일시적인 감정이나 의무 때문에 도와주면 하늘로부터 복은 오지 않는다는 것이다. 하늘의 뜻을 크게 깨달은 진실하고 정성스러운 인격으로 도와야 하늘이 복을 내린다는 것이다.

　상구(上九) 효에서는 도와주지는 않고 때린다면 때리는 사람의 마음에 도가 없어서 때리는 것이므로 때리는 사람은 재앙을 당한다고 하였다. 상전에서는 기울어져 있어서 때린다고 하였다. 기울어져 있다는 것은 망할 사람이다. 망할 놈이 돕지는 않고 때린다는 것이다. 그리고 상전에서는 도움을 받지는 못하고 얻어맞는 사람은 그 매 맞음을 자초(自招)한 것이라고 하였다. 나쁜 사람이기 때문에 얻어맞게 되었다는 것이다. 하늘도 악은 돕지 않는데 누가 돕겠는가? 악은 악인에게 얻어맞는 것이다. 선은 악을 때리지 않는다.

43. 兌上 乾下 澤天夬(택천쾌)

夬는 揚于王庭하고 孚號有厲하며 告自邑不利卽戎하니 利有攸往이니라.

· · · · · · · · ·

彖曰 夬는 決也이니 剛決柔也하여 健而說하고 決而和하니라 揚于王庭은 柔乘五剛也이며 孚號有厲는 其危乃光也이며 告自邑 不利卽戎은 所尚乃窮也이며 利有攸往은 剛長乃終也이니라.

象曰 澤上於天夬이니 君子以施祿及下하고 居德則忌하니라.

初九, 壯于前趾往하면 不勝爲咎하니라
象曰 不勝而往하면 咎也이니라
九二, 惕號莫夜有戎하여도 勿恤하니라
象曰 有戎勿恤은 得中道也임이니라
九三, 壯于頄하면 有凶하니라 君子夬夬獨行하니
遇雨若濡有慍하여도 无咎이니라
象曰 君子夬夬하므로 終无咎也이니라
九四, 臀无膚하여 其行次且하면 牽羊悔亡한데 聞言不信하니라

象曰 其行次且는 位不當也이며 聞言不信은 聰不明也임이니라

九五, 莧陸도 夬夬中行하면 无咎이니라

象曰 中行无咎는 中未光也임이니라

上六, 无號하면 終有凶이니라

象曰 无號之凶은 終不可長也임이니라

「쾌괘(夬卦)」는 조정을 우러러보게 하고 힘써 닦아 이름이 빛이 나며, 전쟁하는 것은 이로움이 없다고 진실로 근심하며 말하니 가는 곳에 이로움이 있다.

· · · · · · · · ·

단전에서 말하기를, '쾌(夬)'는 "무너뜨렸다"라는 말이니 양(陽)이 음(陰)을 무너뜨려 탈이 없게 되어 기쁘고, (陰을) 무너뜨려 화합하게 된 것이다. 조정을 우러러보게 한 것은 음(陰)이 오양(五陽)을 받들게 하였다는 것이며, 힘써 닦아 이름이 빛이 난다는 것은 그가 올발라서 빛이 난다는 것이며, 전쟁하는 것은 이로움이 없다고 진실로 근심하며 말한 것은 도리를 귀하게 여기며 공경해서이다. 가는 곳에 이로움이 있다는 것은 양(陽)이 주관하고 있어서 (일을) 이룬다는 것이다.

상전에서 말하기를, 소택(沼澤)이 탁 트인 하늘 위에 있으니, 군자는 복을 베풀어 아랫사람에게 이르게 하고, 덕을 쌓아 법도를 두려워하게 한다.

초구(初九), 혈기 왕성하게 앞으로 발이 나가면 바르지 못하여 화를 당하게 된

다. 상전에서 말하기를, 바르지 못하면서 나가면 화가 된다는 것이다.

구이(九二), 늦은 밤에 놀라 울부짖는 전쟁이 있게 되어도 근심하지 않는다. 상전에서 말하기를, 전쟁이 일어나도 근심하지 않는 이유는 바른 도를 가지고 있어서이다.

구삼(九三), 얼굴이 혈기 왕성하면 재앙이 있게 된다. 군자는 결단하고 (惡을) 무너뜨려 홀로 (道를) 행하니 비를 만나 젖어 괴로움은 있어도 화는 없다. 상전에서 말하기를, 군자는 결단하고 (악을) 무너뜨리므로 끝까지 화가 없는 것이다.

구사(九四), 엉덩이에 살이 없어서 걸어도 도대체 앞으로 나가지를 못하면, 양(羊)이나 거느리면 후회할 일이 없는데 말을 듣고도 따르지를 않는다. 상전에서 말하기를, 걸어도 도대체 앞으로 나가지를 못하는 것은 그의 자리가 그에게 어울리지 않아서이며, 말을 듣고도 따르지 않는 것은 총명함이 없어서이다.

구오(九五), 자리공풀(莧) 같은 사람도 결단하고 (악을) 무너뜨려 바르게 행하면 화는 없다. 상전에서 말하기를, 바르게 행하면 화가 없다는 것은 바르면 미래에는 빛이 나기 때문이다.

상육(上六), 명성(名聲)이 없으면 마침내는 흉한 일이 있게 된다. 상전에서 말하기를, 명성이 없어 흉하게 되는 것은 마지막까지 존귀하지 못한 이유다.

【한자 풀이】

夬: 무너뜨릴 쾌, 결단할 쾌, 터질 쾌, 무너질 쾌. 揚: 우러러볼 양, 들어 올릴 양, 칭찬할 양. 于: ~을 우, ~로 우(전치사). 庭: 조정 정, 궁궐 정, 관청 정. 孚: 빛날 부. 號: 이름 호, 명성 호, 울부짖을 호. 有: 할 유, 행할 유. 厲: 힘써 다을 려, 바를 려(正也). 自: 진실로 지. 喦: 근심할 읍, 목메어 울 읍. 卽: 나아갈 즉, 이를 즉(至). 의거할 즉. 戎: 전쟁 융, 병사 융, 병기 융. 決: 무너뜨릴 결, 무너질 결. 健: 튼튼할 건, 탈 없을 건. 乘: 받들 승, 뒤따를 승.

危: 바를 위(正也), 높을 위. 乃: 그래서 내, 그 내. 長: 주관할 장, 존귀할 장, 클 장. 終: 이를 종, 좋을 종. 也: 이를 야(云也). 祿: 녹 록, 복 록. 及: 이를 급(至也). 居: 쌓을 거, 머무를 거, 본받을 거. 則: 법 칙. 忌: 두려워할 기, 금할 기. 壯: 혈기 왕성할 장, 씩씩할 장. 勝: 바를 승, 곧을 승. 爲: 당할 위, 될 위. 惕: 두려워할 척, 놀랄 척. 莫: 늦을 모, 저물 모. 得: 가질 득, 이를 득, 이룰 득. 頄: 얼굴 구. 若: 만일 약, 이를 약(至也). 濡: 젖을 유, 적실 유. 凶: 나쁠 흉, 재앙 흉. 慍: 괴로워할 온, 심란할 온. 臀: 엉덩이 둔. 膚: 살 부, 살갗 부. 行: 걸을 행, 갈 행. 次: 나아가지 못할 차. 且: 도대체 차. 牽: 끌 견, 거느릴 견. 信: 따를 신. 聰: 총명할 총, 귀밝을 총. 明: 갖출 명, 높을 명. 莧: 자리공 현. 陸: 상륙(商陸) 륙, (자리공).

【해설】

「쾌괘(夬卦)」의 괘상은 하늘 위에 소택(沼澤)이 있는 것이다. 그러나 소택은 하늘 아래에 있는 것이므로 「쾌괘」는 자연현상으로 괘상을 말한 것이 아니고 음양이론으로 말한 것이다. 「쾌괘」는 상효(上爻) 하나만 음이고 모두 양효(陽爻)이다. 여기서 양(陽)은 군자이고 도이며, 음은 소인이고 악(惡)을 말하는 것이다. 상효(上爻) 하나만 음이므로 양이 음을 거의 다 무너뜨린 것이 「쾌괘」의 괘상이다. 양이 음을 무너뜨린 것은 도(道)가 악을 무너뜨리는 사람이 되어야 한다는 것이 「쾌괘」가 말하는 진리이다.

괘명인 '쾌(夬)'의 뜻은 "무너뜨린다"라는 뜻이다. 무엇을 무너뜨리는 것인가에 대해서는 괘상에 그 해답이 들어 있다. 도로서 악을 무너뜨리는 것이다. 사람은 먼저 각자의 내면에 들어있는 바르지 않음, 곧 악을 무너뜨려 바른 사람이 되게 하고, 그다음에 사회악을 무너뜨려 바른 사회를 만드는 일을 해야 한다는 것이다. 자신의 악을 무너뜨리지 못하면 다른 사람의 악이나 사회악은 무너뜨릴 수가 없다.

악을 무너뜨리는 도구는 도(道)인 것이다. 그러므로 진리 공부를 하여 도를 깨달아야 악을 무너뜨릴 수가 있다. 또한, 바르지 않은 사람·바르지 않은 사회는 도가 없어 악을 무너뜨리지 못하고 있다. 그러나 사회악은 도만으로는 무너지지 않는다. 도와 무서운 형벌이 함께 해야 무너지는 것이다. 악을 무너뜨리는 사람이 참으로 훌륭한 사람인 것이다.

천지자연도 인간의 죄악을 싫어하고, 죄악이 지나치면 재앙으로 징벌(懲罰)하여 악을 무너뜨리는 것이다. 이것은 자연의 이치이다.

괘사는 나랏일을 하면서 나라의 악을 무너뜨리며 백성에게 조정을 우러러보게 하고, 힘써 닦아 그의 이름이 빛이 나게 하며, 전쟁을 방지하여 백성들을 편안하게 살게 한 대인군자(大人君子)에 대해서 말한 것이다. 조정에서 일하는 사람이 국가의 악을 무너뜨려 나라를 바르게 한다면 백성들은 조정을 우러러보며 받드는 것이다. 국가의 악을 무너뜨리지 못하여 정치가 바르지 않고 악이 건재(健在)하다면 나랏일을 하는 사람은 나라 일할 자격이 없는 것이다. 자격이 없는 사람이 일하면 백성들은 멸시하고 냉소하며 등을 돌리는 것이다. 여기서 왕정(王庭)은 왕궁의 뜰이 아니라 조정이다.

군자는 다른 나라의 영토를 빼앗거나 다른 이익을 취하기 위한 전쟁은 하지 않는다. 지나친 불의 때문에 고난 속에 사는 백성들을 구제하기 위해서 불가피할 때만 군사를 일으키는 것이다. 모든 일을 전쟁하지 않고 도로써 해결하는 사람이 군자이다. 그래서 군자는 전쟁을 반대하는 것이다.

군자는 힘써 닦는 사람이다. 힘써 닦는다는 말은 중단 없이 정성을 다해 공부하여 도와 지식을 내면에 채운다는 말이다. 그래야 악이 무너뜨리지 못하고 악을 무너뜨리는 것이다. 음이 오양(五陽)을 받들게 하였다는 말에서 음은 상효가 아니고 백성이며, 오양(五陽)은 악을 무너뜨린 조정에서 일하는 바른 사람이다.

대상전에서, 소택이 탁 트인 하늘 위에 있다고 하였다. 이는 괘상을 자연현상 그대로 말한 것이다. 그러나 앞에서 말한 대로 소택이 하늘 위에 있을 수는 없다. 그러므로 이는 외양(外樣)에는 기쁨이 서려 있고 내면에는 하늘의 도가 들어있는 것을 말한다. 군자는 이런 「쾌괘(夬卦)」를 보고 배워 사람들에게 복(은혜)을 베풀면서 자신이 쌓은 덕으로 본을 보여 가르치는 것이다. 그리하여 사람들에게 도를 가지게 하는 것이다. 도를 가지게 되면 내면에 하늘을 가지게 되고 외면에 기쁨이 서리게 되는 것이다. 그리하여 법도를 어기는 것을 두려워하게 하고 악을 스스로 물리치게 한다는 것이다.

여섯 개의 효사에서 초구(初九) 효와 구삼(九三) 효의 전반부, 구사(九四) 효와 상육(上六) 효는 자신의 악(바르지 않음)을 무너뜨리지 못한 사람이고, 구이(九二) 효와 구삼(九三) 효의 후반부는 악을 무너뜨린 사람이다. 초구(初九) 효는 혈기 왕성하게 일을 하는 것이다. 혈기 왕성한 것은 기세등등한 것·목에 힘을 넣고 굳센 것·의욕이 넘쳐나는 것이다. 이런 사람은 바르지 못한 사람이라고 하였다. 바르지 못하면 자신의 악을 무너뜨리지 못한 것이다. 그러면 화를 당하고 악을 물리치지도 못한다는 것이다. 바른 사람에게는 혈기가 없는 것이다. 지극히 겸손하기 때문이다.

구이(九二) 효는 내면에 악이 없고 바른 도만 지니고 있으면 외적의 침략도 근심할 것이 없다고 하였다. 도는 사람을 강하게 하고 단결하게 하며, 죽음도 두렵지 않게 하기에 침략자(악)를 무너뜨리기 때문이다.

구삼(九三) 효 전반부는 얼굴에 혈기 왕성함이 있으면 화를 당한다고 하였다. 그 이유는 초구(初九) 효에서 설명하였다. 군자는 결단하고 단호하게 자신의 악을 무너뜨리는 사람이라고 하였다. 그래서 당하는 화가 없다고 하였다. 비를 만나 젖는다는 말은 사소한 괴로움을 당한다는 말이다.

구사(九四) 효에서 말한 엉덩이에 살이 없어서 걸어도 앞으로 나아가지 못하는 사람은 신체의 불구를 말하는 것이 아니고 인격의 불구를 말하는 것이다. 인격의 불구는 인격의 한 부분이 대단히 바르지 못하다. 이런 사람은 혼자서 짐승이나 기르며 살아야지 나랏일을 하면 안 된다는 것이다. 자신의 심각한 악도 무너뜨리지 못하면서 나랏일을 하면 바르게 일할 수가 없기 때문이다.

구오(九五) 효에서 말한 자리공은 우리나라에도 어디에나 있는 다년초(多年草)이다. 키는 1.3m 정도, 줄기는 원추형, 열매는 자흑색, 뿌리는 고구마와 같고 유독성 식물인데 줄기·잎·뿌리는 아주 연하다. 그러므로 구오(九五) 효에서 말한 자리공은 아주 연약한 사람을 상징하는 것이다. 몸은 비록 연약해도 결단하고 악을 무너뜨리면 당하는 화가 없다고 하였다.

상육(上六)에서는 명성이 없으면 마침내는 흉한 일을 당한다고 하였다. 명성은 세상에 알려진 좋은 평가(評價)다. 일생을 쉬지 않고 수양하고 구도하며 살아야 자신의 악을 무너뜨려 존귀한 사람이 되므로 이름이 나는 것이다. 이와 반대로 되는 대로 적당히 살면 명성은 없다. 그러면 멸시받고 욕을 먹으며 사는 것이다. 이런 사람에게 언제 어디에서 무슨 좋은 일이 있겠는가?

44. ䷫ 乾上 巽上 天風姤(천풍구)

姤는 女壯하니 勿用取女이니라.

. . . .

彖曰 姤는 遇也인데 柔遇剛也이니라 勿用取女는 不可與長也임이니라 天地相遇하며 品物咸章也이며 剛遇中正하면 天下大行也이니 姤之時義大矣哉이니라.

象曰 天下有風姤이니 后以施命誥四方하니라.

初六, 繫于金柅하면 貞吉하며 有攸往見凶羸豕하면 孚蹢躅하니라
象曰 繫于金柅하면 柔道牽也하니라
九二, 包有魚하면 无咎이나 不利賓이니라
象曰 包有魚하면 義不及賓也이니라
九三, 臀无膚하여 其行次且하여도 厲无大咎이니라
象曰 其行次且는 行未牽也임이니라
九四, 包无魚하면 起凶하니라
象曰 无魚하면 之凶 遠民也이니라
九五, 以杞包瓜含章은 有隕自天이니라

象曰 九五含章은 中正也이며 有隕自天은 志不舍命也이니라
上九, 姤其角은 吝无咎이니라
象曰 姤其角은 上窮吝也이니라

「구괘(姤卦)」는 여자가 혈기가 왕성하니 (그런) 여자에게 장가들면 안 된다.

· · · · · · · · ·

단전에서 말하기를, '구(姤)'는 "만나다"는 말인데 음이 양을 만나는 것이다. 그런 여자에게 장가들면 안 된다는 것은 존귀함이 함께 할 수가 없어서다. 하늘과 땅이 만나 모든 만물이 태어난 것이며, 강함이 바르고 치우치지 않음을 만나면 세상일을 훌륭하게 하는 것이니, 만나는 것의 때와 의미는 중대한 것이다.

상전에서 말하기를, 하늘이 아래에 있는 바람과 만나니 임금은 도를 가르치며 온 나라를 다스린다.

초육(初六), 쇠로 만든 멈춤대에 매달려 있으면 올발라서 복을 받으며, 가는 곳에 있는 흉하게 말라버린 돼지를 보면 뛰어 달아나게 된다. 상전에서 말하기를, 쇠로 만든 멈춤대에 매달려 있으면 음(악)의 길을 꺼려한다.
구이(九二), 부엌에 물고기가 있으면 잘못된 일이 없으나 물가에 (있으면) 이로움은 없는 것이다. 상전에서 말하기를, 부엌에 물고기가 있으면 물가에 이르게 되지는 못한다는 뜻이다.

구삼(九三), 엉덩이에 살이 없어서 걸어도 도대체 앞으로 나가지를 못하여도 힘써 닦으면 큰 화는 없는 것이다. 상전에서 말하기를, 걸어도 도대체 앞으로 나가지 못하는 것은 어두움에 매여서 걷기 때문이다.

구사(九四), 가지고 있는 음(惡)이 없으면 시비할 일은 달아나 버리는 것이다. 상전에서 말하기를, 음(惡)이 없어지면 시비할 일이 사람들에게서 멀리 있다는 말이다.

구오(九五), 삼태기에 들어있는 참외가 지니는 아름다운 빛깔은 하늘에서 떨어진 것을 가지고 있다. 상전에서 말하기를, 구오(九五) 효가 지니는 아름다운 빛깔은 바르고 치우침이 없는 것이며, 하늘에서 떨어진 것을 가지고 있다는 것은 천도(天道)를 버리지 않고 있다는 뜻이다.

상구(上九), 뿔이 마주치는 것은 부끄러운 일이나 화는 없다. 상전에서 말하기를, 뿔이 마주치는 것은 올라가는 일이 막혀서 부끄러운 것이다.

【 한자 풀이 】

姤: 만날 구, 예쁠 구. 遇: 만날 우, 뜻맞을 우. 用: 할 용, 행할 용, 일할 용. 取: 장가들 취. 與: 함께할 여. 長: 존귀할 장, 가르칠 장. 品: 온갖 품. 物: 만물 물, 물건 물. 咸: 다함. 章: 드러날 장, 고운 빛깔 장. 義: 뜻의, 의미의. 矣: 임금 후, 제후 후. 施: 가르칠 시, 줄 시. 命: 도 명, 하늘의 뜻 명. 誥: 다스릴 고, 알릴 고, 가르칠 고. 繫: 매달 계, 맬 계. 柅: (수레)멈춤대 니. 凶: 나쁠 흉, 시비를 벌일 흉. 羸: 여윌 리, 약할 리. 孚: 달리 부. 蹢: 뛸 척, 주저할 척. 躅: 뛸 촉, 머뭇거릴 촉. 繫: 꺼릴 견, 만류할 견, 매일 견. 包: 부엌 포, 가질 포, 함께 들어있을 포. 賓: 물가 빈. 厲: 힘쓸 려, 힘써 닦을 려. 咎: 잘못 구, 화 구, 재앙 구. 行: 걸을 행, 갈 행. 未: 어두울 미. 起: 달아날 기, 떠나갈 기. 以: ～에 이(전치사). 杞: 삼태기 기. 瓜: 참외 과. 含: 머금을 함, 품을 함, 띨 함. 有: 가질 유, 보전할 유. 隕: 떨어질 운. 上: 오를 상, 높일 상, 하늘 상. 窮: 막힐 궁, 그칠 궁. 舍: 버릴 사, 없앨 사.

【 해설 】

「구괘(姤卦)」의 괘상은 하늘 아래에서 바람이 부는 것이다. 그러나 「구괘」는 이런 자연현상으로 괘상을 말한 것이 아니고 괘덕으로 말한 것이다. 상괘인 '건(乾)'의 덕은 힘써 일하는 것이고 탈이 없는 것이다. 그리고 건(乾)은 하늘이고 하늘의 도인 것이다. 하괘(下卦)인 '손(巽)'의 덕은 유순(柔順)함이다. 유순함은 부드럽고 온순한 것이다. 그러므로 「구괘」의 괘덕은 힘써 일하고 탈이 없으며 하늘의 도를 가지고 있으면서 부드럽고 온순한 것이다. 이처럼 사람도 「구괘」의 괘덕을 가지고 있으면 좋은 사람과 좋은 일을 만난다는 것이 「구괘」가 말하는 진리이다.

괘명인 '구(姤)'의 뜻은 "만나다"라는 뜻이다. 그러므로 「구괘」는 만남(Meeting)의 중요성에 대해서 말한 것이다. 공경하는 부모 형제를 만나고 사랑하는 반려자(伴侶者)를 만나며, 좋은 친구·선한 이웃을 만나고 훌륭한 스승·존경하는 윗사람을 만나며, 고귀한 진리와 훌륭한 문화를 만나고 기쁘고 속 시원한 일들을 만나며 산다면 얼마나 좋겠는가? 이런 만남이 복된 만남이다. 이런 복된 만남 속에 행복이 있는 것이고 행복 속에서 존귀한 인격이 이루어지는 것이다. 그러면 욕심 없이 만족하며, 부족함 없이 넉넉하며, 언짢음 없이 편안하게 사는 것이다.

그러나 반대로 나쁜 사람을 만나고 거짓 진리와 하위가치(下位價値)들만 만나며, 불쾌하고 울화가 치미는 일들을 만나며 산다면 얼마나 불행하겠는가? 이런 불행한 만남이 계속되면 마음은 구겨지고 상하게 되며 생활은 빛을 잃고 살맛이 없게 되는 것이다. 선한 사람들이 만남이 잘못되어 불행하게 사는 것은 흔한 것이다. 나쁜 만남은 재앙도 가져오는 것이다.

그러나 만남의 반은 나의 의지와 관계없이 주어진 것이지만, 반은 자신이 선택하고 불러들인 것이다. 교양을 쌓아 고급 교양을 가져야 하고 진리 공부해서 신리를 가져야 하며, 사기관리를 잘해서 몸과 마음과 생활에 탈이 없어야 하고, 성품을 아름답게 가꾸어 나를 인격적 존재로 만들어야 이법(理法)을 어기는 일이 없이 그 속에서 살기 때문에 나쁜 만남이 없다. 이것은 자연의 이치이다.

괘사에서는 여자가 혈기가 왕성하니 그런 여자에게 장가가면 안 된다고 하였다. 혈기 왕성한 여자와의 만남은 나쁘다는 것이다. 이것은 괘체를 근거로 해서 한 말이다. 괘체를 보면 초효(初爻) 하나만 음이고 모두 양이다. 양만 있는 곳에 음이 혼자서 들어와 양을 만나는 것이다. 이런 음은 대담하고 기가 센 여자다. 이런 여자는 남자를 맘에 안 들면 무시해 버릴 수도 있다. 남성 중심 사회였던 옛날에 이런 여자는 용납이 안 되었다. 그래서 이런 여자와는 결혼하면 안 된다고 하였다. 그러나 현대는 남녀평등사회이고 여자들도 사회에 나가 일을 하므로 부드럽고 온순하고 연약하고 따르기만 해서는 안 된다. 때로는 강하고 당차며, 깐깐하고 만만치 않으며, 사납고 할 말은 해야 남이 함부로 하지 못하고 자신을 지킬 수가 있다.

대상전에서, 하늘이 아래에 있는 바람과 만난다고 하였다. 이는 괘상을 자연현상 그대로 말한 것이다. 그러나 실제로는 하늘과 바람이라는 자연현상이 만나는 것이 아니고, 앞에서 설명한 대로 하늘의 덕과 바람의 덕이 만난다는 것이다. 임금은 이 괘를 보고 배워 통치행위(統治行爲)의 하나로서 하늘의 도와 온순한 백성이 만나게 해준다는 것이다. 진리와 아랫사람이 만나게 해주는 것은 모든 윗사람의 의무이고 존재 이유가 되는 것이다.

초육(初六) 효에서 말한 금니(金柅)는 수레바퀴가 돌아가지 못하게 하는 쇠로 만든 수레의 멈춤 장치이다. 자동차로 말하면 브레이크(Brake·제동장치)이다. 사람의 내면에 들어있는 제동장치는 진리와 윤리이다. 진리와 윤리가 악이나 화를 만나지 않게 하고 만나면 피하게 하는 것이다. 그러므로 쇠로 만든 수레의 멈춤 장치는 사람의 제동장치인 진리와 윤리를 상징하는 말이다. 그런고로 금니(金柅)에 매달려 있다는 말은 진리와 윤리에 매달려 있다는 말이다. 매달려 있다는 말은 만나서 굳게 결합하여 있다는 말이다. 그러므로 초육(初六) 효 전반부의 말은 사람은 진리와 윤리로 굳게 결합하여 있어야 복을 받는다는 것이다.

흉하게 말라버린 돼지는 바르지 않은 것을 상징하는 것이다. 진리와 윤리를 가지고 있으면 바르지 않은 것을 만나면 뛰어 달아난다고 하였다. 달아나면 만나지 않는 것이다. 그러므로 초육(初六) 효의 후반부의 말은 윤리와 진리를 가지고 있어야 악이나 나쁜 것을 만나면 달아난다는 것이다.

구이(九二) 효에서는 손해를 만날 행동은 하지 않아야 한다는 것이다. 잡은 살아있는 물고기는 부엌에 두어야 그 물고기를 잃어버릴 손해를 만나지 않는다는 것이다. 물가에 그대로 두면 자칫하면 그 물고기를 잃어버려 손해를 보게 된다. 손해를 보지 않으려면 항상 조심하고 현명해야 하는 것이다.

구삼(九三) 효에서 말한 엉덩이에 살이 없는 것은 중대한 인격장애라고 43.「쾌괘(夬卦)」에서 설명하였다. 엉덩이에 살이 없는 것을 상전에서는 어두움(惡)에 매여 있는 것이라고 하였다. 다시 말하면 바르지 않은 것과 만나 결합한 상태다. 이런 상태에서는 진보·발전은 없는 것이고 어두움에서 사는 것이다. 그러나 힘써 몸과 마음을 닦으면 장애는 상당 수준 극복되므로 큰 화는 만나지 않는다고 하였다.

구사(九四) 효에서는 나에게 바르지 않음이 없으면 나에게 시비를 걸 사람도 만나지 않고 나와 다툴 사람도 만나지 않는다고 하였다. 구사(九四) 효에서 말한 물고기(魚)는 물고기를 말하는 것이 아니고 음(陰)을 상징하는 말이다. 여기서 음은 악, 곧 바르지 않음이다. 물고기는 음을 상징한다는 말은 23.「박괘(剝卦)」에도 나온다.

구오(九五) 효에서는 삼태기에 들어있는 참외의 아름다운 빛깔은 하늘이 주었다는 것이다. 참외는 아름다운 빛깔을 하늘이 주어서 만나게 되었다는 것이다. 이는 천도(天道)와의 만남을 상징적으로 말한 것이다. 참외는 하늘이 만나게 해준 아름다움을 가지고 있는데 사람은 하늘이 만나게 해준 천도를 버렸다는 것이다.

　상구(上九) 효에서 말한 뿔이 마주치는 것은 싸우는 것을 말하는 것이다. 뿔이 있는 초식동물의 싸움을 비유해서 말한 것이다. 이런 싸움은 생사를 건 싸움이 아니고 일상적인 보통의 싸움이다. 그러므로 상구(上九) 효에서 말한 싸움은 사람들이 일상적으로 하는 다툼이다. 이런 싸움은 화는 가져오지 않지만 부끄러운 일이라고 하였다. 인격을 높이는 일이 그쳐서 다투는 것이고 인격을 높이는 일이 그쳐서 부끄러운 일이라고 하였다. 상구(上九) 효는 다투는 만남은 부끄러운 일이라는 것이다.

　상궁(上窮)은 17. 「隨卦(수괘)」에도 있는 말이다. 그러나 뜻은 다르다.

45. ䷬ 兌上 坤下 澤地萃(택지췌)

萃는 亨王假有廟하여 利見大人하고 亨利貞하며 用大牲吉하고 利有攸往하니라.

· · · · · · · · ·

彖曰 萃는 聚也이니 順以說하며 剛中而應故로 聚也이니라 王假有廟는 致孝享也이며 利見大人亨은 聚以正也이니라 用大牲吉利有攸往은 順天命也이니 觀其所聚하면 而天地萬物之情可見矣이니라.

象曰 澤上於地萃하니 君子以除戎器하고 戒不虞하니라.

初六, 有孚不終하면 乃亂乃萃하나 若號하면 一握爲笑하고 勿恤하며 往无咎이니라
象曰 乃亂乃萃하면 其志亂也이니라
六二, 引吉无咎하며 孚乃利用禴하니라
象曰 引吉无咎는 中未變也이니라
六三, 萃如嗟如하면 无攸利이나 往无咎小吝하니라
象曰 往无咎하면 上巽也이니라
九四, 大吉하여야 无咎이니라

象曰 大吉하면 无咎位不當也이니라
九五, 萃有位하면 无咎匪孚하나 元永貞하여야 悔亡하니라
象曰 萃有位는 志未光也이니라
上六, 齎咨涕洟하면 无咎이니라
象曰 齎咨涕洟는 未安上也이니라

「췌괘(萃卦)」는 큰 복(福)은 사당(祠堂)에 있으니, 제사를 드려야 하며 큰 인물을 만나야 이롭고, 막히는 일은 없으나 올발라야 이로우며 큰 희생을 해야 복을 받고 가는 곳에 이로움이 있다.

· · · · · · · · ·

단전에서 말하기를, '췌(萃)'는 "모인다"는 말이니 도를 어기지 않고 기쁘게 일하며 강하고 치우치지 않으면서 화합하는 곳으로 모이는 것이다. 큰 복이 사당에 있다는 것은 효성을 다해 제사를 드려야 한다는 것이며, 막히는 일은 없으나 큰 인물을 만나야 이롭다는 것은 올발라야 모이기 때문이다. 큰 희생을 해야 복을 받고 가는 곳에 이로움이 있다는 것은 천도(天道)를 따라야 한다는 것이니, 모이는 것을 보면 천지 만물의 형편을 알 수가 있다.

상전에서 말하기를, 소택이 땅 위에 있어 (물이) 모여들고 있으니, 군자는 무기를 손질하고 뜻밖의 재난을 경계한다.

초육(初六), 진실하고 정성스러우나 (그것이) 끝까지 가지 않으면 무도(無道)하게 되고 병이 들게 되나, 만일 한탄하게 되면 한 번 주먹을 불끈 쥐고 웃게 되고 근심이 없어지며 나가도 화가 없다. 상전에서 말하기를, 무도하게 되고 병이 들게 되면 그의 마음이 자기 마음대로 한 것이다.

육이(六二), 바로잡으면 복을 받고 화가 없으며 진실하고 정성스러우면 간소한 제사를 지내도 좋다. 상전에서 말하기를, 바로 잡으면 복을 받고 화가 없다는 것은 올바르면 재앙이 없다는 것이다.

육삼(六三), 병이 들어 탄식하면 이로운 일은 없으나 나가면 화는 없고 조금 부끄럽게 된다. 상전에서 말하기를, 나가도 화가 없으면 유순(柔順)함에 이른 것이다.

구사(九四), 크게 선해야 화가 없다. 상전에서 말하기를, 크게 선하면 화와 그의 자리가 그에게 어울리지 않음이 없는 것이다.

구오(九五), 벼슬자리에 있으면서 야위어 가면 화도 없고 빛이 남도 없으나 길이길이 크게 올발라야 한탄할 일이 없다. 상전에서 말하기를, 벼슬자리에 있으면서 야위어 가는 것은 의로움을 지키는 일이 크지 않다는 말이다.

상육(上六), 탄식하면서 눈물을 흘리면 화는 없다. 상전에서 말하기를, 탄식하면서 눈물을 흘리는 것은 편안한 곳에 이르지 못하였다는 말이다.

【한자 풀이】

萃: 모일 췌, 별들 췌, 야윌 췌. 亨: 제사 올릴 향, 형통할 형. 王: 클 왕(大也). 假: 복 가(福也), 너그러울 가. 廟: 사당 묘. 用: 할 용, 행할 용. 牲: 희생 생. 聚: 모일 취. 應: 따를 응, 화합할 응. 致: 다할 치, 지극할 치. 於: 있을 어, 살고 있을 어, 따를 어. 除: 손질할 제, 고칠 제. 戎: 무기 융, 병기 융. 戒: 경계할 계, 주의할 계. 虞: 헤아릴 우, 생각할 우. 終: 끝 끝내 종, 끝까지 갈 종. 亂: 무도할 란, 멋대로할 란. 若: 만일 약, 이를 약(至也). 號: 한탄할 호, 통곡할 호. 握: 주먹질 악. 引: 바를 인, 바로잡을 인. 禴: 제사 약, 간소할 약. 變: 재앙 변, 어그러질 변. 嗟: 탄식할 차. 上: 오를 상, 이를 상. 乃: 그러면 내, 그래서 내. 吉: 선할 길, 삼갈 길. 位: 벼슬 위. 孚: 빛날 부, 성실할 부. 志: 의로움을 지킬 지. : 클 광, 빛날 광. 齎: 가져올 재, 탄식할 재. 咨: 탄식할 자. 涕: 울 체. 洟: 눈물 체.

【해설】

「췌괘(萃卦)」의 괘상은 땅 위에 소택이 있는 것이다. 그러나 「췌괘」는 땅 위에 소택이 있는 것을 말하지 않고, 땅 위의 소택으로 사방에서 물이 모여들고 있다. 사람도 이같이 자신에게 사방에서 좋은 것·좋은 일·좋은 사람이 모여들고 재물이 모여들어야 한다는 것이 「췌괘」가 말하는 진리이다.

괘명인 '췌(萃)'의 뜻은 "모여든다"라는 뜻이다. 무엇이 모여드는가에 대해서는 괘상에 그 해답이 들어있다. 소택에 물이 모여드는 것처럼 복(福)이 모여들어야 한다는 것이다. 도를 공부하고 도를 행하며 강하고 바르고 치우침이 없이 살면 자연스럽게 복이 모여든다는 것이다. 어떻게 오는지 알 수 없게 저절로 모여드는 것을 하늘이 복을 주는 것이라고 말하기도 한다. 반대로 바르게 살지 않으면 있는 복도 떠나고 나쁜 일, 나쁜 사람이 모여들고 괴로움과 질병과 재앙이 모여든다. 이는 개인이나 가정이나 국가나 다 마찬가지다. 그러므로 괴로움이나 질병이나 재앙이 모여들게 살면 결코 안 되고, 복이 모여들게 살아야 한다고 「췌괘」는 가르치고 있다.

26. 「대축괘(大畜卦)」에서는 내가 중요한 가치를 모아야 한다는 것을 말하였고 「췌괘」에서는 바르게 살면 복이 모여든다는 것을 말한 것이다.

하늘에는 구름이 모여들어 비를 내리고, 대지(大地)에는 공기가 모여들며, 들에는 풀이 모여들고 산에는 나무가 모여들며, 낮은 곳에는 물이 모여들어 생명체를 살게 해준다. 이같이 천지자연에 생명의 근원이 모여드는 것은 자연의 이치이다.

괘사에서는 복이 모여들게 되는 조건을 말한 것이다. 그 첫째가 효(孝)이고 두 번째가 대인군자를 따르는 것이고, 세 번째가 올바른 사람이 되어야 하는 것이고, 네 번째가 크게 희생하며 살아야 하는 것이라고 하였다. 왕가(王假)는 큰 복이다. 37. 「가인괘(家人卦)」에도 나온 말이다. 큰 복이 사당에 있다고 하였다. 사당은 조상의 신주를 모셔 놓은 집인데 가묘(家廟)라고도 한다. 큰 복이 사당에 있다는 말은 정성을 다해 조상에게 제사를 드려야 큰 복을 받는다는 말이다. 조상 공경과 살아계신 부모님에 대한 효도가 복의 근원이라는 말이다. 대인군자를 따르며 바르게 도를 배우고 생활을 본받아야 복이 모여든다고 하였다.

대인군자를 만나지 못하면 바르게 배우기가 어렵고, 잘못 배우거나 불완전하게 배우는 것이다. 그러면 공부를 하나 마나인 것이다. 큰 희생을 해야 복이 모여든다고 하였다. 대생(大牲, 큰 희생)은 일반적으로는 예전의 제사 때 희생 제물로 바치던 소를 말하는 것이다. 그러나 여기서 말하는 큰 희생은 소가 아니고 사람 자신이 크게 희생하는 것이다. 바른 사람이 되기 위해서 지상적 가치(地上的 價值)를 멀리하거나 끊어버리고 고행하고 단식하는 것과, 다른 사람의 이익을 위해서 내 몸과 내 인생을 불태우는 것이 희생이다.

이와 같은 희생 행위를 천지신명에게 최초로 제물로 바친 사람은 은(殷)나라의 시조이며 성인이었던 탕왕(湯王)이었다. 탕왕이 하(夏)나라를 정복하고 천하의 왕 노릇을 할 때 5년 동안이나 비가 내리지 않았다. 그리하여 탕왕은 그의 머리를 깎고 손톱, 발톱을 잘라 버리고서 상림(桑林)에서 몸소 천제에게 빌었다. 탕왕이 스스로 희생하니 천제가 복을 베풀어 큰비가 내리었다는 것이다(殷湯克夏而王天下五年不雨, 湯乃以身禱 于桑林翦割其爪自以爲犧牲, 用福于上帝雨大至, 呂氏春秋). 바른 사람이 되기 위해서 타인을 위해서 크게 희생해야 복이 모여든다는 것이다. 진리의 길은 바로 희생하는 길이다. 그러므로 진리를 행하는 생활은 곧 희생이다. 진리는 십자가에만 있기 때문이다.

단전에서는, 제사는 효성을 다해 지내야 한다고 하였다. 그러므로 효(孝) 없는 제사는 제사가 아니다. 효를 한마디로 정의하면 부모님을 잘 받들고 도를 따르며 도덕규범을 어기지 않는 것이다(善事父母·順於道·不遯於倫).

모여드는 것을 보면 천지 만물의 형편을 알 수 있다고 하였다. 여기서 천지 만물은 세상 모든 사람이다. 복이 모여들면 너너하고 편안하고 기쁘게 사는 것이고, 괴로움과 질병이 모여들면 고통 속에서 앓으면서 사는 것이다.

대상전에서, 소택이 땅 위에 있어 물이 모여든다고 하였다. 이는 자연현상 그대로 괘상을 말한 것이다. 물이 모여든 것을 보고 군자는 무기를 손질하고 뜻밖의 재난에 대비한다고 하였다. 나라에 사람과 재물이 많이 모여들면 뜻밖에 사고가 일어날 수 있기에 미리 대비한다는 것이다. 불우(不虞)는 직역하면 생각지 못한 일이다. 그러므로 이는 뜻밖의 재난이다.

초육(初六) 효에서는 복이 모여드는 조건으로서 '부(孚)'를 말하고 있다. 여기서 부(孚)는 성실함이다. 성실함은 진실하고 정성스러운 것이다. 진실한 것은 바르지 않음이 없는 것이고, 정성은 크고 작은 모든 일에 몸과 마음을 다 바쳐서 열심히 하는 것이다. 이같이 성실한 사람에게 복이 모여든다는 것이다. '내란내췌(乃亂乃萃)'에서 내(乃~ 乃)는 "~하고, ~하면"이라는 뜻이다.

육이(六二) 효에서는 복이 모여드는 조건으로서 '인(引)'을 말하고 있다. 여기서 '인(引)'은 "바로 잡는다"라는 뜻이다. 자신을 계속 바로 잡아가는 것이 '인(引)'이다. 긴 인생이란 자신을 바로 잡아가는 긴 여정(旅程)이다. 자신을 바로 잡아가면서 산다면 얼마나 좋겠는가? 여기서 말한 '약(禴)'은 약제(禴祭)를 말한다. 약제는 가난하여 제물을 마련할 돈이 없어서 몇 가지 제물로 간소하게 지내는 제사이다. 제사에서는 제물(祭物)보다 제사를 드리는 사람의 바른 행실이 더 중요하다는 것이다.

육삼(六三) 효는 바르지 않게 살다가 질병이 모여든 것이다. 그러나 병이든 다음에 다행으로 후회하고 탄식하기 때문에 화는 당하지 않는다고 하였다.

구사(九四) 효에서는 크게 선해야 화가 모여들지 않는다고 하였다. 그러므로 보통으로 선하면 화는 모여드는 것이다.

구오(九五) 효는 벼슬자리에 있으면서 야위어 가는 사람이다. 바르게 살지 못하기 때문에 괴로움이 모여들어 야위어 가고 있다. 그러나 죄의식이 있기에 화는 당하지 않는다. 죄의식이 있는 한 당하는 화는 없다.

상육(上六) 효는 바르게 살지 못한 것을 눈물을 흘리면서 탄식하는 것이다.

질병과 괴로움이 모여들었기 때문에 편안하게 살 수 없어서 눈물을 흘리며 탄식한다. 그러나 늦게라도 깊이 후회하기에 화는 당하지 않는다. 눈물 흘리는 탄식이 있으면 화는 모여들지 않는다.

46. ䷭ 坤上 巽下 地風升(지풍승)

升은 元亨하고 用見大人勿恤하며 南征吉하니라.

· · · · · · · · ·

彖曰 柔以時升하며 巽而順하고 剛中而應하니 是以大亨이니라 用見大人勿恤은 有慶也이며 南征吉은 志行也임이니라.

象曰 地中生木升하니 君子以順德하며 積小以高大하니라.

初六, 允升하면 大吉하니라
象曰 允升大吉하면 上合志也이니라
九二, 孚乃利用禴하며 无咎이니라
象曰 九二之孚有喜也이니라
九三, 升虛邑하니라
象曰 升虛邑하면 无所疑也이니라
六四, 王用亨于岐山하면 吉无咎이니라
象曰 王用亨于岐山은 順事也이니라
六五, 貞하여야吉升階하니라

象曰 貞吉升階하면 大得志也이니라
上六, 冥升하려면 利于不息之貞이니라
象曰 冥升在上하면 消不富也이니라

「승괘(升卦)」는 크게 형통하고 큰 인물을 만나게 되어 근심할 것이 없으며 남쪽으로 가면 복을 받는다.

· · · · · · · · ·

단전에서 말하기를, 음(陰)이 때가 되니 올라가며, 유순하면서 도를 어기지 않고 강하고 치우치지 않으면서 화합하니, 이런 까닭으로 크게 형통하는 것이다. 큰 인물을 만나게 되어 근심할 것이 없다는 것은 경사스러운 일이 있게 된다는 것이며, 남쪽으로 가면 복을 받는다는 것은 하늘의 뜻을 행하고 있어서이다.

상전에서 말하기를, 땅속에 나무가 나서 올라가고 있으니, 군자는 도덕을 따르며 조금씩 쌓아 아주 높게 한다.

초육(初六), 참되게 높아지면 크게 복을 받는다. 상전에서 말하기를, 참되게 높아져 크게 복을 받으면 하늘과 뜻이 맞는 것이다.
구이(九二), 진실하고 정성스러우면 간소한 제사를 올려도 좋으며 화가 없다. 상전에서 말하기를, 구이(九二) 효의 진실하고 정성스러움이 기쁜 일을 있게 하는 것이다.
구삼(九三), 근심이 없어야 높아지는 것이다. 상전에서 말하기를, 근심 없이 높아지면 (도에) 어그러진 일을 안 하는 것이다.

육사(六四), 기산(岐山)으로 가서 제사를 드리면, 복 받고 화가 없다. 상전에서 말하기를, 기산으로 가서 제사를 드리는 것은 (신명, 神明을) 따르며 섬기는 것이다.

육오(六五), 올발라야 복을 받아 벼슬의 등급이 오른다. 상전에서 말하기를, 올발라서 복을 받아 벼슬의 등급이 오르면 크게 의로움을 지키는 데에 이르는 것이다.

상육(上六), 하늘에 오르려면 없어지지 않는 올바름을 가져야 막히는 일이 없다. 상전에서 말하기를, 하늘에 올라가 하늘에서 살게 되면 남모르게 (도를) 행하며 부유하게 살지 않는다.

【 한자 풀이 】

升: 올라갈 승, 오를 승. 用: 할 용, 써 용(以也). 征: 갈 정. 時: 때가 되어 시, 훌륭할 시. 志: 하늘의 뜻 지, 의로움을 지킬 지. 德: 도덕 덕, 어진이 덕, 가르침 덕. 大: 크게 대, 대단히 대. 允: 진실할 윤. 上: 하늘 상. 合: 맞을 합, 일치할 합. 虛: 없을 허. 邑: 근심할 읍. 所: 바 소, 것 소, 도리 소. 疑: 어그러질 의. 王: 갈 왕, 클 왕. 于: 갈 우, ~으로 우. 岐: 갈림길 기. 亨: 제사드릴 향. 階: 벼슬의 등급 계. 得: 이를 득, 이룰 득. 冥: 하늘 명, 멀 명. 利: 통할 리, 막히지 않을 리, 吉 길할 길 息: 소멸할 식, 꺼질 식. 消: 남모르게 행할 소, 없어질 소. 乃: 그러면 내, 그래서 내, 그런데 내.

【 해설 】

「승괘(升卦)」의 괘상은 땅속에 들어 있는 나무의 씨앗이 싹이 터서 위로 높이 올라가고 있다. 아직 땅 위로 올라오지는 않았지만 계속해서 올라가 높은 나무가 되는 것을 말하는 것이다. 여기서 '巽(손)'은 바람이 아니고 나무·나무의 씨앗이다. 사람도 이같이 일생을 계속해서 위로 올라가 높은 사람이 되어야 한다는 것이 「승괘」가 말하는 진리이다. 괘명인 '승(升)'이라는 말의 뜻은 "위로 올라가는 것"이다. 그러므로 '승(升)'은 "위로 올라가 높아지는 것·높은 곳에 오르는 것·높은 사람이 되는 것"이다. 다시 말하면 낮은(低) 사람이 높은(高) 존재가 되는 것이다. 높은 곳이란 수많은 사람이 우러러 공경하는 도와 도덕과 학식이 대단히 훌륭한 단계다. 그러므로 높은 사람은 거룩한 사람이다. 도와 도덕과 학식이 극(極)에 이르면 성인(聖人)이다. 성인 다음은 현인이고 현인 다음은 대인(大人)이다.

도와 도덕과 학식이 대단히 훌륭한 단계를 구체적으로 말하면 세속적 가치에서 초월하는 것·낮은 사람이 되어 지극히 낮게 사는 것·천지인(天地人)에 대해서 모르는 것 없이 환하게 다 아는 것·마음으로 어기는 도덕률(道德律)이 없는 것이다. 그러므로 「승괘」에서 말하는 위로 올라가 높아지는 것은 신분·계급·등급·직위가 높아지는 것을 말하기도 한다. 그러나 그 높아짐이 연줄이나 배경·서열이나 부정한 방법으로 높아지는 것은 「승괘」에서 말하는 높아지는 것에 해당하지 않는다. 도와 도덕·학식과 능력에 의해서 높아져야 하는 것이다.

27. 「이괘(頤卦)」와 「승괘」의 차이점은 「이괘」는 기르는 것이다. 가축을 기르다·사람을 기른다고 할 때의 그 기르는 일이다. 기르는 것은 자라서 커지게 하는 것이다. 커지게 하는 것은 더 낫고 더 좋은 상태가 되게 하는 것이다. 그러므로 「이괘(頤卦)」는 성장·발전시키는 것이다. 성장·발전은 소(小)가 대(大)가 되는 것이다. 그러나 「승괘」는 성장·발전이라는 개념의 평면적 범주(平面的 範疇)에 안주(安住)하는 것이 아니고 사차원(四次元)의 세계로 올라가는 것이다.

천지자연은 위대하고 거룩한 존재다. 영원불변하는 도를 가지고 있기 때문이다. 위대하고 거룩함은 자연의 이치이다.

괘사에서 크게 형통하고 큰 인물을 만나게 되어 근심할 것이 없다고 말한 이유는 곤덕(坤德)과 목덕(木德) 때문이다. 곤의 덕은 순(順, 온순함과 하늘을 따르는 것)과 강중정(剛中正)이다. 목덕에 대해서는 42.「익괘(益卦)」에서 설명하였다. 남쪽으로 가면 복을 받는다고 말한 것은 따뜻한 볕이 남쪽에 있기 때문이다. 사람이 사는 집도 남향이라야 볕이 잘 들어 따뜻한 것이다. 따뜻한 볕은 도와 도덕이다. 도와 도덕이 있는 곳으로 가면 복을 받는다는 것이다.

단전에서는 음이 때가 되어 올라간다고 하였다. 여기서 음은 '巽(손)'을 말하는 것이다. 「손괘」는 음괘(陰卦)이기 때문이다. 손은 나무이다. 나무가 때가 되니 위로 올라간다는 것이다.

대상전에서, 땅속에서 나무가 나서 올라가고 있다고 하였다. 나무가 나서 올라가고 있다는 말은 나무의 씨앗이 싹이 터서 위로 올라가고 있다는 말이다. 이는 괘상을 자연현상 그대로 말한 것이다. 군자는 「이괘」를 보고 배워 순덕(順德)한다고 하였다. 여기서 덕은 도덕도 되고 성현의 가르침도 된다. 그러므로 순덕(順德)은 도덕 또는 성현의 가르침을 따른다는 말이다. 그리고 조금씩 쌓아서 아주 높게 한다는 말은 도와 도덕과 학식을 벽돌 한 장, 한 장 쌓듯 쌓아서 아주 높게 쌓는다는 말이다. 나무가 조금씩, 조금씩 위로 올라가는 것을 본받은 것이다.

초육(初六) 효에서 말한 참되게 높아진다는 말은 부정(不正)하게 신분·계급·등급·직위가 높아지는 것이 아니고, 도와 도덕·학식과 능력에 의해서 정당하게 높아지는 것이다. '하늘과 뜻이 맞다'라는 말은 도에 어긋남이 없다는 말이다.

구이(九二) 효에서는 제물(祭物)에 의한 조상 공경이 아니고 진실과 정성에 의한 조상 공경이 높은 사람이 되는 조건이다.

구삼(九三) 효에서는 근심이 없어야 높이 올라간다고 하였다. 근심은 괴롭고 불안한 마음으로 속을 태우는 것이다. 속이 편안하지 않은 것이다. 속이 편안하지 않은 것은 도 안에 있지 않기 때문이다. 그러므로 도 가운데서 살아야 높이 올라간다.

　육사(六四) 효에서는 하늘을 따르며 섬겨야 높이 올라간다고 하였다. 하늘은 천제(天帝)이고 하늘과 땅을 지배한다고 믿었던 신비적·초월적 존재였다. 옛사람들에게서 조상 공경과 하늘 공경은 절대의 규범이었다. 기산(岐山)은 주(周)나라의 옛 도읍지이면서 천지신명에게 제사를 드리는 성소(聖所)였다. 지금의 섬서성 기산현 동북쪽에 있는 산이다.

　육오(六五) 효에서는 바르게 살아야 복을 받아 벼슬의 등급이 올라간다고 하였다. 옛날의 승진은 명성에 의하여 이루어졌기 때문에 바른 사람이라는 명성이 없으면 승진하기가 어려웠다. 그러므로 바르게 살아야 승진하는 것이다.

　상육(上六) 효에서는 하늘에 오르려면 영원불변하는 올바름을 가져야 한다고 하였다. 여기서 말하는 하늘은 도의 극치이고 최고로 높은 경지이다. 진리의 사람은 검소하게 살고 무욕(無欲)으로 살기 때문에 부유하게 살지 않는다고 말한 것이다.

47. ䷮ 兌上 坎下 澤水困(택수곤)

困은 亨貞大人吉无咎한데 有言不信하니라.

· · · · · · · · ·

彖曰 困은 剛揜也하여 險以說하니라 困而不失其所亨한데 其唯 君子乎이니라 貞大人吉은 以剛中也임이며 有言不信은 尙口乃窮也임이니라.

象曰 澤无水困하니 君子以致命遂志하니라.

初六, 臀困于株木하다가 入于幽谷하니 三歲不覿하니라
象曰 入于幽谷은 幽不明也이니라
九二, 困于酒食하면 朱紱方來하고 利用亨祀하면 征凶无咎이니라
象曰 困于酒食하면 中有慶也이니라
六三, 困于石 據于蒺藜하여 入于其宮不見其妻하면 凶하니라
象曰 據于蒺藜는 乘剛也이며 入于其宮不見其妻는 不祥也니라
九四, 來徐徐하나 困于金車하면 吝有終이니라
象曰 來徐徐는 志在下也이니 雖不當位하여도 有與也이니라
九五, 劓刖하며 困于赤紱하지만 乃徐有說하니 利用祭祀이니라

象曰 劓刖은 志未得也이며 乃徐有說은 以中直也이며 利用祭祀는 受福也임이니라

上六, 困于葛藟于臲卼하여도 曰動悔有悔하면 征吉하니라

象曰 困于葛藟는 未當也이며 動悔有悔하면 吉行也이니라

「곤괘(困卦)」는 올발라서 막히는 일이 없는 대인군자(大人君子)는 복을 받고 화가 없는데 (대인이) 하는 말을 따르지를 않는다.

· · · · · · · · ·

단전에서 말하기를, 「곤괘」는 양(陽)이 막혀 있어서 어려우나 기쁨이 있게 된다. 가난하여도 도리를 어기는 일이 없어야 막히는 일이 없는데 그런 일은 오직 군자만이 할 수 있다. 대인(大人)은 올발라서 복을 받는다는 것은 강하면서 치우침이 없기 때문이며, 하는 말을 따르지 않는다는 것은 귀하게 여겨야 할 말이 막혀서이다.

상전에서 말하기를, 소택에 물이 없어서 가난하니 군자는 도를 전하며 하늘의 뜻을 따르게 한다.

초육(初六), 나무를 베며 밑바닥에서 가난하게 살다가 깊은 산골로 들어가서 3년은 (그를) 볼 수 없게 된다. 상전에서 말하기를, 깊은 산골로 들어간 것은 빛이 없어져 어두워서이다.

구이(九二), 냉수를 마시며 가난하게 살면 장차 높은 관지에 이르게 되고, (천지신명에) 제사를 드리면 이로우며, 나가면 좋지는 않으나 화는 없다. 상전에서 말하기를, 냉수를 마시면서 가난하게 살면 올발라서 경사가

있게 되는 것이다.

육삼(六三), 약(藥)을 남가새 풀에 의지하며 가난하게 살아 집에 들어가 도 아내를 볼 수가 없으면 흉하다. 상전에서 말하기를, 남가새 풀에 의지하는 것은 (그의) 강직함 때문이며, 집에 들어가도 아내를 볼 수가 없게 된 것은 좋은 일은 아니다.

구사(九四), 편안하고 조용함에 이르렀으나 높은 벼슬아치 때문에 가난하게 살면 한탄하지만 좋은 일이 있게 된다. 상전에서 말하기를, 편안하고 조용함에 이른 것은 마음이 낮은 곳에 있다는 말이니 그의 자리가 그에게 어울리지 않을지라도 도와주는 사람이 있게 된다.

구오(九五), 코를 베이고 발뒤꿈치를 베이며 높은 벼슬아치 때문에 가난하게 살지만, 곧 서서히 기쁜 일이 있게 될 것이며, (천지신명에) 제사를 드리면 이롭다. 상전에서 말하기를, 코를 베이고 발뒤꿈치를 베인 것은 의로움을 지키는 데에 이르지 못했다는 것이며, 곧 서서히 기쁜 일이 있게 된다는 것은 바르고 곧게 되었기 때문이며, (천지신명에게) 제사를 드리면 이롭다는 것은 복을 받기 때문이다.

상육(上六), 근심 걱정을 하고 불안해하며, 가난하게 살아도 말하고 행동한 것을 후회하고 또 후회하면 나가면 좋다. 상전에서 말하기를, 근심 걱정을 하며 가난하게 사는 것은 바르지 않아서이며, 행한 것을 후회하고 또 후회하면 선을 행하게 되는 것이다.

【 한자 풀이 】

困: 가난할 곤, 고달플 곤, 막힐 곤. 有: 할 유, 도울 유. 信: 따를 신. 揜: 막을 엄, 곤궁할 엄, 가릴 엄. 所: 도리 소 경우 소. 失: 잘못할 실, 어길 실. 尙: 귀하게 여길 상, 받들 상. 口: 말 구, 말할 구. 乃: 어조사 내(무의미·강조). 窮: 막힐 궁. 致: 줄 치, 전할 치. 命: 도 명, 가르침 명. 遂: 따를 수, 이룰 수. 志: 하늘의 뜻 지, 덕 지. 臀: 밑바닥 둔, 밑 둔. 于: 할 우,

전치사 우(~에, ~으로, ~때문에.). 株: 목벨 주. 谷: 계곡 곡, 산골짜기 곡. 幽: 깊을 유, 어두울 유. 覿: 볼 적, 만날 적. 酒: 냉수 주, 이슬 주. 紱: 예복 불, 관복 불. 方: 장차 방, 앞으로 방. 來: 이를 래, 부를 래, 줄 래. 蒺: 남가새 질. 藜: 명아주 려. 石: 약 석(藥). 據: 의지할 거, 의탁할 거. 宮: 집 궁. 乘: 인할 승, 말미암을 승. 剛: 강직할 강. 祥: 좋을 상, 복 상(福也). 徐: 편안할 서, 조용할 서. 終: 이룰 종, 좋을 조. 劓: 코벨 의. 刖: 발벨 월, 발뒤꿈치 벨 월. 與: 도울 여, 함께할 여. 志: 의로움을 지킬 지. 得: 이를 득, 이룰 득. 葛: 덩굴 갈, 칡 갈. 藟: 얽힐 류, 덩굴풀 류. 臲: 불안할 얼, 위태할 얼. 卼: 불안할 올, 위태할 올. 曰: 말할 왈. 動: 행할 동, 행동 동. 當: 바를 당, 맞을 당. 吉: 선할 길, 삼갈 길.

【해설】

「곤괘(困卦)」의 괘상은 소택 밑에 물이 있는 것이다. 그러나 소택(沼澤) 밑에 물이 있는 것을 말하는 것이 아니고 소택의 물이 밑으로 다 새어버린 것을 말하는 것이다. 그래서 소택은 텅 비고 물이 없는 상태가 「곤괘」인 것이다. 물이 많이 있어야 할 소택에 물이 없으니, 소택은 소유하고 있는 것이 없는 것을 말하고 있는 것이 「곤괘」인 것이다. 텅 비어 버린 소택처럼 사람도 물질적으로 빈털터리가 되어 가난하면 안 된다는 것이 「곤괘」가 말하는 진리이다.

괘명인 '곤(困)'의 뜻은 "가난하다"라는 뜻이다. 물질적으로 가난하게 사는 빈곤이 '곤(困)'인 것이다. 일식일찬(一食一饌: 한 그릇 밥에 한 가지 반찬)의 세끼 밥도 먹을 수가 없는 가난은 큰 문제가 되고 사회의 이익에 어긋나는 반사회적(反社會的)인 것은 사실이지만, 가난은 그 자체로서는 악한 것도 아니고 비인간적인 것도 아니며 반문화적(反文化的)인 것도 아니다. 도와 도덕을 가지지 못하여 허약하고 부정(不正)한 채 가난한 그 가난이 문제가 되는 것이다. 진실하고 근면하며, 정성스럽고 신뢰받으며, 절약히고 절제히며, 자기관리 잘하며 몸 건강하고 밝고 따뜻하며, 주색잡기에 손대지 않고 가족을 사랑하며 산다면 도와 도덕을 가진 사람인 것이다. 이런 사람에게 가난은 없는 것이다. 그러므로 가난은 도와 도덕의 결핍에서 오는 병적인 현상이다. 이렇게 가난하면 안 된다고 말하는 것이 「곤괘」인 것이다. 이런 가난이 개인적·사회적 재앙을 가져온 것이다. 무지(無知)와 비굴이라는 개인적 재앙을 가져왔고, 왕권신수설(王權神授說)·관존민비·출세주의·부와 권력 지상주의(至上主義)라는 사회적 재앙을 가져온 것이다.

구도자의 생활은 가난한 것이고, 구도와 득도(得道)는 가난 속에서만 이루어지는 것이며, 고급문화도 상업주의에 물들지 않은 가난 속에서 이루어지는 것이고, 천부(天賦)의 도인 천진·순수·양심·겸손·공경·소박함도 가난 속에서 죽지 않고 살기 때문에 가난은 가치이다. 실제로도 도의 세계에는 가난이라는 개념이 없는 것이다. 언제나 넉넉하고 모자람이 없는 것이다. 그러므로 도를 가지고 가난하면 문제가 되지 않지만, 도가 없는 가난은 극복해야 할 개인적인 문제이고, 도가 없는 부(富)는 극복해야 할 큰 사회문제가 되는 것이다.

천지자연에는 가난이 없고 자연은 가난의 지배를 받지도 않는다. 도를 떠나는 일이 없기 때문이다. 이것은 자연의 이치다.

괘사에서는 대인(大人) 군자 곧 도를 따르지 않으므로 가난하고 박복하다고 말하고 있다. 그러므로 가난에서 벗어나려면 대인(大人)을 따라야 한다는 것이다. 도의 빈곤이 물질적 빈곤의 원인이라고 간접적으로 말하고 있다.

단전에서는, 양(陽)이 막혀 있어서 형편이 어렵다고 하였다. 여기서 양은 밝고 고귀한 것, 곧 도와 도덕이다. 대인(大人)의 가르침이다. 도를 받아들이지 않는 상태, 진리를 들을 귀가 막혀 버린 상태가 양이 막힌 상태이다. 이는 괘상을 설명한 것이다. 태(兌)는 음괘이고 감(坎)은 양괘인데, 양인 감(坎)이 음인 태(兌)의 밑에 눌려 있어서 양이 막혀 있다고 말한 것이다. 그리고 가난하여도 도를 어기는 일이 없어야 일이 잘 풀려 가난에서 벗어난다고 하였다. 가난하면서 바르지 않게 살면 가난은 무덤까지 동행한다는 말이다.

대상전에서, 소택에 물이 없어 가난하다고 하였다. 소택은 물이 많아야 부유한 것인데 물이 하나도 없으니 가난한 것이다. 군자는 가난한 소택을 보고 배워 사람들에게 도를 가르친다고 하였다. 도의 결핍이 물질적 빈곤의 원인인 것을 알고 있으므로 도(道)를 주어 가난에서 벗어나게 하려는 것이다. 치명(致明)은 현재의 일상 용어의 뜻으로는 목숨을 바치는 것이다. 그런데 여기서는 그런 뜻이 아니고 도(道)를 전하는 것이다.

초육(初六) 효는 악이 지배하는 불의한 세상에서 불의한 사람들과 어울려 사는 것이 싫어서 혼자서 땔나무를 팔아 입에 풀칠이나 하며 살다가 세상을 피해 버린 천부의 도(道)안에서 사는 바른 사람이다. 가난해도 불의와 타협하거나 아첨하지 않고 바르게 살다가 불의한 세상을 피해 깊은 산골로 들어간 것이다.

구이(九二) 효는 대인군자이다. 불의한 세상에 나가지 않고 가난 속에서 구도(求道)하고 행도(行道)하는 대인(大人)이다. 구이(九二) 효의 가난은 끼니를 거르며 냉수로 때우는 가난이다. 이런 가난 속에 무슨 술을 마시겠는가? 주불(朱紱)은 붉은색 관복(官服)이다. 붉은색 관복은 고위직 벼슬아치가 입는 옷이다. 냉수로 끼니를 때우는 가난 속에서도 구도와 수행의 도에 전념한다면 밝은 세상이 오면 높은 관직에 오르게 된다는 것이다. 주불은 높은 관직을 상징하는 말이다.

육삼(六三) 효는 천부의 도 안에서 바르게 사는 강직한 사람이다. 병이 들어 일하지 못하는 데도 다른 사람의 도움을 받지 않고 가난하게 사는 것이다. 약을 살 돈이 없어서 약초라고 할 수도 없는 하찮은 남가새 풀을 약으로 사용하며 어렵게 산다. 그 가난을 견디지 못하고 부인은 떠나버린 것이다. 이런 가난은 지나친 것으로서 좋지 않다고 주역은 말하고 있다. 질려(蒺藜)는 남가새라고도 하며 한해살이풀로서 물가 모래땅에 주로 서식한다. 온몸에 잔털이 있고 가시도 있는데 여름에 노란 꽃이 피며 열매는 단단하다. 뿌리와 열매를 약재로 쓴다.

구사(九四) 효는 겸손하고 조용하게 사는 선량한 보통 사람인데 무도한 벼슬아치의 착취 때문에 재산을 빼앗기고 가난하게 사는 것이다. 옛날에는 관청에 없는 죄를 만들어 뒤집어씌워 몹시 때리고 재산을 강탈하는 일이 있었다. 이것이 관재(官災, 관청으로부터 당하는 재앙)이다. 구사(九四) 효를 그의 자리가 그에게 어울리지 않는 사람이라고 한 것은 학덕이 모자라는 보통 사람이기 때문에 그렇게 말한 것이다. 금거(金車)는 높은 벼슬아치가 타는 금으로 장식한 수레인데 이는 높은 벼슬아치를 상징하는 것이다.

구오(九五) 효는 구오(九五) 효 자신도 도를 갖지 못한 데다가 무도한 벼슬아치의 착취가 겹쳐서 재산을 빼앗기고 가난하게 살고 있다. 그러나 구오(九五) 효는 다음에 개과천선(改過遷善)하여 복을 받게 된다.

상육(上六) 효는 일은 굼벵이 같이하고 술이 지나치고 도박을 좋아하는 등 행실이 바르지 않는데도 자신을 바로잡지 못하여 가난하게 사는 것이다. 그러면서 술 깨면 후회하고 근심 걱정하는 것이다. 갈류(葛藟)는 칡넝쿨·등나무 넝쿨 등 넝쿨식물이 복잡하게 얽힌 것을 말하는데 근심 걱정으로 괴로운 상태를 상징하는 말이다. 얼올(臲卼)은 불안해하는 것을 말한다.

초육(初六) 효·구이(九二) 효·육삼(六三) 효는 악덕 지주(地主)와 토호가 날뛰는 불의한 세상과 백성들 등쳐먹고 사는 벼슬아치가 싫어서 세상 변두리에서 가난하게 사는 사람들이고, 구사(九四) 효와 구오(九五) 효는 불의한 벼슬아치에게 재산을 빼앗기고 가난하게 사는 사람이다. 효사(爻辭)에서는 백성의 가난한 원인이 도(道) 없는 나라·도 없는 벼슬아치에게 있다고 말한 것이다. 상육(上六) 효 하나만 도 없는 개인에게 원인이 있다고 말한 것이다.

48. ䷯ 坎上 巽下 水風井(수풍정)

井은 改邑하여도 不改井하고 无喪无得하며 往來井井이니라 汔至亦未繘井하고 羸其瓶하면 凶하니라.

• • • • • • • • •

彖曰 巽乎水而上水井인데 井養而不窮也이니라 改邑不改井은 乃以剛中也이며 汔至亦未繘井은 未有功也이며 羸其瓶은 是以凶也이니라.

象曰 木上有水井이니 君子以勞民勸相하나니라.

初六, 井泥不食이면 舊井无禽이니라
象曰 井泥不食이면 下也이며 舊井无禽이면 時舍也이니라
九二, 井谷하면 射鮒하고 甕敝漏이니라
象曰 井谷射鮒는 无與也임이니라
九三, 井渫不食이면 爲我心惻하고 可用汲王明하면 並受其福하니라
象曰 井渫不食이면 行惻也이며 求王明하면 受福也이니라
六四, 井甃하여야 无咎이니라
象曰 井甃无咎하니 修井也이니라

九五, 井洌寒이면 泉食이니라
象曰 寒泉之食은 中正也이니라
上六, 井收勿幕하면 有孚元吉하니라
象曰 元吉은 在上大成也이니라

「정괘(井卦)」는 마을은 변하여도 우물은 변하지 않고, 마르지도 않고 늘지도 않으며, 세월이 오고 가도 우물은 우물이다. 우물물이 말라 만일에 우물에서 두레박질하지 않고 두레박이 망가져 있다면 흉하다.

· · · · · · · · ·

단전에서 말하기를, 두레박으로 물을 긷는 최상의 물이 우물물인데 우물은 살게 해줌이 끝이 없는 것이다. 마을은 변하여도 우물은 변하지 않는다는 것은 곧 강하면서 치우침이 없기 때문이며, 우물물이 말라 만일에 우물에서 두레박질하지 않는다는 것은 좋은 일은 없다는 것이며, 두레박이 망가졌다는 것은 이제는 흉하게 되었다는 것이다.

상전에서 말하기를, 두레박으로 (길어) 올리는 우물물이 있으니, 군자는 백성들을 따뜻하게 돌보고 도와주면서 권한다.

초육(初六), 우물물이 더러워져 먹을 수가 없게 되면 우물은 묵어버리게 되고 새도 오지 않는다. 상전에서 말하기를, 우물물이 더러워져 먹을 수가 없게 되면 (그 우물은) 천하게 된 것이며, 우물이 묵어버려 새도 오지 않으면 선함은 없어진 것이다.

구이(九二), 우물이 마르면 두꺼비도 싫어하고 깨진 두레박에서는 냄새가 난다. 상전에서 말하기를, 우물이 마르면 두꺼비도 싫어한다는 것은 함께 살 수가 없어서 인 것이다.

구삼(九三), 우물의 밑바닥을 쳐내도 먹을 수가 없다면 우리의 마음을 슬프게 하고, 길은 물이 좋고 아주 깨끗하면 모두 다 그 복을 누리는 것이다. 상전에서 말하기를, 우물의 밑바닥을 쳐내도 먹을 수가 없다면 슬픔을 주는 것이며, 아주 깨끗한 (물을) 얻게 되면 복을 받은 것이다.

육사(六四), 우물은 고쳐야 화가 없다. 상전에서 말하기를, 고쳐진 우물에 화가 없는 것이니 우물은 고쳐야 하는 것이다.

구오(九五), 우물물이 맑고 차가우면 마시는 샘물이다. 상전에서 말하기를, 마시는 차가운 샘물은 바르고 치우침이 없다.

상육(上六), 우물에서 물을 긷고 먼지를 털어 (뚜껑을) 덮으면 진실하고 정성스러워 크게 복을 받는다. 상전에서 말하기를, 크게 복을 받는다는 것은 높은 데서 살면서 큰일을 이룬다.

【 한자 풀이 】

改: 변할 개, 바꿀 개. 邑: 마을 읍. 喪: 없어질 상, 잃을 상. 往: 시간이 지날 왕. 汔: 물이 마를 흘, 다할 흘. 亦: 만일 역, 모두다 역, 이미 역. 繘: 두레박질할 율. 羸: 망가질 리. 瓶: 두레박 병. 上: 최고 상, 첫째 상, 올릴 상. 水: 물길을 수. 養: 살게할 양, 먹일 양. 窮: 끝 궁, 끝날 궁. 功: 좋은일 공, 명예 공. 是: 이제 시, 이 시. 以: 될 이, 할 이. 勞: 따뜻하게 돌볼 로, 도울 로. 相: 도울 상, 이끌 상. 泥: 흐릴 니, 더러울 니. 舊: 묶을 구, 낡을 구. 下: 천할 하. 時: 좋을 시, 훌륭할 시, 선할 시. 舍: 그칠 사, 버릴 사, 없앨 사. 谷: 다 없어질 곡, 막힐 곡. 射: 싫어할 역. 鮒: 두꺼비 부. 甕: 옹기 두레박 옹. 敝: 깨질 폐, 부서질 폐. 漏: 냄새날 루, 누추할 루. 渫: 밑을 쳐낼 천. 惻: 슬퍼할 측. 可: 좋을 가, 옳을 가. 用: 할 용, 행할 용. 汲: 물길을 급. 王: 클 왕. 明: 깨끗할 명. 竝: 모두 다 병. 受: 누릴 수, 받을 수. 行: 줄 행,

베풀 행. 爲: 하게할 위. 我: 우리 아. 求: 얻을 구, 취할 구(取也). 鼛: 고칠 추. 脩: 고칠 수, 손질할 수. 洌: 맑을 렬. 泉: 샘 천, 샘물 천. 收: 물길을 수. 勿: 먼지털 물, 성심으로 사랑할 물. 幕: 덮을 막.

【해설】

「정괘(井卦)」의 괘상은 물 밑에 바람이 있는 것이 아니다. 여기서 '감(坎)'은 땅속에서 흐르는 지하수로서 우물물이고, '손(巽)'은 나무인데 여기서는 나무로 만든 두레박을 말한다. 옛날에 두레박은 대부분이 나무로 만들었기 때문에 '손(巽)'을 나무 두레박이라고 하는 것이다. 그러므로 「정괘」의 괘상은 나무 두레박이 들어있다. 옛날에 우물은 사람에게 생명을 주는 제1의 원천이었다. 사람도 우물처럼 다른 존재에게 생명을 주는 사람·우물물처럼 맑고 시원한 사람이 되어야 한다는 것이다. 곧 「정괘」가 말하는 진리이다.

괘명인 '정(井)'의 뜻은 "우물·우물물"이라는 뜻이다. 현재는 수돗물을 사용하기 때문에 우물은 거의 다 없어지고 그래서 우물의 중요성을 대부분 사람은 잘 모른다. 오늘날은 수돗물이 우물물 역할을 하고 있지만 그 의미는 크게 다른 것이다.

옛날 사람은 모두 다 우물물을 먹고 살았다. 아주 소수의 사람만이 산골 물이나 시냇물을 식수로 사용하였다. 우물물이라는 식수가 없으면 생존 자체가 불가능하므로 우물물은 생명의 제1 원천이 되는 것이다. 그래서 주역은 진리를 말하는 철학서인데도 유독 우물만을 한 장르(Genre)로 다루고 있다.

옛날에는 우물이 있어야 마을도 형성되었다. 아무 데나 마을이 생겨난 게 아니다. 그러므로 우물은 옛날에 자연취락(自然聚落)의 절대조건이었다. 그리고 한 마을 사람은 한 우물에서 먹고 살았다. 한 마을에 우물이 여기저기 여러 개 있었던 것이 아니다. 한 어머니의 젖을 먹고 자란 형제처럼 한 우물물을 먹고 살던 옛날의 한 마을 사람들은 한 형제와 같았다. 그래서 옛날에 우물은 식수를 제공하는 역할만 하는 단순한 존재가 아니다. 지금은 사라져 버린 영혼의 고향이었다. 산업화로 버려진 오늘날 마을의 우물은 슬프고 처량하다. 버려져 사는 인간의 자화상이기 때문이다.

그리고 우물은 모든 사람이 배워야 할 중대한 진리를 가지고 있다. 그것은 끝없이 생명을 주는 것과 강중정(剛中正)이다. 변질됨이 없고 흔들림이 없으니까 강(剛)이고, 사람 차별하지 않으므로 중(中)이며, 맑고 시원하니까 정(正)이다.

살아있는 천지자연은 생명을 준다. 이것은 자연의 이치다. 그러나 인간에 의해서 황폐되어 죽은 자연은 죽음을 준다. 이것도 자연의 이치이다.

괘사의 전반부에서는 우물이 가진 훌륭한 가치에 대해서 말한 것이다. 마을은 변해도 우물은 변하지 않고 우물물은 마르지도 않고 더 불어나지도 않으며, 세월이 가도 그 우물물은 변함없이 우물물이다. 세월이 가면 강산도 변하고 마을도 변한다. 그래도 우물은 그대로이다. 그리고 길어 쓰지 않은 상태의 우물물의 양은 항상 똑같다. 신기한 일인 것이다. 그리고 수백 년의 세월이 가고 와도 그 우물물의 맛과 빛깔은 변함이 없다. 고로 우물은 도의 화신(化身)인 것이다.

괘사의 후반부는 우물물이 마르게 되면 그것은 마을의 재앙이라고 하였다. 그러나 마을의 우물물이 마르는 일은 거의 없는 것이다. 사막의 오아시스에 있는 샘물도 마르는 일이 거의 없는데 설마 마을 가운데에 있는 우물물이 마르겠는가?

대상전에서 말한 나무(木)는 나무가 아니고 앞에서 설명한 대로 나무 두레박이다. 군자는 우물이 사람들에게 끝없이 은혜를 베풀며 도와주는 것을 보고 배워 사람들을 따뜻하게 돌보아 주고 도와주면서 바르게 살도록 권한다고 하였다.

초육(初六) 효는 우물물이 너러워져 먹을 수가 없게 된 상황이다. 크고 깊게 판 우물은 더러워지는 일이 없는데 작고 얕게 판 우물은 더러워질 수가 있다.

어딘가에 구멍이 생겨 깨끗하지 못한 지표수(地表水)가 우물에 들어가기 때문이다. 사람도 이와 같다. 속이 깊고 넓은 대인은 더러워질 수가 없는데 속이 좁고 얕은 소인은 더러워지기가 쉬운 것이다. 더러워지면 천하고 선함이 없는 것이다.

　구이(九二) 효는 우물물이 마르게 된 상황이다. 깊은 우물은 몇 년 동안 계속되는 가뭄에도 쉽게 마르지 않는다. 얕은 우물이 가뭄에 견디지 못하고 쉽게 고갈되는 것이다. 사람도 이와 같다. 속 깊은 사람은 인정과 인간성이 얼른 마르지를 않는다.

　구삼(九三) 효의 전반부는 우물 밑바닥을 청소해도 물을 먹을 수가 없는 상황이다. 슬프지만 포기해야 할 우물이다. 성현 군자가 고칠 수 없는 사람도 이와 같다.

　육사(六四) 효에서는 우물은 항상 고쳐야 화가 없다고 하였다. 항상 고쳐야 우물에 더러움이 접근하지 못하는 것이다. 사람도 항상 마음과 행동을 고치며 살아야 더러워지지 않는 것이다. 더러워지면 다음에는 썩어 버리는 것이다.

　구오(九五) 효에서는 생명을 주는 식수의 덕은 맑고 차갑다고 하였다. 깨끗하고 시원하다는 말이다. 사람도 깨끗하고 시원해야 생명을 주는 것이다.

　상육(上六) 효에서는 생명의 근원인 우물을 대하는 태도는 진실하고 정성스러워야 한다고 하였다. 우물에 와서 물만 길러 가면 안 되고 깨끗하게 사용하고 정성을 기울여 청소해야 한다는 것이다.

49. ䷰ 兌上 離下 澤火革(택화혁)

革은 已日乃孚하면 元亨하고 利貞悔亡하니라.

· · · · · · · · ·

彖曰 革은 水火相息하고 二女同居하나 其志不相得曰革이니라 已日乃孚는 革而信之하여 文明以說하고 大亨以正하니 革而當하면 其悔乃亡이니라 天地革而四時成하며 湯武革命은 順乎天而應乎人이니 革之時大矣哉이니라.

象曰 澤中有火革하니 君子以治歷明時하니라.

初九, 鞏用黃牛之革하니라
象曰 鞏用黃牛之革하면 不可以有爲也이니라
六二, 已日乃革之하면 征吉无咎이니라
象曰 已日革之하면 行有嘉也이니라
九三, 征凶하니 貞厲하고 革言三就하면 有孚이니라
象曰 革言三就하면 又何之矣이리오
九四, 悔亡하고 有孚改命하면 吉하니라
象曰 改命之吉은 信志也임이니라

九五, 大人虎變하나 未占有孚이니라

象曰 大人虎變은 其文炳也이니라

上六, 君子豹變한데 小人革面하니 征凶하고 居貞吉이니라

象曰 君子豹變하며 其文蔚也한데 小人革面하고 順以從君也이니라

「혁괘(革卦)」는 날마다 자기 자신을 빛이 나게 하면 크게 형통하고, 올발라서 이롭고 잘못하는 일이 없다.

. . . .

단전에서 말하기를, 「혁괘」는 물과 불이 서로 죽이고, 두 여자가 함께 살고 있으나 서로 마음이 맞지를 않으니 고쳐야 한다고 말하는 것이다. 날마다 자기 자신을 빛이 나게 한다는 것은 고쳐서 참되게 하여 밝게 빛이 나니 기쁜 것이고, 바르기에 크게 형통하는 것이니 고쳐서 바르게 되면 잘못하는 일이 없는 것이다. 하늘과 땅도 (자신을) 고치므로 사계절이 이루어지는 것이며, 탕왕과 무왕이 (나라의) 운명을 고친 것은 하늘을 따르고 백성들의 뜻을 따른 것이니 고치는 일은 언제나 훌륭한 것이다.

상전에서 말하기를, 소택 가운데에 불이 있으므로 고쳐야 하니 군자는 어지러운 것을 바로잡아 선(善)을 빛나게 한다.

초구(初九), 황소 가죽끈으로 단단히 묶어야 한다. 상전에서 말하기를, 황소 가죽끈으로 단단히 묶으면 도를 어기는 일을 할 수가 없다.

육이(六二), 날마다 자기 자신을 고쳐나가면 복을 받고 화가 없다. 상전에서 말

하기를, 날마다 자기 자신을 고쳐나가면 행실에 훌륭함이 있다.

구삼(九三), 나가면 좋지 않으니 힘써 닦아 바르게 하고, 나를 고치는 일이 거듭거듭 이루어지면 빛이 나게 된다. 상전에서 말하기를, 나를 고치는 일이 거듭거듭 이루어지면 다시 어떻게 변할 수 있겠는가?

구사(九四), 잘못하는 일이 없고 성품을 고쳐 빛이 나면 복을 받는다. 상전에서 말하기를, 성품을 고쳐서 복을 받는 것은 마음이 참되게 되어서이다.

구오(九五), 대인군자는 호랑이의 무늬처럼 아름답게 빛이 나지만 빛이 나는 것이 보이지 않는다. 상전에서 말하기를, 대인군자는 호랑이의 무늬처럼 아름답게 빛이 난다는 것은 그의 선함과 아름다움이 빛이 난다는 말이다.

상육(上六), 군자는 표범의 무늬가 변하는 것처럼 분명하게 변하는데 소인은 얼굴빛만 변하니 나가면 흉하고, 바르게 살아야 복을 받는다. 상전에서 말하기를, 군자는 표범의 무늬가 변하는 것처럼 분명하게 변하여 그의 선함과 아름다움이 대단한데, 소인은 얼굴빛만 변하고 어진 사람을 따르면서도 자기 마음대로 행동한다.

【 한자 풀이 】

革: 고칠 혁, 가죽끈 혁, 가죽 혁. 已: 지날 이, 이미 이. 日: 날마다 일. 孚: 빛날 부, 성실할 부. 悔: 잘못할 회, 후회할 회. 息: 죽일 식, 멸할 식, 망할 식. 得: 뜻맞을 득. 志: 마음 지, 뜻 지. 信: 진실할 신. 當: 바를 당. 命: 운명 명, 성품 명. 治: 바람잡을 치. 歷: 어지러울 력, 어길 력. 明: 드러낼 명, 높일 명, 빛날 명. 時: 훌륭할 시, 선할 시(善也). 鞏: 단단히 묶을 공. 用: 써 용(以也). 以: 될 이, 할 이. 有: 할 유, 행할 유. 爲: 어길 위, 어긋날 위. 嘉: 훌륭할 가, 아름다울 가. 厲: 힘써 닦을 려. 言: 나 언(我也). 三: 거듭 삼. 就: 이룰 취, 능할 취. 又: 다시 우. 之: 변할 지, 갈 지. 改: 고칠 개, 바로잡을 개. 占: 보일 점, 볼 점. 文: 빛날 문, 선미할 문(善美). 炳: 빛날 병. 豹: 표범 표. 蔚: 성할 위, 성대할 위. 從: 자기 마음대로 할 종. 君: 어진이 군, 군자 군.

【해설】

「혁괘(革卦)」의 괘상은 소택(沼澤) 아래에 불이 있는 것이 아니고, 소택과 불이 함께 병존(竝存)하는 관계인 것이다. 그러나 여기서 소택은 소택이 아니고 소택의 물을 말하는 것이므로 「혁괘」는 물과 불이 함께 있는 것을 말하는 것이다. 이 세상 어디에 가도 나와 마음이 맞고 나와 같은 사람은 거의 없고 대부분은 마음도 맞지 않고 크게 다른 것이다. 나와 다른 사람과 불가피하게 함께 살 수밖에 없는 것이 이 세상이다. 서로 다른 사람과 속상하지 않고 다투지 않으며 정답게 살려면 자신을 바르게 고쳐야 한다는 것이 「혁괘」가 말하는 진리이다. 한쪽만 고치면 소용이 없고 양편이 다 같이 바르게 고쳐야 상극관계가 상생 관계로, 갈등 관계가 사랑하는 관계로 바뀐다는 것이다.

괘명인 '혁(革)'이라는 말의 뜻은 "고친다·바로잡다"라는 뜻이다. 다른 사람을 고치는 것이 아니고 자기가 자기 자신을 고치는 것이다. 그러므로 자기 자신의 바람직하지 않은 언행과 생활 그리고 부도덕한 행실을 바로잡아 고치는 것이 '혁(革)'이다. 그러나 자기를 고치는 일은 대단히 어려운 일이다. 인간 실존에 문제가 있기 때문이다. 그 실존적 문제는 인간의 본질이 규범적 존재(規範的存在)가 아니고, 도는 바라보는 것이지 도를 행하는 존재가 아니라는 것이다. 그래서 규범은 있으나 마나이고 그냥 사는 것이다. 그냥 살면 고칠 수가 없다. 그러므로 지극히 선한 사람도 바르지 않은 자신 행동을 고치지 못하고 살다가 가는 것이다.

천지자연에는 불완전이 없다. 그래서 바로잡아 고칠 것이 없다. 이것은 자연의 이치다.

괘사에서는 날마다 자기 자신을 빛이 나게 고쳐야 한다고 하였다. 자신의 바르지 않은 행동과 생활을 고치어 바로잡으면 빛이 나는 것이다. 사람은 바르게 살아야 빛이 나는 존재이기 때문이다. 고치는 일은 결단과 깨달은 진리로 고치는 것이다. 그 둘 가운데에 하나가 있어야 한다. 자신을 빛이 나게 고치지 않고 살면 함께 사는 사람들에게 고통을 준다는 것을 모르고 있다. 고통을 주고 되돌려 받는 것은 경멸이다. 인간관계에서 주고받는 것이 이런 것이라면 인생은 슬픈 것이다.

단전에서, 말한 이녀동거(二女同居)는 38.「규괘(睽卦)」에 나온 말이다. 태(兌)는 소녀이고, 이(離)는 중녀(中女)인데 소녀와 중녀가 함께 사는 것이 이녀동거(二女同居)다. 이것은 괘상을 말한 것이다.

'탕무혁명(湯武革命)'이란 탕왕과 무왕이 일으킨 혁명을 말한다. 중국의 고대 왕조(王朝)는 하(夏)·은(殷)·주(周) 3왕조를 말한다. 하 왕조의 시조는 우(禹)인데 우임금은 순임금의 선위(禪位)를 받아 제위에 오르고 국호는 하(夏)라고 하였다. 하 왕조는 17대 440여 년간 존속하였는데 마지막 임금인 걸왕(桀王) 때에 탕(湯)의 혁명으로 멸망되었다. 신하인 탕이 그의 임금을 공격한 것이다. 걸왕은 포악무도(暴惡無道)하고 주색에 빠져 살다가 멸망했다. 탕은 원래는 하나라의 제후국인 상(商)나라의 제후였다. 상나라는 중국 서북쪽에 있는 섬서성(陝西省)에 있던 나라였고, 탕 임금은 종주국인 하나라의 천자(天子)인 걸왕에 의해서 방백(方伯)에 임명된 유덕한 제후였다. 방백은 중국 서북부 지역에 있던 제후들을 통솔하던 제후의 우두머리였다. 탕 임금은 걸왕의 악정에 시달리던 백성들을 구하기 위해서 하늘과 백성들의 뜻에 따라 군대를 이끌고 하나라를 침공하여 걸왕이 이끄는 군대와 대전을 벌려 승리한 것이다. 싸움에 진 걸왕은 도주하다가 붙잡혀 유폐되었다. 그 후 유폐 생활 3년 만에 병사하였다. 이리하여 하(夏)나라는 멸망하고 탕 임금이 중국의 천자가 되었고 국호는 그대로 상(商)이라고 하였다. 후대에 국호가 은(殷)으로 변경되었다. 이상에서 말한 것이 탕의 혁명이다.

은나라의 마지막 임금은 주왕(紂王)이다. 은나라의 주왕도 하나라의 걸왕과 비슷하였다. 그래서 은나라의 제후국이었던 주(周)의 무왕(武王)이 주왕(紂王)을 치기 위해서 대군을 이끌고 은나라에 쳐들어가 혈전을 벌인 다음 무왕이

승리하였다. 주왕(紂王)은 싸움에 지고 녹대(鹿臺)로 도망하였다. 그리고 곧바로 녹대에 스스로 불을 질러 타 죽었다. 이리하여 은나라는 30대 640여 년 만에 멸망하고, 주(周)의 무왕이 중국의 천자가 되었다. 국호는 그대로 주(周)라고 하였다. 이상에서 말한 것이 무왕의 혁명이다. 고대 중국에서 말한 혁명이란 하늘의 뜻(天命)과 백성들의 뜻에 따라 무도한 임금을 무너뜨리고 악을 일소하며 국가의 운명을 급진적·획기적으로 바꾸는 일이었다.

대상전에서, 소택 가운데에 불이 있으므로 바로잡아야 한다고 하였다. 이는 괘상을 자연현상 그대로 말한 것이다. 군자는 이 괘상에서 상극관계인 물과 불이 함께 있으면서 서로 죽이는 것을 보고 인간의 상극관계를 본 것이다. 극과 극으로 다른 사람이 함께 살면 막말하여 싸움으로 세월을 보내므로 어지럽게 되는 것이다. 군자는 사람을 고쳐 상생관계로 만들어 어지러움을 바로 잡아주고 선이 빛이 나게 한다고 하였다.

초구(初九) 효에서는 황소 가죽끈으로 단단히 묶어야 한다고 하였다. 황소 가죽끈은 도와 도덕규범을 상징한다. 무엇을 묶는가? 내 마음대로 행동하려는 내 마음을 묶는 것이다. 그러므로 황소 가죽끈으로 단단히 묶어야 한다는 말은 도와 도덕을 어기지 않으려고 굳게 결심해야 한다는 것이다. 어긴 다음에 고치는 것이 아니고, 어기지 않도록 조심하고 굳게 결심해야 한다는 것이다.

육이(六二) 효에서는 날마다 자신을 고쳐야 한다고 하였다. 날마다 몸과 마음을 닦는 수양(修養)을 해야 한다는 말이다. 반성하여 고치고 마음의 양식을 닦아 불순물이 빠져나가게 하며 진리의 칼로 도려내는 것이다. 내혁(乃革)·내부(乃孚)·내망(乃亡)에서 내(乃)는 무의미한 강조 어조사이다.

구삼(九三) 효에서는 될 수 있는 대로 나돌아다니지 말고 힘써 진리 공부를 하여 자신을 바르게 잘 고치라고 하였다. 그래서 빛이 나게 해야 한다고 하였다.

구사(九四) 효에서는 자신의 성품이 복을 받도록 고쳐야 한다고 하였다. 성품은 대부분 타고나는 것이다. 바른 사람인데도 성질 때문에 그 바름이 빛이 나지 않고 욕을 먹는 경우도 많다. 성품이 부드럽고 따뜻하고 정이 많고 재미있고, 편안하게 하고 기쁘게 하고, 넉넉하고 시원하고, 수수하고 마음이 가난하고, 불만 없고 잘난 체하지 않고, 낭만적이고 예술적이면 복 받을 성품이다.

구오(九五) 효에서, 대인군자는 호변(虎變) 한다고 하였다. 호변은 호랑이의 털 무늬처럼 아름답게 변해 빛이 나는 것이다. 호랑이의 털 무늬는 여러 색깔이 어우러져 빛이 나며 아름다운 것이다. 대인군자도 이처럼 아름답게 변해 빛이 난다는 것이다.

상육(上六) 효에서는 군자는 표변(豹變)한다고 하였다. 표변은 일상용어의 뜻으로는 갑작스레 크게 변하는 돌변이다. 그러나 여기서 말한 표변은 표범의 털 무늬처럼 분명하게 변하는 것을 말한다. 어린 표범의 털 무늬와 성장한 다음 털갈이한 표범의 털 무늬는 분명하게 다른데 군자의 언행도 이처럼 분명하게 변한다는 것이다.

50. ䷰ 離上 巽下 火風鼎(화풍정)

鼎은 元吉亨하니라.

· · · · · · · · ·

彖曰 鼎은 象也이며 以木巽火亨飪也인데 聖人亨以享上帝하고 而大亨以養聖賢하니라
巽而耳目聰明하고 柔進而上行하나 得中而應乎剛하니 是以元亨하니라

象曰 木上有火鼎이니 君子以正位凝命하니라

初六, 鼎顚趾하여 利出否하고 得妾하면 以其子无咎이니라
象曰 鼎顚趾하여도 未悖也이며 利出否는 以從貴也임이니라
九二, 鼎有實하면 我仇有疾하니 不我能卽하여야 吉하니라
象曰 鼎有實하면 愼所之也하여야 我仇有疾하여도 終无尤也이니라
九三, 鼎耳革하여 其行塞하면 雉膏不食하나 方雨虧悔하면 終吉하니라
象曰 鼎耳革하면 失其義也이니라
九四, 鼎折足하여 覆公餗하면 其形渥凶하니라
象曰 覆公餗하면 信如何也이리요
六五, 鼎黃耳하고 金鉉하여도 利貞이니라

象曰 鼎黃耳는 中以爲實也이니라
上九, 鼎玉鉉은 大吉하고 无不利이니라
象曰 玉鉉은 在上하고 剛柔節也이니라

「정괘(鼎卦)」는 크게 복을 받고 크게 형통한다.

· · · · · · · · ·

단전에서 말하기를, 솥(鼎)이란 상징이며 나무와 바람과 불로서 음식을 삶아 익히는 것인데, 천자는 음식을 삶아서 천제에게 제사를 드리고 많이 삶아서 뛰어나게 어진 이들을 먹인 것이다. (「정괘」는) 유순하면서 귀와 눈이 밝고 음(陰)이 높은 자리로 올라가 일을 하나 바르게 하늘을 따르니 이런 까닭으로 크게 형통하는 것이다.

상전에서 말하기를, 땔나무 위에 불로 익히는 솥이 있으니, 군자는 (자신을) 바르게 세우고 도를 모으는 것이다.

초육(初六), 솥을 뒤집어엎어 더러운 것을 털어내면 이롭고, 여자 종도 덕이 있으면 그가 만든 음식은 나무랄 것이 없다. 상전에서 말하기를, 솥은 뒤집어엎어도 도리에 어긋난 것이 아니며, 더러운 것을 털어내면 이롭다는 것은 존귀한 일을 하기 때문이다.

구이(九二), 솥을 가득 채우면 나의 적들이 해치니 나의 (솥을) 가득 채우지 않아야 복을 받는다. 상전에서 말하기를, 솥이 가득 차면 두려워함이 있어야 나의 적들이 해쳐도 나중에는 원한이 없게 된다.

구삼(九三), 삼공(三公)의 귀가 늙어 도가 막히면 재덕(才德)이 뛰어난 인물이 등용되지 못하나, (삼공의) 은혜가 사방에 두루 미치고 잘못하는 일이 없으면 마침내는 복을 받는다. 상전에서 말하기를, 삼공의 귀가 어두워지면 올바름을 잃는다.

구사(九四), 솥이 다리가 부러져 임금에게 드릴 음식이 엎질러지면 (땅을) 적신 그 모양은 흉한 것이다. 상전에서 말하기를, 임금에게 드릴 음식을 엎지르면 어떻게 믿을 수 있겠는가?

육오(六五), 삼공의 귀가 바르고 삼공이 강하다 하여도 올발라야 이롭다. 상전에서 말하기를 삼공의 귀가 바르다는 것은 치우침이 없으면서 진실한 것이다.

상구(上九), 존귀하고 훌륭한 삼공은 크게 복되게 하고 이롭지 않음이 없다. 상전에서 말하기를, 훌륭한 삼공은 하늘에서 사는 것이고, 강함과 부드러움이 알맞은 것이다.

【 한자 풀이 】

鼎: 솥 정, 삼공 정, 왕위 정, 존귀할 정. 象: 상징할 상, 표현할 상. 亨: 삶을 팽. 餁: 익힐 임. 聖: 제왕 성, 뛰어날 성, 거룩할 성. 火: 불에 익힐 화, 탈 화. 位: 세울 위, 설 위, 자리 위. 凝: 모을 응, 이룰 응, 머무를 응. 命: 도 명, 하늘의 뜻 명. 顚: 거꾸로 할 전, 뒤집을 전. 趾: 발 지(足也). 出: 버릴 출, 내보낼 출. 否: 더러울 비, 나쁠 비. 得: 덕 득, 밝을 득. 妾: 여자종 첩. 悖: 도리에 어그러질 패. 從: 할 종, 일할 종, 따를 종. 實: 가득 채울 실, 진실 실. 仇: 적 구, 동료 구. 疾: 해칠 질, 미워할 질, 시기할 질. 能: 이를 능(至也). 卽: 가득 채울 즉. 愼: 두려워할 신, 삼갈 신. 所: 있을 소. 之: 이를 지(至也). 尤: 허물 우, 원한 우, 앙심 우. 革: 늙을 혁. 行: 도 행, 길 행. 膏: 기름 고. 方: 사방 방. 雨: 은혜가 두루 비칠 우. 虧: 사라질 휴, 그칠 휴, 제거할 휴. 折: 부러질 절. 覆: 엎지를 복, 뒤집힐 복. 公: 임금 공, 제후 공, 정승 공. 餗: 솥 안의 음식 속. 渥: 적실 악. 濯: 젖을 악. 形: 모양 형, 상태 형. 信: 따를 신,

진실 신, 믿을 신. 鉉: 삼공 현, 솥귀 현. 玉: 훌륭할 옥, 아름다울 옥. 節: 알맞을 절. 子: 열매 자, 열매 맺을 자. 咎: 잘못 구, 허물 구, 나무랄 구.

【해설】

「정괘(鼎卦)」의 괘상은 땔나무로 불을 때는 것·땔 나무에 불이 붙어 있는 것이다. 여기서 '손(巽)'은 땔 나무이면서 바람이다. 그러나 여기서는 땔 나무에 불이 붙어 있는 것을 말하는 것이 아니고 솥을 말하는 것이다. 불을 때는 것은 손에 들어있는 음식을 익히기 위한 것이므로 솥이라고 말하는 것이다. 그리고 「정괘」의 괘체가 솥의 모양이어서 솥이라고 말하는 것이다. 초육(初六) 효는 솥의 다리이고, 구이(九二) 효·구삼(九三) 효·구사(九四) 효는 솥의 몸체이고, 육오(六五) 효는 솥의 귀(耳)이고, 상구(上九) 효는 솥뚜껑이다. 그래서 「화풍괘(火風卦)」를 솥이라고 한다.

그러나 정(鼎)은 솥만 말하는 것이 아니다. 백성이 먹고살게 해주는 일을 말한다. 그러므로 여기서 말하는 솥은 실제로는 솥이 아니고 임금과 삼공(三公)을 상징하는 것으로 조정을 말하는 것이다. 삼공은 세 사람의 정승이다. 임금과 삼공, 곧 조정은 백성들이 편안하고 넉넉하게 먹고살도록 해주기 위해서 존재하는 기구인 것이 「정괘」가 말하는 진리이다.

괘명인 '정(鼎)'이라는 말의 뜻은 솥이다. 그러나 「정괘」에서 말하는 솥은 일반 가정집에 있는 솥이 아니고, 다리가 셋이고 귀(耳)가 두 개인 대단히 큰 솥이다. 이 솥은 하(夏)나라의 시조였던 우(禹)임금이 만든 것이다. 우임금은 중국의 천자가 된 다음에 중국을 9개의 주로 나누어 통치하였고, 구주(九州)의 쇠를 모아 9개의 솥을 만들어 각 주에 하나씩 보내어 신주(神主)처럼 받들어 모시도록 하였다. 그 솥은 임금을 상징하는 신성한 것으로서 천지신명에게 제사할 때 사용하게 한 신기(神器)였고 국보다.

이 솥은 하(夏)·은(殷)·주(周) 3왕조 1,900여 년 동안 내내 신기였고 국보였다. 이 솥에서 다리 셋은 삼공을 상징하는 것이고, 솥의 몸체는 임금을 상징하는 것이다. 삼공은 국가와 시대에 따라 그 명칭은 다 다르지만 세 사람의 정승을 말하는 것이다. 우리 조선왕조를 예로 들어 말하면 영의정·좌의정·우의정이 3공이다. 그러므로 이 솥은 세 사람의 정승이 임금을 떠받들고 있는 것을 상징한다.

임금과 세 사람의 정승은 국가의 최고기관인 조정이고 곧, 국가였다. 조정 곧 국가의 역할은 솥의 역할과 같다는 것이 주역이 말하는 진리다. 솥처럼 임금과 삼정승·조정이나 국가도 백성이 먹고살게 해주기 위해서 존재한다. 다시 말하면 국가라는 기구(機構)도 솥이라는 기구(器具)처럼 생활의 이기(利器)라는 것이다.

그러나 각 시대의 거의 모든 국가는 백성들을 이롭게 하는 생활의 이기가 아니었고 백성들을 힘들게 하고 성가시게 하며, 괴롭게 하고 하찮게 여기며 뜯어먹고 사는 흉기였다. 국가기관은 백성들의 공포 대상이었고, 백성들은 세금과 부역을 바치는 국가의 노예였다. 그래서 옛날에는 힘없는 백성은 산다는 것 자체가 한(限)스러웠다.

천지자연은 생명체에게 먹을 양식을 준다. 가져가는 일은 없고 주기만 한다. 이같이 생명체에 양식을 주는 것은 자연의 이치이다.

단전에서는, 솥은 '상(象)'이라고 하였다. 여기서 '상(象)'은 상징물이다. 솥은 앞에서 설명한 대로 임금과 삼정승을 상징한다는 말이다. 그리고 성인(聖人)은 일상용어로 사용하는 진리의 극에 이른 거룩한 사람을 말하는 것이 아니고 임금을 말하는 것이다. 즉 임금의 존칭이다. 성은(聖恩)은 임금의 은혜다. 그리고 성현(聖賢)은 성인과 현인이 아니고 뛰어나게 어진 사람이다. 그리고 성인과 현인은 그 수가 극히 적다. 응호강(應乎剛)에서 '강(剛)'은 양(陽)이다. 음괘인 '이(離)'가 따르는 양은 하늘이므로 여기서 강(剛)은 하늘이다.

대상전에서, 불로 익히는 솥이 있다고 하였다. 군자는 이 솥을 보고 배워 자신을 바르게 세우고 자기 안에 도를 모은다고 하였다. 솥의 똑바른 자세를 보고 군자는 자신의 자세를 똑바르게 한 것이다. 솥의 자세는 언제나 똑바르다. 솥을 비뚤어지게 놓고 밥 짓는 사람은 단 한 사람도 없는 것이다. 그리고 솥 안에 음식이 들어있는 것처럼 군자는 자신에게 도가 들어있도록 도를 모은다고 하였다.

초육(初六) 효에서는 솥을 뒤집어엎어 더러운 것을 털어내면 이롭다고 하였다. 여기서 솥은 실제로 솥이기도 하고 국가기관을 상징하는 말이기도 하다. 솥도 안팎에 묻은 때를 털어내는 청소를 해야 하는 것처럼 국가기관도 부정부패를 털어내는 청소를 해야 한다는 것이다. 솥으로 음식을 만드는 일을 하는 사람은 옛날에는 여자 하인이었다. 솥만 깨끗해야 하는 것이 아니고 음식을 만드는 여자 하인도 덕이 있어서 깨끗해야 한다는 것이다. 그러면 그 여자 하인이 만든 음식도 나무랄 데가 없다.

그러므로 여기서 솥은 국가기관이고, 여자 종은 국가기관의 관리이며 만든 음식은 관리가 하는 일을 상징하는 것이다. 여기서 득첩(得妾)을 "첩을 얻는다"라고 번역하면 앞의 말과 전혀 맞지 않는 엉뚱한 말이 된다. 그리고 기자(其子)를 여자 종의 아들이라고 번역하면 그것도 마찬가지이다. 옛날의 여자 종의 아들이 『주역』에 나올 정도로 대단한 존재였는가? 감히 사람 축에 끼지도 못한 것이다. 그러므로 기자(其子)는 그 여자 종의 열매 곧 그 여자 종이 만든 음식물을 상징하는 것이다.

구이(九二) 효에서는 솥을 가득 채우면 안 된다고 하였다. 여기서 솥은 나의 욕심·나의 배·나의 창고를 말하는 것이다. 나만 잘 살려고 하면 안 된다는 것이다. 나의 가난한 이웃을 생각하고 부유하게 살면 안 된다는 것이 『주역』의 가르침이다. 그러므로 내 솥을 가득 채우는 것은 도에 어긋나는 일이다. 솥이 가득 차게 되면 두려워해야 한다는 말은 그것이 도에 어긋나니까 두려워 해야 하는 것이고, 과시하고 교만하면 안 된다는 것이다.

　구삼(九三) 효에서는 삼공의 귀가 어두워 도가 막히면 재덕(才德)이 뛰어난 인물이 등용되지 못한다고 하였다. 귀가 어둡다는 말은 귀가 들리지 않는다는 말이다. 귀가 들리지 않으니, 도가 귀로 들어가지 못하는 것이다. 이것은 상징적인 말이고 실제로는 삼공이 의로움을 잃고 바르지 않은 사람으로 변한 것이다. 삼공이 바르지 않는데 어떻게 훌륭한 사람이 등용될 수 있겠는가? '치고불식(雉膏不食)'에서 '치고(雉膏)'는 꿩 기름이다. 꿩 기름은 맛이 좋기로 유명하다. 그러므로 '치고불식(雉膏不食)'은 "맛있는 꿩 기름을 먹지 않는다."라는 말이다. 그러나 여기서 '치고(雉膏)'는 재·학·덕이 뛰어난 인물을 상징하는 것이고 '불식(不食)'은 등용되지 않는다는 말이다. 재상이 바르지 않으면 훌륭한 인재는 등용되지 못한다는 것이다.

　구사(九四) 효에서는 솥의 다리가 부러져 임금에게 드릴 음식이 엎질러지면 흉하다고 하였다. 실제로 솥의 다리를 말하기도 하지만 삼공을 말하는 것이다. 실제로 솥의 다리가 부러져 솥에 들어있는 음식이 땅에 쏟아진다면 흉한 일이다. 삼공은 나라의 기둥이다. 나라의 기둥이 부러지면 나라는 무너진다. 기둥은 왜 부러지는가? 썩어서 부러지는 것이 아니고, 허약해서 부러지는 것이다. 삼공이 부패하면 나라가 실제로 망하기도 하지만 당장 망하지는 않고 망할 나라로 겨우 명맥을 이어가는 것이다.

　육오(六五) 효에서 말한 '황이(黃耳)'는 중이(中耳)이다. 중이는 바르고 치우침이 없는 귀이다. '금현(金鉉)'은 강삼공(剛三公)이다. 여기서 금(金)은 쇠이다. 쇠는 강함을 상징하는 것이다. 현(鉉)은 삼공(三公)을 말한다. 삼공은 바르게 듣고 강한 사람이라기보다 바른 사람이 아니면 이로움이 없다고 하였다. 바른 사람은 득도(得道)하여 행도(行道)하는 진리의 사람인 것이다.

　상구(上九) 효에서는 존귀하고 훌륭한 삼공은 나라를 크게 복되게 한다고 하였다. 도 안에서만 사는 3공인 것이다. 그러므로, 도(道)는 곧, 하늘이다.

51. ䷲ 震上 震下 震爲雷(진위뢰)

震은 亨하나 震來虩虩하고 笑言啞啞이니라 震驚百里이나 不喪匕鬯이니라.

· · · · · · · · ·

彖曰 震亨하나 震來虩虩하면 恐致福也하고 笑言啞啞하면 後有則也이니라 震驚百里하니 驚遠而懼邇也하며 出可以守宗廟社稷하고 以爲祭主也하니라

象曰 洊雷震하니 君子以恐懼脩省하니라

初九, 震來虩虩하며 後笑言啞啞하면 吉하니라
象曰 震來虩虩하면 恐致福也하고 笑言啞啞하면 後有則也이니라
六二, 震來厲하고 億喪貝하여도 躋于九陵하면 勿逐七日得하니라
象曰 震來厲는 乘剛也임이니라
六三, 震蘇蘇하면 震行无眚이니라
象曰 震蘇蘇는 位不當也임이니라
九四, 震遂泥하니라
象曰 震遂泥하여도 未光也이니라
六五, 震往來하여 厲億하고 无喪有事이니라

象曰 震往來厲는 危行也이며 其事在中하여 大无喪也이니라
上六, 震索索하며 視矍矍하여도 征凶하고 震不于其躬하고 于其隣无咎이나 婚媾有言이니라
象曰 震索索은 中未得也이며 雖凶无咎는 畏隣戒也임이니라

「진괘(震卦)」는 막히는 일은 없으나 벼락치고 천둥이 울리면 두려워해야 하고 하~하 하고 웃는 것은 삼가야 한다. 천둥 벼락은 백리까지 놀라게 하나 숟가락이나 술단지를 잃는 일은 없다.

· · · · · · · · ·

단전에서 말하기를, 「진괘」는 막히는 일은 없으나 벼락치고 천둥이 울릴 때 두려워하면 두려워하는 일이 복을 부르고, 하~하 하고 웃는 것을 삼가면 자손들이 본받는 것이 있게 된다. 천둥 벼락은 백리까지 놀라게 하는 것이니, 먼 데서는 놀라게 하고 가까운 데서는 두려워하게 하여 바른길로 나아가 나라를 지키게 하고 부모님을 살펴보게 하는 것이다.

상전에서 말하기를, 계속해서 벼락치고 천둥이 울리며 진동하니 군자는 두려워하면서 (자신을) 반성하며 고친다.

초구(初九), 벼락치고 천둥이 울리면 두려워하며 자손들이 하~하 하고 웃는 것을 삼가게 하면 복을 받는다. 상전에서 말하기를, 벼락치고 천둥이 울릴 때 두려워하면 두려워하는 일이 복을 부르고, 하~하 하고 웃는 것을 삼가게 하면 자손들이 본받는 것이 있게 된다.

육이(六二), 지진이 나서 위태롭고 재산을 많이 잃어도 남쪽의 높은 언덕에 오

르게 되면 (잃은 재산을) 찾으려고 하지 않아도 7일 만에 얻게 된다. 상전에서 말하기를, 지진이 나서 위태롭게 된 것은 (땅의) 강함 때문이다.

육삼(六三), 천둥 벼락을 두려워하면 벼락치고 천둥이 울려도 재앙은 없다. 상전에서 말하기를, 천둥 벼락을 두려워하는 것은 그의 자리가 그에게 어울리지 않아서이다.

구사(九四), 벼락이 수렁에 떨어졌다. 상전에서 말하기를, 벼락이 수렁에 떨어졌어도 좋은 일은 아니다.

육오(六五), 천둥 벼락이 오고 가서 위태로움이 많고 사고가 있어도 잃는 것은 없다. 상전에서 말하기를, 천둥 벼락이 오고 가니 위태롭다는 것은 나가면 위험하다는 것이며, 그러한 사고는 바른 사람이 있어서 크게 잃는 것은 없는 것이다.

상육(上六), 천둥 벼락을 두려워하며 두리번거리면서 살펴도 나가면 흉하고, 벼락 떨어진 것이 내 몸이 아니고 이웃이어서 화는 없으나 혼인은 삼가야 한다. 상전에서 말하기를, 천둥 벼락을 두려워하는 것은 올바름을 지니지 못하여서이며, 비록 흉해도 화는 없는 것은 이웃의 죽음에 조심해서이다.

【 한자 풀이 】

震: 벼락 진, 천둥 진, 지진 진, 진동할 진. 虩: 두려워할 혁. 言: 화기애애 할 은. 啞: 웃을 액, 하하 웃을 액. 驚: 놀라게 할 경. 匕: 손가락 비. 鬯: 술 단지 창. 致: 부를 치, 이를 치 (至也). 後: 자손 후, 아랫사람 후. 則: 본받을 칙. 邇: 가까울 이. 出: 나아갈 출. 可: 옳을 가, 좋을 가. 守: 지킬 수, 보호할 수. 爲: 편안할 위. 祭: 살필 제, 헤아릴 제. 主: 집어른 주, 근본 부, 우두머리 주. 洊: 거듭거듭 이를 천. 省: 볼 성, 반성할 성. 厲: 위태로울 려, 바를 려, 힘쓸 려. 億: 많을 어. 貝: 돈 패, 재물 패. 躋: 오를 제. 九: 남쪽 구. 陵: 큰 언덕 릉, 언덕 릉. 逐: 구할 축, 뒤쫓아갈 축. 蘇: 두려워할 소. 行: 할 행, 돌아다닐 행. 眚: 재앙 생. 泥: 수렁 니, 진창 니. 遂: 떨어질 수, 미칠 수. 光: 경사 광, 명예 광. 事: 사고 사. 索: 두려워할 삭. 矍: 두리번거릴 확. 畏: 죽을 외. 戒: 조심할 계. 躬: 몸 궁, 자신 궁.

【 해설 】

「진괘(震卦)」의 괘상은 천둥 벼락이 겹친 것이다. 겹치었다는 말은 무서운 천둥 벼락이 계속 이어지고 있다는 것이다. 그러므로 천둥 벼락이 그치지 않고 계속되고 있는 것이 「진괘」의 괘상이다. 옛날에 천둥 벼락은 인간의 죄악에 대한 하늘의 진노였으며 천벌이었다. 그러므로 천둥이 울리고 벼락이 떨어지면 하늘을 두려워하며, 자기 죄를 돌아보고 고치고 행동을 조심해야 한다는 것이 「진괘」가 말하는 진리이다. 그렇지 않으면 벼락을 맞는다는 것이다.

괘명인 '진(震)'이라는 말의 뜻은 "천둥·벼락·지진"이다. 옛날 사람이 알고 있던 천둥·벼락·지진은 자연현상이 아니었고 앞에서 말한 대로 천제(天帝)의 무서운 진노였고 천벌이었다. 그래서 불벼락을 굉장히 무서워하였고 벼락 맞을까 두려워했다. 그러나 지금은 과학 시대여서 천둥·벼락·지진의 원인을 다 알고 있고 그래서 천제와는 아무런 관계도 없다는 것을 알고 있다. 그리고 천제의 존재조차도 진실로 믿고 있는 사람이 소수인 것이다. 그러므로 「진괘」가 말하는 진리는 현대인에게는 그다지 마음에 와닿지를 않는 것이다.

단순히 옛 시대의 관념이고 신앙에 불과하다. 현대는 종교도 먹고 사는 수단에 불과하고 복을 빌려는 사람에게만 필요한 존재이므로 천벌이라는 말도 사어(死語)가 되었지만, 그래도 근거리에서 간담이 써늘하게 하는 벼락과 귀청이 터질 만큼 크게 울리는 천둥소리는 지금도 무서워지는 것이 사실이다. 하물며 옛날에는 얼마나 더 무섭고 두려웠겠는가? 옛날 사람들은 천둥 벼락이 없을 때에도 천벌을 두려워하였다. 그리고 천도(天道)를 어기면 곧 망한다는 것을 알고 있었다. 그래서 하늘이 무서워 나쁜 짓을 선뜻 못한 것이다. 그런데 현대인은 무섭고 두려운 것이 전혀 없다. 동물도 본능적으로 무서워하고 두려워하며, 인간도 본능적으로 무서워하고 두려워하게 되어 있는데 그것이 없어져 버린 것이다. 도와 규범에는 전혀 관심이 없고 오직 자기 이로움에만 관심이 있으며, 도를 넘어 지나치게 누리는 자유·평등이라는 근대적 가치 때문에 모두 다 자기 마음대로 하고 모두가 대등한 사람이 되어버린 사회 환경에서 인간은 돌연변이 한 것이다. 이처럼 종(種)은 환경의 산물이다.

그러나 "천벌은 더디지만 반드시 온다."라는 서양 격언은 받아들이지 못한다 해도, 불교에서 말하는 "선한 행실은 선으로 보답 받고 악한 행실은 악으로 보답 받는다."라는 인과응보(因果應報)와 "심은 대로 거두리라"는 성경 말씀(갈라디아서 6장)과 "콩 심은 데 콩 나고, 팥 심은 데 팥 난다."라는 우리 조상들의 격언은 받아들여야 옳을 것이다. 그런 점에서 현대인이 두려워해야 하는 것은 천벌이 아니고 바로 후환(後患)이다. 바르게 살지 않으면 천벌은 오지 않아도 다음에 반드시 괴로운 일이나 재앙이 오는 것이다.

괘사에서는 천둥 벼락은 사방 100리를 놀라게 한다고 하였다. 그러나 숟가락이나 술 단지를 잃는 일은 없다고 하였다. 숟가락이나 술 단지는 사람들의 세간살이를 일컫는 말이다.

천둥 벼락은 사람의 죄악과 관계가 있는 것이지 재물(財物)과는 무관하다는 것이다. 그래서 예나 지금이나 벼락은 마을 입구에 있는 당산(堂山)나무에 주로 떨어진 것이지 사람이 사는 집에는 떨어지지 않았다.

단전에서 말한, [出可以守宗廟社稷 以爲祭主也]에서 '출(出)'은 "나아간다(進)"라는 뜻이고 '가(可)'는 "올바름이"다. 그러므로 '출가(出可)'는 "올바름으로 나아가다·바른길로 나아가게 한다."라는 뜻이다. 하늘이 천둥 벼락을 내리어 사람들을 바른길로 나아가게 한다는 뜻이다. 종묘(宗廟)는 왕실의 사당이다. 임금의 신주를 모셔 놓은 집인데 여기서는 왕실(王室)을 상징하는 말이다. '사직(社稷)'에서 '사(社)'는 나라의 영토 전체를 수호하는 토지신(土地神)이고, '직(稷)'은 나라의 오곡(五穀)을 수호하는 곡신(穀神)이다. 그러므로 사직은 토지신과 곡신을 말하는 것이다. 그러나 일상적으로 사직이라는 말은 국가라는 뜻으로 사용한다. 여기서는 종묘와 사직을 합쳐서 국가라는 말로 사용한 것이다. 제주(祭主)는 제사를 주관하는 우두머리 사람이 아니다. 여기서 '제(祭)'는 살핀다는 뜻이고, '주(主)'는 집의 어른 곧, 부모님이다. 그러므로 '제주'는 "부모님을 살피는 것"이다. 그러므로 위의 문장은 하늘은 천둥 벼락을 내려서 사람들을 바르게 하여 나라에 충성하게 하고 부모님께 효도하게 한다는 말이다. 이같이 충과 효는 옛날에 세상의 일반적인 도덕 규범이었다.

대상전에서, 계속해서 벼락치고 천둥이 울리니 군자는 그 천둥 벼락을 자신에 대한 하늘의 경고로 알고 두려워하면서 자신의 허물을 고친다고 하였다. 그러나 현대인은 자신을 돌아볼 기회와 허물을 고칠 마음이 없는 것이다.

효사 초구(初九) 효·육삼(六三) 효·상육(上六) 효에서는 천둥 벼락은 천제의 진노이므로 두려워해야 한다고 하였다. 특히 소리 내어 웃는 일과 혼인은 삼가야 한다고 하였다. 그러나 여기서 말하는 혼인은 결혼식을 말하는 것이 아니고 혼사(婚事)에 대한 이야기다. 천둥이 울리고 벼락이 치는데 그 누가 결혼식을 올리겠는가?

사람은 누구나 천제 앞에서는 본질적으로 죄인이고 자기 부족과 자기 부덕은 숙명적으로 가지고 살기 때문에 보통 사람은 그의 자리가 그에게 맞지 않는 위부당(位不當)이 되는 것이다. 그러므로 위부당에 대한 의식(意識)이 없는 것이 문제가 된다.

육이(六二) 효에서는 남쪽 높은 언덕으로 올라가면 잃은 재산을 찾으려고 하지 않아도 7일만 지나면 다시 얻게 된다고 하였다. 여기서 말한 구릉(九陵)은 아홉 개의 언덕이 아니다. 그렇게 번역하면 말이 되지를 않는다. 여기서 '구(九)'는 '남쪽 구'이므로 '구릉'은 "남쪽에 있는 높은 언덕"인 것이다. 남쪽은 따뜻한 햇볕이 있는 곳이다. 46.「승괘(升卦)」의 괘사에서도 남쪽으로 가면 복을 받는다고 말하면서 남쪽을 중히 여긴 것이다. 따뜻한 빛이 있는 곳은 도와 도덕이 있는 곳을 말하는 것이다. 그러므로 구릉에 오르면 잃은 재산을 다시 찾는다는 말은 바르게 살았고 현재 바르게 살면 잃은 재산을 곧 복구하게 된다는 말이다. 7일(七日) 만에 다시 얻게 된다는 말은 24.「복괘(復卦)」에서 설명하였다. 그리고 육이(六二) 효에서는 지진이 일어난 원인을 땅이 지닌 강함 때문이라고 하였다. '승강(乘剛)'에 대해서도 앞에서 설명하였다.

구사(九四) 효에서는 벼락이 수렁에 떨어졌다고 하였다. 나쁜 놈에게 떨어지지 않고 마을 앞 논에 있는 수렁에 떨어진 것이다. 그렇다고 해서 안심하거나 다행으로 여기면 안 된다는 것이다. 불벼락이 마을 앞 논에 떨어진 것은 분명히 불상사(不祥事)이고, 다음에는 나쁜 놈에게 떨어진다는 경고이기 때문이다.

육오(六五) 효에서는 계속해서 벼락을 치며 천둥이 울리고 있으므로 몹시 위험하고 벼락에 의한 사고도 있지만, 재산 피해는 없다고 하였다. 그 이유는 바르게 사는 사람이 있어서 그 사람 때문에 하늘이 큰 피해를 내리지 않는다는 것이다. 나쁜 놈이 의인(義人)의 덕을 보는 것을 말하는 것이다.

52. ䷳ 艮上 艮下　艮爲山(간위산)

艮艮其背不獲其身하며 行其庭不見其人하면 无咎이니라.

· · · · · · · · ·

彖曰 艮은 止也이니 時止則止하고 時行則行하며 動靜不失其時하면 其道光明이니라 艮其止는 止其所也이며 上下敵應하고 不相與也하여도 是以로 不獲其身하고 行其庭不見其人하니 无咎也이니라.

象曰 兼山艮이니 君子以思不出其位하니라.

初六, 艮其趾하면 无咎하나 利永貞이니라
象曰 艮其趾하면 未失正也이니라
六二, 艮其腓하며 不拯其隨하면 其心不快하니라
象曰 不拯其隨하면 未退聽也이니라
九三, 艮其限하면 列其夤하고 厲薰心하니라
象曰 艮其限하면 危薰心也이니라
六四, 艮其身하면 无咎이니라

象曰 艮其身하면 止諸躬也이니라

六五, 艮其輔하면 言有序하고 悔亡하니라

象曰 艮其輔하면 以中正也임이니라

上九, 敦艮하면 吉하니라

象曰 敦艮之吉은 以厚終也임이니라

물러나 머물러 있으면서 자기 자신을 잘못되게 하는 일이 없으며 그의 집에서 지내는데도 그 사람을 볼 수가 없으면 화가 없다.

· · · · · · · · ·

단전에서 말하기를, '간(艮)'이란 머물러 있는 것이니, 머물러 있어야 할 때는 머물러 있고, 나가야 할 때는 나가고, 움직이고 움직이지 않는 것이 때를 잃지 않으면 그의 도는 크게 빛나는 것이다. 물러나 머물러 있다는 것은 그가 사는 곳에 머물러 있는 것이며, 상하(上下)가 적대하며 맞서고 서로 함께하지를 못하여도 그런 이유로 해서 자기 자신을 잘못되게 하는 일이 없고 집에서 지내는데도 그 사람을 볼 수가 없으면 화가 없는 것이다.

상전에서 말하기를, 첩첩이 겹친 산이 머물러 있으니, 군자는 자기 자리를 벗어나지 않으려고 유의(留意)하는 것이다.

초육(初六), 예(禮)에 머물러 있으면 화는 없으나 길이길이 올발라야 이롭다. 상전에서 말하기를, 예에 머물러 있으면 도를 잃지 않을 것이다.

육이(六二), (세상을) 피하여 머물러 있으며 발(足)을 들어 올리지 않으면 그의 마음도 멋대로 하지를 않는다. 상전에서 말하기를, 발을 들어 올리지 않으면 이목(耳目)이 (세상으로) 되돌아가지를 않는 것이다.

구삼(九三), 궁극적인 것에 머물러 있으면 조심함이 많고 (사람들의) 마음을 감화시켜 바르게 한다. 상전에서 말하기를, 궁극적인 것에 머물러 있으면 (사람들의) 마음을 감화시켜 높게 하는 것이다.

육사(六四), 몸이 머물러 있으면 화가 없다. 상전에서 말하기를, 몸이 머물러 있으면 그의 몸이 망동(妄動)하지 않는 것이다.

육오(六五), 턱이 머물러 있으면 말하는 것을 삼가고 후회할 일이 없는 것이다. 상전에서 말하기를, 턱이 머물러 있는 것은 바르고 치우치지 않기 때문이다.

상구(上九), (자신을) 곧게 세워 머물러 있으면 복을 받는다. 상전에서 말하기를, (자신을) 곧게 세워 머물러 있으면 복을 받는다는 것은 크게 이룰 것이기 때문이다.

【 한자 풀이 】

艮: 머무를 간, 굳을 간. 背: 물러날 배, 등질 배. 獲: 잘못할 획, 그르칠 획. 身: 자기 신, 자신 신. 庭: 집안 정, 가정 정. 止: 머무를 지, 망동하지 않을 지, 예의 지. 行: 나갈 행, 움직일 행, 지낼 행. 靜: 움직이지 않을 정, 고요할 정. 所: 살 소, 거처할 소, 있을 소. 敵: 적 적, 원수 적. 應: 대응할 응, 상대할 응. 兼: 겹칠 겸. 思: 유의할 사. 趾: 예의 지, 법도 지, 발 지 (正也). 正: 도 정(道也). 腓: 피할 비, 장딴지 비. 拯: 들어 올릴 증. 隨: 발 수(足). 快: 방종할 쾌, 멋대로 할 쾌. 退: 돌아갈 퇴. 聽: 이목 청(耳目), 살필 청. 限: 궁극 한, 사북 한. 列: 많을 열, 클 열. 夤: 조심할 인, 삼갈 인, 공경할 인. 厲: 바를 려, 힘써 닦을 려. 薰: 감화할 훈. 危: 높을 위, 두려워할 위. 諸: 그 제. 躬: 몸 궁. 輔: 턱 보. 言: 삼갈 은, 有: 할 유, 행할 유. 序: 말할 서. 敦: 곧게 세울 돈, 진심 돈. 終: 이룰 종, 좋을 종.

【해설】

「간괘(艮卦)」의 괘상은 두 개의 산이 겹치어 있는 것이다. 그러나 여기서는 두 개의 산이 겹치어 있는 것을 말하는 것이 아니고 첩첩이 겹쳐 있는 산을 말하는 것이다. 그러면서 동시에 「간괘」는 괘덕으로 괘상을 말한 것이다. 그러므로 「간괘」는 자연현상과 괘덕을 혼합해서 괘상을 설명한 것이다. 간(艮)의 괘덕은 지(止)이다. 지(止)는 세상에서 물러나 밖에 나가지 않고 집 안에 머물러 있다. 사람도 이처럼 세상에서 물러나야 할 때는 물러나 집안에 또는 첩첩산중에 도(道) 안에 머물러 살며 학문을 연구하고 구도해야 한다는 것이 「간괘」가 말하는 진리이다.

괘명인 간(艮)의 뜻은 산(山)이다. 그러나 간(艮)이라는 글자에는 산이라는 뜻은 없고 "머물러 있다·움직이지 않는다"라는 뜻이다. 이 말은 곧 산의 모습과 산의 덕을 말한 것이다.

그러나 「간괘」는 세상에서 멀리 떠나 있는 첩첩산중이므로 머물러 있는 곳도 첩첩산중이다. 실제로 첩첩산중이기도 하지만 세상에서 멀리 떠나 있어야 한다는 것을 말하는 것이다. 세상에서 멀리 떠나 있다는 것은 세상을 들락거리지 않고 은거(隱居)하거나 칩거(蟄居)하는 것을 말한다. 은거는 세상을 피해 숨어 사는 것이고, 칩거는 집안에 틀어박혀 대문 밖으로 나오지 않고 사는 것이다.

세상에서 물러나 은거하거나 칩거하며 산처럼 움직이지 않고 한곳에 머물러 살면서 웅장하고 위엄이 있으며, 깊은 침묵 속에 한없이 무거우며, 멀고 먼 태고(太古)때부터 비바람 눈보라에 흔들림이 없이 우뚝 서 있는 신비한 영혼을 지닌 산(山)을 닮아야 한다고 「간괘」는 말하고 있다.

그러나 은거나 칩거는 누구나 할 수 있는 것이 아니다. 생계에 지장이 없는 경제 환경 속에 있거나 구도자만이 할 수 있다. 매인 데가 없는 영혼이 떠나는 것이다. 돈이 없으면 자유롭기도 하지만 또 한편으로는 아예 돈이 없으면 완전한 자유를 얻기가 어려운 것이다.

패사에서는 그의 집에서 지내는 데도 그 사람의 모습을 볼 수가 없다고 하였다. 너무나도 철저하게 칩거하고 있는 상황을 말한 것이다. 그렇게 칩거하면서 학문을 연구하고 구도하는데 무슨 잘못을 저질러 자기 자신을 욕되게 할 수 있겠으며 화를 부를 수 있겠는가? 문밖출입도 하지 않고 철저하게 칩거하면서 구도에 정성을 다 바친 예 하나만 들어 보겠다. 방한암(方漢岩) 스님은 조계종 제1대 종정이셨다. 1936년 스님의 세수(世壽) 60세에 종정이 되었다. 스님의 세수 49세에 수행도량(修行道場)을 오대산 월정사로 옮기었다. 그리고 1951년 세수 75세로 열반하기까지 26년 동안 오대산에 칩거, 수행에 전념하며 산문(山門) 밖으로 단 한 번도 나간 일이 없었다. 서울에서 개최된 종정 취임식에도 가지 않았다. 공부하다 말고 서울에 갈 수는 없다고 했다. 스님은 한국불교의 자랑이면서 동시에 구도를 위한 칩거의 대표적인 인물이다.

상하적응(上下適應)은 상괘와 하괘가 다 같이 양괘(陽卦)여서 화합하지 못하고 적대하며 맞서는 것을 말하는 것이다. 상하관계이니까 윗사람과 아랫사람의 관계다. 그러므로 상하적응(上下適應)을 일(一)효와 사(四)효, 이(二)효와 오(五)효, 삼(三)효와 육(六)효의 적응 관계를 말한 것이라고 하면 바르지 않다. 주역 64괘의 단전은 괘 전체에 대한 설명이지 효에 대한 설명이 아니며 52.「간괘」이외에도 1.「건괘」, 2.「곤괘」, 29.「감괘」, 30.「이괘」, 51.「진괘」, 57.「손괘」, 58.「태괘」도 효의 관계가 모두 적응 관계인데 단 한 군데에서도 적응이라는 말이 단전에 없기 때문이다.

대상전에서, 첩첩이 겹친 산이 머물러 있다고 하였다. 첩첩이 겹친 산은 사람들이 사는 세상에 있는 산이 아니고 세상에서 멀리 떨어진 곳에 있는 산이다. 이 산을 군자는 보고 배워 세상을 멀리 떠나 칩거하면서 칩거하는 마음에 흔들림이 없도록 마음 단속한다는 것이다.

초육(初六) 효에서는 예(禮) 안에 머물러 있어야 한다고 하였다. 예란 한마디로 정의하면 지켜야 할 규범(規範·Rule)이다. 예와 법도를 어기면 안 된다는 것이다.

육이(六二) 효에서는 세상을 피해 철저하게 칩거해야 한다는 것을 말한 것이다. 발을 들어 올리지 않아야 한다는 것은 문밖에도 나가면 안 된다는 것이다.

구삼(九三) 효에서는 궁극적인 것에 머물러 있어야 한다고 말하였다. 궁극적인 것은 도이다. 도 안에서 도를 닦는 것이다. 그러므로 바르게 살지 않으면 도 닦는 것은 불가능한 것이다.

육사(六四) 효에서는 몸이 머물러 있어야 한다고 하였다. 몸이 움직이지 않고 가만히 있어야 한다는 것이다. 집안에서 일지라도 이리 왔다 저리 갔다 하면 안 된다는 것이다.

육오(六五) 효에서는 턱이 머물러 있어야 한다고 하였다. 입이 움직이지 않고 가만히 있는 것·말하지 않는 것이다. 그러므로 입이 가벼우면 몸도 가볍고, 몸이 가벼우면 앉아있을 수가 없어 풍선처럼 허공에 떠버리는 것이다. 그러면 머물러 있을 수도 없고 머물러 있을 곳도 없는 것이다. 둥둥 떠다니며 사는 것이다. 존재의 가벼움의 극치이다.

상구(上九) 효에서는 자신을 곧게 세워 머물러 있어야 한다고 하였다. 곧게 세운다는 말은 내면에 도덕·교양·학식을 가득 채운다는 말이다. 그래서 인류 보편적 가치를 터득해서 곧고 바르게 사는 것이다. 속에 든 게 없으면 초라한 행색으로 볼썽사납게 사는 것이다. 이때 속에 들어 있어야 할 것으로서 가장 기본적인 것은 순수함·양심·진실함·소박함 등의 천부적 도이다. 이런 기초 위에 교양과 지식이 쌓여야 한다.

53. ䷴ 巽上 艮下 風山漸(풍산점)

漸은 女歸吉하나 利貞이니라.

· · · · · · · · ·

彖曰 漸之進也하며 女歸吉也이니라 進得位하면 往有功也이며 進以正하면 可以正邦也이 니라 其位剛得中也하며 止而巽하면 動不窮也이니라.

象曰 山上有木漸하니 君子以居賢德善俗하니라.

初六, 鴻漸于干하면 小子厲有言하여 无咎이니라
象曰 小子之厲義하며 无咎也이니라
六二, 鴻漸于磐하여도 飮食衎衎하면 吉하니라
象曰 飮食衎衎하면 不素飽也이니라
九三, 鴻漸于陸한데 夫征不復하고 婦孕不育하여 凶하니 利禦寇이니라
象曰 夫征不復은 離群醜也이며 婦孕不育은 失其道也이니 利用禦寇順相保也이니라
六四, 鴻漸于木하면 或得其桷하여야 无咎이니라
象曰 或得其桷은 順以巽也이니라
九五, 鴻漸于陵하면 婦三歲不孕하나 終莫之勝吉하니라

象曰 終莫之勝吉은 得所願也이니라

上九, 鴻漸于陸하면 其羽可用爲儀하니 吉하니라

象曰 其羽可用爲儀吉은 不可亂也임이니라

「점괘(漸卦)」는 여자가 시집을 가면 복을 받으나 올발라야 이롭다.

・・・・・・・・・

단전에서 말하기를, 천천히 나아가야 하며 여자가 시집가면 복을 받는다. (천천히) 나아가 벼슬자리에 이르게 되면 좋은 일이 있게 되며, 천천히 나아가 바르게 되면 나라(國家)도 바르게 할 수 있다. 그의 자리에서 강하면서 치우치지 않고 부드럽고 온순하면서 법도를 지키면 일을 하는데 막히는 일이 없는 것이다.

상전에서 말하기를, 산 위에 있는 나무가 천천히 자라니 군자는 어진 덕을 쌓아 세상을 선하게 한다.

초육(初六), 큰물이 계곡에 이르면 조심하는 사람은 위태롭게 여기고 삼가함이 있어서 화가 없다. 상전에서 말하기를 조심하는 사람은 위태롭게 여기고 올발라서 화가 없는 것이다.

육이(六二), 큰물이 너럭바위에 이르러도 인내하면서 강하고 바르게 살면 복을 받는다. 상전에서 말하기를, 인내하면서 강하고 바르게 살면 진실로 크게 기른 것이다.

구삼(九三), 큰물이 언덕에 이르렀는데 집을 나간 남편은 돌아오지를 않고 임신한 아내는 아이를 낳지 못해 흉하니, 난리에 대비해야 이로운 것이다. 상전에서 말하기를, 집을 나간 남편이 돌아오지 않는 것은 나쁜 무리와 떠돌아다니는 것이며, 임신한 아내가 아이를 낳지 못하는 것은 도를 잃은 때문이니, 난리에 대비하여 도를 따르면서 서로 도와야 이로운 것이다.

육사(六四), 큰물이 나무에 이르면 나뭇가지를 붙잡고 있어야 화가 없다. 상전에서 말하기를, 나뭇가지를 붙잡고 있어야 한다는 것은 도를 따르면서 부드럽고 온순해야 한다는 것이다.

구오(九五), 큰물이 높은 언덕에 이르면 아내는 여러 해 동안 임신을 못해도, 힘써 바르게 되면 마침내는 복을 받는다. 상전에서 말하기를, 힘써 바르게 되면 마침내는 복을 받는다는 것은 원하는 것을 얻는다는 것이다.

상구(上九), 큰물이 산꼭대기에 이르면 돕는 사람이 거동하여 다스리니 복을 받는다. 상전에서 말하기를, 돕는 사람이 거동하여 다스리니 복을 받는다는 것은 무도(無道)하지 않기 때문이다.

【 한자 풀이 】

漸: 조금씩 점, 천천히 나아갈 점, 이를 점(至也). 歸: 시집갈 귀. 進: 나아갈 진. 得: 이를 득, 가질 득, 붙잡을 득. 位: 벼슬 위, 자리 위. 動: 일할 동. 窮: 막힐 궁. 居: 쌓을 거, 있을 거, 살 거. 俗: 세상 속, 세상 사람 속. 鴻: 큰물 홍, 홍수 홍. 于: 계곡 간, 개울물 간. 小: 주의할 소, 삼갈 소. 子: 사람 자, 남자 자. 厲: 위태로울 려. 言: 삼갈 은. 義: 정도를 따를 의. 磐: 너럭바위 반. 飮: 참을 음. 食: 살 식, 생활할 식. 衎: 강하고 바를 간. 不: 클 부(大也). 素: 진실로 소, 평소 소, 바를 소. 飽: 배부르게 먹일 포, 기를 포. 陸: 길 육, 언덕 육, 산꼭대기 육. 孕: 아이 밸 잉. 育: 낳을 육. 禦: 대비할 어, 막을 어. 寇: 난리 구. 離: 만날 어, 떠돌아다닐 어. 醜: 나쁠 추, 악할 추. 保: 도울 보, 지킬 보. 或: 있을 혹, 언제나 혹. 桷: 나뭇가지 각. 巽: 유순할 손(柔順). 陵: 큰 언덕 능. 莫: 힘쓸 막. 勝: 바를 승, 곧을 승. 羽: 도울 우, 돕는 사람 우. 用: 다스릴 용, 베풀 용, 일할 용. 儀: 거동 의. 爲: 할 위. 亂: 무도할 란.

【해설】

「점괘(漸卦)」의 괘상은 산 위의 나무가 아니고 산의 나무이다. 여기서 '손(巽)'은 바람이 아니고 나무다. 그러나 「점괘」는 산의 나무를 말한 것이 아니고 산의 나무가 아주 조금씩 서서히 자라고 있는 것을 말하는 것이다. 산에서 나무가 아주 천천히 자라는 것처럼 사람도 자기 자리에서 모든 일을 점진적으로 아주 천천히 해야 하고, 또 모든 일은 아주 천천히 이루어지는 것이지 급하게 이루어지는 일은 없다는 것이 「점괘」가 말하는 진리이다.

괘명인 '점(漸)'이라는 말의 뜻은 "아주 조금씩 나아간다. 아주 조금씩 이루어지는 것"이다. 라는 뜻이다. 그러므로 달음박질로 나아 갈 수 없고 급격하게 단숨에 이루어지는 일도 없다는 것이다. 나무가 자라는 모양으로 좋은 일이든 나쁜 일이든 아주 천천히 나아가는 것이고 이루어진다. 그러므로 하루아침에 나쁜 사람이 될 수도 없고 훌륭한 사람이 될 수도 없다는 것이고, 짧은 시일에 좋게 되는 일도 없고 나쁘게 되는 일도 없다. 나쁘게 되는 데도, 좋게 되는 데도 긴 세월이 필요하다. 그러므로 현재 훌륭한 사람이면 그의 긴 과거를 바르게 살았다는 것이고, 현재 문제가 많다면 그의 긴 과거가 바르지 않았다는 것이다. 인생의 귀중한 열매인 인격·득도(得道)·작품·학식·재산·사업은 모두 다 남이 모르는 고통과 역경 속에서 긴 세월 서서히 이루어진 것이다. 특히 대기(大器)는 긴 세월에 걸친 점진적인 노력으로 늦게 이루어진다.

자연은 아주 점진적이다. 모든 생명체가 아주 더디게 자라고 세월도 강물도 더디게 흐른다. 자연은 서두르지 않는 것. 바로 이것은 자연의 이치이다. 그러므로 서두르면 안 된다는 것이 「점괘」가 말하는 진리이다. 그렇다고 마냥 잠자코 쉬면 안 되는 것이다. 괴테(Goethe, 1749~1832)의 시구(詩句)처럼 서두르지도 않고 쉬지도 않으며 (Haste not, rest not!) 여유 있고 편안한 마음으로 인생을 멀리 내다보며 바르게 살면서 앞으로 천천히 나가야 한다.

괘사에서 여자가 시집가면 좋다고 말한 이유는 「점괘(漸卦)」의 손(巽)과 간

(艮)의 만남이 찰떡궁합이기 때문이다. 손(巽)은 음(陰)으로서 나무이고 간(艮)은 양으로서 산이므로 음과 양이 만난데다가 산은 나무가 있어야 할 최상의 자리이기 때문에 산과 나무는 찰떡궁합으로서 최고로 좋은 짝이 된다. 그래서 나무가 산을 만난 것처럼 여자가 시집을 가면 좋은 남편을 만나게 된다고 말한 것이다.

여자(木)가 물(兌·坎)속으로 시집가면 액운이고, 불(離) 속이나 벼락(震) 속으로 시집가면 죽는 것이다. 시집은 잘 가야 하는데 자기 짝을 만나기가 하늘의 별 따기만큼 어려운 것이다. 자기 짝은 어디엔가 있을 것인데 그 만남이 이루어지지 않고 있다. 이것이 인생을 슬프게 하는 것이다. 자기 짝을 만나서 산다면 얼마나 행복하겠는가? 남의 짝과 사니 갈등이 끝이 없다.

단전에서는, 천천히 나아가야 한다고 하였다. 앞에서 말한 대로 서두르면 안 되고 급하게 이루어지는 일은 없다는 것이다. 뛰지 말고 한걸음, 한 걸음씩 천천히 앞으로 나아가야 한다. 이렇게 앞으로 나아가 바른 사람이 되면 나라(國家)도 바르게 할 수 있다고 하였다. 관직에 있거나, 있지 않거나 간에 국가·사회를 바르게 하지 못하는 이유는 그 사람이 천천히 앞으로 나아가 바른 사람이 되지 않았기 때문이다.

대상전에서, 산의 나무가 서서히 자라고 있다고 하였다. 군자는 이 괘를 보고 배워 어진 덕을 쌓는다고 하였다. 자신 내면에 덕을 쌓아 자신을 키우는 것이다. 덕은 도(道)다. 그러므로 진리 공부하여 진리를 터득해 가는 것이 어진 덕을 쌓는 일인 것이다. 나무가 자양분(滋養分)을 섭취하여 자신을 크게 하는 것처럼 군자도 도와 덕으로 자신을 크게 하는 것이다. 그래서 대인(大人)이 되는 것이다. 이런 일을 하지 않으면 소인(小人)이 되는 것이다. 군자는 대인이 되어서 세상을 선하게 하는 것이다. 세상을 선하게 하는 것은 세상 사람을 선하게 하고 세상 사람을 큰 사람(大人)으로 만드는 일인 것이다. 그러므로 윗사람이 도를 가지지 못하여 대인이 되지 못하면 그것은 개인적인 문제로 끝나지를 않고 사회적인 문제가 되는 것이다. 사람을 선하게 하지 못하기 때문이다. 사람을 선하게 하지 못하고 나쁘게 한다면 그것은 범죄행위이다.

효사에서, 좋은 일이 점진적으로 이루어지는 것을 말한 것이 아니고 나쁜 일이 점진적으로 이루어지고 있는 과정을 말한 것이다. 여섯 개의 효사에 있는 '홍(鴻)'은 기러기가 아니고 점점 불어나고 있는 큰물이다. '홍(鴻)'을 기러기라고 하면 전혀 말이 되지를 않고 앞 구절과 뒤 구절의 뜻이 연결되지 않는다. 큰물이 점차로 불어나 종반에는 산꼭대기까지 이르렀다고 하였는데 이는 온 세상이 물에 잠긴 것을 말하는 것이다.

구약성서에 나오는 노아(Noah) 때의 홍수(창세기 6장~8장)와 유사한 글이다. 그러나 아무리 홍수가 크게 난다고 해도 물이 산꼭대기까지 이를 수는 없다. 그러므로 여기서 말한 홍수는 실제로 홍수를 말한 것이 아니고 나쁜 세상 풍조와 사회악을 상징하는 것이다. 세상이 온통 나쁜 세상 풍조와 사회악에 잠겨버린 것을 말하고 있다. 나쁜 세상 풍조와 사회악은 일조일석(一朝一夕)에 이루어진 것이 아니고 긴 세월에 걸쳐 점진적으로 이루어졌다. 그러므로 「점괘」의 효사는 좋은 세상에 나쁜 물이 번지게 된 과정을 말한 것이다. 다시 말하면 사람들이 하나씩, 둘씩 양심을 지키지 않고 도덕규범과 국법을 지키지 않던 것이 세월이 가면서 그 수가 점점 늘어나 대다수 사람이 바르게 살지 않아 세상에서 도덕과 도가 없어져 버린 상황을 말한 것이다.

초육(初六) 효에서는 큰물이 계곡에 이르렀다 하였다. 비가 계속 내리니 여기저기 산에서 흘러내리는 한줄기 물이 모여 작은 산골 물을 이루고, 작은 산골 물이 모여 큰물이 되어 마을 앞 계곡에 이른 것이다. 화를 가져오는 세상 나쁜 물이 선하고 순박한 마을을 찾아오고 있다. 그러나 조심하며 바르게 사는 사람은 화를 가져오는 세상 나쁜 물을 위태롭게 여기고 이에 대비하며 더욱 조심하면서 살기 때문에 화를 당하지 않는다고 하였다.

초육(初六) 효는 세상의 나쁜 풍조와 사회악을 경계하는 사람이다. 여기서 소자(小子)는 어린 아들이 아니고 조심하는 주의 깊은 사람이다.

육이(六二) 효에서는 큰물이 너럭바위에 이르렀다고 하였다. 너럭바위는 계곡 위쪽, 길 아래에 있는 넓고 평평한 바위이다. 길을 가는 사람은 길을 가다가 이 너럭바위에서 쉬어가는 것이다. 너럭바위가 큰물에 잠기게 된 것이다. 이는 화를 가져오는 세상 나쁜 물이 마을 앞에 이른 것을 말한다. 세상 나쁜 물이 마을 앞에 이르렀어도 바람직하지 않은 언행은 억누르고, 바르고 강하게 살면 화를 당하지 않고 복을 받는다고 하였다. 육이(六二) 효는 세상 나쁜 풍조와 사회악에 물들지 않고 바르게 사는 사람인 것이다. 여기서 飮食(음식)은 먹는 음식이 아니고 참고 사는 것이다.

구삼(九三) 효에서는 큰물이 언덕에 이르렀다고 하였다. 여기서 말한 '陸(육)'은 작은 언덕도 되고 길(路)도 된다. 사람들이 다니는 길이 거의 다 물에 잠긴 것이다. 화를 가져오는 세상 나쁜 물이 문밖에 이른 것이다. 그런데 구삼(九三) 효는 화에 대비하지도 않고 세상의 나쁜 풍조에 따라 되는 대로 사는 바르지 않은 사람인 것이다. 그래서 남편은 나쁜 무리와 어울려 다니느라고 집에 들어오지도 않으며, 임신한 아내는 덕이 없어 아이를 낳지 못하고 산고(産苦) 속에 신음하고 있다. 옛날에는 순산(順産)은 복이라 하였고 난산(難産)은 마(魔)가 끼었다고 여기었다. 도를 잃어 덕이 없어서 복이 없게 되어 불행을 겪고 있다. 도를 따르면서 바르게 살고 서로 도우면서 사는 것이 불행에 대비하는 것인데 구삼(九三) 효의 부부는 그런 생활을 하지 않아 화를 당한 것이다.

육사(六四) 효에서는 큰물이 나무에 이르렀다고 하였다. 마을에 있는 나무, 집안 나무에 큰물이 이른 것이다. 화를 가져오는 세상 나쁜 물이 각 가정에 이르러 마을의 모든 집이 물에 잠기고 있다. 그래도 나뭇가지를 붙잡고 있는 사람은 화를 당하지 않는다고 하였다. 여기서 말한 나뭇가지는 나무의 덕 곧 목덕(木德)을 말하는 것이다. 목덕에 대해서는 42.「익괘(益卦)」에서 설명하였다. 상전에서는, 나뭇가지를 붙잡고 있다는 말은 순이손(順以巽, 도를 따르면서 부드럽고 온순한 것)이라고 설명하였다. 그리고 '목(木)'이라는 글자의 뜻에는 "곧다·순박하다"라는 뜻이 있으므로 나뭇가지를 붙잡고 있다는 말은 곧고 순박하다는 말이다. 곧고 순박하게 살면 화를 당하지 않는다는 것이다.

구오(九五) 효에서는 큰물이 높은 언덕에 이르렀다고 하였다. 마을에서 높은 언덕은 마을 뒷동산이다. 큰물이 마을 뒷동산에 이르렀으니 온 마을이 물에 잠겨버린 것이다. 마을 사람들이 온통 세상 나쁜 물이 들어 버렸다. 그러면 모든 아내는 여러 해 동안 임신을 못한다고 하였다. 모든 가정에서 여러 해 동안 출산(出産)이 전혀 없는 것은 하늘이 내린 재앙이다. 여기서 말한 삼세(三歲)는 3년이 아니고 여러 해이다. 옛날에는 가정에서 최고의 경사는 출산이었다. 그러나 힘써 노력해서 바른 사람이 되면 마침내 복을 받는다고 하였다.

상구(上九) 효에서는 큰물이 산꼭대기에 이르렀다고 하였다. 이 말은 온 세상이 물에 잠겨버렸다는 것이다. 세상 사람 모두가 비양심·부도덕·부정(不正)에 잠겨버린 것이다. 즉 악이 극에 이른 것이다. 악은 반드시 멸망한다는 것은 하늘의 도이다. 악이 극에 이르면 돕는 사람이 거동한다고 하였다. 여기서 말한 돕는 사람은 '체천행도자(替天行道者: 하늘을 대신해서 도를 행하는 사람)'이다. '체천행도자'는 하늘이 이 세상에 보낸 진리의 사람이다. 하늘이 보낸 진리의 사람이 세상을 다스리면 사람들은 무도(無道)함에서 벗어나 바르게 된다. 바르게 되면 복을 받는다는 것이다.

54. ䷵ 震上 兌下 雷澤歸妹(뇌택귀매)

歸妹는 征凶하고 无攸利이니라.

· · · · · · · · ·

彖曰 歸妹는 天地之大義也이니라 天地不交하면 而萬物不興하고 歸妹人之終始也이니라
　　說以動하여 所歸妹也이지만 征凶은 位不當也이며 无攸利는 柔乘剛也임이니라.

象曰 澤上有雷歸妹하니 君子以永終知敝하니라.

初九, 歸妹以娣하여 跛能履하여도 征吉하니라
象曰 歸妹以娣는 以恒也이며 跛能履吉은 相承也임이니라
九二, 眇能視하면 利幽人之貞이니라
象曰 利幽人之貞은 未變常也이니라
六三, 歸妹以須한데 反歸以娣하니라
象曰 歸妹以須한데 未當也이니라
九四, 歸妹愆期이나 遲歸有時이니라
象曰 愆期之志는 有待而行也이니라
六五, 帝乙歸妹하며 其君之袂不如其娣之袂良하면 月幾望하므로 吉하니라

象曰 帝乙歸妹하며 不如其娣之袂良也함은 其位在中하며 以貴行也이니라
上六, 女承筐无實하고 士刲羊无血하면 无攸利이니라
象曰 上六无實은 承虛筐也이니라

「귀매괘(歸妹卦)」는 나가면 흉하고 이로운 일이 없다.

· · · · · · · · ·

단전에서 말하기를, 소녀가 시집을 가는 것은 하늘과 땅의 중대한 법도이다. 하늘과 땅이 결합하지 않는다면 만물이 생겨나지를 못하고 소녀가 시집을 가야 비로소 사람이 이루어지는 것이다. 기쁘게 움직여 소녀가 시집을 가는 것이지만 가면 흉하다는 것은 그의 자리가 그에게 어울리지 않아서이며, 이로운 일이 없다는 것은 음이 양의 멍에를 짊어지고 있어서이다.

상전에서 말하기를, 소택 위에서 천둥이 울리는데 소녀가 시집을 가니 군자는 끝까지 길이길이 (부인과) 친하게 지내려고 힘쓴다.

초구(初九), 소녀가 여동생과 함께 시집을 가서 절름발이로 겨우 걸어가더라도 가면 복을 받는다. 상전에서 말하기를, 소녀가 여동생과 함께 시집을 가는 것은 보통 있는 일이며, 절름발이로 걸어도 복을 받는 것은 (윗사람을) 따르며 받들어서이다.
구이(九二), 애꾸눈으로 겨우 보면 사람됨이 깊고 올발라야 이롭다. 상전에서 말하기를, 사람됨이 깊고 올발라야 이롭다는 것은 도(道)가 변하지 않아야 한다는 것이다.

육삼(六三), 소녀가 시집을 가려고 기다리고 있는데 반대로 그의 여동생이 시집을 갔다. 상전에서 말하기를, 소녀는 시집을 가려고 기다렸는데 때를 만나지 못한 것이다.

구사(九四), 소녀는 시집가는 시기를 놓쳤으나 늦게 가는 시집도 때는 있는 것이다. 상전에서 말하기를, 때를 놓쳤다는 뜻은 기다렸는데 지나가 버렸다는 것이다.

육오(六五), 임금이 몸을 굽혀 여동생을 시집보내며 첫째 여동생의 옷소매가 둘째 여동생의 옷소매보다 좋지 않게 하면 백성들이 가까이서 우러러봄으로 복을 받는다. 상전에서 말하기를, 둘째 여동생의 옷소매보다 좋지 않게 한 것은 (임금이) 그의 자리에서 바르게 살며 행한 훌륭한 행실이다.

상육(上六), 여자는 광주리를 받았는데도 채우는 것이 없고, 사내는 양을 찔러 죽이는 데도 근심이 없으면 이로운 일이 없다. 상전에서 말하기를, 상육(上六) 효가 채우는 것이 없다는 것은 광주리를 받아서 비워두는 것이다.

【 한자 풀이 】

歸: 시집갈 귀, 시집보낼 귀. 妹: 누이동생 매, 소녀 매. 大: 으뜸갈 대, 존귀할 대, 중요할 대. 義: 도리 의, 법도 의, 바를 의. 交: 합할 교. 興: 생길 흥, 태어날 흥. 終: 이룰 종, 끝까지 종. 始: 비로소 시, 시작할 시. 乘: 태울 승, 멍에를 멜 승. 永: 길이길이 영, 언제까지나 영. 知: 친하게 지낼 지, 대접할 지. 敝: 힘쓸 폐, 애쓸 폐. 以: 함께 이, 그이, 할이. 娣: 여자의 여동생 제. 跛: 절름발이 파. 能: 겨우 능, 잘할 능. 履: 걸을 리, 행할 리. 恒: 평범할 항, 보통 항. 相: 따를 상, 힘쓸 상. 承: 받들 승, 받을 승. 眇: 애꾸눈 묘. 幽: 깊을 유, 고요할 유. 常: 언제나 상, 도 상, 법도 상. 須: 기다릴 수. 當: 때를 만날 당. 期: 때 기, 기회 기. 愆: 잃을 건, 어그러질 건. 遲: 늦을 지, 기다릴 지. 有: 할 유. 待: 기다릴 대. 行: 지날 행, 갈 행. 乙: 굽힐 을. 君: 봉작 군. 袂: 소매 몌. 幾: 가까울 기, 조용히 기. 望: 우러러볼 망, 그리워할 망. 筐: 광주리 광. 在: 살 재, 살필 재. 中: 바를 중, 치우치지 않을 중. 實: 채울 실, 내용 실, 재물 실. 士: 사내 사. 刲: 찌를 규, 죽일 규, 잡을 규. 血: 근심할 혈, 눈물 혈.

【해설】

「귀매괘(歸妹卦)」의 괘상은 '소택(沼澤)' 위에서 천둥이 울리고 있는 것이 아니고 천둥이 무섭게 울리고 있는데, 그 아래에 어린 소녀가 서 있는 것이다. 여기서 兌(태)는 '소택'이 아니고 소녀다. 소녀가 감당하기 어려운 상황이다. 소녀가 시집가는 것은 천둥이 무섭게 울리는 환경으로 들어가는 것과 같은 것이므로 천둥 벼락 밑에 서 있는 것처럼 시집가면 아주 조심하고 두려운 마음으로 살아야 한다는 것이 「귀매괘」가 말하는 진리이다. 현대에는 여자의 출가(出嫁)는 여자의 선택이지만 옛날에는 피할 수 없는 여자의 숙명이었고, 그 숙명의 굴레는 대다수 여자에게는 쓰라리고 힘든 굴레였다. 그 굴레가 쓰라리지 않으려거든 공경하고 어려워하며 살아야 한다.

괘명인 '귀매(歸妹)'라는 뜻은 "소녀가 시집을 가다·소녀를 시집보내다."라는 뜻이다. 옛날에는 일반적으로 여자가 14세가 되면 시집을 갔다. 14세는 어린 소녀이다. 옛날에 여자의 출가는 남자의 장가 드는 일과는 그 의미(意味)와 상념(想念)과 정서(情緖)가 크게 다른 것으로서 경사이면서 동시에 불안과 아픔이 짙게 배어 있던 일이었다. 그래서 울면서 혼례를 올리고, 눈물로 보내고, 울면서 시집으로 떠나가는 것은 흔한 일이었다. 성의(誠意) 없고 메마른 남편의 사랑, 보편적이었던 시집살이, 고통스러운 가난, 치마끈 한번 풀어볼 수 없이 끝없이 이어지는 집안일과 농사일, 술과 노름을 떠나지 못하는 남편, 남편이 아내를 감싸줄 수 없었던 시대적 환경, 빈번하게 일어나는 난리 때문에 남편을 잃은 아내의 절망은 많은 여인이 흔하게 겪었던 아픔이었고 한(恨)이었다.

그리고 예전에 여자가 시집을 가는 것은 다 큰 나무를 먼 곳의 전혀 다른 토양으로 옮겨 심는 일과 같은 것이었다. 그래서 뿌리가 잘린 나무처럼 몸부림을 치고 몸살을 앓아야 했다. 여기에 친가가 가난하고 교육 수준이 낮으면 더 무시당하였으니, 한이 겹치게 된다. 그리고 옛날에 여자는 예속적 존재였다. 옛날의 사회규범이었던 여자의 삼종지도(三從之道)가 이를 말해주는 것이다. 삼종지도는 유종부형(幼從父兄: 어려서는 아버지와 오빠를 따르는 것), 기가종부(旣

嫁從夫: 이윽고 시집가면 남편을 따르는 것), 부사종자(夫死從子: 남편이 죽으면 아들을 따르는 것)이다. 예속된 존재이니 입이 있어도 말할 수가 없었고, 억울해도 끝없이 참고 살아야 했다.

그리고 또 옛날에는 여자를 시집에서 일방적으로 쫓아내는 사회규범이 있었다. 그것을 '칠거지악(七去之惡)'이라고 하는데 일곱 가지 조건 중에서 한 가지만 해당되면 시집에서 쫓겨났다. 칠거지악은 불순부모(不順父母: 시부모에게 순종하지 않는 것)·무자(無子: 아들을 낳지 못하는 것)·음행(淫行: 간통하는 것)·질투(嫉妬: 시기하고 증오하는 것)·유악질(有惡疾: 고치기 어려운 병이 있는 것)·다언(多言)·절도(竊盜: 남의 것을 훔치는 것)이다. 이것은 남자에게는 해당되지 않고 여자에게만 적용되는 일방적이고 불평등한 사회규범이었다. 그리고 또 옛날에는 시집을 갈 수가 없는 소녀도 있었다. 소녀에게는 아무런 문제가 없는데 그의 가정에 문제가 있으면 그런 집 딸은 아내로 맞이하면 안 된다는 사회규범이 있었다. 그것은 '오불취(五不取)'이다. 오불취는 역가자(逆家子: 반역을 도모한 집의 딸)·난가자(亂家者: 무도한 집의 딸)·세유형인(世有刑人: 조상 중에 형벌을 받은 사람이 있는 경우)·세유악질(世有惡疾: 조상 중에 고치기 어려운 병을 가진 사람이 있는 경우)·상부장녀(喪父長女: 홀어머니의 큰딸)이다.

이상에서 말한 세 가지 사회규범은 시대적 한계 속에서 이루어진 것으로서 여자들에게는 한의 세월이었던 어두웠던 과거를 돌아보게 하는 역사적 자료가 되는 것이다.

음과 양이 성숙하면 결합하는 것은 천지자연의 이치이다.

괘사에서는 나가면 흉하고 이로운 일이 없다고 하였다. 여기서 말한 "밖에 나가는 것"은 두 가지 뜻이 있다. 하나는 점사(占辭)로서의 일반적인 뜻이다. 점을 쳐서 「귀매괘」가 나오면 밖에 나가면 좋지 않다는 것이다. 무섭게 벼락치며 천둥이 울리는 상황이므로 밖에 나가면 좋지 않다는 것이다. 또 하나는 시집가면 좋지 않다. 그 이유를 단전에서는 위부당(位不當)이라고 하였다. 위부당은 그의 자리가 그에게 어울리지 않는 것이다. 나이가 어린 소녀이므로 도를 제대로 터득하지 못한 경우에는 아내 역할·어머니 역할·며느리 역할을 제대로 하기에는 부족한 지위에 있다는 말이다. 그러므로 도를 가지지 못하고 시집을 가면 나쁘게 된다. 나쁘게 되지 않으려면 도를 지니고 시집을 가야 한다는 가르침이다. 도를 지녀서 속이 깊고 넓고 밝으며, 입이 무겁고 부지런하며, 겸손하고 공경하며, 현명하고 살림을 잘해야 좋은 일이 된다.

그리고 나가면 이로운 일이 없게 되는 이유를 단전에서는, '유승강(柔乘剛)'이라고 하였다. 여기서 '유(柔)'는 소녀(아내)이고, '강(剛)'은 소녀의 남편이며, '승(乘)'은 아내가 남편을 태우고 있는 것, 아내가 남편의 멍에를 메고 있다. 진(震)은 강한 양(陽)이고, 태(兌)는 약한 음인데 약한 음이 강한 양의 밑에 눌려 있으므로 그렇게 말한 것이지만 실제로는 아내가 도를 가지지 못하면 아내는 남편의 종살이를 할 수밖에 없는 것이므로 그렇게 말한 것이다. 그러면 남편은 남편답지도 않으면서 아내를 무시하고 함부로 대하는 것이다. 이 지경이 되면 남편이 해야 할 일까지 아내가 다 하는 것이다. 그러면 아내는 가녀린 양어깨에 남편을 짊어지고 산다.

단전에서는, 소녀가 시집가는 것은 천지(天地)의 대의(大義)라고 하였다. 여기서 말한 대의는 큰 뜻·대강의 뜻이 아니고, 반드시 지켜야 할 법도(도리)이다. 음과 양이 성숙하면 결합하여야 하는 것은 천지자연의 법칙이라는 말이다.

대상전에서, 소택 위에서 천둥이 울리는데 소녀가 시집을 간다고 하였다. 천둥 속으로 시집을 가는 것이다. 옛날에 시집의 웃어른들은 천둥만큼이나 무섭고 두려웠다. 그래서 오금을 못펴고 살았다. 군자는 그렇게 힘든 시집살이를 하는 아내를 모른 체하지 않고 언제나 변함없이 아내 편에 서서 아내를 위로하며 사랑하려고 힘을 쓴다고 하였다. 옛날에는 일반적으로 남편이 아내를 구박하기도 하였고, 아내가 얼마나 힘들게 시집살이하는지에 대해 관심도 없었으며, 아내의 고생을 알면서도 모른 체하기도 하였다. 그래서 한집에 살아도 먼 남편이기 일쑤였다. 그러나 군자는 그렇게 하지 않았다는 것이다. 군자이므로 부인이 말하지 않아도 부인의 괴로움을 다 알고 있었으므로 가족들이 알지 않게 조심하며 은밀하게 마음을 기울여 위로하고 감싸고 사랑하며 괴로움을 함께 하려고 노력하였다는 것이다.

초구(初九) 효에서는 소녀가 그의 여동생과 함께 시집을 간다고 하였다. 고대에도 자매가 한 남자에게 시집을 갔던 것을 말하고 있다. 그래서 언니는 정실(正室)이 되고 동생은 부실(副室)이 된 것이다. 부실은 첩이다. 고대에는 잦은 전쟁 때문에 남자 수는 적고 여자 수는 많아서 이런 관습이 생긴 것 같다. 그런데 정실로 가는 소녀가 절름발이라고 하였다. 그러나 시댁 사람들을 따르며 받들기 때문에 몸은 비록 불구여도 복을 받는다고 하였다. 시댁 사람들을 진심으로 따르며 받들려면 천부의 도를 고스란히 지니고 있어야만 가능한 것이다. 천진·순수·양심·소박함 등 천부의 도만 있으면 불리한 외적 조건은 아무런 문제가 되지 않는다.

구이(九二) 효의 소녀는 애꾸눈이다. 애꾸눈으로 시집을 가는 것이다. 신체적으로 약점이 있으면 훌륭한 내적 조건으로 이를 극복해야 한다고 말하고 있다. 훌륭한 내적 조건은 사람됨이 깊고 올바르다. 천부의 도이든 후천적으로 공부해서 터득한 도이든 도를 가져야 하고 그 도가 변질되지 않고 속에 들어있어야 깊고 바른 사람으로 살 수가 있다.

육삼(六三) 효에서는 언니보다 동생이 먼저 시집을 가게 된 상황을 말하고 있다. 먼먼 옛날에도 언니보다 먼저 시집가는 일이 있었다는 것을 알게 해주는 기록이다.

구사(九四) 효에서는 고대에도 나이 들어서 늦게 혼인하는 만혼(晩婚)이 있었다는 것이다. 시집 못 가는 일은 없고 반드시 늦게라도 간다고 하였다. 현대와는 크게 다르다.

　육오(六五) 효에서 말한 '제을귀매(帝乙歸妹)'는 11.「태괘(泰卦)」에서 설명하였다. 임금이 몸을 굽혀 여동생을 시집보낸다는 말이다. 임금의 위엄을 떨치며 으리으리하게 혼례를 올리는 것이 아니고 검소하고 겸손하게 시집을 보내는 것이다. 육오(六五) 효에서도 언니와 동생이 함께 한 남자에게 시집을 가는 것이다. 언니는 정실(正室)로 동생은 부실(副室: 첩)로 가는 것이다. 그런데 임금은 시집갈 때 가지고 가는 의복·패물(佩物) 등 혼수품을 언니보다 동생을 더 많이 주었다. 똑같이 주지 않고 차등을 둔 것이다. 첩은 본처보다 지위가 낮으니, 첩으로 가는 동생에게 더 많고 비싼 혼수품을 주어서 균형을 이룬 것이다. 임금이 이렇게 혼수품에 차등을 둔 것은 바르게 사는 임금이기 때문에 이런 일을 한 것이라고 하였다. 임금의 이런 공평한 처사에 백성들은 감복하고 우러러 본다고 하였다. 임금의 바른 행실이 임금과 백성들의 사이를 가깝게 한 것이고, 백성들이 임금을 우러러보게 하였다는 것이다.

　임금의 첫째 여동생을 언니(姒: 사)라고 하지 않고 군(君)이라고 한 것은 작위의 명칭으로 말했기 때문이다. 군(君)은 임금의 종친이나 자녀들에게 내리는 작위의 명칭이었다. 여기서 '몌(袂)'는 직역하면 옷소매이지만 옷소매를 말하는 것이 아니고 혼수품 전체를 말하는 것이다. '월기망(月幾望)'은 9.「소축괘(小畜卦)」에서 설명하였다.

　상육(上六) 효에서는 부부생활을 하는 아내와 남편의 모습을 말한 것이다. 아내는 광주리에 채우는 것이 없다고 하였다. 게으르고 마음이 굳세지 못하고, 흐리멍덩하고 되는대로 살기 때문에 모으는 재산이 없다는 말이다. 물질적 빈곤과 함께 사는 여인이다. 남편은 양을 칼로 찔러 잡는 데도 근심이 없다고 하였다. 목석같은 사람이 된 것이다. 인간성을 잃어버린 것이다. 이런 형편이면 복은 없다는 것이다.

55. ䷶ 震上 離下 雷火豐(뇌화풍)

豐은 亨하고 王假之勿憂하며 宜日中이니라.

. . . .

彖曰 豐은 大也이니 明以動故로 豐이니라 王假之는 尙大也오勿憂이며 宜日中은 宜照天下也이니라 日中則昃하며 月盈則食하니 天地盈虛하며 與時消息하나니 而況於人乎況於鬼神乎아.

象曰 雷電皆至豐하니 君子以折獄致刑하나니라.

初九, 遇其配主하면 雖旬无咎하며 往有尙하니라
象曰 雖旬无咎이나 過旬災也이리라
六二, 豐其蔀하여 日中見斗하면 往得疑疾하니 有孚發若하여야 吉하니라
象曰 有孚發若은 信以發志也이니라
九三, 豐其沛하여 日中見沫하면 折其右肱하나 无咎이니라
象曰 豐其沛하면 不可大事也이며 折其右肱하면 終不可用也이니라
九四, 豐其蔀하여 日中見斗하면 遇其夷主하여야 吉하니라
象曰 豐其蔀는 位不當也이며 日中見斗는 幽不明也이며 遇其夷主吉은 行也임이니라

六五, 來章하면 有慶譽하고 吉하니라
象曰 六五之吉은 有慶也이니라
上六, 豊其屋하고 蔀其家하여 闚其戶하니 闃其无人이니라 三歲不覿하니 凶하니라
象曰 豊其屋은 天際翔也이며 闚其戶闃其无人은 自藏也이니라

「풍괘(豊卦)」는 막히는 일이 없고 큰 복(福)이 이르러 근심 걱정이 없으며 해가 중천에 있으므로 좋다.

· · · · · · · · ·

단전에서 말하기를, 풍(豊)이란 많다는 것이니 밝고 빛이 나게 일한 고로 많게 된 것이다. 큰 복이 이른다는 것은 존귀한 것을 받들어서 근심 걱정이 없게 된 것이며, 해가 중천에 있으므로 좋다는 것은 밝은 세상이어서 좋다는 것이다. 해가 중천에 있으면 곧 기울며, 달도 차면 곧 이지러지니 천지(天地)도 차고 비워지며 때에 따라 없어지고 생기고 하는 것이다. 사람도 곧 그러하지 않겠으며 귀신도 곧 (그러하지) 않겠는가?

상전에서 말하기를, 천둥과 번개가 함께 이르러 (천지에) 가득하니 군자는 죄를 따지며 형벌을 가한다.

초구(初九), 아내와 남편이 예로서 대하면 곧 가득 차게 되고 화가 없으며 나가면 자랑스러운 일이 있게 된다. 상전에서 말하기를, 곧 가득 차게 되고 화가 없으나 지나치게 가득 차면 재앙이 된다.
육이(六二), (마음에) 어두움이 가득하여 대낮에도 북두칠성이 보이면

나가게 되면 의심과 미움을 받게 되니 진실하고 정성스러움이 드러나 보여야 복을 받는다. 상전에서 말하기를, 진실하고 정성스러움이 드러나 보인다는 것은 진실하게 하늘의 뜻을 행한다는 것이다.

구삼(九三), (마음에) 어두움이 가득하여 대낮에도 별이 보이면 오른팔이 부러지나 재앙은 없다. 상전에서 말하기를, 어두움이 가득 차면 훌륭한 일은 이룰 수가 없는 것이며, 오른팔이 부러지면 끝끝내 사용할 수가 없게 된다.

구사(九四), (마음에) 어두움이 가득하여 대낮에도 북두칠성이 보이면 큰 등불을 만나야 복을 받는다. 상전에서 말하기를, 어두움이 가득 찬 것은 그의 자리가 그에게 어울리지 않아서이며, 대낮에도 북두칠성이 보이는 것은 어두워서 빛이 없는 것이며, 큰 등불을 만나야 복을 받는다는 것은 (그가) 도(道)이어서다.

육오(六五), 밝은 데에 이르면 기쁜 일과 명예로운 일이 있게 되고 복을 받는다. 상전에서 말하기를, 六五 효가 받는 복은 경사스러운 일이 있게 되는 것이다.

상육(上六), 그 집이 크고 그 집이 어두워서 그 집을 엿보니 인기척이 없고 사람이 없었다. 여러 해가 되어도 (사람이) 보이지 않으니 흉한 것이다. 상전에서 말하기를, 그 집이 크다는 것은 (그 집이) 하늘 끝에 닿았다는 것이며, 그 집을 엿보니 인기척이 없고 사람이 없다는 것은 스스로 자기 무덤을 판 것이다.

【 한자 풀이 】

豊: 많을 풍, 가득할 풍. 王: 클 왕, 왕성할 왕. 假: 복 가, 클 가, 아름다울 가. 之: 이를 지 (至也), 어조사 지. 宜: 좋을 의, 옳을 의. 日: 해 일, 덕 일. 中: 가운데 있을 중, 이룰 중. 明: 밝을 명, 빛 명, 현명할 명. 尙: 받들 상, 자랑할 상. 大: 높을 대, 존귀할 대, 훌륭할 대. 照: 밝을 조, 빛날 조. 昃: 기울 측. 食: 이지러질 식, 지울 식. 消: 없어질 소, 말할 소. 息:

날 식. 而: 그러할 이, 같을 이. 況: 곧 황. 電: 번개 전. 折: 따질 절, 판단할 절, 부러질 절. 獄: 죄 옥. 致: 줄 치. 遇: 예우할 우, 대접할 우, 만날 우. 配: 아내 배. 主: 남편 주, 등불 주, 존중할 주. 雖: 곧 수, 즉 수. 旬: 가득 찰 순. 蔀: 어두울 부, 작을 부. 斗: 북두칠성 두. 得: 이를 득(至), 만날 득, 얻을 득. 疾: 미워할 질, 원망할 질. 發: 드러낼 발, 행할 발. 若: 보일 약, 이를 약(至也). 信: 진실 신. 志: 하늘의 뜻 지, 덕 지. 沛: 어두울 패. 沬: 별 이름 매. 肱: 팔뚝 굉. 夷: 클 이, 떳떳할 이. 幽: 어두울 유, 검을 유. 行: 도 행, 도리 행. 來: 이를 래 (至也). 章: 밝을 장, 클 장(大也). 闚: 엿볼 규, 훔쳐볼 규. 闃: 인기척 없을 격, 고요할 격. 覿: 보일 적, 볼 적. 際: 다다를 제, 이를 제, 끝 제. 翔: 머무를 상, 앉을 상. 藏: 매장할 장, 버릴 장.

【해설】

「풍괘(豐卦)」의 괘상은 천둥이 울리며 불벼락이 떨어지고 있다. 여기서 '이(離)'는 불벼락이다. 그러나 「풍괘」는 이런 자연현상으로 괘상을 설명한 것이 아니고 괘덕으로 괘상을 설명한 것이다. 상괘인 진(震)의 덕은 동(動)이다. 동(動)은 적극적·진취적·역동적으로 일하는 것이다. 하괘인 이(離)의 덕은 명(明)이다. 명(明)은 밝고 빛이 나는 것이다. 그러므로 「풍괘」의 괘덕은 밝고 빛이 나면서 힘차게 적극적으로 일하는 것이다. 사람도 이같이 밝고 빛이 나면서 힘차게 적극적으로 일하면 재산이 많아지게 되는 것이고 재산은 많아야 한다는 것이 「풍괘」가 말하는 진리이다.

괘명인 '풍(豐)'의 뜻은 "많다·넉넉하다"라는 뜻이다. 풍이라는 글자에는 형이상학적인 것이 많다는 뜻은 없고 물질 곧 재물이 많다는 뜻만 들어있는 것이다. 이에 대한 예가 풍년(豐年)·풍작(豐作)·풍부(豐富)·풍족(豐足)·풍성(豐盛)·풍요(豐饒)·풍어(豐漁) 등인데 풍이라는 글자가 들어간 이런 말들은 모두 물질이 많은 것을 말하는 것이다.

『주역』「풍괘」에서는 재산이 많은 부유함은 큰 가치이지만 그 재산은 빛(明)

속에서 이루어져야 한다고 말하고 있다. 빛은 밝고 바람직한 것으로서 비양심과 부정(不正)이 없다. 다시 말하면 재산은 도와 도덕 안에서 이루어져야 하고, 내 배만 채우면 안 된다는 것이다. 바르게 벌되 가득 채우면 안 되고 재산이 많아도 검소하게 살아야 진리다.

옛날 농경사회에서 아주 부유하게 산 사람은 지주(地主)였다. 그러나 지주의 부(富)는 수많은 소작농의 희생으로 이루어졌다. 품삯은 턱없이 싸고 소작료와 빚의 이자는 턱없이 높았기 때문이다. 수많은 사람의 피눈물과 부정이 붙어 있는 부는 악이 되는 것이다. 그 악이 미래에 재앙을 가져오는 것이다. 소작농의 극심한 희생이 아시아(Asia)에서는 공산주의를 불러들인 제일 원인이 되었고 공산주의를 키워준 온상이 된 것이다. 공산주의는 지주에게 재앙이 된 것이다. 현대에도 열대·아열대 지방에서 면화·담배·고무·사탕수수·커피 등을 재배하는 대규모 농장인 플랜테이션(plantation)에서 일하는 원주민 노동자들은 쥐꼬리 임금과 인플레이션(inflation)으로 세월이 갈수록 빈곤해지고 농장주는 더욱 부유하게 살고 있다. 부정이 많고 차등이 심하면 혁명이 일어나는 것은 역사의 법칙이고, 도는 부정과 차등을 무너뜨리고 올바름과 균형을 이루는 것이며, 바르지 않은 부는 반드시 무너진다. 이같이 차면 기우는 것은 자연의 이치이다.

괘사에서 막히는 일이 없고 큰 복이 이르러 근심 걱정이 없다고 한 것은 밝고 빛이 나면서 힘차게 적극적으로 일하는「풍괘(豐卦)」의 괘덕때문이다. '왕가(王假: 큰복)'라는 말은『주역』에서 네 번 나온다. 55.「풍괘」와 37,「가인괘」에서 '왕가유가(王假有家: 큰 복이 집에 있는 것)', 45.「췌괘(萃卦)」에서 '왕가유묘(王假有廟: 큰 복이 사당에 있는 것)', 59.「환괘(渙卦)」에서 '왕가유묘(王假有廟)'이다. '왕가(王假)'에서 '가(假)'는 '하(嘏, 복 하, 클 하)'와 통용되는 글자로 "복·행복"이라는 뜻이다. '왕가(王假)'를 일반적으로 "임금이 이르렀다."라고 번역하는데 이렇게 번역하면 이치에 맞지 않는다. 임금은 자기 신분을 숨기고 암행(暗行)은 해도 자신의 신분을 드러내고 일반 백성의 집에 가는 일은 없었기 때문이다. 하지만 성현(聖賢)의 집에는 행차하였다.

단전에서 말한, '상대야물우(尙大也勿憂: 존귀한 것을 받들어서 근심 걱정이 없게 된 것)'에서 존귀한 것은 도와 도덕이다. 도와 도덕을 존귀하게 여기고 받들면 도와 도덕을 행하는 것이고 그러면 큰 복이 이르러 근심 걱정이 없어진다는 말이다. 여기서 야(也)는 종결 무의미 어조사가 아니고 강조 무의미 어조사이다.

해도 기울고 달도 기울며 세상도 변하고 사람도 귀신도 다 변한다고 하였다. 이 말은 진리만 변하지 않고 모든 것·모든 상황은 다 변한다는 말이다. 이같이 다 변하는데 자신의 부(富)와 자신의 형편은 그대로인 줄 알고 교만하며 지나치게 부를 누리면 안 된다는 것이다. 항상 부유할 수가 없는 것은 천지자연의 이치이므로 겸손하고 검소하게 살아야 한다는 것이다.

대상전에서는, 괘상을 괘덕으로 설명하지 않고 자연현상으로 설명하였다. 천둥과 불벼락이 함께 이르러 천지에 가득하다고 하였다. 바르게 일하던 풍조가 기울고 비양심과 부정으로 일을 하기 시작하니까 천제(天帝)가 그렇게 일하면 망하게 된다는 경고를 보내는 것으로 괘상을 설명한 것이다. 그리고 군자는 하늘을 대신하여 부정을 벌하는 것으로 괘상을 설명한 것이다.

초구(初九) 효에서는 아내와 남편이 서로 간에 예로써 대하면 곧 가득 차게 된다고 하였다. 아내는 남편에게, 남편은 아내에게 항상 예로써 대하려면 남편은 군자여야 하고 아내는 요조숙녀이어야만 할 수 있는 일인 것이다. 예로서 대한다는 말은 진심으로 공경하며 상대에게는 물론 일상생활의 언행에서 도와 도덕을 어기는 일이 없는 것을 말한다. 도와 도덕을 어기지 않으려면 도와 도덕성이 존재화 되어 있어야 밝고 빛이 나게 일하는 것이다. 그러면 재물이 곧 가득 차게 된다는 것이다. 그러나 지나치게 내 배를 가득 채우면 재앙을 당한다고 하였디. 그것은 악덕(惡德)이기 때문이다.

육이(六二) 효·구삼(九三) 효·구사(九四) 효는 모두 다 속에 빛은 없고 어두움이 가득 들어있는 사람들이다. 그래서 복을 받지 못하고 재산이 넉넉하지 않은 것이다.

　육이(六二) 효는 어두움이 가득하여 대낮에도 북두칠성이 보인다고 하였다. 어두움은 빛의 반대말로서 무도(無道)함과 부도덕함이다. 캄캄한 밤처럼 속이 어두운 것을 대낮에도 그 사람의 속에서 북두칠성이 보인다고 말한 것이다. 그래서 미움받으며 살고 재산이 없이 사는 것이다.

　구삼(九三) 효에서는 속에 어두움이 가득하여 대낮에도 별이 보이면 오른팔이 부러지는데 재앙은 없다고 하였다. 오른팔이 부러진다는 말은 작은 화를 당한다는 말이다. 그러나 뱃속은 어둡지만 악덕은 행하지 않기 때문에 재앙은 없다고 한 것이다.

　구사(九四) 효에서는 뱃속에 어두움이 가득하여 대낮에도 북두칠성이 보이면 큰 등불을 만나야 복을 받는다고 하였다. 큰 등불은 큰 등불 같은 인물이다. 크게 존경받는 대인(大人)이다. 어두움에 사는 사람은 큰 등불을 만나야 어두움에서 길을 찾아 어두움을 벗어날 수 있기에 큰 등불을 만나야 한다고 말한 것이다.

　육오(六五) 효에서는 어두움에서 벗어나 밝은 곳, 곧 도에 이르면 기쁜 일이 있게 되고 복을 받는다고 하였다. 진정(眞正)한 수(壽)·부(富)·귀(貴)는 도 안에만 있는 것이다. 다른 곳에는 모두 가짜이다.

　상육(上六) 효는 으리으리하게 큰 호화로운 집에서 사는 것이다. 그런데 여러 해를 그 집을 살펴보아도 사람이 없다고 하였다. 상육(上六) 효는 바르게 돈을 번 것이 아니고 부정으로 엄청난 돈을 번 것이다. 그 집에 사람이 없다는 말은 실제로 사람이 살지 않는 빈집이라는 말이 아니고 사람다운 사람은 한 사람도 없고 악령들만 살고 있는 흉가라는 말이다. 상전에서는 사람이 없다는 말을 자장(自藏)이라고 설명하였다. 자장은 자기가 자기를 매장한 것이다. 좋은 인간성을 스스로 죽여서 무덤 속에 묻어버리고 돈을 번 것이다. 그러므로 그 집에는 산 사람은 없고 송장들만 살고 있다.

56. ䷶ 離上艮下 火山旅(화산여)

旅는 小亨하고 旅貞吉하니라.

· · · · · · · · ·

彖曰 旅小亨은 柔得中乎外而順乎剛하며 止而麗乎明하니 是以小亨旅貞吉也이니라 旅之時義大矣哉이니라.

象曰 山上有火旅하니 君子以明愼用刑하고 而不留獄하니라.

初六, 旅瑣瑣하면 斯其所取災이니라
象曰 旅瑣瑣하면 志窮災也이니라
六二, 旅卽次하면 懷其資하고 得童僕하여야 貞하니라
象曰 得童僕貞하면 終无尤也이니라
九三, 旅焚其次하고 喪其童僕하면 貞厲하니라
象曰 旅焚其次는 亦以傷矣이며 以旅與下하면 其義喪也이니라
九四, 旅于處하고 得其資斧我하면 心不快하니라
象曰 旅于處는 未得位也이며 得其資斧하니 心未快也이니라
六五, 射雉一矢亡하면 終以譽命하니라

象曰 終以譽命은 上逮也이니라
上九, 鳥焚其巢하니 旅人先笑後號咷하니라 喪牛于易하면 凶하니라
象曰 以旅在上하여 其義焚也이며 喪牛于易하고 終莫之聞也이니라

「여(旅)」괘는 나그네는 조심하여야 막히는 일이 없고 바르게 여행하여야 복을 받는다.

· · · · · · · · ·

단전에서 말하기를, 나그네는 조심하여야 막히는 일이 없다는 것은 음(陰)은 외지(外地)에서도 바르고 양(陽)을 따르며 망동하지 않고 밝게 빛이 나야 하는 것이니 이렇게 되어 조심하면 막히는 일이 없고 바르게 여행하여 복을 받는 것이다. 여행하는 때와 의미는 크다.

상전에서 말하기를, 불이 있는 높은 산을 여행해야 하니 군자는 분명하고 신중하며 법을 지키고 죄에 머무르지 않는다.

초육(初六), 나그네가 (마음이) 좁고 인색하면 곧 그것이 재앙을 당하는 기초가 되는 것이다. 상전에서 말하기를, 나그네가 좁고 인색하면 마음이 막혀서 재앙이 되는 것이다.

육이(六二), 나그네가 여관에 이르면 돈은 품 안에 간직해야 하고 심부름하는 아이를 고맙게 여겨야 옳은 것이다. 상전에서 말하기를, 심부름하는 아이를 고맙게 여기고 올바르면 끝까지 허물은 없는 것이다.

구삼(九三), 나그네가 여관에서 쓰러지고 심부름하는 아이를 잃게 되면 (비록)

바르더라도 위태롭다. 상전에서 말하기를, 나그네가 여관에서 쓰러진 것은 크게 아픈 것이며, 나그네가 아랫사람을 의심하면 올바름을 잃는 것이다.

구사(九四), 나그네가 병을 앓으며 한탄하고 돈을 쪼개 쓰며 굶주린다면 마음에 기쁨은 없는 것이다. 상전에서 말하기를, 나그네가 병을 앓으며 한탄하는 것은 자기 자리에 이르지 못해서이며, 돈을 아껴 써야 하니 마음에 기쁨이 없다.

육오(六五), (자신을) 다스리는 것을 싫어하여 한 번 올바름을 잃게 되면 도와 명예로운 일은 끝나게 되는 것이다. 상전에서 말하기를, 도와 명성이 끝나게 되면 귀한 것을 잃은 것이다.

상구(上九), 새가 그의 둥지에서 쓰러지니 나그네가 처음에는 웃었으나 다음에는 울면서 탄식하였다. (이처럼) 쉽게 사리(事理)를 잊어버리면 흉하게 되는 것이다. 상전에서 말하기를, 나그네가 (자신을) 높이며 살아 그의 올바름이 쓰러져 버린 것이며, 쉽게 사리를 잊어버리고도 그것을 끝까지 알지 못한 것이다.

【 한자 풀이 】

旅: 여행할 여, 나그네 여. 小: 조심할 소, 낮을 소. 得: 이를 득(至也), 이룰 득, 고맙게 여길 득. 中: 바를 중, 치우치지 않을 중. 外: 외지 외, 타향 외. 止: 망동하지 않을 지. 是: 이 시, 그 시. 以: 될 이, 할 이. 明: 분명할 명, 밝을 명. 用: 행할 용, 할 용. 刑: 법 형, 본받을 형, 떳떳할 형. 獄: 죄 옥, 형벌 옥. 瑣: 조심스러울 쇄, 자잘할 쇄. 麗: 빛날 려, 고울 려. 斯: 곧 사. 取: 당할 취, 받을 취. 所: 기초 소, 경우 소. 志: 마음 지. 卽: 이를 즉(至也). 次: 여관 차, 머무를 차. 懷: 품에 간직할 회. 資: 재물 자, 여비 자, 돈 자. 僕: 시중꾼 복, 종 복. 尤: 허물 우, 과실 우, 나무람 우. 焚: 쓰러질 분, 넘어질 분. 亦: 클 역(大也). 傷: 아플 상, 다칠 상. 與: 의심할 여. 于: 한탄할 우, 할 우, 있을 우. 處: 병을 앓을 처. 斧: 쪼갤 부, 도끼 부. 我: 굶주릴 아. 射: 싫어할 역, 쏠 사. 雉: 다스릴 치, 꿩 치. 矢: 바를 시, 화살 시. 譽:

명성 예, 명예 예, 바로잡을 예. 命: 도 명. 上: 높을 상, 높을 상, 존귀할 상. 逮: 보낼 체, 쫓을 체. 巢: 집 소, 둥지 소. 號: 울면서 한탄할 호. 咷: 울 도. 喪: 잃을 상, 잊어버릴 상. 牛: 사리(事理) 우. 易: 쉬울 이. 在: 살 재, 살고있을 재. 之: 이 지, 그 지. 聞: 알 문.

【해설】

「여괘(旅卦)」의 괘상은 불이 난 산(山)이다. 그러나 「여괘」는 불타고 있는 산을 말하는 것이 아니고 불이 난 산길을 걷는 것처럼 나그네는 여행해야 한다는 것을 말한다. 그러면서 동시에 괘덕으로 괘상을 설명한 것이다. 이(離)의 덕은 명(明)이고, 간(艮)의 덕은 지(止)이다. 명은 밝은 것이고, 지는 망동(妄動)하지 않는 것·예를 어기지 않는 것이다. 여행하는 나그네는 이와 같은 「여괘」의 괘덕을 지니고 여행해야 한다. 그러므로 「여괘」는 자연현상과 괘덕을 혼합해서 괘상을 설명한 것이다. 타향이나 외국을 여행하는 나그네는 불이 난 산길을 걷는 것처럼 아주 조심스럽게 여행하여야 하고 함부로 행동하거나 무례한 언행을 해서는 안 된다.

괘명인 '여(旅)'의 뜻은 여행도 되고 나그네도 된다. 고향을 떠나 타향을 여행하는 나그네가 '여(旅)'인 것이다. 고대에 장거리 여행은 오늘날의 여행과는 전혀 다른 것으로서 일종의 모험이었고 위험한 일이었다. 인구가 아주 적었고 교통수단이 없어서 여러 달을 내내 걸어 다녀야 했으며, 산세가 험하고 맹수와 산적이 많았기 때문이다. 이같이 위험한 여행길에서 재앙을 만나지 않도록 나그네가 지켜야 할 법도를 말한 것이 「여괘」인 것이다.

개화(開化)되고 개방된 세상인 현대에도 텃세와 외지인에 대한 배타심은 정도의 차이는 있어도 어디에나 있는 것인데 옛날에는 이런 것이 아주 심하였다. 그러므로 타향에 가면 아주 조심하고 겸손하게 행동해야 한다는 것이다. 자기 고을의 남의 집에 가서도 언행을 조심하여야 하는데 하물며 타향과 외국에 가면 더욱 조심스럽게 행동해야 하는 것은 말할 필요도 없는 일이다. 여행은 중대한 일이다. 그래서 『주역』에서 하나의 주제로 다루고 있다. 다른 지방, 다른 나라의 자연과 문화를 보고 그곳 사람들과 사귀는 일은 중대한 일인 것이다. 견문을 넓히며 자신을 돌아보고 자신을 알게 하는 아주 귀한 기회가 되기 때문이다. 그러나 여행보다 중요한 것은 공부이다. 공부가 없는 여행은 무의미하기 때문이다.

자연은 언제나 불변하는 자연의 법칙에 따라 행동하는 것이지 자기 마음대로란 없다. 이것은 자연의 이치이다.

괘사에서는 여행하는 나그네가 특히 잊지 않고 항상 행하여야 할 것 두 가지를 말한 것이다. 그 첫째는 조심스럽게 행동하는 것이고, 두 번째는 바르게 행동하는 것이다. 조심스럽게 행동하고 바르게 행동하면 막히는 일이 없고 복을 받는다는 것이다.

단전에서 말한, 유(柔)와 강(剛)에서 유(柔)는 음이고 강(剛)은 양인데, 여기서 음은 나그네이고 양은 나그네가 여행하는 타지방 사람이다. 나그네와 나그네가 여행하는 타지방 사람과는 음양관계임을 말한 것이다. 주역 철학에서 음은 양을 따라야 한다. 이같이 나그네도 여행하는 타지방 사람을 따라야 한다는 것이다.

대상전에서, 불타고 있는 높은 산을 여행해야 한다고 하였다. 여행이란 불타고 있는 높은 산을 오르는 것과 같다는 말이다. 그래서 군자는 다른 지방·다른 나라를 여행할 때는 불타고 있는 높은 산을 오르는 것처럼 지극히 조심하면서 흐리멍덩하게 행동하지 않고 분명하게 행동하며, 지켜야 할 법도를 반드시 지킨다고 하였다.

초육(初六)에서는 나그네가 좁고 인색하면 그것이 곧 새앙을 당하는 기초가 된다고 하였다. 좁고 인색한 것은 속이 좁고 가볍고 인색하여 돈 몇 푼 쓰는 것에 벌벌 떠는 것이다. 이런 사람은 머리와 마음이 꽉 막힌 사람이다. 꽉 막히면 재앙을 당하기 쉽다는 것이다.

　육이(六二) 효에서는 나그네가 여관에 이르면 돈은 품 안에 간직해야 하고 심부름하는 아이에게 감사해야 한다는 말이고, 심부름하는 아이를 무시하거나 함부로 대하며 인색하고 피곤하게 하면 안 되고 진심으로 인정을 베풀면서 감사해야 한다는 것이다.

　구삼(九三) 효에서는 나그네가 여관에서 쓰러지고 심부름하는 아이를 잃게 되면 위태롭다고 하였다. 여관에서 쓰러진 것은 병이 들어 앓는 것이고, 심부름하는 아이를 잃은 것은 심부름하는 아이를 의심하여 그가 등을 돌려 인간적 관계가 끊어져 버린 것이다. 타향 땅 여관에서 병이 들어누워 있다면 큰 문제가 되는 것이다. 그러므로 여행하려는 사람은 무엇보다도 건강에 문제가 없어야 하고, 무리하지 않아야 하며, 건강 유지에 각별한 주의를 해야 한다.

　구사(九四) 효에서는 나그네가 여관에서 병을 앓으며 굶주리면서 돈을 쪼개 쓰며 한탄한다면 그 이유는 미득위(未得位)라고 하였다. 여기서 '위(位)'는 자리인데 나그네가 있어야 할 자리다. 나그네가 있어야 할 자리는 나그네가 가져야 할 바른 몸가짐과 마음가짐이고 나그네가 지켜야 할 도리다. 그러므로 '미득위'는 나그네가 지켜야 할 도리를 다 지키지 못하여 나그네가 나그네답지 않은 상태이다. 구사(九四) 효에서 말한 '자부(資斧)'는 일반적으로는 옛날에 여행자가 지니고 다니던 돈과 도끼를 말한다. 그러나 여기서는 그런 뜻이 아니고 돈을 쪼개 쓴다는 뜻이다.

　육오(六五) 효에서는 다스리는 것을 싫어하여 한 번 올바름을 잃게 되면 도와 명예로운 일은 사라진다고 하였다. 여기서 다스리는 것은 '자기 자신'이다. 자기 자신을 엄격하게 다스려 바로잡아 나가야 하는데 이런 일을 하지 않는다면 터득한 진리도 사라지고 좋은 일은 있을 수가 없다는 말이다. 특히 여행자는 자신을 엄격하게 다스려야 타향 땅에서 화를 당하지 않는다는 것이다.

　상구(上九) 효에서는 새가 둥지에서 쓰러지는 것을 나그네가 보고 처음에는 웃었으나 다음에는 울면서 탄식하였다고 하였다. 새가 둥지에서 쓰러진 것은 실제로 새가 쓰러진 것을 말하는 것이 아니고 다른 사람이 당한 불행을 상징적으로 말한 것이다. 여행하면서 다른 여행자가 당한 불행을 보고 처음에는 웃었다는 말이다. 그런데 얼마 후에는 다른 여행자가 당한 불행을 자신이 당한 것이다. 다른 사람의 불행을 교훈으로 삼아 그 불행을 미리 막았어야 하는데, 교훈으로 삼지 못하고 웃어버린 것이다. 그래서 불행을 당하게 된 것이다.

57. ䷸ 巽上 巽下 巽爲風(손위풍)

巽은 小亨하고 利有攸往하며 利見大人하니라.

· · · · · · · · ·

彖曰 重巽以申命은 剛巽乎中正而志行하며 柔皆順乎剛이니라 是以小하면 亨하고 利有 攸往하며 利見大人하니라.

象曰 隨風巽하니 君子以申命行事하니라.

初六, 進退는 利武人之貞하니라
象曰 進退는 志疑也하고 利武人之貞하니 志治也하니라
九二, 巽在牀下하고 用史巫紛若하면 吉无咎이니라
象曰 紛若之吉은 得中也임이니라
九三, 頻巽하면 吝하니라
象曰 頻巽之吝은 志窮也임이니라
六四, 悔亡하면 田獲三品하니라
象曰 田獲三品은 有功也이니라
九五, 貞하면 吉悔亡하며 无不利이니라 无初有終하니 先庚三日後庚三日하여야 吉하니라

象曰 九五之吉은 位正中也임이니라

上九, 巽在牀下하여도 喪其資斧하니 貞凶하니라

象曰 巽在牀下하여도 上窮也하면 喪其資斧하니 正乎凶也이니라

「손괘(巽卦)」는 조심하면 막히는 일이 없고, 가는 곳에 이로움이 있으며 대인(大人)을 만나게 되어 이롭다.

· · · · · · · · ·

단전에서 말하기를, 겹친 손괘(巽卦)가 거듭거듭 가르치는 것은 강하면서 부드럽고, 바르고 치우치지 않으면서 하늘의 뜻을 행하며, 음(陰)이 함께 양(陽)을 따라야 한다는 것이다. 이렇게 되어 조심하면 막히는 일이 없고, 가는 곳에 이로움이 있으며 대인(大仁)을 만나게 되어 이롭다.

상전에서 말하기를, 부드러운 바람이 계속해서 부니 군자는 거듭거듭 가르치면서 (도를) 받들고 행하게 한다.

초육(初六), 나아가고 물러남에는 강하고 용기 있는 사람의 올바름이 이롭게 하는 것이다. 상전에서 말하기를, 나아가고 물러남에는 마음이 엄숙하게 서 있어야 하고, 강하고 용기 있는 사람의 올바름이 이롭게 하는 것이니 마음을 바로잡아야 한다.

구이(九二), 천한 마룻바닥에서 살면서 부드럽고 점을 치는 관리와 귀신에 대한 제사를 맡은 사람의 말을 기쁘게 따르면 복을 받고 화가 없다. 상전에서 말하기를, 기쁘게 따르면 복을 받는다는 것은 올발라서이다.

구삼(九三), 부드러우면서 찡그리면 부끄러운 일을 당하게 된다. 상전에서 말하기를, 부드러우면서 찡그리면 부끄러운 일을 당하게 된다는 것은 마음이 막혀서이다.

육사(六四), 잘못하는 일이 없으면 사냥에 나가면 세 가지 종류의 것을 잡을 것이다. 상전에서 말하기를, 사냥에 나가면 세 가지 종류의 것을 잡는다는 것은 좋은 일이 있게 된다는 것이다.

구오(九五), 올바르면 복을 받고 잘못하는 일이 없으며 이롭지 않은 일이 없다. 초반에는 가진 것이 없어도 후반에는 넉넉하게 되니 번영하는 시절에 헤아림이 있어야 복을 받는다. 상전에서 말하기를, 구오(九五) 효가 복을 받는 것은 그의 자리가 치우침이 없어서이다.

상구(上九), 천한 마룻바닥에 살면서 부드러워도 쪼개 쓰는 돈을 잃게 되니 올바르더라도 근심은 있게 되는 것이다. 상전에서 말하기를, 천한 마룻바닥에 살면서 부드러워도 위로 오르는 길이 막히면 쪼개 쓰는 돈을 잃게 되니 바르더라도 근심하게 된다.

【 한자 풀이 】

巽: 부드러울 손, 유순할 손. 重: 겹칠 중, 거듭 중. 以: 할 이, 될 이. 申: 거듭 신, 말할 신. 命: 가르침 명, 도 명. 小: 조심할 소, 삼갈 소. 志: 하늘의 뜻 지, 덕 지, 마음 지. 皆: 함께 개, 다 개. 隨: 이어질 수, 뒤쫓을 수. 武: 용맹할 무, 굳셀 무. 疑: 바로설 의, 엄숙하게 서 있을 의. 治: 바로잡을 치, 고칠 치. 在: 살 재, 살고 있을 재. 牀: 마루 상, 마룻바닥 상. 下: 천할 하. 用: 말들을 용, 받아들일 용, 오직 용. 史: 일관(日官) 사. 紛: 기뻐할 분. 若: 따를 약. 頻: 찡그릴 빈, 찌푸릴 빈, 급할 빈. 吝: 한탄할 린, 부끄러워할 린. 品: 물건 품, 종류 품. 有: 넉넉할 유, 많을 유.

【해설】

「손괘(巽卦)」의 괘상은 바람이 겹쳐 있는 것을 말하는 것이 아니고 바람이 계속 부는 것을 말하는 것이다. 그러나 「손괘」에서는 바람이 계속 불고 있는 자연현상으로 괘상을 설명한 것이 아니고 손(巽)의 뜻으로 괘상을 설명한 것이다. '손(巽)'이라는 글자의 뜻은 "유순(柔順)함"이다. 유순함은 부드럽고 온순한 것이다. 그러므로 손괘의 괘상은 부드럽고 온순함이 겹친 것, 계속 부드럽고 온순한 것을 말하는 것이다. 사람도 이같이 계속 부드럽고 온순해야 한다는 것이 「손괘(巽卦)」가 말하는 진리다.

괘명인 "손(巽)"의 뜻은 "바람"이다. 앞에서 이미 설명한 대로 손(巽)이라는 글자에는 바람이라는 뜻은 없다. '손(巽)'이라는 글자의 뜻은 "유순함"이다. 그러므로 손(巽)은 바람을 직접 일컫는 말이 아니고 바람을 상징하는 말이고 바람의 본질을 나타내는 말이다. 바람의 본질은 유순함이다. 그래서 바람은 참으로 부드럽고 온순한 존재다. 강풍은 부드러우면서 강한 것이다. 부드럽고 온순함은 도(道)에서 피어난 아름다운 꽃이고 최고선(最高善)이다. 부드럽고 온순함의 반대는 차갑고 무뚝뚝하며, 사납고 뻣뻣하며, 거칠고 무례하며, 오만하고 불친절한 것이다.

그리고 바람의 역할은 앞으로 나아가면서 바람직하지 않은 것을 멀리멀리 밀어내는 것이다. 바람(巽)의 덕은 앞으로 나아가는 것이다. 탁한 공기와 나쁜 냄새를 밀어내 쾌적하게 하고, 더위를 밀어내 시원하게 하고, 추위를 밀어내 따뜻하게 하고, 눅눅함을 밀어내 끈적거리지 않게 하고, 매서운 칼바람은 병충해를 밀어내는 것이다.

자연은 크게 둘로 나눌 수 있다. 사람의 생활공간으로서의 자연과 사람이 바라보며 살아야 할 자연인 것이다. 사람의 생활공간으로서의 자연은 모든 것을 수용하는 한 없이 부드럽고 온순한 것이다. 그러므로 사람과 함께하는 자연의 이치는 한없이 부드럽고 온순함이다.

괘사에서는 조심해야 한다는 것을 특별하게 강조하고 있다. 그 이유는 부드럽고 온순하면 화가 따라붙을 가능성이 많기 때문이다. 부드럽고 온순하면 겉으로 보기에 약하고 만만해 보이므로 악(惡)이 쉽게 접근할 수 있다. 그러므로 항상 거리를 두어야 하고 조심해야 한다. 그러나 조심만으로는 안 되는 것이다. 바르고 강해야 한다.

그리고 또 손(巽)의 괘덕은 입(入)이다. 입(入)은 나아가고 들어가는 것이다. 앞으로 나아갈 때나 어떤 곳으로 들어갈 때는 항상 조심해야 하는 것은 기본이 되는 덕이다. 그래서 조심해야 한다고 강조한 것이다.

단전에서는, 바람(巽)이 행하는 도를 말한 것이다. 바람이 행하는 도는 강하면서 부드러운 것, 바르고 치우치지 않는 것, 하늘의 뜻을 행하면서 하늘을 따르는 것이다. 바람을 강하다고 한 것은 바람은 지극히 부드러운 존재이지만 때로는 나무도 넘어뜨리고 집도 무너뜨리며 배도 뒤집어 침몰시키므로 강하다고 한 것이다. 바람은 마음대로 이리 불고, 저리 불고 하지 않고 일정한 방향으로 하늘의 뜻에 따라 불기 때문에 바르다고 한 것이고 전 지역을 고르게 불기 때문에 치우침이 없다고 한 것이다. 그리고 바람은 자기 의지가 없다. 오직 하늘의 뜻을 따르기 때문에 하늘을 따른다고 한 것이다. '호강(乎剛)'에서 '호(乎)'는 '~을'이라는 목적어 표시 전치사이고, '강(剛)'은 양(陽)을 말하는데 여기서 양은 바람의 양인 하늘을 가리키는 것이다. '강손호(剛巽乎)'에서 '호(乎)'는 부사구를 만드는 어조사이다. 그러므로 '손호(巽乎)'는 "부드럽고"의 뜻이다.

대상선에서, 바람이 계속해서 불면서 바람이 행하는 도를 말해주는 것처럼 군자도 계속 사람들을 가르치며 성현의 가르침인 도를 받들고 행하게 한다고 하였다. 그렇게 가르쳐 사람들을 부드럽고 온순하게 하고, 강하고 바르게 하여 하늘을 따르게 한다는 것이다.

초육(初六) 효에서 말한 '진퇴(進退): 앞으로 나아가고 물러나는 것'는 "부드럽고 온순한 사람의 진퇴"를 말한 것이다. 부드럽고 온순한 사람은 앞으로 나아가거나 물러날 때 마음이 엄숙하게 서 있는 강함과 올바름을 가지고 있어야 이롭다는 것이다. 강한 과단성과 올바른 상황판단을 할 수 있어야 나아가고 물러남에 덕을 잃지 않는다는 말이다. 부드럽고 온순하기만 하고 강함과 바른 도를 가지고 있지 못하면 덕을 잃게 되기 때문이다. 초육(初六) 효에서 말한 무인(武人)은 군인이 아니고 용기 있고 강하고 바른 사람이다. 무인에 대한 설명은 10. 「이괘(履卦)」에서 자세하게 하였다.

구이(九二) 효는 부드럽고 온순하면서 천한 마룻바닥에서 검소하게 사는 사람이다. 이런 사람이 '사(史)'와 '무(巫)'의 말을 기쁘게 따르면 화는 없고 복을 받는다고 하였다. 부드럽고 온순하면서도 의심이 많아 신(神)의 뜻을 말해주는 사람의 바른말을 따르지 않으면 복을 받지 못한다는 말이다. 여기서 말한 '사(史)'는 일관(日官)을 말한다. 일관은 천문을 보는 일과 점을 치는 일을 행하는 관리였다. 그러나 중국 고대에서 '사(史)'는 일관(日官)만 말하는 것은 아니었다. 어떤 시대에서는 하급 관리(屬官: 속관)를 말하기도 하였고, 어떤 시대에는 감옥을 담당하는 관리(獄官: 옥관)를 말하기도 하였다. 여기서 말한 '무(巫)'는 귀신을 섬기며 귀신에게 제사를 지내고 귀신의 뜻을 전해주는 사람이다. 이 '무'를 중국에서는 '무사(巫史)'라고도 하였고 '무축(巫祝)'이라고도 하였다. 우리나라의 무당에 해당하는 사람이다. 그러나 여기서 말한 '무(巫)'는 엉터리 무당이나 사기꾼 무당이 아니고 바르게 살면서 진실로 사람들을 돕는 올바른 '강신무(降神巫)'를 말하는 것이다. 과학은 없고 귀신과 무지가 세상을 지배하던 옛 시대에 '사(史)'와 '무(巫)'는 백성들의 인생 동반자였다.

구삼(九三) 효에서는 부드럽고 온순하면서 찡그리면 부끄러운 일을 당하게 된다고 하였다. 부드럽고 온순한데 종종 짜증을 내고 신경질을 부리는 사람이다. 이렇게 되면 부드럽고 온순한 덕이 빛을 잃게 되어 부끄리운 일을 당하게 된다는 말이다. 그러므로 부드럽고 온순함을 일관되게 유지할 수 있어야 존귀한 덕이 된다.

 육사(六四) 효에서는 부드럽고 온순하면서 잘못하는 일이 없으면 사냥에 나가면 세 가지 종류의 사냥감을 잡는다고 하였다. 잘못하는 일이 없다는 것은 바르게 산다는 말이고, 세 가지 종류의 사냥감은 꼭 세 가지 종류만을 말하는 것 아니고 여러 가지 사냥감을 말하는 것이다. 그러나 사냥을 비유로 해서 말한 것이지 단지 사냥만을 말하는 것은 아니다. 즉 하는 일들에서 좋은 결과를 얻는다는 말이다.

 구오(九五) 효에서 말한 '선경삼일(先庚三日)', '후경삼일(後庚三日)'은 18.「고괘(蠱卦)」에 나온 '선갑삼일, 후갑삼일(先甲三日, 後甲三日)'과 유사한 말이다. 갑을병정무기경신임계(甲乙丙丁戊己庚辛壬癸)에서 '선경삼일(先庚三日)'은 경(庚)에서 앞으로 세 번째 날인 정(丁)일이고, '후갑삼일(後甲三日)'은 경(庚)에서 뒤로 세 번째 날인 계일(癸日)이다. 정(丁)과 계(癸)를 글자의 뜻으로 풀이하면 '정(丁)'은 번창한다는 뜻이고, '계(癸)'는 헤아린다는 뜻이다. 번창할 때 헤아려 겸손하고 검소하게 살아야 복을 유지 할 수 있다는 것이다. 번창할 때 겸손하고 검소하게 살려면 중정(中正, 바르고 치우침이 없는 인격)의 덕을 가져야 가능한 것이다.

 상구(上九) 효에서 부드럽고 온순하면서 천한 마룻바닥에서 검소하고 바르게 살아도 쪼개 쓰는 돈을 잃게 되는 화를 당한다고 하였다. 위로 올라가는 길이 막히면 화를 당할 수가 있다는 말이다. 위로 올라가는 길이 막힌다는 말은 학문연구와 수양과 구도가 중단되어 자기 존재의 향상이 그쳐 버린 것이다. '자부(資斧: 쪼개 쓰는 돈)'는 56.「여괘」에 나온 말이다.

58. ䷹ 兌上 兌下 兌爲澤(태위택)

兌는 亨利貞이니라.

· · · · · · · · ·

彖曰 兌는 說也이며 剛中而柔外하고 說以利貞이니라 是以로 順乎天而應乎人하나니라 說以先民하면 民忘其勞하고 說以犯難하며 民忘其死하니 說之大民勸矣哉이니라.

象曰 麗澤兌하니 君子以朋友講習하나니라.

初九, 和兌하면 吉하니라
象曰 和兌之吉은 行未疑也임이니라
九二, 孚兌하면 吉悔亡하니라
象曰 孚兌之吉은 信志也임이니라
六三, 來兌하면 凶하니라
象曰 來兌之凶은 位不當也임이니라
九四, 商兌하면 未寧하고 介疾有喜하니라
象曰 九四之喜는 有慶也이니라
九五, 孚于剝하면 有厲이니라

象曰 孚于剝은 位正當也이니라

上六, 引兌이니라

象曰 上六引兌하면 未光也이니라

「태괘(兌卦)」는 막히는 일은 없으나 올발라야 이롭다.

· · · · · · · · ·

단전에서 말하기를, 태(兌)는 기뻐하는 것이며 내면은 강하고 외면은 부드럽고 기뻐하지만 올발라야 이롭게 된다. 이런 까닭으로 하늘을 따라야 하고 훌륭한 사람을 따라야 한다. 기쁘게 사람들의 앞장을 서면 사람들은 그들의 고달픔을 잊어버리고 기쁘게 위험을 무릅쓰며 사람들은 죽는 것도 잊어버리는 것이니 기뻐하는 것의 중대함을 사람들에게 가르쳐야 한다.

상전에서 말하기를, 소택(沼澤)이 짝을 이루어 기뻐하고 군자도 벗과 짝을 이루어 학문을 연구하고 익힌다.

초구(初九), 화목하며 기쁘게 살면 복을 받는다. 상전에서 말하기를, 화목하며 기쁘게 살면 복을 받는다는 것은 행실에 어긋남이 없어서이다.

구이(九二), 진실하고 정성스러우면서 기쁘게 살면 복을 받고 잘못하는 일이 없다. 상전에서 말하기를, 진실하고 정성스러우면서 기쁘게 살면 복을 받는다는 것은 하늘의 뜻을 따르기 때문이다.

육삼(六三), 부름을 받고 기뻐하면 흉하게 된다. 상전에서 말하기를, 부름을 받고 기뻐하면 흉하게 된다는 것은 그의 자리가 그에게 어울리지 않아서이다.

구사(九四), 베풀면서 기쁘게 살면 장래에 편안하고, 괴로움이 끼어들어도 기쁜 일이 있게 된다. 상전에서 말하기를 구사(九四) 효의 기쁜 일은 경사스러운 일이 있게 된다는 것이다.

구오(九五), 크게 깎아 내어 빛이 나면 힘써 닦은 것이다. 상전에서 말하기를, 크게 깎아 내어 빛이 난다는 것은 그의 자리가 그에게 어울린다는 것이다.

상육(上六), 바로잡으면 기쁘게 살게 된다. 상전에서 말하기를, 상육(上六) 효가 바로잡아 기쁘게 살게 되면 장래에 빛이 나게 되는 것이다.

【 한자 풀이 】

兌: 기뻐할 태, 모일 태. 中: 안 중, 속 중, 마음 중. 外: 겉 외, 언행 외. 應: 뒤따를 응, 감응할 응. 先: 앞장설 선, 중히 여길 선, 높일 선. 勞: 고달플 로, 괴로울 로. 犯: 무릎쓸 범, 만날 범. 難: 어려운 일 난, 괴로운 일 난, 재앙 난. 勸: 가르칠 권, 권장할 권. 人: 훌륭한 사람 인. 麗: 짝지을 려, 붙을 려. 朋: 벗 붕. 友: 짝지을 우, 친하게 지낼 우. 講: 연구할 강, 공부할 강, 논의할 강. 和: 화목할 화, 화합할 화. 疑: 어그러질 의. 孚: 성실할 부, 빛날 부. 信: 따를 신, 펼 신, 알 신. 志: 하늘의 뜻 지, 덕 지. 來: 부를 래, 이를 래(至也). 商: 베풀 상, 떳떳할 상. 未: 아닐 미, 미래 미. 介: 끼일 개. 疾: 괴로워할 질. 于: 할 우, 클 우(大也). 剝: 깎을 박, 벗을 박. 引: 바로잡을 인, 이끌 인. 厲: 힘써 닦을 려.

【 해설 】

「태괘(兌卦)」의 괘상은 두 개의 소택(沼澤)이 이웃해 있는 것이다. 그러나 「태괘」에서는 이런 자연현상으로 괘상을 설명한 것이 아니고 괘덕으로 괘상을 설명한 것이다. 「태괘」의 괘덕은 "기뻐하는 것(悅)"이다. 기뻐하는 것은 내면에 기쁨이 들어있어서 기뻐하는 것이고, 기쁘게 사는 것이며, 다른 사람을 기쁘게 하는 것이다. 사람도 이같이 내면에 기쁨을 가지고 기쁘게 살아야 하고 다른 사람에게 기쁨을 주어야 한다는 것이 「태괘」가 말하는 진리이다.

괘명인 '태(兌)'의 뜻은 소택이다. 앞에서 이미 설명한 대로 '태(兌)'라는 글자에는 소택이라는 뜻은 없다. '태(兌)'라는 글자의 뜻은 "기뻐하다·기쁘게 하다"라는 뜻이다. 그러므로 '태(兌)'는 소택을 직접 일컫는 말이 아니고 소택을 상징하는 말이고, 소택의 본질을 나타내는 말이다. 소택은 바라보는 사람에게 정서적으로 큰 기쁨을 주는 존재이다. 마음을 가라앉게 하고 평화롭게 하며, 세속의 번뇌를 잊게 하고 무욕(無欲)하게 하며, 영혼을 맑게 하여 큰 기쁨을 주는 것이다. 그리고 그 물로 농사를 짓게 하므로 큰 기쁨을 주는 것이다. 소택은 기쁨을 가지고 있어서 사람들을 기쁘게 하는 것이다. 이는 소택을 의인화(擬人化)·인격화(人格化)해서 말한 것이다.

소택처럼 사람도 내면에 기쁨이 들어있어야 한다. 인간의 내면에 들어있는 기쁨은 불가(佛家)의 말로 표현하면 법열(法悅)이다. 법열은 깨달은 고차원의 진리에서 나오는 기쁨이다. 이 법열은 인생에서 최고의 보물이 된다. 그러나 깨달은 고차원의 진리가 아닌 천진·순수·양심·겸손·소박 등 천부의 도를 가지고 있어도 내면에 기쁨이 들어있는 것이고 다른 사람에게 큰 기쁨을 주는 것이다. 그러므로 진정한 기쁨은 도(道)에서만 나온다. 지상적 가치도 기쁨을 준다. 그러나 그 기쁨은 일시적이고 허망한 것이며, 사람을 가볍게 하고 가치 없게 하는 것이므로 진정한 기쁨을 주지는 못하는 것이다.

나의 내면에 기쁨이 없으면 다른 사람에게 답답함을 주고 불쾌감을 주며, 사랑할 수 없게 하고 멀리하게 하는 것이다. 자연은 아주 드물게 오만한 인간에게 재앙을 주기도 하지만 자연의 본질은 평화이다. 평화로운 자연은 언제나 사람에게 기쁨을 주는 것이다. 사람을 기쁘게 하는 것은 자연의 이치이다.

괘사에서는 막히는 일은 없으나 올발라야 이롭다고 하였다. 도를 어기지 않고 살면 기쁘게 사는 것이고, 기쁘게 살면 막히는 일은 없다는 것이다.

단전에서는, 태괘(兌卦)는 내면은 강하고 외면은 부드럽다고 하였다. 그렇게 말한 이유는 괘체를 근거로 해서 말한다. 「태괘」의 괘체에서 삼효(三爻)는 소택의 상부로서 수면(水面)이고 외면이며, 일효(一爻)·이효(二爻)는 물이 담겨있는 부분이고 내면이다. 외면인 삼효는 음효(陰爻)이므로 외면은 부드럽다고 한 것이고, 내면인 일효·이효는 양효(陽爻)이므로 내면은 강하다고 말한 것이다. 그리고 소택의 내면은 변함이 없고 흔들림이 없으므로 강하다고 한 것이고, 외면은 잔잔하고 평화롭기에 부드럽다고 한 것이다. 일반적으로는 내강외유(內剛外柔)라고 말하는데 여기서는 강중유외(剛中柔外)라고 말한 것이다.

앞장서야 할 사람은 윗사람이다. 윗사람이 앞장서는 것이지 아랫사람은 앞장서는 사람이 아니다. 아랫사람은 뒤따르는 사람인 것이다. 그리고 윗사람은 조직과 조직 내의 사람을 책임질 책임자다. 책임자는 앞장서기 위해서 존재하는 사람인 것이다. 권력은 앞장선 행위에서만 나오는 것이다. 앞장선다는 말은 조직과 조직 내의 사람들을 위해서 맨 앞에서 십자가를 지고 가는 것이다. 십자가를 지고 간다는 말은 조직 내의 사람들보다 더 힘들게 살고 더 가난하게 살며 조직을 위해서 몸과 마음을 바치는 희생하는 생활을 한다. 그러면서 동시에 진리를 행하면서 진리의 길로 인도 하는 것, 윗사람은 죽을 곳으로 가고 조직 내의 사람은 살 곳으로 인도하는 것이다. 결국은 죽을 곳으로 간 사람만 살아남는 것이다. 고차원의 도를 터득하여 낮은 사람이 되어야 기쁘게 앞장설 수가 있다. 윗사람이 기쁘게 앞장서면 사람들은 고달픈 것도 다 잊고 일을 하며, 기쁘게 위험을 무릅쓰며 죽는 것도 잊어버리고 일을 한다고 하였다. 윗사람이 진리의 사람이 아니어서 앞장서지 못한다면 조직은 침체하고 붕괴한다. 붕괴하지는 않아도 가치 없고 병든 조직인 것이다.

대상전에서, 소택이 짝을 이루어 기뻐한다고 하였다. 괘상을 자연현상으로 설명한 것이다. 군자는 짝을 이루어 기뻐하는 「태괘(兌卦)」를 보고 배워 벗과 짝을 이루어 학문을 연구하고 익히며 기쁘게 한다고 하였다.

초구(初九) 효에서는 화목하며 기쁘게 살면 복을 받는다고 하였다. 함께 사는 사람들이 화목하며 기쁘게 산다면 낙원이다. 천부의 도이든, 터득한 도이든 수준 높은 도를 가지고 있어서 도에 어긋난 언행이 없어야 가능한 것이다. 도에서 벗어난 사람은 화목과 화합은 할 수가 없다.

구이(九二) 효에서는 진실하고 정성스러우면서 기쁘게 살면 복을 받고 잘못을 저지르는 일도 없다고 하였다. 하늘을 따르며 하늘의 도를 어기지 않고 사는 대인군자의 생활인 것이다.

육삼(六三) 효에서는 부름을 받고 기뻐하면 흉하게 된다고 하였다. 여기서 부름은 임금의 부름이다. 임금이 불러서 벼슬자리를 주는 것이다. 이와 같은 임금의 부름에 기뻐하는 사람이면 다음에 흉하게 된다고 하였다. 소인이기 때문에 기뻐하는 것이고 소인은 결국은 화를 당하게 되는 사람이기 때문이다. 대인군자는 기뻐하지 않는다. 자기의 부족한 역량을 근심하고 두려워하는 것이다.

구사(九四) 효에서는 베풀면서 기쁘게 살면 장래가 편안하다고 하였다. 베푸는 것은 재물을 주고 정을 주며, 힘을 보태 밀어주고 일을 도와주는 것이다. 이렇게 베풀면서 진리를 가지고 기쁘게 살면 하늘이 복을 내려 장래는 편안하게 된다고 하였다. 그러나 이렇게 사는 바른 생활에도 뜻밖에 당하는 날벼락도 있다고 하였다.

구오(九五) 효에서는 크게 깎아 내어 빛이 나면 힘써 닦은 것이라고 하였다. 크게 깎아 낸 것은 자신의 바르지 않은 언행과 생활을 잘라낸 것이다. 정성을 다해 학문을 연구하고 수양하고 구도하여 자신을 진리의 사람으로 만든 것이다. 진리의 사람이 되었으니, 빛이 나는 것이고 빛이 나게 닦았으므로 힘써 닦은 것이다. 이렇게 되면 그 사람은 그의 자리가 그에게 어울리는 사람이 되는 것이다.

상육(上六) 효에서는 바로 잡으면 기쁘게 살게 된다고 하였다. 여기서 말한 바로 잡을 사람은 타인이 아니고 자기 자신이다. 자기 자신을 바로잡지 않고도 기쁘게 사는 사람은 이 세상에는 없다. 자신을 바로잡지 않을수록 살기가 힘들고 괴로운 것이다. 그러므로 먹고 사는 일보다 먼저 해야 할 일은 자신을 바르게 하는 일인 것이다. 자신을 바르게 하는 일은 끊임없는 자기반성과 결단으로 자신을 고쳐 가면서 교양 공부와 진리 공부를 하는 것이다.

59. ䷺ 巽上 坎下 風水渙(풍수환)

渙은 亨하나 王假有廟하며 利涉大川이나 利貞이니라.

· · · · · · · · ·

彖曰 渙亨은 剛來而不窮하며 柔得位乎外而上同함이니라 王假有廟는 王乃在中也이며
　　利涉大川은 乘木有功也이니라

象曰 風行水上渙하니 先王以享于帝立廟하니라

初六, 用拯馬壯하면 吉하니라
象曰 初六之吉은 順也임이니라
九二, 渙奔其机하면 悔亡이니라
象曰 渙奔其机하면 得願也이니라
六三, 渙其躬하면 无悔이니라
象曰 渙其躬하면 志在外也이니라
六四, 渙其群하면 元吉하고 渙有丘하면 匪夷所思이니라
象曰 渙其群元吉은 光大也임이니라
九五, 渙汗其大號하고 渙王居하면 无咎이니라

象曰 王居无咎는 正位也임이니라
上九, 渙其血하고 去逖出하면 无咎이니라
象曰 渙其血하면 遠害也이니라

「환괘(渙卦)」는 막히는 일은 없으나 큰 복은 사당(祠堂)에 있으며, 큰 내를 건너도 이로우나 올발라야 이롭다.

. . . .

단전에서 말하기를, 「환괘」가 막히는 일이 없는 것은 양(陽)이 내려와서 크게 공경하며 음(陰)이 밖에서 자기 자리에 있으면서 하늘과 함께해서이다. 큰 복이 사당에 있다는 것은 번창함은 곧 올바른 데에 있다는 것이며, 큰 내를 건너도 이롭다는 것은 목덕(木德) 때문에 좋은 일이 있게 된다는 것이다.

상전에서 말하기를, 바람이 물 위로 불어 (물이) 흩어지니 옛 임금들은 천제(天帝)에게 제사를 드리고 사당을 세운 것이다.

초육(初六), 크게 훌륭한 것을 받들어 행하면 복을 받는다. 상전에서 말하기를, 초육(初六) 효가 복을 받는 것은 도를 따르기 때문이다.
구이(九二), 흩어져 달아나도 진중(鎭重)하면 후회할 일은 없다. 상전에서 말하기를, 흩어져 달아나도 진중하면 원하는 것을 얻게 된다.
육삼(六三), 흩어져 가도 몸소 (도를) 행하면 후회할 일은 없다. 상전에서 말하기를, 흩어져 가도 몸소 (도를) 행하면 사심(私心)을 벌리하며 사는 것이다.

육사(六四), 흩어져 가도 화합하면 크게 복을 받고, 흩어져 가도 크게 도와주면 크게 빛이 나게 도리를 따르는 것이다. 상전에서 말하기를, 흩어져 가도 화합하면 크게 복을 받는다는 것은 크게 빛이 나기 때문이다.

구오(九五), 흩어져 널리 퍼진 것을 많이 불러 모으고 흩어져 가는 것을 머물러 있게 하면 화는 없다. 상전에서 말하기를, 가는 것을 머물러 있게 하여 화가 없게 된 것은 그의 자리가 올발라서이다.

상구(上九), 흩어져 간 것을 근심하고, 떠나는 것을 드러나게 두려워하면 화는 없다. 상전에서 말하기를, 흩어져 간 것을 근심하면 재앙에서 벗어나는 것이다.

【 한자 풀이 】

渙: 흩어질 환, 헤어질 환. 來: 이를 래(至也), 올 래. 丕: 클 부(大也). 窮: 공경할 궁. 得: 이를 득, 얻을 득. 位: 벼슬 위, 자리 위. 上: 하늘 상. 同: 함께할 동, 화합할 동. 王: 클 왕, 번창할 왕, 갈 왕(往也). 乘: 말미암을 승, 받들 승. 行: 갈 행, 지날 행, 달리 행. 用: 할 용, 행할 용. 拯: 받아들일 증, 들어 올릴 증. 馬: 클 마(大也). 壯: 훌륭할 장, 클 장(大也). 順: 도리를 따를 순, 바를 순. 奔: 달아날 분, 나아갈 분. 其: 무릇 기, 만일 기, 어조사 기. 机: 진중할 궤. 躬: 몸소 행할 궁, 공손할 궁. 志: 사심(私心) 지, 감정 지. 外: 멀리할 외. 群: 화합할 군, 어울릴 군. 有: 도울 유, 친하게 지낼 유. 丘: 클 구, 많을 구. 匪: 빛날 비. 夷: 클 이, 기뻐할 이. 思: 따를 사. 所: 도리 소, 경우 소. 汗: 널리 퍼질 한. 號: 부를 호, 불러올 호. 居: 머무를 거, 있을 거. 血: 근심할 혈. 去: 떠날 거, 떠나갈 거. 逖: 두려워할 적, 근심할 적. 出: 드러날 출, 뛰어날 출. 遠: 벗어날 원, 멀어질 원. 害: 재앙 해, 해로울 해.

【 해설 】

「환괘(渙卦)」의 괘상은 물 위로 바람이 불고 있다. 그러나 「환괘」는 물 위로 바람이 불고 있는 것을 말하는 것이 아니고 물 위로 바람이 부니까 물이 바람 따라 흩어져 가고 있는 것을 말하는 것이다. 이처럼 사람들도 세상 바람을 따라 흩어져 떠나간다는 것이다. 그러나 사람은 머물러 있어야 할 곳을 세상 바람을 따라 떠나면 안 된다는 것이 「환괘」가 말하는 진리이다.

괘명인 '환(渙)'이라는 말의 뜻은 "흩어지다·흩어져 가다"라는 뜻이다. 살던 가정과 살던 나라를 떠나 천지사방으로 흩어져 가는 것이 '환(渙)'이다. 공허한 가슴에 돈바람·자유의 바람·어떤 사상(思想)과 신앙의 바람이 들어와서 그 바람 따라 떠나는 것이다. 가족 중심·조상의 묘(墓) 중심의 옛 농경사회에서 이런 바람으로 집에 있어야 할 아들이 가정과 고향을 떠나는 것은 가족에게 큰 아픔을 주는 중대한 문제였으므로 『주역』에서 하나의 철학적 주제로 다루고 있다. 현대는 고도로 발달한 문명과 극대화된 자유 평등사상과 개인주의 때문에 지구촌(地球村) 시대가 되었으므로 집을 떠나고 나라를 떠나는 것은 아무런 문제가 되지 않는 시대가 된 것이다. 자연계에 있는 모든 생명체의 새끼와 씨앗은 자라서 성장하면 어미를 떠난다. 바람이 없어도 떠나고 바람을 타고 떠나기도 한다. 새끼는 떠나도 어미는 그 자리에 있는 것은 자연의 이치다.

괘사에서 막히는 일이 없다고 하였다. 막히는 일이 없는 이유를 일반적으로는 괘덕으로 설명하는데 여기 단전에서는 괘체로 설명하였다. 상괘(上卦) '손(巽)'은 음이고, 하괘(下卦) '감(坎)'은 양인데, 양이 음의 밑으로 내려와서 크게 공경하며 섬기기 때문에 막히는 일이 없다고 한 것이다. 그리고 또 '손(巽)'이 밖에서 자기 자리에 있으면서, 하늘과 함께하기에 막히는 일이 없다고 하였다. 바람(巽)이 물(坎) 위에 있는 것은 바람이 자기 자리에 있는 것이므로 바람 곧, 음이 자기 자리에 있다고 한 것이고, 바람은 자기 의지가 없고 하늘을 따르기 때문에 하늘과 함께한다고 말한 것이다. 상괘(上卦)는 외괘(外卦)이기 때문에 음이 밖에 있다고 한 것이다.

단전에서 말한, '강래(剛來)'는 "양(陽)이 와서"라는 뜻이다. "양이 음의 아래로 내려와서"라는 말이다. '강래(剛來)'라는 말은 6.「송괘(訟卦)」·17.「수괘(隨卦)」에 나온 말이다. '왕가유묘(王假有廟: 큰 복은 사당에 있다)'는 45.「췌괘(萃卦)」에서 설명하였다. 정성을 다해 제사를 올리는 조상 공경과 살아계신 부모님께 효도해야 큰 복을 받는다는 것이다. 단전에서는 큰 복이 사당에 있다는 말은 번창함은 올바르게 사는 데에 있는 것이라고 설명하였다. 번창하는 것은 크게 복 받은 것이고, 올바르게 살면 조상을 공경하고 효도하는 것이므로, 큰 복이 사당에 있다는 말과 번창함은 올바르게 사는 데에 있다는 말은 같은 말이다. '왕가유묘(王假有廟)'를 「췌괘」에서는 '치효향야(致孝享也, 효성을 다해 제사 지내는 것)'라고 하였다.

괘사 전반부의 실제적인 뜻은 집을 떠나 타향에 나가 살면서 하는 일에 막히는 일이 없으려면, 조상을 공경하는 마음과 부모님에 대한 효심(孝心)을 항상 가지고 있어야 한다는 것이다. 큰 내를 건너도 이로운 이유를 목덕(木德) 때문이라고 하였다. 상괘 손(巽)이 나무이기 때문에 목덕이라고 말한 것이다. 목덕은 42.「익괘(益卦)」에서 설명하였다. 목덕을 가지고 올발라야 집을 떠나 멀리 타향에 나가도 이롭다는 것이다.

대상전에서, 바람이 물 위로 부니 물이 흩어진다고 하였다. 물 위로 바람이 부니까 물이 가만히 있지를 못하고 흩어져 떠나가고 있는 괘상을 옛 임금들은 보고 배워 천제(天帝)에게 제사를 올리고 사당을 세웠다고 하였다. 물이 흩어져 가는 것을 보고 민심이 떠나는 것을 본 것이다. 그래서 백성들의 마음이 임금과 나라에서 떠나지 않도록 하늘에 제사를 올리며 빌었고 자신을 반성한 것이다. 그리고 사당을 세웠다고 하였다. 여기서 사당은 백성들이 우러러 받드는 위대한 인물의 혼령에게 제사를 드리기 위한 사당이다. 하늘에 제사를 지내고 위대한 인물의 혼령에게 제사를 드리면 천제와 위대한 인물의 뜻에 따라 바르게 나라를 다스리겠다는 약속이다. 그 약속대로 바르게 나라를 다스리면 민심이 떠나는 것을 막을 수가 있다. 민심이 떠나면 다음에는 백성들이 외국으로 이주해 버리는 것이다.

초육(初六) 효에서 말한 '용증마장(用拯馬壯)'은 36.「명이괘(明夷卦)」에 나온 말이다. '마장(馬壯)'은 크게 훌륭한 것이다. 이는 하늘의 도·천제가 말하는 도이다. 천도(天道)를 받들어 행하면 복을 받는다는 것이다. 천도를 받들어 행하면 사람이 흩어져 가는 것을 막을 수도 있고, 다 떠나도 도만 지니고 있으면 하늘이 도와서 복을 받는다는 것이다.

구이(九二) 효에서는 흩어져 달아나도 진중해야 한다고 하였다. 진중(鎭重)은 점잖고 무거운 것이다. 여기서 말한 흩어져 달아나는 사람은 데리고 있는 사람들이다. 세상 바람을 따라 데리고 있는 사람들이 떠나는 것이다. 그래도 진중하면 후회할 일도 없고 언제나 넉넉한 마음으로 살며 원하는 것을 얻게 된다. 구이(九二) 효는 떠나는 사람을 점잖고 무겁게 보내는 것이다.

육삼(六三) 효에서는 사람들이 흩어져 떠나가도 그런 것에 흔들림이 없이 도를 행하며 살아야 한다고 하였다. 여기서 말한 '궁(躬)'은 궁행(躬行)을 말하는 것이고, 궁행은 몸소 진리를 행하는 것이다. 진리를 따라 살면 사심(私心)은 없는 것이다. 사심은 사욕(私欲)을 채우려는 마음이다. 사욕을 채우려는 마음이 없이 살았고, 살고 있으면 다 떠나도 후회할 일은 없다. '지재외야(志在外也)'는 11.「태괘」·31.「함괘」에 나온 말이다.

육사(六四) 효에서는 사람들이 흩어져 떠나가도 떠나는 사람들과 화합하고 떠나는 사람들을 크게 도와주면 크게 빛이 나게 도를 따르는 사람이라고 하였다. 훌륭한 군자의 행동이다. 더 좋은 곳으로 기쁘게 보내주는 것이다. '비이소사(匪夷所思)'는 일반적으로는 평범하지 않은 생각·생각하는 바가 크게 빛이 나는 것이라는 뜻이지만 여기서는 그런 뜻으로 번역하면 말이 되지 않는다.

구오(九五) 효에서는 흩어져 멀리 떠난 사람을 많이 불러 모으고 흩어져 가는 사람을 머물러 있게 하면 화는 없다고 하였다. 화를 당하는 일이 없는 사람이라는 뜻이다.

상구(上九) 효에서는 사람들이 흩어져 떠나간 것을 근심하고 크게 두려워하면 화는 없다고 하였다. 자신의 부덕함이 사람들에게 자신을 떠나게 한 원인이라고 여기고 근심하고 두려워하는 것이다. 원인을 다른 데에서 찾지 않고 자기 자신에게서 찾는 대인군자의 모습인 것이다.

60. 坎上 兌下 水澤節(수택절)

節은 亨하나 苦節은 不可貞이니라.

· · · · · · · · ·

彖曰 節亨은 剛柔分而剛得中이며 苦節不可貞은 其道窮也임이니라 說以行險하고 當位以節하며 中正以通하니라 天地節而四時成하니 節以制度하여 不傷財하고 不害民하니라.

象曰 澤上有水節이니 君子以制數度하고 議德行하니라.

初九, 不出戶庭하면 无咎이니라
象曰 不出戶庭은 知通塞也임이니라
九二, 不出門庭하면 凶하니라
象曰 不出門庭凶은 失時極也임이니라
六三, 不節若 則嗟若하면 无咎임이니라
象曰 不節之嗟하면 又誰咎也이리요
六四, 安節하면 亨하니라
象曰 安節之亨은 承上道也임이니라

九五, 甘節하면 吉하고 往有尙하니라
象曰 甘節之吉은 居位中也임이니라
上六, 苦節하면 貞凶이나 悔亡이니라
象曰 苦節貞凶은 其道窮也임이니라

「절괘(節卦)」는 막히는 일은 없으나 지나치게 절제하는 것은 바르지 않다.

· · · · · · · · ·

단전에서 말하기를, 「절괘(節卦)」가 막히는 일이 없는 것은 양(陽)이 음(陰)에게 베풀고 강하고 치우치지 않아서이며, 지나치게 절제하는 것은 바르지 않다는 것은 그렇게 하면 도가 막히기 때문이다. 즐겁게 어려운 일을 행하고 자기 자리에 어울리게 절제하며 바르고 치우치지 않아야 (도가) 막히지 않는 것이다. 하늘과 땅은 알맞게 사계절을 이루니 (사람도) 알맞게 법도를 만들어 재물을 축나지 않게 하고 백성들에게 해가 되지 않게 해야 한다.

상전에서 말하기를, 소택 위에 알맞게 물이 있으니 군자는 헤아려 법도를 만들고 어질고 너그러운 행실에 대하여 말을 한다.

초구(初九), 집 밖으로 나가지 않으면 화는 없다. 상전에서 말하기를, 집 밖으로 나가지 않는 것은 (도가) 막히었는지 통하고 있는지를 알고 있어서이다.
구이(九二), 집 앞뜰도 나가지 않으면 좋지 않다. 상전에서 말하기를, 집 앞뜰도 나가지 않으면 좋지 않다는 것은 중요한 기회와 중정(中正, 바르고 치우치지 않음)을 잃어서이다.

육삼(六三), 절제하지 아니하고 곧 후회하면 화는 없다. 상전에서 말하기를, 절제하지 않은 것을 후회하면 누가 다시 더 탓하겠는가?

육사(六四), 편안하게 절제하면 막히는 일이 없다. 상전에서 말하기를, 편안하게 절제하면 막히는 일이 없는 것은 하늘의 도를 받들어서이다.

구오(九五), 기쁘게 절제하면 복을 받고, 나가면 자랑스러운 일이 있게 된다. 상전에서 말하기를, 기쁘게 절제하면 복을 받는 것은 올바른 자리에서 살기 때문이다.

상육(上六), 지나치게 절제하면 바르더라도 좋지 않으나 잘못하는 일은 없는 것이다. 상전에서 말하기를, 지나치게 절제하면 바르더라도 좋지 않다는 것은 그렇게 하면 도가 막히기 때문이다.

【한자 풀이】

節: 절제할 절, 억제할 절, 알맞을 절. 苦: 지나치게 고, 괴로울 고. 分: 베풀 분, 나누어줄 분, 고를 분(均). 當: 어울릴 당, 맞을 당, 바를 당. 制: 만들 제, 절제할 제, 다스릴 제. 度: 법도 도, 헤아릴 탁. 傷: 덜 상, 해칠 상, 다칠 상. 財: 재물 재, 재능 재. 數: 헤아릴 수, 살필 수, 예법 수. 議: 말할 의. 戶: 집 호. 塞: 막힐 색, 막을 색. 門: 문전 전, 문간 전. 時: 중요한 때 시, 훌륭할 시. 極: 中正 극, 도극, 근본 극. 又: 다시 더 우, 거듭 우. 承: 받들 승. 上: 하늘 상. 甘: 기쁠 감. 尙: 자랑할 상, 귀하게 여길 상.

【해설】

「절괘(節卦)」의 괘상은 소택에 물이 담겨있는 것이다. 그러나 「절괘」는 소택에 물이 담겨있는 것을 말하는 것이 아니고 물이 끝없이 흘러가 버리지 않고 소택이라는 한계(限界) 속에 머물러 있으면서 그 한계를 넘지 않고 있는 것을 말하는 것이다. 이처럼 사람도 자신의 언행이 한계를 넘지 않도록 절제해야 한다는 것이 「절괘」가 말하는 진리이다.

사람이 넘지 않아야 할 한계·사람이 그 속에서 살아야 할 한계는 넓은 의미로는 도라 하고, 좁은 의미로는 도덕 규범이라 하고 법도라고도 한다. 그러므로 절제해야 한다는 말은 진리와 윤리를 지켜야 한다는 말과 같은 것이다.

괘명인 '절(節)'이라는 말의 뜻은 "절제한다"라는 뜻이다. 절제는 언행이 지나치지 않도록 억제하는 것, 언행이 도(度)를 넘지 않도록 알맞게 조절하는 것, 자신을 규범이라는 한계 속에 가두는 것이다. 도(度)는 "알맞은 것"이고, 알맞은 것은 진리와 윤리이다. 진리는 시공을 초월한 보편적 기준이고, 윤리는 시대적·공간적 기준이다.

절제의 반대는 무절제이다. 무절제는 언행을 알맞게 조절하지 못하고 지나치게 된 것·자기 마음대로 행동하는 것·지키는 규범(Rule)이 없는 것이다. 동물에게는 절제가 없다. 본능대로 사는 것이다. 내 마음대로 할 수가 없고 절제를 해야 하는 유일한 생명체가 인간인 것이다. 그래서 사람은 살기가 힘든 것이고, 사람 되기가 힘든 것이다.

그래도 절제하며 한계 속에서 힘들게 살아야 사랑받고 존경받으며 사는 것이다. 절제하는 정도는 정신연령과 인격수준을 나타내는 단위가 되는 것이므로 절제하는 것을 보면 그 사람의 인간 수준을 알 수가 있다.

인간의 생활공간으로서의 자연은 특수한 경우를 제외하고는 언제나 알맞고 지나침이 없다. 언제나 알맞고 지나침이 없는 것은 자연의 이치인 것이다.

괘사에서는 막히는 일이 없다고 하였다. '兌(태)'의 괘덕인 "기뻐함"과 '감(坎)'의 이로움을 주는 "덕행" 때문이다. '감(坎)'은 물이고 생명의 근원이 되기 때문이다. 그러나 단전에서는 양(陽)이 음에게 베풀어주고 강하고 치우침이 없기에 막히는 일이 없다고 하였다. 여기서 양은 감(坎)이고 음(陰)은 태(兌)이다. 물(坎)이 소택(兌)을 채워주는 상황을 양이 음에게 베풀어준다고 말한 것이다. 그리고 양(坎)은 강한 것이고 물은 차별함이 없이 이로움을 주기 때문에 강하고 치우침이 없다고 한 것이다. 그러므로 막히는 일이 없는 이유를 단전에서는 '감(坎)' 곧 물의 덕행 때문이라고 한 것이다.

지나치게 절제하는 것은 바르지 않다고 하였다. 지나친 것은 도가 아니기 때문이라는 것이다. 도가 막혔다는 말은 도를 행하지 않는다는 말이다. 유가(儒家)에서는 지나친 절제 즉 지나친 극기와 고행을 권장하지 않고 중용을 말하고 있다. 그러므로 기독교의 사막(沙漠)의 은수자(隱修者)의 고행이나, 불가(佛家)의 토굴에서 수행하거나 용맹정진하는 수행승(修行僧)이 행하는 고행은 유가에서는 반대하는 것이다.

그리고 나라의 법은 알맞게 만들어야 한다고 하였다. 너무 가혹하거나 너무 느슨하게 만들면 안 된다는 것이다. 법이 너무 가혹하면 세금을 무자비하게 거두어들여 백성들의 재물을 축나게 하고, 법이 너무 느슨하면 세금을 제대로 거두지 못해 국가의 재정을 축나게 한다. 그리고 법이 너무 가혹하면 무자비하게 엄벌을 가하므로 백성들을 크게 해치고, 법이 너무 느슨하면 강자가 약자를 해치는 것을 바로잡지 못해 백성들에게 해가 된다는 것이다.

대상전에서, 소택에 물이 알맞게 있는 것을 군자는 보고 배우고 헤아려 법도를 만들고 어질고 너그러운 행실에 대해서 말을 한다고 하였다. 법도를 만드는 것은 한계를 정해주는 것이고, 헤아려 법도를 만들면 지나침과 모자람이 없다. 그리고 어질고 너그러운 행실은 지나침과 모자람이 없는 알맞은 보편적 가치인 도와 도덕을 행하는 행실이다. 다시 말하면 알맞은 법도를 만들어 행실을 제한하고, 도와 도덕을 가르쳐서 스스로 행실을 알맞게 제한하도록 한다는 것이다.

초구(初九) 효에서는 집 밖으로 나가지 않으면 화를 당하지 않는다고 하였다. 도가 없는 어지러운 사회에서는 될 수 있는 대로 밖에 나가는 것을 자제하고 집이라는 한계 속에 머물러 있는 것이 좋다는 것이다. 집 밖에 나가면 악이 여기저기에 도사리고 있으므로 화를 당할 가능성이 많다. 호정(戶庭)은 집의 마당이다.

구이(九二) 효에서는 집 앞뜰도 나가지 않으면 좋지 않다고 하였다. '문정(門庭)'은 집 앞뜰이다. 지나치게 집에만 틀어박혀 있으면 좋지 않다는 것이다. 지나치면 도가 아니고 어떤 일을 할 중요한 기회를 놓칠 수가 있기 때문이라는 것이다. 그러므로 때로는 밖에 나가서 사람들도 만나고 세상도 살펴보아야 한다는 것이다.

육삼(六三) 효에서는 절제하지 않은 것을 곧바로 후회하면 화는 없다고 하였다. 곧바로 후회하면 다음에는 절제하여 잘못을 저지르지 않게 되므로 화를 당하지 않는다고 한 것이다. 반복되는 잘못에 화가 찾아오기 때문이다. 그러나 절제는 힘들고 어려운 일이다. 과단성이 있고 의지가 강해야 행할 수 있다. 그러므로 절제는 상덕(上德)이고, 플라톤(Platon, BC 427-347)의 사추덕(四樞德)에 들어있는 것이다. 여기서 사추덕은 절제·용기·지혜·정의이다.

육사(六四) 효에서는 편안하게 절제하면 막히는 일이 없다고 하였다. 편안하게 절제하는 것은 괴롭고 힘들고 독하게 마음먹고 절제하는 것이 아니고 쉽고 자연스럽게 절제하는 것이다. 하늘의 도를 행하며 사는 군자가 절제하는 참모습이다.

구오(九五) 효에서는 기쁘게 절제하면 나가서 자랑스러운 일이 있게 된다고 하였다. 기쁘게 절제하면 절제가 존재화 되어 있고 기쁜 생활이 되어 있는 것이다. 이렇게 되면 절제한다는 의식이 없고, 지극한 가난도 가난이 아니고 넉넉한 생활이며, 고행도 고행인 줄 모르고 기쁘게 사는 것이다. 진리의 사람이 갖는 절제이다. 이런 사람은 밖에 나가면 귀하게 여겨지는 것이다.

상육(上六) 효에서는 지나치게 절제하면 바르더라도 좋지 않다고 하였다. 지나친 것은 도가 아니고, 지나치면 몸과 마음을 상하기 때문이다.

61. ䷼ 巽上 兌下 風澤中孚(풍택중부)

中孚하면 中孚豚魚吉하고 利涉大川이나 利貞이니라.

• • • • • • • • •

象曰 中孚는 柔在內而剛得中하며 說而巽하고 孚乃化邦也이니라 豚魚吉은 信及豚魚也이며 利涉大川은 乘木舟虛也이며 中孚以利貞은 乃應乎天也이니라.

象曰 澤上有風中孚하니 君子以議獄緩死하니라.

初九, 虞吉하고 有他하면 不燕이니라
象曰 初九虞吉은 志未變也이니라
九二, 鳴鶴在陰하면 其子和之하듯 我有好爵하여야 吾與爾靡之하니라
象曰 其子和之는 中心願也임이니라
六三, 得敵한대 或鼓或罷하고 或泣或歌하니라
象曰 或鼓或罷는 位不當也임이니라
六四, 月幾望하면 馬匹亡하여도 无咎이니라
象曰 馬匹亡이지만 絶類上也임이니라
九五, 有孚攣如하면 无咎이니라

象曰 有孚攣如하면 位正當也이니라
上九, 翰音登于天하면 貞凶하니라
象曰 翰音登于天하면 何可長也이리요?

「중부(中孚)」괘는 마음이 진실하고 정성스러우면 간소한 제물(祭物)을 바쳐도 복을 받고 큰 내를 건너도 이로우나 올발라야 이롭다.

· · · · · · · · ·

단전에서 말하기를, 「중부괘(中孚卦)」는 부드러움이 마음속에 있고 강하고 치우침이 없으며, 기뻐하면서 유순(柔順)하고 진실하고 정성스러움으로 세상을 감화시키는 것이다. 간소한 제물을 바쳐도 복을 받는다는 것은 진실함이 간소한 제물과 함께해서이며 큰 내를 건너도 이롭다는 것은 목덕(木德)과 비어있는 마음 때문이며, 마음이 진실하고 정성스러우며 올발라야 이롭다는 것은 오직 하늘을 따라야 한다는 것이다.

대상전에서 말하기를, 소택(沼澤) 위로 불고 있는 바람이 마음이 진실하고 정성스러우니 군자는 형벌을 감해주고 사형(死刑)을 당할 사람에게도 관대한 것이다.

초구(初九), 편안해야 복을 받고, 두 마음을 가지고 있으면 편안할 수가 없다.
상전에서 말하기를, 초구(初九) 효에서 편안해야 복을 받는다고 한 것은 의로움을 지키는 것에 변함이 없어야 한다는 것이다.
구이(九二), 보이지 않는 곳에 있는 (어미) 학이 울면 새끼 학이 응답하여 울듯이 내가 좋은 술을 가지고 있어야 나에게 함께 할 많은 사람이 따르는 것이다. 상전에서 말하기를, 새끼 학이 응답하여 운 것은 항상 마음이 맞아서 이다.

육삼(六三), 적군(敵軍)이 이르렀는데 어떤 곳에서는 북을 치고, 어떤 곳에서는 도망치고, 어떤 곳에서는 울고불고, 어떤 곳에서는 노래를 부르고 있다. 상전에서 말하기를, 어떤 곳에서는 북을 치고 어떤 곳에서는 도망치는 것은 자리가 올바르지 않아서이다.

육사(六四), 백성들이 가까이서 우러러보면 맞설 병사(兵士)가 없어도 화가 없다. 상전에서 말하기를, 맞설 병사는 없지만 뛰어나게 하늘을 닮아서이다.

구오(九五), 진실하고 정성스러움이 이어져 가면 화는 없다. 상전에서 말하기를, 진실하고 정성스러움이 이어져 가면 그의 자리는 바른 것이다.

상구(上九), 금계(錦鷄: 야생닭)가 하늘로 오르면 바르더라도 흉하다. 상전에서 말하기를, 금계가 하늘에 오르면 얼마나 오래 갈 수 있겠는가?

【 한자 풀이 】

孚: 성실할 부, 빛날 부, 믿을 부. 中: 마음 중, 속 중, 맞을 중, 일치할 중. 內: 안 내, 속 내, 마음 내. 乃: 어조사 내, 오직 내, 그래서. 化: 감화시킬 화, 선도할 화. 邦: 세상 방, 나라 방. 及: 함께할 급, 미칠 급. 舟: 배 주. 議: 형벌을 감할 의, 알맞을 의. 獄: 형벌 옥, 죄 옥, 송사 옥. 緩: 관대할 완, 엄하지 않을 완. 虞: 편안할 우, 경계할 우. 他: 두 마음 타, 딴마음 타. 燕: 편안할 연, 아름다울 연. 志: 의로움을 지킬 지, 덕 지. 鳴: 울 명, 부를 명. 陰: 깊숙할 음, 가릴 음. 和: 응답할 화, 호응할 화. 爵: 술 작, 술잔 작. 與: 따를 여, 있을 여. 爾: 곱고 빛날 이, 많을 이. 靡: 함께할 이, 사랑할 이. 願: 항상 원. 得: 이를 득, 만날 득. 或: 어떤이 혹, 어떤 것 혹. 鼓: 북칠 고. 罷: 흩어질 파. 馬: 기병 마, 병사 마. 匹: 맞설 필, 하나 필. 亡: 없을 망. 絶: 뛰어날 절, 매우 절. 類: 닮을 류, 착할 류. 上: 하늘 상, 오를 상. 攣: 이어질 련. 翰: 금계(錦鷄) 한, 높을 한. 音: 그늘 음, 명성 음.

【해설】

「중부괘(中孚卦)」의 괘상은 소택 위로 바람이 불고 있다. 그러나 「중부괘」는 소택 위로 바람이 불고 있는 자연현상으로 괘상을 말한 것 아니고 괘체(卦体)로 괘상을 말한 것이다. 괘체를 보면 가운데 두 효(二爻)는 음(陰)이고, 상하(上下) 두 효는 양(陽)으로서 속이 비어있는 형상이다. 그러므로 「중부괘」의 괘상은 마음이 비어있는 것을 말하는 것이면서 동시에 비어있는 마음속에 진실과 정성이 존재하는 것이라고 말하는 것이다. 이처럼 사람도 마음을 비워서 마음이 진실하고 정성스러워야 한다는 것이 「중부괘」가 말하는 진리이다.

괘명인 '중부(中孚)'라는 말에서 '중(中)'은 마음이라는 뜻이고 '부(孚)'는 성실하다는 뜻이다. 성실은 진실하고 정성스러운 것이다. 그러므로 중부는 마음이 진실하고 정성스러운 것이다. 마음이 진실하면 말에 거짓말·빈말·아부하는 말·식언(食言)·양설(兩舌)이 없고, 행동에 거드름·위선·허세·위장이 없다. 정성은 언제나 변함없이 몸과 마음을 바쳐 열심히 일한다. 정성을 바쳐 일하면 적당히·되는 대로·그럭저럭·마지못해 하는 일이 없는 것이다.

이런 진실과 정성은 빈 마음에 존재한다는 것이다. 빈 마음이 되려면 긴 세월 중단 없이 구도하고 학문을 연구하여 고차원의 해박한 학식과 고차원의 진리가 마음에 가득 해야 한다. 지상 가치에 대한 욕망을 소멸시켜야 빈 마음이 되는 것이다. 그러므로 빈 마음은 진리가 가득한 마음이고 변하지 않는 마음이다.

천지자연의 마음은 비어있다. 그래서 진리로 가득 차 있다. 진리로 가득 차 있으므로 겉모습에 변화는 있어도 내면에 변화는 없는 것이다. 내면에 변화가 없는 것은 자연의 이치인 것이다.

괘사에서는 마음이 진실하고 정성스러우면 간소한 제물(祭物)을 바쳐 제사를 지내도 복을 받는다고 하였다. 제사에서 중요한 것은 제물이 아니고 진실과 정성이라는 것이다. 조상의 혼령과 천지신명도 물질보다 바른 마음을 중요시 한다는 말이고, 돈 버는 일보다 사람 되는 일을 중요시 한다는 말이다. 사람 되는 공부 때문에 돈을 벌지 못해 가난하여 조상제사에 간소한 제물을 올려도 기쁘게 그 제물을 받고 복을 내린다는 것이다.

'돈어(豚魚)'라는 말은 돼지고기와 물고기를 말하는데 이는 간소한 제물을 일컫는 말이다. 옛날 중국에서 가난한 선비는 돈이 없어서 제물을 마련할 수가 없으면 물고기를 잡고 돼지고기를 약간 마련하여 제사를 지낸 데서 유래된 말이다.

단전에서는, 부드러움이 마음속에 있고 강하고 치우침이 없다고 하였다. 부드러움이 마음속에 있다고 한 것은 괘체를 말한 것이다. 가운데 두 효가 음(陰)인 것을 말하는 것이다. 음은 부드러운 것이다. 강하다고 한 것은 바람(巽)을 말한 것이다. 바람은 부드럽지만 나무나 집을 넘어뜨리는 강한 존재이기 때문에 강하다고 한 것이다. 치우침이 없다고 한 것은 소택의 물을 말한 것이다. 물은 차별함이 없이 이로움을 주기 때문에 치우침이 없다고 한 것이다. 그리고 기쁘게 살면서 부드럽고 온순하며 진실하고 정성스러우면 세상을 감화시킨다고 하였다. 감화는 좋은 영향을 주어 마음을 더욱 바르게 변화시키는 것이다. '내화(乃化)'에서 '내(乃)'는 화(化)를 강조하는 무의미 어조사이다.

'승목주허(乘木舟虛: 목덕과 비어있는 마음 때문에)'에서 '승목'은 59.「환괘(渙卦)」에 나온 말이다. '주허(舟虛)'는 빈 배이다. 여기서 배는 마음을 상징하는 것이다. 그러므로 주허는 빈 마음이다.「중부괘」는 한 척의 배 형상이 되므로 배(船)라고 한 것이고, 가운데가 비어있으므로 속이 비어있는 배라고 말한 것이다. 하늘(天)을 따라야 한다는 말은 하늘의 뜻을 따라야 한다는 말이고 진리를 따라야 한다는 말이다.

대상전에는, 소택 위로 불고 있는 바람이 마음이 진실하고 정성스럽다고 하였다. 이는「중부괘」의 괘상과 괘체를 혼합해서 말한 것이다. 괘상은 소택 위로 불고 있는 바람이고, 괘체는 속이 비어있는 것이므로 마음이 진실하고 정성스럽다고 한 것이다. 빈 마음은 진실하고 정성스럽기에 그렇게 말한 것이다. 바람의 진실하고 정성스러운 마음을 군자는 보고 배운 것이다. 바람은 하늘의 뜻을 따라 한길로 가며 겉 다르고 속 다름이 없으므로 진실한 것이고, 한결같이 계속해서 불기 때문에 정성스러운 것이다. 군자는 마음을 비워 진실하고 정성스러운 사람이 된다. 그래서 널리 사랑하고 덕을 베풀며 진리로 인도하는 사람이므로 죄인의 형벌을 감해주고 죽을죄를 지어 사형당할 사람에게도 너그럽게 감형하였다는 것이다.

초구(初九) 효에서는 편안해야 복을 받는다고 하였다. 편안하려면 마음이 비어있어야 하고, 마음이 비어있어야 진실로 의로움을 지키며 바르게 살 수 있다. 그러므로 바르게 살아야 편안한 것이고 편안하게 살아야 복을 받는다는 것이다.

두 마음을 가지고 있으면 편안할 수가 없다고 하였다. 언행으로 드러내는 마음은 선한데, 속에 감추고 있는 마음은 악하여 두 마음을 가지고 있다. 계산적이고 음흉하고 위선적이고 교활한 사람이 두 마음을 가지고 있다. 두 마음을 가지고 있으면 바르지 않기 때문에 편안할 수가 없다는 것이다.

구이(九二) 효에서는 어미 학이 새끼가 보이지 않는 곳에서 우는데 새끼 학이 응답하여 운다고 하였다. 그 이유는 어미 학과 새끼 학 사이에 진실과 정성만 존재하므로 항상 서로 간에 마음이 맞기 때문이다. 나에게 좋은 술이 있어야 나와 함께 할 많은 사람이 따른다고 하였다. 여기서 말한 좋은 술은 실제로 술을 말하는 것이 아니고 고귀한 인간 조건을 상징하는 말이다. 고귀한 인간 조건의 대표는 진실과 정성이다. 진실과 정성이라는 조건 위에 도와 도덕·아름다움과 지식이 쌓여가는 것이다. 고귀한 인간 조건을 내가 가지고 있어야 많은 사람이 나를 따른다. 반대로 고귀한 인간 조건을 가지고 있지 않으면 모두 나를 피하고 떠난다.

육삼(六三) 효에서는 적군이 쳐들어와 위급한 상황이 되자 조정에서는 북을 치며 전투를 독려하고 있는데 백성들은 울고, 불며 우왕좌왕 도망치고 있고, 한쪽에서는 난리가 난 줄도 모르고 술 마시며 노래를 부르고 있는 상황을 말한다. 이런 비극적인 상황이 일어난 이유는 임금은 임금답지 않고 관리는 관리답지 않으며 백성은 백성답지 않아서이다. 그답지 않은 것을 그의 자리가 올바르지 않다·그의 자리가 그에게 어울리지 않는다고 말하는 것이다. 빈 마음이 없고 마음속에 비양심과 부도덕으로 가득 차 있기에 그의 자리가 그에게 어울리지 않는 것이다.

  육사(六四) 효에서는 백성들이 가까이서 우러러보면 맞설 병사가 없어도 화가 없다고 하였다. 백성들이 우러러보는 것은 임금과 조정이다. 임금과 조정이 진실하고 정성을 다해 백성들이 편안하고 넉넉하게 살도록 해주면 백성들은 임금과 조정을 우러러보는 것이다. 그러면 외적의 침략에 맞설 막강한 상비군이 없어도 외적에 의한 재앙은 없다. 적이 쳐들어오면 조정과 온 백성이 한 몸이 되어 죽음으로 나라를 지키기 때문이다. '월기망(月幾望)'은 9.「소축괘」에서 설명하였다. 여기서 '월(月)'은 음(陰)인데 백성을 상징한다. '월기망'은 『주역』에서 세 번 나온다. 9.「소축괘」·54.「귀매괘」·61.「중부괘」이다. '마필(馬匹)'은 통상적인 뜻으로는 말(馬)인데 여기서는 병마(兵馬)·병사(兵士)라고 해도 되고 적군과 맞설 병사라고 해도 된다.

  구오(九五) 효에서는 진실함과 정성스러움이 중단 없이 계속되면 재앙은 없다고 하였다. 언제나 진실하고 정성스럽다면 무슨 재앙이 있겠는가? 하늘이 돕기 때문이다.

  상구(上九) 효에서 말한 '한음(翰音)'은 금계(錦鷄)이다. 금계는 꿩과에 속하는 야생 닭인데 머리에 붉은 볏이 있고 깃털은 꿩과 유사하다. 야생 닭이기 때문에 고귀한 새도 아니고 높이 날 수도 없는, 하늘과 무관한 새이다. 이런 새가 하늘로 오르면 바르더라도 흉하다고 하였다. 이 말은 고귀한 인간 조건을 갖지 않은 사람이 높은 관직에 오르면 바르더라도 흉하다는 것이다. 그러므로 여기서 한음은 높은 관직에 오른 보통 사람을 상징하는 말이다.

62. ䷽ 震上 艮下 雷山小過(뇌산소과)

小過는 亨利貞하며 可小事이나 不可大事이니라 飛鳥遺之音한데 不宜上하고 宜下大吉하니라.

· · · · · · · · ·

彖曰 小過는 小者過而亨也하고 過以利貞하며 與時行也이니라 柔得中하면 是以小事吉也하고 剛失位而不中이므로 是以不可大事也이니라 有飛鳥之象焉하여 飛鳥遺之音한데 不宜上宜下 大吉은 上逆而下順也함이니라.

象曰 山上有雷小過하니 君子以行過乎恭하고 喪過乎哀하며 用過乎儉하니라.

初六, 飛鳥以凶하니라
象曰 飛鳥以凶은 不可如何也임이니라
六二, 過其祖하고 遇其妣하며 不及其君하고 遇其臣하면 无咎이니라
象曰 不及其君이나 臣不可過也이니라
九三, 弗過防之하고 從或戕之하면 凶하니라
象曰 從或戕之하면 凶如何也이니라
九四, 无咎하지만 弗過遇之하면 往厲하니 必戒勿用하고 永貞하니라

象曰 弗過遇之하면 位不當也이며 往厲必戒하면 終不可長也이니라

六五, 密雲不雨함은 自我이니 西郊하고 公弋取彼在穴하니라

象曰 密雲不雨함은 已上也임이니라

上六, 弗遇過之하면 飛鳥離之하여 凶하니 是謂災眚이니라

象曰 弗遇過之하면 已亢也이니라

「소과괘(小過卦)」는 막히는 일은 없으나 올발라야 이로우며, 작은 일을 하면 좋으나 큰일을 하면 좋지 않다. 나는 새는 소리를 내는데 (소리가) 높으면 좋지 않고, 낮으면 좋으며 크게 복을 받는다.

． ． ． ． ． ． ． ． ．

단전에서 말하기를, 「소과괘(小過卦)」는 음(陰)이 지나치게 많으나 막히는 일은 없고, (음이) 지나치게 많으므로 올발라야 이로우며 언제나 베풀면서 일을 해야 한다. 음(陰)이 바르면 그 때문에 작은 일을 하면 좋은 것이고, 양(陽)이 자기 자리를 잃어 바르지 않으므로 그 때문에 큰일을 하면 좋지 않은 것이다. 또 나는 새는 비슷하여 새는 날면서 소리를 내는데 (소리가) 높으면 좋지 않고 낮으면 좋으며, 크게 복을 받는다는 것은 높으면 도를 어기는 것이고, 낮으면 도를 어기지 않아서이다.

상전에서 말하기를, 음(陰)이 지나치게 많아 산 위에서 번개 치고 천둥이 울리니 군자는 행동을 공손하게 하고 (도가) 없어진 것을 슬퍼하며 씀씀이를 절약한다.

초육(初六), 높이 나는 새는 흉하다. 상전에서 말하기를, 새가 높이 날면 흉하게 되는 것은 얼마 못 가서이다.

육이(六二), 할아버지를 뵙고 어머니를 뵈며, 임금에게는 가지 않고 신하를 만나면 화는 없다. 상전에서 말하기를, 임금에게는 가지 않아도 되나 신하는 지나치면 안 되는 것이다.

구삼(九三), 지나치게 맞서면 바르지 않은 것이고, 제멋대로 언제나 사나우면 흉한 일이 언젠가 이르게 되는 것이다. 상전에서 말하기를, 제멋대로 하며 언제나 사나우면 흉한 일이 언젠가는 이르게 되는 것이다.

구사(九四), 화는 없지만 지나치게 맞서 바르지 않으면 종종 위태로우며 반드시 조심하고 성심으로 사랑하며 베풀어야 하고 길이길이 올발라야 한다. 상전에서 말하기를, 지나치게 맞서 바르지 않으면 그의 자리가 그에게 어울리지 않는 것이며, 종종 위태로우니 조심하면 (위태로움이) 결국은 오래가지 않는 것이다.

육오(六五), 구름이 숨어 있어서 비가 내리지 아니함은 나로 말미암은 것이니 서쪽으로 가서 천지신명에게 제사를 드려야 하고, 관아(官衙)에서는 주살로 굴속에 사는 그것을 잡아야 한다. 상전에서 말하기를, 비가 내리지 않는 것은 (음이) 지나치게 올라가서이다.

상육(上六), 지나치게 맞서 바르지 않으면 높이 날던 새도 떨어져 흉하게 되니 이것을 재앙이라고 말하는 것이다. 상전에서 말하기를, 지나치게 맞서 바르지 않으면 지나치게 교만해진 것이다.

【 한자 풀이 】

小: 소인 소, 음기(陰氣) 소. 過: 지나칠 과, 많을 과, 만나 뵐 과, 이를 과(至也), 지나갈 과. 飛: 날 비, 높이 오를 비. 遺: 남길 유. 可: 좋을 가, 옳을 가, 할 가. 宜: 좋을 의, 옳을 의. 上: 높을 사, 오를 상. 與: 도울 여, 베풀 여, 화합할 여. 時: 언제나 시. 行: 일할 행, 행동할 행. 有: 또 유. 象: 비슷할 상, 같을 상. 焉: 그래서 언, 어조사 언. 喪: 없어질 상, 죽을 상, 복입을 상. 用: 쓸쓸이 용, 베풀 용, 일할 용. 儉: 검약할 검, 검소할 검. 以: 그러면 이. 如: 갈 여, 이를 여(至). 何: 얼마 하, 언제 하. 遇: 만날 우, 알현할 우, 맞설 우. 妣: 어머니 비. 及: 이를 급(至). 防: 맞설 방. 弗: 바르지 않을 불. 從: 제멋대로 할 종. 或: 언제나 혹, 있을 혹. 戕: 사나울 장, 해칠 장. 往: 갈 왕, 가끔 왕. 戒: 조심할 계. 勿: 성심으로 사랑할 물. 終: 결국 종, 마침내 종. 密: 숨을 밀, 감출 밀. 自: 말미암을 자. 公: 재상 공, 조정 공, 관아 공. 弋: 주살 익, 사냥할 익. 取: 붙잡을 취. 彼: 저 피, 저기 피. 在: 살 재. 穴: 굴 혈. 已: 너무 이, 지나치게 이. 離: 떨어질 리. 亢: 교만할 항.

【해설】

「소과괘(小過卦)」의 괘상은 산 위에서 천둥이 울리며 벼락이 떨어지고 있다. 그러나 「소과괘」는 산 위에서 천둥이 울리며 벼락이 떨어지고 있는 자연현상으로 괘상을 말한 것이 아니고, 음양이론으로 괘상을 말한 것이다. 「소과괘」는 음이 넷이고 양이 둘이다. 그러므로 「소과괘」는 양에 비해 음이 지나치게 많고 지나치게 번성하며 지나치게 강대하여 날뛰고 있는 것을 말한다. 이처럼 사람도 음의 지위에 있는 사람이 지나치게 많고 번성하고 강대하여 날뛰면 안 된다는 것이 「소과괘」가 말하는 진리이다.

괘명인 '소과(小過)'에서 '소(小)'는 음(陰)을 상징하는 말이고, '과(過)'는 지나치다는 말이다. '적당'이라는 한도를 넘은 것이다. 그래서 그 수가 너무 많고, 그 힘이 너무 강하고 너무 번성하고 날뛰는 것이다. 「소과괘」에서 말한 음을 구체적으로 말하면 사람으로 말하면 여자·하급자(下級者)·연하자(年下者)·소인(小人)·재능 학덕이 부족한 사람이고, 성향(性向)으로 말하면 소극적·부정적·냉소적·정적(靜的)·퇴영적(退嬰的)이다. 그러므로 전자는 음물(陰物)이고 후자는 음기(陰氣)이다. 음의 지위에 있는 사람은 날뛰면 안 되고 목소리가 작아야 하며, 드러나지 않아야 하고 겸손해야 한다는 것이다. 그러면서 동시에 음기가 지나치면 안 된다는 것이다. 「소과괘」는 28. 「대과괘(大過卦)」의 반대 현상이다.

천지자연에서는 음이 번성하거나 날뛰는 법이 없다. 이는 자연의 이치이다.

괘사에서는 막히는 일이 없다고 하였다. 그 이유는 진(震)과 간(艮)의 덕 때문이다. 진(震)의 덕은 힘차게 일하는 것이고, 간(艮)의 덕은 망동하지 않고 법도를 지키는 것이다. 이런 덕을 가지고 일을 하면 막히는 일이 없다. 그러나 작은 일을 하면 좋으나 큰일을 하면 좋지 않다고 하였다. 음기가 많은 사람이나 음의 지위에 있는 사람은 큰일을 할 수가 없기 때문이다. 큰일은 대인(大人)이 하는 것이다.

나는 새(飛鳥)는 괘체를 말한 것이다. 가운데 두 양(陽)은 새의 몸뚱이고, 양쪽의 두 음(陰)은 새의 날개로 보는 것이다. 그러므로 괘의 형상은 새가 날아가고 있는 모습으로 비조(飛鳥)라고 한 것이다. 새는 음물(陰物)이다. 길짐승에 비해서 날짐승은 음이기 때문이다. 그러나 여기서 새는 실제로 새를 말한 것이 아니고 음의 지위에 있는 사람을 말하는 것이다. 음의 지위에 있는 사람은 목소리가 크면 좋지 않고 낮아야 하고, 낮아야 복을 받는다는 것이다. 목소리가 크면 도를 어기는 일이기 때문에 좋지 않다는 것이다.

단전에서는, 음(陰)이 바른 사람일 때에 한해서 작은 일을 하면 좋다고 하였다. 음의 지위에 있는 사람이 바르지도 않으면 작은 일도 할 수 없다는 말이다. 음은 본래가 큰일은 할 수가 없는 사람이고 작은 일도 바른 사람이나 할 수 있다는 것이다. 그리고 양(陽)이 자기 자리를 잃어 바르지 않은 상황이므로 큰일은 안 된다고 하였다. 양은 자기 자리를 잃고 밀려나 있고 소인이 높은 자리를 차지하고 있으므로 큰일은 안 된다는 것이다. '유득중(柔得中: 음이 바른 것)'에서 유(柔)는 육이(六二) 효(爻)라 하고, '강실위(剛失位: 양이 자기 자리를 잃은 것)'에서 '강(剛)'은 육오(六五) 효(爻)라고 하는데 그렇게 보면 적절치 않을 것 같다. 주역 64괘의 단전에서 말한 것은 효(爻) 하나하나가 아니고 괘상을 전체적으로 설명한 것이기 때문이다.「소과괘」에서 말하는 것도 음은 번성하고 날뛰는데 양은 맥을 못 추고 밀려나 있는 전체적인 상황이지 육이(六二) 효(爻)와 육오(六五) 효(爻)의 개인적 상황을 말하는 것이 아니기 때문이다.

대상전에서, 음이 지나치게 많아 산 위에서 번개 치고 천둥이 울린다고 하였다. 음이 번성하고 날뛰며 지나치게 행동하니까 하늘이 경고하고 있다. 그래서 군자는 조심하면서 정도(正道)를 지키고 있다. 음이 권세를 떨치며 무례하고 오만한데 군자는 혼자서 공손하고, 세상에서 도가 없어져 버린 것을 슬퍼하며, 음이 날뛰고 흥청망청 돈을 쓰는데 혼자서 절약하며 검소하게 살고 있는 모습을 말한 것이다.

효사에서, 음(陰)이 행하여야 할 행동 원칙을 말한 것이다. 초육(初六) 효에서는 새는 높이 날면 안 된다고 하였다. 새는 앞에서 설명한 대로 음의 지위에 있는 사람을 상징하는 것인데 구체적으로 소인과 재·학·덕이 부족한 사람을 말하는 것이다. 새는 하늘 높이 날 수가 없는 존재다. 그것은 새라는 존재의 한계다. 사람도 이같이 재·학·덕이 부족한 사람은 높은 자리에서 일할 수가 없는 존재인데 높은 자리에서 일하게 되면 본인이나 사회가 흉하게 되는 것이다.

육이(六二) 효에서는 일에는 먼저 할 일과 그다음에 할 일이 있는데 음의 지위에 있는 사람은 일의 선후를 무시하면 안 된다고 하였다. 출타(出他)하였다가 귀가하면 집에 계신 조부님께 먼저 인사드리고 그다음에 어머님께 인사드려야 한다. 조부님은 집에서 가장 높은 어른이기 때문이고 음보다 양이 우선이기 때문이다.

그러나 조정이나 관청에서는 가정과 반대이다. 일을 주관하는 아랫사람을 먼저 만나고 그다음에 윗사람을 만나야 한다. 관청에서는 나의 일과 가까운 사람이 양이고 먼 사람은 음이기 때문이고, 윗사람을 먼저 만나면 아랫사람을 무시하는 행동이 되기 때문이다.

구삼(九三) 효에서는 지나치게 맞서면 안 된다고 하였다. 음의 자리에 있는 사람이 윗사람에게 지나치게 맞서며 대들면 안 된다는 것이다. 도를 어기는 행실이기 때문이다. 그리고 음의 자리에 있는 사람은 제멋대로 행동하거나 사납게 굴면 안 된다고 하였다. 아랫사람으로서 법도를 지켜야 하고 공손해야 하는 것은 도덕적 의무이기 때문이다.

구사(九四) 효에서는 지나치게 맞서는 것은 바르지 않은 행위인데 그것은 위부당(位不當) 때문이라고 하였다. 현재의 그 자리가 그에게 어울리지 않아서 그답지 않은 것이 위부당이다. 자식이 자식답지 않으면 아버지에게 도에 지나치게 맞선다는 것이다.

육오(六五) 효의 전반부의 말은 9.「소축괘」에서 설명하였다. 소인인데 지나치게 높은 자리에 올라가서 바르지 않게 일하는 나(我) 때문에 하늘이 재앙을 내리고 있다는 것이다. 육오(六五) 효 후반부에서 말한 공익(公弋)에서 공(公)은 임금도 되고 고위관리도 되고, 조정도 되고 관아도 된다. 공(公)은 개인이 아니고 국가기관을 말하는 것이다. 익(弋)은 주살이다. 주살은 줄을 매여 쏘는 화살이다. 굴속에 사는 그것은 무엇인지 확실하게 말하지 않았지만 아마도 요귀(妖鬼)이거나 몇백 년 묵은 구렁이다. 옛날의 관념으로 그런 것들은 아주 요사스럽고 흉악하여 음양의 기운을 어지럽게 하여 음이 날뛰는 세상이 되게 하였으므로 국가기관에서 바로잡아야 한다는 것이다. 그러므로 굴속에 사는 그것은 음이 날뛰게 한 원인이다.

상육(上六) 효에서는 지나치게 맞서 바르지 않으면 높이 날던 새도 떨어진다고 하였다. 높이 나는 새는 고위관리이다. 고위관리가 지나치게 교만하게 되면 그의 양(陽)에게 도에 지나치게 맞서다가 결국 감투를 잃게 된다는 말이다.

63. ䷾ 坎上 離下 水火旣濟(수화기제)

旣濟는 亨小利貞하며 初吉終亂하니라.

· · · · · · · · ·

彖曰 旣濟亨은 小者亨也이며 利貞은 剛柔正而位當也이니라 初吉柔得中也이며 終止則亂은 其道窮也임이니라.

象曰 水在火上旣濟이니 君子以思患而豫防之하나라.

初九, 曳其輪하고 濡其尾하면 无咎이니라
象曰 曳其輪하면 義无咎也이니라
六二, 婦喪其茀하고 勿逐하여도 七日得하니라
象曰 七日得은 以中道也임이니라
九三, 高宗伐鬼方三年克之하였으니 小人勿用이니라
象曰 三年克之였으니 憊也이니라
六四, 繻有衣袽로 終日戒하니라
象曰 終日戒는 有所疑也임이니라
九五, 東隣殺牛는 不如西隣之禴祭하니 實受其福임이니라

象曰 東隣殺牛는 不如西隣之時也이며 實受其福은 吉大來也이니라

上六, 濡其首하면 厲하니라

象曰 濡其首厲하면 何可久也이리요?

「기제괘(旣濟卦)」는 막히는 일은 없으나 조심해야 하고, 올발라야 이로우며 초기에는 좋으나 마침내는 어지럽게 된다.

· · · · · · · · ·

단전에서 말하기를, 「기제괘(旣濟卦)」가 막히는 일이 없는 것은 조심하는 사람이라야 막히는 일이 없다는 것이며, 올발라야 이롭다는 것은 음과 양이 바르고 (그들의) 자리가 (그들에게) 어울려야 한다는 것이다. 초기에는 좋다는 것은 음이 바르기 때문이며 마침내는 곧 어지럽게 된다는 것은 도가 막히기 때문이다.

상전에서 말하기를, 물이 불 위에 있어서 모든 일이 잘 이루어지고 있으니, 군자는 재난을 생각하고 미리 대비한다.

초구(初九), 높고 큰 것에 이끌리고 아름다운 것에 젖어 있으면 화는 없다. 상전에서 말하기를, 높고 큰 것에 이끌리면 정도(正道)를 따르는 것이므로 화가 없는 것이다.

육이(六二), 부인이 머리 장식물을 잃고 찾지 않아도 칠일(七日)이면 (다시) 찾게 된다. 상전에서 말하기를, 칠일(七日)이면 (다시) 찾게 되는 것은 바른 도를 행하기 때문이다.

구삼(九三), 고종(高宗)이 먼 나라를 공격한 지 3년 만에 이겼으니, 소인을 등용해서는 안 되는 것이다. 상전에서 말하기를, 3년 만에 이겼으나 고달픈 것이었다.

육사(六四), 명주 헝겊과 해진 옷을 가지고 종일 (배를) 경계한다. 상전에서 말하기를, 종일 경계하는 것은 의심스러운 바가 있어서이다.

구오(九五), 동쪽 이웃 나라에서 소를 잡아 (지내는 제사는) 서쪽 이웃 나라에서 간소한 제물(祭物)로 지내는 제사보다 못하니, 참되어야 복을 받기 때문이다. 상전에서 말하기를, 동쪽 이웃 나라에서 소를 잡아 (지내는 제사는) 서쪽 이웃 나라의 선(善)함만 못한 것이니 참되어야 복을 받는다는 것은 복은 훌륭해야 온다는 것이다.

상육(上六), 바른 것이 막히면 위태하다. 상전에서 말하기를, 바른 것이 막혀서 위태하면 어찌 오래갈 수 있겠는가?

【 한자 풀이 】

旣: 이미 기, 오래지 않아 기, 끝날 기, 모두 기, 이를 기(至). 濟: 이룰 제, 끝날 제. 終: 마침내 종, 결국에는 종, 끝 종. 小: 조심할 소, 삼갈 소. 亂: 어지러울 난, 무도할 난. 止: 이를 지, 도달할 지. 患: 재난 환, 근심 환. 防: 막을 방, 대비할 방. 曳: 끌릴 예. 輪: 높고 클 륜. 濡: 적을 유, 막힐 유. 尾: 아름다울 미. 義: 정도(正道)를 따를 의. 茀: 머리 장식물 불. 逐: 찾을 축. 伐: 공격할 벌, 칠 벌. 鬼: 먼 귀. 方: 나라 방. 用: 등용할 용. 憊: 고달플 비. 繻: 명주 헝겊 수. 袽: 헤진 옷 여, 솜 여. 戒: 경계할 계, 지킬 계. 隣: 이웃 나라 린, 이웃 린. 禴: 약소할 약, 제사 약. 首: 바를 수, 곧을 수.

【 해설 】

「기제괘(旣濟卦)」의 괘상은 불 위에 물이 있는 것이다. 그러나 불과 물이 상극관계로 있는 것이 아니고, 불과 물이 자기 자리에 있으면서 불이 물을 끓이는 둘의 협력 관계 속에서 음식을 만드는 것을 말하는 것이다. 다시 말하면 불과 물이 각각 자기 자리에 있기에 불은 불답고 물은 물다운 상황에서 둘이 협력하며 일을 하니까 실패하지 않고 성공적으로 일을 이루는 것을 말한다. 이같이 사람도 계획한 모든 일을 이루려면 조직 내의 윗사람(火)과 아랫사람(水)이 각각 자기 자리에 있어서 윗사람은 윗사람답고 아랫사람은 아랫사람다우면서 서로 협력하면 일은 성공적으로 이루어진다는 것이 「기제괘」가 말하는 진리이다.

그리고 「기제괘」의 괘체는 주역 64괘 중에서 가장 이상적인 괘이다. 각 효(爻)의 위치가 모두 자기 자리에 있는 위정당(位正當)이고, 上下卦 효의 관계가 모두 화합하는 정응(正應) 관계이며, 각 효의 상하관계가 모두 서로 돕는 상비(相比) 관계이기 때문이다. 이같이 조직 내의 사람도 모두 자기 자리에 있어서 위정당이고 서로 협력하며 친하게 지낸다면 일은 성공적으로 이루어진다는 것이다.

괘명인 기제(旣濟)에서 '기(旣)'는 "이미·오래지 않아·모두"라는 뜻이고, '제(濟)'는 "이루다·완성하다"라는 뜻이다. 그러므로 기제는 "계획한 일이 이미 이루어졌다, 모든 일이 이루어지다, 오래지 않아 이루어진다"라는 뜻이다. 구성원 모두가 자기 자리에 있으면서 서로 협력하고 서로 돕는 관계라면 계획한 일은 이미 이뤄진 것과 같고, 모든 일은 이루어지며 계획한 일은 오래지 않아 이루어진다는 뜻이다.

구성원 모두가 자기 자리에 있다는 말은 자기 자리에 꼭 어울리는 인격과 능력을 지니고 있다는 말이다. 그러면 상호 간에 시기·질투와 갈등·음해, 적대관계와 쟁투가 없고 상호존중과 협력·양보와 희생을 하며 정성을 다해 일하여 능력을 최대한으로 발휘하기 때문에 일을 성공적으로 완수하는 것이다. 자연물은 모두 자기 자리에 있으면서 협력한다. 이것은 자연의 이치이다.

괘사에서는 조심해야 한다는 것과 올발라야 한다는 것을 특별하게 강조하고 있다. 항상 조심하고 올바르면 계획한 일을 잘 이루면서 동시에 이룬 일을 잘 지키기 때문이다. 잘못하면 공든 탑이 무너지기 때문에 조심해야 하고 정도(正道)에서 벗어나지 않아야 하고 소인을 물리쳐야 한다.

초기에는 좋으나 마침내는 어지럽게 된다고 하였다. 바른 초심(初心)이 변질되기 때문이다. 인간의 보편적 속성(屬性)이 일을 이루면 교만하게 되고 마음을 놓게 되며, 사치와 향락에 손을 대기 때문이다. 그러면 양심과 정도(正道)는 밀려나기 시작하고, 상황 파악을 안이하게 하다가 일이 꼬이기 시작하여 수성(守城) 못하고 무너지게 되는 것이다. 단전에서는, 어지럽게 된 이유를 도가 막히기 때문이라고 하였다. 도가 막히었다는 말은 도가 받아들여지지 않고 배척당한다는 말이다.

대상전에서, 물이 불 위에 있어서 모든 일이 잘 이루어지고 있다고 하였다. 앞에서 설명한 대로 물이 불 위에 있어 물과 불이 제자리에 있는 것처럼 사람들은 모두 제자리에 있게 되면 모든 일은 다 잘 이루어진다는 말이다. 그런데 군자는 잘 이루어진 일에 만족하며 기쁘게 여기는 일은 없고, 미래에 닥쳐올 재난을 생각하고 항상 주의를 기울여 대비한다고 하였다. 가장 큰 재난은 내부에 있는 것인데 그것은 불 위에 있는 물이 엎어지는 것이다. 그러면 물도 못 쓰게 되고 불도 꺼져버린 것이다.

효사에서 도를 따르면 손해 보는 것도 없고 화도 없지만, 항상 재난에 대비는 해야 한다는 것과 도를 어기면 일이 잘되지 않고 이루어진 일도 위태롭게 된다는 것이다.

초구(初九) 효에서 말한 높고 큰 것은 도(道)를 말하는 것이다. 아름다운 것은 덕(德)이다. 도와 덕을 따라 살면 당하는 재난은 없다는 것이다. 바르지 않게 일하니까 화를 당하고 이룬 일도 무너진다는 것이다.

육이(六二) 효에서는 머리 장식을 잃어버리고 찾지 않았는데도 칠일(七日)이면 다시 갖게 된다고 하였다. 그 이유를 상전에서는 "바른 도를 행하기 때문이다·도를 바르게 행하기 때문이다"라고 하였다. 육이(六二) 효에서 말한 머리 장식물은 머리에 꽂는 장신구이다. 그러나 장신구만 말한 것이 아니다. 값진 패물(佩物)·재산·무형의 가치도 다 포함된 말이다. 다시 말하면 바르게만 살면 손해 본 것이 제 발로 찾아와 복구하게 된다는 뜻이다. '칠일득(七日得)'이라는 말은 24.「복괘」에서 설명하였다.

구삼(九三) 효에서 말한 고종(高宗)은 은(殷)나라 22대 임금이었다. 본명은 무정(武丁)이다. 고공단보가 세운 주(周)나라를 침략하여 무너뜨린 임금이었다. 고종이 은나라 서북쪽 먼 곳에 있던 나라를 징벌하기 위하여 출정하였는데 3년 만에 겨우 이긴 힘든 전투를 한 것이다. 대국인 은나라가 변방의 소국을 정벌하는 데 3년이나 걸린 것이다. 짧은 시일에 이길 수 있었던 싸움을 소인들 때문에 낭패를 본 것이다. 그래서 이 전쟁이 소인들을 경계하는 역사적 사건으로 널리 사람들의 입에 오르내린 것을 『주역』에서도 인용하여 소인들을 경계하도록 한 것이다. 조직 내에 소인이 없어야 일을 잘 이룬다는 것이다. 귀방(鬼方)은 두 가지로 번역할 수 있다. 먼 방나라도 되고, 먼 나라도 된다.

육사(六四) 효에서는 명주 헝겊과 해진 옷을 가지고 종일 경계한다고 하였다. 무엇을 경계한다는 목적어는 생략되었다. 그러나 명주 헝겊과 해진 옷은 배에 생긴 틈새나 구멍을 막는데 쓰는 것이므로 여기서 목적어는 배(船)다. 배에 물이 새는 것을 그대로 두면 배는 침몰한다. 그러므로 배에 물이 새지 않도록 만반의 준비를 하고 경계해야 한다는 것이다. 여기서 배는 실제로는 배를 말한 것이 아니고 성공적으로 이룬 일을 상징하는 것이다.

구오(九五) 효에서 말한 '동린(東鄰)'은 동쪽 이웃 나라인 은(殷)나라를 말하고, '서린(西鄰)'은 서쪽 이웃 나라인 주(周)나라를 말한다. '동린'은 주나라를 표준으로 은나라를 말한 것이고, '서린'은 은나라를 표준으로 주나라를 말한 것이다. 은나라의 소를 잡아 천지신명에게 드리는 성대한 제사는 간소한 제물로 제사를 드리는 주나라의 제사보다 못한 것이다. 제사에서 중요한 것은 제물이 아니고 "바르게 사는 것"이기 때문이다. 그리고 바치는 제물로 복을 받는 것이 아니고 바르게 살아야 복을 받는다는 것이다. '약제(禴祭)'는 45.「췌괘」에서 설명하였다.

　상육(上六) 효에서는 바른 것이 막히면 위태롭다고 하였다. 바른 것은 도이다. 그러므로 바른 것이 막힌다는 말은 도가 막힌다는 말이나 같은 것이다. 도가 막히면 악을 따르는 것이다. 악을 따르면 망한다.

64. 火上水下 火水未濟(화수미제)

未濟는 亨하나 小狐汔濟 濡其尾하니 无攸利이니라.

· · · · · · · · ·

彖曰 未濟亨은 柔得中也이며 小狐汔濟는 未出中也이며 濡其尾无攸利는 不續終也이니라 雖不當位이나 剛柔應也이니라.

象曰 火在水上未濟하니 君子以慎辨物居方하니라.

初六, 濡其尾하면 吝하니라
象曰 濡其尾는 亦不知極也임이니라
九二, 曳其輪하면 貞吉하니라
象曰 九二貞吉은 中以行正也임이니라
六三, 未濟征凶하나 利涉大川이니라
象曰 未濟征凶은 位不當也임이니라
九四, 貞吉悔亡震하면 用伐鬼方 三年하여도 有賞于大國하니라
象曰 貞吉悔亡하면 志行也이니라
六五, 貞吉无悔하면 君子之光有孚하면 吉하니라

象曰 君子之光하면 其暉吉也이니라

上九, 有孚于飮酒하면 无咎이나 濡其首하면 有孚여도 失是하니라

象曰 飮酒여도 濡首는 亦不知節也임이니라

「미제괘(未濟卦)」는 막히는 일은 없으나 어린 여우가 (강을) 거의 다 건너다가 그의 꼬리를 물에 적시게 되니 이로움이 없는 것이다.

· · · · · · · · ·

단전에서 말하기를, 「미제괘(未濟卦)」가 막히는 일이 없는 것은 음(陰)이 치우침이 없어서이며, 어린 여우가 (강을) 거의 다 건넜다는 것은 (강물) 속을 벗어나지 못하였다는 것이며, 그의 꼬리를 물에 적시게 되니 이로움이 없다는 것은 계속하지 못하고 끝나버렸다는 것이다. 비록 자리는 바르지 않으나 양이 음을 따르고 있다.

상전에서 말하기를, 불이 물 위에 있어 (일이) 이루어지지 않고 있으니, 군자는 조심스럽게 사람을 바로 잡아 바른 곳에 머물러 있게 한다.

초육(初六), 꼬리를 물에 적시게 되면 한탄하게 된다. 상전에서 말하기를, 꼬리를 물에 적신 것은 오직 한계(限界)를 알지 못해서이다.

구이(九二), 높고 큰 것에 이끌리면 올발라서 복을 받는다. 상전에서 말하기를, 구이(九二) 효가 올발라서 복을 받는 것은 치우침 없이 바르게 행동해서이다.

육삼(六三), 일을 이루지 못하고 밖에 나가면 좋지는 않으나 큰 내를 건너

는 것은 이롭다. 상전에서 말하기를, 일을 이루지 못하고 밖에 나가면 좋지 않다는 것은 그의 자리가 바르지 않아서이다.

구사(九四), 올발라서 복을 받고 잘못하는 일이 없어 위엄을 떨치면 먼 나라를 3년에 정벌하여도 훌륭한 나라로 찬양받는 일이 있게 된다. 상전에서 말하기를, 올발라서 복을 받고 잘못하는 일이 없으면 하늘의 뜻을 행하는 것이다.

육오(六五), 올발라서 복을 받고 잘못하는 일이 없으며 군자의 빛이 나고 진실하고 정성스러우면 복을 받는다. 상전에서 말하기를, 군자의 빛이 나면 그 빛이 복을 받게 하는 것이다.

상구(上九), 진실하고 정성스러우면서 냉수를 마시면 화가 없으나 바른 것이 막히면 진실하고 정성스러워도 올바름을 잃는다. 상전에서 말하기를, 냉수를 마셔도 바른 것이 막히는 것은 오직 법도를 알지 못해서이다.

【한자 풀이】

濟: 이룰 제, 건널 제. 狐: 여우 호. 汔: 거의 흘, 이룰 흘(至也). 濡: 적실 유, 막힐 유. 續: 계속할 속. 愼: 조심할 신, 이룰 신, 신중할 신. 辨: 바로잡을 변, 다스릴 변. 物: 사람 물, 무리 물, 일 물. 居: 머무를 거, 살 거. 方: 바를 방, 도 방, 법도 방. 亦: 다만 역, 오직 역. 極: 한계 극, 중정 극(中正). 震: 위엄을 떨칠 진, 일어날 진. 賞: 찬양할 상, 숭상할 상. 大: 훌륭할 대, 존귀할 대. 志: 덕 지, 하늘의 뜻 지. 暉: 빛 휘, 빛날 휘. 酒: 냉수 주, 이슬 주. 是: 옳을 시, 바를 시. 節: 법도 절, 알맞을 절.

【해설】

「미제괘(未濟卦)」의 괘상은 불이 위에 있고 물이 아래에 있다. 물 위에 불이 있기에 불이 물을 끓일 수가 없어서 음식을 만들 수가 없는 상태가 「미제괘」인 것이다. 이는 물과 불이 자기가 있어야 할 자리에 있지 않기에 일이 이루어지지 않는다. 자기가 있어야 할 자리에 있지 않은 것은 남의 자리에 앉아있는 것이고, 그 자리에 있으면 안 되는데 앉아있는 것이며, 그 자리에 앉아있을 자격이 없는데 앉아있는 것이고, 다른 직위·다른 직종에서 일해야 하는데 그 자리에서 일하는 것이다. 이런 상태가 되면 이루어지는 일은 없다는 것이다.

이같이 모든 사람도 자기가 있어야 할 자리에 있지 않으면 그래서 그 자리에 있을 자격이 없으면 이루어지는 일은 없다는 것이 「미제괘」가 말하는 진리다.

예를 들면 부모가 있어야 할 자리에 있지 않으면 그 부모는 부모가 될 인격과 능력이 없는 것이고, 부모답지 않은 것이고, 부모가 될 자격이 없다. 그러면 바르고 행복한 가정은 이루어지지 않는다는 것이다.

「미제괘」의 괘체는 여섯 개의 효가 모두 위부당(位不當)이다. 그러므로 이것은 조직 내의 구성원 모두가 자기가 있어야 할 자리에 있지 않은 것이고, 그 자리에 있을 자격이 없는데 앉아있는 것이다. 그래서 이루어지는 일이 없다는 것이다.

「기제괘(旣濟卦)」는 구성원 모두가 자기가 있어야 할 자리에 있어서 일이 이루어지는 것을 말한 것이고, 「미제괘(未濟卦)」는 구성원 모두가 자기가 있어야 할 자리에 있지 않아서 일이 이루어지지 않는다는 것을 말한 것이다.

괘명인 '미제(未濟)'에서 '미(未)'는 부정사이고, '제(濟)'는 "이루다·완성하다"라는 뜻이다. 그러므로 미제는 일을 이루지 못한 것이다. 다시 말하면 일의 실패가 미제다. 그러나 일상용어로 사용하는 미제(未濟)라는 말의 뜻은 아직 끝나지 않은 일·아직 해결되지 않은 일을 말하는 것이다. 그러므로 이 말의 뜻에는 현재 진행 중이라는 뜻도 들어있고, 해결되지 않고 미궁(迷宮) 속에 있다는 뜻도 들어있는 말이므로 「미제괘」에서 말하는 미제와는 뜻이 다른 말이다.

자연에는 미완성이나 실패가 없다. 자기 자리에 있기 때문이다. 이것은 자연의 이치다.

괘상에서 막히는 일은 없다고 한 이유는 '이(離)'가 빛이기 때문이다. 밝게 빛이 나는 덕이 있기에 막히는 일은 없다. 단전에서는 음(陰)이 치우침이 없기에 막히는 일이 없다고 하였다. 여기서 음은 상괘인 '이(離)'를 말한다. '이(離)'는 태양도 되고 불도 되므로 치우침이 없다고 한 것이다. 태양이나 불은 사람 차별하는 일이 없기에 치우침이 없는 것이다. 그리고 여섯 개의 효의 관계가 모두 정응(正應)이고 상비(相比) 관계이기 때문에 막히는 일은 없다고 한 것이다.

그리고 어린 여우가 강을 거의 다 건넜는데 꼬리를 물에 적시게 되어 이로움이 없다고 하였다. 여우가 물을 건널 때에는 꼬리를 위로 쳐든다. 그러므로 꼬리를 물에 적셨다는 말은 꼬리를 계속 쳐들고 있을 힘이 없어서 꼬리를 물속으로 내려 버린 것이다. 꼬리를 치켜들 수 없을 정도로 힘이 다해 버린 것이다. 힘이 다하였으니 더 이상 헤엄을 칠 수가 없어 강을 건너지 못하고 물에 빠져 죽게 된 것이다. 강을 건너지 못하였으니 미제(未濟)이다. 어린 여우는 자신 능력과 한계를 모르고 강을 헤엄쳐 건너려다가 실패하고 생명까지 잃게 된 것이다. 이는 어린 여우를 비유로 하여 실패하게 된 이유를 말한 것이다.

그리고 「미제괘」는 여섯 개의 효가 비록 자리는 바르지 않아도 양이 음을 따른다고 하였다. 이는 하괘(下卦)인 '감(坎)'은 양이고 상괘(上卦)인 '이(離)'는 음인데, 양이 음의 밑에 있으므로 양이 음을 따른다고 한 것이다.

대상전에서, 불이 물 위에 있어서 일이 이루어지지 않고 있다고 하였다. 이는 물과 불의 위부당(位不當)으로 일이 이루어지지 않는다. 위부당은 그 자리가 그에게 맞지 않는 것, 그가 그 자리에 있는 것은 바르지 않은 것이다. 군자는 이 괘를 보고 배워 먼저 조심스럽게 사람을 바로 잡고, 그다음에 그가 있어야 할 곳에 있게 한다고 하였다. 사람이 바르지 않으면 그가 머무를 곳은 인간 세상에는 없는 것이다. 바른 사람이 되어야 있을 자리가 있게 되는 것이므로 군자는 먼저 사람을 바르게 하는 일을 한다. 그다음에 그에게 어울리는 자리에 머물세 하는 것이다. 이같이 사람이 바르게 되어 그의 자리에 어울리는 사람이 되면 일은 이루어진다는 것이다. '변물(辨物)'은 13.「동인괘」에서 나온 말이다. '변물'은 "사람을 바로 잡는다·일을 바로잡는다."라는 뜻이다.

여섯 개의 효사에서 초육(初六) 효와 육삼(六三) 효는 일이 이루어지지 않는 원인을 말한 것이고, 구이(九二) 효·구사(九四) 효·육오(六五) 효·상구(上九) 효는 일을 이루는 길을 말한 것이다. 초육(初六)에서 말한 꼬리를 물에 적신다는 말은 괘사에서 설명한 대로 어떤 일을 하다가 더 이상 할 수 있는 능력이 없어서 중도에 포기하고 실패라는 수렁에 빠져버린 것이다. 실패하게 된 원인은 자신의 한계를 모르고 일을 한 때문이라고 상전에서 말하였다. 괘사와 초육(初六) 효에 나온 '유기미(濡其尾)'는 63.「기제괘」에 나온 유기미(濡其尾)와는 글자는 같아도 뜻은 다르다.

구이(九二) 효에서는 높고 큰 것 곧 도를 따르며 바르게 살아야 복을 받아 일이 실패하지 않는다고 하였다. 일을 잘 이루려면 바르게 살라는 것이다.

육삼(六三) 효에서는 위부당(位不當)으로 일에 실패했다는 것이다. 일에 실패하였으면 상당 기간 집에 칩거하면서 반성하고 언행을 조심해야 도리인데 그 도리를 어기고 밖에 나다니면 좋은 일은 없다는 것이다. 그러나 일이 있어서 먼 타향을 가야 한다면 가도 좋다고 하였다.

구사(九四) 효에서는 올발라서 복을 받고 잘못하는 일이 없으면 위엄을 떨치게 된다고 하였다.

위엄은 행하는 도에서만 나오기 때문이다. 위엄을 떨치는 나라일지라도 멀리 있는 불의한 나라를 힘들고 고달프게 3년 만에 간신히 정벌한 것이다. 간신히 정벌하였어도 힘없는 나라라고 가볍게 여겨지지 않고 멀지 않아 훌륭한 나라라고 칭찬받는 날이 온다는 것이다. 힘든 고비는 많았지만, 도를 따르며 싸웠으므로 하늘이 도와 이긴 것이고 또 하늘이 이름을 나게 해준다는 것이다. 그러므로 바르지 않으면 하늘이 돕지 않아 일은 이루어지지 않는다.

육오(六五) 효에서 말한 군자의 빛은 군자의 내면에 들어있는 도와 덕·학식과 능력에서 나오는 빛이다. 이 빛이 복을 받게 하여 일이 실패하지 않는다는 말이다.

　상구(上九) 효에서는 진실하고 정성스러워도 바른 것이 막히면 결국은 올바름을 잃는다고 하였다. 이 말은 진실하고 정성스러워도 무지하여 법도를 알지 못하고 고지식한 성품이면 도를 다 수용할 수가 없어서 참으로 도를 행할 수가 없다는 말이다. 그러면 일을 잘 이룰 수가 없다는 것이다. 여기서 말한 음주(飮酒)는 술을 마시는 것이 아니고 냉수를 마시는 것이다. 냉수를 마신다는 말은 가난하게 사는 것·검소하게 사는 것을 말하는 것이다. 진리의 철학서인『주역』에서 술 마시는 것을 말할 수 없기에, 여기서 '주(酒)'는 냉수라고 해야 옳은 것이다. 47.「곤괘」에도 '음식(飮食, 냉수를 마시는 것)'이 나오는데 그곳의 '주(酒)'와 같은 뜻이다.

제3부

주역십익(周易十翼)

1. 계사전상(繫辭傳上)

제1장(第一章)

    天尊地卑하여 乾坤定矣하며 卑高以陳하여 貴賤位矣며 動靜有常하여 剛柔斷矣이니라

    方以類聚이고 物以群分이며 吉凶生矣하니라

    在天成象하고 在地成形하며 變化見矣하니라 是故剛柔相摩이고 8卦相盪이니라 鼓之以雷霆하고 潤之以風雨하며 日月運行하여 一寒一暑하니라

    乾道成男하고 坤道成女하며 乾知大始하고 坤作成物하니라

    乾以易知하고 坤以簡能하니 易則易知하고 簡則易從하니라 易知則有親하고 易從則有功하며 有親則可久하고 有功則可大하니라 可久則賢人之德이며 可大則賢人之業이니라

    易簡而天下之理得矣하고 天下之理得 而成位乎其中矣이니라

    하늘은 높고 땅은 낮아 하늘은 (높은 곳에) 자리가 정해졌고 땅은 (낮은 곳

에) 자리가 정해졌으며, (사람들의) 고귀함과 천함이 드러나 보여서 고귀함과 천함의 자리가 정해졌으며, 활동적인 것과 정적(靜的)인 것이 변치 않고 존재하여 (그것이) 음과 양으로 나누어진 것이다.

무리는 비슷한 것들이 모인 것이고 세상 만물은 무리로 나뉘어 있으며, (무리 속에서) 행복과 불행이 이루어지는 것이다.

해와 달과 별은 만들어져 하늘에 있고 세상 만물은 만들어져 땅에 있으면서 변화를 보여 준다. 이는 음과 양이 함께 만나고 8 괘(卦)가 함께 움직이는 일이다. 그래서 번개와 천둥이 진동하고 비바람이 (만물을) 적셔주며, 해와 달이 운행하여, 한 계절이 추우면 또 한 계절은 더운 것이다.

하늘의 도(道)는 남자가 되었고 땅의 도는 여자가 되었으며, 하늘은 중대한 근본을 다스리고 땅은 만물을 만든다.

하늘은 쉽게 말하고 땅은 복잡하지 않게 일을 하니 쉬우므로 알기가 쉽고 복잡하지 않으므로 따라 하기가 쉬운 것이다. 알기가 쉬우므로 가까이함이 있게 되고, 따라 행하기가 쉬우므로 보람이 있게 되며, 가까이함이 있게 되면 오래 지속되고 보람이 있게 되면 훌륭한 일을 이룰 수 있게 된다. 오랫동안 지속하면 현인의 덕이 되고, 훌륭한 일을 이루면 현인의 업적이 된다. 쉽고 복잡하지 않으므로 하늘과 땅의 도(道)를 깨달아 알 수 있고, 하늘과 땅의 도(道)를 알게 되면 (그의) 자리는 바르게 되는 것이다.

【 한자 풀이 】
繫: 맬 계, 이을 계, 이어 붙일 계. 定: 정할 정, 자리 잡을 정, 머무를 정. 位: 정할 위, 자리할 위. 陳: 보일 진, 나타내 보일 진, 벌여 놓을 진. 常: 영원할 상, 변치 않을 상. 斷: 나눌 단, 가를 단. 方: 무리 방, 나눌 방, 구별할 방. 類: 비슷할 류, 닮을 류, 무리 류. 生: 생길 생, 나올 생, 이루어질 생. 象: 일월성신 상. 是: 이 시, 이것 시. 故: 일 고, 까닭 고, 이유 고. 摩: 부딪힐 마, 닿을 마, 가까이할 마, 어루만질 마. 盪: 움직일 탕, 이동할 탕, 융합할 탕.

霆: 번개 정, 벼락 정. 鼓: 울릴 고, 진동할 고. 潤: 적실 윤, 젖을 윤, 은혜 베풀 윤. 運: 움직일 운, 돌 윤. 知: 다스릴 지, 말씀 지, 말할 지. 始: 근본 시, 근원 시, 처음 시. 成: 될 성, 이룰 성. 能: 행할 능, 미칠 능(及), 장할 능. 簡: 간단할 간, 까다롭지않을 간. 親: 가까울 친, 가까이할 친, 좋아할 친, 사랑할 친. 理: 바를 리, 옳을 리, 바로잡을 리, 道 길 도, 도리 도.

【 해설 】
하늘은 높고 땅은 낮아 하늘은 높은 곳에 자리가 정해졌고 땅은 낮은 곳에 자리가 정해졌다고 하였다. 이는 하늘과 땅의 관계를 순수한 자연 상태로 본 것이 아니고 상하(上下)관계로 본 것이다. 자연에는 계급이 없는 것인데 하늘과 땅의 관계를 계급 관계로 본 것이다.

하늘은 높아서 지위가 높고, 땅은 낮아서 지위가 낮다고 여기면서, 그 높고 낮음을 계급이라고 여긴 것은 현대에는 받아들일 수 없는 옛사람의 사고형태(思考形態)이다.

옛날은 평등사회가 아니고 수직 사회였기 때문에 하늘과 땅의 관계도 수직관계로 보았다. 그리고 수직 사회에서 윗자리에 있던 사람들은 수직 사회의 필연성과 철학적 근거는 하늘과 땅의 수직관계에서 비롯된 것이라고 하였다. 수직 사회는 실제로는 하늘과 땅의 관계에서 비롯된 것이 아니고, 권력·돈·지식을 가진 사람들이 사회를 좌지우지하면서 자기들의 이익을 지키기 위해서 만들어 낸 것이다. 그리고 세월이 가면서 수직 사회원리는 절대의 규범이 된 것이다. 절대의 규범으로 자리 잡게 된 이유는 백성들의 힘없는 무지(無知) 때문이다. 그러나 지금도 계급의식에 사로잡힌 기득권자가 너무 많다. 평등사회는 진전되지 못하고 있다. 그러므로 사회발전의 큰 장애물은 수직적 사고(思考)다.

그리고 하늘은 양(陽)의 대표이고 땅은 음(陰)의 대표라고 여기니까 양(陽)의 자리는 윗자리이고 음(陰)의 자리는 아랫자리라는 당위론(當爲論)이 자연스럽게 성립되는 것이다. 그래서 양(陽)인 임금은 높고 백성들은 낮다는 관존

민비(官尊民卑)와 양(陽)인 남자는 높고 음(陰)인 여자는 낮다는 남존여비(男尊女卑)가 당연시되었다. 진리에 계급은 없다. 인격과 능력과 직무가 존재할 뿐이다. 약육강식도 동물들의 생존 원리이지 인간의 생존 원리가 될 수는 없다.

사람들이 고귀함과 천함을 드러내 보여서 고귀한 지위와 천한 지위가 생기게 되었다고 말하고 있다. 이는 귀천이 존재하게 된 이유를 설명한 것이다. 언행과 일상생활을 고귀하고 고상하게 하여 귀한 사람이 되었다고 하고, 언행을 상스럽게 하고 일상생활을 저속하게 하여 천한 사람이 되었다는 말이다. 그러나 실제로는 예나 지금이나 언행과 일상생활로 귀천을 구별하지 않았다. 귀천은 부(富)와 권력과 지식의 정도로 판별했다.

배운 지식이 없고 가난하여 오두막에서 살면 아무리 천진하고 순수하고 현명하여도, 법(法)과 윤리가 필요 없을 만큼 선량하고 겸손하고 타인(他人)을 공경하며 흠잡을 데 없이 살아도 천한 사람이었고, 부(富)와 권력과 지식을 많이 가지고 살면 나쁜 짓만 하며 부정부패 속에 살아도 귀한 사람이었다. 다시 말하면 귀(貴)는 부(富)와 권세에 붙어 있는 것이고 천(賤)은 빈(貧)에 붙어 있다는 말이다. 악(惡)의 화신(化身)이 부와 권력과 지식으로 위장하고 살아도 그 위장을 전혀 문제 삼지 않았고 귀한 인물로 받들었으며 귀한 인물행세를 하며 살았다.

천부의 도(道)이든 득도(得道)한 도이든 도에서 멀면 천한 것이고 도에 가까울수록 고귀한 것인데, 그렇게 판정되지 않고 너무나 잘못되고 억울하게 판정된 것이다.

이 세상에서 활동하는 존재는 그 존재의 본질적 성격이 활동적인 것과 정적인 것으로 크게 구별된다고 하였다. 그리고 활동적인 것을 양(陽)이라 하였고 정적인 것은 음(陰)이라고 하였다는 것이다. 이는 활동하는 모든 존재를 음과 양 크게 둘로 나누게 된 이유와 음과 양의 존재양태(存在樣態)와 행동 원리를 설명하고 있다. 그러므로 음의 지위에 있는 사람은 설치면 안 되고 조용해야 한다는 것이다.

천지 만물은 그대로 가만히 있지 않고 계속 변한다고 하였다. 천지 만물이 변하는 이유는 음기(陰氣)와 양기(陽氣)가 만나게 되어 변한다는 것이고, 인간사가 변하는 이유는 팔괘가 홀로 가만히 있지를 않고 계속 움직이며 64괘(64卦)를 만들기 때문이다. 다시 말하면 8괘(8卦)가 64괘로 변하는 것이 인간사의 변화라는 말이다. 그러므로 여기서 말하는 8괘(卦)는 자연현상으로서의 8괘가 아니고 8괘의 철학적 성질과 음양의 분포 상태를 말하는 것이다. 사람들의 마음 속에 들어있는 8괘의 철학적 성질과 음양의 분포 상태가 그대로 가만히 있지를 않고 계속 움직이며 이합집산(離合集散)을 하는데 이런 이합집산이 곧 변화라는 말이다.

하늘의 도(道)는 남자가 되었고, 땅의 도는 여자가 되었다고 하였다. 남자는 천도(天道)의 화신(化身)이고, 여자는 지도(地道)의 화신이라는 말이다. 천도의 화신이라는 말은 천도가 모습을 바꾸어 인간으로 변하여 인간 세상에 왔다는 뜻이다. 이런 말은 종교적·철학적 언사다.

도는 일반적으로는 천도라고 말하기도 한다. 도는 사람이 만든 것이 아니고 하늘에서 이 세상에 내려왔다고 여겼기 때문에 천도라고 한 것이다. 다시 말하면 천제(天帝)가 만든 천제의 도라는 말이다.

그러므로, 도는 곧 천도이고 천도는 곧, 도이다.

그러나 도를 천도(天道)·인도(人道)로 구별하여 쓸 때 천도는 양(陽)이 행하여야 할 도리이고, 지도(地道)는 음이 행하여야 할 도리이며, 인도(人道)는 음양을 구별하지 않고 사람이 행하여야 할 도리이다. 지도(地道) 곧, 음이 행하여야 할 도리는 생육(生育)과 순명(順命)과 정절(貞節)이다. 이는 땅의 도리이고 음의 지위에 있는 사람의 도리인 것이다.

하늘은 중대한 근본을 다스리는 것처럼 양(陽)의 지위에 있는 윗사람은 근본을 다스리는 일을 해야 하고, 땅은 만물을 만드는 것처럼 음의 지위에 있는 아랫사람은 생산 활동을 해야 한다는 것이다. 근본을 다스린다는 말은 진리의 길로 앞장서서 인도한다는 말이다. 진리가 근본이기 때문이다. 배(船)를 예로 들면 방향타(方向舵)를 흔들림이 없이 꼭 잡고 항로를 바꾸지 않는 것이다. 근본을 다스리는 일이 윗사람이 해야 할 직무이고, 윗사람이 존재하는 이유이다. 그러므로 진리를 모르면 윗사람 자격은 없다.

하늘은 쉽게 말하고 땅은 복잡함이 없이 일한다고 하였다. 하늘이 말한 것은 천도이다. 천도는 간단하고 쉽다는 말이다. 진리는 지극히 간단하고 쉽다는 것이다. 고로 말이 어려우면 진리에서 먼 것이고, 일이 복잡하면 진리에서 먼 것이다. 말은 쉽고 일은 간단하고 분명해야 진리이다. 진리를 모르는 사람이 어렵게 말하는 것이고, 복잡하게 일하는 것이다.

제2장(第二章)

聖人設卦하고 觀象 繫辭焉하여 而明吉凶하나니라 剛柔相推하므로 而生變化하니 是故吉凶者는 失得之象也이며 悔吝者는 憂虞之象也이며 變化者는 進退之象也이며 剛柔者는 晝夜之象也이며 六爻之動은 三極之道也이니라
是故君子所居而安者는 易之序也이며 所樂而玩者는 爻之辭也이니라
是故로 君子居則觀其象而玩其辭하며 動則觀其變而玩其占하나니라 是以로 自天祐之하니 吉无不利하니라

성인(聖人)이 64괘를 만들고 (괘의) 형상을 살펴보고 말씀을 붙여 복이 되

고 화가 되는 것을 밝히시었다.

  음과 양이 다 (자리를) 옮기므로 변화가 일어나는 것이니, 그래서 예로부터 길흉(吉凶)이라고 하는 것은 얻고 잃는 것을 말하며, 후회하고 한탄하는 것은 근심하고 괴로워하는 것이며, 변화한다는 것은 나가고 물러가는 것을 말하고, 음과 양은 밤과 낮의 모습을 말하는 것이며, 육효(六爻)의 변화는 천도(天道)와 지도(地道)와 인도(人道)를 말하는 것이다.

  그래서 예로부터 군자(君子)가 집에 있으면서 좋아하는 것은 『주역』의 말씀이며, 편안하게 살면서 깊이 생각하는 것은 효사(爻辭)다. 이런 까닭으로 군자(君子)는 집에 있을 때 괘의 형상을 주의해서 보고 괘사와 효사를 깊이 생각하며, 일할 때 변화하는 것을 주의해서 살피고 점친 것을 깊이 생각한다. 이런 이유로 하늘이 스스로 도와주니 복을 받는 것이고 이롭지 않은 일이 없는 것이다.

【 한자 풀이 】

設: 만들 설, 세울 설. 觀: 살펴볼 관, 주의해서 볼 관, 널리 볼 관. 象: 형상 상, 현상 상, 모양 상. 相: 함께 상, 다 같이 상. 推: 옮길 추, 변할 추, 바뀔 추, 물러날 추. 是: 이 시, 이것 시, 이에 시, 대저 시, 이래서 시, 그래서 시, 이로 말미암아 시. 故: 예 고, 예로부터 고, 일 고(事也), 써 고(以也), 까닭 고. 憂: 근심할 우, 괴로워할 우, 앓을 우. 虞: 근심할 우, 염려할 우. 極: 근본 극. 動: 변할 동, 옮길 동, 움직일 동. 所: 있을 소, 살 소. 居: 집 거, 집에 있을 거, 살 거. 安: 즐길 안, 좋아할 안. 易: 주역 역, 변화 역, 점 역, 占官 역. 序: 말할 서, 말씀 서, 머리말 서. 玩: 익힐 완, 되풀이하여 익힐 완, 즐길 완, 좋아할 완, 음미할 완, 깊이 생각할 완, 鑑賞할 완.

【 해설 】

성인(聖人)이 64괘를 만들었다고 하였다. 여기서 말하는 성인은 복희·문왕

(文王)·주공(周公)을 말한다.

『주역』은 복을 받아 기쁘게 사는 길과 일이 꼬이고 화를 당하며 괴롭게 사는 이유를 밝힌 것이다. 그리고 음과 양은 고정된 것이 아니고 이동하는데 이런 이동을 변화라고 하였다. 여기서는 음과 양을 밤과 낮의 모습이라고 말하면서, 계속 낮일 수만도 없는 것이고 계속 밤일 수만도 없는 것이며, 밤은 가는 것이고 그러면 낮이 오며 낮도 가고 밤이 온다는 것이다. 다시 말하면 음지가 양지 되고 양지가 음지가 된다. 그러나 음지와 양지가 얼마나 오래 계속되느냐의 여부는 행도(行道)하며 사느냐 무도(無道)하게 사느냐로 결정되는 것이다. 양지에서 무도하게 살면 곧바로 음지가 되지만 양지에서 계속 도를 행하며 살면 양지는 계속된다는 말이다.

'강유상추(剛柔相推)'에서 '강유(剛柔)'는 음양이고, '상(相)'은 '공(共)'과 같은 뜻으로서 "함께·다 같이"라는 뜻이다. '추(推)'는 '밀다'는 뜻이 아니고 "옮겨가다·이동하다·바뀌다"라는 뜻이다. 형편이 바뀌고 머물러 있던 자리를 옮긴다는 말이다.

삼극지도(三極之道)에서 삼극(三極)은 천(天)·지(地)·인(人)을 말한다. 여기서 극(極)은 근본이라는 뜻이다. 삼극(三極)은 삼재(三才)라고 하는데 천·지·인을 우주 만물 가운데서 으뜸이 되고 근본이 되는 것이라고 여기기 때문에 삼극(三極)이라고 한 것이다. 주역의 효사가 말하는 것은 천도(天道)·지도(地道)·인도(人道)를 말하고 있다는 것이다.

시고(是故)는 이장(二章)에서 세 번 나온 말이다. '시고(是故)'의 일상적인 뜻은 "이런고로, 이런 까닭으로"이다. 그러나 위의 뜻으로만 사용하면 문맥이 통하지 않는 경우가 있다. 그러므로 여러 가지 뜻으로 사용해야 한다. 곧 "이런 일은", "대저 예로부터", "그래서 예로부터", "그래서"의 뜻으로 사용할 수 있다. '시(是)'와 '고(故)'의 글자의 뜻은 한자 풀이에서 자세하게 말하였다.

군자(君子)가 집에 있으면서 좋아하는 것은 『주역』의 말씀이고, 편안하게 살면서 깊이 생각하는 것은 효사라고 하였다. 여기서 말한 "『주역』의 말씀"은 '역지서야(易之序也)'의 번역인데 여기서 '역(易)'은 주역이고 '서(序)'는 말씀도 되고 머리말도 된다. 『주역』에서 머리말은 괘사와 괘사를 풀어 말한 단전과 괘상을 풀어 말한 대상전이다. 그러나 '서(序)'를 괘사에 국한 시키는 것보다는 주역의 전체적인 내용을 포괄적으로 말한 것이라고 보는 것이 더 옳은 것이다.

'깊이 생각하는 것'은 완자(玩者)의 번역인데 여기서 '완(玩)'은 일반적으로는 "익힌다(習也)"라고 번역한다. 그러나 이보다는 "감상(鑑賞)한다. 음미(吟味)한다. 깊이 생각한다"라고 번역하는 것이 옳다.

완독(玩讀)이라는 말이 있는데 이는 글의 뜻을 깊이 생각하며 읽는다는 뜻이다. 그리고 완미(玩味)는 음식을 잘 씹어 맛을 보는 것, 깊게 음미하는 것의 뜻이다. 그러므로 여기서 완(玩)은 깊이 생각한다는 뜻이다. 감상(鑑賞)한다는 뜻도 깊이 음미한다·그 뜻을 깊이 생각한다는 뜻이다.

제3장(第三章)

象者는 言乎象者也이며 爻者는 言乎變者也이니라 吉凶者는 言乎其失得也이며 悔吝者는 言乎其小疵也이며 无咎者는 善補過也이니라
是故로 列貴賤者는 存乎位하고 齊小大者는 存乎卦하며 辨吉凶者는 存乎辭하고 憂悔吝者는 存乎介하며 震无咎者는 存乎悔하니라 是故로 卦有小大하고 辭有險易하니 辭也者는 各指其所之이니라

괘사는 (괘의) 형상을 말한 것이며 효사는 (괘의) 변화를 말한 것이다.

길흉(吉凶)은 '얻는 것'과 '잃는 것'을 말하며, 후회하고 한탄하는 것은 잘못이 크지 않음을 말하며, 화가 없는 것은 허물을 잘 고친 것이다. 이런 이유로 존귀함과 천함의 등급은 (각자의) 위치에 있고, 좋지 않음과 좋은 것의 구별은 점괘에 있으며, 길(吉)하고 흉(凶)함의 판단은 괘사·효사에 있고, 후회하고 한탄하는 괴로움은 행동에 있으며, 화가 없이 (이름을) 떨침은 뉘우치는 데 있다.

이런 이유로 점괘(占卦)에는 좋지 않음과 좋은 것이 있고, 괘사와 효사에는 험난함과 평탄함이 있으니, 괘사·효사란 모든 사람이 가야 할 바를 가리킨다.

【 한자 풀이 】

彖: 단사 단, 판단할 단. 爻: 효 효, 변할 효, 바뀔 효. 疵: 흠 자, 결점 자, 과실 자. 補: (옷) 기울 보, 고칠 보. 列: 등급 열, 나눌 열. 齊: 구별할 재, 나눌 재. 大: 좋을 대(好也), 훌륭할 대. 卦: 점괘 괘, 점칠 괘. 辨: 판단할 변, 분별할 변, 나눌 변. 辭: 말사(言也), 말씀 사. 介: 몸짓 개, 행동 개, 절조 개, 굳을 개. 震: 위엄 진, 떨친 진, 움직일 진. 各: 각각 각, 여러 각, 모두 각.

【 해설 】

'단자(彖者)'란 괘사(卦辭)를 말하는 것이다. 괘사를 처음에는 단사(彖辭)라고 하였는데 단사를 약해서 단(彖)이라고 한다. '단(彖)'이라는 글자의 뜻은 "판단하다"라는 뜻이다. 대성괘의 뜻을 총체적으로 말한 것이 단사인데 이는 주(周)의 문왕(文王)이 지었다고 한다. 단사를 해설한 것이 단전(彖傳)인데 이는 공자께서 지으셨다고 한다.

화를 당하지 않으려면 허물을 잘 고쳐야 한다고 하였다. 허물이란 도리(道理)와 사리(事理)에 어긋난 바람직하지 않은 언행(言行)이다. 사람은 누구나 잘못하는 것이다. 저지른 잘못은 자신의 인격을 파괴하면서 동시에 주변 사람과 타인 인격의 성장을 방해한다. 그래서 바람직하지 않은 언행은 그 개인에 국한된 문제가 아니다. 그러나 더 큰 문제가 되는 것은 개과천선(改過遷善)하지 않는 것이다. 잘못하는 일이 체질화 곧, 습관화되면 자신의 운명을 바꾸는 것이고, 힘들고 괴롭게 살게 하는 것이다. 그리고 다른 사람들을 골병들게 하여 힘들게 한다.

존귀함과 천함의 등급은 각 사람의 위치에 있다고 하였다. 여기서 말한 '위(位)'는 각 사람 인격(人格)의 자리이다. 다시 말하면 인격 수준이고 지니는 가치 정도(程度)이다. 인격이 낮아 가치 없는 사람이면 천하고, 인격이 훌륭하여 가치가 높으면 존귀하다는 말이다. 그러므로 여기서 말하는 '위(位)'는 육효(六爻)의 자리라면 적절하지 않은 것이다. 육효(六爻)의 자리는 옛날 계급사회에서 외관상의 계급을 말한 것이지 실제로 존귀함과 천함을 말한 것은 아니다. 예나 지금이나 위정자와 관리 중에 존귀한 인물은 별로 없기 때문이다. 논어에 이런 말이 있다.

"자공이 말하기를 오늘날의 정치하는 사람들은 어떤 사람들입니까? 공자께서 말씀하시기를 "아아! 보잘것없는 사람들인데 헤아려 말해 무엇 하겠느냐?"(子貢曰 今之從政者何如? 子曰噫라! 斗筲之人인데 何足算也이리요?)

정치하는 사람은 왕(王)·공경(公卿)·대부(大夫)와 그들을 보좌하는 하관(下官)들, 곧 사류(士類)였다. 공자께서는 이들을 한데 묶어 보잘것없는 사람들이라고 말씀하시면서 더 이상의 언급(言及)을 피하셨다. 보잘것없는 사람은 존귀한 사람이 아니다. 그러므로 귀천이 계급이나 직위에 있다고 하면 잘못이다.

제4장(第四章)

　易與天地準하니 故로 能彌綸天地之道하니라 仰以觀於天文하고 俯以察於地理하니 是故로 知幽明之故하며 原始反終하니라 故로 知死生之說이니라 精氣爲物하고 游魂爲變하니 是故로 知鬼神之情狀이니라

　與天地相似하니 故로 不違하고 知周乎萬物하며 而道濟天下하니라 故로 不過하고 旁行而不流하며 樂天知命하니라 故로 不憂하고 安土敦乎仁하니라 故로 能愛하니라

　範圍天地之化而不過하고 曲成萬物而不遺하며 通乎晝夜之道而知하니라 故로 神无方而易无體이니라

　주역(의 내용)은 모두 다 하늘과 땅을 근거로 한 것이니 그러므로 하늘과 땅의 도를 두루 잘 포괄하고 있다. 우러러보아 하늘의 현상을 살핀 것이고, 구부리고 보아 땅의 상태를 살핀 것이니 이러므로 (주역을 통해서) 천지의 일과 인간의 일을 알 수 있는 것이며, 처음을 근거로 하여 끝을 미루어 생각할 수가 있다. 그런고로 생(生)과 사(死)의 이치도 알 수가 있다.

　음양의 기운이 만물이 되고 떠도는 혼령(魂靈)도 변화하는 것이니 이런고로 귀신의 마음과 형상도 알 수가 있다. (주역의 내용은) 모두 다 하늘과 땅의 현상을 닮았으니 그런고로 옳지 않은 것이 없고 만물에 대하여 두루 알려주고 있으며 세상을 인도하고 구원할 수가 있다.

　그런고로 (주역의 내용에는) 잘못된 것이 없고 널리 말했어도 근거 없는 것이 없으며 천도(天道)를 좋아하고 천명(天命)을 알게 하는 것이다. 그런고로 (주역의 내용은) 괴로움을 없게 하고 흙에서 편안하게 살게 하며 인자함이 많고 깊게 하는 것이다. 그런고로 (모든 것을) 능히 사랑하게 한다.

　(주역은) 천지의 변화를 변함없이 포괄하고 있어서 (밖으로) 빠져나간 것이

없고, 천지 만물을 세세하게 다스려 빠뜨리는 것이 없으며 음양의 도를 말해 알려주고 있다. 그런고로 (그) 신비함은 비교할 길이 없고 (그) 다스림은 모방할 수가 없다.

【 한자 풀이 】

與: 모두 여, 다 여, 더불어 여, 써 여(以也), 따를 여. 準: 의거할 준, 근거로 삼을 준, 헤아릴 준, 본받을 준. 彌: 두루 미, 널리 미, 멀 미(遠也). 綸: 쌀 윤, 하나로 묶을 윤, 포괄할 윤. 俯: 구부릴 부, (고개)숙일 부. 文: 현상 문, 무늬 문. 理: 성질 리, 살결 리, 용모 리, 행동 리. 幽: 미묘할 유, 깊을 유, 어렴풋할 유. 原: 의거할 원, 근거로 할 원, 살필 원. 反: 미루어 생각할 반. 說: 道 설, 도리 설, 이치 설. 精: 오묘할 정, 깊을 정, 근본 정, 음양의 기운 정. 游: 떠돌 유, 떠돌아다닐 유. 情: 뜻 정, 마음 정, 진심 정, 사정 정. 狀: 형상 상, 용모 상, 형편 상. 相: 형상 상, 공모 상, 바탕 상, 함께 상. 似: 닮을 사, 같을 사. 違: 잘못 위, 옳지 않을 위, 어길 위, 다를 위. 過: 잘못할 과, 틀릴 과, 실수할 과, 빠져나갈 과, 한도를 넘을 과. 旁: 두루 방, 널리 방. 行: 말할 행, 볼 행. 流: 근거 없을 류, 잘못할 류, 비뚤어질 류. 樂: 좋아할 요. 安: 편안하게 할 안, 좋아할 안. 敦: 두터울 돈, 많고 깊을 돈, 클 돈(大也). 範: 항상 범, 늘 범(常也), 한계 범, 본보기 범. 圍: 포괄할 위, 둘러쌀 위. 化: 변할 화, 바꿀 화. 曲: 자세할 곡, 세세할 곡. 成: 다스릴 성, 고르게 할 성. 遺: 빠뜨릴 유, 떨어뜨릴 유, 내버릴 유, 잊을 유. 通: 말할 통, 알려줄 통. 方: 비교할 방. 易: 다스릴 이, 간략할 이, 평탄할 이. 體: 본뜰 체, 모방할 체, 본받을 체.

【 해설 】

천문(天文)은 하늘의 현상이다. 다시 말하면 하늘의 상태다. 여기서 '문(文)'은 "현상 문"이다.

지리(地理)는 땅의 상태이다. 여기서 '리(理)'는 "결 리"이다. 결은 나뭇결·살

결·비단결 때의 '결'로서 바탕의 상태를 말하는 것이다. 그리고 리(理)에는 용모와 성질이라는 뜻도 들어있다. 그러므로 지리(地理)는 땅의 얼굴, 땅의 성질도 된다. '유명(幽明)'에서 '유(幽)'는 천지의 일이고 '명(明)'은 인간의 일이다. 그러나 '유명(幽明)'에는 여러 가지 뜻이 있다. "저승과 이승·죽음과 삶·어두움과 밝음·밤과 낮·음과 양·악과 선·무형(無形)의 사물과 유형(有形)의 사물·어렴풋함과 분명함"이다. 정기(精氣)는 만물을 생성하는 천지의 원기(元氣)이다. 이는 천지 안에 들어있는 신령한 음양의 기운인 것이다.

범위(範圍)는 일상용어로 사용하는 한계·구역이라는 뜻의 범위가 아니라 여기서 '위(圍)'는 포괄(包括)한다는 뜻이다. 다 넣고 싸서 안는 것이다. 위(圍)는 '미윤(彌綸)'에서 '윤(綸)'과 같은 뜻이다. 그러므로 항상·변함없이 영구이의 뜻이다. 그러므로 범위는 변함없이 포괄하고 있다는 뜻이다.

제5장(第五章)

一陰一陽之謂道요 繼之者善也이며 成之者性也이니라

仁者見之謂之仁하고 知者見之謂之知하며 百姓日用而不知이니라 故로 君子之道鮮矣이니라

顯諸仁인데 藏諸用하면 鼓萬物而不與聖人이지만 同憂하며 盛德大業至矣哉하니라 富有之謂大業이며 日新之謂盛德이니라

生生之謂易이요 成象之謂乾이며 效法之謂坤이요 極數知來之謂占이며 通變之謂事요 陰陽不測之謂神이니라

하나의 음(陰)과 하나의 양(陽)으로 되어있는 것을 도(道)라 하고, 도를 따

르는 것이 선(善)이며 도가 갖추어져 있는 것이 본성(本性)이다. 인자한 사람은 이것(道)을 보고 '인(仁)'이라 하고, 사리에 밝은 사람은 이것(道)을 보고 '지(知)'라고 하며, 백성들은 (道)가 날마다 행하여져도 (무엇인지) 알지를 못한다. 그런고로 군자(君子)가 행하는 도는 (아는 이가) 드문 것이다.

 이것(道)이 행동으로 드러난 것이 '仁'인데, 이것(道)을 마음에 품고 행하면 모든 사람을 높이 끌어 올리고 성인(聖人)과 비교 할 수는 없는 것이지만 (聖人) 같은 근심·걱정을 하며, 큰 덕과 큰일을 이룰 수 있다.

 (마음을) 부유하게 하는 것을 "큰일"이라고 하며, (사람들을) 날마다 새롭게 하는 것을 큰 덕(德)이라고 하는 것이다. 나서 성장하는 것을 변화라고 하고, 해와 달과 별을 만든 것을 하늘이라고 하며, (하늘의) 도를 본받아 행하는 것을 땅이라 하고, 지선(至善)의 도를 헤아려 미래를 아는 것을 점이라고 하며, 변화가 일어난 것을 현상(現狀)이라 하고, 음양을 알 수 없는 것을 불가사의(不可思議)한 것이라고 한다.

【 한자 풀이 】

繼: 뒤따를 계, 이어받을 계, 맬 계, 이을 계. 成: 갖출 성, 구비 할 성. 仁: 인자할 인. 性: 성품 성, 본성 성, 천성 성, 본질 성, 바탕 성. 之: 이 지, 이것 지. 知: 지혜 지. 鮮: 드물 선, 적을 선. 顯: 드러날 현, 드러낼 현, 보일 현, 빛날 현. 諸: 이 제, 이것 제. 藏: 품을 장, 간직할 장, 숨길 장, 지킬 장. 鼓: 높일 고, 높이 끌어올릴 고, 북돋을 고, 분발하게 할 고. 與: 견줄 여, 비교할 여, 미칠 여(及也), 같을 여. 同: 같을 동, 같이 동, 같이할 동. 盛: 클 성(大也), 많을 성, 넘칠 성. 至: 이룰 지, 성취할 지. 富: 넉넉할 부, 행복 부, 福 부. 象: 日·月·星·辰 상. 極: 至善의 道, 中正 극, 하늘 극, 근본 극. 通: 이를 통(至也), 미칠 통(及也). 事: 사건 사, 현상 사. 測: 잴 측, 헤아릴 측, 알 측. 神 : 天帝 신, 신령 신, 신모할 신, 不可思議할 신.

【해설】

하나의 음(陰)과 하나의 양(陽)으로 되어있는 것을 도(道)라고 하였다. 여기서 말하는 도는 만물의 근원으로서의 도, 만물의 부모로서의 도를 말한 것이다. 만물의 근원으로서의 도는 태극(太極)이라고도 한다.

태극은 하나의 음과 하나의 양으로 되어있다는 것이다. 이것은 자녀들의 근원인 부모는 하나의 음과 하나의 양의 결합체인 것과 같은 것이고, 물(水)의 최소 단위인 입자(粒子·Particle)는 두 개의 수소 원자와 한 개의 산소 원자의 결합체(H_2O)인 것과 같다. 이같이 만물의 근원인 태극으로서의 도는 하나의 음과 하나의 양의 결합체라는 말이다. 그러나 도라고 하면 태극으로서의 도만 말하는 것이 아니다. 이는 복합적인 개념이다.

도는 만물의 근원으로서의 초월적인 도와 우주 자연의 법칙으로서의 도와 세상의 이치로서의 도, 사리(事理)로서의 도, 인간이 반드시 행하여야 할 인간의 도리로서의 도를 복합적으로 말하는 것이다. 이런 도를 따르는 것이 선(善)이고 도를 따르지 않는 것이 악(惡)이라는 것이다. 그리고 도는 인간의 내면에 선천적으로 갖추어져 있는데 그것을 인간의 본질·인간의 본성이라고 하였다. 본성은 인간성이다. 그러므로 인간의 내면에 도가 없으면 인간성을 잃은 것이고 그러면 인간존재(人間存在)는 아니다. 이때의 도는 천진·순수·양심·겸손·공경·사양함 등 '천부(天賦)의 도'이다. '천부의 도'를 잃으면 구도(求道)는 거의 불가능한 것이고, 도를 듣고 보아도 도는 굴절(屈折)된다. 굴절되면 보편성을 잃고 주관적인 도가 되는 것이다.

인자(仁者)는 인자한 사람이다. 인자함이란 널리 깊게 사랑하여 감싸주고 위해 주며, 너그러워 혹독함이 없고 이해하고 용서하고 기다리며, 베풀어줌이 후하고 희생하며 손해 보는 것이다. 이런 인자는 도를 한마디로 정의한다면 그것은 곧 사랑(仁)이라고 말한다는 것이다.

지자(知者)는 지식인이 아니고 사리에 밝은 사람, 현명한 사람이다. 그러므로 지혜로운 사람이다. 지자(知者)는 도를 한마디로 정의하여 곧 지혜라고 말한다는 것이다.

　그러나 대부분 백성은 도가 무엇인지를 모르고 산다는 것이다. 도를 공부하지 않고 살기 때문이다. 그래서 군자가 옆에서 도를 행하여도 그것이 도인 줄을 모르고 산다는 것이다. 다시 말하면 도를 알지 못하니까 군자(君子)를 알아보지 못한다는 말이다.

　득도(得道)하여 도를 행하면 모든 사람을 높이 끌어 올린다고 하였다. 고만물(鼓萬物)에서 '고(鼓)'는 수준을 높이는 것이고, '만물(萬物)'은 만사(萬事)와 만인(萬人)을 말한다. 모든 사람과 모든 일을 업그레이드(Upgrade)한다는 말이다. 그리고 성인(聖人)과 비교할 수 없지만, 성인과 같은 근심 걱정을 하며, 큰일(大業)과 큰 덕을 이룬다고 하였다. 대덕(大德)과 대업(大業)은 득도(得道)하여 도를 가지고 있어야만 이룰 수가 있다는 말이다. 큰일(大業)이란 사람들의 마음을 부유하게 하는 것이라고 하였고, 큰 덕(大德)이란 사람들을 날마다 새롭게 하는 것이라고 하였다. 이는 대단히 중대한 주역의 가르침이다.

　나서 성장하는 것을 변화라고 하였다. 여기서 말하는 성장은 몸뚱이가 커지는 것을 말하는 것이 아니고 인격의 성장을 말하는 것이다. 인격이 성장하면 그 사람에게는 변화가 있는 것이고, 인격의 성장이 없으면 변화가 없고 그대로 있는 것이다. 그대로 있으면 살아있는 송장이다. '통변지위사(通變之謂事)'에서 '통(通)'은 "이르다(至也)"라는 뜻이다. 그러므로 통변(通變)은 변화에 이르다는 뜻이다. 변화에 이른 것은 변화가 일어난 것이다. '사(事)'는 여기서는 일이 아니고 현재의 상태인 현상(現狀)도 되고, 사물의 형상인 현상(現象)도 된다. 사물의 현상이나 사물의 현재의 상태는 일어난 변화의 현재의 모습이다.

　'음양불측지위신(陰陽不測之謂神)'에서 '음양(陰陽)'은 겉과 속이고, '신(神)'은 귀신이나 천제(天帝)가 아니고 불가사의(不可思議)한 것이다. 생각해도 알기가 어려운 것이 불가사의한 것이다. <계사전> 상(上) 4장(四章)에서 귀신의 마음과 형상을 알 수 있다고 하였으므로 여기서 '신(神)'을 귀신이라고 하면 적절하지 않은 것이다. 불가사의한 것의 대표는 저승·내세·전생 등이다. 이런 것은 헤아려 생각해도 알기가 어렵다는 것이다.

제6장(第六章)

夫易廣矣大矣하니 以言乎遠則不禦하고 以言乎邇則靜而正하며 以言乎天地之間則備矣하니라

夫乾其靜也專하나 其動也直하니 是以로 大生焉하니라 夫坤其靜也翕하나 其動也闢하니 是以로 廣生焉하니라 廣大함은 配天地하고 變通은 配四時하며 陰陽之義는 配日月하고 易簡之善은 配至德하니라

대저 주역(의 내용)은 넓고 훌륭한 것이니 그래서 먼 미래를 말해도 막히는 일이 없고, 가까운 미래를 말하면 자세하고 정확하며, 하늘과 땅의 상태를 말해주어 (재앙을) 미리 막게 해준다.

대저 하늘이란 그 조용함은 한결같아 변함이 없으나 그 일을 함에는 바르지 않음이 없으니 이런 까닭으로 (만물을) 훌륭하게 자라도록 하는 것이다.

대저 땅이란 그 조용함은 변함이 있으나 그 일을 함에는 막히는 일이 없으니 이런 까닭으로 (만물을) 많이 낳는 것이다.

(주역의) 넓고 큼은 하늘과 땅과 걸맞는 것이고, 변화하면서 막히는 일이 없는 것은 사계절과 걸맞는 것이며, 음양의 이치는 해와 달과 걸맞는 것이고, 쉽고 간단하게 다스리는 것은 지극한 덕(德)과 걸맞는 것이다.

【 한자 풀이 】

則: ~하면 즉, ~하니 즉, ~해도 즉, ~하여 즉, 할 때에는 즉, 그래서 즉, 만일 즉. 禦: 막을 어, 막힐 어, 대비할 어. 邇: 가까울 이, 가까운데 이, 가까이할 이. 靜: 자세할 정, 환할 정, 조용할 정. 間: 상태 간, 속 간. 備: 예방할 비, 대비할 비, 주의할 비. 專: 오로지할 전, 한결같을 전. 直: 바를 직, 不正이 없을 직, 私가 없을직, 굽히지않을 직, 꾸미지 않을 직. 翕: 바뀔 흡, 변할 흡, 움직일 흡, 닫을 흡, 접을 흡. 闢: 열 벽, 열릴 벽(開也), 흐를 벽. 廣: 클 광(大也), 많을 광, 넓을 광. 配: 짝지을 배, 걸맞을 배, 견줄 배, 해당할 배, 상당할 배. 義: 도리 의, 이치 의, 법도 의. 善: 다스릴 선, 소중히 여길 선, 바를 선, 클 선, 높을 선.

【 해설 】

주역의 가르침을 잘 알고 있으면 가깝거나 미래를 예언할 수 있고, 괴로움과 불행 그리고 재앙을 미리 막을 수 있다고 하였다. 진리만이 예언할 수 있고, 진리만이 괴로움과 불행 그리고 재앙을 물리칠 수 있기에 이렇게 말한 것이다.

하늘은 일을 '직(直)'하게 한다고 하였다. 여기서 '직(直)'은 "바르다"는 뜻이다. 다시 말하면 부정이 없는 것, 사(私)가 없는 것, 치우침 곧 차별이 없는 것, 불의에 굽히지 않는 것, 겉을 꾸미지 않는 것,

자신을 항상 곧게 세우는 것이 '直'이다. 하늘은 직(直)하게 일을 하므로 만물이 훌륭하게 자란다고 하였다. 사람도 직(直)하게 일하지 않으면 주변 사람들의 인격이 훌륭하게 성장하지 못하도록 방해하는 것이다. 그러므로 앞에 서서 일하는 사회주도층이 사회를 부정과 불의와 차별로 가득 채우면 그 사회 속에 사는 사람들은 결코 바르고 훌륭하게 성장할 수 없다. 그러므로 내가 도를 모르고 도를 떠나 바르게 살지 않으면 바로 내 옆 사람이 큰 피해를 보는 것이다. 땅이 하는 일에는 막히는 일이 없다고 하였다. '기동야벽(其動也闢)'에서 '동(動)'은 "일한다"라는 뜻이고, '벽(闢)'은 "열려 있다"라는 뜻이다. 앞길이 열

려 있으니까 막히는 일이 없는 것이다. 땅은 자기 마음대로 하는 일이 없고 언제나 천도(天道)를 따라 일하므로 막히는 일이 없는 것이다. 막히는 일이 없이 일하므로 많은 것을 산출(産出)한다고 하였다.

   사람도 진리를 따라 일하면 예외는 있지만 막히는 일이 없는 것이다. 장애가 있다 해도 곧 극복되는 것이다. 존재가 진리가 되지 않고 일을 하면 일은 계속 꼬이고 막히는 것이다. 그리고 입으로만 말하는 죽은 진리에는 죽은 자만 따르는 것이다. 막히는 일이 없어야 돈도 버는 것이다.

   『주역』의 넓고 큼은 하늘 땅 만큼이나 넓고 크다고 하였다.『주역』은 하늘과 땅의 모든 도를 말하였기 때문에 그렇게 말한 것이다. 사계절은 변하면서 막히는 일이 없이 나아간다.『주역』의 가르침을 행하면 사계절처럼 변하면서 막히는 일이 없이 나아간다는 것이다. 그러므로 주역은 사계절과 유사하다는 것이다.

   해와 달은 음양의 이치를 말해주는 대표적인 것이다.『주역』도 해와 달처럼 음양의 이치를 말해주고 있다는 것이다. 그러므로『주역』은 해와 달과 유사하다는 것이다. 지극한 덕을 지닌 성인(聖人)은 일을 간단하게 그리고 쉽게 한다.『주역』의 가르침을 행하면 성인처럼 간단하고 쉽게 천하를 다스릴 수 있다는 것이다. 그러므로 주역은 성인과 유사하다는 것이다.

제7장(第七章)

   子曰易其至矣乎이니 夫易聖人所以崇德而廣業也이니라 知崇禮卑하니 崇效天이요 卑法地이니라 天地設位而易行乎其中矣이니라 成性存存이 道義之門이니라

공자께서 말씀하시기를 『주역』이란 최고의 현묘한 도이니, 대저 주역이란 성인(聖人)께서 (사람들의) 덕을 높이고 널리 학문을 하게 하려는 것이었다.

(道를) 알아야 예로서 공경하고 겸손하게 되니 공경하면 천도(天道)를 배운 것이고 겸손하면 지도(地道)를 배운 것이다. 하늘과 땅의 자리가 만들어진 다음에 주역이 그 가운데에서 말하고 있다. (하늘에 의해서) 이루어진 인간의 본성이 계속해서 존재하도록 지키는 것이 도덕의 근본인 것이다.

【 한자 풀이 】

至: 至道 지, 至人 지, 훌륭할 지, 클 지, 깊을 지, 지극할 지. 崇: 높일 숭, 높을 숭, 공경할 숭, 고귀할 숭. 業: 일 업, 일할 업, 학문 업. 卑: 낮을 비, 겸손할 비, 공손할 비. 效: 배울 효, 본받을 효, 드러낼 효. 存: 계속해있을 존, 간직할 존, 보존할 존. 門: 근본 문, 길 문(路也).

【 해설 】

공자께서 말씀하시기를 『주역』은 '지(至)'라고 하셨다. 여기서 '지(至)'는 "지도(至道) 지"이다. 지도(至道)는 최고의 현묘한 도를 말하는 것이다. 그리고 성인(聖人: 文王과 周公)께서 주역을 지으신 이유는 백성들의 덕을 높이며 바르게 하고, 많은 사람에게 학문하게 하여 도를 알게 하려는 것이라고 말씀하시었다. 도를 알아야 중히 여겨 예로서 공경하며 언제나 겸손하게 되기 때문이라는 것이다. 동서양을 막론하고 현대사회의 가장 큰 사회문제 중의 하나는 부모님 공경, 선생님 공경, 윗사람 공경, 어른 공경이 거의 없는 것이다. 공경함이 없으면 교육은 없는 것이고, 교육이 없으면 사람은 없는 것이다.

제8장(第八章)

聖人有以見天下之賾하고 而擬諸其形容하니 象其物宜하니라 是故謂之象이니라 聖人有以見天下之動하고 而觀其會通하여 以行其典禮하고 繫辭焉하여 以斷其吉凶하니라 是故謂之爻이니라 言天下之至賾이나 而不可惡也하며 言天下之至動이니 而不可亂也이리요 擬之而後言하고 議之而後動하니 擬議以成其變化하니라

鳴鶴在陰하면 其子和之하듯 我有好爵하여야 吾與爾靡之하니라 子曰 君子居其室하며 出其言善則千里之外應之한데 況其邇者乎아 居其室하며 出其言不善則千里之外違之한데 況其邇者乎아 言出乎身加乎民하고 行發乎邇見乎遠하니 言行은 君子之樞機이며 樞機之發은 榮辱之主也이니라 言行은 君子之所以動天地也이니 可不愼乎아

同人하면 先號咷而後笑하니라 子曰君子之道는 或出或處하며 或黙或語하나 二人同心하니 其利斷金하며 同心之言은 其臭如蘭이니라

初六 藉用白茅하면 无咎이니라 子曰 苟錯諸地而可矣인에 藉之用茅하면 何咎之有이리요 愼之至也이니라 夫茅之爲物薄인데 而用可重也하니 愼斯術也以往하면 其无所失矣이니라

勞謙君子이니 有終하고 吉하니라 子曰 勞而不伐하며 有功而不德하니 厚之至也하고 語以其功下人者也이니라 德言盛이요 禮言恭이며 謙也者는 致恭以存其位者也이니라

亢龍이면 有悔이니라 子曰 貴而无位하고 高而无民하면 賢人在下位而无輔이니라 是以動而有悔也이니라

不出戶庭하면 无咎이니라 子曰 亂之所生也는 則言語以爲階이니 君不密則失臣하고 臣不密則失身하며 幾事不密則害成이니라 是以로 君子愼密而不

出也이니라

　子曰 作易者其知盜乎이니라 易曰 負且乘하면 致寇至하니라 負也者는 小人之事也이며 乘也者는 君子之器也인데 小人而乘君子之器하면 盜思奪之矣하니라 上慢下暴하면 盜思伐之矣하니라 慢藏하면 誨盜하고 冶容하면 誨淫하니라 易曰 負且乘致寇至는 盜之招也이니라

　성인은 또 하늘과 땅의 깊은 데를 보고 모든 것을 헤아려 속에든 것을 형상화하였으니, 형상화한 것은 이치에 맞는 것이었다. 이런 현상들을 본래부터 64괘(卦)라고 말한 것이다.
　성인(聖人)은 또 하늘과 땅의 변화를 보고 모이고 흩어지는 것을 살펴 법도와 예(禮)를 말하고, (형상에) 말을 붙여 길흉을 판단하도록 하였다. 이런 말들을 본래부터 효사(爻辭)라고 말한 것이다.
　(주역의 내용은) 하늘과 땅의 지극히 같은 이치를 말한 것이니 바르지 아니할 수가 있겠으며, 하늘과 땅의 심오한 변화를 말한 것이니 멋대로일 수 있겠는가? 생각한 후에 말을 하고 논의한 후에 지은 것이니, 생각하고 논의하여 변화의 원리를 정리한 것이다.

　(주역 하경(下經) 61.「중부괘」에서) "보이지 않는 곳에 있는 어미 학이 울면 새끼 학이 응답하여 울 듯이, 내가 좋은 술을 가지고 있어야 나에게 함께할 많은 사람이 따르는 것이다"라고 하였다.
　공자께서 말씀하시기를 군자(君子)가 그의 집에서 살며 한 말이 훌륭하면 천 리 바깥에서도 화답하는데 하물며 가까운데 있는 사람이야 말해 무엇하겠는가? 그의 집에서 살며 한 말이 바르지 않으면 천 리 바깥에서도 원망하는데, 하물며 가까운데 있는 사람이야 말해서 무엇하겠는가? 내게서 나온 말이 사람들에게 이르고, 이웃에게 드러내 보인 행실을 먼 곳에서도 보게 되니 말과 행실은 군자(君子)에게서 가장 중요한 것이며, 이같이 가장 중요한 것을 드러내 보이는 일

은 영화로움과 욕됨의 근본이 되는 것이다. 말과 행동은 군자가 세상을 움직이는 것이니 조심하지 않을 수가 있겠는가?

(주역 상경(上經) 13.「동인괘 同人卦」에서) 사람들이 화합하면 처음에는 우는 일이 있을 수 있어도 다음에는 웃게 된다고 하였다.

공자께서 말씀하시기를 군자가 행하는 도는 어떤 때는 벼슬을 하고 어떤 때는 은거하며, 어떤 때는 말을 하고 어떤 때는 침묵을 하나 두 사람을 마음으로 화합하게 하니 그 말의 예리함은 쇠를 끊으며, 마음을 화합하게 한 말은 그 향기가 난초와 같다.

(주역 상경(上經) 28.「대과괘 大過卦」) 초육(初六) 효에서 띠 풀을 깔개로 사용하면 화가 없다고 하였다.

공자께서 말씀하시기를 (그 띠 풀은) 다만 어디에 간수 해 두어도 좋은 것인데 띠 풀을 깔개로 사용하면 무슨 화가 있을 수 있겠는가? 소중하게 여김이 지극한 것이다. 대저 띠 풀이란 하잘것없는 것으로 여겨지는 것인데 소중하게 사용하니 소중하게 여기는 이런 마음씨를 언제나 가진다면 잘못하는 일은 없는 것이다.

(주역 상경(上經) 15,「겸괘」에서) 군자는 겸손하기를 힘쓰니 좋은 일이 있게 되고 복을 받는다고 하였다.

공자께서 말씀하시기를 군자는 일하고 자랑하지 않으며 공로가 있으나 공덕으로 여기지 않으니 크고 깊음이 지극하고, 그 공로를 말하면서 (자신을) 낮추는 사람이다. 덕이란 도를 이룬 것을 말하는 것이고, 예(禮)란 공손함을 말하는 것이며, 겸손한 사람이란 공손함이 지극하면서 자기 위치를 지키는 사람이다.

(주역 상경(上經) 1,「건괘 乾卦」에서) 용이 높이 오르게 되면 한탄하게 된다고 하였다.

공자께서 말씀하시기를 존귀하게 되어 벼슬자리를 가볍게 여기고, 높은 지위에 올라 백성을 가볍게 여기면 현인이 아래에 있어도 도울 수 없다. 이같이 변하면 한탄하게 된다.

(주역 하경(下經) 60, 「절괘 節卦」에서) 집 밖으로 나가지 않으면 화는 없다고 하였다.

공자께서 말씀하기를 어려운 일이 생기는 것은 곧 말이 원인이 되는 것이며, 임금이 (말을) 조심하지 않으면 신하를 잃게 되고, 신하가 (말을) 조심하지 않으면 (화를 당하여) 자기 몸을 잃게 되며, 중대한 일에서 (말을) 조심하지 않으면 해가 되는 것이다. 이런 까닭으로 군자는 조심하고 또 조심하여 밖에 나가지 않는 것이다.

공자께서 말씀하기를 『주역』을 지으신 분은 도둑에 대해서도 깨달아 알고 있었다고 하였다. (주역 하경(下經) 40, 「해괘 解卦」에서) 등에 짐을 지고 다니던 사람이 만일 수레를 몰고 다니면 도둑을 불러들이는 일이라고 하였다.

등에 짐을 지는 것은 소인(小人)의 일이며 수레는 군자의 기물인데 소인이 군자의 기물을 타고 다니면 도적이 빼앗을 생각을 하게 되는 것이다. (그리고 또) 높은 관직에 있는 사람은 교만하고 하위 관직에 있는 자는 (백성을) 업신여기면 도적은 칠 생각을 한다. (그리고 또) 감추는 것을 소홀히 하면 도둑질을 가르치는 것이고, 요염하게 몸치장을 하면 (자기 몸을) 강간하도록 가르치는 것이다. (그래서) 주역에서 등에 짐을 지고 다니던 사람이 만일 수레를 몰고 다니면 도둑을 불러들이는 일이라고 말한 것은 도둑은 (스스로) 부른다는 말이다.

【 한자 풀이 】
賾: 깊을 색, 깊은 이치 색. 有: 또 유. 擬: 생각할 의, 헤아릴 의. 容: 속내 용, 속에든 것 용, 법도 용, 形: 형상 형, 형상하할 형, 드러낼 형, 나다낼 형. 象: 형상 상, 모양 상, 본떠 그릴 상. 宜: 이치에 맞을 의, 옳을 의, 마땅할 의. 故: 본래 고, 원래 고. 會: 만날 회, 합칠 회. 通:

오고 갈 통, 지날 통, 사귈 통. 典: 법도 전, 바를 전. 斷: 판단할 단, 판결할 단. 至: 지극할 지, 극에 이를 지, 깊을 지. 惡: 잘못할 악, 흠 악, 나쁠 악. 亂: 함부로 난, 멋대로 난. 動: 변할 동, 지을 동(作也). 成: 정리할 성, 정돈할 성. 化: 理法 화, 원리 화. 室: 집 실, 방 실. 善: 훌륭할 선, 높을 선, 중히 여길 선. 違: 원망할 위, 원한을 품을 위. 加: 이를 가(至也), 미칠 가(及也). 身: 나 신, 자신 신. 發: 드러낼 발, 나타낼 발, 행할 발. 樞: 지도리 추, 고동 추, 근본 추. 機: 고동 기, 중요할 기. 主: 근본 주, 우두머리 주. 出: 벼슬할 출. 處: 집에 있을 처, 野에 있을 처, 은거할 처. 同: 화합할 동, 합할 동, 함께할 동. 利: 날카로울 리, 예리할 리. 臭: 냄새 취, 향기 취, 악취 취. 苟: 다만 구, 잠시 구, 진실로 구. 錯: 간직할 조, 둘 조. 諸: 간수할 제. 地: 곳 지, 장소 지, 다만 지. 可: 좋을 가, 괜찮을 가. 愼: 소중히 여길 신, 정성스러울 신. 爲: 여길 위, 간주할 위, 생각할 위. 薄: 천할 박, 가벼울 박. 重: 소중할 중, 귀중할 중. 斯: 이 사, 이것 사. 術: 마음씨 술, 일 술(事也). 以: 함께할 이, 더불어 이, 쓸 이(用也). 往: 언제나 왕. 失: 잘못할 실, 그르칠 실. 德: 공덕 덕, 은혜 덕, 능력 덕. 盛: 이룰 성, 기를 성, 빛날 성. 致: 지극할 치, 극치 치, 이를 치(至也). 存: 보전할 존, 지킬 존. 悔: 한탄할 회, 한이 맺힐 회, 후회할 회, 재앙 회. 无: 가볍게 여길 무. 動: 변할 동, 옮길 동. 階: 계기 계, 근거 계, 실마리 계, 원인 계. 密: 삼갈 밀, 조심할 밀, 감출 밀. 幾: 고동 기, 기틀 기. 慢: 교만할 만, 업신여길 만. 暴: 업신여길 폭, 학대할 폭. 誨: 가르칠 회. 冶: 요염할 야.

【해설】

 성인(聖人) (*周의 三代王 文王)은 하늘과 땅의 깊은 데를 보고 거기에서 이치를 찾아내어, 그 이치들을 눈으로 볼 수 있는 형상으로 만드셨는데, 그 형상들이 64괘의 괘상(卦象)이라고 하였다. 다시 말하면 천지자연(天地自然)의 불변의 이치를 형상화한 것이 64개의 괘(卦)라는 뜻이다. 그리고 변화하는 세상에서 행하여야 할 법도(法度)와 재앙을 피하고 복을 받는 방도를 말한 것이 효사라고 하였다. 그러나 실제로는 하늘과 땅의 이치를 찾아내어 64괘를 만든 다음 거기에 하늘과 땅의 이치를 결부시킨 것이다.

내가 다른 사람 앞에서 하는 말과 행실에는 반드시 그에 대한 반응이 있는데, 나의 언행이 도에 맞으면 호감·사랑·칭송·존경이 돌아오고, 나의 언행이 도에 어긋나면 싫어함·미움·욕·경멸이 돌아온다는 것이다. 그러므로 사랑을 받느냐 욕을 먹느냐는 자신의 언행에 달려 있다는 것이다. 말과 행실은 인격의 산물인 것이고, 내재(內在)된 가치를 드러내는 눈금이며, 행복의 정도(程度)를 나타내는 지수(指數)이다. 그러므로 말과 행실로 그 사람의 인격과 그 사람이 지닌 가치와 그 사람이 어느 정도 행복한가를 알 수 있다. 그리고 말과 행실은 눈으로 볼 수 없는 인격(人格)·가치·행복을 눈으로 볼 수 있게 하는 형상이다.

그리고 여기에서 말한 '추기(樞機)'에서 '추(樞)'는 문의 돌쩌귀도 되고 고동도 된다. 고동은 자동차나 배의 엔진(Engine)도 되고 공장의 기계를 움직이게 하는 모터(Motor)도 된다. '기(機)'는 고동도 되고 기틀도 된다. 기틀은 어떤 일의 가장 중요한 부분이다. 그러므로 '추기(樞機)'는 "근본이 되는 것, 가장 중요한 것"을 말하는 것이다.

군자는 화합하게 하는 사람이라고 말하고 있다. 반대로 소인은 분열시키고 불화하게 하는 사람인 것이다. 그리고 소인과는 지속적인 화합은 원천적으로 불가능한 것이다.

군자는 사람들을 무엇으로 화합하게 하는 것일까? 고도의 인격으로 화합시키는 것이다. 고도의 인격은 곧 득도(得道)한 도인 것이다. 지식으로 머릿속에 들어있는 도가 아니고, 깨달아 내재화(存在化)된 도에 통달하여 형성된 인격이다. 깨달아 통달한 도는 예리한 도이다. 예리하다는 말은 한 치의 오차가 없이 깊이 정확하게 도의 본질적인 뜻을 알고 있다는 말이다. 그러므로 도를 잘못 알고 있으면 그 도에는 예리함은 전혀 없는 것이고, 피상적으로 조금 알고 있으면 그 도는 호미 날만큼이나 무딘 것이다. 다시 말하면 실제의 진리의 뜻과 알고 있는 진리의 뜻 사이의 거리가 멀면 멀수록 알고 있는 진리는 무딘 것이고, 거리가 좁을수록 알고 있는 진리는 예리한 것이다.

그러므로 예리함이 전혀 없는 무딘 도나 잘못 알고 있는 도를 가지고는 사람들에게 감화·감동을 줄 수가 없고 감격하게 할 수 없다. 그러면 마음을 변화시킬 수도 없고 화합하게 할 수도 없다. 그러므로 도를 닦는다는 말은 무디게 알고 있는 도를 긴 세월 정성으로 갈고 닦아 예리하게 만들어 가는 일이다.

공자께서는 군자가 말하는 도의 예리함은 쇠(鐵)도 끊을 성도라고 하시었다. 예리함의 극치를 이렇게 표현한 것이다. 그리고 군자가 말하는 도의 향기가 지극한 도로 사람들을 화합하게 하는 것이다.

띠 풀(茅)은 하잘것없는 풀(草)이다. 그 하잘것없는 풀을 깔개로 만들어 소중하게 쓰니, 하잘것없는 것을 소중하게 여기는 그런 마음씨에 무슨 화가 찾아오겠으며 무슨 잘못을 저지를 수 있겠느냐고 공자께서 말씀하신 것이다. 하잘것없는 물건도 소중하게 여긴다면 하잘것없는 사람은 얼마나 소중하게 여기겠는가? 하잘것없는 존재를 진심으로 소중하게 여겨야 도를 가진 사람이다.

대부분 사람은 높은 지위에 오르면 거만(倨慢)하게 된다. 거만하게 되면 안하무인(眼下無人)이 되고 시건방지게 되는 것은 필연지사(必然之事)다. 이런 지경에 이르면 아랫사람 무시하고 백성들을 무시하는 것이다. 거만함은 도의 결핍에서 생기는 질병이다. 병이 들면 물러나게 되고 화를 당하게 된다. 그러면 한탄하게 되는 것이다.

조심하지 않고 마구 하는 말이 화를 부른다고 하였다. 일반적으로는 말은 교양의 발현(發顯)이다. 그러므로 교양이 없으면 말의 정도와 형태와 색깔을 조절할 수 없다.

문밖출입이 많으면 많은 사람을 만나게 되고 만나면 말을 해야 하고, 너무 입을 다물고 있으면 그것도 이상하게 여겨질 수 있으므로 군자는 문밖출입 자체를 삼간다는 것이다.

제9장(第九章)

天一地二天三地四이고 天五地六天七地八이며 天九地十이니라 天數五地數五인데 五位相得而各有合하면 天數二十有五 地數三十이니라 凡天地之數는 五十有五이니 此所以成變化而行鬼神也하니라

大衍之數는 五十인데 其用四十有九이니라 分而爲二以象兩이니라 掛一以象三이요 揲之以四以象四時이며 歸奇於扐以象閏이니라 五歲再閏故로 再扐而後掛하니라

乾之策은 二百一十有六이요 坤之策은 百四十有四이니 凡三百有六十은 當期之日이니라 二篇之策은 萬有一千五百二十이니 當萬物之數也이니라 是故로 四營而成易하고 十有八變而成卦하니라 8卦而小成인데 引而伸之하며 觸類而長之하니 天下之能事畢矣하니라

顯道神德行이니 是故로 可與酬酢하고 可與祐神矣이니라 子曰 知變化之道者하면 其知神之所爲乎이니라

一은 천수(天數) 二는 지수(地數) 三은 천수 四는 지수이고 五는 천수 六은 지수 七은 천수 八은 지수이며 九는 천수 十은 지수이다.

천수가 다섯 개이고 지수가 다섯 개인데 서로 뜻이 맞는 다섯 개의 수를 모두 합하면 천수는 25가 되고 지수는 30이 되는 것이다. 천수, 지수의 합계는 55가 되니 이것이 변하여 신비한 이치를 말해주는 것이다.

대연(大衍)의 수는 50인데 49만 사용한다. (49를) 나누어 둘이 되게 하는데 이는 한 쌍(天과 地)을 상징하는 것이다.

(점대) 한 개를 손가락 사이에 끼면 이는 삼재(三才: 天·地·人)를 상징하는 것이고, 4개씩 집어내는 것은 사계절을 상징하는 것이며, 끝마치고 남은 것을

손가락 사이에 낀 것은 윤달을 상징하는 것이다. 5년에 윤달이 두 번인 까닭에 다시 손가락 사이에 끼우는 일을 한 후에 (손가락 사이에 낀 점대를) 따로 놓아 두는 것이다.

  하늘(에 해당하는) 점대 수는 216, 땅(에 해당하는) 점대 수는 144이니 합계 360은 일 년의 날수에 해당하는 것이다.

  (주역 상, 하경) 두 편의 점대 수는 11,520이니 (이는) 만물의 수에 해당하는 것이다. 이런고로 4번 동작을 하여 변화가 이루어지고 18번을 변하여 한 괘(卦)를 이루는 것이다. 8괘는 소성괘(小成卦)인데 (소성괘가) 오고 가며 모든 (괘가) 만나 (64卦로) 커지니 천하의 모든 일을 능히 그물을 쳐서 잡을 수 있다. (주역은) 신비한 도와 행하여야 할 덕을 밝힌 것이니 이런 까닭으로 천지와 더불어 말을 주고받을 수가 있고 천지신명과 함께하며 도울 수 있다. 공자께서 말씀하기를 변화의 도를 알면 천지신명이 하고자 하는 바를 안다고 하였다.

【 한자 풀이 】

得: 뜻맞을 득, 통할 득, 친할 득. 有: 할 유, 행할 유, 또 유. 凡: 합계 범, 모두 범, 전부 범. 衍: 클 연(大也), 많을 연, 퍼질 연, 흘러갈 연. 兩: 한쌍 양, 한 벌 양. 象: 상징할 상, 표현할 상. 掛: 걸 괘, 매달 괘, 손가락 사이에 시초를 낄 괘. 揲: 가질 설, 취할선 설(取也), 집어셀 설, 손가락 사이에 시초를 낄 설. 扐: 손가락 사이 륵, 손가락 사이에 시초를 낄 륵. 奇: 나머지 기, 남은 수 기. 歸: 마칠 귀, 끝낼 귀. 再: 둘 재, 재차 재, 두 번 할 재. 策: 점대 책, 대쪽 책. 期: 돌 기(만一日, 만一伯日, 만一年). 營: 행할 영, 운영할 영. 引: 물러갈 인, 나아갈 인, 퍼질 인, 발전할 인. 伸: 퍼질 신, 발전할 신, 이를 신(至也). 觸: 만날 촉, 닿을 촉, 움직일 촉. 類: 모두 류, 형상 류, 따를 류, 여러 가지 류, 많을 류. 長: 클 장(大也), 키울 장, 자랄 장, 늘어날 장. 畢: 그물 필, 그물질할 필, 그물을 쳐서 잡을 필. 酬: 말을 주고받을 수, 줄 수. 酢: 잔 돌릴 작, 말을 주고받을 작.

【해설】

　구장(九章)은 서법(筮法: 점치는 법)을 말하고 있다. 서법(筮法)은 다른 말로 하면 작괘법(作卦法)이다. 서죽(筮竹: 점대)을 가지고 서법(筮法)의 절차에 따라 괘를 만드는 일이다. 어려운 상황에 직면하여 어떻게 결정을 내려야 할지 판단하기가 어려울 때, 천지신명(天地神明)의 뜻을 알아보기 위해서 고대중국(古代中國)에서는 작괘(作卦)를 하였다. 그러나 9장(九章)의 내용만으로는 작괘(作卦) 하기가 어렵다. 너무나 간략하기 때문이다. 상세하게 기술(記述)했어야 할 서법(筮法)을 간단하게 기술한 이유는 고대(古代)에 서법(筮法)을 상세하게 알고 있었으므로 주역에서는 자세하게 설명할 필요가 없었기 때문이다.

　그러므로 이 책의 제1편에 나와 있는 하도(河圖)와 서법을 먼저 숙지한 다음에 9장을 읽어야 내용을 정확하게 알 수가 있다. 천지만물(天地萬物)의 종류를 11,520이라고 한 것은 과학이 발달하지 않은 고대의 산물로서 현대에는 받아들일 수 없다.

　'행귀신(行鬼神)'에서 '행(行)'은 "말하다"라는 뜻이고 귀신은 여기서 일상적으로 말하는 귀신이 아니고 천지자연의 신비한 이치를 말한다.

　'인지신지 촉류이장지(引而伸之 觸類而長之)'는 8괘의 소성괘(小成卦)가 오고 가며 서로 만나 64괘의 대성괘(大成卦)로 커지는 것을 말하는 것이다. 그러므로 여기서 '인(引)'은 "나아가다·물러가다"라는 뜻이고, '신(伸)'은 '신(申)'과 같은 뜻으로서 "이르다·오다"는 뜻이다. 그러므로 '인이신지(引而伸之)'는 8괘의 소성괘가 오고 가는 것을 말하는 것이다. '촉(觸)'은 "만난다"는 뜻이고, '류(類)'는 "모두"의 뜻으로서 8괘의 소성괘 모두를 말하는 것이다. 그러므로 '촉류(觸類)'는 8괘의 소성괘 "모두가 서로 만나다"는 뜻이다. 8괘의 소성괘 모두가 오고 가며 서로 만나 64괘의 대성괘로 커진다는 말이다.

　64의 대성괘는 천하의 모든 일을 그물을 쳐서 잡을 수 있다고 하였다. 이 말은 세상 모든 일은 64괘라는 그물에 걸린다는 말이다. 다시 말하면 64괘를 벗어나 있는 세상일은 없다는 것이다.

공자께서 말씀하신 변화의 도는 『주역』의 가르침이다. 『주역』의 가르침을 제대로 알면 천지신명(天地神明)의 뜻을 안다는 말이다. 그러면 점칠 필요가 없는 것이다.

제10장(第十章)

易有聖人之道四焉이니 以言者尙其辭하고 以動者尙其變하며 以制器者尙其象하고 以卜筮者尙其占이니라
是以로 君子將有爲也이거나 將有行也이면 問焉而以言하니 其受命也如嚮하고 无有遠近幽深이니 遂知來物이니라 非天下之至精이면 其孰能與於此이리요
參伍以變하고 錯綜其數하면 通其變하여 遂成天地之文하니라 極其數하면 遂定天下之象하니라 非天下之至變이면 其孰能與於此이리요
易无思也하고 无爲也하며 寂然不動이지만 感而遂通天下之故하니라 非天下之至神이면 其孰能與於此이리요
夫易 聖人之所以極深而硏幾也이니라 唯深也故로 能通天下之志하고 唯幾也故로 能成天下之務하며 唯神也故로 不疾而速하고 不行而至하니라
子曰 易有聖人之道四焉者는 此之謂也이니라

주역에 있는 성인(聖人)의 도는 네 가지이니, (그것은) 말을 하는 사람은 괘사·효사의 말을 중히 여겨야 하고, 일하는 사람은 변화를 중히 여겨야 하며, 백성을 다스리는 사람은 괘상을 중히 여겨야 하고, 점을 치는 사람은 점괘를 중히 여겨야 한다는 것이다.
이런 까닭으로 군자는 장차 하려고 하는 일이 있거나 장차 나갈 데가 있으면

(주역에) 물어서 따르니, 그 가르침을 받는 것은 메아리가 울려오는 것과 같고 그 메아리는 멀고 가깝고 어둡고 깊고가 따로 없으니 마침내 미래의 일을 알게 되는 것이다. 천하의 지극히 깊은 것이 아니면 그 어떤 것이 이와 (주역) 함께 할 수가 있겠는가?

'서죽(筮竹)'이 오영삼변(五營三變)으로 변하고 섞어서 모으는 일을 여러 번 되풀이하면 그 변화를 통해서 마침내 천지의 현상이 이루어지게 되는 것이다. 여러 번 되풀이 하는 일이 끝나면 마침내 천하의 형상(大成卦)이 이루어지는 것이다. 천하의 지극한 변화가 아니면 그 어떤 것이 이와 (주역) 함께 할 수가 있겠는가?

주역(자신)은 생각하는 일도 없고 하는 일도 없으며 말이 없고 움직이지도 않지만 (주역과) 감응을 하면 마침내 천하의 모든 일과 통하게 되는 것이다. 천하의 지극히 신통한 것이 아니면 그 어떤 것이 이와(주역) 함께 할 수가 있겠는가? 대저 주역이란 성인이 근본으로서의 도리를 깊이 생각하고 연구하고 자세하게 살핀 것이다.

오직 깊이 생각한 고로 능히 세상 사람의 마음과 통하고, 오직 자세하게 살핀 고로 능히 세상일을 이루는 것이며, 오직 신통하기에 달려가지 않아도 빠르고 가지 않아도 이르게 되는 것이다. 공자께서 말씀하기를 『주역』에 있는 성인의 도 네 가지는 이것을 말하는 것이라고 하였다.

【 한자 풀이 】

尙: 받들 상, 높일 상, 중히여길 상. 器: 도구 기, 기구 기, 연장 기, 쓸 기(用也), 事物기. 制: 다스릴 제, 주관할 제, 금지할 제, 억제할 제. 言: 따를 언, 좇아갈 언. 命: 가르침 명, 가르칠 명, 道 명. 嚮:메아리 향, 메아리칠 향. 遂: 드디어 수, 마침내 수. 精: 깊을 정, 자세할 정, 근본 정. 錯: 섞을 착, 섞일 차. 綜: 모을 종, 정리힐 종. 數: 자주 삭, 사주할 삭, 되풀이 할 삭. 極: 끝 극, 끝날 극, 마칠 극. 深: 깊이팔 심. 幾: 살필 기, 자세히 살필 기. 硏:연구할 연, 깊이 캘 연. 速: 빠를 속. 疾: 달려갈 질, 힘쓸 질.

【해설】

　주역에서 성인이 중히 여기는 가르침은 네 가지라고 하였다. 여기서 성인은 문왕(文王)과 주공(周公)이다. 성인지도(聖人之道)에서 도는 진리도 되고 가르침도 되고 사상(思想)도 된다.

　그 네 가지 도는 辭(사)·變(변)·象(상)·占(점)이라고 하였다. 여기서 '사(辭)'는 괘사와 효사이고, '변(變)'은 천지 만물과 만사는 모두 변한다는 것이고, 상(象)은 64괘의 괘상이고, '점(占)'은 점괘(占卦)에 나타난 신(神)의 뜻이다.

　'제기자(制器者)'는 도구(道具)를 만드는 사람이 아니다. 여기서 '제(制)'는 "다스리다·주관하다"라는 뜻이고, '기(器)'는 일상생활에서 늘 한정적으로만 쓰이는 모든 기구(器具)를 말하는데, 여기서는 "일반백성"을 표상한다. 그러므로 '제기자(制器者)'는 "백성을 다스리는 사람"이다.

　논어(論語)에 '군자불기(君子不器)'라는 말이 있는데 여기서도 '기(器)'는 같은 뜻이다. 군자는 도이지 한정적으로만 쓰이는 도구가 아니라는 말이고 일반백성이 아니라는 말이다.

　'삼오이변(參伍以變)'에서 '삼오(參伍)'는 서법(筮法)의 핵심절차인 오영삼변(五營三變)을 말한다. 오영삼변은 서법(筮法)에서 자세하게 설명하였다.

　'착종기삭(錯綜其數)'에서 '착(錯)'은 "섞다"이고 '종(綜)'은 "한데 모으다"이다. 그러므로 '착종(錯綜)'은 "섞어서 한데 모으는 것"이다. '삭(數)'은 "여러 번 되풀이 한다"는 뜻인데, 착종(錯綜)을 되풀이한다는 뜻이다. 본서법(本筮法: 略筮法이 아닌 正式筮法)에서 하나의 대성괘(大成卦)를 작괘(作卦) 하는 데는 18번을 착종(錯綜) 하는 것이다. 그래서 여러 번 되풀이 한다고 말한 것이다.

　'천하(天下)'는 세 가지 뜻으로 쓰인다. "세상·세상 사람·하늘과 땅"이다. '비천하지지변(非天下之至變)'에서 '지변(至變)'은 지극한 변화인데 이는 "지극한 변화를 이룩한 사람·지극하게 변화한 것"을 말한다. 이는 도(道)의 극점(極占)에 거의 도달할 만큼 자신을 변화시킨 사람이나 이를 데 없이 바람직하게 변화한 사물을 말한다.

제11장(第十一章)

　　子曰 夫易何爲者也인가 夫易開物成務하며 冒天下之道이니라 如斯而已者也이니라 是故로 聖人以通天下之志하고 以定天下之業하며 以斷天下之疑하니라

　　是故로 蓍之德은 圓而神하며 卦之德은 方以知하며 六爻之義는 易以貢이니라 聖人은 以此洗心하며 退藏於密하고 吉凶與民同患하며 神以知來하고 知以藏往하니 其孰能與於此哉이리요 古之聰明叡知神武而不殺者夫이니라

　　是以로 明於天之道하고 而察於民之故하며 是興神物하여 以前民用하니라 聖人은 以此齋戒하니 以神明其德夫하니라

　　是故闔戶謂之坤이요 闢戶謂之乾이며 一闔一闢謂之變이요 往來不窮謂之通이며 見乃謂之象이요 形乃謂之器이며 制而用之謂之法이니 利用出入民咸用之謂之神이니라

　　是故易有太極하니 是生兩儀하고 兩儀生四象하며 四象生8卦하고 8卦定吉凶하며 吉凶生大業하니라

　　是故法象은 莫大乎天地이고 變通은 莫大乎四時이며 懸象著明은 莫大乎日月이고 崇高는 莫大乎富貴이며 備物致用하고 立成器以爲天下利함은 莫大乎聖人이니라 探賾索隱하고 鉤深致遠히며 以定天下之吉凶하여 成天下之亹

亹者는 莫大乎蓍龜이니라

是故天生神物하니 聖人則之하고 天地變化하니 聖人效之하며 天垂象見吉凶하나 聖人象之하고 河出圖洛出書하니 聖人則之하여

易有四象을 所以示也하고 繫辭焉하여 所以告也하며 定之以吉凶하여 所以斷也하니라

공자께서 말씀하기를 대저 『주역』이란 어떤 일을 하는 것인가? 대저 주역이란 도리(道理)를 깨우쳐 주어 일을 이루게 하는 것이며 하늘과 땅을 덮고 있는 도이다. 오직 이와 같은 것뿐이다. 이런고로 성인은 (주역)으로서 세상 사람들의 마음과 통하였고, (주역)으로서 세상일을 바로 잡았으며, (주역)으로서 의심스러운 일을 판단하였다. 이런고로 점대(筮竹)의 능력은 막히는 일이 없고 신통하며, 괘(卦)가 하는 일은 바르게 알게 하는 것이며, 육효(六爻)가 하는 일은 변화를 알려주는 것이다.

성인(聖人)은 이로써 (사람들의) 마음을 깨끗하게 씻어 주었으며, 겸손하여 도를 깊이 감추고 복(福)과 재앙을 백성들과 함께하였고 근심 걱정을 함께하였으며, 신통하므로 미래를 알았고 지혜로워서 지난 일을 잊지 않았으니 그 누가 능히 이같이 할 수 있겠는가?

선왕(先王: 文王과 周公)은 총명하고 지혜가 뛰어나고 무예가 뛰어나면서도 살생을 하지 않은 사람이었다. 이런 까닭으로 (주역은) 하늘의 도를 밝힌 것이고 백성들의 일을 살핀 것이며, 점대를 올바르게 사용하여 백성들이 행하도록 인도하는 것이다.

성인은 이로써 (자신의) 몸과 마음을 깨끗하게 하고 부정(不淨)한 일은 멀리하였으니 그래서 (그의) 덕은 뛰어나게 빛이 난 것이다. 대저 예로부터 닫혀 있는 문(門)은 음(陰)이라 하였고, 열리고 있는 문은 양(陽)이라고 하였으며, 한 번 열리면 한 번 닫히는 것을 변화라 하였고, 들어가고 나오는데 막힘이 없는 것을 통한다고 하였으며, 눈에 보이는 것을 형상(形象)이라 하였고, 형체(形

體)를 이루고 있는 것을 기구(器具)라고 하였으며, 바르게 이용하도록 하는 것을 법(法)이라고 하였으니 사람들이 나가고 들어가면서 편리하게 이용하는 기구(門)는 신비한 것이다.

대저 예로부터 『주역』에는 태극이 있었으니 그것(太極)이 양의(兩儀: 陰과 陽)를 낳았고, 양의는 사상(四象)을 낳았으며 사상은 8괘(8卦)를 낳았고, 8괘는 행복과 불행을 판정해 주었으며 행복과 불행이 (또) 많은 일을 낳았다.

대저 예로부터 형상으로는 하늘, 땅보다 더 큰 것이 없었고, 변하고 막힘이 없는 것으로는 사계절보다 더한 것이 없었으며, 천체(天體)로서 두드러지게 밝은 것으로는 해와 달보다 더한 것이 없었고, 우러러 공경하는 높은 것으로는 부귀(富貴)보다 더한 것이 없었으며, 온갖 물건을 갖추어 사용하게 하고 기구(器具)를 만들어 세상을 이롭게 한 것으로는 성인(聖人)보다 더한 이가 없었다.

심오한 이치를 탐구하여 숨어 있는 것을 찾아내고 깊은 것을 찾아 심오한 데에 이르게 하며, 세상의 길흉(吉凶)을 판정하여 세상 사람에게 힘써 노력하는 사람이 되게 하는 것으로는 점대(筮竹)와 귀갑(龜甲)보다 더한 것이 없었다.

대저 옛날에 하늘이 신성한 점대와 귀갑을 내놓으니 성인이 이것을 본받았고, 천지가 변하니 성인이 이것을 본받았으며, 하늘이 도를 내려주고 길흉을 보여주니 성인이 이것을 본받았고, 황하(黃河)에서 8괘의 그림이 나오고 낙수(洛水)에서 글이 나오니 성인이 그것을 본받아 주역에 있는 사상(四象)을 가르쳐 주었던 것이고, 괘사·효사를 붙이어 알려 주었던 것이며 길흉을 판정하여 결단하게 하였다.

【 한자 풀이 】

開: 깨우칠 개, 풀 개. 冒: 덮을 모, 가릴 모. 定: 바로잡을 정, 다스릴 정, 결정할 정, 안정시킬 정. 業: 일 업, 생계 업, 소행 업. 斷: 판단할 단, 판결할 단. 德: 능력 덕, 작용 녁, 행위 덕, 가르칠 덕. 圓: 막힘이 없을 원, 모나지 않을 원. 義: 직분 의, 본분 의. 貢: 알릴 공, 알려

줄 공. 退: 겸손할 퇴, 사양할 퇴. 藏: 감출 장, 품을 장. 密: 깊을 밀, 삼갈 밀. 조심할 밀. 往: 지난 일 와. 與: 같이할 여, 함께할 여. 興: 쓸 흥(用也), 움직일 흥. 前: 인도할 전, 나아갈 전. 闔: 문짝 합, 닫을 합. 闢: 열 벽(開也). 窮: 그칠 궁, 끝날 궁, 막힐 궁, 다할 궁. 見: 눈에 보일 견, 드러날 현, 나타날 현. 形: 형상화할 형, 형체를 이룰 형, 형체 형, 틀 형. 制: 바를 제(正也), 바로잡을 제, 삼갈 제, 조심할 제. 利: 편할 리, 편리할 리. 用: 도구 용, 기구 용, 연장 용. 儀: 짝 의, 법도 의. 法: 모양 법, 형상 법. 懸: 달 현, 매 현, 매달 현, 걸릴 현. 著: 두드러질 저. 崇: 높을 숭, 우러러 공경할 숭, 중히 여길 숭. 備: 갖출 비, 준비할 비. 立: 이룰 립(成也). 探: 찾을 탐, 잡을 탐. 索: 찾을 색. 賾: 심오한 이치 색, 깊을 색. 鉤: 찾아낼 구. 遠: 심오할 원. 亹: 힘쓸 미, 힘써 노력할 미, 부지런할 미. 象: 본받을 상. 垂: 전할 수, 베풀 수. 示: 가르칠 시, 알려줄 시. 古: 옛사람 고, 先王고, 先相고, 옛글 고.

【해설】

공자께서 주역을 다음과 같이 간단히 정의하였다. 『주역』은 하늘과 땅을 덮고 있는 도이며, 사람들에게 도리를 깨우쳐 주어 일을 이루게 하는 것이라고 하셨다. 하늘과 땅을 덮고 있다는 말은 하늘과 땅을 온몸으로 감싸고 있다는 말이고 품에 안고 있다는 말이다.

도란 부모님과 같은 존재이다. 도는 그 어떤 것도 버리거나 밀어내는 일이 없이 다 안고 있기 때문이다. 부모가 자식을 버리는 것이 아니고, 자식이 부모를 떠나듯이 도가 사람을 밀어내는 것이 아니고 사람이 도를 떠나는 것이다.

도는 하늘과 땅, 온 세상 만물과 선악에 구별 없이 모든 사람을 품에 안고 있다. 그러므로 도는 인식하거나 감지(感知)가 쉽지 않고 눈으로 볼 수 없지만 살아있는 생명체(生命體)다. 사람에게서 가장 큰 문제가 되고 불행이나 재난을 가져다주는 근본적인 것은 "뭘 모르고 사는 것"이다. 다시 말하면 불멸의 도를 모르고 산다는 말이다.

뭘 모르면 반드시 막히는 것이다. 생각도 시야도 막히고 앞길도 일도 막히며 인격의 성장과 인간관계도 막힌다. 무한 속에 살아야 할 우주적 존재가 꽉 막힌 공간 속에서 주변 사람들에게 답답함과 막막함을 주면서 살게 된다.

막힌 것을 뚫어주는 것이 깨우쳐 주는 것이다. 깨달아 바람직하게 변하면 하는 일은 성공하는 것이다. 그래서 『주역』은 사람들을 깨닫게 해주는 것이라고 공자께서 말씀한 것이다.

여기서 말한 성인은 문왕(文王)과 주공(周公)이다. 그리고 '고지총명(古之聰明)'에서 '고지(古之)'는 "옛날의"라는 뜻이 아니다. '고지(古之)'를 "옛날"이라고 번역하면 문맥이 자연스럽지 못하고 부적절하다. 여기서 '고(古)'는 옛 왕이다. 문왕은 주(周)의 3대(三代) 임금이었고, 주공은 주(周)의 제후국이었던 노나라(魯: 지금의 山東省地方)의 제1대(第一代) 임금이었는데 여기서 '고지(古之)'는 이 두 분 성인왕(聖人王)을 가리키는 것이다. 그러므로 '고지(古之)'는 바로 위에서 말한 성인이다.

'시지덕(蓍之德)·괘지덕(卦之德)'에서 말한 '덕(德)'은 일상용어로 사용하는 덕의 뜻이 아니고 "능력·행위·작용·가르침"이라는 뜻이다.

십일장(十一章)에서는 '신(神)'이라는 말이 여섯 번 나온다. '신(神)'이라는 말의 뜻은 "신비하다·불가사의(不可思議)하다·신묘하다·신령하다·신성하다·신기하다·신통하다·귀신같다·뛰어나다"라는 뜻이다. '재계(齋戒)'는 "부정(不淨: 더러운 것)을 멀리하고 심신을 깨끗하게 하는 것"이다.

11장에는 '시고(是故)'라는 말이 여섯 번 나온다. 여기서 '시고(是故)'의 뜻은 "이런고로·대저 예로부터·대저 옛날에"라는 뜻이다. 닫혀있는 문(門)은 음(陰)이라 하고, 열리고 있는 문(門)은 양(陽)이라고 하였다. 문이 닫히면 움직이지 않으므로 정(靜)이고, 열리고 있으면 움직이는 것이므로 동(動)이다. 정(靜)은 곤(坤)이고 음(陰)이며 동(動)은 건(乾)이고 양(陽)이다. 그래서 닫혀있는 문을 음이라 하고 열리고 있는 문은 양(陽)이라고 한 것이다. 문이 한번 열리면 한번 닫히는 것을 변화라고 하였다. 문은 여닫는 기구(器具)이다.

문이 가만히 있으면 변화가 없는 것이고, 열리고 닫고 하면 변화가 있는 것이므로 열리고 닫히는 것을 변화라고 한 것이다. 장구한 세월 문이 열린 채로 있다면 그 문은 문의 기능을 상실한 죽은 문이므로 여기서 말한 문에 해당하지 않는다.

문으로 들어가고 나오는데 막힘이 없는 것을 통(通)한다고 하였다. 자유롭게 문을 열고 들어가고 문을 열고 나오는 것이 '통(通)'이라는 것이다. '통(通)'이라는 말의 뜻은 "막힘이 없는 것·뚫려있는 것·트여 있는 것·투명한 것·이어져 있는 것·탈이 없는 것·자유롭게 오고 가는 것"을 말한다.

눈에 보이는 것을 '상(象)'이라고 하였다. 여기서 '상(象)'은 눈이라는 감각기관으로 보이는 존재 곧 형상을 말한다. 여기서 말한 존재는 유형(有形)이든 무형(無形)이든 상관없다. 예를 들어 눈에 직접 보이는 문짝도 '상(象)'이고, 눈을 감아도 떠오르는 문짝도 '상(象)'이다. 그러므로 여기서 말하는 '상(象)'은 인간의 감각기관과의 관계 속에서의 형상(形象)이다.

형체를 이루고 있는 것을 '기(器)'라고 하였다. 여기서 말한 '기(器)'는 눈으로 보는 일과는 상관없이 독자적으로 존재하는 문(門)이라는 기구를 말하는 것이다. 그러므로 문은 형상이면서 동시에 기구(器具)이며 구체적으로 형체를 이루고 있는 유형의 존재다. 유형의 존재는 사물(事物)이다.

문을 바르게 이용하도록 규정한 것이 '법(法)'이라고 하였다. 문의 사용법인 것이고 문에 대해서 지켜야 할 규칙이다. 이상에서 말한 문은 실제의 문이 아니고 『주역』을 표상하는 것이다. 문에 비유해서 『주역』을 설명하고 있다. 『주역』은 음양(乾坤)과 변화를 말한 것이고, 만사형통하게 하는 방도를 말한 것이며, 64괘라는 형상과 서죽(筮竹)이라는 기구 그리고 작괘법(作卦法)을 말하고 있다.

'신물(神物)'이라는 말은 두 번 나온다. '시흥신물(是興神物)'에서 신물(神物)은 점대(筮竹·蓍草)이고, '천생신물(天生神物)'에서 신물은 점대와 귀갑(龜甲)을 말한다. 다 같이 점치는 기구이다.

제12장(第十二章)

易曰 自天祐之하니 吉无不利하니라 子曰 祐者는 助也인데 天之所助者는 順也이며 人之所助者는 信也이니라 履信하고 思乎順하며 又以尙賢也하니 是以로 自天祐之하고 吉无不利也이니라

子曰 書不盡言하고 言不盡意하니 然則聖人之意는 其不可見乎이니라 子曰 聖人立象以盡意하고 設卦以盡情僞하며 繫辭焉以盡其言하고 變而通之以盡利하며 鼓之舞之以盡神하니라

乾坤은 其易之縕耶이니라 乾坤成列하고 而易立乎其中矣하니 乾坤毁 則无以見易하며 易不可見則乾坤或幾乎息矣이니라

是故形而上者는 謂之道요 形而下者는 謂之器이요 化而裁之는 謂之變이요 推而行之는 謂之通이며 擧而措之天下之民은 謂之事業이니라

是故夫象은 聖人有以見天下之賾하고 而擬諸其形容하니 象其物宜하니라 是故謂之象이니라 聖人有以見天下之動하고 而觀其會通하여 以行其典禮하고 繫辭焉하여 以斷其吉凶하니라 是故謂之爻이니라

極天下之賾者는 存乎卦하고 鼓天下之動者는 存乎辭하며 化而裁之는 存乎變하고 推而行之는 存乎通하며 神而明之는 存乎其人하고 黙而成之하며 不言而信은 存乎德行이니라

『주역』(上經 14. 화천대유괘 火天大有卦)에서 말하기를 "하늘이 스스로 도우니 복을 받고 이롭지 않은 일이 없다"라고 하였다. 공자께서 말씀하기를 '우(祐)'라고 하는 것은 돕는다는 말인데 하늘이 돕는 것은 진실해서이다. 진실을 행하고 전도를 따르고 좋아하며 또 어진 사람을 받드니 이런 까닭으로 하늘이 스스로 도와 복을 받고 이롭지 않은 일이 없다.

공자께서 말씀하기를 글로는 말을 다 할 수 없고, 말로는 마음을 다 말할 수 없으니 성인(聖人)의 마음을 알 수 없다.

공자께서 말씀하기를 성인은 도를 밝히어서 (하늘의) 뜻을 다 말하였고, 64괘를 만들어서 바른 것과 바르지 않은 것을 다 말하였으며, 괘사와 효사를 붙여서 말을 다 하였고, 바르게 하고 막히는 일이 없게 하여 이로움이 되는 것을 다 말하였으며 (사람들을) 격려하고 분발하게 하여 마음을 다하게 하였다.

하늘과 땅은 주역의 근본이 된다. 하늘과 땅이 이루어져 나누어지고 주역이 그 가운데에서 이루어진 것이니, 하늘과 땅이 무너져 없어지게 되면 주역도 볼 수가 없게 되는 것이며, 주역을 볼 수가 없게 되면 하늘과 땅도 어쩌면 거의 다 없어지게 될 것이다.

대저 예로부터 하늘과 같은 형상은 '도'라고 하였고 땅과 같은 형상은 '물체'라고 하였으며, 나고 죽는 것을 '변화'라 하였고, (자유롭게) 나아가고 물러가는 것을 '막힘이 없는 것'이라고 하였으며, 세상 사람들을 받들고 베풀어 주는 일을 '사업'이라고 하였다.

대저 예로부터 무릇 64괘란 성인이 또 하늘과 땅의 깊은 데를 보고 모든 것을 헤아려 속에 든 것을 형상화한 것이니 형상화한 것은 이치에 맞는 것이었다. 이런 형상을 본래부터 64괘라고 말한 것이다. 성인은 또 하늘과 땅의 변화를 보고 모이고 흩어지는 것을 살펴 법도와 예(禮)를 말하고, (형상에) 말을 붙여 길흉(吉凶)을 판단하도록 하였다. 이런 말을 본래부터 효사라고 말한 것이다.

하늘과 땅의 심오한 이치로서 지극한 것은 괘에 있고, 세상 사람들의 삶을 분발하게 하는 것은 괘사·효사에 있으며, 나고 죽는 것은 변화 속에 있고, (자유롭게) 나아가고 물러가는 것은 막히는 일이 없는 것에 있으며, 뛰어나게 빛이 나는 것은 사람다움에 있고, 말없이 이루며 말없이 따르는 것은 행하는 덕에 있는 것이다.

【 한자 풀이 】

履: 행할 리, 행실 리, 걸을 리. 信: 진실 신, 따를 신(順也). 思: 사랑할 사, 그리워할 사. 盡: (끝까지)다할 진, 다 바칠 진, 다 말할 진. 意: 마음 의, 생각 의. 見: 알 견, 터득할 견. 立: 밝힐 립, 드러낼 립, 나타낼 립. 情: 사실 정, 진실 정, 이치 정. 僞: 거짓 위, 가짜 위, 진실하지 않을 위. 變:바를 변(正也), 움직일 변. 鼓: 불발하게 할 고, 격려할 고. 舞: 격려할 무. 神: 정신 신, 마음 신. 縕: 깊을 온, 깊은 속내 온, 원기 온. 列: 나눌 렬. 毁: 없어질 훼, 무너질 훼. 息: 망할 식, 멸할 식. 而: 같을 이(如也), 그렇다 할 이(然). 上: 하늘 상. 下: 땅 하. 化: 태어날 화, 자랄 화, 변할 화, 죽을 화. 裁: 만들 재, 자를 재, 죽을 재, 죽일 재. 推: 물러갈 퇴(却也), 옮겨갈 추. 擧: 들어 올릴 거, 받들 거, 일으킬 거, 기를 거. 措: 베풀 조, 들 조(擧也). 極: 지극할 극, 이를 극, 다다를 극. 人: 인격 인, 사람 됨됨이 인.

【 해설 】

공자께서 말씀하기를 하늘이 돕는 것은 천도(天道)를 어기지 않기 때문이며, 사람들이 도와주는 것은 진실하기 때문이라고 하였다. 천도(天道)는 정도(正道)이다. 정도의 반대는 패도(覇道)이다. 패도는 정도를 무시하고 권력·금력·완력·권모술수로 최대한의 이익을 쟁취하는 것이다.

현대는 과학시대이므로 하늘이 돕는다는 말은 설득력이 없다. 정도를 가지 않고 패도를 가면 양심(良心)이 등을 돌린다는 말이다. 양심이 등을 돌리면 재앙이 오는 것이고 망하는 것이다. 정도를 알려면 구도(求道)를 해야 한다. 그러므로 진정한 구도자로 살지 않으면 도는 알 수 없다. 도를 모르면 도는 행할 수 없다.

진실하다는 말은 속이는 일이 없다, 위선·위장·허세가 없다. 사리에 어긋남이 없다. 악이 없고 때가 끼지 않았다는 말이다. 그러므로 진실한 사람은 타인(他人)과 사회와 자연에 전혀 해를 끼치지 않는 사람이고 사람다운 사람인 것이다. 이런 사람을 사람들이 돕는다는 것이다.

하늘과 땅은 『주역』의 근본이라고 하였다. "건곤기역지온(乾坤其易之縕)"에서 '온(縕)'은 깊은 속내를 뜻하는 글자인데, 깊은 속내는 "근본·근원·뿌리"이다. 『주역』은 하늘과 땅에서 나왔다는 말이다. 주역의 부모는 하늘과 땅이라는 것이다. 눈에 보이지 않는 하늘과 땅의 도가 눈에 보이도록 모습을 드러낸 것이 『주역』이다.

'형이상자(形而上者)'는 '도(道)'라고 하였고 '형이하자(形而下者)'는 '기(器)'라고 하였다. '형이상자(形而上者)'에서 '형(形)'은 "형상(形象)"이고, '이(而)'는 같을 이이고, 상(上)은 하늘 상이다.

그러므로 '형이상(形而上)'은 '하늘과 같은 형상'이라는 뜻이다. 하늘은 손으로 만질 수가 없는 무형(無形)의 존재다. 구체적인 존재사물(存在事物)이 아니라는 말이다. 도(道)도 이같이 무형의 존재라는 것이다.

'형이하자(形而下者)'에서 '하(下)'는 '땅 하'이다. 그러므로 '형이하(形而下)'는 땅과 같은 형상이라는 뜻이다. 땅과 같은 형상은 손으로 만질 수 있는 형체가 있는 유형(有形)의 존재인 것이다. 이런 유형의 존재사물을 '기(器)'라고 하였다. 그러므로 여기서 말한 '기'는 그릇·도구·기구를 말하는 것이 아니고 철학적 용어다. 구체적인 형체가 있는 모든 유형의 존재사물을 '기'라고 한 것이다. 현재 서양철학(西洋哲學)에서 말하는 형이상학(形而上學)은 'Metaphysics'의 번역어인데 이 번역어는 이곳 12장에서 유래한 것이고, 형이하학(形而下學)은 'Physical science'의 번역어인데 이것도 이곳에서 유래한 것이다.

형이상학은 본질·원리·초자연적인 것을 추구하는 철학이고, 형이하학은 유형의 사물을 탐구하는 자연과학이다. 전자(前者)는 무형(無形)의 존재, 후자(後者)는 유형의 존재를 탐구하는 학문이다.

'화이재지(化而裁之)'에서 '화(化)'는 태어나 자라는 것이고 '재(裁)'는 여기서는 '살(殺)'과 같은 뜻으로서 "죽다·없어지다"라는 뜻이다. '자살(自殺)'을 '자재(自裁)'라고도 한다. "나고 죽는 것, 나고 없어지는 것"이 변화라는 것이다.

'퇴이행지(推而行之)'에서 '퇴(推)'는 "물러가다(却)"라는 뜻이고, '행(行)'은 '앞으로 나아가다'라는 뜻이다. 그러므로 '퇴이행(推而行)'은 "나가고 들어오는 것"이다. 나가고 들어오는 것은 흐름(流)이다. 진리의 말이나 물자의 흐름이 막힘이 없는 것이 '통(通)'이라는 것이다.

'거이조지(擧而措之)'에서 '거(擧)'는 "받들다·위로 올리다·기르다·일으키다"라는 뜻이고, '조(措)'는 '베풀다'라는 뜻이다. 사람들을 받들어 위로 올리고 사람들에게 은택을 베풀어 주는 것이 사업이다.

2. 계사전하(繫辭傳下)

제1장(第一章)

　　八卦成列하니 象在其中矣하고 因而重之하니 爻在其中矣하며 剛柔相推하니 變在其中矣하고 繫辭焉而命之하니 動在其中矣이니라

　　吉凶悔吝者는 生乎動者也이고 剛柔者는 立本者也이며 變通者는 趣時者也이니라 吉凶者도 貞勝者也이며 天地之道도 貞觀者也이며 日月之道는 貞明者也이며 天下之動하여도 貞夫一者也이니라

　　夫乾確然하여 示人易矣하고 夫坤隤然하여 示人簡矣이니라 爻也者는 效此者也이며 象也者는 像此者也이니라 爻象動乎內하면 吉凶見乎外하고 功業見乎變하며 聖人之情見乎辭하니라

　　天地之大德曰生이요 聖人之大寶曰位이니라 何以守位曰仁이요 何以聚人曰財이며 理財正辭하며 禁民爲非曰義이니라

　　팔괘가 만들어져 나누어지니 (자연의) 형상들이 그 안에 들어있고, 팔괘가

겹치게 되니 본받을 바가 그 안에 들어있으며, 음과 양이 다 같이 자리를 옮기니 변함이 그 안에 들어있고, 괘사·효사를 붙여 가르치니 행할 바가 그 안에 들어있는 것이다.

길흉(吉凶)과 후회와 한탄은 행동에서 생기는 것이고, 음과 양은 (만물의) 근본을 이루는 것이며, 바르고 막힘이 없는 것은 선(善)을 향해 달려가는 것이다. 복을 해치는 것도 바르면 이기는 것이고, 천지의 도도 바르면 보이는 것이며, 해와 달의 이치도 바르면 (하늘이) 알려주는 것이며, 세상이 변해도 무릇 바른 것은 변하지 않는 것이다.

대저 하늘의 도는 분명하여 쉽게 사람들이 알 수 있고, 땅의 도는 유순하여 간단하게 사람들이 알 수 있다.

효(爻)는 이것(하늘의 道와 땅의 道)을 본받은 것이며, 64괘는 이것을 형상화한 것이다. 효의 모양이 괘(卦) 안에서 변하면 길흉은 밖에 나타나고 일은 변화를 나타내며 성인의 마음은 괘사·효사에 나타나는 것이다.

하늘과 땅이 크게 덕으로 여기는 것은 살게 해주는 것이고, 성인이 크게 중히 여기는 것은 자기 자리에 있는 것이다.

【 한자 풀이 】

因: 근본 인, 기원 인. 命: 가르칠 명, 가르침 명, 알릴 명. 動: 행할 동, 활동할 동, 할 동, 감동할 동. 爻: 본받을 효, 닮을 효, 변할 효, 효 효. 立: 이룰 립, 이루어질 립. 變: 바를 변(正也). 趣: 달릴 취, 달려갈 취, 향해갈 취, 이를 취(至也). 凶: 해칠 흉, 거스를 흉, 사악할 흉. 明: 알려줄 명, 환히 알 명, 드러날 명. 一: 변함없을 일, 한결같을 일, 오로지 일. 隤: 유순할 퇴, 편안할 퇴. 示: 알 시, 알릴 시, 볼 시, 보일 시. 效: 본받을 효, 배울 효. 像: 형상 상, 형상화할 상, 본뜰 상. 功: 일 공, 보람 공. 生: 살 생, 살릴 생, 살게 할 생. 寶: 중히 여길 보, 보배로 여길 보. 位: 자리 잡을 위, 제자리에 있을 위, 세울 위(立也). 理: 다스릴 리, 바를 리(正也), 나눌 리(分也). 何: 언제나 하, 어느 곳이나 하, 무엇 하, 누구 하.

【해설】
　우주 만물의 대표자가 되는 것이 팔괘(八卦)이다. 그러므로 팔괘 안에 우주 만물이 들어있는 것이다.
　'상재기중의(象在其中矣)'에서 '상(象)'은 우주의 모든 사물을 말하는 것이다. 다시 말하면 만물의 형상인 것이다. 그러므로 '상재기중의(象在其中矣)'는 우주 만물이 그 팔괘 안에 들어있다는 말이다.
　'인이중지(因而重之)'에서 '인(因)'은 근본·기본이다. 여기서 근본·기본은 팔괘를 말하는 것이다. 그러므로 '인(因)'은 팔괘를 지칭하는 것이다. 여기서 '이(而)'는 어구미(語句未)에 붙어 어세(語勢)를 돕는 무의미조사(無意味助辭)이다. 그러므로 '인이중지(因而重之)'는 팔괘가 겹친다는 말이다. 팔괘가 겹쳐 64괘(六十四卦)가 된 것을 말하는 것이다.
　'효재기중의(爻在其中矣)'에서 '효(爻)'는 괘의 효가 아니고 "본받을 효"이다. 본받을 바·배울 것이 64괘 안에 들어있다는 뜻이다.
　'강유상추(剛柔相推)'에서 '강유(剛柔)'는 양과 음이고, '상(相)'은 서로가 아니고 모두 다의 뜻이며, '추(推)'는 민다는 뜻이 아니고 자리를 옮긴다는 뜻이다. 음과 양이 다 장구한 세월 한곳에 붙잡혀 있지 않고 자리·형태·내면의 상태가 다 변한다는 말이다.
　'변통자취시자야(變通者趣時者也)'에서 '변(變)'은 변한다는 뜻이 아니고 바르다는 뜻이며, '통(通)'은 막힘이 없다는 뜻이다. 사람이 바르고 막혀있지 않으면 그 사람은 선을 향해 달려가고 있다는 것이다. '취(趣)'는 달려간다는 뜻이고, '시(時)'는 선함·훌륭함이다.
　'길흉자(吉凶者)'에서 '흉(凶)'은 불길(不吉)한 것·재앙이라는 뜻이 아니고 해친다는 뜻이다. 그러므로 '길흉자(吉凶者)'는 복을 해치는 것이다.

천지의 도(道)도 바르면 보인다고 하였다. 바른 사람의 눈에 도가 보인다는 것이다. 바른 사람이란 지상적 가치(地上的 價値)를 떠나 도가 되어 도의 세계에서 사는 사람이다. 도는 재주나 지식으로 보이는 것이 아니다. 순수함·천진함·공경함 등 천부의 도를 가지고 있는 원초적(原初的) 단계에서 구도(求道)하여 보이는 도를 붙잡아 자기 존재화가 이루어져야 도가 원형(原型)대로 보이기 시작하는 것이다. 그러므로 도로서 도를 보는 것이다.

　'부곤퇴연(夫坤隤然)'에서 '퇴(隤)'는 유순(柔順)하다 ·편안하다는 뜻이다. '유순'은 부드럽고 온순한 것이다. 부드럽고 온순하면 편안하게 해주는 것이다. 땅의 도는 유순해서 간단하게 알 수 있다고 하였다. 유순하면 어렵고 복잡하고 거칠고 엄격하고 엄숙하고 무서움이 없는 것이다. 그러므로 도가 유순하면 그 도는 쉽고 간단하고 무난하고 친근한 것이다. 그래서 도가 유순하니 간단하게 알 수 있다고 한 것이다.

　'천지지대덕왈생(天地之大德曰生)'이라고 하였다. "하늘과 땅의 큰 덕은 생(生)이다"라고 번역하는 것보다는, "하늘과 땅이 크게 덕으로 여기는 것은 생(生)이다"라고 번역하는 것이 더 적절하다. 여기서 '생(生)'은 낳는 것이 아니고 살게 해주는 것이다. 사람만 예로 들어 말하면 사람을 살게 해주는 것이 가장 큰 덕이다.
　'성인지대보왈위(聖人之大寶曰位)'라고 하였다. 성인이 크게 중히 여기는 것은 '위(位)'라고 하였다. 여기서 '위(位)'는 그냥 자리·지위가 아니다. 자기 자리에 서 있는 것이다. 임금은 임금의 자리에 있고, '부(父)'는 부(父)의 자리에 있고, 아들(子)은 아들의 자리에 있는 것이다. 임금은 임금답고 부(父)는 부(父)다워야 자기 자리에 서 있는 것이다. 성인은 임금의 임금다움을 보배로 여긴다는 것이다.
　언제나 사리를 시키게 하는 것은 '인(仁)'이라고 하였다. 여기서 '인(仁)'은 사랑이다. 사랑은 본능과 정(情)과 도(道)에서 나오는 것이다. 그러므로 본능적으로 사랑할 수 있고, 정(情)이 없으면 사랑은 없는 것이다. 그러나 여기서 말하는 사랑은 도(道)에서 나오는 사랑이다. 다시 말하면 장기간 구도(求道)하여 터득한 그 도(道)에서 나오는 깊고 넓고 큰 사랑을 가져야 자기 자리를 지킬 수 있으며, 다른 사람에게 그의 자리를 지키게 할 수 있다는 뜻이다. 노를 결여한 사랑은 사람을 감화시키기가 어렵다. 감화가 교육인 것이다.

제2장(第二章)

古者包犧氏之王天下也하며 仰則觀象於天하고 俯則觀法於地하며 觀鳥獸之文與(天)地之宜하고 近取諸身하고 遠取諸物하여 於是始作8卦하니 以通神明之德하고 以類萬物之情하니라 作結繩而爲網罟하여 以佃以漁하니 蓋取諸離하니라

包犧氏沒하고 神農氏作하여 斲木爲耜하고 揉木爲耒하여 耒耨之利以敎天下하니 蓋取諸益하니라 日中爲市하여 致天下之民하고 聚天下之貨하여 交易而退各得其所하니 蓋取諸噬嗑하니라

神農氏沒하고 黃帝堯舜氏作하니 通其變하여 使民不倦하고 神而化之하며 使民宜之하니라 易窮則變하고 變則通하며 通則久하니라 是以自天祐之하여 吉无不利하니라

黃帝堯舜은 垂衣裳而天下治하니 蓋取諸乾坤하니라 刳木爲舟하고 剡木爲楫하여 舟楫之利로 以濟不通하여 致遠以利天下하니 蓋取諸渙하니라 服牛乘馬하고 引重致遠하여 以利天下하니 蓋取諸隨하니라 重門擊柝하며 以待暴

客하니 蓋取諸豫하니라 斷木爲杵하고 掘地爲臼하여 臼杵之利로 萬民以濟하니 蓋取諸小過하니라 弦木爲弧하고 剡木爲矢하여 弧矢之利로 以威天下하니 蓋取諸睽하니라 上古엔 穴居而野處한데 後世聖人이 易之以宮室하여 上棟下宇 以待風雨하니 蓋取諸大壯하니라 古之葬者는 厚衣之以薪하여 葬之中野하고 不封不樹하며 喪期无數였는데 後世聖人이 易之以棺槨하니 蓋取諸大過하니라 上古엔 結繩而治한데 後世聖人이 易之以書契하니 百官以治하고 萬民以察하니 蓋取諸夬하니라

    옛날에 포희씨가 천하의 왕 노릇을 하며 우러러 하늘의 형상을 살피고 구부려 땅의 형상을 살피며, 새와 짐승들의 무늬와 바탕의 아름다움을 살피고, 가까이는 자기 자신에게서 취(取)하고 멀리는 세상 만물에서 취(取)하여 이에 처음으로 8괘를 만드니 (8괘는) 천지 신령의 덕(德)과 통하고 만물의 본성과 같은 것이었다. (그리고) 노끈으로 매듭을 지어 그물을 만들어 사냥하고 물고기를 잡게 하였으니 이것을 다 「이괘(離卦)」가 취하였다.

    포희씨가 죽고 신농씨가 일어나서 나무를 깎아 보습을 만들고 나무를 휘어서 쟁기를 만들어 쟁기로 김을 매는 이로움을 세상 사람들에게 가르쳤으니 이것을 다 「익괘(益卦)」가 취하였다. (그리고) 한낮에 시장(市場)을 열어 세상 사람들을 오게 하고, 세상의 물품을 모아 서로 바꾸어 돌아가 모두가 사는 곳에서 만족하게 하였으니 이것을 다 「서합괘(噬嗑卦)」가 취하였다.

    신농씨가 죽고 황제·요임금·순임금이 일어나니 (천지 만물의) 변화에 통달하여 백성들에게 게으르지 않게 하고, 신비하게 감화시켜 백성들이 선하고 아름답게 하였다.

    도를 어김이 극에 이르면 바르게 되고, 바르게 되면 막히지 않으며 막히지 않으면 오래가는 것이다. 이렇게 되면 하늘이 스스로 도와 복을 받고 이롭지 않은 일이 없는 것이다. 황제와 요순임금은 옷을 늘어뜨리고 (앉아만) 있었는데도 세상은 잘 다스려졌으니 이것을 다 「건괘(乾卦)」와 「곤괘(坤卦)」가 취하였다.

나무를 파서 배(船)를 만들고 나무를 깎아 노를 만들어 배와 노의 이로움으로 (강으로) 막힌 데를 건너 먼 곳에 이르게 하여 세상 사람들을 이롭게 하였으니 이것을 다 「환괘(渙卦)」가 취하였다.

소에 멍에를 메우고 말을 타게 하고 수레의 짐을 끌고 먼 곳에 이르게 하여 세상 사람들을 이롭게 하였으니 이것을 다 「수괘(隨卦)」가 취하였다. 나무를 잘라서 절구공이를 만들고 (나무) 밑을 파서 절구를 만들어 절구와 절구공이의 이로움을 만백성이 사용하게 하였으니 이것을 다 「소과괘(小過卦)」가 취하였다.

나무와 줄로 활을 만들고 나무를 깎아 화살을 만들어 활과 화살의 이로움으로 천하에 위엄을 떨치었으니 이것을 다 「규괘(睽卦)」가 취하였다.

아주 옛적에는 (사람들이) 동굴에서 살았고 들에서 살았는데 후세에 성인이 가옥으로 바꾸어 위에는 용마루, 아래에는 처마로서 비바람에 대비하게 되었으니 이것을 다 「대장괘(大壯卦)」가 취하였다.

옛날의 장사(葬事)는 (죽은 자를) 풀로 두껍게 싸서 들 가운데에 장사 지내고, 무덤도 없앴고 나무도 심지 않았으며 복을 입는 기간도 (일정한) 예법이 없었는데, 후세에 성인이 이중의 관으로 바꾸었으니 이것을 다 「대과괘(大過卦)」가 취하였다.

아주 옛적에는 노끈에 매듭을 지어서 (백성들을) 다스렸는데, 후세에 성인이 (나무에) 글자를 새기는 것으로 바꾸었으니 모든 관리가 이것으로 다스렸고, 백성들은 이것으로 (조정의 뜻을) 알게 되었으니 이것을 다 「쾌괘(夬卦)」가 취하였다.

【 한자 풀이 】

王: 왕 노릇 할 왕, 왕이 될 왕. 與: 와 여, 과 여, 모두 여, 다 여. 地: 바탕 지, 밑 지, 아래 지. 宜: 아름다울 의, 善美할 의. 結: 매듭지을 결, 맺을 결, 묶을 결. 繩: 노끈 승, 줄 승. 網: 그물 망, 그물질할 망. 罟: 그물 고, 그물질할 고. 佃: 사냥할 전, 밭갈 전. 漁: 고기 잡을 어. 蓋: 다 개, 모두 개, 이마 개. 沒: 죽을 몰, 끝날 몰. 作: 일할 작, 일어날 작. 斲: 깎을 착, 벨 착. 爲: 만들 위. 耜: 보습 사. 揉: 구부릴 유. 耒: 쟁기 뢰. 耨: 김맬 누, 호미 누. 致: 부를 치, 모을 치, 이를 치(至也), 끌어들일 치. 貨: 물품 화, 상품 화. 退: 돌아갈 퇴, 떠나갈 퇴. 所: 살 소, 거처할 소, 거처 소. 得: 만족할 득, 감사할 득. 各: 모두 각, 전부 각. 倦: 게으를 권, 고달플 권, 싫을 권. 易: 어길 역, 常道에서 벗어날 역. 窮: 끝 궁, 극에 달할 궁. 垂: 늘어뜨릴 수, 늘어질 수. 刳: 파낼 고, 팔 고, 도려낼 고. 剡: 깎을 염. 楫: (배의)노 즙. 服: 멍에를 씌울 복. 重: 짐바리 중, 輜重 중. 柝: 딱딱이 탁, 딱딱이를 쳐서 경계할 탁. 待: 대비할 대. 暴: 해칠 폭, 사나울 폭. 杵: 절구공이 저. 掘: 팔 굴, 파낼 굴. 臼: 절구 구, 학구. 弦: 활줄 현. 宮: 집 궁. 棟: 용마루 동. 宇: 처마 우, 지붕 우, 집 우. 薪: 풀 신(草也). 衣: 쌀 의, 덮을 의. 封: 무덤 봉, 무덤 만들 봉. 樹: 심을 수, 나무 심을 수. 數: 예법 수, 규칙 수. 槨: 덧널 곽. 契: 새길 계. 以: 이 이, 이것 이(此也). 察: 알 찰(至也). 諸: 이 제, 이것 제, ~에서 제. 濟: 사용할 제(用也), 건질 제, 구제할 제.

【해설】

고대중국(古代中國)의 역사는 삼황시대(三皇時代)부터 시작되었다고 말한다. 삼황(三皇)시대의 최초의 왕(王), 다시 말하면 중국 역사에서 최초의 왕은 복희씨이다. 복희씨는 '포희씨'라고도 한다.

복희씨 다음 제2대 임금은 수인씨이고, 제3대 임금은 신농씨인데 복희씨부터 신농씨까지를 삼황시대(三皇時代)라고 한다. 제4대(第四代) 임금은 황제이고, 오대(五代)는 전욱, 육대(六代)는 제곡, 칠대(七代)는 제요, 팔대(八代)는 제순인데, 황제부터 순임금 때까지를 오제시대(五帝時代)라고 한다. 삼황오제시대(三皇五帝時代)는 중국 역사에서 여명기(黎明期)로서 신화(神話)·전설 시대인 것이다. 중국 고대역사에서 연대는 황제임금 때부터 시작되는데 황제는 B.C.2698년에 제위에 올랐다고 말하고 있다. 이것이 황제기원(黃帝紀元)이다. 지금으로부터 내략 4,700여 년 전이 되는 것이다.

고대 중국의 최초의 왕인 복희씨가 8괘를 만들고 최초로 그물을 만들어 백성들에게 그 그물로 사냥을 하게 하고 물고기를 잡게 하였다고 한다. 그 그물에서 「이괘(離卦)」는 그물눈이 붙어있는 것처럼 서로 분리될 수 없이, 붙어있는 것의 중요함을 배웠다고 하였다.

'개취제리(蓋取諸離)'를 "다(蓋) 「이괘(離卦)」에서, (諸離, 제리)에서 취하였다"라고 번역하면 잘못된 것이다. "이것을 「이괘」가 다 취하였다"라고 번역해야 옳은 것이다. 여기서 '제(諸)'는 지시대명사 '지(之)'의 뜻으로서 "이·이것"이다. 전치사 어(於, ~에서·~에)의 뜻이 아니다. 삼황오제 때에는 64괘가 없었다.

64괘를 만든 문왕이 왕위에 오른 때는 B.C.1185년경이라고 한다. 삼황오제는 알 수가 없지만, 황제기원(皇帝紀元)은 B.C.2698년이니까 황제로부터 따져도 황제와 문왕 사이의 시대 간격은 1,500여 년이나 된다. 복희씨로부터 문왕까지는 더 먼 것이다. 그런데 어떻게 복희씨가 「이괘 離卦」에서 취할 수 있겠는가? 문왕이 복희씨가 만든 그물에서 '이(離)'의 덕(德)인 '려(麗)'를 배운 것이다. 여기서 말한 「이괘 離卦」는 팔괘(八卦)의 이괘(離卦)가 아니고 64괘 중의 하나인 「리위화괘(離爲火卦)」이다. 다시 말하면 문왕이 삼황오제가 만든 열 한 가지 문명의 이기(利器)와 문왕이 만든 64괘 중 이와 관계가 있는 것을 설명한 것이 제2장의 내용이다. '려(麗)'는 여기서는 "붙어있다"라는 뜻이다.

신농씨가 쟁기를 만들어 백성들에게 이로움을 준 사실에서 「익괘(益卦)」는 위에서 아래로 이로움을 주어야 한다는 것을 배웠다는 것이다. 신농씨가 시장(市場)을 개설하여 많은 사람과 많은 물품이 모여든 사실에서 「서합괘(噬嗑卦)」는 사람들을 형벌로 바로잡아야 한다는 것을 배웠다는 것이다. 시장이 생겨 많은 사람과 많은 물자가 모이게 되니, 그곳에서 싸움질과 범죄가 일어나고 사람들의 마음도 나쁘게 변하였는데 이것을 바로잡기 위해서는 형벌이 필요하였다는 것이다.

황제와 요임금과 순임금은 옷을 늘어뜨리고 앉아만 있었는데도 천하가 잘 다스려진 사실에서 「건위천괘(乾爲天卦)」는 설치지 않고 무위(無爲)로 다스려야 한다는 것을 배웠고,「곤위지괘(坤爲地卦)」는 다 품에 안고 무위(無爲)로 다스려야 한다는 것을 배웠다는 것이다.

황제가 배(船)를 만들어 강물로 막힌 데를 건너 먼 곳에 이르게 하여 이로움을 준 사실에서「환괘(渙卦)」는 이로움을 주어 흩어지는 것을 막아야 한다는 것을 배웠다. 황제가 문을 이중으로 만들게 하고 야경을 실시하여 범죄에 대비하여, 백성들을 편안하게 살게 한 사실에서「예괘(豫卦)」는 도가 사람을 지켜야 편안하게 살 수 있다는 것을 배웠다.

요임금이 모든 백성에게 주택을 만들어 살게 하여 비바람을 막아준 사실에서「대장괘(大壯卦)」는 양이 강직하게 일을 하여 백성들에게 이로움을 주어야 한다는 것을 배웠다는 것이다. 여기서 말한 후세 성인은 요(堯)임금을 말한다. 요임금과 순(舜)임금·문왕과 주공은 공자님께서 성인으로 받든 성군(聖君)이다.

요임금이 이중관(二重棺)을 제작하여 죽은 자를 입관(入棺)케 하고, 무덤을 만들어 장사지내며 상례(喪禮)와 장례(葬禮)를 만든 사실에서「대과괘(大過卦)」는 죽은 자에 대해서만은 지나친 후대도 좋다는 것을 배웠다. 요임금이 글자를 만들어 나무에 새겨 그것으로 왕과 조정은 백성들에게 명령을 전달하였고, 백성들은 자신들의 일을 왕과 조정에 전한 사실에서「쾌괘(夬卦)」는 막혀 있는 것은 반드시 트이게 해야 한다는 것을 배웠다.

제3장(第三章)

是故易者는 象이며 象也者는 像也이니라 彖者는 材也이며 爻也者는 效天下之動者也이니라 是故吉凶生하고 而悔吝著也하니라

대저 예로부터 주역이란 64괘이며, 64괘란 (도를) 형상화한 것이다. 괘사란 (卦의 본질을) 헤아려 말한 것이며, 육효(六爻)란 세상의 변화를 밝힌 것이다. 이런 일(변화)이 길흉을 생기게 하고 후회와 한탄을 만드는 것이다.

【한자 풀이】

像: 형상 상, 法 상, 규범 상, 따를 상, 본떠 만들 상. 材: 바탕 재, 도리 재, 헤아릴 재. 爻: 효 효, 육효 효, 변할 효. 效: 본받을 효, 살필 효, 형상화할 효, 배울 효. 著: 지을 저, 만들 저(作也), 이룰 저(成也). 故: 일 고, 예 고, 예로부터 고.

【해설】

『주역』을 한마디로 정의하면, '상(象)'이라고 하였다. 여기서 '상(象)'은 형상이다. 64괘의 형상을 말하는 것이다. 그러므로 여기서 '상(象)'은 64괘를 말하는 것이다. 주역은 곧 64괘라는 것이다.

'상(象)은 상(像)'이라고 하였다. 여기서 '상(像)'은 도를 형상화한 것이다. 도(道)는 사람이 반드시 행하여야 할 원칙과 도리이고 반드시 알아야 할 원리와 이치이다. '상자(象者)'는 단사 곧 괘사이다.

괘사는 '재(材)'라고 하였다. 여기서 '재(材)'는 재료나 바탕이 아니고 "헤아린 것"을 말한다. 괘를 전체적으로 헤아린 것, 괘의 본질을 헤아린 것이다.

'효야자(爻也者)'는 육효(六爻)이다. 육효란 천지의 변화·세상의 변화를 드러낸 것이다. 이런 변화 속에서 복된 일과 흉한 일이 생기고 후회하고 한탄하는 일이 이루어진다는 것이다.

제4장(第四章)

陽卦多陰하고 陰卦多陽하니 其故何也인가 陽卦奇이고 陰卦耦임이니라 其德行何也인가 陽은 一君而二民이니 君子之道也이며 陰은 二君而一民이니 小人之道也이니라

양괘에는 음이 많고 음괘에는 양이 많으니 그 이유는 무엇인가? 양괘에서는 (양이) 홀수이고 음괘에서는 (양이) 짝수여서이다. 그것(양괘·음괘)의 마음씨와 행실은 어떤 것인가? 양괘는 한 임금에 두 백성이니 군자가 다스리는 것이며, 음괘는 두 임금에 한 사람의 백성이니 소인이 다스리는 것이다.

【 한자 풀이 】
故: 이유 고, 까닭 고. 奇: 홀수 기, 뛰어날 우. 耦: 짝수 우, 논밭 갈 우. 德: 마음 덕, 본성 덕, 행위 덕, 능력 덕, 낳을 덕(生也). 道: 다스릴 도, 이끌 도, 행할 도, 말할 도.

【 해설 】
8괘에서 건(乾,☰), 진(震,☳), 감(坎,☵), 간(艮,☶)은 양괘(陽卦)이고, 곤(坤,☷), 태(兌,☱), 이(離,☲), 손(巽,☴)은 음괘(陰卦)이다. 건(乾)은 양(陽)의 대표로서 부(父)이고, 곤(坤)은 음(陰)의 대표로서 모(母)이다. 나머지 여섯 괘는 육자괘(六子卦)라고도 한다. 여섯 자녀 괘라는 뜻이다. 8괘에서 건(乾)·곤(坤)괘를 제외하고 나머지 여섯 괘를 음괘와 양괘로 구별 짓는 근거는, 양이 우선이므로 양을 표준으로 해서 양효가 홀수이면 홀수는 양수(陽數, 天數)이므로 양괘라 한 것이고, 양효가 짝수이면 짝수는 음수(陰數, 地數)이므로

음괘라고 한 것이다. 예를 들면 양괘인 간(☶)은 음효가 둘이고 양효는 하나 곧 홀수이다.

이같이 양효가 홀수이니까 양괘라고 한 것이다. 음괘인 태(兌,☱)는 음효는 하나이고 양효는 둘 곧 짝수이다. 이같이 양효가 짝수여서 음괘라고 한 것이다.

'기덕행하야(其德行何也)'에서 '덕행(德行)'은 일상용어로 사용하는 덕행의 뜻이 아니고, '덕(德)'은 본성·마음이고 '행(行)'은 행위·행실이다. '기(其)'는 음괘와 양괘를 지칭하는 것이다. 그러므로 '기덕행하야(其德行何也)'는 "음괘와 양괘의 마음씨와 행실은 어떤가?"라는 말이다. 그러나 실제로는 "양괘와 음괘가 다스리는 사회 상태는 어떤가?"라는 물음이다. 마음씨와 행실이 상태를 만들기 때문이다. 상황은 마음씨와 행실의 산물인 것이다.

여기서는 양괘는 한 임금에 두 백성의 상태라고 하였고, 음괘는 두 임금에 한 백성의 상태라고 하였다. 형식적이 아니고 실제로, 거짓으로가 아니고 진실로 임금이 한 사람이면 정상적인 사회인 것이다. 백성이 둘이라는 말은 진실로 음의 자리에 있는 백성, 진심으로 임금을 따르는 백성이 다수라는 뜻이다.

임금이 둘이라는 말은 형식상으로는 임금이 하나이지만 실제로는 왕을 능멸하고 왕 행세를 하는 사람이 많다는 말이고, 백성이 하나라는 말은 진실로 음의 자리에 있는 백성, 진심으로 왕을 따르는 사람은 소수라는 뜻이다. 한 임금이 두 백성인 상태는 '군자지도(君子之道)'라고 하였고, 두 임금에 한 백성의 상태는 '소인지도(小人之道)'라고 하였다. 여기서 '군자지도'는 군자의 도가 아니고, "군자가 다스리는 것"이다. 군자가 윗사람이 되어 다스리고 있는 상태다. 여기서 '도(道)'는 "다스릴 도"이다.

'소인지도'는 소인(小人)이 다스리는 것이다. 군자가 다스리면 임금도 임금다워서 임금을 능멸하며 임금 행세하는 이가 있을 수 없고, 음의 자리에 있는 사람들은 모두 임금을 받들고 따르는 것이다. 소인이 다스리면 임금도 빛을 잃고 많은 힘 있는 자들이 임금을 능멸하고 임금 행세를 하며, 사회 전반적으로 음의 자리에 있는 사람들이 모두 잘나서 윗사람을 우습게 보며 제멋대로 날뛰는 것이다. 『주역』에서는 음(陰)의 지위에 있는 사람의 목소리가 큰 것과 소인이 윗자리에서 다스리는 것을 대단히 경계하는 것이다. 난장판이 되어 결국 무너지기 때문이다.

제5장(第五章)

易曰憧憧往來하면 朋從爾思하니라 子曰 天下何思何慮인가 天下同歸而殊塗하고 一致而百慮한데 天下何思何慮인가 日往則月來하고 月往則日來하여 日月相推而明生焉이니라 寒往則暑來하고 暑往則寒來하여 寒暑相推而歲成焉이니라 往者屈也이고 來者信也이니 屈信相感而利生焉이니라 尺蠖之屈은 以求信也이며 龍蛇之蟄은 以存身也이니라 精義入神하면 以致用也이며 利用安身하면 以崇德也이니라 過此以往은 未之或知也이라 窮神知化하면 德之盛也이니라

易曰困于石據于蒺藜하며 入于其宮不見其妻하면 凶하니라 子曰非所困而困焉하면 名必辱하고 非所據而據焉하면 身必危하니라 既辱且危하면 死期將至하니 妻其可得見邪이리요

易曰 公用射隼于高墉之上하여 獲之하니 无不利이니라 子曰 隼者는 禽也이며 弓矢者는 器也이며 射之者는 人也이니라 君子藏器於身하고 待時而動하니 何不利之有이리요 動而不括하며 是以出而有獲하니라 語成器而動者也이니라

子曰小人은 不恥不仁하고 不畏不義하며 不見利不勸하고 不威不懲하니라 小懲而大誡하면 此小人之福也이니라 易曰履校滅趾하면 无咎함은 此之謂也

이니라 善不積이면 不足以成名하고 惡不積이면 不足以滅身하니라 小人은 以小善爲无益하여 而弗爲也하고 以小惡爲无傷하여 而弗去也하나니라 故로 惡積而不可掩하고 罪大而不可解하니라 易曰何校滅耳하니 凶하니라

子曰危者安其位者也이고 亡者란 保其存者也이며 亂者有其治者也이니라 是故로 君子는 安而不忘危하고 存而不忘亡하며 治而不忘亂하나니라 是以로 身安而國家可保也이니라 易曰其亡하며 其亡繫于苞桑하니라

子曰德薄而位尊하고 知小而謀大하며 力小而任重하면 鮮不及矣이니라 易曰鼎折足하여 覆公餗하면 其形渥凶은 言不勝其任也이니라

子曰知幾하면 其神乎이니라 君子는 上交不諂하고 下交不瀆하며 其知幾乎하니라 幾者는 動之微이나 吉(凶)之先見者也이니라 君子見幾하면 而作不俟終日하니라 易曰介于石하고 不終日貞하면 吉한데 介如石焉이 寧用終日이리요 斷可識矣이니라 君子는 知微知彰하며 知柔知剛하니 萬夫之望하니라

子曰顏氏之子는 其殆庶幾乎이니라 有不善하면 未嘗不知하며 知之하면 未嘗復行也하니라 易曰不遠復하니 无祗悔이면 元吉하니라

天地絪縕이 萬物化醇하고 男女構精이 萬物化生하니라 易曰 三人行則損一人하고 一人行則得其友함은 言致一也이니라

子曰君子安其身而後에 動하고 易其心而後에 語하며 定其交而後에 求하니라 君子修此三者故로 全也하니라 危以動則民不與也하고 懼以語則民不應也하며 无交而求則民不與也하니라 莫之與則傷之者至矣이니라 易曰莫益之하고 或擊之하니 立心勿恒하면 凶하니라

『주역』하경 31. 「함괘(咸卦)」에서 말하기를 "정해진 마음이 없이 왔다 갔다 한다면 그의 마음은 근심하다가 무너지는 것이다."라고 하였다. 공자께서 말씀하시기를 하늘과 땅이 무엇을 슬퍼하고 무엇을 걱정하는가? 하늘과 땅은 가는 길은 달라도 같이 (道를) 따르고 생각은 달라도 같이 (道를) 행하는데 하늘과

땅이 무엇을 슬퍼하고 무엇을 걱정하겠는가? 해가 지면 달이 뜨고 달이 지면 해가 떠서, 달도 가고, 해도 가지만 빛(道)은 살아있는 것이다.

추위가 가면 더위가 오고 더위가 가면 추위가 와서 추위도 가고 더위도 가면서 일 년은 이루어진다. 가는 것은 굽히는 것이고 오는 것은 펴는 것이니 굽히기도 하고 펴기도 해야 이로움이 생긴다. 자벌레가 움츠리는 것은 펴려고 하는 것이며, 용과 뱀이 숨어있는 것은 몸을 보존하기 위한 것이다.

깊고 바르며 오묘한 경지로 나아가게 되면 경세(經世)에 쓸모가 있게 되는 것이며, 이롭게 쓰여 (사람들의) 몸과 마음을 편안하게 하면 덕은 높아지게 되는 것이다. 이 단계를 지난 다음은 어떤 것인지를 알 수는 없으나 변화의 도를 깨달아 신비한 경지에 이르게 되면 덕은 절정이 되는 것이다.

『주역』하경 47.「곤괘(困卦)」에서 말하기를 "약(藥)을 남가새풀에 의지하며 가난하게 살아 집에 들어가도 아내를 볼 수 없으면 흉하다."라고 하였다. 공자께서 말씀하기를 가난하게 살면 안 되는데 가난하게 살면 (자신의) 이름을 반드시 욕되게 하는 것이고, 의지할 것이 못 되는데 의지하면 (자신의) 몸을 반드시 위태롭게 하는 것이다. 이미 (이름을) 욕되게 하였고 (몸을) 위태롭게 하였으면 죽을 때도 거의 이른 것이니 어찌 아내를 만나볼 수 있겠는가?

『주역』하경 40.「해괘(解卦)」에서 말하기를 "귀인(貴人)이 활을 쏘아 높은 성벽 위에 있는 매를 잡으니 이롭지 않은 일이 없다."고 하였다. 공자께서 말씀하기를, 매는 새이며 활과 화살은 기구(器具)이며 활을 쏜 것은 사람이다. 군자는 기구(器具)를 몸에 지니고 때를 기다리다가 (때가 오면) 일을 하니 어찌 이롭지 않은 일이 있을 수 있겠는가? 일하면 막히는 일이 없으며, 이런 까닭으로 벼슬을 하면 이루는 일이 있게 되니, 기구(器具)가 이루어진 다음에 일해야 한다는 뜻이다.

공자께서 말씀하기를, 소인은 부끄러워함이 없고 무자비하고, 두려워함이 없고 정도(正道)를 따르지 않으며, 이익이 된다고 생각하지 않으면 힘쓰지 않고, 형벌이 아니면 잘못을 고치게 할 수 없다. (소인을) 작은 처벌로 크게 조심하게 한다면 그것은 소인에게는 복이 되는 것이다. 『주역』상경 21. 「서합괘」에서 "족쇄를 채우고 발(足)을 자르면 화는 없다."라고 한 것은 바로 이것을 말하는 것이다.

  선한 행실이 쌓이지 않으면 좋은 평판은 이룰 수가 없고, 악한 행실이 쌓이지 않으면 자신을 망칠 수 없다. 소인은 작은 선행으로는 이익이 없다고 하며 하지를 않고, 작은 악행은 해로움이 없다고 하며 그만두지 않는다. 그런 까닭으로 악이 쌓여서 숨길 수가 없게 되고 죄가 커져서 용서할 수가 없게 되는 것이다. 그래서 『주역』상경 21. 「서합괘」에서 "형을 받아 귀를 잘리었으니 흉하다."라고 말한 것이다.

  공자께서 말씀하기를 위태롭게 할 사람이란 (현재의) 자리에서 걱정이 없는 사람이고, 망하게 할 사람이란 (현재) 있는 것이나 지키는 사람이며, 어지럽게 할 사람이란 다스림을 제 마음대로 하는 사람이다. 이런고로 군자는 걱정할 것 없어도 위태롭다는 것을 잊지 않고, 있는 것도 없어진다는 것을 잊지 않으며, 다스리면서도 자기 마음대로 하지 않나를 잊지 않는 것이다. 이런 까닭으로 몸이 편안하면서 나라를 지킬 수 있다. (그래서) 『주역』 상경 12. 「비괘(否卦)」에서 "(도가 막힌 것을) 잊지 않으며 근본에 머물러 있다"라고 말한 것이다.

  공자께서 말씀하기를, 덕은 적은데 지위는 높고, 아는 것은 적은데 큰일을 도모하며, 능력은 적은데 맡은 일이 중대하면 힘을 다해도 미치지 못한다는 것이다.

  『주역』 하경 50, 「정괘(鼎卦)」에서 말한 "솥의 다리가 부러져 임금에게 드릴 음식물이 엎질러지면 (땅을) 적신 그 모양은 흉하다."라는 것은 맡은 일을 감당하지 못한 것을 말하는 것이다.

  공자께서 말씀하기를, 기미를 알아차리면 학문과 덕이 뛰어난 것이다. 군자는 윗사람과 친하게 지내도 아부하지 않고, 아랫사람과 친하게 지내도 업신여기지 않으며, 기미를 알아차리는 것이다. 기미는 움직임이 은밀하나 (학문과 덕이) 훌륭하면 미리 보인다. 군자는 기미를 보면 하루도 기다리지 않고 조치한다.

  『주역』 상경 16. 「예괘(豫卦)」에서 "돌과 같이 굳고 언제나 바르면 복 받는다."라고 하였는데 돌과 같이 굳음이 어찌 하루만 가겠는가? 한결같음을 (다) 알고 있다. 군자는 은밀한 것도 알고 드러난 것도 알며 음도 알고 양도 아니 많은 사람이 우러러보는 것이다.

공자께서 말씀하기를, 안씨(顔氏)의 아들(안회, 顔回)은 거의 도의 극점(極點)에 가깝다. (그에게) 선하지 않음이 있으면 (그것을) 알지 못하는 것이 한 번도 없었으며, (그것을) 알면 다시 되풀이하는 일이 한 번도 없었다.

『주역』 상경 24. 「복괘(復卦)」에서 "멀리 가지 않고 되돌아오니 크게 후회할 일이 없다면 크게 복을 받는다."라고 한 것은 이것을 말한 것이다. 하늘과 땅의 기운이 만물을 태어나 자라게 하고, 남녀의 음양의 기운이 합하여 만인을 태어나게 하는 것이다.

『주역』 하경 41. 「손괘(損卦)」에서 말한 "셋이서 지내면 한 사람은 떨어지게 되고 혼자서 지내면 짝을 얻게 된다고 한 것은 (음양이) 한 몸을 이루는 것을 말한 것이다.

공자께서 말씀하기를 군자는 몸이 편안한 후에 일하고, 마음이 편안한 후에 말하며, 친하게 사귀어 편안하게 된 후에 (그 사람에게) 요구한다. 군자는 이 세 가지를 힘쓰기에 흠이 없다. (몸이) 편치 못한데 일을 하면 사람들이 따르지를 않고, (마음이) 편치 못한데 말을 하면 사람들이 듣지를 않으며, 친한 사람이 없는데 요구하면 사람들이 들어주지 않는 것이다.

따르지 않으면 (그중에서) 해치는 자가 나오는 것이다. (그래서) 『주역』 하경 42. 「익괘(益卦)」에서 "도와주지는 않고 어떤 때는 때리기까지 하니 마음을 바르게 세워 도를 가지지 못하면 재앙을 당하게 된다"라고 말한 것이다.

【 한자 풀이 】

憧: 마음이 정해지지 않을 동, 마음이 흔들릴 동. 朋: 무리질 붕. 從: 근심할 종, 제멋대로 할 종, 일할 종. 爾: 그 이, 저 이, 이 이. 思: 뜻 사, 마음 사, 슬퍼할 사. 慮: 생각할 려, 근심할 려. 歸: 따를 귀, 편들 귀. 殊: 다를 수. 塗: 길 도(道也). 一: 같을 일, 같이 일. 致: 행할 치, 시행할 치, 나아갈 치, 정성 치, 지극할 치. 百: 여러 백, 많을 백, 온갖 백. 歲: 일년 세, 세월 세. 屈: 굽힐 굴, 구부릴 굴, 움추릴 굴. 信: 펼 신. 感: 이를 감(至也), 닿을 감, 움직일 감. 蠖: 자벌레 확. 尺: 조금 척. 求: 바랄 구, 힘쓸 구. 蟄: 숨을 칩, 틀어박혀 있을 칩. 精: 깊을 정, 맑을 정, 뛰어다닐 정. 入: 들어갈 입, 나아갈 입. 利: 알맞을 리, 옳을 리, 조화를 이룰 리. 崇: 높을 숭, 높일 숭, 우러러 공경할 숭. 化: 변화의 원리 화. 窮: 극에 이를 궁. 盛: 절정 성, 빛날 성, 클 성(大也). 困: 가난할 곤, 괴로울 곤, 고생할 곤. 石: 약 석(藥也). 據: 의지할 거, 의탁할 거. 蒺: 남가새 질. 藜: 명아주 려. , 所: 거처할 소, 살 소(處也). 非: 옳지 않을 비, 나쁠 비. 期: 때 기, 한도 기. 將: 거의 장, 또한 장, 장차 장, 써 장(以也). 其: 어찌 기, 장차 기, 이에 기. 邪: 어조사 야(의문 부정). 公: 임금 공, 제후 공, 재상 공, 귀인 공. 隼: 매 준. 墉: 담 용, 성(城) 용. 藏: 간직할 장, 몸에 지닐 장. 括: 묶을 괄, 막힐 괄. 出: 벼슬할 출. 獲: 잡을 획, 이룰 획(成也).

畏: 두려워할 외, 꺼릴 외, 조심할 외. 見: 생각할 견, 만날 견. 勸: 힘쓸 권, 좋아할 권. 威: 형벌 위, 엄할 위, 으를 위, 세력 위, 위엄 위. 懲: 혼낼 징, 잘못을 고칠 징, 처벌 징, 억누를 징. 誡: 조심할 계, 주의시킬 계, 경계할 계. 屨: (신)신을 구, 신길 구. 校: 형구 교. 趾: 발 지(足也). 足: 可할 족, 능히 족, 잘할 족. 名: 명성 명, 좋은 평판 명, 훌륭할 명. 傷: 해로울 상, 해칠 상. 去: 버릴 거, 그만둘 거, 없앨 거. 掩: 숨길 엄, 감쌀 엄, 바로잡을 엄. 解: 용서할 해, 그칠 해. 危: 위태롭게할 위. 安: 걱정없을 안, 즐길 안. 保: 지킬 보, 보존할 보, 현상태를 유지할 보. 有: 제 마음대로 할 유, 독차지할 유, 많을 유. 薄: 적을 박, 모자랄 박, 메마를 박. 謀: 꾀할 모, 꾸밀 모, 계획할 모, 도모할 모. 力: 능력 력. 任: 맡을 임, 맡은일 임, 책무 임. 鮮: 힘다할 선(盡也), 착할 선, 깨끗할 선. 折: 부러질 절. 餗: 솥 안에 든 음식 속. 覆: 엎어질 복, 뒤집힐 복. 渥: 적실 악, 젖을 악. 勝: 견딜 승, 감당할 승. 幾: 기미 기, 조짐 기, 위태로울 기. 神: 뛰어날 신, 귀신같을 신. 交: 친하게 지낼 교. 諂: 아부할 청, 알랑거릴 청. 瀆: 업신여길 독, 더럽힐 독. 微: 은밀할 미, 희미할 미, 숨을 미. 吉: 훌륭할 길, 선할 길, 흠이 없을 길. 俟: 기다릴 사. 作: 일할 작, 행동할 작. 用: 행할 용, 있을 용. 斷: 한결같을 단, 확고할 단. 彰: 드러날 창. 望: 우러러볼 망, 그리워할 망.
殆: 가까울 태, 거의 태. 庶: 거의 서, 가까울 서. 幾: 거의 기, 가까울 기, 고동 기, 기틀 기, 끝날 기. 嘗: 일찍이 상, 예전에 상. 祇: 클 기(大也).
絪: (천지의)기운 인. 縕: 기운 온, 성할 온, 쌓을 온, 깊을 온. 醇: (자연의)生育 순. 構: 만날 구, 합할 구. 精: 음양의 기운 정, 근본 정. 損: 떨어져 나갈 손. 友: 짝 우, 합할 우. 易: 편안할 이, 평온할 이, 기쁠 이. 定: 편안할 정, 안정될 정. 求: 청할 구, 바랄 구, 나무랄 구. 修: 힘쓸 수, 행할 수, 닦을 수. 全: 온전할 전, 흠없을 전, 완전할 전. 危: 불안할 위, 편치못할 위. 與: 따를 여, 함께할 여, 편들 여, 화합할 여. 懼: 불안할 구, 편치못할 구, 괴로워할 구, 잃을 구. 恒: 법칙 항, 도리 항, 道 항, 변하지 않을 항.

【해설】

세상이 남의 걱정으로 가득 차 있는 것을 공자님께서는 한탄하셨다. 사람들은 일반적으로 앉으나 서나 남의 걱정·세상 걱정을 하며 산다. 엄밀하게 말하면 남 걱정할 처지에 있지 않은데도 남 걱정을 하는 것이다. 자기 자신도 도와 고도의 교양을 갖지 못해 부실하고, 언행과 생활이 바람직하지 않아 존경받지도 못하기 때문에 남 걱정할 입장이 못 되는 것이다. 남 걱정할 시간 있으면 그 시간을 자신의 인격 성장을 위해서 바쳐야 하기 때문이다.

하늘과 땅은 슬퍼하는 일도 걱정하는 일도 없다고 하였다. 그 이유는 도를 따르고 도를 행하기 때문이다. 사람도 마찬가지다. 구도(求道)를 하지 않아 깨달아 터득한 도를 가지고 있지 않은 사람이 남의 걱정·세상 걱정으로 한숨을 쉰다는 것이다. 도를 가지고 있으면 자기 걱정한다. 이 세상에서 문제는 남이 아니고 자기이다.

'동귀이수도(同歸而殊塗)'는 일반적으로 "가는 길은 달라도 귀착점은 같다"라고 말한다. 귀착점(歸着點)은 마침내 도착하는 어떤 곳이다. 여기서 말하는 귀착점은 도(道)이다. 그러나 『주역』에서 말하는 하늘과 땅은 도를 향해 가는 것이 아니고 매 순간 영원히 도를 행하는 존재이다. 고로 동귀(同歸)를 귀착점이 같다고 번역하면 적절치 않은 것이다. 여기서 '귀(歸)'는 "따르다"라는 뜻이다. 그러므로 '동귀(同歸)'는 "다 같이 도를 따른다."라는 말이다.

'일치이백려(一致而百慮)'에서 '일치(一致)'는 일상용어로 쓰이는 일치가 아니다. 여기서 '일(一)'은 "같을 일(同)"이고 '치(致)'는 "행할 치"(行)이다. 그러므로 '일치(一致)'는 "다 같이 도를 행한다."라는 말이다. 하늘과 땅은 다 같이 도를 따르고 도를 행하기 때문에 슬퍼하는 일도 걱정하는 일도 없다.

인심도 변하고 세상도 변한다. 그래도 변하지 않고 살아 있는 도(빛)를 가지고 있으면 그런 변화 속에서 실패하지 않고 일을 이룰 수 있다고 하였다.

'정의입신(精義入神)'에서 '정의(精義)'는 자세한 뜻이 아니고 깊고 바른 것이고, '입신(入神)'은 신(神)의 경지에 들어간 것이 아니고 오묘한 경지로 나아가는 것이다. 여기서 '입(入)'은 "앞으로 나아간다(道)"라는 뜻이다. 여기서 오묘한 경지는 성인이 살고 계시는 곳인 도의 극점(極點)이다.

'치용(致用)'에서 '치(致)'는 "이르다(至)"라는 뜻이고 '용(用)'은 도구·쓸모·쓸쓸이의 뜻이다. 그러므로 '치용(致用)'은 "쓸모가 있다·도구에 이르다·실질적인 이익이 되다"라는 뜻이다. 다시 말하면 여기서 '치용(致用)'은 '경세치용(經世致用)'이다. '경세치용'은 "학문은 세상을 다스리는 일에 이익이 되어야 한다"라는 것이다. 그러므로 세상을 다스리는 데에 쓸모가 없는 것은 공리공론(空理空論)이다. '경세치용'은 유가에서 중시하는 것이다.

'궁신지화(窮神知化)'에서 '궁(窮)'은 극에 이르는 것이고, '신(神)'은 신비한 경지이다. 그러므로 '궁신(窮神)'은 신비한 경지인 극(極)에 이르는 것이다. '지화(知化)'에서 '지(知)'는 깨닫는 것이고, '화(化)'는 변화의 원리·변화의 도(道)다. 그러므로 '궁신지화'는 "변화의 원리를 깨달아 신비한 경지에 이른다."라는 뜻이다.

약을 하찮은 남가새풀에 의지하며 가난하게 사는 이유를 47.「곤괘(困卦)」<육삼효사상전(六三爻辭象傳)>에서는 승강(乘剛)이라고 하였다. '승강(乘

剛)'은 이미 설명한 대로 "강직함 때문이다"라는 뜻이다.

병이 들어 일을 할 수 없기에 가난한 데도 강직한 성품 때문에 남의 신세 지지 않고 남가새풀에 의지하며 살고 있다. 구도자(求道者)로 살고 있지 않은 사람이 강직하면 천부(天賦)의 도를 지키고 있다. 그런데 이곳 제5장(第五章)에서는 질병과 강직함 때문에 가난하게 사는 것이 아니라 보통 사람이 일반적인 가난을 말하고 있다. 일반적 가난의 주요 원인은 주색(酒色)·도박, 돈을 헤프게 쓰는 것, 일하기 싫어하고 놀기 좋아하는 것, 빈둥거리는 게으름, 생각 없는 맹목적인 생활, 생활 향상에 대한 의지결여, 되는 대로 편하게 살려는 심성(心性)이다.

이런 원인 때문에 가난하게 사는 것은 옳지 않은 것이고 부끄러운 것이다. 그러므로 자신의 이름을 욕되게 하는 것이다. 그러나 동서고금(東西古今)을 막론하고 구도자는 대부분이 청빈(淸貧) 속에서 살았고 살고 있다.

'청빈(淸貧)'은 고상한 말이고 실제로는 극빈이다. 공자께서는 그의 수제자인 안회(顏回)의 생활을 '일단사일표음재누항(一簞食一瓢飮在陋巷: 밥 한 그릇에 물 한 그릇으로 빈촌에서 살고 있다)'라고 말씀하셨다. 여기서 밥그릇은 대(竹)나무로 만든 죽기(竹器)이고 물그릇은 표주박이었다. 이는 구도자의 극빈이다.

높은 성(城)벽 위에 있는 매를 잡으려면 매를 잡는 기구(器具)인 활과 화살이 있어야 하고, 활을 잘 쏘는 훌륭한 궁술이 있어야 한다. 여기서는 활·화살·궁술을 '기(器)'라고 하였다. 그러므로 여기서 말하는 '기(器)'는 일하는 데 필요한 지식·덕(德)·일을 계획하고 처리하는 업무능력을 총괄적으로 일컫는 것이다. 군자는 이와 같은 '기(器)'를 평소에 꾸준히 갈고 닦아 습득한다고 하였다. 그리고 때를 기다린다고 하였다. '기(器).'를 가지고 일을 하면 일을 훌륭하게 이루고, '기(器)'를 가지지 못하고 일을 하면 사람을 속이며 일을 망치는 것이다.

여기서는 공자께서 소인은 어떤 사람인가를 말한 것이다. 소인은 부끄러워하는 일이 없고 무자비하고, 두려워하는 일이 없고 불의(不義)하고 이익만 따르는 사람이라고 하였다. 부끄러움이란 양심에 꺼림이 있어서 낯간지럽고 남을 대할 면목이 없어서 얼굴을 붉히는 것이다. 이의 반대는 낯가죽이 두껍고 뻔뻔하며 능글능글하고 음흉하다.

무자비하면 냉혈동물이다. 혹독하고 사납고 거칠고 피눈물이 없는 것이다. 두려움이 없으면 차마 하지 못하는 일이 없고, 무서운 것이 없으며, 망설이는 일이 없다. 불의(不義)하면 정도(正道)를 따르는 일이 없고 언제나 악을 따르는 것이다. 소인은 이익만 따르며, 이익이 없으면 일을 하지 않고, 이익만 있으면 못할 일이 없으며 희생과 봉사는 없다. 이런 소인은 오직 준엄한 형벌로 바로잡아야 한다는 것이다.

선(善)이 쌓여야 좋은 평(評)을 얻게 된다. 여기서 선은 언행과 생활이 정도를 따르는 것이다. 정도를 따르지 않고 살면 자기도 모르게 악이 쌓이게 되어 평(評)이 나쁘게 되는 것이다. 여기서 바른길은 일상생활 속에서의 칭찬받는 바람직한 언행과 생활 태도이다. 그리고 평은 자기 이익에 눈이 먼 소인이나 부정부패한 위선자라든가 바르게 살지 않는 사람이 하는 평이 아니라 정도(正道)를 따르는 바른 사람이 하는 평이다. 소선(小善)은 작은 선행인데 이는 가정생활·직장생활·사회생활 속에서 일상적이고 보통인 칭찬받는 바른 언행이다.

소악(小惡)은 생활 속에서 보통으로 행하는, 눈에 거슬리거나 못마땅하고 불쾌하며 화나게 하여 욕을 먹는 바람직하지 않은 언행이다. 소악이 장기간 되풀이되면 체질이 되고 그 체질은 경멸받는 인격이 되는 것이므로 큰 문제가 되는 것이다. 멸시받는 인격은 자신도 살기가 힘들지만, 다른 사람을 힘들게 하여 문제가 되는 것이다. 힘들게 하는 것은 기쁨과 편안함을 소멸시키는 것이므로 악이다.

국가나 공동체나 가정이나 자기 자신을 위태롭게 할 사람이란 현재의 자리에서 걱정이 없는 사람이라고 하였다. 여기서 말한 현재의 자리는 직장에서의 현재의 직위도 되고, 현재 자신의 인격 수준도 된다.

걱정이 없다는 말은 상황인식 못해 무사태평이고 머리가 모자라 아무런 위기의식이 없이 희희낙락거리며 사는 것이다. 다시 말하면 자기 부족에 대한 아픔과 부끄러움이 없고 자기 성장을 위한 진지하고도 힘든 노력과 고뇌가 없이 사는 것이다.

망하게 할 사람이란 현재 있는 것을 지키는 사람이라고 하였다. '보기존자야(保其存者也)'에서 '존자(存者)'는 "현재·현재 있는 것·현재의 상태"를 말하는 것이다. 현재의 상태를 지킨다는 말은 사람도 변하고 시대도 변하는데 구태의연(舊態依然)하다는 말이다. 끝없는 공부를 하여 선진문물(先進文物)을 배워 변화해야 망하지 않는다. 개혁·변화·성장이 없으면 현재나 겨우 지키는 것이다.

어지럽게 할 사람이란 다스리는 것을 제 마음대로 하는 사람이라고 하였다. 제 마음대로 한다는 말은 도를 따르지 않는 것이다. '유기치자야(有其治者也)'에서 '유(有)'는 "제 마음대로 할 유·독차지할 유"이다. 다스리는 것을 독점하고 제멋대로 하면 반드시 시끄럽고 어지럽게 되는 것이다.

도덕 수준·진리 수준이 낮고 지식이 빈약하며 능력이 별로인데 높은 직위에 앉아 큰일을 계획하고 시행하면 아무리 최선을 다해 노력해도 그 일을 이룰 수가 없다고 하였다. 제대로 이루는 일도 없지만 중대한 일을 망쳐버린다는 것이다. 부도덕하고 무지하고 무능하면 맡은 일을 감당하지 못하고 망쳐버리는 것이다. 이같이 일을 감당하지 못하고 망쳐버린 것을 공자께서는 솥(三公)의 다리가 부러져 버렸다고 하였다. 솥의 다리가 부러지면 솥은 넘어지고 솥 안의 음식물은 땅바닥에 쏟아져 먹을 수 없게 되는 것이다.

군자는 학문과 덕이 뛰어난 사람이다. 장기간의 지속적인 연학(硏學)과 구도(求道)로 진리 수준·교양 수준·지식수준이 뛰어난 사람이다. 인격 수준·진선미(眞善美)의 수준이 뛰어난 것이다.

이같이 학덕(學德)이 뛰어나면 아부하는 일도 없고 업신여기는 일도 없으며 숨어서 다가오는 기미를 알아차린다고 하였다. 반대로 학문과 덕이 보잘것없으면 아부하고 자기 기준·자기 비위에 맞지 않으면 업신여기며 재난이 가까이와 도 그 기미를 모른다는 것이다. 그리고 군자는 돌과 같이 굳은 사람이라고 하였다. 진리·교양·지식이 분명하고 정확하고 확고하게 만들기 때문이다.

'지기기신호(知幾其神乎)'에서 '신(神)'은 "뛰어나다"라는 뜻이다. 재주가 뛰어난 아이는 신동(神童)이라 하고 무예가 뛰어나면 신무(神武)라 하고, 용기가 뛰어나면 신용(神勇)이라고 하는 것이다. 여기서는 학덕이 뛰어나다는 뜻이다. '길지선견자야(吉之先見者也)'에서 '길(吉)'은 '선(善)'과 같은 뜻으로서 "훌륭하다·선하다"라는 뜻이다.

'녕용종일(寧用終日)'에서 '녕(寧)'은 "어찌"이고 '용(用)'은 "하다"이다. 그러므로 '녕용종일'은 "어찌 하루로 끝나겠는가?"이다. '지미지창(知微知彰)'에서 '미(微)'는 속에 숨어있는 은밀한 것이고, '창(彰)'은 밖으로 드러난 것이다.

학덕의 수준이 낮으면 속에 들어 있어 은밀한 것은 당연히 모르지만, 밖으로 드러나 눈에 보이는 것도 모른다. '지유지강(知柔知剛)'에서 '유강(柔剛)'은 음양이다. 음양은 모든 상대의 세계를 말한다. 음지와 양지·상(上)과 하(下)·귀와 천·현재와 미래·빈과 부는 다 음양의 관계이다.

안회(顔回)는 거의 도의 극점에 이르렀다고 공자께서 말씀하였다. 그래서 안회는 자신의 언행이 도에 어긋남이 있으면 즉각 알아차리고, 그것을 즉시 고치고 두 번 다시 그것을 되풀이하는 일이 없다고 하였다. 보통 사람들은 자기 잘못을 모르고 살고, 알아도 일생을 되풀이하는 것이다. 공자께서 안회를 평하신 말씀이 논어에 다음과 같이 나온다. "불이과(不貳過)하였는데 불행단명사의(不幸短命死矣)하니라." '불이과(不貳過)'는 "잘못을 두 번 하지 않았다."라는 말이다. 그런데 불행하게도 젊은 나이에 죽었다는 것이다. 여기서 단명사(短命死)는 요절(夭折)이다.

안회는 공자십철(孔門十哲) 가운데 으뜸으로서 공자의 수제자였고 공자의 지극한 사랑을 받았던 인물이다. 노나라 사람으로서 자(字)는 자연(子淵)이었고 출생연대는 통상적으로는 B.C.521~490이라고 하지만 확실하지는 않다. 이 연대에 의하면 32세에 세상을 떠난 것이다. 스승이신 공자보다 먼저 세상을 떠나 공자의 비통한 울음은 오늘까지도 전해오고 있다.

안회의 집은 앞에서 언급한 대로 매우 가난하였는데 그 가난은 괴로움이 아니고 기쁨이었다. 그래서 안회는 안빈낙도(安貧樂道)의 대표적인 인물이 되었다. 논어에 안회에 대한 언급(言及)이 열세 군데에 나올 정도로 학덕과 재능이 뛰어난 인물로서 맹자와 함께 유가(儒家)에서 아성(亞聖)으로 존숭된다.

'기태서기호(其殆庶幾乎)'에서 '기(其)'는 무의미 강조 어조사이고, '태(殆)'는 가깝다는 뜻이고, '서(庶)'는 거의라는 뜻이며, '기(幾)'는 여기서는 기(機)와 같은 뜻의 글자이다. '기(機)'는 사물의 가장 중심이 되는 부분으로서 핵심(核心)이고, 가장 중요한 부분으로서 중추(中樞)이고 극치이고 극점이다. 그러므로 '태서기(殆庶幾)'는 거의 도의 극점에 가깝다는 말이다. 이 말은 안회의 존재 자체가 완전한 도가 되지는 않고 완전한 도에 근접하였다는 말이다. 완전한 도가 되면 성인이 되는 것이다. 그러나 '기(機)'라는 글자에는 길·도·사리라는 뜻도 있으므로 "거의 도에 가깝다"라고 해도 된다.

하늘과 땅의 음양 기운이 만물을 태어나 자라게 하고, 남녀 음양의 기운이 사람을 태어나게 한다고 하였다. 사람이 태어나는 원리는 한 남자(하나의 陽)와 한 여자(하나의 陰)에 의해서만 태어나는 것이지, 한 남자와 두 여자 또는 두 여자와 한 남자에 의해서 태어나는 것이 아니므로 셋이 지내면 한 사람은 떨어진다는 것이다. 그러므로 이것은 일부다처(一夫多妻)나 일처다부(一妻多夫)를 말하는 것이다. '인온(絪縕)'은 "천지의 기운"이다.

군자는 몸이 편안한 후에 일을 한다고 하였다. 다시 말하면 불편한 몸으로는 다른 사람과 함께하는 일은 하지 않는다는 말이다. 몸이 불편하면 정성을 다해 일할 수가 없고, 다른 사람을 불편하게 하는 것이다. 이런 형편이 되면 일을 쉰다는 것이다. 정성을 다하지 않고 다른 사람을 불편하게 하면 사람들이 따르지 않는 것은 당연하다.

마음이 불편한데 말하면 그 말에도 정성은 없다. 성의 없이 하는 말을 누가 듣겠는가? 그리고 어떤 사람과 불편한 관계를 유지하고 있다면 그 사람에게 부탁·권고·충고한다면 들어주겠는가? 친한 사이여서 편안한 관계가 아니면 진리를 말해도 듣지 않는 것이다.

'안(安)·이(易)·정(定)'은 모두 편안하다는 뜻이고, '위(危)·구(懼)'는 다 같이 불안(不安)하다·불편하다는 뜻이다. '교(交)'는 보통의 사귐이 아니고, 아주 친하게 지내는 사귐이다.

제6장(第六章)

　　子曰乾坤은 其易之門邪이니라 乾은 陽物也이며 坤은 陰物也인데 陰陽合德而剛柔有體하니라 以體天地之撰하고 以通神明之德하니라 其稱名也雜而不越하고 於稽其類하면 其衰世之意耶이니라 夫易은 彰往而察來하고 而微顯闡幽하며 開而當名辨物하고 正言斷辭則備矣하니라 其稱名也小이나 其取類也大하고 其旨遠하고 其辭文하며 其言曲而中하고 其事肆而隱하니라 因貳以濟民行하고 以明失得之報하니라

　　공자께서 말씀하시기를, 하늘과 땅은 주역의 근본이다. 하늘은 양이며 땅은 음인데, 음양이 합한 큰 기운이 강하고 부드러운 형체를 가지게 된다. 이(형체)는 하늘과 땅의 법도가 형체를 이룬 것이고, 그래서 (천지) 신령의 마음과 통하고 있다. 그것(형체)은 명칭은 많아도 (道를) 어기는 일이 없고, 그 모든 것을 헤아려 보면 한평생도 기울어진다는 것을 알 수 있다.

　　대저 『주역』은 지난 일을 드러내어 오고 있는 일을 살핀 것이고, 은밀한 것을 보고 숨어있는 것을 드러낸 것이며, 깨우쳐 주어 밝은 것을 지키게 하며 만물의 이치를 밝힌 것이고, 괘사·효사를 확정하여 사람의 바른길을 말하여 (재앙에)

대비하게 한 것이다.

　(괘의) 명칭은 (수는) 적으나 법도를 모으면 (수가) 많고, 그 뜻은 심오하고 그 글은 빛이 나며 그 말은 간절하면서 바르고 (다루는) 일들은 근본적이고 큰 것이다. 두 가지 근본(乾·坤)으로 사람들의 행실을 바로잡아 주고 (道를) 얻고 잃는 것에 대한 보답을 밝힌 것이다.

【한자 풀이】

德: 마음 덕, 王氣 덕, 본성 덕. 體: 형상 체, 형상을이룰 체, 본받을 체. 撰: 법 찬(法也). 以: 이 이, 이것 이, 그래서 이, 그리고 이. 稱: 부를 칭, 이름 칭. 雜: 많을 잡, 여러 가지 잡. 越: 어길 월, 어긋날 월, 넘을 월. 稽: 헤아릴 계, 생각할 계, 비교할 계. 類: 모든 것 류, 법도 류. 衰: 쇠할 쇠, 기울어질 쇠, 시들을 쇠. 世: 한평생 세, 세상사람 세, 시대 세. 意: 헤아릴 의, 생각할 의, 예상할 의. 顯: 볼 현, 보일 현, 드러낼 현. 闡: 드러낼 천, 분명히할 천. 幽: 숨을 유, 깊을 유. 開: 깨우칠 개, 일으킬 개. 當: 지킬 당, 막을 당. 名: 밝을 명, 클 명(大也). 辨: 밝힐 변, 분명히할 변. 物: 만물 물, 일 물, 도리 물. 正: 道 정, 사람의 바른 길 정. 斷: 단정할 단, 결정할 단, 판정할 단. 取: 모을 취, 잡을 취, 가질 취, 거두어들일 취. 旨: 뜻 지, 내용 지. 曲: 자세할 곡, 간절할 곡. 肆: 극에 이를 사, 클 사(大也), 바를 사, 곧을 사. 隱: 클 은(大也), 높을 은, 깊을 은. 因: 근본 인, 까닭 인. 報: 갚을 보, 보답할 보, 보복할 보.

【해설】

　하늘과 땅은 『주역』의 근본이라고 하였다. '역지문(易之門)'에서 '문(門)'은 "사물이 생겨나는 곳 문"이다. 사물이 생겨나는 곳은 생겨난 사물의 근본이고 근원이다. 근본이란 사물(事物)의 밑바탕이 되는 깃이고 사물의 뼈대가 되는 것이다. 근원(根源)은 사물이 생겨나는 바탕이다. 그러므로 하늘과 땅이 『주역』

의 근본이라는 말은 하늘과 땅이라는 터전 위에 피어난 존재(存在)라는 것이다. 그러므로 『주역』은 뿌리를 하늘과 땅이라는 터전에 박고 있고, 『주역』의 뼈대는 하늘과 땅이다.

그러므로 『주역』은 눈에 보이지 않는 형이상학적 존재(形而上學的 存在)로서의 하늘과 땅의 도와 변화의 원리, 그리고 눈에 보이는 형이하학적 존재(形而下學的 存在)로서의 하늘과 땅의 형상과 변화의 양상을 일반사람들에게 알게 해 주는 것이다. 『주역』은 사람 곁에 와 있는 하늘과 땅이다. 그러므로 『주역』을 통해서 주역의 근본인 하늘과 땅을 쉽게 알 수 있다.

'음양합덕(陰陽合德)'에서 '덕(德)'은 일상용어로 사용하는 덕이 아니고 왕기(旺氣)를 말한다. 왕기는 희미한 기운이 아니고 크게 떨치는 큰 기운이다. 하늘의 기운과 땅의 기운은 하늘 땅만큼이나 크다고 여겼으므로 큰 기운이라고 말한 것이다. 하늘(陽)과 땅(陰)의 기운에 의해서 만물이 태어났다는 것이다. 이는 과학적 사고(思考)가 아니라 철학적 사고(哲學的 思考)다. 이렇게 태어난 수많은 천지만물(天地萬物)은 도를 어기는 일이 없다. 사람만 도를 어기는 것이다. 사는 환경도 자연을 떠났고 사는 방식도 자연스럽지 않으며 사람들이 만든 어수선한 사회 속에서 변질되어 버렸기 때문에 도를 어기는 것이다.

'어개기류(於稽其類)하면, 기쇠세지의야(其衰世之意耶)이니라'에서 '어(於)'는 발어조사로서 접두어이며 뜻은 없다. '계(稽)'는 "헤아려 보다·살펴보다"라는 뜻이고, '류(類)'는 "모든 것"이라는 뜻이다. 그러므로 '어개기류(於稽其類)'는 "만물을 헤아려 보면"의 뜻이다. '기쇠(其衰)'에서 '기(其)'는 뜻이 없는 강조 어조사이고 '쇠(衰)'는 "기울어진다·시든다"는 뜻이며 '세(世)'는 "한평생"을 뜻하는 것이고, '의(意)'는 "헤아리다·생각하다"라는 뜻이다. 그러므로 '기쇠세지의야(其衰世之意耶)'는 "한평생도 기울어진다."라는 것을 헤아려 알 수 있다는 뜻이다.

다시 말하면 천지(天地) 만물은 도를 어기는 일은 없지만 그 만물은 영원히 존재하지 않고 그 일생도 한계가 있어 시들어 죽게 된다는 말이다. 형체가 있는 존재 사물은 모두 생겨나는 때가 있는 것과 같이 소멸하는 때가 있다는 말이다.

'개이당명변물(開而當名辨物)'에서 '개(開)'는 "깨우쳐 준다"라는 뜻이고, '당(當)'은 "지킨다"라는 뜻이며, '명(名)'은 "밝은 것(明)이고 큰 것(大)"이다. 밝은 것은 빛이다. 그러므로 '당명(當名)'은 "밝고 큰 것인 도를 지키게 한다"라는 뜻이다. '변(辨)'은 "사리·시비를 밝힌다"라는 뜻이다. 그러므로 "변물(辨物)은 만물의 이치를 밝힌다·드러낸다·분명히 한다"라는 뜻이다.

'기사이은(其肆而隱)'에서 '사(肆)'는 "극에 이를 사"이다. 극(極)은 끝이고 끝은 근본이다. 그러므로 여기서 '사(肆)'는 "근본"이다. '은(隱)'은 "크다(大)"라는 뜻이다. 그러므로 '사이은(肆而隱)'은 "근본적이고 큰일을 말하는 것"이다. 도를 얻어 가지게 되면 복(福)으로 보답하고, 도를 버리면 재앙으로 갚아준다고 하였다.

제7장(第七章)

易之興也 其於中古乎인데 作易者 其有憂患乎이니라

是故로 履는 德之基也이며 謙은 德之柄也이며 復은 德之本也이며 恒은 德之固也이며 損은 德之修也이며 益은 德之裕也이며 困은 德之辨也이며 井은 德之地也이며 巽은 德之制也이니라

履는 和而至이며 謙은 尊而光이며 復은 小而辨於物이며 恒은 雜而不厭이며 損은 先難而後易이며 益은 長裕而不設이며 困은 窮而通이며 井은 居其所而遷이며 巽은 稱而隱이니라

履以和行이며 謙以制禮이며 復以自知이니 恒以一德이며 損以遠害이며 益以興利이며 困以寡怨이며 井以辨義이며 巽以行權이니라

주역은 중고시대(中古時代)에 저작된 것인데 주역의 저자(문왕)는 괴로움과 고난 속에 있었다. 이런 까닭으로 「이괘(履卦)」는 (그의) 행실의 토대이었으며, 「겸괘(謙卦)」는 (그의) 행실의 근본이었고, 「복괘(復卦)」는 (그의) 행실의 기본이었으며, 「항괘(恒卦)」는 (그의) 행실이 변하지 않은 것이었으며, 「손괘(損卦)」는 (그가) 행실을 닦은 것이었고, 「익괘(益卦)」는 그의 행실이 너그러웠던 것이었으며, 「곤괘(困卦)」는 (그가) 행실을 바르게 한 것이었고, 「정괘(井卦)」는 (그의) 행실의 바탕이었으며, 「손괘(巽卦)」는 (그가) 행실을 억누른 것이었다.

「이괘(履卦)」는 (그가) 온화하고 깊은 것이었으며, 「겸괘(謙卦)」는 (그가) 다른 사람을 받들어 빛이 난 것이었고, 「복괘(復卦)」는 (그가) 조심하며 일을 바로잡은 것이었으며, 「항괘(恒卦)」는 (그가) 천한 데에 빠지지 않은 것이었고, 「손괘(損卦)」는 (그가) 초반에는 어려웠지만 다음에는 편안하게 된 것이었으며, 「익괘(益卦)」는 (그가) 크게 너그러우면서도 내세우지 않은 것이었고, 「곤괘(困卦)」는 (그가) 곤궁 속에서도 막히지 않은 것이었으며, 「정괘(井卦)」는 (그가) 머물러 사는 곳에서 새롭게 고친 것이었고, 「巽卦(손괘)」는 (그가) 명성을 감춘 것이었다.

「이괘(履卦)」는 (그가) 행동을 알맞게 한 것이었으며, 「겸괘(謙卦)」는 (그가) 예의를 따른 것이었고, 「복괘(復卦)」는 (그가) 지혜를 따른 것이었으며, 「항괘(恒卦)」는 (그가) 행실이 한결같은 것이었고, 「손괘(損卦)」는 (그가) 손해 본 것을 멀리한 것이었으며, 「익괘(益卦)」는 (그가) 이로움을 베푼 것이었고, 「곤괘(困卦)」는 (그가) 원망하는 일을 적게 한 것이었으며, 「정괘(井卦)」는 (그가) 정도(正道)를 따르며 다스린 것이었으며, 「巽卦(손괘)」는 (그가) 권세를 떠난 것이었다.

【 한자 풀이 】
興: 지을 흥(作也), 이룰 흥, 낼 흥(出也), 줄 흥, 바칠 흥. 患: 고난 환, 재난 환. 基: 토대기, 기초 기, 기본 기, 근본 기. 柄: 근본 병, 기초 병. 本: 밑동 본, 뿌리 본, 기초 본, 근본 본. 固: 굳을 고, 한결같을 고, 변치않을 고, 굳게 지킬 고. 裕: 너그러울 유, 넉넉할 유, 느긋할 유. 辨: 바르게 할 변, 바로잡을 변, 다스릴 변, 분명히할 변. 地: 바탕 지, 살 지(居也). 制: 억누를 제, 삼갈 제, 다스릴 제, 바를 제(正也), 따를 제. 至: 깊을 지, 지극할 지, 힘을 다할 지, 맞을 지. 雜: 천할 잡, 낮을 잡, 어지러울 잡, 자질구레할 잡, 순수하지 않을 잡. 而: 그러할 이(然也), 같을 이(如也). 厭: 빠질 암, 젖을 읍, 적실 읍. 長: 클 장(大也), 많을 장, 오랠 장. 設: 클 설(大也), 세울 설. 遷: 고칠 천, 바꿀 천, 변할 천. 所: 거처 소, 살 소(居也). 稱: 명성 칭, 명예 칭. 和: 따뜻하고 부드러울 화, 알맞을 화, 고를 화(均也). 自: 따를 자. 行: 떠날 행, 떠나갈 행, 보낼 행, 흘러보낼 행.

【해설】

주역은 중고시대(中古時代)에 저작되었다고 하였다. 중고시대는 은나라 시대와 주(周)나라 초반을 말한다. 여기서 말한 『주역』을 지은 이는 주(周)의 문왕(文王)이다. 문왕은 우환 속에 있었다. 문왕이 겪은 고난은 『주역』이 탄생하게 된 배경에서 자세하게 말하였다. 문왕이 다스리던 주나라는 당시에는 은나라의 제후국이었다. 그러므로 문왕은 종주국인 은나라 왕인 주왕(紂王)의 신하였다.

봉건 제후였던 문왕은 무도(無道)한 주왕(紂王)에 의해 3년이나 감옥살이하는 등 고난을 겪었다. 무도한 어려운 시대에 고난 속에서 빛을 발한 문왕의 생활철학과 생활태도는 남다른 것이었고 나라를 훌륭하게 다스린 성인이었다. 그래서 공자께서 성인이라고 하신 것이다.

제7장은 문왕의 생활철학과 생활태도로서 『주역』에 반영된 것 중에서 특히 중요한 것 아홉 가지를 골라서 정리한 것이다. 『주역』 64괘는 문왕이 지은 것이므로 주역에 문왕의 생활철학이 들어있는 것이다.

10. 「이괘(履卦)」는 하늘의 도를 따라야 한다는 내용이다. 이것은 주역을 저

작하기 이전의 문왕의 행실 토대였다는 것이다. 이 토대가 「이괘(履卦)」에 반영되었다는 것이다. 문왕은 언제나 하늘의 도를 따랐고, 항상 온화하고 깊었으며 행동을 알맞게 하였는데 이와 같은 문왕의 생활태도가 「이괘(履卦)」의 내용이 되었다는 것이다.

15. 「겸괘(謙卦)」는 잘난 체 말고 자기 자신을 낮추어야 한다는 내용이다. 이것은 주역을 저작하기 이전의 문왕의 행실의 근본이었다는 것이다. 이와 같은 근본이 「겸괘」에 반영되었다는 것이다.

문왕은 항상 자신을 낮추었고 다른 사람을 받들어 빛이 나게 하였으며 항상 예(禮)를 따랐는데 이와 같은 문왕의 생활태도가 「겸괘(謙卦)」의 내용이 되었다는 것이다.

24. 「復卦(복괘)」는 잘못을 저지르면 반드시 반성하여 고치고 천도(天道)에 되돌아가야 한다는 내용이다. 이것은 『주역』을 저작하기 이전의 문왕 행실의 기본이었다는 것이다. 이와 같은 기본이 「복괘」에 반영되었다는 것이다. 문왕은 잘못하면 항상 고쳐 천도로 되돌아갔으며, 잘못을 범하지 않으려고 조심하였으며, 일을 바르게 하여 지혜를 따랐는데 이와 같은 문왕의 생활태도가 「복괘(復卦)」의 내용이 되었다는 것이다.

32. 「항괘(恒卦)」는 언제나 변함없이 천도를 지켜야 한다는 내용이다. 이것은 『주역』을 저작하기 이전 문왕의 변하지 않는 행실이었다. 문왕은 필요에 따라 말을 바꾸고 행동을 바꾸지 않았고 언제나 변함없이 천도를 지켰는데 이와 같은 문왕의 행실이 「항괘(恒卦)」에 반영되었다는 것이다. 문왕은 항상 천도를 지켰으며, 천한 데에 빠지는 일이 없었으며 행실이 한결같았는데 이와 같은 문왕의 생활태도가 「항괘(恒卦)」의 내용이 되었다는 것이다.

41. 「손괘(損卦)」는 내가 손해 보아야 한다는 내용이다. 이것은 주역을 저작하기 이전의 문왕의 행실이었다. 이와 같은 문왕의 행실이 「손괘(損卦)」에 반영되었다는 것이다. 문왕은 항상 자신의 언행을 고쳤다. 언행을 고치는 데는 결심·결단만으로는 안 되는 것이다. 학문을 연구하고 구도(求道)를 하여 자신을

성장시켜야 고칠 수 있는 것이다. 다시 말하면 학문연구와 구도를 하여 인격이 성장하고 있어야 자신을 고치는 것이다. 이렇게 되어야 손해 볼 수 있는 것이다. 그렇지 않으면 자기 이익밖에 모르는 것이다. 학문하고 구도하는 과정은 어려워도 성장하면서 고치면 편안하게 살게 되며 손해 본 것도 쉽게 잊어버리는 것이다. 이런 것이 「손괘(損卦)」의 내용이 되었다는 것이다.

42. 「익괘(益卦)」는 다른 사람이 이익을 보게 해야 한다는 내용이다. 이것은 『주역』을 저작하기 이전의 문왕의 행실이었다. 이와 같은 문왕의 행실이 「익괘(益卦)」에 반영되었다는 것이다. 문왕은 언제나 다른 사람이 이익을 보게 하였으며 크게 너그러우면서도 겉으로 보기에는 크게 너그러운 것 같지 않았는데 그 이유는 너그러움을 감추었기 때문이다. 사람들 앞에서는 엄격하였어도 뒤에서 너그러웠다. 이와 같은 문왕의 생활태도가 「익괘(益卦)」의 내용이 되었다는 것이다.

47. 「곤괘(困卦)」는 곤경 속에서도 천도를 잃지 않아야 한다는 내용이다. 이것은 『주역』을 저작하기 이전의 문왕의 행실이었다. 이와 같은 문왕의 행실이 「곤괘(困卦)」에 반영되었다는 것이다. 문왕은 곤경 속에서도 언제나 바르게 행동하였다. 그래서 막히는 일이 없었고 타인을 원망하는 일도 적었다. 이와 같은 문왕의 생활태도가 「곤괘(困卦)」의 내용이 되었다는 것이다.

48. 「정괘(井卦)」는 다른 사람을 길러주는 일에 끝이 없어야 한다는 내용이다. 이것은 『주역』을 저작하기 이전의 문왕 행실의 바탕이었다. 이런 행실의 바탕이 「정괘(井卦)」에 반영되었다는 것이다. 문왕은 언제 어디 살던지 그가 사는 곳에서 항상 자신을 새롭게 고치었고 정도를 따르며 다스리었다. 문왕의 이런 생활태도가 「정괘(井卦)」의 내용이 되었다는 것이다.

57. 「손괘(巽卦)」는 강함을 감추고 부드럽고 온순해야 한다는 내용이다. 이것은 『주역』을 저작하기 이전의 문왕의 행실이었다. 이런 행실이 「손괘(巽卦)」에 반영되었다는 것이다. 문왕은 외유내강(外柔內剛)이었고 힘써 질제하였으며 그의 명성은 감추고 왕으로서의 권력을 행사하지 않았는데 이와 같은 문왕의

생활태도가 「손괘(巽卦)」의 내용이 되었다는 것이다.

항상 도를 따르는 이(履), 언제나 자신을 낮추는 겸(謙), 잘못하면 곧바로 반성하고 고치는 복(復), 언행이 이랬다저랬다 하지 않고 한결같으면서 굳은 항(恒), 내가 항상 손해 보는 손(損), 항상 타인에게 이익을 주는 익(益), 곤궁해도 항상 정도를 지키는 곤(困), 항상 타인을 길러주는 정(井), 강함을 감추고 항상 부드러운 손(巽)은 문왕의 뛰어난 구덕(九德)이다. 문왕의 구덕(九德)은 모든 사람이 갖추어야 할 인간적이고 이 세상을 천국으로 만드는 덕이다.

제8장(第八章)

易之爲書也不可遠이며 爲道也屢遷이니라 變動不居하며 周流六虛하니라 上下无常하고 剛柔相易하나 不可爲典要하고 唯變所適하니라
其出入以度하며 外內使知懼하고 又明於憂患與故하니라 无有師保이나 如臨父母이니 初率其辭而揆其方하면 旣有典常하니라 苟非其人하면 道不虛行하니라

주역이라는 책은 멀리할 수 없는 것이며, (주역이) 말하는 도는 (모든 것은) 항상 옮겨간다는 것이다. 변하고 옮겨가 한 곳에 머물러 있지를 않으며 상하(上下)·사방(四方)으로 두루 옮겨간다는 것이다.

올라가기도 하고 내려가기도 하나 일정함은 없고, 음과 양도 (자리가) 서로 바뀌나 반드시 일정한 법칙이 있는 것은 아니고 다만 편안한 곳으로 옮겨 가는 것이다.

때가 되면 떠나가고 들어오고 하여 (道를) 멀리하고 중히 여기는 사람에게

두려움을 느끼게 하고, 우환(憂患)이나 재앙을 깨닫게 하는 것이다. (주역에는) 지켜주는 군대는 없으나 부모님을 뵈옵는 것과 같은 것이니, 시종(始終) 괘사·효사의 (가르침을) 따르며 그 도를 헤아려보면 (거기에는) 불변의 도가 모두 들어있는 것이다. 만일 사람이 그 (불변의 도)를 등져버린다면 도는 없어져 행하여질 수 없다.

【 한자 풀이 】

爲: 말할 위, 일컬을 위, 있을 위(有也). 屢: 언제나 루, 항상루, 자주 루. 遷: 옮길 천, 이동할 천, 떠날 천, 바뀔 천. 居: 머무를 거, 한곳에 머무를 거, 앉을 거. 周: 두루 주, 널리 주. 流: 갈 류(往也), 옮겨갈 류, 달아날 류, 변할 류. 虛: 방위 허, 위치 허, 없을 허, 天地四方 허. 常: 일정할 상, 정해진 것 상, 법도 상. 典: 道 전, 법도 전, 규칙 전. 要: 반드시 요, 근본 요, 중요한 것 요. 適: 편안할 적, 알맞을 적, 마음에들 적, 좋을 적, 기쁠 적. 以: 될 이, 할 이, 함께할 이, 따를 이. 外: 멀리할 외, 싫어할 외, 소홀히 할 외, 버릴 외. 內: 중히 여길 내, 받아들일 내. 知: 느낄 지, 깨달을 지. 明: 깨달을 명, 알려줄 명. 故: 재앙 고, 죽음 고. 度: 때 도, 기회 도, 갈 도(往也). 臨: 볼 림, 뵐 림, 나아갈 림, 다다를 림. 初: 始終초, 첫째로 초. 率: 따를 솔, 행할 솔, 본받을 솔, 지킬 솔. 揆: 헤아릴 규, 道 규, 법 규. 方: 道 방, 법 방. 苟: 만일 구, 진실로 구. 非: 등질 비, 배반할 비. 旣: 모두 기, 곧 기.

【 해설 】

『주역』이라는 책은 멀리할 수 없다고 하였다. 여기서 책(書)이란 『주역』의 저자가 천도(天道)·지도(地道)·인도(人道)를 글자로 표현한 것이다. 그러므로 여기서 책은 『주역』이 말하는 도이다. 멀리할 수가 없다는 말은 인간을 인간이게 하는 절대가치라는 말이다. 그러므로 도를 멀리하면 인간일 수가 없고 반드시 힘들고 괴롭게 살게 되고, 멀리하는 정도(程度)가 심하면 재앙을 당하는 것이다.

『주역』이 말하는 도는 모든 것 즉 만물·만사·만인은 항상 옮겨간다고 하였다. 상태가 변하고 한 곳에 머물러 있지 않는다는 것이다. 단기적으로 보면 오래갈 것 같지만 장기적으로 보면 계속성은 없고, 길고 짧음의 차이는 있지만 무너지고 소멸하는 수명이 있다는 것이다. 신리만 영속하는 것이다. 그러므로 변하고 떠나고 무너지고 소멸하는 것에 욕심을 부리고 집착하며 속을 상하게 하면 그것이 바로 사회를 어둡게 하고 살맛 없게 하고 망하게 하며 자신을 더럽게 만드는 것이다. 육허(六虛)에서 허(虛)는 방위(方位)이다. 그러므로 육허(六虛)는 여섯 방위(方位) 곧 상하·사방이다.

세상 만물·만사·만인은 그 자리에 그 모습으로 있지 않고 변하고 옮겨가는데 그 변화와 이동에는 상(常)과 전(典)은 없다고 하였다. 여기서 常과 典은 같은 뜻으로서 변함없이 행하여지는 규칙이다. 세상 만물과 만사의 변화에는 길이와 오가는 때에 변함없이 같은 사계절의 바뀜이나 밤과 낮의 변화에서와 같은 일정한 규칙은 없다는 것이다. 언제든지 도가 없어 편안하지 않으면 옮겨간다. 사람도 사랑도, 사업도 재산도 번영도 도가 없는 장(場)에서는 떠난다.

'기출입이도(其出入以度)'에서 '이(以)'는 "되다"이고, '도(度)'는 "때·기회"이다. 그러므로 이도(以度)는 "때가 되면"의 뜻이다. '외내사지구(外內使知懼)'에서 '외(外)'는 도를 멀리하는 사람이고, '내(內)'는 도를 중히 여기는 사람이다.

『주역』은 군대처럼 든든하게 지켜주는 존재는 아니지만, 부모님처럼 알려주고 깨우쳐주고 인도해 주는 존재라고 하였다. 만일 사람이 불멸의 도를 등져버린다면 도불허행(道不虛行)이라고 하였다. 여기서 '허(虛)'는 "없다"는 뜻이고, '불행(不行)'은 "행하여질 수 없다"라는 뜻이다. 그러므로 '도불허행'은 '도'는 "없어져 행하여질 수 없다"라는 뜻이다. 여기서 '도'는 사람이 행하여야 할 인도(人道)다.

제9장(第九章)

　　易之爲書也는 原始要終以爲質也이니라 六爻相雜하며 唯其時物也한데 其初難知이나 其上易知함은 本末也이며 初辭擬之이고 卒成之終임이니라
　　若夫雜物撰德하고 辨是與非則非其中爻不備이니라 噫亦要存亡吉凶은 則居可知矣하고 知者觀其彖辭하면 則思過半矣하니라
　　二與四는 同功而異位하여 其善不同하니 二多譽하고 四多懼近也이니라 柔之爲道는 不利遠者이나 其要无咎함은 其用柔中也임이니라 三與五는 同功而異位하여 三多凶하고 五多功함은 貴賤之等也이니 其柔危하고 其剛勝耶이니라

　　『주역』이라는 책은 근본에 정성을 다하여 끝을 바르게 하는 것을 본질로 한 것이다. 여섯 효가 함께 만나 홀로 그때그때의 일을 말하는데, 초효(의뜻)는 알기가 어려우나 상효는 알기가 쉬운 것은 (초효는) 근본이고 (상효는) 결과이며, 초효는 비유로 말하였고 끝 효는 이루어진 결과이어서이다.
　　대저 만약에 여러 가지 일에서 복이 되는 일을 헤아리게 하고, 옳은 일과 그른 일을 구별 짓는 곳은 곧 중효(中爻, 二·五爻)가 아니면 있는 데가 없다. 그러나 또 살고 죽는 길과 복을 받고 화를 당하는 일의 근본은 (道를) 본받아 살면 알 수 있고, 지혜가 있는 사람은 단사(彖辭)를 살펴보면 곧 반 이상은 판단할 수 있다.
　　이(二)효와 사(四)효는 하는 일은 같은데 자리가 달라 그 복됨이 같지 않으니, 이(二)효에는 명예로운 일이 많고 사(四)효에는 (王) 가까이 있어서 위태로움이 많은 것이다.
　　신하가 도를 말하는 데는 (王에게서) 멀리 있는 사람은 불리한 것이나 이효(二爻)에게 화가 없는 것은 행실이 부드럽고 치우침이 없어서이다.

삼(三)효와 오(五)효는 하는 일은 같은데 자리가 달라 삼(三)효에는 흉한 일이 많고 오(五)효에는 명예로운 일이 많은 것은 귀하고 천함의 차등인 것이니, (그래서) 신하는 위태롭고 왕은 좋은 것이다.

【 한자 풀이 】

原: 정성스러울 원, 성실할 원, 삼갈 원, 찾을 원, 살필 원. 始: 근본 시, 처음 시. 要: 근본 요, 허리 요, 바를 요, 바로잡을 요, 붙잡을 요, 이룰 요. 質: 바탕 질, 본질 질, 본성 질, 기초 질, 근본 질. 雜: 만날 잡, 여러 가지 잡, 합할 잡, 모일 잡, 뒤섞일 잡. 唯: 오직 유, 홀로 유, 유독 유. 擬: 비길 의, 빗대어 말할 의, 비유할 의. 卒: 끝 졸, 끝마칠 졸. 撰: 셀 찬, 헤아릴 찬, 선택할 선. 辨: 구별할 변, 분명히 할 변, 드러낼 변. 備: 있을 비(有也), 갖출 비. 噫: 그런데 희, 그러나 희, 그리고 희. 思: 판단할 사, 추리할 사. 善: 길할 선, 복될 선, 좋을 선. 等: 등급 등, 차등 등, 차별 등. 勝: 나을 승, 훌륭할 승, 좋을 승. 懼: 두려워할 구, 근심 구, 위태로울 구.

【 해설 】

　『주역』에서 말하는 것은「근본에 정성을 다하여 끝을 바르게 하는 것을 본질로 한 것이다」라고 하였다. 사람은 근본이 되는 것에 정성을 다해야 한다는 말은 근본적인 것을 자기 것으로 하는데 정성을 기울여야 한다는 말이다. 그리하여 그 근본적인 것이 자기 존재가 되게 하는 것이다. 이것은 절대적으로 중요한 일이다. 근본이 되어있지 않은 사람은 아직은 완전한 사람은 아니기 때문이다.

　사람을 사람이게 하는 근본은 어떤 것인가? 첫째는 사랑이다. 사람을 사랑하고 자연과 진리와 문화와 나라를 사랑하는 그런 사랑이다. 다음은 정의로움이다. 참을 좋아하고 부정(不正)과 차별을 싫어하며, 불공평·불균형·불평등을 싫어하는 것이다. 그다음은 지혜로움이다. 사리를 알아 선악과 옳고 그름을 구별할 줄 아는 것이다. 악을 선으로 잘못 알고 악인에게 박수를 보낸다면 그 사람은 악인이다.

그리고 호학(好學)하고 양심적이고, 순수하고 검소하며, 공경하고 사양하고, 정성스럽고 근면하며, 희생하고 절제하고 비겁하지 않은 것이다. 이와 같은 인간의 근본이 되는 것을 가지고 있지 않으면 사는 것이 힘들고 인생의 끝이 좋지 않다. 이런 근본은 중단 없는 정성스러운 공부와 결단이 있어야 한다. 공부란 교양을 쌓는 공부·전문지식을 습득하는 공부·구도를 포괄하는 말이다. 이 셋 중에서 하나만 빠져도 그 공부는 불구다.

제9장은 「대성괘」의 여섯 개의 효에 대한 설명이다. 초효는 근본(本)이고 상효는 결과(末)라고 하였다. 여기서 근본은 기초이고 뿌리며 처음 시작이다. 그리고 결과는 끝이고 열매다. 이(二)효는 하괘의 가운데 효이고 오(五)효는 상괘의 가운데 효인데 64괘 모두가 이 두 효에서 복 받는 길을 말하고 있다. 『주역』에서는 중(中)을 중시하기 때문이다.

이(二)·사(四)효와 삼(三)·오(五)효는 하는 일이 같다고 한 것은 이(二)·사(四)효는 음의 일을 하기 때문이고, 삼(三)·오(五)효는 양의 일을 하기 때문이다. 주역에서 일(一)·삼(三)·오(五)는 양수(陽數)이고 양(陽)인 그러므로 양의 일을 하는 것이며, 이(二)·사(四)·육(六)은 음수이고 음인 그러므로 음의 일을 하는 것이다.

'원시요종(原始要終)'에서 '시(始)'는 "근본"이고 '원(原)'은 "정성을 다한다·성실하다"라는 뜻이고, '요(要)'는 "바르다·중요하다"라는 뜻이다. 그러므로 '원시(原始)'는 "근본적인 것에 정성을 기울인다"는 말이고, '요종(要終)'은 "끝을 바르게 한다"는 말이다. 근본이 제대로 되어있어야 끝이 바르기 때문이다.

'희역존망길흉(噫亦存亡吉凶)'에서 '희(噫)'는 통상적으로 쓰는 탄식하는 소리나 감탄하는 소리인 "아아!"가 아니다. 여기서 '희(噫)'는 말머리를 돌릴 때 쓰는 말로서 "그러나·그런데"의 뜻이다. '기요무구(其要无咎)'에서 '요(要)'는 하괘(下卦) 가운데 효인 이효(二爻)를 말하는 것이다. 여기서 '요(要)'는 "허리요"이다. 허리는 가운데이기 때문에 이효(二爻)를 허리라고 말한 것이다.

제10장(第十章)

  易之爲書也는 廣大悉備하니 有天道焉하고 有人道焉하며 有地道焉하니라 兼三才而兩之故로 六인데 六者는 非他也三才之道也이니라
  道有變動故로 曰爻이고 爻有等故로 曰物하니라 物相雜故로 曰文이니라 文不當故로 吉凶生焉하니라

『주역』이라는 책은 (내용이) 넓고 넓어서 모든 것을 다 갖추고 있으니 (주역에는) 천도(天道)가 있고 인도(人道)가 있으며 지도(地道)가 있다. 삼재(天・地・人)가 둘씩 겹치므로 육효(六爻)가 되는데, 육효라는 것은 다른 것이 아니라 삼재(三才)의 도이다.
 (주역은) 만물은 변한다고 말하는 고로 (그 변함을) 효(爻)라 말하는 것이고, 효에는 무리가 있으므로 (효를) 무리라고 말한다. 무리는 함께 만나므로 (그 만난 것을) 현상이라고 한다. 현상은 바르지 않을 수 있으므로 길흉이 생기는 것이다.

【 한자 풀이 】
悉: 다 실, 모두 실, 갖출 실. 才: 근본 재, 기본 재. 兼: 겹칠 겸, 겸할 겸. 爻: 효 효, 변할 효, 바뀔 효. 等: 무리 등, 부류 등. 有: 만물 유, 많을 유. 道: 말할 도, 가르칠 도. 當: 바를 당(正也), 알맞을 당, 마땅할 당, 맞을 당. 文: 현상 문.

【해설】

　『주역』은 천지자연의 도와 사람이 행하여야 할 도를 빠짐없이 모두 갖추고 있다고 하였다. 『주역』은 온전히 진리의 책이라는 말이다. 「대성괘(大成卦)」는 여섯 개의 효(爻)로 되어있다. 초효와 이(二)효는 지(地), 가운데 삼(三)·사(四) 효는 인, 위의 오(五)·육(六)효는 천(天)을 지칭하는 것이다. 그러므로 육효는 삼재(三才)가 둘씩 겹친 것이다. 삼재는 우주 만물 가운데에서 근본이 되는 천(天)·지(地)·인(人) 세 가지를 말한다. 여기서 '재(才)'는 "근본 재"다. 그러므로 「대성괘」의 여섯 개의 효는 삼재(三才) 곧 천·지·인의 도를 말한 것이라고 하였다.

　'도유변동(道有變動)'에서 '도'는 "말한다"이고, '유(有)'는 "만물 유"이며 '변(變)'은 "상태가 변하는 것"이고 '동(動)'은 "자리를 옮기는 것"이다. 위치의 변화다. 상태는 만물이 다 변하지만 자리는 움직이는 것만 변하는 것이다. 움직일 수 없는 하늘·땅·산은 그 자리에 그대로 있다. 그러므로 '도유변동(道有變動)'은 "만물은 변한다고 (주역은) 말한다"라는 뜻이다.

　64괘는 소성괘의 만나고 헤어짐, 다시 말하면 여섯 개의 효의 만나고 헤어지는 변화로 이루어진다. 그러므로 효의 변화는 천·지·인의 변화를 나타내는 것이다. 그래서 효(爻)라는 글자의 뜻을 "변화"라고 한 것이다. 여섯 개의 효에는 무리가 있다고 하였다. 무리는 함께 붙어 다니며 함께 행동하는 동아리이다. 여섯 개의 효에서의 효의 무리는 두 개의 소성괘 무리가 있고, 음의 무리와 양의 무리가 있다. 그러므로 효는 단독으로 존재하는 것이 아니고 무리 지어 존재하는 것이다. 그래서 효를 무리라고 말한다. 여기서 '물(物)'은 사물·물건이 아니고 무리다.

　두 무리의 소성괘 또는 음의 무리와 양의 무리는 만나고 헤어짐을 계속한다. 사람도 이 세상에 살면서 시일의 장단은 있어도 죽을 때까지 만나고 헤어지는 일은 계속되는 것이다. 두 무리의 만남과 헤어짐은 곧 일어닌 일·일어난 현상이다. 그래서 만남을 현상이라고 말한 것이다.

제11장(第十一章)

　　易之興也는 其當殷之末世周之盛德耶이니 當文王與紂之事邪이니라 是故로 其辭危하니 危者使平하고 易者使傾함이니라 其道甚大百物不廢하나 懼以終始하며 其要无咎하니라 此之謂易之道也이니라

　『주역』이 저작된 것은 주(周)나라의 덕이 크게 빛이 나던 은(殷)나라 말기에 해당하니, 문왕과 주왕(紂王)의 일에 해당하는 것이다. 이런고로 (주역은) 말이 편안하지 않으니, 위태롭게 여기는 사람은 (하늘이) 편안하게 해주고, 가볍게 여기는 사람은 망하게 해서이다.

　(주역의) 도는 모든 것을 진실로 중히 여겨 버리는 일이 없으니, 처음부터 끝까지 조심하며 반드시 잘못하는 일이 없어야 한다는 것이다. 이런 것을 『주역』의 도라고 말하는 것이다.

【 한자 풀이 】

興: 지을 흥(作也), 이룰 흥(成也). 世: 때 세, 시대 세. 當: 들어맞을 당, 해당할 당. 盛: 클 성(大也), 빛날 성, 절정 성, 번성할 성. 紂: 껑거리 끈 주, 말고삐 주, 창문 주. 危: 위태할 위, 편안하지 못할 위, 두려워할 위. 使: 하여금 사, 하게할 사. 平: 편안할 평, 바를 평(正也), 바로잡을 평. 易: 가볍게 여길 이, 소홀히 할 이, 쉬울 이. 傾: 기울 경, 무너질 경, 망할 경, 죽을 경. 甚: 진실로 심, 매우 심, 몹시 심. 大: 중히 여길 대, 존귀할 대. 百: 모든 백, 여러 백. 廢: 버릴 폐, 없앨 폐, 몰아낼 폐. 懼: 두려워할 구, 어렵게 여겨 조심할 구. 要: 반드시 요, 모름지기 요, 바를 요(正也), 바로잡을 요.

【해설】

『주역』은 어둡고 어지러운 세상이었던 은나라 말기에 저작된 것이다. 은나라 마지막 임금은 포악무도(暴惡無道)한 주왕(紂王)이었다. 이런 상황에서 『주역』이 저작되었으므로 주역은 그 말에 편안함이 없다고 하였다. 말에 편안함이 없다는 말은 말이 태평하고 한가로우며 풍월을 읊는 식의 여유가 없고, 엄정(嚴正)하고 긴박하여 위기감이 있다는 말이다. 하늘도 무도한 난세에서는 위태롭게 여기며 바르게 살아야 편안하게 살도록 도와주고, 난세인데도 그 난세를 가볍게 여기며 히히덕거리고, 헐렁하게 되는 대로 살면 망하기 때문에 그 말에 편안함이 없다는 것이다.

'기도심대백물불폐(其道甚大百物不廢)'에서 '도'는 주역에서 말하는 도이다. '심대(甚大)'는 몹시 크다는 뜻이 아니고 "진실로 중히 여기다"는 뜻이다. '백물(百物)'은 "모든 것"이다. '불폐(不廢)'는 "버리는 일이 없다"라는 뜻이다. 진리는 모든 것을 중히 여기는 것이다. 하찮은 것도 소중히 여기는 것이다. 그러므로 진리에는 무시하고 차별하고 배척하는 일이 없는 것이다.

'요무구(要无咎)'에서 '요(要)'는 "반드시"다. 어떤 상황에서도 반드시 잘못을 저지르면 안 된다는 것이다. 죄를 지으면 빠져나갈 길이 없기 때문이다. 화를 당할 수밖에 없다. 화를 당하지 않도록 일도 하고 깨우쳐 주는 것이 『주역』의 도다.

제12장(第十二章)

夫乾은 天下之至健也이니 德行恒易以知險이니라 夫坤은 天下之至順也이나 德行恒簡以知阻이니라

能說諸心하며 能研諸侯之慮하여 定天下之吉凶하고 成天下之亹亹者이니

라 是故變化는 云爲이며 吉事有祥하며 象事知器하며 占事知來하니라

天地設位하여 聖人成能人謀鬼謀하니 百姓與能하니라

八卦는 以象告하고 爻象은 以情言하며 剛柔는 雜居而吉凶可見矣하니라 變動은 以利言이며 吉凶은 以情遷이니라 是故로 愛惡相攻而吉凶生하며 遠近相取而悔吝生하며 情僞相感而利害生하니라

凡易之情은 近而不相得則凶하고 或害之하며 悔且吝하니라 將叛者는 其辭慙하고 中心疑者는 其辭枝하며 吉人之辭寡하고 躁人之辭多하며 誣善之人은 其辭游하고 失其守者는 其辭屈하니라

대저 하늘은 천하에서 강함의 극치이나 일을 한결같이 쉽게 하여 높고 먼 (하늘을) 알 수 있다. 대저 땅은 천하에서 온순함의 극치이나, 일을 한결같이 간단하게 하여 험한 (땅을) 알 수 있다.

(주역은) 모든 사람의 마음을 능히 기쁘게 하는 것이며, 모든 사람의 괴로움을 깊이 연구하여 세상 사람들에게 복이 되고 화가 되는 일을 결정해 놓은 것이고, 세상 사람들이 힘써야 할 것들을 정리해 놓은 것이다.

대저 예로부터 변화하는 것은 오고 가고 바뀌는 것이며, 복 받을 일에 복이 있게 되며, 일의 조짐으로 이루어질 일을 아는 것이며, 성인은 사람과 의논하고 귀신과 의논해서 (자리를) 정하였으니 백성들이 잘 따랐다.

팔괘(八卦)는 형상으로 가르치는 것이고 효사와 단사는 이치를 말해주는 것이며 음양은 함께 있으며 길흉을 알려주는 것이다. 변하고 옮겨 가는 것은 막히지 않았다는 것을 말하는 것이며, 길(吉)하고 흉(凶)한 것은 도(道)가 자리를 옮긴 것이다. 이런 이유로 서로 간에 사랑을 주면 복된 일이 생기고, 서로 간에 미움을 주면 흉한 일이 생기며, 서로 간에 미움을 주면 흉한 일이 생기고, 서로 간에 멀리하면 후회할 일이 생기며, 서로 간에 가까이하면 한탄할 일이 생기고, 서로 간에 진실로 응하면 이로운 일이 생기며, 서로 간에 거짓으로 응하면 해로운 일이 생기는 것이다. 대저 주역이 (말하는) 도(道)는 가까운데 서로 뜻이 맞

지 않으면 흉하고 때로는 해치며 후회하고 한탄하게 된다는 것이다.

　장차 배반하려는 자는 그 말에 곧은 절개가 없고, 마음이 올바름에서 벗어난 자는 말을 바꾸며, 훌륭한 사람은 말이 적고, 교활한 사람은 말이 많으며, 선한 사람을 헐뜯는 자는 그 말이 황당하고 미덥지 못하고, (스스로) 지켜야 할 것을 잃어버린 사람은 그 말이 비굴한 것이다.

【 한자 풀이 】

健: 굳셀 건, 강할 건, 쉬지 않을 건. 德: 행위 덕, 작용 덕. 險: 높을 험, 멀 험, 깊을 험, 넓을 험, 헤아리기 어려울 험. 阻: 험할 조, 막힐 조. 諸: 모든 제, 여러 제, 많은 제, 온갖 제, 뭇 제. 硏: 연구할 연, 깊이 캘 연. 成: 정리할 성, 갖출 성. 亹: 힘쓸 미, 힘써 노력할 미. 云: 오고 갈 운, 행동할 운. 爲: 변할 위, 바뀔 위. 象: 조짐 상, 道상, 법도 상. 告: 알릴 고, 말할 고, 가르칠 고. 情: 道 정, 도리 정, 이치 정, 본성 정. 雜: 함께 잡, 같이 잡, 만날 잡, 합할 잡. 謀: 의논할 모, 헤아릴 모, 도모할 모. 利: 통할 리, 막히지 않을 리. 攻: 줄 공, 바칠 공. 取: 할 취, 해할 취, 가질 취. 叛: 배반할 반, 어길 반, 달아날 반, 떨어질 반. 慙: 부끄러울 참. 疑: 어그러질 의, 벗어날 의(戾也). 戾: 어그러질 려. 枝: 갈라질 지, 흩어질 지, 쓸모없을 지. 吉: 좋을 길, 훌륭할 길. 躁: 시끄러울 조, 거칠 조, 교활할 조. 誣: 헐뜯을 무, 훼손할 무, 더럽힐 무. 游: 허황할 유, 뿌리 없을 유, 떠돌 유.

【 해설 】

　하늘은 강함의 극치라고 하였다. 하늘은 양(陽)의 대표이기 때문에 이렇게 말한 것이다. '덕행항이(德行恒易)'에서 '덕행(德行)'은 일상용어로 사용하는 덕행이 이니고, 여기서 '덕(德)'은 "작용(作用)·행위"의 뜻으로서 "하늘이 하는 일"을 말하는 것이다. '행(行)'은 "일을 한다"는 뜻이고, "항이(恒易)"는 "변함없이 항상 쉽게"의 뜻이다. 하늘은 일을 한결같이 쉽게 한다는 말이다. 일을 복잡하고 어렵게 하지 않는다는 것이다. '지험(知險)'에서 '험(險)'은 천험(天險)의 생략이다. 여기서 '험(險)'은 "높고 넓고 멀다"라는 뜻이다. 높고 넓고 먼 하늘도 알 수 있다는 말이다. 땅은 온순함의 극치라고 하였다. 땅은 음(陰)의 대표이기 때문에 이렇게 말한 것이다.

'지조(知阻)'에서 '조(阻)'는 "험하다·막히다"라는 뜻이다. '지조(地阻)'의 생략어이다. 땅은 험하고 그 깊은 속을 들여다볼 수 없게 꽉 막혀 있다. 그래도 땅을 알 수 있다는 것이다.

변화란 운위(云爲)라고 하였다. 여기서 운(云)은 오고 가는 것이고 위(爲)는 바뀌는 것이다. 그러므로 변화란 오고 가며 바뀌는 것이다. '상사지기(象事知器)'에서 '상사(象事)'는 "일의 조짐·기미"이고, '기(器)'는 눈앞에 일어난 일을 철학적으로 표현한 말이다. 주역의 도를 공부하여 알게 되면 조짐을 보고 일어날 일을 알게 된다는 말이다. '기(器)'는 형이하학적(形而下學的) 존재사물이고 존재 현상이다.

'변동이리언(變動以利言)'에서 '변동'은 상태가 변하고 위치가 변한 것인데 여기서는 "바람직하게 변한 성장"을 말한다. 바람직하게 성장하여 변화하면 그 변화의 주체인 사람이나 사회는 꽉 막히지 않았다는 것이다. 사람이나 사회 다 같이 꽉 막히면 변화는 없는 것이고 그리하면 얼마후 죽게 되는 것이다. 여기서 '리(利)'는 막히지 않았다는 뜻이다. '길흉이정천(吉凶以情遷)'에서 '길흉(吉凶)'은 "복과 화"이고 '정(情)'은 "도(道)·도리(道理)"이다. 천(遷)은 자리를 옮긴 것이다. 도(道)가 머물러 있으면 복이 오고 도가 떠나면 화가 온다는 말이다.

서로 간에 가까이하면 한탄할 일이 생긴다고 하였다. 가까이해서는 안 될 사람과 가까이하면, 한탄할 일이 생긴다는 말이다. 장차 배신할 사람의 말은 '참(慙)하다'라고 하였다. 여기서 '참(慙)'은 "부끄럽다"라는 뜻이다. 그 말 자체가 부끄러운 말이고 창피한 말이라는 것이다. 그래서 아니꼽게 여겨지고 속이 뒤집혀 구역질이 나는 말이다. '참(慙)'이라는 글자의 뜻은 '부직실절(不直失節)'이다. "곧은 절개가 없다"라는 말이다.

'중심의자기사지(中心疑者其辭枝)'에서 '중심(中心)'은 마음이 바른 것이고 '의(疑)'는 '려(戾)'의 뜻으로서 "어긋나다·벗어나다·틀어지다"라는 뜻이다. 그러므로 '중심의자(中心疑者)'는 "마음이 바르지 않은 사람, 마음이 틀어진 사람"이다. '기사지(其辭枝)'에서 '지(枝)'는 "갈라지다"라는 뜻으로서 '한 입으로 두말을 한다.'라는 뜻이다. 실제로는 말이 둘이 아니고 뱀처럼 혀가 갈라져 둘이다.

'무선지인기사유(誣善之人其辭游)'에서 '무(誣)'는 없는 것을 있는 것처럼 조작하여 헐뜯는 것이다. 그런 사람의 말은 '유(游)하다'라고 하였다. 여기서 '유(游)'는 "허황(虛荒)하다"라는 뜻이다. 허황은 황당하여 믿을 수 없다. 선한 사람을 헐뜯으면 그 사람은 악(惡) 그 자체다.

3. 설괘전(說卦傳)

제1장(第一章)

昔者聖人之作易也하며 幽贊於神明而生蓍하고 参天兩地而倚數하며 觀變於陰陽而立卦하고 發揮於剛柔而生爻하며 和順於道德而理於義하고 窮理盡性以至於命하니라

옛날에 성인(聖人)이 『주역』을 만들면서 신령의 보이지 않는 도움으로 점대를 만들었고, 하늘을 삼(三)으로 땅을 이(二)로 수를 정하였으며, 음양이 변화하는 것을 살펴보고 괘(卦)를 만들고, 음양이 옮겨가는 것을 (살펴보고) 효를 만들었으며, 도덕으로 (사람들을) 부드럽고 거스르지 않게 하였으며, 도를 따름으로써 올바르게 하였고, 마음을 다하여 도를 연구하게 하여 천도(天道)에 이르게 하였다.

【한자 풀이】

昔: 옛 석, 옛날 석. 幽: 숨을 유, 미묘할 유, 깊을 유. 贊: 도울 찬, 이끌 찬, 말할 찬. 生: 지을 생, 만들 생, 이룰 생. 蓍: 시초 시, 접대 시. 倚: 세울 의, 설 의(立也). 立: 이룰 립, 만들 립. 發: 갈 발, 떠날 발, 일어날 발, 낼 발, 날 발, 드러낼 발. 揮: 옮길 휘, 흩어질 휘, 드러낼 휘. 날 휘(飛也). 理: 올바를 리, 道 리. 義: 정도를 따를 의, 법도 의, 도리 의, 이치 의, 공정할 의. 性: 마음 성, 바탕 성, 성품 성. 命: 道 명, 가르침 명.

【해설】

'유찬(幽贊)'은 "알지 못하게 숨어서 돕는 것"이다. '발휘(發揮)'는 일상용어로 쓰는 발휘나 휘발의 뜻이 아니고 "옮겨가다"라는 뜻이다. 자리의 변동을 말한다.『주역』은 사람들에게 도를 공부하여 도를 알게 하고 도를 따르게 하는 것이라고 하였다. 인생이란 철학적 삶이다. 철학이란 구도(求道)다. 그러므로 구도자로 사는 것이 인생이다. 인생이란 도를 찾는 긴 여정이다.

제2장(第二章)

昔者聖人之作易也는 將以順性命之理이니라 是以로立天之道曰陰與陽하고 立地之道曰柔與剛하며 立人之道曰仁與義하니라 兼三才而兩之故로 易六畫而成卦하고 分陰分陽하지만 迭用柔剛하니라 故로 易六位而成章하니라

옛날에 성인(聖人)이『주역』을 만드신 것은 (사람들에게) 천성(天性)과 천명(天命)이라는 도를 받들고 따르게 하려는 것이었다. 이런 까닭으로 음양(陰

陽)이라는 하늘의 도를 드러내었고, 부드러우면서 강해야 한다는 땅의 도를 드러내었으며, 인자하면서 의로워야 한다는 사람의 도를 드러낸 것이다. (天·地·人) 삼재(三才)가 둘씩 겹치는 고로 『주역』은 여섯 획으로 괘를 이루는 것이고, 분명하게 음과 양을 구별하지만, 강유(剛柔)(라는 말)도 번갈아 사용한다. 그런고로 『주역』은 육효(六爻)로 (하나의) 형체를 이루는 것이다.

【 한자 풀이 】

性: 천성 성, 본질 성, 바탕 성. 命: 하늘의 뜻 명, 天命 명, 道명, 가르침 명, 말씀 명(言也). 以: 그리고 이. 將: 받들 장, 행할 장, 가질 장, 따를 장. 立: 드러낼 립, 나타낼 립. 曰: 말할 왈, 일컬을 왈, ~이라할 왈. 兼: 겹칠 겸, 포갤 겸. 分: 분명할 분, 구별할 분, 다를 분. 畫: 그을 획, 획 획. 迭: 번갈아 질, 교대로 질, 교대할 질. 章: 형체 장, 모범 장, 法 장.

【 해설 】

'성명지리(性命之理)'에서 '성(性)'은 천성(天性)이다. 천성은 태어날 때 이미 갖추어진 인간의 본질적 바탕으로서 하늘이 준, 하늘을 닮은 성품이다. '명(命)'은 천명(天命)이다. 여기서 '명(命)'은 도다. 그러므로 천명(天命)은 천도(天道)이고, 하늘의 말씀이고 하늘의 가르침이다. 천성 속에 천부(天賦)의 도가 들어있으므로 천성도 도이다. '이(理)'는 도(道)이다. 다시 말하면 천성과 천도는 다 같이 도다. 이와 같은 도를 받들고 따르게 하려는 것이 『주역』을 만든 목적이라고 하였다.

제3장(第三章)

天地定位하며 山澤通氣하나 雷風相薄하고 水火不相射하지만 8卦相錯하니라 數往者順하나 知來者逆하니 是故로 易은 逆數也이니라

하늘과 땅은 자리가 고정되어 있으며, 산과 소택(沼澤)은 마음은 통하나 우레와 바람은 서로 핍박하며, 물과 불은 서로 몹시 싫어하지만, 8괘는 서로 뒤섞이는 것이다.

지난 일을 헤아리는 것은 어렵지 않으나 미래를 아는 것은 어려운 것이니 이런고로 『주역』은 어려운 (미래)를 헤아리게 하는 것이다.

【 한자 풀이 】
定: 고정될 정, 머무를 정, 그칠 정. 氣: 마음 기, 성질 지. 薄: 핍박할 박, 침범할 박, 다그칠 박. 射: 싫어할 역, 또 역. 不: 클 부(大也). 錯: 섞일 착, 뒤섞일 착. 數: 헤아릴 수. 順: 순조로울 순, 순탄할 순, 어려움이 없을 순. 逆: 괴로울 역, 순조롭지 않을 역, 어려울 역.

【 해설 】
제3상은 자연물로서의 8괘를 서로 가까운 것들끼리 음양으로 짝을 지어 그 관계를 말하고 있다. 자연물로서의 하늘과 땅은 음양의 관계이고 짝을 이루는 관계이지만 서로 멀리 떨어져 있고 그들의 자리는 움직이는 일이 없이 고정되어 있다고 하였다.

산과 소택은 산의 물이 소택으로 흘러 들어가기 때문에 서로 마음이 통한다고 말한 것이다. 산은 양이고 소택은 음이므로 산과 소택의 관계도 음양의 관계이다. '통기(通氣)'에서 '기(氣)'는 "마음"이다. 우레와 바람은 '상박(相薄)'한다고 말하였다. 여기서 '상(相)'은 "서로"이고 '박(薄)'은 "핍박하다·밀치다"라는 뜻이다. 핍박(逼迫)은 억누르며 괴롭히는 것이고, 밀치는 것은 밀어내고 내모는 것이다. 천둥소리는 바람을 밀치고, 바람은 천둥소리를 밀치므로 이렇게 말한 것이다. 그리고 우레는 양이고 바람은 음이므로 우레와 바람의 관계도 음양의 관계이다.

물과 불은 '불상역(不相射)'이라고 하였다. '불상역(不相射)'에서 '불(不)'는 "크다(大)"라는 뜻이고 '상(相)'은 서로의 뜻이며 '역(射)'은 "싫어한다"라는 뜻이다. 그러므로 '불상역(不相射)'은 "서로 몹시 싫어한다"라는 뜻이다. 물과 불은 상극이기 때문에 이렇게 말한 것이다. 그러나 물은 양이고 불은 음이므로 물과 불의 관계도 음양의 관계다.

이상에서 말한 것을 다시 종합하면 자연물로서의 8괘는 산과 소택만 서로 마음이 통할 뿐 하늘과 땅은 서로 먼 곳에 떨어져 있고, 우레와 바람은 서로 밀치고 있으며, 물과 불은 서로 몹시 싫어하는 상극관계라는 것이다. 보통사람의 음양 관계도 이와 유사하여 괴로운 것이다. 그러나 주역의 기본요소로서의 8괘는 다 함께 움직이면서 서로 만나 뒤섞여 64괘를 만든다고 하였다. 그러므로 제3장에서는 자연물로서의 8괘와 『주역』의 기본요소로서의 8괘를 구별하여 설명한 것이다.

지난 일(往者)을 헤아리는 것(數)은 '순(順)하다'고 하였다. 여기서 '순(順)'은 "순조롭다·순탄하다"라는 뜻이다. '순조롭다'라는 말은 "탈이 없다·어려움이 없다"라는 뜻인데, 이 글자가 들어가는 낱말에는 순산(順産, 어려움이 없이 아이를 낳는 것), 순성(順成, 어려움 없이 일을 이룬 것), 순경(順境, 순탄한 환경) 등이 있다. 미래(來者)를 아는 것은 '역(逆) 한다'고 하였다. 여기서 '역(逆)'은 '순(順)'의 반대로서 "순조롭지 않다·괴롭다·어렵다"라는 뜻인데, 이 글자가 들어가는 낱말에는 역경(逆境, 어려운 처지·괴로운 환경)이 있다. 『주역』은 알기 어려운 미래를 알게 해주는 책이라는 것이다.

제4장(第四章)

　雷以動之하고 風以散之하며 雨以潤之하고 日以晅之하며 艮以止之하고 兌以說之하며 乾以君之하고 坤以藏之하니라

　우레는 일으키고 바람은 떠나가게 하며, 비는 윤택하게 하고 해는 밝게 하며, 산은 망동하지 않게 하고 소택은 기쁘게 하며, 하늘은 주재(主宰)하고 땅은 (만물을) 품에 안고 있다.

【한자 풀이】
動: 일으킬 동, 일어날 동, 놀랄 동, 떨 동, 느낄 동, 변할 동. 散: 흩을 산, 흩어질 산, 헤어질 산, 떠날 산, 달아날 산, 떨어진 산. 潤: 윤택할 윤, 넉넉할 윤, 빛날 윤, 이익 윤. 晅: 밝을 훤, 빛날 훤, 마를 훤, 말릴 훤. 君: 임금 군, 두목 군, 주재자 군, 다스릴 군.

【해설】
　제4장은 8괘의 괘덕(卦德), 다시 말하면 8괘의 역할에 대해서 말하고 있다. 앞에서 이미 말한 대로 우레는 옛날에는 천제(天帝)의 진노의 음성이었다. 사람들이 죄악에 넘어져 있는 것을 일으켜 세우는 음성이었고, 잘못을 저지르지

않도록 미리 흔들어 깨워 타이르고 주의시키는 음성이다. 그래서 우레는 일으킨다고 한 것이다.

바람은 떠나가게 한다고 하였다. 바람은 밀어내 떠나가게 하는 것이다. 연기와 먼지·더위와 추위·불쾌한 냄새와 답답함을 밀어내 떠나가게 하며, 개혁의 바람은 부정과 부패를 떠나가게 하는 것이다. 산은 망동(妄動)하지 않게 한다고 하였다. 망동은 도와 법을 어기면서 자기 멋대로 행동하는 것이다. 산은 무겁고 정중하며 위엄이 있고 마음이 흔들리지 않아야 한다고 말하고 있다. 소택(沼澤)은 모든 고여있는 물이다. 호수나 저수지는 사람의 마음을 조용하고 맑게 하며 넉넉하고 기쁘게 한다. 그래서 소택은 기쁘게 한다고 말한 것이다. 건이군지(乾以君之)에서 군(君)은 주재자(主宰者)도 되고 '주재(主宰)하다·다스리다'라는 뜻도 된다. 하늘이 세상 만물을 다스린다는 말이다.

제5장(第五章)

帝는 出乎震하고 齊乎巽하며 相見乎離하고 致役乎坤하며 說言乎兌하고 戰乎乾하며 勞乎坎하고 成言乎艮하니라 萬物出乎震한데 震東方也이며 齊乎巽한데 巽東南也이니라 齊也者는 言萬物之潔齊也이니라 離也者는 明也인데 萬物皆相見하며 南方之卦也이니라 聖人은 南面而聽天下하고 嚮明而治하니 蓋取諸此也이니라 坤也者는 地也인데 萬物皆致養焉하니라 故로 曰致役乎坤하니라 兌는 正秋也인데 萬物之所說也이니라 故로 曰說言乎兌하니라 戰乎乾한데 乾西北之卦也이며 言陰陽相薄也이니라 坎者는 水也인데 正北方之卦也이고 勞卦也이며 萬物之所歸也이니라 故로 曰勞乎坎하니라 艮은 東北之卦也이며 萬物之所成終而所成始也이니라 故로 曰成言乎艮하니라

역』은 알기 어려운 미래를 알게 해주는 책이라는 것이다.

제4장(第四章)

   雷以動之하며 風以散之하며 雨以潤之하고 日以晅之하며 艮以止之하고 兌以說之하며 乾以君之하고 坤以藏之하니라

   우레는 일으키고 바람은 떠나가게 하며, 비는 윤택하게 하고 해는 밝게 하며, 산은 망동하지 않게 하고 소택은 기쁘게 하며, 하늘은 주재(主宰)하고 땅은 (만물을) 품에 안고 있다.

【 한자 풀이 】
動: 일으킬 동, 일어날 동, 놀랄 동, 떨 동, 느낄 동, 변할 동. 散: 흩을 산, 흩어질 산, 헤어질 산, 떠날 산, 달아날 산, 떨어진 산. 潤: 윤택할 윤, 넉넉할 윤, 빛날 윤, 이익 윤. 晅: 밝을 훤, 빛날 훤, 마를 훤, 말릴 훤. 君: 임금 군, 두목 군, 주재자 군, 다스릴 군.

【 해설 】
   제4장은 8괘의 괘덕(卦德), 다시 말하면 8괘의 역할에 대해서 말하고 있다. 앞에서 이미 말한 대로 우레는 옛날에는 천제(天帝)의 진노의 음성이었다. 사람들이 죄악에 넘어져 있는 것을 일으켜 세우는 음성이었고, 잘못을 저지르지

않도록 미리 흔들어 깨워 타이르고 주의시키는 음성이다. 그래서 우레는 일으
킨다고 한 것이다.

바람은 떠나가게 한다고 하였다. 바람은 밀어내 떠나가게 하는 것이다. 연기
와 먼지·더위와 추위·불쾌한 냄새와 답답함을 밀어내 떠나가게 하며, 개혁의
바람은 부정과 부패를 떠나가게 하는 것이다. 산은 망동(妄動)하지 않게 한다
고 하였다. 망동은 도와 법을 어기면서 자기 멋대로 행동하는 것이다. 산은 무
겁고 정중하며 위엄이 있고 마음이 흔들리지 않아야 한다고 말하고 있다. 소택
(沼澤)은 모든 고여있는 물이다. 호수나 저수지는 사람의 마음을 조용하고 맑
게 하며 넉넉하고 기쁘게 한다. 그래서 소택은 기쁘게 한다고 말한 것이다. 건
이군지(乾以君之)에서 군(君)은 주재자(主宰者)도 되고 '주재(主宰)하다·다스
리다'라는 뜻도 된다. 하늘이 세상 만물을 다스린다는 말이다.

제5장(第五章)

帝는 出乎震하고 齊乎巽하며 相見乎離하고 致役乎坤하며 說言乎兌하고 戰
乎乾하며 勞乎坎하고 成言乎艮하니라 萬物出乎震한데 震東方也이며 齊乎巽한
데 巽東南也이니라 齊也者는 言萬物之潔齊也이니라 離也者는 明也인데 萬物
皆相見하며 南方之卦也이니라 聖人은 南面而聽天下하고 嚮明而治하니 蓋取
諸此也이니라 坤也者는 地也인데 萬物皆致養焉하니라 故로 曰致役乎坤하니라
兌는 正秋也인데 萬物之所說也이니라 故로 曰說言乎兌하니라 戰乎乾한데 乾
西北之卦也이며 言陰陽相薄也이니라 坎者는 水也인데 正北方之卦也이고 勞
卦也이며 萬物之所歸也이니라 故로 曰勞乎坎하니라 艮은 東北之卦也이며 萬
物之所成終而所成始也이니라 故로 曰成言乎艮하니라

천제(天帝)는 우레로서 (道에) 나아가게 하고, 바람으로서 깨끗하게 하며, 태양으로서 형상을 보이게 하고, 땅으로서 힘써 기르게 하며, 소택(沼澤)으로서 기쁘고 화평하게 하고, 하늘로서 두려워하게 하며, 물로서 돕게 하고, 산으로서 크게 조용하고 삼가게 한다.

만물은 우레로서 (道에) 나아가는데 우레는 (방위로는) 동방이며, (만물은) 바람으로서 깨끗하게 되는데 바람은 (방위로는) 동남방이다.

'재(齋)'라는 것은 "삼가고 조용히 하여 사람들이 깨끗하고 바르게 되는 것"이다. '이(離)'는 태양인데 "만물은 모두 다 (태양에 의해) 형상이 보이게 되는 것"이며, (離는) 남방에 (해당하는) 괘이다. 성인(聖人)은 남쪽을 향해 앉아서 천하의 일을 들었고, 해를 바라보며 다스렸으니 이것은 다 「이괘(離卦)」에서 취한 것이다.

'곤(坤)'은 땅인데 "만물을 다 힘써 기르는 것"이다. 그런고로 땅으로서 힘써 기르게 한다고 말한 것이다. 소택은 (계절로 하면) 가을의 한 가운데인데 사람들이 기뻐하는 때이다. 그런고로 소택으로서 기쁘고 화평하게 한다고 말한 것이다.

하늘로서 두려워하게 하는데 하늘은 서북방(西北方)에 (해당하는) 괘이며 음과 양이 서로 핍박하는 것을 삼가고 조용해야 한다는 것이다.

'감(坎)'은 물인데 정북방에 (해당하는) 괘이고 (만물을) 돕는 괘이며 "만물이 몸을 의탁하는 것"이다. 그런고로 물로서 돕게 한다고 말한 것이다. '산(山)'은 동북방에 (해당하는) 괘이며, (山의 德은) "만물이 끝까지 갖추고 있어야 하고, 근본으로서 갖추고 있어야 하는 것"이다. 그런고로 산으로서 크게 조용하고 삼가게 한다고 말한 것이다.

【 한자 풀이 】

帝: 天帝 제, 하늘 제(天也). 出: 나아갈 출(進也), 일이날 출, 빗어날 출, 버릴 출. 齊: 바를 제(正也), 재계할 재, 삼갈 제. 相: 형상 상, 모양 상. 見: 보일 견, 드러날 견. 致: 힘쓸 치, 정성을 다할 치, 이룰 치. 役: 기를 역, 일할 역, 행할 역. 言: 화평할 은, 조용하고 삼갈 은. 戰: 두려워할 전, 떨 전. 勞: 도울 로, 위로할 로. 成: 클 성(大也), 갖출 성, 훌륭할 성, 좋을 성. 潔: 깨끗할 결, 깨끗이할 결. 明: 빛 명, 해·달·별 명. 正: 한가운데 정. 面: 향할 면. 嚮: 향할 향, 바라볼 향. 所: 때 소(時也), 것 소, 곳 소. 歸: 몸을 의탁할 귀, 따를 귀. 終: 끝 종, 끝까지 종, 항상 종. 始: 근본 시, 근원 시.

【 해설 】

제5장은 천제(天帝)가 8괘로 지시하여 팔괘가 천제를 대신하여 천제의 일을 하게 하는 내용이다. 그러므로 제5장은 천제가 직접 일하지 않고 팔괘로서 일하게 하는 것이다.

천제는 우레로 사람들을 나아가게 한다(出)고 하였다. 어디로라는 목적지가 생략되었다. 도에 나아가게 한다는 것이다. 우레는 천제의 준엄한 음성이다. 도에 나아가는 데는 자율적이든 타율적이든 준엄함이 있어야 한다.

천제는 바람으로 깨끗하게 한다(齊)고 하였다. 여기서 재(齊)는 "재계할 재"다. 재계는 부정(不淨)을 털어버리고 몸과 마음을 깨끗하게 하는 것이다. 바람은 털어서 날려버리는 역할을 하기에 이렇게 말한 것이다.

천제는 태양으로 형상(相)을 보이게 한다(見)고 하였다. '상견호리(相見乎離)'에서 '리(離)'는 불이 아니고 태양이며, '상견(相見)'은 서로 보는 것이 아니고 "형상(相)을 보이게 하는 것"이다. 세상을 어둡게 하지 않고 밝게 한다는 말이다. 세상이 밝아야 모든 실상(實相)이 드러나는 것이다. 세상이 어두우면 실상은 알 수가 없다. 형상은 형상대로 볼 수가 없으면 세상이 어둡거나 자신이 어두워서 그런 것이다.

천제는 땅으로 만물을 힘써 기르게 한다고 하였다. '치역(致役)'에서 '치(致)'는 "힘쓸 치"이고 '역(役)'은 "기를 역"이다. 땅은 모든 생물을 살게 하고 길러주는 존재이므로 이렇게 말한 것이다.

천제는 소택으로 기쁘게 하고 화평하게 한다고 하였다. 소택으로 사람들에게 기쁨과 화평을 준다는 말이다. '열은(說言)'에서 '열(說)'은 "기쁨"이고 '은(言)'은 "화평"이다.

천제는 하늘로 사람들을 두려워하게 한다고 하였다. 여기서 '전(戰)'은 싸운다는 뜻이 아니고 "두려워 떤다"라는 뜻이다. 하늘로 인하여 사람들이 하늘 무서운 줄을 알게 한다는 말이다.

천제는 물(水)로 만물을 돕게 한다고 하였다. 물은 생명의 근원이고 물이 없으면 살 수가 없다. 물로 살게 해주니까 돕는 것이다.

천제는 산(山)으로 사람들을 크게 조용하고 삼가게 한다고 하였다. '성은(成言)'에서 '성(成)'은 "크다(大)"라는 뜻이고, '은(言)'은 "삼가고 조용한 것"이다. 산은 말이 없고 망동하지 않으므로 이렇게 말한 것이다.

성인(聖人)은 남쪽을 향해 앉아서 세상일을 들었고 해를 바라보며 세상을 다스렸다고 하였다. 여기서 성인은 공자께서 성인(聖人)으로 받드신 요임금·순임금·문왕·주공이다. 남면(南面)은 남향(南向)이다. 여기서 남향은 남쪽을 향해 앉은 것이고 옛날 임금의 옥좌(玉座)의 방향이었다. 남쪽을 향해 앉은 것은 빛(道)을 향해 앉은 것이고, 추운 북쪽에 앉은 것이며, 따뜻한 곳은 백성이 앉게 한 것이다.

태(兌, 소택)가 사람들에게 기쁨을 주는 이유를 태(兌)가 소속된 계절로 설명하고 있다. 태(兌)는 계절로는 정추(正秋)이다. 정추(正秋)는 초가을이나 늦가을이 아니고 가을 한 가운데이다. 옛 농경사회에서 가을은 수확이라는 큰 기쁨을 주었던 최고의 계절이었다. 그래서 태(兌)가 사람들에게 기쁨을 준다고 말한 것이다.

하늘 무서운 줄 알고 하늘을 두려워하며 죄는 짓지 말라고 하였다. 죄는 타인으로부터 받은 비인간적이고 부도덕한 행위에 대한 반작용이면서 동시에 타인에게 주는 괴로움과 재앙이다. 그러므로 죄는 음양의 관계 속에서 이루어지는 상대적인 것이다. 음과 양이 서로 미워하고 밀치고 괴로움을 주는 상황에서 이루어진다는 말이다. 작용을 먼저 보낸 쪽이 양이고 반작용을 보낸 쪽이 음이다. '은음양상박(言陰陽相薄)'에서 '음양상박(陰陽相薄)'은 음과 양이 서로 괴롭히는 관계이다. 상박(相薄)은 제3장에서 설명하였다. '은(言)'은 "삼가고 조용해야 한다"는 말이다. 다시 말하면 모든 음양관계에서 하늘 무서운 줄 알고 도를 어기지 않으려고 노력하면서 매우 조심해야 한다는 것이다.

산의 덕은 '지(止)'이다. '지(止)'는 "흔들림이 없는 것·위엄이 있고 무게가 있는 것·망동하지 않는 것"이다. 이와 같은 산의 덕은 만물이 항상 갖추고 있어야 하는 근원적인 덕이라고 하였다.

'소성종이소성시(所成終而所成始)'에서 종은 "끝까지·항상의" 뜻이고, '성(成)'은 갖추고 있어야 한다는 뜻이며 '소(所)'는 "것"이다. 시(始)는 "근본·근원"이다. 그러므로 '소성종(所成終)'은 "항상 갖추고 있어야 하는 것"이고, '소성시(所成始)'는 "근본으로서 갖추고 있어야 하는 것"이다.

제6장(第六章)

神也者는 妙萬物而爲言者也이니라 動萬物者莫疾乎雷하고 撓萬物者莫疾乎風하며 燥萬物者莫熯乎火하고 說萬物者莫說乎澤하며 潤萬物者莫潤乎水하고 終萬物始萬物者莫盛乎艮이니라 故水火相逮하고 雷風不相悖하며 山澤通氣하니라 然後能變化하며 旣成萬物也이니라

천제(天帝)는 신비하게 만물을 만들고 말을 하는 존재이다. 만물을 일으키는 것으로는 우레보다 더 강한 것이 없고, 만물을 뒤흔드는 것으로는 바람보다 더 강한 것이 없으며, 만물을 마르게 하는 것으로는 불보다 더 마르게 하는 것이

없고, 만물을 기쁘게 하는 것으로는 소택보다 더 기쁘게 하는 것이 없으며, 만물을 윤택하게 하는 것으로는 물보다 더 윤택하게 하는 것이 없고, 만물의 처음부터 만물의 끝까지 (곧 모든 만물 중에서) 산보다 더 큰 것은 없다.

본디 물과 불은 서로 밀어내고 우레와 바람은 서로 거스르지 않고 산과 소택은 마음이 통한다. 그런 후에 변화하며 이윽고 만물을 이룬다.

【 한자 풀이 】

神: 天帝 신. 妙: 신비할 묘, 기이할 묘, 오묘할 묘. 疾: 강할 질, 힘쓸 질. 撓: 흔들 요, 휠 요. 燥: 마를 조, 말릴 조, 녹일 조. 熯: 마를 한, 말릴 한. 逮: 내쫓을 체(追也), 보낼 체. 悖: 거스를 패, 어긋날 패, 어길 패. 然: 그러나 연, 그래도 연. 그리하여 연, 곧 연.

【 해설 】

제6장에서도 제4장에서와같이 8괘의 역할에 대하여 말하고 있다. 죄악에 빠진 사람을 일으켜 세우는 존재로는 우레를 당할 것이 없다고 하였다. 옛날에는 천둥 번개는 간담을 써늘하게 하는 하느님 천벌의 경고였고 천벌이었다. 그래서 옛날에는 천벌이 무서워서 죄짓는 것을 피하였고, 죄에서 손을 가까이하지 않았다. 그러므로 우레는 사람을 죄악에서 일으켜 세우는 것이다.

만물을 뒤흔드는 것으로는 바람을 당할 것이 없다고 하였다. 바람은 일시에 지속으로 만물을 뒤흔드는 엄청난 힘을 가지고 있는 것을 말한다. 물은 모든 생물의 생명을 있게 하는 존재이고, 마음을 넉넉하게 하는 존재이므로 만물을 윤택하게 하는 것으로는 물을 당할 것이 없다고 한 것이다.

'종만물시만물자(終萬物始萬物者)'에서 '시(始)'는 "처음부터"의 뜻이고 '종(終)'은 "끝까지"의 뜻이다. 만물의 처음부터 만물의 끝까지라는 말인데 이는 모든 만물을 이렇게 표현한 것이다. 일상적으로 사용하는 말에도 "하나부터 열까지"라는 말이 있다. 이는 "어떤 것이나 다" "모두"라는 뜻인데 이 말과 유사한 표현이다. '막성호간(莫成乎艮)'에서 '성(成)'은 "크다(大)"라는 뜻이다. 그러므로 '막성호간(莫成乎艮)'은 "산보다 더 큰 것은 없다"라는 것이다. 하늘과 땅은 만물의 부모이므로 만물에 포함하지 않는다. 그러므로 하늘과 땅 이외의 섯 중에 산이 가장 크다.

'고수화상체(故水火相逮)'에서 '고(故)'는 '고로'가 아니고 "본디"의 뜻이고, '상체(相逮)'에서 '체(逮)'는 '추(追)'와 같은 뜻으로서 "내쫓아 버리다"라는 뜻이다. 그러므로 '체(逮)'는 서로 품에 안지 않고 "서로 밀어내는 것"이다. 수화(水火)는 상극이기 때문에 그렇다.

'뇌풍불상패(雷風不相悖)'에서 '불(不)'은 "크다(大)"라는 뜻이고, "패(悖)"는 "서로 간에 눈에 거슬리고 귀에 거슬리며 비위에 거슬리는 것"이다. 이같이 상극관계·서로 거슬리는 관계도 있지만 통하는 관계도 있으므로 변화하며 이루는 일이 있다.

사람이 사는 것도 이와 같은 것이다. 상극끼리 만나 서로 밀치며 서로 비위에 거슬리며 살면서도 가정도 이루고 자녀들도 키우며 공부도 하고 사업도 하는 것이다.

제7장(第七章)

乾은 健也이고 坤은 順也이며 震은 動也이고 巽은 入也이며 坎은 陷也이고 離는 麗也이며 艮은 止也이고 兌는 說也이니라

하늘은 강하고 땅은 유순(柔順)하며, 우레는 진동하게 하고 바람은 앞으로

나아가며, 물은 험난하고 불은 빛이 나며, 산은 머물러 있고 소택(沼澤)은 기뻐한다.

【 한자 풀이 】
乾: 하늘 건, 굳셀 건, 쉬지 않을 건. 健: 굳셀 건, 강할 건, 훌륭할 건. 坤: 땅 곤, 순할 곤. 順: 온순할 순, 유순할 순, 따를 순, 도리를 어기지 않을 순. 震: 우레 진, 천둥 진, 벼락 진, 진동할 진. 動: 흔들릴 동, 진동할 동, 일어날 동, 일할 동, 변할 동. 巽: 유순할 손, 부드러울 손, 겸손할 손. 入: 앞으로 나아갈 입(進也), 들어갈 입. 坎: 험할 감, 험난할 감. 陷: 험할 함, 빠질 함. 離: 불 리, 해·달 리. 麗: 빛날 려, 밝을 려, 붙을 려, 매달 려. 艮: 머무를 간, 견고할 간. 止: 머무를 지, 움직이지 않을 지, 고요할 지, 망동하지 않을 지. 兌: 기쁠 태, 구멍 태, 모일 태.

【 해설 】
제7장은 8괘의 본성을 말한 것이다. 8괘의 본성은 일반적으로는 8괘의 괘덕(卦德)이라고 말한다. 제7장에서 말한 괘덕은 맨 앞의 기본이론 부분에서 이미 설명을 하였다.

제8장(第八章)

乾爲馬이고 坤爲牛이며 震爲龍이고 巽爲鷄이며 坎爲豕이고 離爲雉이며 艮爲狗이고 兌爲羊이니라 하늘은 말이고 땅은 소이며, 우레는 용이고 바람은 닭이며, 물은 돼지이고 불은 꿩이며, 산은 개이고 소택은 양이다.

【 한자 풀이 】
爲: 말할 위, 여길 위, ~이라고 할 위, 써 위(以也), 곧 위(則也) 馬: 말 마, 클 마(大也).
鷄: 닭 계. 豕: 돼지 시. 雉: 꿩 치. 狗: 개 구, 강아지 구.

【 해설 】
제8장은 팔괘에 해당하는 동물을 말한 것인데 이는 각 괘의 본성과 유사한 동물을 말한 것이다. 건(乾)을 말이라고 한 이유는 말은 쉬지 않고 수백 리를 달리고 전투에 가담하여 싸우는 강함 때문이다.

곤(坤)을 소라고 한 이유는 소는 유순하고 무거운 짐을 싣고 다니기 때문이다. 진(震)을 용이라고 한 이유는 우레가 천지를 진동하는 것처럼 용은 하늘을 날아다니면서 조화를 부려 비를 내리기 때문이다. 이것은 옛사람들의 생각이었고 믿음이었다.

손(巽)을 닭이라고 한 이유는 닭은 해가 뜨면 닭장에서 밖으로 나가고 해가 지면 다시 들어가기 때문이다. 바람도 나아가고 들어가는 것이다. 감(坎)을 돼지라고 한 이유는 감(坎)은 물이고 험한 것인데 돼지는 험한 진창이 그가 사는 곳이기 때문이다.

리(離)를 꿩이라고 한 이유는 꿩은 불과 같이 화려하고 빛이 나기 때문이다. 간(艮)을 개라고 한 이유는 개는 주로 집에 머물러 있기 때문이다. 태(兌)를 양이라고 한 이유는 양은 조용하고 부드럽고 평화롭고 포근하여 소택과 유사하기 때문이다.

제9장(第九章)

乾爲首이고 坤爲腹이며 震爲足이고 巽爲股이며 坎爲耳이고 離爲目이며 艮爲手이고 兌爲口이니라

하늘은 머리이고 땅은 배이며, 우레는 발이고 바람은 다리이며, 물은 귀이고 불은 눈이며, 산은 손이고 소택은 입이다.

【해설】

제9장은 8괘에 해당하는 신체의 기관(器官)을 말한 것이다. 건(乾)을 머리라고 한 이유는 머리는 맨 위에 있고 둥글고 몸을 주재(主宰)하는 주재자이기 때문이다. 땅을 배라고 한 이유는 배는 온갖 것을 포용하기 때문이다. 우레를 발이라고 한 이유는 우레의 괘덕(卦德)인 동(動, 움직이게 하는 것)을 근거로 해서 말한 것이다. 발이 몸 전체를 움직이게 하기 때문이다.

바람을 다리라고 한 이유는 바람(巽)의 괘상(☴)을 근거로 해서 말한 것이다. 바람의 괘상은 위의 두 효는 머리와 상체이고 아래의 음효는 갈라져 있는 두 다리를 말하는 것이다. 물을 귀라고 한 이유는 물(坎)의 괘상(☵)을 근거로 해서 말한 것이다. 물의 괘상에서 위아래 두 음효는 귓구멍을 말하는 것이고 가운데 양효는 얼굴을 말하는 것이다.

불을 눈이라고 한 이유는 불의 괘덕(卦德)인 려(麗, 빛남)를 근거로 해서 말한 것이다. 눈은 빛이 나므로 그렇게 말한 것이다. 산을 손이라고 한 이유는 산(艮)의 괘상(☶)을 근거로 해서 말한 것이다. 산의 괘상에서 위의 양효는 어깨뼈이고 아래 두 음효는 팔과 손으로 본 것이다. 소택을 입이라고 한 이유는 입(口)은 몸에서 가장 큰 구멍이고 가장 적극적이고 큰 기쁨은 입으로 표현하기 때문이다.

제10장(第十章)

　乾은 天也이니 故로 稱乎父요 坤은 地也이니 故로 稱乎母이니라 震은 一索而得男이니 故謂之長男이요 巽은 一索而得女이니 故로 謂之長女이니라 坎은 再索而得男이니 故로 謂之中男이요 離는 再索而得女이니 故로 謂之中女이니라 艮은 三索而得男이니 故로 謂之少男이요 兌는 三索而得女이니 故謂之少女이니라

　건(乾)은 하늘이니 그러므로 아버지라 하였고, 곤(坤)은 땅이니 그러므로 어머니라 하였다. 진(震)은 첫 번째로 원해서 얻은 아들인 고로 장남이라 하였고, 손(巽)은 첫 번째로 원해서 얻은 딸인 고로 장녀라 하였다.
　감(坎)은 두 번째로 원해서 얻은 아들인 고로 둘째 아들이라 하였고, 리(離)는 두 번째로 원해서 얻은 딸인 고로 둘째 딸이라 하였다. 간(艮)은 세 번째로 원해서 얻은 아들인 고로 작은 아들이라 하였고, 태(兌)는 세 번째로 원해서 얻은 딸인 고로 작은 딸이라 하였다.

【 한자 풀이 】
稱: 일컬을 칭, 이를 칭, 말할 칭, 부를 칭. 索: 원할 색, 취할 색. 一: 처음 일, 첫째 일. 長: 맏 장, 처음 장, 첫째 장. 中: 버금·둘째 중. 再: 두 재, 두 번 재, 둘째 재.

【 해설 】
　제10장은 부모님과 자녀들이 8괘 중 어디에 해당하는가를 말한 것이다. 건곤(乾坤)은 만물의 부모이다. 장남과 장녀·중남과 중녀·소남과 소녀는 팔괘의 강대함 순서와 서로 가까운 사이이면서 음양관계가 되는 것으로 짝을 이룬 것이

다. 우레(陽)와 바람(陰)은 힘이 가장 강대하다. 그래서 우레를 장남·바람을 장녀라고 하였다. 다음으로 물(陽)과 불(陰)이 힘이 강대하다. 그래서 물을 중남·불을 중녀라고 하였다. 산(陽)·소택(陰)은 힘이 가장 약하다. 그래서 산을 소남, 소택을 소녀라고 하였다.

제11장(第十一章)

　乾은 爲天爲圜爲君爲父爲玉爲金爲寒爲冰爲大赤爲良馬爲老馬爲瘠馬爲駁馬爲木果이니라

　坤은 爲地爲母爲布爲釜爲吝嗇爲均爲子母牛爲大輿爲文爲衆爲柄其於地也爲黑이니라

　震은 爲雷爲龍爲玄黃爲旉爲大塗爲長子爲決躁爲蒼筤竹爲萑葦其於馬也爲善鳴爲馵足爲作足爲的顙其於稼也爲反生其究爲健爲蕃鮮이니라

　巽은 爲木爲風爲長女爲繩直爲工爲白爲長爲高爲進退爲不果爲臭其於人也爲寡髮爲廣顙爲多白眼爲近利市三倍 其究爲躁卦이니라

　坎은 爲水爲溝瀆爲隱伏爲矯輮爲弓輪其於人也爲加憂爲心病爲耳痛爲血卦爲赤其於馬也爲美脊爲亟心爲下首爲薄蹄爲曳其於輿也爲多眚爲通爲月爲盜其於木也爲堅多心이니라

　離는 爲火爲日爲電爲中女爲甲冑爲戈兵其於人也爲大腹爲乾卦爲鱉爲蟹爲蠃爲蚌爲龜其於木也爲科上槁이니라

　艮은 爲山爲徑路爲小石爲門闕爲果蓏爲閽寺爲指爲狗爲鼠　爲黔喙之屬其於木也爲堅多節이니라

兌는 爲澤爲少女爲巫爲口舌爲毁折爲附決其於地也爲剛鹵 爲妾爲羊이니라

　건(乾)은 하늘이고 둥근 것이고 임금이고 아버지이고 구슬이고 금이고 찬 것이고 얼음이고 텅 빈 것이고 뛰어난 말이고 노련한 말이고 건장한 말이고 얼룩말이고 곧고 강한 것이다.
　곤(坤)은 땅이고 어머니이고 포목이고 솥이고 아끼는 것이고 고른 것이고 새끼 딸린 어미 소이고 큰 수레이고 무늬이고 백성이고 재료이고 바탕이 어두운 빛깔이다.
　진(震)은 우레이고 용이고 짙은 황색이고 널리 퍼지는 것이고 큰길이고 큰아들이고 빠르게 결정하는 것이고 무성한 어린 대나무이고 다 자란 갈대와 물억새이고 크게 잘 우는 것이고 지나치게 매여 있는 것이고 지나치게 일어나는 것이고 백발이 된 머리이고 심은 것이 싹이 돋아나는 것이고 일을 도모함이 굳센 것이고 번성하고 빛이 나는 것이다.
　손(巽)은 나무이고 바람이고 큰딸이고 먹줄처럼 똑바른 것이고 장인(匠人)이고 다듬은 것이고 긴 것이고 높은 것이고 나아가고 물러가는 것이고 굳셈이 없는 것이고 향기이고 사람이 털이 적은 것이고 이마가 넓은 것이고 흰자위가 많은 눈이고 이익을 가까이하여 세배의 이익을 보는 것이고 도모하는 일을 떠들썩하게 점치는 것이다.
　감(坎)은 물이고 도랑이고 숨어 엎드려 있는 것이고 강하면서 부드러운 것이고 구부정하고 꾸불꾸불한 것이고 사람에게 괴로움이 더 늘어 난 것이고 마음의 병이고 몹시 아픈 것이고 눈물을 흘릴 점괘이고 없어지는 것이고 크게 풍성하게 쌓는 것이고 삼가는 마음이고 머리를 숙이는 것이고 허물이 적은 것이고 끌려가는 것이고 땅에 괴로움이 많은 것이고 통하는 것이고 세월이고 달아나는 것이고 곧고 마음이 변치 않고 후한 것이다.
　리(離)는 불이고 해이고 번개이고 중녀(中女)이고 갑옷과 투구이고 창과 전쟁이고 사람이 마음이 훌륭한 것이고 마르게 될 괘이고 자라이고 게이고 소라

이고 조개이고 거북이고 곧고 위로하며 북돋아 높이는 것이다.

　간(艮)은 산이고 곧은길이고 하찮은 돌이고 문이고 모든 열매이고 환관이고 서 있는 것이고 개이고 쥐이고 부리가 검은 새들이고 곧고 굳으며 절개가 뛰어난 것이다.

　태(兌)는 소택이고 소녀이고 무당이고 입과 혀이고 결단하여 없애는 것이고 결단하고 따르는 것이고 바탕이 단단하고 향기로운 것이고 첩이고 양(羊)이다.

【 한자 풀이 】

圜: 둥글 원, 원 원. 老: 노련할 노, 품위 있을 노. 瘠: 뼈대가 굵을 척, 건장할 척, 여윌 척. 駁: 얼룩말 박. 良: 뛰어날 양, 훌륭할 양, 좋을 양, 바를 양. 赤: 빌 적(空也), 제거할 적. 木: 곧을 목, 꾸밈이 없을 목. 果: 굳셀 과, 강할 과, 과단성 있을 과, 훌륭할 과, 열매 과. 子: 새끼 자. 輿: 수레 여, 실을 여, 땅 여. 柄: 재료 병, 자루 병(손잡이), 잡을 병. 地: 바탕 지. 玄: 멀 현, 깊을 현, 검을 현. 勇: 널리펼 부, 무성할 부. 決: 결정할 결, 판단할 결, 끊을 결. 躁: 빠를 조, 성급할 조, 거칠 조, 시끄러울 조, 떠들썩할 조. 蒼: 푸를 창, 무성할 창. 筤: 어린대 랑. 萑: 물억새 추. 葦: 갈대 위. 馬: 클 마(大也). 黑: 어두울 흑, 검을 흑. 舝: 맬 주, 발휘할 주. 作: 일어날 작, 일으킬 작. 足: 지나칠 주, 잘할 족, 많을 족, 머무를 족. 的: 흴 적, 이마가 흰말 적. 顙: 이마 상, 머리 상, 뺨 상. 稼: 심을 가. 反: 다시 반, 되돌아 올 반, 되돌릴 반. 究: 꾀할 구, 도모할 구, 연구할 구. 蕃: 번성할 번, 많을 번. 鮮: 빛날 선, 화려할 선, 깨끗할 선. 繩: 먹줄 승, 바를 승(正也). 工: 장인(匠人) 공, 교묘할 공, 만들 공. 市: 돈 벌 시. 白: 다듬을 백. 卦: 점괘 괘, 점칠 괘. 瀆: 도랑 구. 伏: 숨을 복, 감출 복. 矯: 굳셀 교, 강할 교, 힘셀 교. 輮: 부드러울 유, 구부릴 유. 弓: 활모양 궁, 구부정할 궁. 輪: 꾸불꾸불할 륜, 돌 륜. 血: 눈물 혈, 울 혈, 근심할 혈. 脊: 쌓을 척, 등뼈 척, 등성이 척. 美: 무성할 미, 풍년들 미, 훌륭할 미, 경사스러울 미. 亟: 삼갈 극, 급할 극. 蹄: 허물 제, 잘못 제. 曳: 끌 예, 이끌릴 예. 眚: 잘못 생, 병 생, 재앙 생, 괴로움 생, 부서질 생. 月: 세월 월. 盜: 달아날

도, 도둑질할 도. 堅: 굳을 견, 변치 아니할 견. 多: 후할 다, 넓을 다, 뛰어날 다, 아름다울 다. 電: 번개 전. 胄: 투구 주. 戈: 창 과, 전쟁 과. 兵: 무기 병, 전쟁 병, 병사 병, 죽일 병. 腹: 마음 복, 배 복, 넉넉할 복, 두터울 복. 大: 높을 대, 훌륭할 대, 존귀할 대. 鱉: 자라 별. 蟹: 게 해. 蠃: 소라 라. 蚌: 조개 방. 槁: 위로할 고. 科: 북돋을 과, 나무속 빌 과. 上: 높일 상. 徑: 곧을 경, 쉬울 경, 빠를 경, 바를 경, 지름길 경. 小: 낮을 소, 천할 소, 가볍게 여길 소. 闕: 문 궐, 대궐 궐. 蓏: 열매 라. 指: 서 있을 지, 손가락 지. 閽: 내시 혼, 寺: 내시 시. 黔: 검을 금. 喙: 부리 훼, 주둥이 훼. 屬: 무리 속, 혈족 속. 節: 절개 절, 예절 절. 毁: 없앨 훼, 덜어낼 훼, 깨뜨릴 훼. 折: 결단할 절, 깎을 절, 그칠 절, 알맞을 절. 附: 따를 부, 의지할 부, 가까울 부. 決: 결단할 결, 도려낼 결, 헤어질 결, 분연히 결. 剛: 굳셀 강, 강할 강, 단단할 강. 鹵: 소금 로, 향기로울 로, 황무지 로. 耳: 음식 맛을 알지 못할 이.

【해설】

제11장은 8괘에 해당하는 사물·형상·행위를 말한 것이다. 건(乾)은 높고 귀하고 강한 것이며 우두머리가 이에 해당하는 것이다. 한(寒, 찬 것)과 빙(冰, 얼음)을 건(乾)에 해당한다고 한 이유는 하늘은 차고 땅은 따뜻하기 때문이다. 그래서 아버지는 차고 어머니는 따뜻한 것이다.

대적(大赤)은 크게 붉은 것이 아니다. 이렇게 번역하면 적절하지 못하다. 크게 붉은 것은 태양이다. 태양은 「이괘(離卦)」에 속하는 것이다. 그러므로 여기서 '적(赤)'은 "빌 적(空也)"이다. '대적(大赤)'은 "크게 빈 것·텅 빈 것"이라는 뜻이다. 제8장에서 말(馬)이 건(乾)에 해당한다고 이미 말하였다. '척마(瘠馬)'는 야윈 말이 아니다. 야윈 말은 강(健)할 수가 없기 때문이다. 그러므로 여기서 '척마'는 "건장(健壯)한 말"이다. '목과(木果)'는 나무 열매가 아니다. 나무 열매는 간(艮)에 해당한다. 간(艮)에 나오는 과라(果蓏)에서 과(果)가 나무 열매다. 고로 여기서 '목(木)'은 "곧은 것"이고, '과(果)'는 "굳센 것·강한 것·훌륭한 것"이다. 곤(坤)은 낳아서 기르는 음(陰)이고 유순한 것이며 먹고 입고 살게 하는 것이 이에 해당하는 것이다.

'대여(大輿)'는 "큰 수레"이다. 땅(地)을 여(輿)라고 하는데, 그 이유는 땅은 만물을 싣고 있어서이다. 이에 근거해서 많은 것을 싣는 큰 수레를 곤(坤)에 해당한다고 말한 것이다. 여기서 '중(衆)'은 백성이다. 건(乾)은 임금이고 곤(坤)은 백성이라는 것을 말하는 것이다. '병(柄)'은 여기서는 손잡이가 아니고 "재료(材料)"다. 무엇을 만드는데 들어가는 것이다. 재료 가지고 무엇을 만드는 사람은 곤(坤)에 해당한다.

'기어지야위흑(其於地也爲黑)'에서 '지(地)'는 땅이 아니고 "바탕"이다. '흑(黑)'은 검은 것이 아니고 "어두운 빛깔"이다. 밝은 것은 양(陽)의 빛깔이고 어두운 것은 음(陰)의 빛깔이므로 이렇게 말한 것이다.

진(震)은 천둥이다. 천지(天地)를 뒤흔드는 강한 것이고 일으키고 널리 퍼지고 번성하는 것이 이에 해당하는 것이다. '현황(玄黃)'은 "짙은 황색"이다. 현(玄)은 검은 것·깊은 것이니까 짙은 것이다. 짙은 황색은 번갯불의 색깔이다. '부(旉)'는 부(敷)의 옛 글자(古字)로서 "널리 퍼진다"라는 뜻이다. 천둥소리가 널리 퍼지므로 이렇게 말한 것이다.

'결조(決躁)'에서 '결(決)'은 "끊다·도려내다·결정하다"라는 뜻이고 '조(躁)'는 "빠르다"라는 뜻이다. 그러므로 '결조(決躁)'는 "빠르게 끊어버리는 것·빠르게 결정하는 것"이다. 그러므로 '결조(決躁)'는 전광석화(電光石火)를 말하는 것이다. "천둥 번개를 나타내는 말"이다.

'창랑죽(蒼筤竹)'에서 '창(蒼)'은 푸를 창이 아니고 무성할 창이다. 어린 대나무가 수레에 의해 무성하게 일어난 것을 말하는 것이다. 진(震)은 장(長)과 대(大)를 말하는 것이므로 "어린 것"이 진(震)에 해당한다고 하면 잘못이다. "무성하게 일어난 것(動)"이 진(震)에 해당하기 때문이다.

'추위(萑葦)'는 "다 자란 갈대와 물 억새풀"이다. 어린 갈대는 '가(葭)'라 하고, 패지 않은 성장한 갈대는 '노(蘆)'라 하며 다 자란 팬 갈대는 '위(葦)'라고 한다. 어린 물억새는 '담(菼)'이라 하고, 패지 않은 성장한 물억새는 '완(薍)'이라 하며, 다 자란 팬 물억새는 '환(萑)'이라고 한다. 그러므로 '환위(萑葦)'는 "다 자란 물억새와 갈대"를 말하는 것이다.

'기어마야위선명(其於馬也爲善鳴)'에서 '마(馬)'는 말이 아니다. 말(馬)은 건(乾)에 해당하는 것이다. 여기서 마(馬)는 "크다(大)"라는 뜻이다. "목소리가 크고 우렁차게 잘 우는 것"은 진(震)에 해당한다는 말이다. '주마(馵馬)'는 발이 흰 말이 아니고 "지나치게 매여 있는 것"이다.

'주(馵)'는 "맬 주"이고, '주(足)'는 "지나칠 주"이다. 천둥 번개에 놀라 지나치게 움추린 것이다. '적상(的顙)'은 "백발이 된 머리"이다. 백발이 된 머리는 다 자란 사람이다. 여기서 '적(的)'을 이마가 흰말이라고 하면 적절하지 못한 것이다. 위에서 말한 대로 '말(馬)'은 건(乾)에 해당하므로 '진(震)'에서 말(馬)을 언급하는 것은 적절치 못한 것이다.

손(巽)은 "바람"이고 부드러운 것이 이에 해당한다. '승직(繩直)'은 "먹줄처럼 똑바른 것"을 말한다. 바람의 방향을 말한 것이다. 바람의 방향은 똑바른 것이다. 동풍(東風)은 곧장 서쪽으로 부는 것이지 지그재그(Zigzag)로 가지 않는다는 말이다.

'공(工)'은 "장인(匠人)"이다. 장인은 '손(巽)' 곧 나무를 다루는 사람이므로 손(巽)에 해당한다고 한 것이다. 바람은 높은 하늘에서 불고, 멀리멀리 가므로 '장(長)·고(高)'라고 하였다. '불과(不果)'는 "굳셈이 없다"라는 말이다. 바람은 부드럽기 때문이다.

털이 적은 사람은 여자를 말하는 것이다. 여자는 부드러운 것이다. 그러므로 부드러운 것·부드러운 여자는 손(巽)에 해당하는 것이다. 이마가 넓으면 마음이 넓어 관대한 것이다. 관대한 성품은 '손(巽)'에 해당한다는 말이다. 흰자위가 많은 눈은 질투하고 시새움하고 엿보는 눈이다. 이런 눈은 여자의 눈인데 이런 것도 손(巽)에 해당한다. 떠들썩하고 잇속에 밝은 것도 여자의 성품인데 이런 것도 다 '손(巽)'에 해당한다는 것이다.

'감(坎)'은 물이고 험난한 것이며 시내처럼 꾸불꾸불하고 물처럼 흘러가는 것들이 이에 해당하는 것이다. '은복(隱伏)'은 숨어있는 것인데 이는 땅속에 들어있는 물을 근거로 해서 말한 것이다. '교유(矯輮)'에서 '교(矯)'는 "굳센 것·강한 것"이고, '유(輮)'는 "부드럽다·구부리다"라는 뜻이다. 강하면서 부드럽고 구부리는 것은 물이다. 그러므로 '교유(矯輮)'도 물을 근거로 해서 말한 것이다.

'궁륜(弓輪)'에서 '궁(弓)'은 "활모양으로 구부정한 것"이고 '륜(輪)'은 "꾸불꾸불한 것"이다. 구부정하고 꾸불꾸불한 것은 시내의 모양을 근거로 해서 말한 것이다. 괴로움이 늘어나는 것·마음의 병·몹시 아픈 것은 다 험난한 상황에서 발생한다. '감(坎)'은 '험(險)'이므로 이렇게 말한 것이다.

'이통(耳痛)'에서 '이(耳)'는 귀가 아니고 "극히 성하다·음식 맛을 알지 못한다"는 뜻이다. 그러므로 '이통(耳痛)'은 "몹시 몸이 아프다. 음식 맛을 알지 못할 정도로 아프다"라는 뜻이다. 사람의 신체기관에서 이(耳)는 감(坎)에 해당하므로 이(耳)라는 글자만 빌어다 말한 것이다. '적(赤)'은 붉다는 뜻이 아니고 "없어져 버린 것"을 말한다. 여기서 '적(赤)'은 "멸(滅)·허(虛)"의 뜻이다. 흘러가 버린 물은 다시 오지 않는 것을 근거로 하여 말한 것이다. 가버리고 오지 않는 것은 감(坎)에 해당한다는 뜻이다.

'기어마야위미척(其於馬也爲美脊)'에서 '마(馬)'는 위에서 말한 대로 "大(크게)"의 뜻이고, '미(美)'는 "무성하다·풍년들다·훌륭하다"라는 뜻이며 '척(脊)'은 등뼈가 아니고 "쌓는다"라는 뜻이다. 물이 풍년들게 하고 물이 부(富)를 이루어 주기 때문이다. 등뼈가 아름다운 말은 감(坎, 물)과 아무런 상관관계가 없는 것이므로 적절하지 않다.

'박제(薄蹄)'에서 '박(薄)'은 "적다"라는 뜻이고 '제(蹄)'는 발굽이 아니고 "허물·잘못"이다. 물은 장마나 홍수로 인해, 해도 주지만 수해(水害)는 드물게 있다는 말이다. 이에 근거해서 허물이 적은 것은 감(坎)에 해당한다고 말한 것이다. '도(盜)'는 노둑질하는 것이 아니고 "달아나는 것"이다. 물은 흘러가 버리는 것이므로 달아난다고 말한 것이다. 그리고 이에 근거하여 달아나는 것을 감

(坎)에 해당한다고 한 것이다.

'기어목야위견다심(其於木也爲堅多心)'에서 '목(木)'은 나무가 아니다. 목(木)은 손(巽)에 해당하는 것이므로 감(坎)에 해당한다고 하면 맞지 않다. 여기서 '목(木)'은 "곧다"라는 뜻이다. '견(堅)'은 "강하다·변함이 없다"라는 뜻이고, '다(多)'는 "후하다·넓다"라는 뜻이다. 그러므로 곧고 강하고 넓은 것·곧고 변함이 없고 후한 것은 물의 성품인 것이다. 물은 변함없이 널리 생물을 살도록 돕기 때문이다.

리(離)는 불이고 따뜻한 것이고 불꽃 튀기는 것이 이에 해당한다. 갑옷 투구·창과 전쟁은 불꽃 튀기는 것이다. 여기에서 불이 나는 존재들이다. 그래서 리(離)에 해당한다고 한 것이다. 그리고 자라·게·소라·거북·조개는 모두 갑각류(甲殼類)로서 갑옷으로 무장하고 있는 존재다. 그래서 '리(離)'에 해당한다고 한 것이다.

'기어인야대복(其於人也大腹)'에서 '대(大)'는 "훌륭하다·존귀하다·높다"라는 뜻이고, '복(腹)'은 배가 아니고 "마음"이다. 제9장에서 배(腹)는 곤(坤)에 해당한다고 하였으므로 여기서 복(腹)을 배라고 하면 적절하지 않다. '대복(大腹)'은 "마음이 존귀하다·마음이 훌륭하다"라는 뜻이다. 리(離)는 빛이고 빛이 나는 것(明)이므로 마음이 훌륭한 것을 리(離)에 해당한다고 말한 것이다.

'기어목야과상고(其於木也科上稿)'에서 '목(木)'도 "곧다"라는 뜻이다. '과(科)'는 "북돋다"라는 뜻이고, '상(上)'은 "높일 상"이며, '고(稿)'는 "위로할 고"이다. 리(離)는 따뜻한 존재이므로 위로하고 북돋으며 높이는 것이다.

간(艮)은 산이고 머물러 있는 것이고 굳은 것·곧은 것이다. 경로(徑路)는 지름길이 아니고 곧은 길이다. 곧으므로 간(艮)에 해당한다. 소석(小石)은 작은 돌이 아니고 하찮은 돌이다. 사람들이 하찮은 돌을 가져다 쓰지 않으므로 산처럼 언제나 그 자리에 있는 것이다. 한자리에 머물러 있는 것이므로 간(艮)에 해당한다고 한 것이다. '과라(果蓏)'에서 '과(果)'는 다년생(多年生)식물의 열매이고, '라(蓏)'는 일년생(一年生)식물의 열매이다. 그러므로 '과라(果蓏)'는 "모든 열매"를 말하는 것이다. 열매는 단단한 것이므로 간(艮)에 해당한다고 한 것이다. 그리고 열매는 스스로 움직이는 일은 없다. 언제나 그 자리에 머물러 있는 것이다. '혼시(閽寺)'는 궁중(宮中)에서 일하는 "환관"이다. 환관이나 개나 쥐는 모두 집 안에만 머물러 있는 존재이므로 간(艮)에 해당한다고 한 것이다.

나무를 말하는 목(木)이 아니고, 곧다(直)는 뜻의 목(木)이 십일장(十一章)에서 네 번 나온다. 건(乾)의 목과(木果), 감(坎)의 기어목야(其於木也)·리(離)와 간(艮)의 기어목야(其於木也)이다. 하늘·물·불·산의 성품이 항상 변함없이 곧고 항상 같은 형상으로 존재하기 때문에 곧다고 한 것이다. 부리가 검은 새를 간(艮)에 해당한다고 한 이유는 부리는 굳은 것이고 검은 것은 산의 흙과 바위의 색깔이기 때문이다.

태(兌)는 소택으로서 기쁨을 주는 것이 이에 해당하는 것이다. 무당·첩·양(羊)은 사람들에게 기쁨을 주는 존재들이다. 입과 혀는 태(兌)에 속한다고 제9장에서 말하였다.

'훼절(毁折)'은 일상용어로 사용할 때는 헐고 부수는 것이다. 여기서는 그런 뜻이 아니다. '훼(毁)'는 "덜어내다·없앤다"라는 뜻이고, '절(折)'은 "결단하다·분명하다·알맞다"라는 뜻이다. "바람직하지 않은 것을 결단하고 없애는 것, 알맞게 덜어내는 것"이 '훼절(毁折)'이다.

'부결(附決)'에서 '부(附)'는 "따르는 것·의지하는 것"이고, '결(決)'은 "결단하는 것"이다. 결단하고 도를 따르는 것이 '부결(附決)'이다. 이렇게 하면 기쁨이 오는 것이다.

'기어지야위강로(其於地也爲剛鹵)'에서 '지(地)'는 위에서 말한 대로 "바탕"이고, '강(剛)'은 "단단한 것"이고, '로(鹵)'는 소금이 아니고 "향기롭다"라는 뜻이다. 바탕이 단단하고 향기로우면 스스로 기쁘고 기쁨을 주는 것이다.

4. 序卦傳(서괘전)

상경(上經)

有天地然後에 萬物生焉하니 盈天地之間者는 唯萬物이니라 故로 受之以屯이니라
　屯者는 盈也이며 屯者는 物之始生也이니라 物生必蒙하니라 故로 受之以蒙이니라
　蒙者는 蒙也이며 物之穉也이니 物穉不可不養也이니라 故로 受之以需이니라
　需者는 飮食之道也이니 飮食必有訟이니라 故로 受之以訟이니라
　訟必有衆起이니라 故로 受之以師이니라
　師者는 衆也인데 衆必有所比이니라 故로 受之以比이니라

하늘과 땅이 있고 다음에 만물이 생기니, 하늘과 땅 사이에 가득 차게 된 것은 오직 만물이었다. 그래서 (乾·坤卦를) 준괘(屯卦)로 이어받은 것이다. '준(屯)'이란 "가득 차 있다는 것"이며, '준(屯)'이란 만물이 태어난 시초이니 태어난 만물은 반드시 어린 것이다.

그래서 몽(蒙)으로 이어받은 것이다. '몽(蒙)'이란 "어리다"라는 것이며, 만물이 어림으로 어린 만물은 기르지 않을 수 없다. 그래서 '수(需)'로 이어받은 것이다.

'수(需)'란 "먹을 것으로 기르는 것"을 말하는 것이니, 먹을 것으로 기르는 데는 반드시 소송이 있게 되는 것이다. 그래서 '송(訟)'으로 이어받은 것이다. 소송에는 반드시 많은 사람이 나오는 것이다. 그래서 '사(師)'로 이어받은 것이다. 사('師')란 많은 사람인데, 사람이 많으면 반드시 친함이 있게 되는 것이다. 그래서 '비(比)'로 이어받은 것이다.

【 한자 풀이 】

受: 받을 수, 이어받을 수, 물려받을 수. 屯: 가득찰 준, 험난할 준, 머뭇거릴 준, 시초 준. 蒙: 어릴 몽, 어리석을 몽, 무지할 몽. 穉: 어릴 치, 작을 치. 需: 기를 수, 기다릴 수. 飮: 음식물 음, 먹일 음. 食: 먹을 것 식, 기를 식, 먹일 식. 起: 나올 기, 갈 기(去也). 衆: 많을 중, 많은 사람 중, 군대 중, 병사 중. 師: 많을 사, 많은 사람 사, 군대 사. 比: 친할 비, 도울 비.

【 해설 】

『주역』「준괘(屯卦)」의 가르침의 중심내용은 일의 초기의 험난함과 험난한 이유이다. 그러나 '준(屯)'이라는 글자의 뜻은 "시초·험난함·머뭇거림·가득 참"이 한데 섞인 복합적인 것이다. 그런데 여기『서괘전(序卦傳)』에서는 시초와 가득 참이라는 뜻만 취택(取擇)된 것이다.

「몽괘(蒙卦)」의 가르침의 중심내용은 무지(無知)이다. 그러나 '몽(蒙)'이라는 글자의 뜻은 "어리다·어리석다·어둡다·무지하다"가 한데 섞인 복합적이다. 그런데 여기서는 "어리다"라는 뜻만 취택된 것이다.「수괘(需卦)」의 가르침의 중심내용은 기다리며 살아야 한다는 것이다. 그러나 '수(需)'라는 글자의 뜻은

"기다리다·기르다"라는 것이다. 그런데 여기서는 "기르다"라는 뜻만 취택된 것이다.

'음식지도야(飮食之道也)'에서 음식(飮食)은 늘 먹는 음식물을 말하는 것이다. 여기서 '음(飮)'은 "먹을 것"이고, '식(食)'은 "기른다"라는 뜻이다. 그러므로 여기서 말한 '음식'은 "먹을 것으로 기른다"라는 뜻이다.

먹을 것에는 유형(有形)의 먹을 것과 무형(無形)의 먹을 것이 있는데 이 두 가지로 사람을 기르는 것이 음식(飮食)이다. 여기서 '도(道)'는 "말하다"라는 뜻이다.

「사괘(師卦)」의 가르침의 중심내용은 군대·전쟁이다. 그러나 '사(師)'라는 글자의 뜻은 "군대·대중·많은 사람"이라는 뜻이다. 그런데 여기서는 "많은 사람"이라는 뜻만 취택된 것이다. 여기서는 '중(衆)'은 '사(師)'와 같은 글자로서 그 뜻은 "군대·대중·많은 사람"이다.

· · · · · · · · ·

比者는 比也이며 比必有所畜이니라 故로 受之以小畜이니라
物畜然後有禮하니 故로 受之以履이니라
履者는 禮也이며 履而泰然後安하니라 故로 受之以泰이니라
泰者는 通也인데 物不可以終通이니라 故로 受之以否이니라
物不可以終否이니 故로 受之以同人이니라
與人同者하면 物必歸焉하니라 故로 受之以大有이니라
有大者不可以盈이니 故로 受之以謙이니라
有大而能謙必豫이니 故로 受之以豫이니라
豫必有隨하니 故로 受之以隨이니라
以喜隨人者必有事하니 故로 受之以蠱이니라
蠱者는 事也이며 有事而後可大이니라 故로 受之以臨이니라

臨者는 大也이며 物大然後可觀이니라 故로 受之以觀이니라

    '비(比)'란 "친하다"라는 것이며 친하면 반드시 모으는 것이 있게 된다. 그래서 소축(小畜)으로 이어받은 것이다. 재물을 쌓은 이후에 예의가 있게 되니 그래서 '이(履)'로서 이어받은 것이다.

    '이(履)'는 예의이며 예의와 넉넉함이 있는 다음에 편안한 것이다. 그래서 '태(泰)'로서 이어받았다. '태(泰)'는 "막힘 없이 통한다"라는 것인데 모든 일이 끝까지 막히지 않을 수 없다. 그래서 '비(否)'로 이어받은 것이다. 모든 일은 끝까지 막혀 있을 수만 없으니 그래서 '동인(同人)'으로 이어받은 것이다.

    사람들과 더불어 화합하면 재물은 반드시 돌아오는 것이다. 그래서 '대유(大有)'로 이어받았다. 많이 가질 수 있어도 다 채워서는 안 되니 그래서 겸(謙)으로 이어받았다. 많이 가지고 능히 겸손하면 반드시 기쁨이 있게 된다. 그래서 '예(豫)'로서 이어받은 것이다. 기쁨이 있으면 반드시 따르는 것이 있게 되니 그래서 '수(隨)'로서 이어받은 것이다. 기쁨 때문에 사람을 따르는 자에게는 반드시 일이 생기게 되니 그래서 '고(蠱)'로서 이어받은 것이다.

    '고(蠱)'는 "일(사건)"이며 일이 있는 다음에 일은 커질 수 있다. 그래서 '임(臨)'으로 이어받은 것이다. '임(臨)'은 크다는 것이며 일이 커진 후에야 자세히 보는 것이다. 그래서 '관(觀)'으로서 이어받은 것이다.

【 한자 풀이 】

履: 행할 리, 행실 리, 나아갈 리, 禮 리. 泰: 편안할 태, 태평할 태, 클 태(大也), 통할 태. 否: 막힐 비, 나쁠 비, 더러울 비. 同: 화합할 동, 모일 동, 함께할 동. 大: 높을 대, 훌륭할 대, 존귀할 대, 위대할 대, 많을 대. 有: 가질 유, 얻을 유. 謙: 겸손할 겸, 공경할 겸, 사양할 겸, 줄일 겸, 만족할 겸. 豫: 기뻐할 예, 편안할 예. 蠱: 일 고, 毒 고, 악 고, 벌레 고, 미혹할 고. 臨: 클 임(大也), 갈 임, 나아갈 림, 도달할 임, 제어할 임.

【해설】

「비괘(比卦)」의 가르침의 중심내용은 서로 친해야 하고 서로 도와야 한다는 것이다. 그런데 여기서는 서로 친해야 한다는 뜻만 취택된 것이다. 「소축괘(小畜卦)」의 가르침의 중심내용은 "조금 기른다·조금 모은다"라는 것이다. 그런데 여기서는 그냥 재물을 쌓는다고 하였다. 「이괘(履卦)」의 가르침의 중심내용은 도를 행해야 한다는 것이다. 그러나 '이(履)'라는 글자의 뜻은 "행하다·앞으로 나아가다·올라가다·예(禮)"라는 뜻이 한데 섞인 것이다. 그런데 여기서는 "예(禮)"라는 뜻만 취택된 것이다.

「태괘(泰卦)」의 가르침의 중심내용은 악(惡)이 물러나서 세상이 태평하게 된 것이다. 그러나 '태(泰)'라는 글자의 뜻은 "편안하다·태평하다·좋다·통한다"라는 뜻인데 여기서는 "통한다"라는 뜻만 취택된 것이다. 「비괘(否卦)」의 가르침의 중심내용은 도가 막혀 버린 것이다. 여기서는 그대로 막혔다는 뜻이 취택되었다.

「동인괘(同人卦)」의 가르침의 중심내용은 화합해야 한다는 것이다. 여기서도 그대로 화합이 취택된 것이다. 「대유괘(大有卦)」의 가르침의 중심내용은 존귀함을 가지고 있어야 한다는 것이다. 그러나 '대(大)'라는 글자의 뜻은 "높다·존귀하다·훌륭하다·많다"라는 뜻인데 여기서는 "많다·많은 것"의 뜻만 취택된 것이다.

「겸괘(謙卦)」의 가르침의 중심내용은 자신은 낮추고 타인(他人)은 공경해야 한다는 것이다. '겸(謙)'이라는 글자의 뜻은 "겸손하다·공경하다·사양하다·줄이다·만족하다"라는 뜻인데 이 뜻이 다 포괄적으로 취택되었다.

「예괘(豫卦)」의 가르침의 중심내용은 마음이 편안해야 한다는 것이다. 그러나 '예(豫)'라는 글자의 뜻은 "편안하다·기뻐하다"인데 여기서는 "기뻐하다"라는 뜻만 취택된 것이다 .

「수괘(隨卦)」의 가르침의 중심내용은 군자를 따르고 도(道)를 따라야 한다는 것이다. 그런데 여기서는 기쁨 때문에 사람을 따른다고 하였다. 군자와 도가 일반적인 사람으로 변형된 것이다.

「고괘(蠱卦)」의 가르침의 중심내용은 도(正道)를 잃어버린 것이다. 그러나 '고(蠱)'라는 글자의 뜻은 "길을 잃다·정신을 잃다·일·사건·독(毒)·악(惡)·벌레"라는 뜻인데 여기서는 "일"이라는 뜻만 취택된 것이다.

· · · · · · · · ·

可觀而後有所合이니 故로 受之以噬嗑이니라

噬嗑者는 合也인데 物不可以苟合而已이니라 故로 受之以賁이니라

賁者는 飾也인데 致飾然後亨하지만 則盡矣하니라 故로 受之以剝이니라

剝者는 剝也인데 物不可以終盡剝이며 窮上反下하니라 故로 受之以復이니라

復則不妄矣이니 故로 受之以无妄이니라 有无妄然後可畜이니 故로 受之以大畜이니라

物畜然後可養하니 故로 受之以頤이니라

頤者는 養也인데 不養則不可動이니 故로 受之以大過이니라

物不可以終過이니 故로 受之以坎이니라

坎者는 陷也이니 陷必有所麗이니라 故로 受之以離이니라 離者는 麗也이니라

자세히 본 다음에 하나가 될 수 있으니 서합(噬嗑)으로 이어받은 것이다. '합(嗑)'이란 하나가 된다는 것인데 사람들은 단지 하나가 되는 것으로 그치는 것이 아니다. 그래서 '비(賁)'로서 이어받은 것이다. '비(賁)'란 "꾸민다"라는 것인데 꾸민 다음에는 일이 잘 풀리지만, 곧 한계에 이르게 되는 것이다. 그래서 '박(剝)'으로 이어받은 것이다.

'박(剝)'이란 해치는 것인데 (해치는) 일은 한계에 이르는 것으로 끝나버리는 것이 아니며, 해치는 일이 위로 올라가다가 막히면 아래로 되돌아가는 것이

다. 그래서 '복(復)'으로 이어받은 것이다. 되돌아가는 것은 도리에 어긋나지 않는 것이니 그래서 '무망(无妄)'으로 이어받은 것이다.

도리에 어긋나지 않음이 있고 난 다음에 (德과 재물을) 쌓을 수 있으니 그래서 '대축(大畜)'으로 이어받은 것이다. 재물은 쌓은 다음에 (사람들을) 기를 수 있다. 그래서 '이(頤)'란 "기른다"라는 것인데 기르지 않으면, 바르게 일할 수 없으니 '대과(大過)'로 이어받은 것이다.

세상일이란 지나친 것으로 끝니버리는 것이 아니므로 '감(坎)'으로 이어받은 것이다. '감(坎)'이란 험난하다는 것이니 험난하면 반드시 (배울 것이) 붙는 것이다. 그래서 '리(離)'로 이어받은 것이다. '리(離)'는 "붙는다"라는 말이다.

【 한자 풀이 】

觀: 볼 관, 자세히 볼 관, 살펴볼 관, 지켜볼 관, 바라볼 관, 쳐다볼 관, 보일 관, 드러낼 관, 우러러볼 관. 噬: 물 서, 물어뜯을 서, 깨물을 서, 괴로워할 서. 嗑: 합할 합, 하나가 되게 할 합, 먹을 합. 合: 합할 합, 화합할 합, 모일 합. 物: 일 물, 재물 물, 사람 물. 苟: 단지 구, 다만 구, 적어도 구, 진실로 구, 한때 구, 잠시 구. 已: 그칠 이, 그만둘 이. 賁: 꾸밀 비, 장식할 비, 빛날 비. 飾: 꾸밀 식, 치장할 식, 단장할 식. 盡: 극에 이를 진, 한도에 이를 진, 끝날 진. 剝: 해칠 박, 상처입힐 박, 깎을 박, 벨 박. 妄: 제멋대로 할 망, 도리에 어긋날 망. 頤: 기를 이, 도울 이. 大: 陽 대, 하늘 대, 많을 대, 강할 대. 麗: 빛날 려, 붙을 려, 붙일 려, 걸 려, 맬 려, 함께할 려.

【 해설 】

「임괘(臨卦)」의 가르침의 중심내용은 도(道)의 세계로 나아가야 한다는 것이다. 그러나 '임(臨)'이라는 글자의 뜻은 "가다·나아가다·크다(大)"라는 뜻이 한데 섞인 것이다. 그런데 여기서는 "크다(大)"라는 뜻으로 이어받은 것이다.

「관괘(觀卦)」의 중심내용은 도를 우러러보고 세상을 살펴보아야 한다는 것이다. 그러나 '관(觀)'이라는 글자의 뜻은 "자세히 보다·살펴보다·지켜보다·우러러보다"라는 뜻이다. 그런데 여기서는 "자세히 보다"라는 뜻으로 이어진 것이다.

「서합괘(噬嗑卦)」의 가르침의 중심내용은 형벌로 죄악을 없애 하나가 되게 하는 것이다. 그런데 여기서는 '서(噬: 물어뜯는 것·괴로움을 주는 것 곧 형벌)'는 빼고 합(嗑)으로만 이어받는 것이다. '합(嗑)'의 뜻은 "합하다·하나가 되게 하다"는 뜻이다.

「비괘(賁卦)」의 가르침의 중심내용은 빛이 나게 하고 아름답게 꾸며야 한다는 것이다. 그런데 여기서는 꾸민다는 뜻으로 이어받은 것이다. '비(賁)'라는 글자의 뜻은 "꾸미다·아름답다·빛이 나다"는 뜻이다.

「박괘(剝卦)」의 가르침의 중심내용은 소인(小人)이 군자(君子)를 몰아내는 것이다. '박(剝)'이라는 글자의 뜻은 "해치다·상처 입히다·깎다·베다"는 뜻이다. 여기서는 「박괘(剝卦)」의 가르침의 중심내용으로 이어받은 것이다.

「복괘(復卦)」의 가르침의 중심내용은 떠났던 도가 다시 돌아온 것이다. 여기서는 다시 도로 돌아온 것으로 이어받은 것이다.

「무망괘(无妄卦)」의 가르침의 중심내용은 제멋대로 하지 않아야 한다는 것이다. 제멋대로 행동하는 것은 도리(道理)에 어긋난 행위이다. 여기서는 「무망괘(无妄卦)」의 가르침의 중심내용으로 이어진 것이다. 「대축괘(大畜卦)」의 가르침의 중심내용은 바람직하지 않은 것을 극복해야 가치를 많이 모을 수 있다는 것이다. 여기서는 크게 쌓은 결과로 이어받은 것이다.

「이괘(頤卦)」의 가르침의 중심내용은 자신을 길러야 하고 다른 사람을 길러주어야 한다는 것이다. 여기서는 「이괘(頤卦)」의 가르침의 중심내용으로 이어진 것이다.

「대과괘(大過卦)」의 가르침의 중심내용은 양(陽)이 지나치게 강한 것이다. 그런데 여기서는 '대과(大過)'라는 뜻의 설명이 빠져있고, "지나치다"라는 말로 이어진 것이다.

「감괘(坎卦)」의 가르침의 중심내용은 험난해도 도를 잃으면 안 된다는 것이다. 여기서는 「감괘(坎卦)」의 괘덕인 험난(險難)함으로 이어진 것이다.

「리괘(離卦)」의 가르침의 중심내용은 도에 붙어 있어야 한다는 것이다. 여기서도 「리괘(離卦)」의 괘덕(卦德)인 '려(麗: 붙어있는 것)'로 이어진 것이다.

하경(下經)

有天地然後에 有萬物하고 有萬物然後에 有男女하며 有男女然後에 有夫婦하고 有夫婦然後에 有父子하며 有父子然後에 有君臣하고 有君臣然後에 有上下하며 有上下然後에 禮義有所錯하니라

夫婦之道는 不可以不久也이니 故로 受之以恒이니라

恒者는 久也이나 物不可以久居其所이니 故로 受之以遯이니라

遯者는 退也이나 物不可以終遯이니 故로 受之以大壯이니라

物不可以終壯이니 故로 受之以晉이니라

· · · · · · · · ·

하늘과 땅이 있고 난 다음에 만물이 있게 되었고, 만물이 있게 된 다음에 남자, 여자가 있게 되었으며, 남자, 여자가 있게 된 다음에 부부가 있게 되었고, 부부가 있게 된 다음에 부자(父子)가 있게 되었으며, 부자(父子)가 있게 된 다음에 임금과 신하가 있게 되었고 군신(君臣)이 있게 된 다음에 상하(上下)가 있게 되었으며, 상하(上下)가 있게 된 다음에 예의가 있게 되어 행하게 된 것이다.

부부(夫婦)가 행해야 할 도는 영구적이지 않으면 안 되니, 그래서 '항(恒)'으로 이어받은 것이다. '항(恒)'이란 오래도록 변치 않는 것이나 만물은 머물러 있는 그곳에서 오래 있을 수 없으니, '둔(遯)'으로 이어받은 것이다. '둔(遯)'이란 물러가는 것이나 만물은 끝까지 물러나 있을 수 없으니, '대장(大壯)'으로 이어받은 것이다. 만물은 끝까지 번영할 수 없으니, '진(晉)'으로 이어받은 것이다.

【 한자 풀이 】
措: 행할 조, 시행할 조. 恒: 변치 않을 항, 오랠 항, 도리 항, 법칙 항. 久: 오랠 구, 변치 않을 구. 遯: 물러날 둔, 피할 둔, 숨을 둔. 壯: 번영할 장, 클 장, 굳셀 장, 훌륭할 장. 晉: 나아갈 진, 오를 진, 삼갈 진. 義: 거동 의, 법도 의, 도리 의.

【 해설 】
『주역』 하경(下經)은 서른한 번째 괘인 「함괘(咸卦)」로부터 시작된다. 그런데 여기 『서괘전(序卦傳)』에서는 「함괘(咸卦)」를 상경(上經)의 마지막 괘인 「리(離)괘」로부터 이어받지를 않았고 「함괘(咸卦)」는 아예 빼버렸다. 그리고 『서괘전』 하경(下經)은 서른두 번째 괘인 「항괘(恒卦)」부터 다시 시작하였다. 좀 억지스러운 것이다. 「항괘(恒卦)」의 가르침의 중심내용은 항구 불변하는 도(道)를 가져야 한다는 것이다. 그런데 여기서는 도(道)를 부부간에 지켜야 할 도로 국한하여 말하였다.

「둔괘(遯卦)」의 가르침의 중심내용은 도가 없는 세상에서는 나가서 일하지 않고 물러나야 한다는 것이다. 그런데 여기서는 그냥 물러난다는 뜻으로 이어받은 것이다.

「대장괘(大壯卦)」의 가르침의 중심내용은 '양(陽)' 곧 군자가 크게 힘을 떨치면 안 된다는 것이다. 그런데 여기서는 '대장(大壯)'을 "번영하다"라는 뜻으로 이어받은 것이다.

'예의유소조(禮義有所錯)'에서 '의(義)'는 여기서는 '의(儀)'와 같은 뜻이다. 거동과 법도라는 뜻이다. '예의'는 통상적으로는 예의(禮儀)라고 쓰지만, 예의(禮義)라고 쓰기도 한 것이다. '소조(所錯)'에서 '소(所)'는 피동태 동사로서 "당하다·되다"는 뜻이고, '조(錯)'는 "행하다 시행하다"라는 뜻이다. 그러므로 '소조(所錯)'는 "시행하게 된 것이다"라는 뜻이다. 그러므로 '예의유소조(禮義有所錯)'는 "예의가 있게 되어 행하게 된 것이다."라는 뜻이다.

· · · · · · · · ·

晉者는 進也이니라 進必有所傷이니 故로 受之以明夷이니라
夷者는 傷也이니라 傷於外者는 必反其家하니 故로 受之以家人이니라
家道窮必乖하니 故로 受之以睽이니라
睽者는 乖也이니라 乖必有難하니 故로 受之以蹇이니라
蹇者는 難也이니라 物不可以終難이니 故로 受之以解이니라
解者는 緩也이니라 緩必有所失이니 故로 受之以損이니라
損而不已必益이니 故로 受之以益이니라
益而不已必決이니 故로 受之以夬이니라

'진(晉)'이란 앞으로 나아가는 것이다. 앞으로 나아가면 반드시 괴로운 일이 있게 되니, 그래서 '명이(明夷)'로 이어받은 것이다. '이(夷)'란 해를 입는 것이다. 밖에서 해를 입은 자는 반드시 집으로 돌아오는 것이니 그래서 '가인(家人)'으로 이어받은 것이다.

가정의 도가 막히면 (식구들은) 반드시 빗나가게 되니 '규(睽)'로 이어받은 것이다. '짐(睽)'이란 틀어지는 것이다. 틀어지면 반드시 어려움이 있게 되니 그래서 '건(蹇)'으로 이어받은 것이다. '건(蹇)'이란 고생하는 것이다. 사람이 끝

까지 고생할 수만 없으니 그래서 '해(解)'로 이어받은 것이다.

'해(解)'란 누그러진 것이다. 누그러지면 반드시 잃는 것이 있게 되니 그래서 '손(損)'으로 이어받은 것이다. 손해가 크면 곧 반드시 이익이 있게 되니 그래서 '익(益)'으로 이어받은 것이다. 이익이 크면 곧 반드시 (이익이) 떠나는 것이니 그래서 '쾌(夬)'로 이어받은 것이다.

【 한자 풀이 】

晉: 나아갈 진(進也), 오를 진. 傷: 다칠 상, 해칠 상, 아플 상, 괴로울 상. 夷: 상할 이(傷也), 깎을 이, 벨 이, 죽일 이. 乖: 빗나갈 괴, 틀어질 괴, 어그러질 괴, 거스를 괴, 떠날 괴. 睽: 등질 규, 반목할 규, 어그러질 규, 노려볼 규. 蹇: 고생할 건, (다리)절 건. 難: 고생할 난, 괴로운 난. 物: 사람 물, 일 물. 緩: 누그러질 완, 늘어질 완. 丕: 클 부(丕也). 已: 써 이(以也), 반드시 이, 얼마 안 있어 이. 決: 떠날 결, 헤어질 결, 무너질 결, 터질 결.

【 해설 】

「진괘(晉卦)」의 가르침의 중심내용은 빛(道)이 되어 세상에 나가야 한다는 것이다. 그런데 여기서는 한 곳에 한 모양으로 머물러 있는 것이 아니고 앞으로 나아간다는 뜻으로 이어받은 것이다. 「명이괘(明夷卦)」의 가르침의 중심내용은 악(惡)에 의해 빛(道)이 중상을 당하거나 소멸한 것이다. 그런데 여기서는 그냥 해침을 당한 뜻으로 이어받았다.

「가인괘(家人卦)」의 가르침의 중심내용은 가족은 항상 결합 되어야 한다는 것이다. 그런데 여기서는 가정이라는 뜻으로 이어받았다.

「규괘(睽卦)」의 가르침의 중심내용은 사람들이 서로 간에 등지고 사는 것이다. 등지고 사는 것은 틀어져 반목하며 사는 것이다. 여기서는 가르침의 중심으로 이어받은 것이다.

「건괘(蹇卦)」의 가르침의 중심내용은 훌륭한 가치를 소유하려면 고생하고 희생해야 한다는 것이다. 그런데 여기서는 고생하는 것으로 이어받았다.

「해괘(解卦)」의 가르침의 중심내용은 힘든 고생에서 벗어난 것이다. 그런데 여기서는 고생이 누그러졌다는 뜻으로 이어받았다.

「손괘(損卦)」의 가르침의 중심내용은 덜어내고 털어버려야 한다는 것이다. 그런데 여기서는 손해 보았다는 뜻으로 이어받았다.

「익괘(益卦)」의 가르침의 중심내용은 도와주어야 한다는 것이다. 그런데 여기서는 이익이 크다는 뜻으로 이어받았다.

· · · · · · · · ·

夬者는 決也이니라 決必有所遇하니 故로 受之以姤이니라
姤者는 遇也이니라 物相遇而後聚이니 故로 受之以萃이니라
萃者는 聚也이니라 聚而上者謂之升하니 故로 受之以升이니라
升而不已必困이니 故로 受之以困이니라
困乎上者必反下이니 故로 受之以井이니라
井道不可不革이니 故受之以革이니라
革物者莫若鼎이니 故로 受之以鼎이니라
主器者莫若長子이니 故로 受之以震이니라
震者는 動也이나 物不可以終動止之하니 故로 受之以艮이니라
艮者는 止也이니라 物不可以終止하니 故로 受之以漸이니라

'쾌(夬)'라는 것은 무너지는 것이다. (장애물이) 무너지면 반드시 만나는 것이 있으니 그래서 '구(姤)'로 이어받은 것이다.

'구(姤)'라는 것은 만나는 것이다. 사람은 서로 만난 후에 모이게 되니 그래

서 '췌(萃)'로 이어받은 것이다.

'췌(萃)'라는 것은 모이는 것이다. 모여서 위로 올라가는 것을 '승(升)'이라고 하니 그래서 '승(升)'으로 이어받은 것이다.

오르는 것이 지나치면 반드시 곧 괴로운 것이니 그래서 '곤(困)'으로 이어받은 것이다. 위에서 괴로운 자는 반드시 낮아지는 것이니 그래서 '정(井)'으로 이어받은 것이다.

우물은 다스려야 하고 고치지 않으면 안 되니 그래서 혁(革)으로 이어받은 것이다. 사람을 고치는 것으로는 삼공(三公)을 따를 것이 없으니 그래서 '정(鼎)'으로 이어받은 것이다.

기구(器具)를 주관하는 자로서는 큰아들을 따를 것이 없으니 그래서 '진(震)'으로 이어받은 것이다.

'진(震)'이란 움직이는 것이나 만물이 끝까지 움직일 수는 없고 그치는 것이니 그래서 '간(艮)'으로 이어받은 것이다.

'간(艮)'이란 머물러 있는 것이다. 만물은 끝까지 머물러 있을 수 없으니 그래서 '점(漸)'으로 이어받은 것이다.

【 한자 풀이 】

夬: 무너질 쾌, 터질 쾌. 遇: 만날 우. 姤: 만날 구. 聚: 모일 취, 모을 취. 萃: 모일 췌, 모을 췌, 병들 췌, 야윌 췌. 升: 오를 승, 올라갈 승, 익을 승, 이룰 승. 困: 괴로울 곤, 고생할 곤, 가난할 곤. 道: 다스릴 도, 이끌 도, 헤아릴 도. 鼎: 솥 정, 나라 정, 왕위 정, 三公정. 若: 따를 약, 미칠 약(及也), 견줄만할 약. 漸: 천천히 나아갈 점, 점점 점.

【 해설 】

「쾌괘(夬卦)」의 가르침의 중심내용은 도를 가로막고 있는 장애물인 악(惡)이 무너진 것이다. 그런데 여기서는 무너진다는 뜻으로 이어진 것이다.

「구괘(姤卦)」의 가르침의 중심내용은 만남의 중요성을 말한 것이다. 사람·가치·좋은 환경과 좋을 일을 만나는 것의 중요함을 말한 것이다. 그런데 여기서는 만난다는 뜻으로 이어진 것이다.

「췌괘(萃卦)」의 가르침의 중심내용은 훌륭한 가치가 모여들어야 한다는 것이다. 그렇지 않으면 병이 든다. 그런데 여기서는 모인다는 뜻으로 이어진 것이다.

「승괘(升卦)」의 가르침의 중심내용은 인격 성장의 중요성을 말한 것이다. 그런데 여기서는 위로 올라간다는 뜻으로 이어진 것이다.

「곤괘(困卦)」의 가르침의 중심내용은 도를 떠나면 물질적으로 가난하게 된다는 것이다. 그런데 여기서는 괴로움을 당한다는 뜻으로 이어진 것이다.

「정괘(井卦)」의 가르침의 중심내용은 우물이 사람에게 생명을 준다는 것이다. 그런데 여기서는 낮은 곳에 존재하고 있다는 뜻으로 이어진 것이다.

「혁괘(革卦)」의 가르침의 중심내용은 자기 자신을 먼저 고쳐야 한다는 것이다. 그런데 여기서는 사람을 고쳐야 한다는 뜻으로 이어진 것이다.

「정괘(鼎卦)」의 가르침의 중심내용은 삼공(三公)의 중요성을 말한 것이다. 여기서는 삼공(三公)의 뜻으로 이어진 것이다.

「진괘(震卦)」는 진괘(震卦)의 괘덕(卦德)인 동(動: 움직이는 것·일으키는 것)으로 이어받았고 진(震)은 장남(長男)에 해당하므로 장남으로 이어받은 것이다.

「간괘(艮卦)」는 괘덕(卦德)인 지(止, 머물러있는 것)로 이어진다.

· · · · · · · · ·

漸者는 進也이니라 進必有所歸이니 故로 受之以歸妹이니라
得其所歸者必大이니 故로 受之以豐이니라
豐者는 大也이니라 窮大者必失其居이니 故로 受之以旅이니라
旅而无所容이니 故로 受之以巽이니라
巽者는 入也이니라 入而後說之이니 故로 受之以兌이니라

兌者는 說也이니라 說而後散之이니 故로 受之以渙이니라

渙者는 離也이니라 物不可以終離이니 故로 受之以節이니라

節而信之하니 故로 受之以中孚이니라

有其信者必行之이니 故로 受之以小過이니라

有過物者必濟이니 故로 受之以旣濟이니라

物不可窮也이니 故로 受之以未濟終焉이니라

'점(漸)'이란 앞으로 나아가는 것이다. 앞으로 나아가면 반드시 의지할 데가 있는 것이니 그래서 '귀매(歸妹)'로 이어받은 것이다.

의지할 데를 얻은 자는 반드시 넉넉하게 되니 그래서 '풍(豊)'으로 이어받은 것이다. '풍(豊)'이란 가득 찬 것이다. 가득 찬 것이 막히게 되면 반드시 쌓은 것을 잃게 되니 그래서 '여(旅)'로서 이어받은 것이다. 나그네는 모두 조용해야 하니 그래서 '손(巽)'으로 이어받은 것이다. '손(巽)'이란 나아가는 것이다. 나아간 후에야 기쁘게 되니 그래서 '태(兌)'로 이어받은 것이다.

'태(兌)'는 기뻐하는 것이다. 기뻐한 후에는 흩어지는 것이니 그래서 '환(渙)'으로 이어받은 것이다. '환(渙)'은 흩어지는 것이다. 만물은 마지막까지 다 떠나갈 수 없으니 그래서 '절(節)'로서 이어받은 것이다. 절개가 있으면 진실하니 그래서 '중부(中孚)'로 이어받은 것이다. 진실함이 있는 사람은 의지가 굳으니 그래서 '소과(小過)'로 이어받은 것이다. 실수가 있는 일도 반드시 이루니 그래서 '기제(旣濟)'로 이어받은 것이다. 모든 일에는 끝이란 없는 것이니 그래서 '미제(未濟)'로 이어받아 끝난 것이다.

【 한자 풀이 】

漸: 천천히 나아갈 점. 歸: 시집갈 귀, 의지할 귀, 따를 귀. 豊: 풍성할 풍, 넉넉할 풍. 容: 조용할 용, 차분할 용, 감쌀 용. 無(无): 대저 무, 모두 무, 무엇 무. 居: 쌓을 거, 차지할 거.

行: 달릴 행, 나아갈 행, 의지 굳을 항. 過: 허물 과, 실수 과, 지나칠 과.

【 해설 】

「점괘(漸卦)」의 가르침의 중심내용은 모든 일이 점진적으로 이루어진다는 것이다. 그런데 여기서는 앞으로 나아간다는 뜻으로 이어진 것이다. '점(漸)'이라는 글자의 뜻은 "차츰 앞으로 나아간다"라는 뜻인데 여기서는 글자의 뜻으로 이어받은 것이다.

「귀매(歸妹)」의 가르침의 중심내용은 소녀가 시집가는 것이다. 그런데 여기서는 소녀(妹)는 빼고 '귀(歸)'로만 이어받았는데 '귀(歸)'의 뜻을 "시집가는 것"으로 하지 않고 "의지하는 것"으로 하였다. 시집가는 것은 곧 남편에게 의지하는 것이니 표현만 다르지 뜻은 같은 것이다.

「풍괘(豐卦)」의 가르침의 중심내용은 부유함은 곧 기울게 되니 조심해야 한다는 것이다. '풍(豐)'이라는 글자의 뜻은 "넉넉하다·가득 차다"는 뜻인데 여기서는 글자의 뜻으로 이어받은 것이다.

「여괘(旅卦)」의 가르침의 중심내용은 나그네가 지켜야 할 도를 말한 것이다. 그런데 여기서는 나그네를 타향을 한가하게 유람하는 여행자로 말하지 않고, 가진 것을 잃고 불운하게 타향에 머무는 나그네로 하였다. 그러나 나그네가 지켜야 할 도로 이어받았다.

「손괘(巽卦)」의 가르침의 중심내용은 사람은 부드럽고 온순해야 한다는 것이다. 그런데 여기서는 손(巽)의 괘덕(卦德)인 앞으로 나아가는 것으로 이어받은 것이다.

「태괘(兌卦)」의 가르침의 중심내용은 기뻐하는 것이다. 여기서는 중심내용으로 이어받은 것이다.

「환괘(渙卦)」의 중심내용은 떠나고 흩어져 가는 것이다. 여기서는 중심내용으로 이어받은 것이다.

「절괘(節卦)」의 가르침의 중심내용은 절제해야 한다는 것이다. 그런데 여기서는 절개라는 뜻으로 이어받은 것이다.

「중부괘(中孚卦)」의 가르침의 중심내용은 마음이 진실하고 정성스러워야 한다는 것이다. 여기서는 중심내용으로 이어받은 것이다.

「소과괘(小過卦)」의 가르침의 중심내용은 음(陰, 소인)이 지나치게 많은 것이다. 그런데 여기서는 '소(小)'는 빼고 '과(過)'를 "실수·잘못"이라는 뜻으로 이어받은 것이다.

「기제괘(旣濟卦)」의 가르침의 중심내용은 계획한 일을 완성한 것이다. 여기서는 중심내용으로 이어받은 것이다.

「미제괘(未濟卦)」의 가르침의 중심내용은 계획하고 추진한 일이 실패한 것이다. 그런데 여기서는 실패라는 뜻으로 이어받지 않고 모든 일에는 끝이 없다는 뜻으로 이어받은 것이다.

5. 잡괘전(雜卦傳)

乾剛坤柔하며 比樂師憂하니라 臨觀之義는 或與或求이니라
屯見而不失其居하며 蒙雜而著이니라 震起也이며 艮止也이니라
損益은 盛衰之始也이니라 大畜時也이며 无妄災也이니라
萃聚而升不來也이니라 謙輕而豫怠也이니라
噬嗑食也이며 賁無色也이니라 兌見而巽伏也이니라
隨无故也이며 蠱則飭也이니라 剝爛也이며 復反也이니라
晉晝也이며 明夷誅也이니라 井通而困相遇也이니라
咸速也이며 恒久也이니라 渙離也이며 節止也이니라
解緩也이며 蹇難也이며라 睽外也이며 家人內也이니라
否泰는 反其類也이니라 大壯則止이며 遯則退也이니라
大有衆也이며 同人親也이니라 革去故也이며 鼎取新也이니라
小過過也이며 中孚信也이니라 豊多故也이며 親寡旅也이니라
離上而坎下也이니라 小畜寡也이며 履不處也이니라
需不進也이며 訟不親也이니라

大過는 顚也이니라 姤遇也인데 柔遇剛也이니라

漸女歸待男行也이며 頤養正也이니라

旣濟定也이고 歸妹女之終也이며 未濟男之窮也이니라

夬는 決也인데 剛決柔也이며 君子道長하고 小人道憂也하니라

건괘(乾卦)는 강하고 곤괘(坤卦)는 부드러우며, 비괘(比卦)는 기뻐하고 사괘(師卦)는 괴로워하는 것이다. 임괘(臨卦)와 관괘(觀卦)가 하는 일은 어떤 때는 주고 어떤 때는 요구하는 것이다.

준괘(屯卦)는 입신(立身)하여 그의 자리를 잃지 않고 있는 것이며, 몽괘(蒙卦)는 천한 곳에 머물러 있는 것이다.

진괘(震卦)는 움직이는 것이며, 간괘(艮卦)는 움직이지 않는 것이다. 손괘(損卦)와 익괘(益卦)는 번영과 쇠퇴의 근본이 되는 것이다.

대축괘(大畜卦)는 좋은 것이며, 무망괘(无妄卦)는 천벌이다.

췌괘(萃卦)는 (내게로) 모여드는 것이며, 승괘(升卦)는 (가고는) 돌아오지 않는 것이다.

겸괘(謙卦)는 (자신을) 낮추는 것이며, 예괘(豫卦)는 (타인을) 업신여기는 것이다.

서합괘(噬嗑卦)는 (형체를) 없애는 것이며, 비괘(賁卦)는 어떤 것을 장식하는 것이다.

태괘(兌卦)는 드러난 것이며, 손괘(巽卦)는 숨어있는 것이다.

수괘(隨卦)는 사고가 없는 것이며, 고괘(蠱卦)는 (사고를) 곧바로 잡아야 한다.

박괘(剝卦)는 흩어져 가는 것이며, 복괘(復卦)는 되돌아오는 것이다.

진괘(晉卦)는 낮이며, 명이괘(明夷卦)는 (빛이) 없어진 것이다.

정괘(井卦)는 함께 사용하는 것이며, 곤괘(困卦)는 서로 맞서는 것이다.

함괘(咸卦)는 짧은 것이며, 항괘(恒卦)는 오래가는 것이다.

환괘(渙卦)는 흩어지는 것이며, 절괘(節卦)는 머물러 있는 것이다.

해괘(解卦)는 (험난함이) 누그러진 것이며, 건괘(蹇卦)는 험난한 것이다.

규괘(睽卦)는 멀리하는 것이며, 가인괘(家人卦)는 중히 여기는 것이다. 비괘(否卦)와 태괘(泰卦)는 형상이 반대다.

대장괘(大壯卦)는 곧 되돌아와야 하며, 遯卦(둔괘)는 곧 물러나야 하는 것이다.

대유괘(大有卦)는 많은 것이며, 동인괘(同人卦)는 화목 하는 것이다.

혁괘(革卦)는 옛것을 버리는 것이며, 정괘(鼎卦)는 새로운 것을 취하는 것이다.

소과괘(小過卦)는 바르지 않은 것이며, 중부괘(中孚卦)는 바른 것이다.

풍괘(豐卦)는 친한 친구가 많은 것이며, 여괘(旅卦)는 친한 사람이 적은 것이다.

이괘(離卦)는 위로 올라가는 것이며, 감괘(坎卦)는 아래로 내려가는 것이다.

소축괘(小畜卦)는 (쌓은 것이) 적은 것이며, 이괘(履卦)는 크게 쌓은 것이다.

수괘(需卦)는 이기려고 하지 않는 것이며, 송괘(訟卦)는 친하려고 하지 않는 것이다.

대과괘(大過卦)는 무너지는 것이다.

구괘(姤卦)는 만나는 것인데 음이 양을 만나는 것이다.

점괘(漸卦)는 시집가려는 여자가 남자를 기다리며 지내는 것이고, 이괘(頤卦)는 바르게 기르는 것이다.

기제괘(既濟卦)는 (일이) 이루어진 것이고, 귀매괘(歸妹卦)는 여자가 된 것이며, 미제괘(未濟卦)는 남자가 어려움을 겪는 것이다.

쾌괘(夬卦)는 무너뜨린 것인데 양이 음을 무너뜨린 것이니 군자가 행하는 도는 (사람을) 존귀하게 하고 소인이 하는 도는 (사람을) 괴롭게 하는 것이다.

【 한자 풀이 】

雜: 섞을 잡, 섞일 잡, 모을 잡, 합할 잡, 천할 잡, 낮을 잡, 잘 잡(小也). 義: 직분 의, 본분

의, 뜻 의. 求: 바랄 구, 취할 구, 요구할 구. 見: 立身할 현, 벼슬할 연, 드러날 현, 드러낼 현. 著: 머무를 착, 있을 착, 거처할 착, 자리잡을 착, 붙을 착, 다다를 착. 起: 움직일 기, 행할 기, 일깨울 기. 時: 좋을 시, 훌륭할 시. 輕: 낮을 경, 낮출 경(卑也), 가볍게 여길 경. 怠: 업신여길 태. 食: 지을 식, 없앨 식. 无: 무엇 무, 어떤 것 무(何也), 대저 무. 色: 장식할 색, 꾸밀 색. 飭: 바로잡을 칙, 닦을 칙, 삼갈 칙. 爛: 흩어질 란, 부스러질 란. 誅: 없앨 주, 없어질 주, 죽일 주. 通: 함께 사용할 통, 사귈 통, 오고갈 통. 遇: 맞설 우. 速: 짧을 속, 빨리할 속. 離: 흩어질 리, 떠나갈 리. 緩: 누그러질 완, 부드러울 완, 느슨할 완. 外: 멀리할 외, 소홀히할 외, 싫어할 외. 內: 중히여길 내, 친하게 지낼 내. 類: 형상 류, 모양 류, 모두 류. 止: 머무를 지, 망동하지 않을 지, 되돌아올 지. 親: 사랑할 친, 화목할 친. 去: 버릴 거, 내쫓을 거. 過: 바르지 않을 과, 잘못할 과, 틀릴 과. 故: 친한벗 고, 옛벗 고, 옛것 고, 사고 고. 不: 클 부(丕也). 處: 모을 처, 쌓을 처, 누릴 처, 차지할 처. 進: 이길 진, 오를 진, 벼슬할 진, 움직일 진. 顚: 넘어질 전, 쓰러질 전, 뒤집힐 전. 定: 이루어질 정(成也), 안정될 정. 終: 이룰 종(成也). 長: 존귀할 장, 존중할 장, 높을 장, 클 장(大也), 왕성할 장.

【 해설 】

『잡괘전(雜卦傳)』에서 '잡(雜)'이라는 글자의 뜻은 "모으다·뒤섞다"라는 뜻이다. 64괘의 순서를 『서괘전(序卦傳)』의 순서대로 하지 않고 모아 뒤섞어, 상호 간에 도괘(倒卦)와 변괘(變卦)의 관계가 이루어지는 것들끼리 한 쌍으로 묶어 배열하고, 괘상(卦象)·괘체(卦体)·괘덕(卦德)·괘의(卦義)를 중심으로 하여 새롭게 괘의 뜻을 말하고 있는 것이 『잡괘전』이다.

'도괘(倒卦)'란 대성괘의 각 효의 위치가 거꾸로 뒤바뀐 괘인데 복괘(覆卦)라고도 한다. 예를 들면 손괘(損卦)의 도괘는 익괘(益卦)이다. 그런고로 손괘(損卦, ䷨)의 초효(初爻)는 익괘(益卦, ䷩)의 상효(上爻)가 되고, 손괘의 이효(二爻)는 익괘의 오효(五爻), 손괘의 삼효(三爻)는 익괘의 사효(四爻), 손괘의 사효(四爻)는 익괘의 삼효(三爻), 손괘의 오효(五爻)는 익괘의 이효(二爻), 손괘의 상효(上爻)는 익괘의 초효(初爻)가 되는 것이다.

변괘는 효의 위치는 변동이 없고 양효가 음효로, 음효는 양효로 바뀐 것이다. 건괘(乾卦, ䷀)와 곤괘(坤卦, ䷁)는 변괘의 관계다. 건괘와 곤괘는 변괘다. 건(乾)은 강하고 곤(坤)은 부드럽다고 한 것은 괘덕(卦德)으로 설명한 것이다.

비괘(比卦, ䷇)와 사괘(師卦, ䷆)는 도괘로서 짝을 이루고 있다. 비괘(比卦)는 기뻐하고 시괘(師卦)는 괴로워한다고 한 것은 괘체(卦休)를 근거로 해서 말한 것이다. 비괘의 괘체는 오효(五爻)의 천자(天子)만 양(陽)이고 모두 음으로서 음이 양을 잘 따르고 있는 형상이므로 기뻐한다고 말한 것이다.

사괘(師卦)는 이효(二爻)만 양이고 모두 음으로서 유약하므로 괴로워하는 것이다. 괘의(卦義)로 말하면 비괘(比卦)는 친한 것이다. 친하니까 기쁜 것이다. 사괘(師卦)는 군대가 전쟁에 출동한 것이다. 그래서 괴로워하는 것이다.

임괘(臨卦, ䷒)와 관괘(觀卦, ䷓)는 도괘로서 짝을 이루고 있다. 임괘와 관괘가 하는 일은 어떤 때는 주고 어떤 때는 요구한다고 한 것은 괘체를 근거로 해서 말한 것이다. 임괘(臨卦)의 괘체는 존귀한 두 양(陽)이 낮은 자리로 가르침과 덕을 베풀고 있다. 그러면서 유덕(有德)하기를 요구하는 것이다. 반대로 관괘(觀卦)는 존귀한 두 양(陽)이 천자(天子)와 현인의 자리에서 신민(臣民)들에게 가르침과 덕을 베풀고 있다. 그러면서 유덕하기를 요구하는 것이다.

준괘(屯卦, ䷂)와 몽괘(蒙卦, ䷃)는 도괘로서 짝을 이루고 있다. 준괘는 입신(立身)하여 그의 자리를 잃지 않고 있으며 몽괘는 천한 곳에 머물러 있다고 한 것은 괘체의 중효(中爻)를 근거로 해서 말한 것이다. 다시 말하면 준괘의 오효(五爻)와 몽괘의 이효(二爻)를 근거로 해서 말한 것이다. 준괘의 오효(五爻)는 천자(天子)로서 입신(立身)한 것이고, 오효(五爻)가 양(陽)이므로 자기가 있을 자리에 있어서 위정(位正)이 되는 것이다.

여기서 '현(見)'은 "입신(立身)하다·벼슬하다·드러나다"라는 뜻이다. '입신(立身)'은 수신(修身)하고 행도(行道)하여 자신의 인격을 바르게 세워 높여서 세상에 드러난 것이다. 몽괘의 이효(二爻)는 양(陽)인데 위부당(位不當)이다. 그래서 천한 곳에 머물러 있다고 한 것이다.

'잡이저(雜而著)'에서 '잡(雜)'은 "낮다·천하다"는 뜻이고, '이(而)'는 시간과 장소표시 부사로서 "~에"의 뜻이며, '착(著)'은 "머물러 있다. 자리 잡고 있다. 붙어 있다"라는 뜻이다.

진괘(震卦, ䷲)와 간괘(艮卦, ䷳)는 도괘로서 짝을 이루고 있다. 진괘는 움직이고 간괘는 움직이지 않는다고 한 것은 괘덕(卦德)으로 말한 것이다. 진괘의 괘덕은 동(動)이고, 간괘(艮卦)의 괘덕은 지(止)다.

손괘(損卦, ䷨)와 익괘(益卦, ䷩)는 도괘로서 짝을 이루고 있다. 손괘(損卦)와 익괘(益卦)는 번영과 쇠퇴의 근본이 된다고 한 것은 괘의(卦義)를 근거로 해서 말한 것이다. 손괘는 아래(백성)에서 거두어 위(임금)에게 주는 것이다. 백성은 나라의 근본인데 거두는 일이 도(度)를 넘으면 근본이 손상되므로 쇠퇴의 근본이 되는 것이다. 익괘(益卦)는 이의 반대이다. 임금의 것을 백성에게 주는 것이니 백성이 잘살게 되어 번영의 근본이 되는 것이다.

대축괘(大畜卦, ䷙)와 무망괘(无妄卦, ䷘)는 도괘로서 짝을 이루고 있다. 대축괘(大畜卦)를 좋은 것이라고 말한 것은 괘의(卦義)를 근거로 해서 말한 것이다. 대축은 학덕과 재물을 크게 쌓은 것이다. 그래서 좋다. 무망괘(无妄卦)를 천벌(天罰)이라고 한 것은 괘상을 근거로 해서 말한 것이다. 무망괘의 괘상은 하늘에서 불벼락이 내리고 있다. 그래서 천벌이라고 한 것이다. 도와 법을 어기면서 자기 마음대로 하는 일이 없어야지 하늘은 복을 내리고, 도와 법을 어기면서 자기 멋대로 하면 하늘은 천벌을 내린다는 것은 옛날의 믿음이었다. 무망괘는 자기 멋대로 행동하는 망동을 경계하고 있다. 천벌이 따르니 망동하지 말라는 것이다. 재(災)는 재앙인데 재앙에는 천벌과 사람이 만드는 인재(人災)로서의 불행이 있는 것이다.

췌괘(萃卦, ䷬)와 승괘(升卦, ䷭)는 도괘로서 짝을 이루고 있다. 췌괘는 아래로 모여들고, 승괘는 가고 돌아오지 않는다고 한 것은 괘상을 근거로 해서 말한 것이다. 췌괘의 괘상은 땅 위의 소택이다. 물이 소택에 모여들고 있는 형상이다. 승괘의 괘상은 땅 밑으로 뻗은 나무뿌리이다. 나무뿌리는 땅 밑으로 내려가기만 하는 것이고, 나무는 위로 자라 올라가기만 한다. 그래서 가고 돌아오지는 않는다고 한 것이다.

겸괘(謙卦, ䷎)와 예괘(豫卦, ䷏)는 도괘로서 짝을 이루고 있다. 겸괘는 자신을 낮추는 것이고, 예괘는 타인을 업신여기는 것이라고 한 것은 괘상을 근거로 해서 말한 것이다. 겸괘의 괘상은 높은 산이 낮은 땅 아래로 내려와 있는 것이다. 그래서 자신을 낮춘다고 말한 것이다.

예괘의 괘상은 땅 위에서 천둥이 울리고 있는 형상이다. 이는 호령하고 있는 형상이다. 기세등등하게 소리 지르는 형상은 타인을 업신여기는 것이다.

서합괘(噬嗑卦, ䷔)와 비괘(賁卦, ䷕)는 도괘로서 짝을 이루고 있다. 서합괘는 형체를 없애는 것이라고 한 것은 괘상을 근거로 해서 말한 것이다. 서합괘에서 이미 설명한 대로 서합괘의 괘상은 입안에 음식물이 들어있는 형상이다. 입안에 든 음식물은 이로 깨물기 때문에 형체가 부서지는 것이다. 그래서 형체를 없앤다고 한 것이다.

반대로 비괘는 어떤 것을 장식한다고 한 것은 괘의(卦義)를 근거로 해서 말한 것이다. '비(賁)'는 꾸미는 것이다. 여기서 말한 무색(无色)에서 '무(无)'는 하(何)와 같은 뜻으로서 "무엇·어떤 것"이고, '색(色)'은 "장식하다·화장하다·색칠하다"라는 뜻이다. 그러나 여기서 '무(无)'는 "대저·무릇"이라고 해도 된다.

태괘(兌卦, ☱)와 손괘(巽卦, ☴)는 도괘로서 짝을 이루고 있다. 태괘는 드러난 것이고, 손괘는 숨어있다고 한 것은 손과 태의 자연현상을 근거로 해서 말한 것이다. 태(兌)는 소택이므로 눈으로 볼 수 있게 드러나 있는 것이고, 손(巽)은 바람이므로 눈으로 볼 수가 없어서 숨어있다고 한 것이다.

수괘(隨卦, ☳)와 고괘(蠱卦, ☶)는 도괘이면서 동시에 변괘이다. 수괘는 사고가 없다고 한 것은 괘덕과 괘의를 근거로 해서 말한 것이다. 태(兌)의 덕은 열(悅, 기쁨)이고, 진(震)의 덕은 동(動)이므로 기쁘게 일하는 것이다. 괘의는 도(道)를 따르는 것이다. 도를 따르며 기쁘게 일하면 사고는 없다.

고괘는 사고를 곧바로 잡아야 한다고 말한 것은 괘상을 근거로 해서 말한 것이다. 고괘의 괘상은 바람이 산에 가로막혀 있는 것이다. 막히면 사고가 생기는 것이니 곧바로 잡아야 한다.

박괘(剝卦, ☶)와 복괘(復卦, ☳)는 도괘로서 짝을 이루고 있다. 박괘는 흩어져가는 것이고, 복괘는 되돌아오는 것이라고 한 것은 괘체를 근거로 해서 말한 것이다. 박괘의 괘상은 양이 다 떠나고 맨 위에 마지막 잎새처럼 혼자 남아 있어서 흩어져가는 것이라고 말한 것이다. 복괘는 반대로 양이 되돌아오기 시작한 것이다. 그래서 되돌아오는 것이라고 말한 것이다.

진괘(晉卦, ䷢)와 명이괘(明夷卦, ䷣)는 도괘로서 짝을 이루고 있다. 진괘는 낮이고 명이괘는 빛이 없어져 버린 것이라고 한 것은 괘상을 근거로 해서 말한 것이다. 진괘의 괘상은 땅 위에 해가 떠 있는 형상이다. 그래서 낮이라고 한 것이다. 명이괘의 괘상은 땅 밑에 해가 있는 형상이다. 그래서 빛이 없어져 버렸다고 한 것이다.

정괘(井卦, ䷯)와 곤괘(困卦, ䷮)는 도괘로서 짝을 이루고 있다. 정괘는 함께 사용하는 것이고, 곤괘는 서로 간에 맞서는 것이라고 한 것은 전자(前者)는 괘의를 근거로 해서 말한 것이고, 후자(後者)는 괘상을 근거로 해서 말한 것이다. 우물은 한 마을 사람이 함께 사용한다. 곤괘의 괘상은 소택에 물이 있는 것이 아니고 소택 밑에 물이 있다. 다시 말하면 소택에는 물이 없는 것이다. 물이 없으니 농사를 지을 수가 없고 인심은 흉흉하게 되고 맞선다.

함괘(咸卦, ䷞)와 항괘(恒卦, ䷟)는 도괘로서 짝을 이루고 있다. 함괘는 짧고 항괘는 오래가는 것이라고 한 것은 괘의를 근거로 해서 말한 것이다. '함(咸)'은 "감응하는 것·느끼는 것"이다. 느끼는 것은 짧은 순간에 이루어지는 것이다. '항(恒)'은 "장구한 것"이다. 그러므로 함(咸)과 항(恒)은 시간의 장단을 말한 것이다.

환괘(渙卦, ䷺)와 절괘(節卦, ䷻)는 도괘로서 짝을 이루고 있다. 환괘는 흩어지는 것이고, 절괘는 머물러 있는 것이라고 한 것은 괘상을 근거로 해서 말한 것이다. 환괘의 괘상은 물 위로 바람이 부는 것이다. 그래서 물이 흩어져가므로 흩어지는 것이라고 말한 것이다. 절괘의 괘상은 소택 속에 담긴 물이다. 소택의 물은 고여 있는 것이므로 머물러 있다고 한 것이다.

해괘(解卦, ䷧)와 건괘(蹇卦, ䷦)는 도괘로서 짝을 이루고 있다. 해괘는 험난함이 누그러진 것이라고 한 것은 괘덕을 근거로 해서 말한 것이다. 감(坎)의 덕은 험(險)이고 진(震)의 덕은 동(動)이므로 험난함이 옮겨 가는 것이다. 험난함이 옮겨 가는 것은 험난함이 누그러진 것이다. 건괘를 험난하다고 한 것은 괘상을 근거로 해서 말한 것이다. 감(坎)과 간(艮)에 가로막혀 있어 험난한 것이다.

규괘(睽卦, ䷥)와 가인괘(家人卦, ䷤)는 도괘로서 짝을 이루고 있다. 규괘는 멀리하는 것이라고 한 것은 괘의를 근거로 해서 말한 것이다. 규괘는 서로 등지고 반목하는 것이다. 그래서 서로 멀리하는 것이다. 가인괘는 중히 여긴다고 한 것은 괘상을 근거로 해서 말한 것이다. 불과 나무는 밀착되어 빛과 열을 일으킨다. 그래서 서로 간에 중히 여긴다고 말한 것이다.

비괘(否卦, ䷋)와 태괘(泰卦, ䷊)는 도괘이면서 동시에 변괘이다. 비괘와 태괘는 형상이 반대라고 한 것은 괘상을 근거로 해서 말한 것이다. 비괘의 괘상은 하늘이 위에 있고 땅은 밑에 있는데, 태괘는 반대로 땅이 위에 있고 하늘은 밑에 있는 형상이다. 그래서 형상이 반대라고 하였다.

대장괘(大壯卦, ䷡)와 둔괘(遯卦, ䷠)는 도괘로서 짝을 이루고 있다. 대장괘는 곧 되돌아와야 하고 둔괘는 곧 물러나야 한다고 말한 것은 괘체를 근거로 해서 말한 것이다. 대장괘의 괘체는 음이 밀려나며 양의 세상이 되고 있다. 그러므로 물러난 양은 곧 되돌아와야 한다는 것이다. 둔괘의 괘체는 반대로 양이 밀려나 있고 음의 세상이 되고 있다. 그러므로 곧 물러나야 한다는 것이다.

대유괘(大有卦, ䷍)와 동인괘(同人卦, ䷌)는 도괘로서 짝을 이루고 있다. 대유괘는 많은 것이고, 동인괘는 화목 하는 것이라고 한 것은 괘체를 근거로 해서 말한 것이다. 대유괘의 괘체는 유일한 음(陰)인 육오천자(六五天子)가 오양(五陽)을 거느리고 있다. 여기서 오양(五陽)은 사람과 재물이 많은 것을 의미하는 것이다. 재물과 사람이 많으면 분열과 반목이 있게 되는 것이다.

동인괘(同人卦)의 괘체는 유일한 음(陰)인 육이(六二) 선비가 상하오양(上下五陽)으로부터 사랑을 받고 있다. 그리고 육이(六二)는 위정당(位正當)이다. 그래서 더욱 사랑을 받는다. 사랑을 받으니까 화목하는 것이다. 그러므로 대유괘의 반목과 반대가 된다.

혁괘(革卦, ䷰)와 정괘(鼎卦, ䷱)는 도괘로서 짝을 이루고 있다. 혁괘는 옛것을 버리는 것이고, 정괘는 새로운 것을 취한다고 한 것은 괘의를 근거로 해서 말한 것이다. 혁괘(革卦)는 혁명하는 것으로서 옛날의 바람직하지 않은 것을 버리는 것이고, 솥은 항상 새로운 음식 재료를 취하여 새로운 음식을 만드는 도구이기 때문에 그렇게 말한 것이다.

소과괘(小過卦, ䷽)와 중부괘(中孚卦, ䷼)는 변괘로서 짝을 이루고 있다. 소과괘가 바르지 않다고 한 것은 괘체를 근거로 해서 말한 것이다. 소과괘는 음(陰)이 넷으로서 음이 지나치게 많은 것이다. 그래서 바르지 않다고 한 것이다.
중부괘는 바르다고 한 것은 괘체를 근거로 해서 말한 것이다. 중부괘의 괘체는 가운데가 텅 비어있는 형상이다. 마음이 비어있으면 바른 것이다.

풍괘(豐卦, ䷶)와 여괘(旅卦, ䷷)는 도괘로서 짝을 이루고 있다. 풍괘는 친한 친구가 많고 여괘는 친한 사람이 적다고 한 것은 괘의(卦義)를 근거로 해서 말한 것이다. 풍괘는 재물이 넉넉한 것이다. 재물이 넉넉하면 친한 친구도 많은 것이다. 여괘는 여행하는 나그네이다. 타향을 옮겨 다니는 나그네에게 친한 사람은 많을 수 없다.

이괘(離卦, ䷝)와 감괘(坎卦, ䷜)는 변괘로서 짝을 이루고 있다. 이괘는 위로 올라가고 감괘는 아래로 내려간다고 한 것은 물과 불의 성질을 근거로 해서 말한 것이다. 불은 위로 타오르고 물은 아래로 내려가는 것이다.

소축괘(小畜卦, ☴)와 리괘(履卦, ☱)는 도괘로서 짝을 이루고 있다. 소축괘는 쌓은 것이 적고 이괘는 크게 쌓았다고 한 것은 괘의를 근거로 해서 말한 것이다. 소축괘는 높은 하늘 위에서 바람이 불어 비가 오지 않으므로 쌓는 것이 적은 것이고, 이괘는 도를 따르므로 크게 쌓는 것이다.

'이불처야(履不處也)'에서 '불(不)'은 "크다(大)"라는 뜻이고, '처(處)'는 "쌓다·모으다"라는 뜻이다. 그러므로 '불처(不處)'는 "크게 쌓다"라는 뜻이다.

수괘(需卦, ☵)와 송괘(訟卦, ☴)는 도괘로서 짝을 이루고 있다. 수괘는 이기려고 하지 않고, 송괘는 친하려 하지 않는다는 것은 괘의를 근거로 말한 것이다. 수괘는 험난함이 있어서 기다리는 것이다. 기다리는 것은 앞으로 나아가지 않는 것이고 이기려고 힘쓰는 것이 아니다. 반대로 소송은 이기려고 힘쓰는 것이고, 상대편과 친하게 지내려는 마음은 없다. 그래서 둘은 반대가 되는 것이다.

대과괘(大過卦, ☱)를 무너진다고 말한 것은 양(陽)이 지나쳐 무너지는 것이다. 점괘(漸卦, ☴)를 시집가려는 여자가 남자를 기다린다고 한 것은 점괘의 괘상이 산 위의 나무로서 찰떡궁합을 말하기 때문에 자기 짝을 기다린다고 한 것이다.

위에서 해설한 대로 육십사괘(六十四卦) 중 오십육괘(五十六卦)는 도괘 또는 변괘로 둘씩 짝을 지어 새롭게 해설하고 나머지 팔괘(八卦)는 짝이 없이 설명하였다.

대미(大尾)

주역해설

초판 1쇄 발행 | 2025년 5월 15일
지은이 | 강연희
간행 | 한암사상연구회
펴낸이 | 이명권
펴낸곳 | 열린서원
총괄기획 | 한암사상연구회(회장 강희석)
편집교열 | 강헌희 강희석 이형성
제작 | 한암유족회(대표 강희욱)
편집디자인 | 산맥
등록번호 | 제300-2015-130호(1999년)
주소 | 강원특별자치도 화천군 간동면 용호길 73-155
전화 | 010-2128-1215
전자우편 | imkkorea@hanmail.net
ISBN | 979-11-89186-74-6(03140)

값 30,000원

※ 잘못 만들어진 책은 구입한 곳에서 교환해 드립니다.
※ 이 도서에 국립중앙도서관 출판사 도서목록은 e-CRP홈페이지
  (http://www.nl.go.kr/ecip)에서 이용하실 수 있습니다.